Fit fürs Studium

Wirtschaftswissenschaften und BWL

+++ Stephanie Berger +++

Rheinwerk Computing

Liebe Leserin, lieber Leser,

willkommen in der Welt der Wirtschaftswissenschaften und der Betriebswirtschaftslehre! Mit diesem Studiengang haben Sie sich für ein abwechslungsreiches Fach mit vielen möglichen Spezialisierungen entschieden. Das hat natürlich zahlreiche Vorteile, bringt aber auch Herausforderungen mit sich: Wo fangen Sie bei der Vorbereitung am besten an? Welche Themen erwarten Sie insgesamt? Und welchen Stoff müssen Sie sich noch erarbeiten, was kennen Sie vielleicht schon?

Antworten auf und Hilfestellungen zu all diesen Fragen hat unsere Autorin, Stephanie Berger, die hier ein Buch geschrieben hat, das sie für ihr eigenes Studium nur allzu gerne zur Verfügung gehabt hätte. Ob Sie ein Nachschlagewerk für die anstehende Klausur brauchen, sich einen Überblick über das Fach verschaffen wollen, oder zu diesem einen speziellen Thema Ihr Fachwissen vertiefen wollen: Hier sind Sie richtig!

Zum Schluss noch eine Anmerkung in eigener Sache: Wir möchten unsere Arbeit und unsere Bücher immer besser machen. Feedback und konstruktive Kritik sind uns deshalb sehr willkommen! Oder vielleicht fällt Ihnen noch ein weiteres Studienfach ein, zu dem wir unbedingt ein Buch verlegen sollten? Melden Sie sich gerne bei uns.

Einen guten Start an der Hochschule wünscht Ihnen

Ihre Lisa Helmus
Lektorat Rheinwerk Computing

lisa.helmus@rheinwerk-verlag.de
www.rheinwerk-verlag.de
Rheinwerk Verlag • Rheinwerkallee 4 • 53227 Bonn

Auf einen Blick

Wir hoffen, dass Sie Freude an diesem Buch haben und sich Ihre Erwartungen erfüllen. Falls Sie Anregungen, Wünsche und Kommentare haben, lassen Sie es uns wissen: **service@rheinwerk-verlag.de**.

Informationen zu unserem Verlag und Kontaktmöglichkeiten finden Sie auf unserer Verlagswebsite **www.rheinwerk-verlag.de**. Dort können Sie sich auch umfassend über unser aktuelles Programm informieren und unsere Bücher und E-Books bestellen.

Autorin Dr. Stephanie Berger
Lektorat Lisa Helmus, Almut Poll
Copy-Editing Friederike Daenecke, Zülpich
Typografie und Layout Christine Netzker
Satz SatzPro, Krefeld
Herstellung Norbert Englert
Einbandgestaltung Mai Loan Nguyen Duy
Titelbilder iStock: 623607850 © Cesar Okada, 2183118674 © AndreyPopov, 2184930483 © Torsten Asmus
Druck und Bindung mediaprint solutions, Paderborn

Dieses Buch wurde mit mineralölfreien Farben auf PEFC-zertifiziertem Papier aus nachhaltiger Waldwirtschaft gedruckt. Der Umwelt zuliebe verzichten wir zusätzlich auf die Einschweißfolie. Hergestellt in Deutschland.

Bibliografische Information der Deutschen Nationalbibliothek:
Die Deutsche Nationalbibliothek verzeichnet diese Publikation in der Deutschen Nationalbibliografie; detaillierte bibliografische Daten sind im Internet über *http://dnb.dnb.de* abrufbar.

ISBN 978-3-367-10633-2

1. Auflage 2026

Rheinwerk Verlag GmbH • Rheinwerkallee 4 • 53227 Bonn
service@rheinwerk-verlag.de

Inhalt

Für Emelie, Elija und Seraphina

Kapitel 1
Einleitung

Herzlichen Glückwunsch zu Ihrer Studienwahl! Sie verspricht eine wichtige Qualifikation mit hervorragender Zukunftsperspektive. Warum? In jeder Gesellschaft wird konsumiert, produziert und verkauft; es gibt immer ein Wirtschaftssystem und Unternehmen – und Sie können Ihre Qualifikationen hier einbringen.

1.1 Gut vorbereitet?

Sind Sie gut vorbereitet auf Ihr Studium? Diese Frage kann vieles bedeuten. Sicherlich gehört Organisatorisches und Soziales dazu: Wissen Sie z. B. schon, wo Sie wohnen werden? Wie geht es Ihnen damit, eventuell Ihr gewohntes Umfeld zu verlassen? Außerdem Methodisches, etwa das eigenverantwortliche Lernen, und – last, but not least – Inhaltliches: Machen Ihnen Wissenslücken Sorgen? Erwarten Sie, dass die Lernkurve steil wird? Wie geht es Ihnen mit der Mathematik?

Lassen Sie uns mit einer kurzen Übung beginnen. Wenn Sie mögen, nehmen Sie direkt einen Stift oder eine Notizen-App zur Hand.

Die Übung hat zwei Teile. Beginnen wir mit dem unangenehmeren: Finden Sie vier Punkte, in denen Sie sich nicht gut vorbereitet fühlen. Oder, wenn es die nicht gibt, finden Sie drei oder vier Punkte, in denen Sie sich *vergleichsweise wenig* vorbereitet fühlen. Das können kleinere oder größere Punkte sein. Wenn es beides gibt, sind die größeren interessanter.

Moment mal, soll es hier nicht um BWL gehen?
Keine Sorge! Falls Sie dieses Buch in der Hand halten, weil Sie einfach einen Einstieg in die Betriebswirtschaftslehre wünschen und keine Übung zur Vorbereitung machen möchten, lesen Sie einfach in Abschnitt 1.3 oder Kapitel 3 weiter. Sie können die Übung auch für einen anderen Themenbereich nutzen, in dem Sie sich die BWL-Kenntnisse aneignen möchten.

Danach machen Sie das Gleiche für diese Frage: In welcher Hinsicht sind Sie gut vorbereitet? Gibt es Themen, die Ihnen sehr gut liegen? Bringen Sie mentale Stärke mit, haben Sie herausfordernde Situationen schon einmal erfolgreich gemeistert? Auch hier kann es um Organisatorisches gehen, um Soziales, Methodisches oder Inhaltliches.

Falls Sie mitgemacht haben: Ist es Ihnen leichtgefallen, etwas zu finden? Falls nicht, kann es auch später noch sinnvoll sein, diese Übung zu machen – sogar wiederholt.

Die Übung hat einen doppelten Sinn. Erstens: Um erfolgreich zu studieren, kann es hilfreich sein, das eigene *Mindset* in den Blick zu nehmen (was wir in Kapitel 2 noch vertiefen werden).

Manchmal fällt es bei dieser oder ähnlichen Übungen wesentlich leichter, die ersten, negativen Punkte aufzuschreiben als die positiven. Das ist erst einmal nicht weiter schlimm. Das hängt sowohl mit der generellen Arbeitsweise unseres Gehirns zusammen – Probleme brauchen Aufmerksamkeit – wie auch mit persönlicher Veranlagung. Es kann aber hilfreich sein, sich dies vor Augen zu führen und vielleicht sogar die eigenen Stärken bewusst in den Blick zu nehmen.

Sollte diese »Schlagseite« Sie belasten, möchten Sie vielleicht den zweiten Teil der Übung öfter machen! Und zwar nicht nur zum Thema »Vorbereitung«, sondern auch in der Variante: Was ist mir in dieser Woche besonders gut gelungen?

Zweitens geht es hier natürlich um die Inhalte. Wenn es noch etwas zu tun gibt in Sachen Vorbereitungen, ist es gut, das zu wissen und möglicherweise die Zeit zu nutzen, bis Ihr Studium beginnt.

Inhaltlich brauchen Sie für ein Studium der Wirtschaftswissenschaften vor allem Interesse an wirtschaftlichen Zusammenhängen und eine solide Schulbildung. Größere Kenntnislücken sind zu Beginn weniger typisch, außer vielleicht im Bereich Mathematik – hier werden aus den Bereichen der Oberstufenmathematik Analysis, lineare Algebra, Arithmetik und Stochastik, entscheidende Inhalte gebraucht. Ich werde mathematische Inhalte in diesem Buch nicht ausführen, möchte Ihnen aber in Kapitel 14 helfen, das Thema richtig anzugehen und bei Bedarf genau passende Ressourcen zu finden.

1.2 Studieren – was bedeutet das und was ist wichtig?

Studieren bedeutet weitaus mehr, als sich reines Fachwissen anzueignen. Es ist ein vielschichtiger Entwicklungsprozess, in dem Sie zum einen das nötige Know-how erwerben, um Ihre berufliche Zukunft gezielt und erfolgreich zu gestalten. Zum anderen bietet es auch Raum für persönliche Entfaltung und Entwicklung. In jedem Menschen schlummert eine Fülle an Talenten und Potenzialen, die entdeckt und weiterentwickelt werden wollen.

Die Studienzeit bietet Ihnen mehr Freiheiten als die Schule, eigene Interessen zu verfolgen, Stärken auszubauen, sich auszuprobieren und »fürs Leben zu lernen«. Manche lernen bei der selbst organisierten Arbeit mehr über sich selbst, als sie vorher dachten, oder merken erst im Business-English-Kurs, dass ihnen internationales Parkett liegt. Andere finden über ein Praktikum oder ein Ehrenamt eine Tätigkeit, die sie sehr erfüllt – oder auch gerade nicht, und es ist gut, das zu wissen.

Wenn Sie Ihre Studieninhalte entsprechend Ihren Begabungen und Interessen wählen, haben Sie bereits einen entscheidenden Schritt in die richtige Richtung getan. Aus meiner Erfahrung als Lehrerin weiß ich, dass Lernen am besten gelingt, wenn es Spaß macht, denn was uns interessiert, lernen wir leichter und nachhaltiger – Sie sind intrinsisch motiviert und handeln aus innerem Antrieb heraus. Auch aus der Wissenschaft wissen wir, dass intrinsische Motivation länger hält und sich positiv auf die Leistungsfähigkeit und den Erfolg auswirkt. Dabei geht es um Ihren Erfolg, aber auch um ein Gefühl von innerer Erfüllung und Zufriedenheit.

Fragen Sie sich daher: Reicht mein Interesse an diesem Fach aus, um mich über drei bis vier Jahre intensiv damit auseinandersetzen? Wenn Sie diese Frage mit einem Ja beantworten können, dann zögern Sie nicht – legen Sie los und beginnen Sie Ihr Studium.

1.3 Was bietet dieses Buch und für wen ist es geeignet?

Sie sind mit diesem Buch richtig beraten, wenn Sie

- sich einen Überblick über das Themenfeld Betriebswirtschaft verschaffen möchten – auch interessehalber, ohne das Fach studieren zu wollen.
- sich auf ein Studium der Betriebswirtschaftslehre (BWL) oder der Wirtschaftswissenschaften mit BWL-Schwerpunkt vorbereiten möchten.

Ob Sie gerade die Oberstufe besuchen, nach einer Phase im Beruf noch einmal studieren, schon damit begonnen haben oder sich aus beruflichen Gründen einen Überblick wünschen, spielt dabei keine Rolle.

Ich gebe Ihnen einen fachlichen Überblick mit einem besonderen Fokus darauf, Komplexes verständlich darzustellen. Um das Verstehen und Anwenden in den Mittelpunkt zu stellen, gibt es zum einen ein durchgehendes Praxisbeispiel, das Sie in Kapitel 5 kennenlernen, zum anderen beginnen die Kapitel mit einem einleitenden Beispiel, einem Problem oder einer Übung zum Mitmachen.

Die Auswahl der Themen orientiert sich an den grundlegenden Inhalten des Kernbereichs des Bachelorstudiengangs »Wirtschaftswissenschaften mit dem Schwerpunkt Betriebswirtschaftslehre«. Es geht dabei nicht um Vollständigkeit, sondern darum, Sie gut vorzubereiten.

1.4 Das Fach Wirtschaftswissenschaften

Werfen wir einen Blick auf das Fachgebiet der Wirtschaftswissenschaften. Bei ihnen handelt es sich um eine vielseitige Disziplin, die sich mit den Gesetzmäßigkeiten und Strukturen wirtschaftlichen Handelns befasst. Sie analysiert wirtschaftliche Prozesse und Zusammenhänge und entwickelt Lösungen für ökonomische Fragestellungen. Im Zentrum steht dabei die Frage, wie knappe Güter und Ressourcen möglichst gerecht verteilt werden können, mit dem Ziel, sowohl die Bedürfnisse der Menschen zu erfüllen als auch den wirtschaftlichen Wohlstand eines Landes nachhaltig zu sichern.

Die Wirtschaftswissenschaften untergliedern sich in zwei zentrale Teilbereiche:

1. Volkswirtschaftslehre (VWL)
2. Betriebswirtschaftslehre (BWL)

Die *Volkswirtschaftslehre* (VWL) beschäftigt sich mit der Frage, wie Haushalte, Unternehmen und der Staat knappe Ressourcen nutzen und verteilen. Ihr Ziel ist es, das wirtschaftliche Verhalten dieser Akteure zu analysieren und zu verstehen, wie Märkte funktionieren, wie Preise entstehen und welchen Einfluss wirtschaftspolitische Maßnahmen auf das Gesamtsystem haben. Innerhalb der VWL unterscheidet man zwei zentrale Hauptbereiche:

- die *Mikroökonomie*, die das Verhalten einzelner Wirtschaftssubjekte, wie Haushalte und Unternehmen, untersucht.
- die *Makroökonomie*, die die Wirtschaft als Ganzes betrachtet und gesamtwirtschaftliche Zusammenhänge untersucht. Dabei stehen unter anderem Themen wie das Wirtschaftswachstum oder die Stabilität von Preisen im Fokus.

Das Verständnis dieser komplexen wirtschaftlichen Prozesse ist entscheidend, um fundierte Entscheidungen treffen zu können, sei es in der Politik, im Unternehmen oder sogar im Alltag. Diese Entscheidungen tragen dazu bei, den wirtschaftlichen Wohlstand zu sichern und eine stabile Lebensqualität für die Gesellschaft zu gewährleisten. In Kapitel 3 finden Sie einen kompakten Überblick, in dem lediglich einige zentrale Themen aufgegriffen werden.

Der zweite zentrale Bereich der Wirtschaftswissenschaften ist die *Betriebswirtschaftslehre* (BWL). Hier stehen die inneren Abläufe und Strukturen von Unternehmen im Fokus. Ihr Ziel ist es, zu verstehen, wie unternehmerische Entscheidungen getroffen werden und wie betriebliche Prozesse gestaltet sein müssen, damit ein Unternehmen effizient und erfolgreich wirtschaften kann. Die BWL findet in ganz unterschiedlichen Unternehmensformen ihre Anwendung – von kleinen Start-ups bis hin zu großen internationalen Konzernen. Die Betriebswirtschaftslehre bildet den Schwerpunkt dieses Buches. Ihre zentralen Teilbereiche werden im Verlauf der Kapitel systematisch und aufeinander aufbauend erläutert.

1.5 Danksagung

Das Buch ist meinen Kindern Emelie, Elija und Seraphina gewidmet – für all das, was sich nicht in Worte fassen lässt, aber jeden Tag mein Herz berührt.

Viele Menschen haben auf unterschiedliche Weise dazu beigetragen, dass »Fit fürs Studium – Wirtschaftswissenschaften und BWL« entstehen konnte. Ihnen allen gilt mein aufrichtiger Dank.

Mein größter Dank gilt meiner Familie.

Meinem Mann, der in mir alles sieht, immer an mich glaubt und mich bei jeder Idee, und sei sie noch so verrückt, unterstützt.

Meinen wundervollen Kindern, die mir Kraft schenken und mir den Raum geben, meine beruflichen Ziele und Träume zu verwirklichen.

Meinen Eltern, die so oft die Dinge auffangen, die im Trubel Gefahr laufen, liegen zu bleiben.

Ohne euch alle wäre dieses Projekt weder gestartet noch vollendet worden.

Von Herzen danke ich auch meinen Freundinnen und Freunden für ihre Ermutigung, ihre offenen Ohren und all die vielen kleinen gemeinsamen Momente, die mir Ausgleich und neue Energie geschenkt haben. Ihr habt mir geholfen, die Balance zu halten – dafür bin ich euch sehr dankbar.

Mein besonderer Dank geht auch an das engagierte Team des Rheinwerk Verlags, allen voran an meine Lektorin Frau Lisa Helmus. Ihre Sorgfalt im Detail, ihr feines Gespür für Sprache und ihre vertrauensvolle Begleitung haben dieses Buch auf vielen Ebenen bereichert.

Und schließlich danke ich Ihnen, liebe Leserinnen und Leser. Möge dieses Buch Sie unterstützen, Ihnen Orientierung schenken und Sie ein Stück auf Ihrem Weg durchs Studium begleiten.

Kapitel 2

Informationen rund ums Studium

Wovon hängt es ab, ob ein Studium erfolgreich wird, unbefriedigend verläuft oder sogar abgebrochen wird? Von den eigenen Vorkenntnissen, der Finanzierung und dem ruhigen Arbeitsplatz bis hin zum Kampf mit der Zitierweise – schauen wir auf ein paar Dinge, die Sie vorab organisieren können.

Knobelei zum Einstieg

Zum Einstieg gibt es ein kurzes Quiz.

Frage 1: Hätten Sie es gewusst? – Wie viel Prozent der Bachelorstudierenden in Deutschland arbeiten neben dem Studium?

a) ca. 25 %

b) ca. 40 %

c) ca. 60 %

d) ca. 75 %

Frage 2: Welche der folgenden Quellenangaben entspricht *nicht* den typischen formalen Anforderungen an ein Literaturverzeichnis im wissenschaftlichen Arbeiten?

a) Wöhe, G. (2023). Einführung in die Allgemeine Betriebswirtschaftslehre. 28. Auflage. München: Vahlen.

b) Müller, Anna & Meier, Bernd, 2021: Grundlagen der Wirtschaftsinformatik. 4. Aufl., Berlin: Springer.

c) Schmidt, T. (2020). Wirtschaftsinformatik kompakt. Wiesbaden: Springer Gabler.

Frage 3: Was gilt als der häufigste Grund dafür, dass ein BWL-Studium abgebrochen wird?

a) Schwierigkeiten mit den Leistungsanforderungen

b) Mangelnde Berufsaussichten

c) Gute Karrierechancen auch ohne Abschluss (vorzeitig »abgeworben«)

d) Gesundheitliche Probleme (körperliche und seelische zusammengenommen)

Frage 4: Bis zu welchem Alter können Studierende meist kostenfrei in der Familienversicherung bleiben?

a) 21 Jahre

b) 25 Jahre

c) 27 Jahre

d) Bis das Erststudium beendet ist, unabhängig vom Alter

Die Auflösung finden Sie im Text und am Ende des Kapitels in Form der Lösungsbuchstaben.

Zu den Erfolgsfaktoren eines Studiums gehören sowohl äußere Umstände – darunter auch solche, die Sie gar nicht beeinflussen können – als auch persönliche. Wie Sie am Quiz schon sehen, möchte ich auf beide Sorten eingehen.

2.1 Äußere Erfolgsfaktoren und Organisatorisches

Zu den allerersten Voraussetzungen gehören der Studienplatz selbst und die Einschreibung an einer Hochschule. Wirtschaftswissenschaften und BWL sind an manchen Hochschulen *zulassungsfrei*, d. h., Sie können sich einschreiben, wenn Sie die Hochschulreife haben; aber manchmal sind sie auch *zulassungsbeschränkt*. Erkundigen Sie sich also und suchen Sie eventuell die Hochschule passend aus.

Vor allem: Bringen Sie Fristen in Erfahrung, und da Sie die noch nicht kennen, fangen Sie damit spätestens ein halbes Jahr, bevor es losgehen soll, an.

Der erforderliche *Numerus Clausus* (NC, Mindest-Notendurchschnitt Ihres Abschlusszeugnisses) sowie die Bewerbungsfristen können von Jahr zu Jahr variieren, je nach Bewerberzahl und Kapazität der Hochschule. Ist der Studiengang zulassungsbeschränkt, können Sie sich für die Bewerbungsfrist als Orientierungsrahmen im Wintersemester den Zeitraum vom 1. Juni bis 15. Juli und im Sommersemester den Zeitraum vom 1. Dezember bis 15. Januar vormerken. Bei zulassungsfreien Studiengängen erkundigen Sie sich direkt bei der betreffenden Hochschule. Meist reicht eine Recherche auf der Webseite.

Günstige äußere Bedingungen sind ein wichtiger Faktor für Ihren Erfolg:

Wohnraum als Erfolgsfaktor

- Gestalten Sie sich einen Wohnraum, Ihren Safe Space, in dem Sie sich sicher und wohlfühlen. Ein angenehmes Zuhause trägt wesentlich zum Studienerfolg bei.
- Achten Sie hier auf einen ruhigen, aufgeräumten *Arbeitsplatz* und vermeiden Sie Ablenkungen in jeglicher Form. Schalten Sie Ihr Handy aus, um ungestört studieren zu können. Sie werden merken, wie effizient Sie hier arbeiten können.

Wohnungssuche und Studierendenwerk

Die Studierendenwerke beraten nicht nur bei monetären Themen, sondern helfen auch bei vielen alltäglichen Angelegenheiten, wie bei der Vermittlung von Unterkünften. Oft verwalten sie auch Wohnheime, die günstiger zu mieten sind als eine Unterkunft auf dem freien Markt, die Sie über Makler oder Online-Portale finden. Eine Wohnung in unmittelbarer Nähe zur Universität erleichtert es Ihnen, aktiv an den Veranstaltungen und am Unileben teilzunehmen.

Finanzlage als Erfolgsfaktor

Fragen Sie sich, ob die finanziellen Mittel, die Sie zur Verfügung haben, ausreichen, um den Lebensunterhalt als Student*in zu bestreiten? Wenn Sie die Frage mit Ja beantworten können, herzlichen Glückwunsch. Wenn Sie die Frage mit Nein beantworten müssen, ist das zwar nicht angenehm, jedoch ist es eine lösbare Aufgabe. Es gibt eine Vielzahl an Möglichkeiten der finanziellen Unterstützung. Neben der Unterstützung durch die Familie können folgende Finanzierungsquellen für Ihr Studium sinnvoll sein:

- **BAföG:** Das BAföG (*Bundesausbildungsförderungsgesetz*) regelt die staatliche finanzielle Unterstützung für Schüler*innen und Student*innen und ermöglicht es ihnen, das eigene Studien- und Berufsziel unabhängig von den finanziellen Mitteln der Eltern zu erreichen. Die eine Hälfte der Förderung wird als Zuschuss gezahlt, die andere als ein zinsloses Darlehen, das Sie später zurückzahlen müssen. Somit haben alle die gleichen Chancen, den angestrebten Abschluss zu erreichen. Da eine detaillierte Aufstellung den Rahmen dieses Buches sprengen würde, verweise ich auf die offizielle Homepage *www.bafög.de*. Hier finden Sie alle notwendigen Informationen zu der Thematik. Extra hierfür eingerichtete BAföG-Stellen an den Hochschulen helfen Ihnen ebenfalls weiter.
- **Studienkredite:** Mit einem Studienkredit können auch die Lebenshaltungskosten während des Studiums finanziert werden. Es gibt eine Vielzahl von Kreditanbietern. Ein etablierter Kreditgeber ist die *Kreditanstalt für Wiederaufbau* (KfW). Sie bietet nicht nur den KfW-Studienkredit für Studium und Promotion an, sondern auch einen Bildungskredit für Schüler*innen und Studierende in den letzten Jahren der Ausbildung. Auch hier verweise ich auf die Website (*www.kfw.de*), auf der Sie alle wichtigen Informationen finden.
- **Stipendien:** Ein *Stipendium* ist eine Art »Begabtenförderung« und eine finanzielle Unterstützung für Studierende, die nicht zurückgezahlt werden muss. Deshalb ist es eine attraktive Geldquelle für Studierende. In der Regel erhalten die Stipendiaten einen Geldbetrag, einmalig oder regelmäßig, um ihr Leben während des Studiums zu finanzieren. Daneben gibt es auch ideelle Förderungselemente, z. B. Seminare oder Mentorenprogramme. Die Leistungen sind vielfältig und variieren von Stipendiengeber zu Stipendiengeber. Unter *www.deutschlandstipendium.de* finden Sie zusammenfassende Informationen.
- **Nebenjob:** Sehr viele Studenten finanzieren ihren Lebensunterhalt während des Studiums mit Nebenjobs. Dabei ist es wichtig, dass Studium und Nebenjob gut miteinander vereinbar sind, damit das Studium nicht zu kurz kommt. Ein effektives Zeitmanagement ist hier entscheidend. Flexible Arbeitszeiten sind sehr hilfreich, da sich die Nebentätigkeit so besser an Vorlesungszeiten und Prüfungsphasen anpassen lässt. Eventuell können Sie mit Ihrem Arbeitgeber eine Zeitkonto-Regelung vereinbaren, bei der Sie in der vorlesungsfreien Zeit mehr arbeiten und somit Ihr Arbeitszeitkonto füllen, damit Sie in der Vorlesungszeit mehr freie Kapazitäten haben.
- **Werkstudententätigkeit:** Werkstudentenstellen dienen ebenfalls als Einkommensquelle im Studium. Sie sind sehr beliebt, da sie den Studierenden erste praktische Erfahrungen bescheren und außerdem oft gut bezahlt sind. Vor allem größere Unternehmen bieten die Möglichkeit solch einer Beschäftigung an. Hier arbeiten Sie z. B. einmal pro Woche (je

nachdem, wie viele Stunden wöchentliche Arbeitszeit Sie vereinbaren) in einem Bereich, der oft im Zusammenhang mit dem Studium steht. So kann ein Werkstudent, der BWL studiert, z. B. in der Marketingabteilung erste Praxiserfahrungen sammeln. Viele Modelle sind möglich; sprechen Sie mit Ihrem potenziellen Arbeitgeber darüber.

- **Bezahlte Praktika in der vorlesungsfreien Zeit:** Praktika stellen eine attraktive Möglichkeit dar – Sie sammeln wertvolle Praxiserfahrung und verdienen gleichzeitig Geld.

Eine wichtige Frage, die Sie ebenfalls vor Beginn Ihres Studiums klären müssen, ist die Frage der *Krankenversicherung*. Im Idealfall können Sie in der kostenlosen Familienversicherung mitversichert werden. Unter bestimmten Voraussetzungen ist dies möglich: Sie sind jünger als 25 Jahre und Ihr monatlicher maximaler Verdienst übersteigt nicht den eines Minijobs in Höhe von derzeit 603 € (vgl. *http://r-wrk.de/beitragsfrei_versichern*, aufgerufen am 27.12.2025). Ist keine Familienversicherung möglich, gibt es die *studentische Krankenversicherung* mit günstigen Studententarifen. Genauere Informationen finden Sie auf den Homepages der Krankenkassen.

2.2 Persönliche Erfolgsfaktoren für das Studium

Welche persönlichen Faktoren sind entscheidend, um erfolgreich im Studium zu sein? Intelligenz, harte Arbeit, Zufall oder Glück? Von allem ein bisschen, würde ich sagen. Machen Sie sich bewusst, dass Sie es selbst in der Hand haben, wie erfolgreich Sie im Studium sind. Es gibt nämlich einige personeninterne Erfolgsfaktoren, die ausschlaggebend für das Erreichen persönlicher und beruflicher Ziele sind. Diese sind im Besonderen:

- **Intelligenz**

  Kognitive Intelligenz ist sicherlich hilfreich, aber nicht allein entscheidend für den Erfolg. Es gibt unterschiedliche Annahmen darüber, welche Wichtigkeit Intelligenz hat. Manche schätzen ihren Anteil auf nur 25 %. Das bedeutet, dass sich fehlende geistige Intelligenz, und sei es nur persönlich wahrgenommene, durch andere Qualitäten kompensieren lässt, z. B. durch Lernbereitschaft und Durchhaltevermögen.

- **Vorwissen**

  Vorwissen unterstützt das Gehirn beim Lernprozess und beim Verankern von neuem Wissen. Idealerweise knüpfen wir eine Verbindung zu bereits vorhandenem Vorwissen, dann gelingt das Erlernen von Neuem besser.

- **Mindset**

  Das *Mindset* ist die innere Haltung einer Person mitsamt ihren persönlichen Überzeugungen, Denkmustern und Einstellungen: Was glaubt die Person über sich und ihre Fähigkeiten? Wie geht die Person mit Herausforderungen und Misserfolgen um? All dies spiegelt sich im Mindset wider. Es wird in zwei Typen unterteilt:

- **Fixed Mindset:** Bei einem *Fixed Mindset* sind Menschen der Überzeugung, dass ihre Intelligenz, ihre Talente und ihre Fähigkeiten bereits festgelegt sind. Sie sehen Fehler als Misserfolge und Abwertung ihrer Person und vermeiden Anstrengungen.
- **Growth Mindset:** Menschen mit einem *Growth Mindset* glauben daran, dass sie ihre Fähigkeiten und Fertigkeiten stetig verbessern und weiterentwickeln können. Sie betrachten Fehler als Lernchance und als Wegweiser für ihre persönliche Weiterentwicklung. Herausforderungen und Anstrengungen nehmen sie auf sich, da sie dem persönlichen Wachstum dienen.

Es ist eindeutig, dass ein Growth Mindset im Bezug auf das erfolgreiche Absolvieren eines Studiums dienlicher ist als ein Fixed Mindset, denn Gedanken besitzen eine besondere Kraft. Seien Sie also neugierig, denken Sie positiv, gehen Sie motiviert an die Sache heran, setzen Sie sich Ziele und begrüßen Sie Fehler als Helfer auf dem Weg Ihrer Weiterentwicklung. Machen Sie sich Ihre Fortschritte und Erfolge und Ihre Selbstwirksamkeit bewusst. Sinnvoll ist es, Folgendes schriftlich zu reflektieren:

- Was ist mein Ziel?
- Wo stehe ich im Moment und wo möchte ich hin?
- Was ist erforderlich, um mein angestrebtes Ziel zu erreichen?
- Wie fühlt es sich an, wenn ich mein Ziel erreicht habe?
- Woran erkenne ich, dass ich Fortschritte mache?

Diese Reflexionsfragen helfen Ihnen, Ihre Entwicklungen und Fortschritte klarer wahrzunehmen, und das wiederum wirkt sich positiv auf Ihre innere Haltung aus.

Zum Mindset zählen noch weitere Faktoren, die wichtig für Ihren Lernerfolg sind, nämlich:

- **Selbstdisziplin und Ausdauer:** Halten Sie durch, nach jedem Regen kommt auch wieder Sonnenschein. In Stressphasen, z. B. in der akuten Prüfungsphase, fühlt sich eventuell alles schwer und unangenehm an. Nehmen Sie die Herausforderung an und fokussieren Sie sich auf Ihr Endziel, den erfolgreichen Studienabschluss.
- **Selbstvertrauen und Selbstwirksamkeit:** Vertrauen Sie auf Ihre eigenen Fähigkeiten und Ihre Selbstwirksamkeit. Sie haben in Ihrem Leben bereits einiges geschafft, und darauf können Sie stolz sein. Auf die Strategien, die Ihnen bisher bei der Bewältigung von Aufgaben geholfen haben, können Sie wieder zurückgreifen. Machen Sie sich bewusst, dass Sie es wieder schaffen werden, die Situation zu meistern.
- **Emotionale soziale Unterstützung:** Suchen Sie sich Unterstützung bei Familie, Freunden, Kommilitonen. Sie müssen nicht alles allein schaffen! Bauen Sie sich ein Unterstützungsnetzwerk auf, das Ihnen in herausfordernden Zeiten zur Seite steht.

Ein gutes, gesundes Mindset unterstützt Ihre *Resilienz*. Resilienz bedeutet, dass Sie die Fähigkeit besitzen, alltägliche Herausforderungen und Krisen mithilfe Ihrer persönlichen Ressourcen erfolgreich zu bewältigen. Diese Fähigkeit ist eine wertvolle Eigenschaft für das Vorankommen im Leben.

»Studiums-Knigge«: E-Mail-Etikette

»Knigge« mag ans 19. Jahrhundert erinnern, aber zu jeder Zeit und in jeder Kultur gehört die Art und Weise, anderen zu begegnen, zu den Erfolgsfaktoren für den eigenen Lebensweg – so auch für Ihr Studium (vom Wohl Ihrer Mitmenschen einmal abgesehen).

Wenn Sie z. B. trotz sorgfältiger Recherche immer noch keine Antwort auf Ihre Fragen gefunden haben, fragen Sie an geeigneter Stelle nach – und wahren Sie dabei die angemessene Etikette. Hier sind ein paar Tipps zur Kommunikation innerhalb einer Hochschule:

- Nutzen Sie Ihre studentische E-Mail-Adresse, keine privaten Fantasie-E-Mail-Adressen.
- Schicken Sie die Anfrage an die richtige Ansprechperson, das erhöht Ihre Chancen auf eine Antwort.
- Formulieren Sie den Betreff kurz und aussagekräftig, damit die Person, an die Ihre Anfrage adressiert ist, Ihr Anliegen schnell erfassen kann.
- Verwenden Sie eine respektvolle und geeignete Anrede, z. B. »Sehr geehrte Frau / Sehr geehrter Herr …«. Ob Sie die adressierte Person mit ihrem akademischen Titel wie »Dr.« oder »Prof.« ansprechen sollen, erfahren Sie bei Ihrer Fachschaft. Aber es ist sicherlich kein Fehler, wenn Sie den Titel verwenden.
- Formulieren Sie Ihr Anliegen kurz und präzise.
- Nutzen Sie eine höfliche Grußformel, wie »Mit freundlichen Grüßen«.
- Signieren Sie die E-Mail mit Ihrem Vor- und Zunamen.

2.3 Lernen gestalten

Lernen ist ein facettenreicher Prozess. Lernen kann man lernen, denn es gibt eine Vielzahl an Lernstrategien, die beim Kompetenzerwerb hilfreich sind. Je intensiver Sie sich mit dem Lernstoff auseinandersetzen, desto größer ist die Behaltensleistung, also die Fähigkeit, sich Informationen langfristig einzuprägen und bei Bedarf abrufen zu können.

Es gibt zahlreiche Lernratgeber, die das Thema Lernen in all seinen Facetten gründlich beleuchten. Das entspricht nicht meinem Anspruch mit diesem Buch. Ich möchte Ihnen aus meiner langjährigen Erfahrung als Lehrerin berichten, welche Lernstrategien sich in der Praxis bewährt haben und gut umsetzbar sind. Lernstrategien sind ein kreativer, individueller Prozess, und jeder muss seinen eigenen Weg finden und gehen. Mein Tipp ist, dass Sie herausfinden, was gut für Sie ist, um so möglichst viel Spaß am Lernen und den größtmöglichen Erfolg zu haben.

Alle Sinne

Es ist wissenschaftlich belegt, dass es sich leichter lernt, wenn möglichst viele Sinne einbezogen werden – wenn Informationen also über Sehen, Hören, Fühlen, Schmecken und Riechen ins Gedächtnis gelangen. Im Grundschulbereich ist es beispielsweise bei Themen wie Obst- und Gemüsesorten gut möglich, verschiedene Sinne einzubeziehen. Bei unserem Thema Wirtschaftswissenschaften lässt sich dies nicht immer so leicht umsetzen, trotzdem ist es möglich. Anhand des Beispiels »Bilanz« (siehe Abschnitt 13.2) möchte ich Ihnen aufzeigen, wie sich beim Lernen viele Sinne integrieren lassen:

- **Sehen:** Visualisieren Sie den Aufbau der Bilanz, indem Sie grafische Darstellungen nutzen. Setzen Sie Farben ein: Kennzeichnen Sie das Vermögen z. B. mit Grün und das Fremdkapital mit Rot.
- **Hören:** Beim Besuch der Veranstaltungen an der Universität hören Sie den geforderten Lernstoff, deshalb ist eine Teilnahme an Vorlesungen und Seminaren besonders zu empfehlen. Zu Hause können Sie sich selbst oder einem Lernpartner die Bilanz laut erklären. Auch das Schauen von Lernvideos zum Thema ist nützlich, um den Hörsinn mit einzubeziehen.
- **Fühlen:** Schreiben Sie alle Bilanzposten auf Karten und verschieben Sie diese so, dass eine korrekte Bilanz entsteht.
- **Schmecken:** Der Geschmackssinn ist bei abstrakten Themen wie der Bilanz schwer zu integrieren, jedoch können Sie Geschmacksreize setzen, die als Gedächtnisanker dienen. Zum Beispiel können Sie ein Stück Schokolade essen, wenn Sie sich mit der Aktivseite der Bilanz beschäftigen. Somit wird eine Assoziation zum Thema geschaffen.
- **Riechen:** Ein bestimmter Geruch kann, ähnlich wie beim Geschmackssinn, als Gedächtnisstütze wirken. So kann ein ätherisches Öl während des Lernens die Erinnerung an den Lernstoff unterstützen.

  Generell können ätherische Öl, die von hoher Qualität sind, die Stimmung, Konzentration und Gedächtnisleistung positiv unterstützen, weil sie das limbische System im Gehirn stimulieren, das auch für das Gedächtnis und die Speicherung von Erinnerungen zuständig ist. Eine Vertiefung der Thematik kann hier nicht erfolgen, aber wenn Sie sich vorstellen können, dass diese Art der Lernunterstützung hilfreich für Sie sein könnte, möchte ich Sie dazu ermutigen, es auszuprobieren.

Ein Tipp noch: Seien Sie kreativ in der Gestaltung von nützlichen Lerntools und testen Sie, was Ihnen im Lernprozess dienlich ist.

Lerntypen

Bevor wir näher auf die Lernstrategien eingehen, schauen wir uns die verschiedenen *Lerntypen* an. Man unterscheidet:

- **Auditiver Lerntyp:** Menschen vom auditiven Lerntyp lernen am besten durch Hören. Der Austausch mit anderen hilft ihnen, den Lernstoff besser zu verstehen und nachhaltig zu verinnerlichen. Beispielsweise könnten Sie sich beim Wiederholen des Lernstoffes aufnehmen und immer wieder anhören.
- **Visueller Lerntyp:** Hier wird am besten durch Sehen gelernt. Notizen, Grafiken und auch Mindmaps, die grafisch schön aufbereitet sind, z. B. mit verschiedenen Farben, helfen beim Lernprozess.
- **Motorischer Lerntyp:** Dieser Lerntyp lernt durch praktisches Tun und Bewegung. Beispielsweise nützt es hier, beim Lernen im Zimmer auf und ab zu gehen oder einen Spaziergang im Freien zu machen.
- **Kommunikativer Lerntyp:** Gelernt wird am besten durch Austausch und Diskussion. Wichtig ist es hier, aktiv an Seminaren teilzunehmen, denn das unterstützt den kommunikativen Lerntyp beim Lernen.

Welcher Lerntyp sind Sie? Wenn Sie es noch nicht wissen, hören Sie in sich hinein oder machen Sie einen im Internet verfügbaren Test, um herauszufinden, wie Sie am besten lernen.

Und welcher Pausentyp sind Sie? Dass ausreichend Pausen wichtig sind, wissen Sie bereits. Aber wissen Sie auch, was Ihnen hilft, wieder einen klaren Kopf zu bekommen? Es kann tatsächlich helfen, sich das nicht nur zu überlegen, sondern aufzuschreiben! So können Sie im »Notfall« nachschauen. Ein paar Beispiele hierfür könnten sein:

Spaziergang an der frischen Luft, Nervennahrung, Lieblingsmusik hören, Stille, Meditation, Atempause, Kaffee/Tee trinken, Telefonat mit der besten Freundin/dem besten Freund, Entspannungsbad, Yoga, Sport, Wohlfühloutfit anziehen.

Lernstrategien

Mit Lernstrategienstrukturieren Sie Ihre Arbeit, um effektiv zu lernen. Vielleicht finden Sie in der folgenden Liste mit bewährten Strategien den ein oder anderen Impuls:

- **Planung**
  - Lernziele festlegen
  - Lerninhalte abgrenzen
  - Vorwissen identifizieren
  - Lern- und Zeitplan erstellen: Überlegen Sie sich, was Sie wann lernen müssen. Schauen Sie, wie viel Zeit Sie zur Verfügung haben, und planen Sie ausreichend Pausen und Zeit-

puffer ein. Verteilen Sie dann die Lerninhalte auf die Zeitfenster. Vergessen Sie nicht, Zeit für Wiederholungen einzuplanen. Berücksichtigen Sie hier ebenfalls Ihre persönlichen Befindlichkeiten, beispielsweise zu welcher Tageszeit Sie am besten lernen.

- **Lernstrategien allgemein**
  - wichtige Inhalte farbig markieren
  - Inhalte strukturieren
  - Zusammenhänge erkennen
  - Zusammenfassungen erstellen, z. B. in Form von Mindmaps und Diagrammen
  - Übungen durchführen
  - das Thema wiederholen
  - das Thema Dritten präsentieren

Beherzigen Sie den Tipp, der schon vor der Liste steht: Recherchieren Sie erst einmal selbst oder tauschen Sie sich mit Ihren Kommilitonen aus.

Lerntechniken, die sich in der Praxis als äußerst effektiv erwiesen haben, sind z. B. *Mindmaps*, die *Loci-Methode* oder die *Feynman-Methode*.

Auch Lerngruppen haben einen großen Mehrwert im Lernprozess. Wenn Sie individuelles Lernen bevorzugen oder in der Gruppe leicht ablenkbar sind, sind Lerngruppen eher weniger geeignet. Wenn Sie sich aber vorstellen können, zusammen mit anderen zu lernen, tun Sie sich mit Kommilitonen und Kommilitoninnen zusammen, denn eine Lerngruppe, die ein gemeinsames Lernziel verfolgt, hat viele Vorteile. Eine Lerngruppe macht sich das Schwarmwissen zunutze, d. h. die kollektive Intelligenz einer Gruppe. Die individuellen Kenntnisse und Erfahrungen der einzelnen Gruppenmitglieder tragen dazu bei, Verständnisfragen zu klären, schwierige Probleme zu lösen und kreative Ideen zu entwickeln. Was der eine nicht weiß, weiß vielleicht die andere. Bei komplexen Themen ist dies ein äußerst wertvolles Instrument. Entscheiden Sie für sich, ob diese Art des Lernens gewinnbringend für Sie ist.

An vielen Universitäten gibt es Kurse zum Thema Lernen. Auch die Studienberatungen und die psychotherapeutischen Beratungsstellen der jeweiligen Hochschule geben Anleitungen, wie man lernt. Sollten Sie weitere Tipps hierfür brauchen, scheuen Sie sich nicht, Kontakt mit den jeweiligen Stellen aufzunehmen.

2.4 Studienplan und Prüfungen

Jede Hochschule strukturiert das Studium der Wirtschaftswissenschaften individuell. Wie genau der Studiengang aufgebaut ist, erfahren Sie in den jeweiligen Modulhandbüchern der Universität – diese sind in der Regel online abrufbar. Dort finden Sie alle wichtigen Informationen zum Studienaufbau, zu den Anforderungen und zu den Prüfungsleistungen, die Ihnen helfen, Ihren individuellen Semesterplan zu erstellen.

Das Ziel des Studiengangs ist es, den Studierenden wissenschaftlich fundierte Kenntnisse und Methoden der Wirtschaftswissenschaften zu vermitteln und sie mit den Anwendungsmöglichkeiten in der Praxis vertraut machen. Wie bereits erwähnt, hängt die konkrete Gestaltung des Bachelorstudiums stark vom Angebot der jeweiligen Hochschule ab. Nachfolgend wird daher ein möglicher Studienaufbau dargestellt. In der Regel gliedert sich das Bachelorstudium in zwei Studienabschnitte:

1. in die *Assessment-Phase* (*Pflichtbereich/Fundamentum*), oftmals in den ersten zwei Semestern, und
2. in die *Bachelor-Phase*. Sie beginnt normalerweise mit dem dritten Semester.

In der Assessment-Phase müssen Sie eine bestimmte Anzahl von Klausuren bestehen. Das ist der sogenannte Pflichtbereich, dessen Module alle Studierenden der Wirtschaftswissenschaften ablegen müssen. Ab dem ersten Semester können Sie Module aus einer bestimmten Studienrichtung belegen. Diese Studienrichtungen können beispielsweise sein: »Arbeit und Personal«, »Marketing und Customer Insights« oder »Steuern«. Wenn Sie später einmal in einer Werbeagentur arbeiten möchten, ist es sinnvoll, die Studienrichtung »Marketing und Customer Insights« zu wählen. Wenn Sie Steuerberater*in werden möchten, nehmen Sie die Studienrichtung »Steuern«. Bei der Modulwahl können Sie also nach Ihren persönlichen Zielen differenzieren.

Mit der Wahl der Studienrichtungen spezialisieren Sie sich auf einen bestimmten Bereich, der später auch als Grundlage für den Master-Studiengang dient.

Spätestens mit Beginn des dritten Semesters wählen die Studierenden einen Studienschwerpunkt aus:

- Betriebswirtschaftslehre
- Volkswirtschaftslehre
- Wirtschaftsinformatik
- Wirtschafts- und Betriebspädagogik

Im Kernbereich des Schwerpunktes BWL sind ebenfalls bestimmte Pflichtmodule zu absolvieren, z. B. »Kostenrechnung und Controlling« oder »Investition und Finanzierung«.

Für die Erstellung Ihres Studienplans möchte ich Ihnen folgende Empfehlungen mit auf den Weg geben:

- Informieren Sie sich über die Anforderungen des Semesters und definieren Sie hieraus Ihre Lernziele.
  - Die Fachschaften und Fachstudienberatungen unterstützen Sie hierbei.

  - Der Austausch mit anderen Studierenden aus höheren Semestern ist ebenfalls gewinnbringend.
  - Sehr ans Herz legen möchte ich Ihnen die Informationsveranstaltungen zum Studiengang beziehungsweise die Einführungsveranstaltungen zu Beginn des ersten Semesters. Hier erhalten Sie alle wichtigen Informationen rund um das Studium, einschließlich dessen Aufbau.
- Erstellen Sie sich frühzeitig eine Übersicht über die notwendigen Vorlesungen, Seminare und Übungen.
- Bringen Sie die geforderten Prüfungsleistungen in Erfahrung und erstellen Sie sich eine Übersicht darüber mitsamt den Prüfungs- und Abgabeterminen.

  Informieren Sie sich hier über die *Operatoren*. Operatoren legen fest, wie der Lernstoff bearbeitet oder präsentiert werden soll. Sie geben Studierenden eine klare Orientierung darüber, was von ihnen erwartet wird. Auch hier gilt, dass jeder Lehrstuhl entscheidet, was gefordert ist. Auch wenn Operatoren grundsätzlich einheitlich verwendet werden, empfiehlt es sich, auf der Homepage des jeweiligen Lehrstuhls nachzuschauen oder direkt nachzufragen, welche Anforderungen konkret gelten. Nur wenn Sie die Vorgaben entsprechend den Operatoren genau einhalten, können Sie mit einer guten Bewertung rechnen. Die Universität der Bundeswehr Hamburg hat auf ihrer Homepage eine übersichtliche Darstellung der Operatoren veröffentlicht. Sie finden sie unter: *http://r-wrk.de/operatoren*
- Erstellen Sie einen Zeitplan für Ihre Veranstaltungen. Integrieren Sie ebenfalls fixe Zeiten für Lern- und Vertiefungsphasen sowie zeitliche Puffer, sodass Sie flexibel auf unvorhersehbare Ereignisse reagieren können.
- Berücksichtigen Sie ebenfalls externe Verpflichtungen, wie Arbeitszeiten Ihres Nebenjobs.
- Halten Sie den Rückmeldezeitraum ein.

2.5 Grundlagen des wissenschaftlichen Arbeitens

Wissenschaftliches Arbeiten ist in allen akademischen Disziplinen die zentrale Arbeitsweise. Deshalb sind fundierte Kenntnisse in diesem Bereich unabdingbar für Studierende der Wirtschaftswissenschaften. Auch hier gibt jeder Lehrstuhl die Regeln vor. Meist sind auf den Homepages detaillierte Leitfäden zu finden, die sehr akribisch Auskunft über die Arbeitsweise geben. Recherchieren Sie, ob es bei dem Lehrstuhl, bei dem Sie eine wissenschaftliche Arbeit abgeben müssen, auch so eine Anleitung gibt – und wenn ja, halten Sie sich an diese Vorgaben. Die Dozenten sind da meist sehr penibel, wenn es um *Formvorschriften* gibt. Wenn Sie nach ihren Vorgaben arbeiten, verlieren Sie hier keine wertvollen Punkte bei der Bewertung.

Für einen ersten Einstieg führe ich nachfolgend Grundkenntnisse zum wissenschaftlichen Arbeiten auf.

Wenn Sie eine wissenschaftliche Arbeit anfertigen müssen, sollen Sie dem Prüfer beziehungsweise der Prüferin zeigen, dass Sie in der Lage sind, eine Problemstellung selbstständig mithilfe von wissenschaftlichen Methoden zu bearbeiten und zu begründen. Die Prüfenden beurteilen, ob Sie das Problem strukturiert, also Schritt für Schritt, untersuchen und die Ergebnisse fachgerecht darstellen. Der Wortlaut einer wissenschaftlichen Arbeit muss von einem Fachpublikum verstanden werden. Die Sprache muss sachlich, klar und präzise sein.

Am Anfang einer wissenschaftlichen Arbeit steht die Forschungsfrage, auf die mithilfe einschlägiger Literatur Antworten gesucht werden. Die verwendete Literatur muss dabei dem *aktuellen Forschungsstand* entsprechen. Sie kann, je nach Prüfungsfach, sowohl deutschsprachige als auch englischsprachige Fachliteratur umfassen. Recherchieren Sie gründlich und scheuen Sie sich auch nicht davor, Dozierende nach Literaturtipps zu fragen. Das bringt Sie schneller voran und Sie sparen sich eventuell mühsame Literaturrecherche.

Die wichtigste Informationsquelle für die wissenschaftliche Arbeit ist die Literaturrecherche. Denken Sie vielseitig bei der Informationsbeschaffung und beziehen Sie viele verschiedene Quellen mit ein – Stichwort »Quellenvielfalt«. Ein paar grundlegende Quellen sind:

- **Online-Kataloge von Universitätsbibliotheken:** für Bücher, Zeitschriften und Aufsätze
- **Dissertationen und wissenschaftliche Arbeiten:** Sie eignen sich besonders für Anregungen zum Aufbau oder zur verwendeten Fachtheorie.
- **Online-Kataloge von Stadtbibliotheken:** Stadtbibliotheken haben meist eine gute Auswahl und oft auch eine andere Auswahl als die Universitätsbibliotheken. Diese Literatur kann Ihnen helfen, Ihren Blick auf die Thematik zu weiten.
- **Karlsruher Virtueller Katalog (KVK):** Das ist eine Meta-Suchmaschine, die zahlreiche Bibliotheks- und Buchhandelskataloge durchsucht.
- **Datenbanken:** Datenbanken, z. B. *Google Scholar*, sind eine wichtige Quelle für die Literaturrecherche.
- **Online-Bibliothek der Verlage:** Auch Verlage, z. B. der Rheinwerk Verlag, bieten Online-Bibliotheken an.
- **Lehrbücher und Fachbücher:** Ein Standwerk für die Betriebswirtschaftslehre ist die *»Einführung der Betriebswirtschaftslehre«* von Günter Wöhe. Es hinterlässt auch einen guten Eindruck, wenn Sie die Bücher des beteiligten Professors mit einfließen lassen.
- **ResearchGate:** Das ist eine Netzwerkplattform für den wissenschaftlichen Austausch mit Forscher*innen weltweit. Sie bietet Zugang zu den jeweiligen Forschungsarbeiten.

Wie oben erwähnt, soll die *Sprache in wissenschaftlichen Arbeiten* klar, sachlich und präzise sein. Umgangssprachliche Formulierungen oder Modewörter, die vor allem in der verbalen Kommunikation verwendet werden, haben in ihnen keinen Platz.

Wenn Sie *Abkürzungen* verwenden, dann nur im geringen Maße und mit einem Abkürzungsverzeichnis zu Beginn der Arbeit. Der Schreibstil sollte wissenschaftlich sein, jedoch nicht durch viele unverständliche Fremdwörter verkompliziert werden.

Achten Sie auf *gendergerechte Formulierungen*. Doppelformen wie »Studentinnen und Studenten« oder auch »Student/innen« berücksichtigen nur die weibliche und männliche Form, nicht jedoch die dritte Option *divers*. In akademischen Texten findet oft der Gender-Gap (_) Anwendung, z. B. »Student_innen«. Es ist grundsätzlich sinnvoll, geschlechtsneutrale Formulierungen zu verwenden, beispielsweise »Studierende« oder Abstraktionen (»Zuhörer«, »Leserschaft«).

Gehen Sie sparsam mit *Fußnoten* um, da diese den Lesefluss unterbrechen. Besser ist es, wenn Sie Erklärungen im Fließtext mit einfließen lassen.

Abbildungen und Tabellen sind für eine verständliche Darstellung der Thematik oft notwendig. Die Abbildung oder Tabelle wird nummeriert und mit einem Titel versehen, z. B. »Abbildung 1: [Titel der Abbildung] (Literaturangabe)«. Je nach Vorgaben des Lehrstuhls werden meist nach dem Inhaltsverzeichnis das Abbildungsverzeichnis und das Tabellenverzeichnis eingefügt, um eine übersichtliche Darstellung der verwendeten Abbildungen und Tabellen zu liefern.

Das *Zitieren* der verwendeten Literatur ist eine herausfordernde Tätigkeit, denn wird fehlerhaft oder gar falsch zitiert, steht der Verdacht eines Plagiats im Raum. Achten Sie deshalb hier ganz besonders auf gewissenhaftes Arbeiten. Ein paar grundsätzliche Zitierregeln werden nachfolgend angesprochen, auch wenn gilt, dass die Fakultäten oder Lehrstühle oft detaillierte Leitfäden zu diesem Thema veröffentlichen.

Es gibt verschiedene *Zitierstandards*. In der Betriebswirtschaftslehre wird häufig der Standard der American Psychological Association (APA), angepasst an die deutsche Sprache, verwendet. Da jeder Lehrstuhl eigene Vorgaben bevorzugt, empfehle ich Ihnen, die jeweiligen Richtlinien Ihrer Hochschule bzw. des Lehrstuhls sorgfältig zu prüfen und entsprechend anzuwenden.

Bei der Arbeit mit der Literatur gibt es vor allem zwei wichtige *Verweisarten*:

- das wörtliche Zitat
- das sinngemäße Zitat

Beim *wörtlichen Zitat*, auch *direktes Zitat* genannt, wird ein Textabschnitt wortwörtlich aus der Quelle entnommen und in Anführungszeichen gesetzt. Die Quelle muss vollständig angegeben werden, einschließlich der Seitenzahl. Beispiel: *»Die Betriebswirtschaftslehre ist ein Zweig der Ökonomik, d. h. der Lehre vom vorsichtigen Umgang mit knappen Gütern.« (Wöhe, 2023, S. 13)* Wörtliche Zitate sollten sparsam verwendet werden, da sie kein Ersatz für eigene Formulierungen sind.

Bei *sinngemäßen Zitaten* geben Sie den Inhalt der Quelle in eigenen Worten wieder. Trotzdem muss die Quelle auch hier angegeben werden, nämlich so: *Die Betriebswirtschaft ist ein Teilbereich der Ökonomik, also der Wissenschaft vom effizienten Umgang mit begrenzten Ressourcen. (vgl. Wöhe, 2023, S. 13)*

Besondere Regeln, beispielsweise zu Zitaten bei unbekannten Autoren oder zu Zitaten aus mehreren Werken, entnehmen Sie bitte den Zitierleitfäden der Fakultäten beziehungsweise der Lehrstühle.

Für die Literaturarbeit können *Literaturverwaltungsprogramme* hilfreich sein, weil sie Quellen effizient organisieren und verwalten. Sie erleichtern die Zitierarbeit beim Schreiben von wissenschaftlichen Arbeiten, indem sie z. B. automatisch Zitationen und Literaturverzeichnisse erstellen. Zudem bieten sie weitere Funktionen zur Verwaltung der Literatur an. Manche der Programme sind Freeware, andere kostenpflichtig. Oft gibt es an Universitäten Campus-Lizenzen für Studierende für die kostenlose Nutzung der Vollversion des jeweiligen Programms. Wenn Sie auf der Homepage Ihrer Universität beziehungsweise im Internet recherchieren, finden Sie sicherlich das richtige Programm für sich.

2.6 Lösungen

Abschließend kommt hier noch die Auflösung unseres Rätsels vom Beginn des Kapitels:

Frage 1: Antwort c)

Frage 2: Antwort b)

Frage 3: Antwort a)

Frage 4: Antwort b)

Kapitel 3
Volkswirtschaftslehre

Unternehmen agieren nicht im luftleeren Raum, sondern sind eingebettet in wirtschaftliche, gesellschaftliche und politische Zusammenhänge – als Teil einer Volkswirtschaft. Die Volkswirtschaftslehre analysiert das »große Ganze«, also das Zusammenspiel von Märkten, Staaten, Haushalten und Unternehmen.

Knobelei zum Einstieg

Ihnen ist sicher bekannt, dass Preise durch das Zusammenspiel von Angebot und Nachfrage entstehen. Die Volkswirtschaftslehre befasst sich mit den *Märkten*, auf denen diese Prozesse stattfinden. Dem sogenannten *Gleichgewichtspreis* kommt hier eine zentrale Rolle zu: Er stellt den Preis dar, bei dem die angebotene Menge eines Produkts genau der nachgefragten Menge entspricht – Angebot und Nachfrage sind hier im Gleichgewicht.

Sie kennen sicher auch Preisvergleichsportale wie dieses:

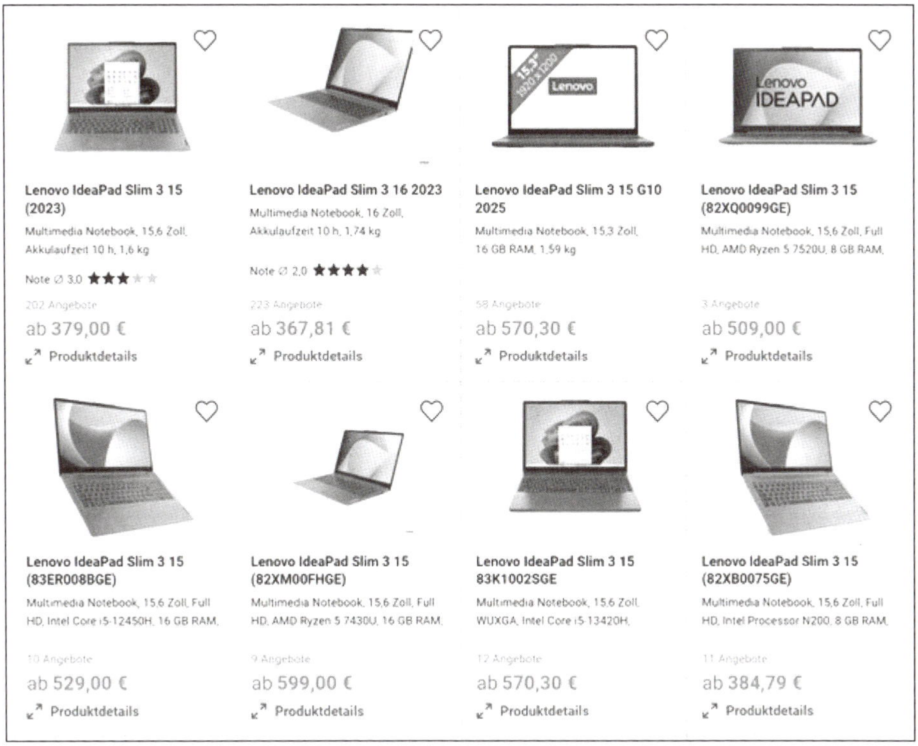

Abbildung 3.1 Preisvergleich auf »idealo.de«. Nicht überall kostet das »Lenovo IdeaPad Slim 3« mit 15 Zoll Bildschirmdiagonale gleich viel.

Wenn wir der oben genannten Theorie folgen, müsste das genannte Produkt doch eigentlich überall gleich viel kosten – oder nicht? Warum ist dies nicht der Fall? Suchen Sie hierfür bitte mehr als einen Grund. Und: Kennen Sie weitere Beispiele für Produkte mit noch größeren Preisunterschieden, und was sind Ihrer Ansicht nach die Gründe hierfür?

Zuerst zum offensichtlichen Grund: Die Angebote aus Abbildung 3.1 beschreiben nicht alle genau das gleiche Produkt. Es gibt Unterschiede in den Details, etwa beim Prozessor und bei der Ausstattung mit Arbeitsspeicher. Aber selbst mit genau gleicher Ausstattung kann es relevante Unterschiede zwischen den Angeboten geben. Ein möglicher Grund hierfür könnte darin liegen, dass ein Laptop ein *heterogenes* Produkt ist – ein Produkt, das sich trotz identischer technischer Spezifikationen in anderen, für den Kunden wahrnehmbaren und relevanten Merkmalen unterscheidet. Dazu zählen nicht nur der Kundenservice, die Lieferzeit, die Länge der Garantie oder das Markenimage, sondern auch die mögliche technische individuelle Konfiguration, z. B. bezogen auf die Prozessorwahl oder die vorinstallierte Software. Solche Unterschiede beeinflussen die Zahlungsbereitschaft der Käufer und führen somit zu unterschiedlichen Preisen. Selbst bei typisch *homogenen* Gütern (d. h., sie sind völlig gleichartig und austauschbar, wie z. B. 1 Liter Benzin) sind die Preise nur in der Theorie identisch; in der Praxis existieren ebenfalls kleine Abweichungen, beispielsweise dadurch, wie viel Menge kurzfristig verfügbar ist.

Obwohl das Modell des Gleichgewichtspreises, das in Abschnitt 3.2 noch näher erläutert wird, nur ein theoretisches Konstrukt ist, lassen sich wichtige Erkenntnisse und Regeln daraus ableiten, die Ihnen helfen, die Prozesse auf den Märkten besser zu verstehen.

In diesem Kapitel werden weitere ausgewählte Modelle vorgestellt, die das Verständnis der betriebswirtschaftlichen Inhalte ab Kapitel 4 fördern. Um die Einstiegsfrage von oben noch zu beantworten: Produkte mit großen Preisunterschieden sind in vielen Branchen zu finden, z. B. im Modebereich. Ein T-Shirt aus 100 % Baumwolle mit den gleichen Funktionen kostet im Discounter beispielsweise 5,00 € und bei einem Designer 100,00 €. Bei heterogenen Produkten sind solche Preisunterschiede, je nach Qualität, Marke usw., also immer vorhanden.

Worum geht es in diesem Kapitel?

3.1 Zielsetzung und Bedeutung der Volkswirtschaftslehre

Die Volkswirtschaftslehre (VWL) untersucht die gesamtwirtschaftlichen Zusammenhänge innerhalb einer Gesellschaft sowohl auf nationaler als auch auf globaler Ebene. Sie analysiert und erklärt die Wirtschaftsstruktur eines Landes und die damit einhergehenden Prozesse und untersucht dabei auch internationale Entwicklungen (wie die Globalisierung) oder globale Herausforderungen (wie Finanzkrisen oder Schwankungen der Energiepreise).

Unter *Wirtschaft* versteht man sämtliche praktischen wirtschaftlichen Aktivitäten, die darauf abzielen, menschliche Bedürfnisse zu befriedigen. Diese *Bedürfnisse* sind auf der einen Seite zahlreich beziehungsweise unendlich vorhanden, auf der anderen Seite sind die *Ressourcen*, die man benötigt, um diese Bedürfnisse zu befriedigen, nur begrenzt verfügbar. Das bedeutet, dass nicht alle Bedürfnisse erfüllt werden können. Deshalb ergibt sich folgendes ökonomischen Problem: *Was* soll *wie* für *wen* produziert werden?

Die VWL nimmt diese abstrakten Leitfragen in den Blick und interessiert sich dafür, wie solche Fragen im jeweiligen Wirtschaftssystem gelöst werden, z. B. in der Marktwirtschaft: Wie kommt es hier zur Preisbildung (siehe Einstiegsbeispiel und Abschnitt 3.2). In der Marktwirtschaft entscheidet nicht ein zentraler Akteur; stattdessen treffen viele Einzelakteure wie Unternehmen, Haushalte und der Staat ihre eigenen Entscheidungen, z. B. auf Basis von Preisen oder Rahmenbedingungen. Die VWL untersucht diese Entscheidungsprozesse und ihre Auswirkungen und gibt Orientierung bei ihrer Ausgestaltung.

Die Volkswirtschaftslehre geht davon aus, dass wirtschaftliches Handeln grundsätzlich unter Bedingungen der Knappheit stattfindet, denn es stehen normalerweise nie unbegrenzt Ressourcen zur Verfügung – weder Zeit noch Kapital noch natürliche Rohstoffe. Ein zentrales *Analyseziel* ist es daher, zu verstehen, wie diese knappen Ressourcen möglichst effizient eingesetzt werden können, z. B. durch die Märkte oder auch durch politische Steuerung. Dabei geht es der VWL nicht um die Festlegung politischer Ziele, sondern um die Analyse der tatsächlich stattfindenden wirtschaftlichen Prozesse und die Frage, welche Ergebnisse erzielt werden. So kann es sein, dass Ressourcen für die Produktion von Luxusgütern wie Privatflugzeugen verwendet werden, obwohl gleichzeitig ein Mangel in anderen Bereichen (z. B. bei der Infrastruktur) besteht.

Solche Beobachtungen werfen berechtigterweise die Fragen auf, wer entscheidet, wofür knappe Ressourcen eingesetzt werden, oder welche Rolle die Preise spielen. Die Frage, wie die knappen Ressourcen optimal genutzt werden können, ist nicht so einfach zu beantworten. Kann jemand entscheiden, ob ein Pfund Brot mehr Nutzen für Person A hat als für Person B? Warum entscheidet sich Person A für eine Arbeit im Büro anstatt im Baugewerbe? Da es keine allwissende Instanz gibt, die am besten entscheiden kann, wie man wirtschaftlich handelt, müssen die Indikatoren der bestmöglichen Verwendung und die Anreize für wirtschaftliches Handeln erforscht, umgesetzt und angewendet werden.

Die VWL analysiert wirtschaftliche Mechanismen und Zusammenhänge, um fundierte Entscheidungen treffen zu können. Daneben existiert auch eine *normative VWL*, die bewertet und Handlungsempfehlungen gibt.

Im Folgenden sind wichtige Bereiche aufgeführt, mit denen sich die VWL beschäftigt:

- das Entscheidungsverhalten der Menschen, z. B. wie sich Verbraucher bei steigenden Lebensmittelpreisen verhalten
- das Zusammenspiel der Akteure auf den Märkten, z. B. wie sich Angebot und Nachfrage auf die Preisbildung auswirken
- Einflüsse und Trends, die die Gesellschaft als Ganzes prägen, z. B. Maßnahmen zur Förderung nachhaltigen Wirtschaftens
- wie sich politische Maßnahmen, z. B. Konjunkturpakte, auswirken
- welche Auswirkungen die Globalisierung auf die Märkte hat
- welche Maßnahmen zur Reduktion der Arbeitslosigkeit sinnvoll sind
- wie auf einen wirtschaftlichen Abschwung reagiert werden sollte, damit sich die Wirtschaft wieder erholt

Die Liste könnte beliebig fortgesetzt werden, weil das Tätigkeitsfeld von Volkswirt*innen beziehungsweise der Volkswirtschaft enorm weitreichend ist. Um all diese Fragestellungen beantworten zu können, braucht es Gesetzmäßigkeiten. Diese entwickelt der Volkswirt, indem er wirtschaftliche Entwicklungen systematisch beobachtet und analysiert, Hypothesen basierend auf den beobachtbaren Auswirkungen von Ereignissen aufstellt und entsprechende Daten erhebt, die anschließend in theoretische Modelle überführt werden. Diese müssen regelmäßig überprüft und an neue Entwicklungen angepasst werden. Die Herausforderung dabei ist, die Komplexität der Realität in vereinfachten Modellen abzubilden und hierbei die relevantesten Aspekte zu berücksichtigen. Dieses Wechselspiel zwischen Beobachtung und Theorie ist fundamental für die volkswirtschaftliche Methodik.

Da die VWL sehr stark modell- und theoriegeleitet arbeitet, sind die mathematischen Anforderungen in der Regel höher als in der BWL. In der VWL dient die Mathematik als zentrales Analysewerkzeug. Es wird ein sicherer Umgang mit Funktionen, Gleichungen oder finanzmathematischen Konzepten sowie ein Verständnis für mathematische Modelle und statistische Verfahren vorausgesetzt. Wenn Sie die mathematischen Grundlagen des BWL-Studiums sicher beherrschen, sind Sie meiner Einschätzung nach sehr gut auf die einführenden VWL-Vorlesungen vorbereitet, in denen weiterführende Kenntnisse vermittelt werden.

Die VWL kann in zwei Bereiche unterteilt werden: *Mikroökonomie* und *Makroökonomie* (siehe Abbildung 3.2).

In den folgenden Abschnitten werden ausgewählte Instrumente zur Analyse von mikro- und makroökonomischen Untersuchungsgegenständen kurz und prägnant vorgestellt.

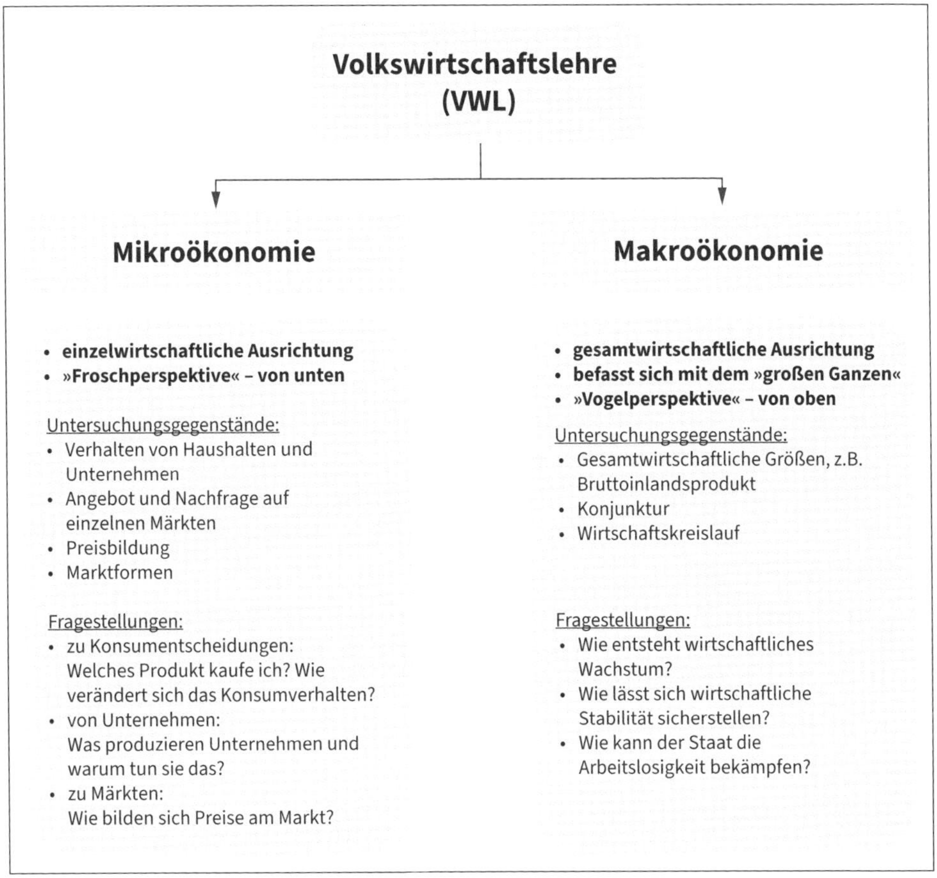

Abbildung 3.2 Bereiche der VWL

3.2 Mikroökonomie

Damit wir das »große Ganze« besser nachvollziehen können, ist es sinnvoll, dass wir uns zuerst das Verhalten einzelner Akteure, der Haushalte und der Unternehmen anschauen.

Den Ausgangspunkt für das wirtschaftliche Konsumverhalten bilden die drei grundlegenden Begriffe: *Bedürfnisse – Bedarf – Nachfrage* (siehe Abbildung 3.3).

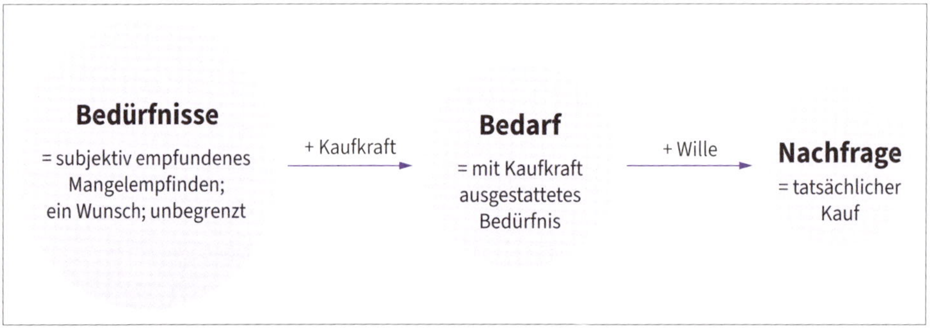

Abbildung 3.3 Bedürfnisse, Bedarf und Nachfrage

Jeder Mensch hat unterschiedliche Wünsche, die einen subjektiv empfundenen Mangel ausdrücken – diesen Mangel möchte der Mensch beseitigen. Wird ein solches **Bedürfnis** durch Kaufkraft, also durch ausreichendes Einkommen, unterstützt, spricht man von einem **Bedarf**. Sobald der Kunde seinen Kaufwunsch äußert und das Produkt tatsächlich erwirbt, entsteht eine konkrete **Nachfrage**.

Da nicht alle Bedürfnisse erfüllt werden können, müssen die *Wirtschaftssubjekte* – private Haushalte, Unternehmen, Staat (siehe auch Abschnitt 4.3) – sinnvoll mit den knappen finanziellen Mitteln umgehen. Dabei orientieren sie sich am *ökonomischen Prinzip*, das den effizienten Einsatz von Ressourcen zum Ziel hat. Man unterscheidet zwischen drei Ausprägungen (siehe Tabelle 3.1).

Prinzip	Ziel	Beispiel
Maximalprinzip	Mit einem gegebenen Input soll der größtmögliche Output erzielt werden.	Ein Unternehmen hat 1.000,00 € und versucht, davon möglichst viele Rohstoffe einzukaufen.
Minimalprinzip	Ein gegebener Output soll mit einem möglichst geringen Input erzielt werden.	Ein Unternehmen möchte 1.000 Produkte herstellen und versucht, dies mit möglichst wenig Material und Zeit zu schaffen.
Optimumprinzip	Es soll ein möglichst optimales Verhältnis zwischen Input und Output erzielt werden.	Ein Unternehmen stellt 1.200 Produkte mit einem moderaten Einsatz an Zeit und Energie her.

Tabelle 3.1 Ökonomisches Prinzip

Aufgabe 1: Das ökonomische Prinzip

Wenden Sie das ökonomische Prinzip einmal selbst an. Formulieren Sie für jedes Prinzip ein Beispiel zum Thema »Lernen im Studium«.

Schauen wir uns nun die *Preisbildung auf dem Markt* (siehe Eingangsbeispiel) noch etwas genauer an.

Markt

Ein *Markt* ist ein realer oder virtueller Ort, an dem Unternehmen als Anbieter (*Angebot*) und die Kunden als Käufer (*Nachfrage*) zusammentreffen, um Güter und Dienstleistungen zu handeln. Durch dieses Zusammenspiel von Angebot und Nachfrage wird ein Preis für die angebotenen Waren gebildet.

Das Unternehmen als Anbieter möchte seine Produkte zu einem möglichst hohen Preis verkaufen, die Nachfrager hingegen möchten das bevorzugte Produkt zu einem möglichst niedrigen Preisen erwerben. Die Aufgabe des Marktes besteht darin, einen Ausgleich zwischen diesen beiden Interessen herzustellen und einen Marktpreis zu bilden.

Bevor wir uns die Systematik der Preisbildung anschauen, müssen wir noch zwischen *vollkommenen* und *unvollkommenen Märkten* unterscheiden.

Der *vollkommene Markt* ist ein theoretisches Idealmodell der VWL, das auf folgenden Annahmen basiert:

- Es existiert ein einheitlicher Preis für ein bestimmtes Produkt.
- Alle Marktteilnehmer handeln rational: Sie haben keine persönlichen, sachlichen, zeitlichen und räumlichen Präferenzen.
- Es herrscht völlige Markttransparenz. Das bedeutet, dass allen Marktteilnehmern sämtliche entscheidungsrelevanten Informationen über den Markt (z. B. Preise, angebotene Mengen und Qualitäten) vollständig bekannt sind.
- Es herrscht Homogenität aller Güter.
- Es gibt eine unendlich schnelle Reaktion auf Veränderungen.

Der *unvollkommene Markt* ist das Gegenstück zum Modell des vollkommenen Marktes. Er liegt vor, wenn mindestens eine Annahme des vollkommenen Marktes nicht erfüllt ist – er beschreibt also realistische Marktbedingungen.

Auch wenn diese idealtypischen Bedingungen in der Realität kaum vollständig anzutreffen sind, betrachten wir im Folgenden die *Preisbildung auf dem vollkommenen Markt*, denn gerade hier lässt sich die grundlegende Funktionsweise von Märkten besonders gut veranschaulichen (siehe Abbildung 3.4).

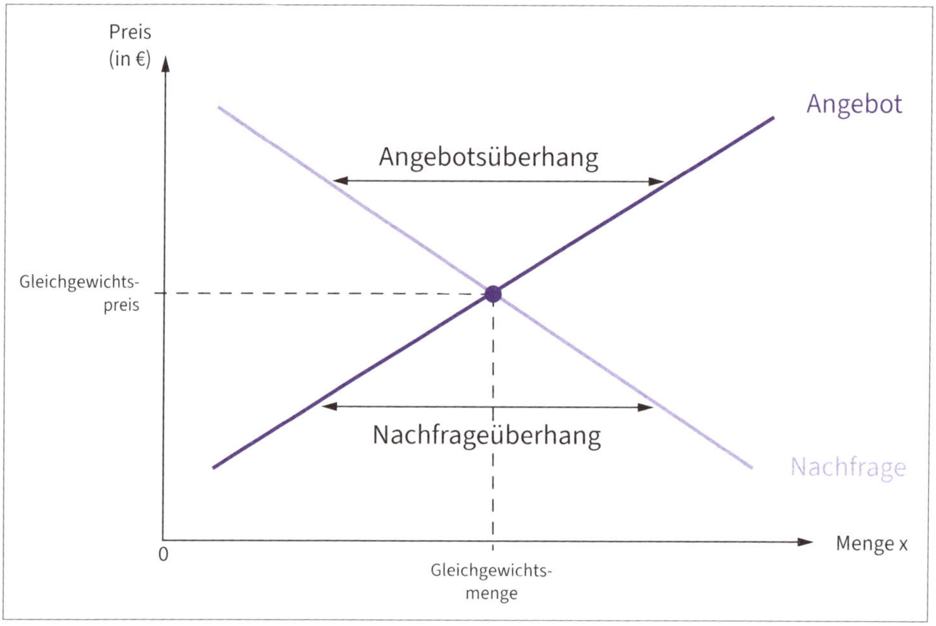

Abbildung 3.4 Preisbildung auf dem vollkommenen Markt

Mit zunehmendem Preis steigt die angebotene Menge und die nachgefragte Menge sinkt. Mit abnehmendem Preis sinkt die angebotene Menge und die nachgefragte Menge steigt. Dabei handelt es sich um aggregierte Angebots- und Nachfragekurven; das bedeutet, dass die Entscheidungen vieler einzelner Anbieter und Nachfrager zusammengefasst werden. Eine Vielzahl von Entscheidungsträgern entscheidet, ob sie bereit sind, ein Produkt zu einem bestimmten Preis zu kaufen bzw. zu produzieren.

Betrachtet man die aggregierte Nachfragekurve, möchte die Gesamtheit der Konsumenten ein Produkt bei einem Preis nahe 0 in sehr großer Menge kaufen. Durch die unterschiedlichen Zahlungsbereitschaften, die sich aus den individuellen Präferenzen ergeben, sind bei steigenden Preisen immer weniger Personen bereit, das Produkt zu kaufen, weil der Preis ihren Nutzen übersteigt. Somit ist die Marktnachfrage sinkend im Produktpreis. Die Zusammenführung von Angebot und Nachfrage ergibt am Schnittpunkt das *Marktgleichgewicht*, den *Gleichgewichtspreis* und die *Gleichgewichtsmenge*.

Marktformen

Die Marktformen beschreiben die Struktur eines Marktes, also das Verhältnis von Angebot und Nachfrage sowie den Grad des Wettbewerbs. Je nach Marktform verläuft die Preisbildung unterschiedlich, wie Tabelle 3.2 zeigt.

	Ein Nachfrager	**Wenige Nachfrager**	**Viele Nachfrager**
Ein Anbieter	Beidseitiges Monopol (z. B. Bundeswehr kauft Spezial-Kampfflugzeuge)	Beschränktes Angebotsmonopol (z. B. Medikamente bei seltenen Krankheiten)	Angebotsmonopol (z. B. Abwasserverband)
Wenige Anbieter	Beschränktes Nachfragemonopol (z. B. Bundeswehr kauft Spezial-Fahrzeuge)	Beidseitiges Oligopol (z. B. Luxusautos)	Angebotsoligopol (z. B. Hersteller von Smartphones)
Viele Anbieter	Nachfragemonopol (z. B. Staat baut neue Straßen)	Nachfrageoligopol (z. B. Molkereien suchen Bauern)	Beidseitiges Polypol (z. B. Bäcker oder Metzger)

Tabelle 3.2 Marktformen (Bilanz Junkie, *https://www.bilanz-junkie.de/wissensdatenbank/vwl/markt-und-preis/*, aufgerufen am 19.06.2025)

3.3 Makroökonomie

Da die Makroökonomie nicht unser Schwerpunkt ist, werden wir dieses Themengebiet nur überblicksmäßig behandeln. Um die betriebswirtschaftlichen Grundlagen besser zu verstehen, hilft Ihnen grundlegendes Wissen über die volkswirtschaftlichen Produktionsfaktoren, den Wirtschaftskreislauf sowie den Konjunkturzyklus.

Die Ressourcen einer Volkswirtschaft, die sogenannten *volkswirtschaftlichen Produktionsfaktoren* bestehen aus Arbeit, Boden und Kapital, und auch der technische Fortschritt/Wissen zählt dazu (siehe Abbildung 3.5).

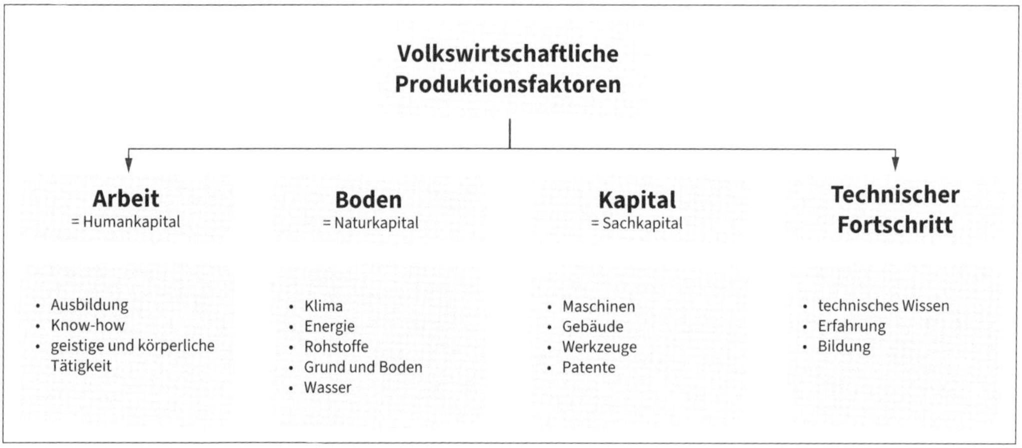

Abbildung 3.5 Volkswirtschaftliche Produktionsfaktoren

Die betriebswirtschaftlichen Produktionsfaktoren finden Sie in Abbildung 8.2.

Im nächsten Schritt zeigt der *Wirtschaftskreislauf* unter anderem, wie die Produktionsfaktoren eingesetzt werden. Unter *https://www.munich-business-school.de/l/bwl-lexikon/wirtschaftskreislauf* finden Sie ausführliche Informationen zum einfachen und erweiterten Wirtschaftskreislauf.

Auch zum *Konjunkturzyklus* finden Sie hier kompakte Informationen: *https://www.munich-business-school.de/l/bwl-lexikon/finanzwissen/rezession*.

Sie haben damit die grundlegenden Begriffe der VWL kennengelernt und sind nun gut vorbereitet auf die kommenden betriebswirtschaftlichen Kapitel.

3.4 Lösungen

Aufgabe 1 hat natürlich keine vollständige Musterlösung. Als kleine Anregung habe ich Ihnen hier ein Lösungsbeispiel in tabellarischer Form zusammengestellt:

Prinzip	Ziel	Beispiel
Maximalprinzip	Ressource: 10 Stunden Zeit → Das Ziel ist eine gute Note.	In dieser Zeit wird effizient gearbeitet, um möglichst viel Wissen aufzunehmen, damit eine gute Note erzielt wird.
Minimalprinzip	Eine Prüfung bestehen, z. B. mit der Note 4,0.	So wenig Zeit wie möglich investieren, um gerade die nötigen Punkte zu erreichen.
Optimumprinzip	Weder Note noch Zeitaufwand ist genau vorgegeben.	Mit einem angemessenen Zeiteinsatz wird eine gute Note erreicht.

Tabelle 3.3 Übungsaufgabe 1 – Lösung

Kapitel 4

Betriebswirtschaftslehre – die Welt eines Unternehmens

Unternehmen streben nach Erfolg und stehen in einer dynamischen, sich ständig wandelnden Welt. Um im internationalen Wettbewerb zu bestehen, müssen sie strategisch und zugleich flexibel agieren. Zahlreiche Einflussfaktoren sind dabei zu berücksichtigen. Die Betriebswirtschaft bietet hierfür grundlegende Ansätze und Orientierung.

Knobelei zum Einstieg

Stellen Sie sich vor, Sie gründen ein Unternehmen. Was ist Ihnen wichtig? Dass Sie möglichst viel Gewinn erwirtschaften? Dass Sie möglichst sozial agieren und sich Ihre Mitarbeitenden bei Ihnen wohlfühlen? Dass Sie möglichst ökologisch handeln, weil die Umwelt unsere Lebensgrundlage ist? Oder ist Ihnen bei Ihrer unternehmerischen Tätigkeit vor allem das Wohlergehen der Gesellschaft wichtig? Überlegen Sie sich für den Einstieg in dieses Kapitel doch mal drei betriebswirtschaftliche Fragen, die Sie vor Beginn Ihrer Geschäftstätigkeit unbedingt noch klären sollten.

Wenn Sie jetzt im Unternehmer*innen-Mindset angekommen sind, starten wir gemeinsam in die Welt der BWL: Eine der zentralen betriebswirtschaftlichen Fragen zu Beginn einer unternehmerischen Tätigkeit betrifft das Kapital: Verfügen Sie über ausreichend finanzielle Mittel, um ein Unternehmen gründen zu können, oder müssen Sie auf externe Geldgeber wie Kredite oder Investoren zurückgreifen? Ebenso entscheidend ist die Wahl der Rechtsform, da sie Auswirkungen auf die Haftung, die Unternehmensführung sowie die Finanzierungsmöglichkeiten hat.

Auch sollten Sie genau analysieren, welche Zielgruppe mit ihren spezifischen Bedürfnissen angesprochen werden soll und welcher Aufwand sowie welche Kosten notwendig sind, um diese Zielgruppe gezielt und wirksam zu erreichen, damit Sie Ihre Produkte erfolgreich am Markt platzieren können.

Mit all diesen Fragen und Faktoren setzen wir uns in diesem Kapitel auseinander.

Worum geht es in diesem Kapitel?

Abschnitt 4.1, »Die Geschichte der Betriebswirtschaftslehre«

Abschnitt 4.2, »Gegenstand, Zielsetzung und Teildisziplinen der Betriebswirtschaftslehre«

Abschnitt 4.3, »Der Betrieb, das Untersuchungsobjekt der Betriebswirtschaftslehre – wichtige Begriffe«

Abschnitt 4.4, »Der Betrieb und sein Umfeld«

4.1 Die Geschichte der Betriebswirtschaftslehre

Bereits in der Antike hat man sich mit ökonomischen Fragestellungen beschäftigt, weil das Problem, wie mit knappen Gütern umgegangen werden soll (*Ökonomik*), bereits damals schon bestand. Als eigenständiges Lehrfach etablierte sich die Betriebswirtschaftslehre im

Jahr 1898, als in Leipzig, Aachen und St. Gallen (Schweiz) die ersten Handelshochschulen gegründet wurden. Einige Jahre darauf folgten Gründungen in Köln (1901), Berlin (1906) und München (1910).

Aufgrund der Industrialisierung in der zweiten Hälfte des 19. Jahrhunderts wurde die Nachfrage nach ökonomisch geschulten Führungskräften immer größer. Daher wurden Handelshochschulen gegründet, an denen kaufmännische Grundtechniken wie Buchführung oder Kalkulation sowie Kenntnisse in Rechtsfragen vermittelt wurden. Die Volkswirtschaftslehre war damals als wissenschaftliche Disziplin bereits etabliert und ihre Vertreter schauten mit Skepsis auf das neue Fach. Erst um das Jahr 1912 schaffte es die Betriebswirtschaftslehre, als eigene wissenschaftliche Disziplin anerkannt zu werden. Zu noch breiterer Anerkennung kam es, als das Fach in den 1920er-Jahren einen Beitrag zur Bekämpfung der großen *Inflation* (Anstieg des Preisniveaus, d. h., man kann mit derselben Menge Geld weniger kaufen) leisten konnte, indem der Ökonom Eugen Schmalenbach das Konzept der realen Kapitalerhaltung entwickelte. Dieses half, Unternehmensgewinne inflationsbereinigt darzustellen – eine wichtige Voraussetzung, um die tatsächliche wirtschaftliche Lage zu erkennen und Fehlentscheidungen auf Basis von Scheingewinnen zu vermeiden.

Innerhalb der Disziplin wurde zu dieser Zeit um die Ausrichtung der Forschung gerungen. Während Vertreter des *erwerbswirtschaftlichen Ansatzes* auf Gewinnmaximierung abzielen wollten, plädierten andere für den *sozialwissenschaftlichen Ansatz*, der wirtschaftliche Entscheidungen stets unter Einbeziehung sozialer Aspekte betrachtet, um z. B. ein angenehmes Arbeitsumfeld zu schaffen. In diesem Spannungsfeld bewegen sich auch heute noch verschiedene Forschungsansätze der Betriebswirtschaft, die Wöhe et al. zusammengefasst haben und die wir uns im Folgenden näher anschauen werden (vgl. Wöhe et al., »Einführung in die Allgemeine Betriebswirtschaftslehre«, S. 13ff.).

Produktionsorientierter Ansatz

Nach dem Zweiten Weltkrieg war Erich Gutenberg eine der prägendsten Figuren der deutschen Betriebswirtschaftslehre. Sein Ansatz stellte den Einsatz der Produktionsfaktoren mit dem erzielten Ertrag, den man am Ende erhält, in Beziehung, wobei die effiziente Kombination dieser Faktoren für ihn entscheidend für den Unternehmenserfolg war. Mehr dazu lesen Sie in Abschnitt 8.1, »Grundlagen der Beschaffung«.

Entscheidungsorientierter Ansatz

Gutenbergs Ansatz wurde Ende der 1960er-Jahre durch die Arbeit von Edmund Heinen erweitert. Heinen rückte die unternehmerische Entscheidungsfindung in den Fokus, vor allem beim Umgang mit knappen Gütern. Er entwickelte Werkzeuge und Entscheidungsmodelle, um unternehmerisches Handeln effektiver und zielgerichteter zu gestalten. Dabei analysierte er wichtige Entscheidungssituationen, ihre Einflussfaktoren und die Dynamik, dass unternehmerische Entscheidungen Auswirkungen über längere Zeiträume hinweg haben können. Zudem öffnete er die Betriebswirtschaftslehre für sozialwissenschaftliche Fragestellungen und wandelte die bis dahin zeitlich statische Sichtweise in eine dynamische Perspektive um.

Systemorientierter Ansatz

Der Schweizer Professor Hans Ulrich (1919–1997) stellte die klassische Betriebswirtschaftslehre infrage und forderte einen Wandel von der traditionellen Betrachtung hin zu einer modernen Managementlehre. In seinem 1968 erschienen Buch »Die Unternehmung als produktives System: Grundlagen der allgemeinen Unternehmenslehre« beschreibt er Unternehmen als leistungsfähige Gebilde, die sich in ständigem Austausch und in Interaktion mit ihrer Umwelt befinden und dadurch ständig auf neue Gegebenheiten reagieren müssen, um nachhaltig erfolgreich zu sein.

Er verbindet das Konzept der Kybernetik – also die Steuerung und Lenkung – mit dem Management eines Unternehmens. Dabei geht es darum, Führungs- und Organisationsprozesse so zu gestalten, dass das Unternehmen stabil, effizient und selbstregulierend agieren kann, um auf innere und äußere Einflussfaktoren mit komplexen und dynamischen Entscheidungssituationen flexibel und eigenständig zu reagieren. Auf Grundlage dieser Annahmen entwickelte Ulrich das sogenannte *St. Galler Management-Modell*, wodurch er als Urvater des Konzepts gilt. Es wurde stetig weiterentwickelt, wird heute immer noch gelehrt und stellt eines der bekanntesten Management-Modelle in der Betriebswirtschaftslehre dar.

Verhaltensorientierter Ansatz

Den bisherigen Ansätzen der Betriebswirtschaft lag das rationale Verhalten der beteiligten Personen und Organisationen nach dem Modell des *homo oeconomicus* zugrunde. In diesem Modell handelt der Mensch völlig rational und folgt dem Prinzip der Kosten-Nutzen-Optimierung. Beim *verhaltensorientierten Ansatz* ist dies anders. Hier wird davon ausgegangen, dass Unternehmen soziale Systeme sind und menschliche Entscheidungen nicht immer rational sind, sondern auch z. B. von persönlichen Werten und Motiven oder sozialen Beziehungen abhängen. Der verhaltensorientierte Ansatz berücksichtigt also auch psychologische, soziale und emotionale Faktoren und bezieht dafür Konzepte aus Psychologie und Sozialwissenschaften mit ein.

Wesentlich für diese Verbindung war die Arbeit von Günter Schanz, der viel dazu beigetragen hat, Unternehmen als soziale Systeme zu betrachten, um das Management zu verbessern und die Mitarbeiterzufriedenheit zu steigern. Darauf basierend werden die Managementführung und -strategien gestaltet und optimiert, damit das Führungsverhalten verbessert und die Zufriedenheit der Mitarbeitenden gesteigert wird. Günter Schanz hat damit den Anstoß gegeben, die Betriebswirtschaftslehre mit den Sozialwissenschaften zu verbinden. (vgl. Wöhe et al., »Einführung in die Allgemeine Betriebswirtschaftslehre«, S. 13ff.; Voss, »BWL kompakt«, S. 16ff.)

Umweltorientierter Ansatz

Beim umweltorientierten Ansatz fließt neben dem Ziel der Gewinnmaximierung die Verantwortung des Unternehmens gegenüber der Umwelt und Gesellschaft ins Zielsystem mit ein. Die Betriebe sind einer Vielzahl von externen Einflüssen ausgesetzt, die ökonomisch, ökologisch, gesellschaftlich, aber auch technologisch von Bedeutung sind. In Abhängigkeit von diesen äußeren Gegebenheiten muss das Unternehmen flexibel agieren und seine Strategie, Struktur und Prozesse entsprechend anpassen. Erlässt der Gesetzgeber beispielsweise neue Gesetze, muss die Unternehmung agil handeln und die Gesetze entsprechend umsetzen.

Ein Beispiel hierfür: Am 1. Januar 2023 trat das *Lieferkettensorgfaltspflichtengesetz* (*Lieferkettengesetz*) in Kraft. Es galt zunächst für Unternehmen mit mindestens 3.000 Mitarbeitenden, ab 2024 gilt es für Unternehmen mit mehr als 1.000 Arbeitnehmer*innen im Inland. Es stärkt in globalen Lieferketten sowohl die Menschenrechte als auch den Umweltschutz, indem Unternehmen verpflichtet werden, entlang ihrer gesamten Lieferkette bestimmte Standards einzuhalten. Dabei setzen sie sich für den Erhalt der Umwelt, den Schutz vor Kinderarbeit oder die Sicherstellung fairer Löhne ein.

Im Mittelpunkt des umweltorientierten Ansatzes steht vor allem die nachhaltige Nutzung von Ressourcen, durch die das Unternehmen seiner Verantwortung gegenüber der Umwelt und der Gesellschaft nachkommt. Das bedeutet, dass Unternehmen Ressourcen so nutzen, dass die Bedürfnisse der heutigen Generation gedeckt werden, gleichzeitig jedoch sicherstellen, dass diese Ressourcen langfristig erhalten bleiben und sich regenerieren können, damit sie auch zukünftigen Generationen weiterhin zur Verfügung stehen.

Situativer Ansatz (auch »Kontingenztheorie«)

Der situative Ansatz vertritt die Auffassung, dass es keine optimale Organisation, Planung und Führung gibt. Vielmehr müssen Entscheidungen stets unter Berücksichtigung der jeweiligen Situation und der aktuellen Umweltbedingungen getroffen werden. Eine allgemeingültige Lösung existiert nicht, stattdessen werden Wenn-dann-Aussagen formuliert, die die jeweilige Situation berücksichtigen, um möglichst angemessen auf konkrete Gegebenheiten reagieren zu können.

Drei Fragen für Ihr Unternehmen

Und, haben Sie sich entschieden, nach welchen Kriterien Sie Ihr Unternehmen aufbauen möchten? Welchem Ansatz folgen Sie? Haben Sie eine eindeutige Richtung oder ist es eine Kombination aus mehreren Ansätzen?

Wichtig ist für dieses Gedankenspiel, dass Sie sich bewusst machen, dass es keine Musterlösung gibt. Viele Faktoren spielen eine Rolle – und so könnten Ihre Fragen z. B. lauten: Welche Art von Unternehmen liegt vor? Welche Ziele verfolgt das Unternehmen? Welche Produkte werden verkauft? Wer ist die Zielgruppe? Wie steht das Unternehmen wirtschaftlich da? Ist das Unternehmen national oder international tätig? (... und noch viele Fragen mehr)

4.2 Gegenstand, Zielsetzung und Teildisziplinen der Betriebswirtschaftslehre

Die Betriebswirtschaftslehre befasst sich mit der Analyse, Gestaltung und Optimierung des wirtschaftlichen Handelns von Unternehmen und Organisationen im Kontext ihres Umfelds. Dieses Umfeld umfasst äußere Rahmenbedingungen, Regeln und Prinzipien, mit denen sich die Unternehmung auseinandersetzen muss. Dazu gehören beispielsweise gesetzliche Vorgaben, gesellschaftliche Verantwortung, das marktwirtschaftliche System, ökologische Anforderungen sowie unternehmensinterne Strukturen wie Hierarchien.

Ein Unternehmen verfolgt in erster Linie das Ziel, wirtschaftlichen Erfolg zu erzielen. Um das Unternehmen langfristig jedoch auf ein sicheres Fundament zu stellen, ist es wichtig, dass weitere Zielsetzungen berücksichtigt werden. Grundsätzlich können dabei unterschiedliche *Zielarten* im Fokus stehen, nämlich:

- **Wirtschaftliche Ziele:** Wirtschaftlichkeit, Gewinnmaximierung, Rentabilität
- **Soziale Ziele:** Mitarbeiterzufriedenheit, faire Arbeitsbedingungen, Berücksichtigung der Stakeholder-Interessen (*Stakeholder* sind Anspruchs- und Interessengruppen, z. B. Mitarbeiter, Lieferanten, Kunden.)
- **Ökologische Ziele:** Nachhaltigkeit, Umweltschutz

In Abhängigkeit von ihrem Umfeld und den Zielsetzungen bietet die Betriebswirtschaft Theorien und Werkzeuge an, mit denen Unternehmen ihre Prozesse an die Dynamik des Marktes anpassen können, um den größtmöglichen wirtschaftlichen Erfolg zu erzielen. Eine detaillierte Betrachtung der Unternehmensziele erfolgt in Abschnitt 5.5.

Die Betriebswirtschaftslehre gliedert sich in *Teildisziplinen*, die jeweils spezifische Aspekte des wirtschaftlichen Handelns beleuchten, um ein ganzheitliches Verständnis von Unternehmen und ihren Prozessen zu ermöglichen. Besonders wichtig ist für dieses Verständnis die folgende Unterscheidung:

- Die *Allgemeine Betriebswirtschaftslehre* untersucht Themen, die für alle Unternehmen relevant sind, z. B. den Aufbau, die Verwaltung oder die Finanzierung der Organisation. Sie vermittelt Grundlagen und Basiswissen über wirtschaftliche Abläufe und für betriebswirtschaftliche Unternehmensprozesse unabhängig von verschiedenen Branchen.
- Die *Spezielle Betriebswirtschaftslehre* hingegen konzentriert sich auf einzelne Branchen und deren Besonderheiten. So widmet sich die *Industriebetriebslehre* beispielsweise gezielt den spezifischen Grundlagen industrieller Unternehmen. Jeder Wirtschaftszweig weist charakteristische Anforderungen, Tätigkeiten sowie Produkte oder Dienstleistungen auf, die eine individuelle Betrachtung erforderlich machen. Diese Kategorisierung ermöglicht es, Unternehmen und Märkte besser zu strukturieren, Gemeinsamkeiten und Zusammenhänge zu erkennen und Strategien gezielt auf sie auszurichten. Das detaillierte Verständnis für die Funktionsweise der einzelnen Branchen unterstützt Unternehmen dabei, den spezifischen Anforderungen ihrer Branche gerecht zu werden.

Im Weiteren verzichte ich auf eine strikte Unterscheidung zwischen allgemeiner und spezieller Betriebswirtschaftslehre, da zahlreiche in diesem Buch behandelte Teilbereiche beiden Bereichen zugeordnet werden können. So gelten etwa das Rechnungswesen und das Marketing als universelle Funktionsbereiche der allgemeinen Betriebswirtschaftslehre, während deren vertiefte, branchenspezifische Ausprägungen dem Bereich der speziellen Betriebswirtschaftslehre zugeordnet werden.

Die wichtigsten Teildisziplinen der Betriebswirtschaftslehre sind: *Organisation*, *Führung*, *Beschaffung*, *Logistik*, *Produktion*, *Absatz*, *Investition und Finanzierung*, *Rechnungswesen*, *Controlling* und *Personal*. Ab Kapitel 5 stehen die einzelnen Teildisziplinen im Fokus und werden ausführlich betrachtet.

4.3 Der Betrieb, das Untersuchungsobjekt der Betriebswirtschaftslehre – wichtige Begriffe

Die Betriebswirtschaftslehre untersucht, wie bereits erläutert, wie Unternehmen ihre Ressourcen effizient einsetzen sowie Prozesse und Entscheidungen gestalten, um ihre Unternehmensziele bestmöglich zu erreichen. Unternehmen zählen neben den privaten Haushalten, dem Staat und dem Ausland zu den sogenannten *Wirtschaftssubjekten*. Sie stellen zentrale Akteure des wirtschaftlichen Geschehens dar und übernehmen eine maßgebliche Funktion im *Wirtschaftskreislauf* – dieser beschreibt die Interaktionen und den Austausch von Gütern, Dienstleistungen, Arbeit, Kapital und Geld zwischen den Wirtschaftssubjekten (siehe auch Abschnitt 3.3).

Haushalte und Betriebe

Unternehmen sind Betriebe, die Güter und Dienstleistungen für das marktwirtschaftliche Wirtschaftssystem herstellen, damit *Haushalte* ihren Bedarf decken können. Diese Unternehmen werden auch als *Produktionswirtschaften* bezeichnet. Haushalte hingegen haben das Ziel, ihre eigenen Bedarfe zu erfüllen, indem sie die von den Betrieben bereitgestellten Güter und Dienstleistungen konsumieren. In diesem Zusammenhang spricht man auch von *Konsumtionswirtschaften*.

Bei den Haushalten unterscheidet man zwischen *privaten* und *öffentlichen Haushalten*. Jede Person gehört einem privaten Ein- oder Mehrpersonenhaushalt an, öffentliche Haushalte sind der Bund, die Länder sowie die Kommunen und Gemeinden.

Betriebe, die den Bedarf anderer decken, lassen sich ebenfalls in *öffentliche* und *private Betriebe* unterteilen. Zu den öffentlichen Betrieben gehören beispielsweise Krankenhäuser oder Verkehrsbetriebe. Sie zeichnen sich in der Regel dadurch aus, dass sie im Besitz staatlicher Institutionen sind. Private Betriebe sind Unternehmen, die autonom sind, weil sie meist im privaten Eigentum sind und nach dem erwerbswirtschaftlichen Prinzip handeln und folglich eine Maximierung ihrer Gewinne anstreben. Abbildung 4.1 verdeutlicht die Ausführungen:

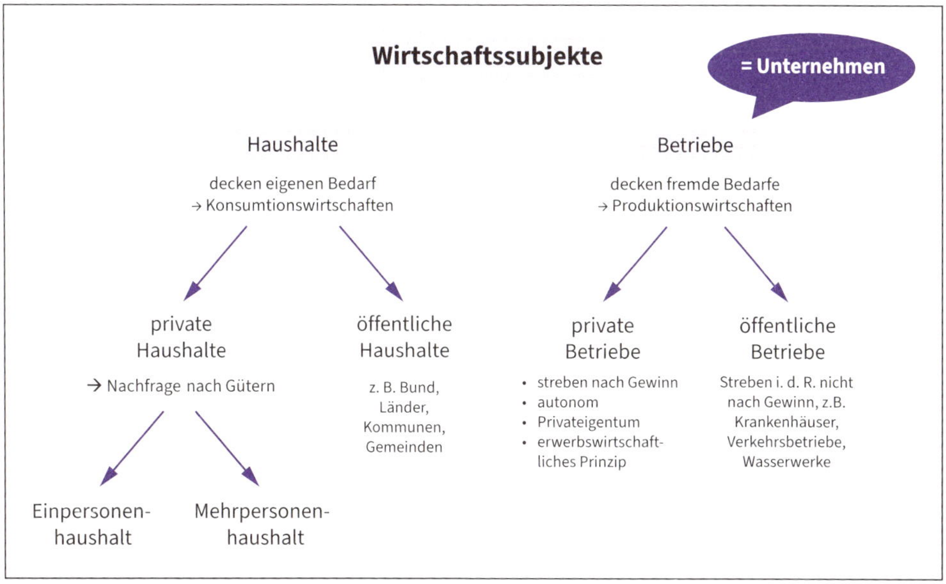

Abbildung 4.1 Wirtschaftssubjekte

Die Begriffe »Unternehmen« und »Betrieb« werden im weiteren Verlauf synonym verwendet.

Private Betriebe sind das Hauptuntersuchungsobjekt der traditionellen Betriebswirtschaftslehre und werden deshalb im Folgenden in den Mittelpunkt der Betrachtungen gestellt.

Klassifizierung von Betrieben

Betriebe können anhand verschiedener Kriterien unterschieden werden. Mögliche Klassifizierungen sind:

Klassifizierung nach der Größe des Betriebs

Eine mögliche Differenzierung lässt sich etwa über die Anzahl der Beschäftigten oder das Umsatzvolumen vornehmen. Nach dem Unternehmensregister 2022 des Statistischen Bundesamtes (vgl. destatis, *https://www.destatis.de/DE/Themen/Branchen-Unternehmen/Unternehmen/Kleine-Unternehmen-Mittlere-Unternehmen/_inhalt.html*, aufgerufen am 13.06.2025) erfolgt eine Einteilung in folgende Größenklassen:

- **Kleinstunternehmen:** bis 9 Beschäftigte und 2 Millionen Euro Umsatz
- **kleine Unternehmen:** bis 49 Beschäftigte und 10 Millionen Euro Umsatz
- **mittlere Unternehmen:** bis 249 Beschäftigte und 50 Millionen Euro Umsatz
- **Großunternehmen:** über 249 Beschäftigte und 50 Millionen Euro Umsatz

Klassifizierung nach der Güterart

Unternehmen können auch nach der Art der Güter, die sie erstellen, eingeteilt werden, nämlich in

- **Sachleistungsunternehmen:** Sie erstellen greifbare, also materielle Güter auf den Erzeugungsstufen der Urproduktion (landwirtschaftliche Betriebe) und der Weiterverarbeitung, z. B. Industrie- und Handwerksbetriebe.
- **Dienstleistungsunternehmen:** Sie erbringen immaterielle Leistungen und gehören zur tertiären Stufe, auf der Dienstleistungen bereitgestellt werden. Beispiele hierfür sind Banken, Versicherungen und Werbeagenturen.

Klassifizierung nach der Branche

Auch hier erfolgt eine Einteilung, genauso wie bei der Klassifizierung nach der Güterart, nach

- *Sachleistungsunternehmen* und
- *Dienstleistungsunternehmen*.

Eine detaillierte Übersicht darüber, welcher Betrieb welcher Kategorie zugeordnet wird, ist beim Statistischen Bundesamt verfügbar. Mit Wirkung vom 1. Januar 2025 gilt eine neue Klassifizierung der Wirtschaftszweige. Sie ist abrufbar unter: *http://r-wrk.de/klassifizierung*.

Klassifizierung nach der Art der Unternehmensziele

Hier ist die Frage, ob ein Unternehmen Gewinnmaximierung anstrebt oder ob es andere Ziele verfolgt. Es wird unterschieden zwischen

- **gewinnorientierten Unternehmen**, die nach dem erwerbswirtschaftlichen Prinzip handeln und Gewinne erzielen möchten, und
- **Non-profit-Unternehmen**, die andere, nichtmonetäre Ziele verfolgen, wie soziale, kulturelle oder ökologische Ziele.

Bedürfnisse, Bedarf und Nachfrage

Wie Sie aus Abschnitt 3.2 bereits wissen, liegt der Ursprung allen wirtschaftlichen Handelns in den *Bedürfnissen* der Menschen. Menschen haben unendlich viele Bedürfnisse, die individuell sind und sich über die Zeit verändern. Die Wirtschaft (insbesondere die Unternehmen) stellt Güter und Dienstleistungen bereit, um diese Bedürfnisse zu befriedigen. Damit stellen Bedürfnisse die treibende Kraft wirtschaftlichen Handelns dar, da sie sowohl die Grundlage von Motivation und Zufriedenheit bilden als auch Handlungsimpulse auslösen, um deren Befriedigung zu erreichen.

Bedürfnisse können *subjektiv* oder *objektiv* wahrgenommen werden. Subjektiv sind Bedürfnisse dann, wenn die individuelle Wahrnehmung und persönliche Empfindungen ausschlaggebend sind. Objektiv sind sie, wenn die neutrale faktenbasierte Perspektive eingenommen wird. Die Aussage »Um glücklich zu sein, brauche ich das neueste Handy« spiegelt ein subjektives Bedürfnis wider; »Um kommunikativ und effektiv arbeiten zu können, benötige ich ein funktionierendes Handy« steht für ein objektives Bedürfnis.

Eine weitere mögliche Klassifikation der Bedürfnisse ist die Einteilung in materielle und immaterielle Bedürfnisse.

Materielle Bedürfnisse beziehen sich auf konkrete, fassbare Gegenstände, mit denen Menschen versuchen, ihre Lebensqualität zu sichern oder zu verbessern. Sie können unterteilt werden in:

- **Existenzbedürfnisse:** Diese Bedürfnisse sichern das Überleben; Beispiele: Nahrung, Kleidung, Wohnung.
- **Grundbedürfnisse:** Diese Bedürfnisse verbessern die Lebensqualität und das soziale Miteinander; Beispiele: Bildung, Freizeitgestaltung, Hygieneartikel.
- **Luxusbedürfnisse:** Diese Bedürfnisse dienen der Steigerung des Ansehens; Beispiele: Designerklamotten, teurer Schmuck, Kunstgegenstände.

Immaterielle Bedürfnisse lassen sich nicht durch physische Gegenstände befriedigen, sondern sind emotionaler, sozialer oder geistiger Natur. Sie spielen eine zentrale Rolle für das menschliche Wohlbefinden und beeinflussen auch die Wirtschaft, da sie häufig mit der Inanspruchnahme von Dienstleistungen verknüpft sind.

Ein Beispiel: Das Bedürfnis nach sozialer Anerkennung motiviert einen Menschen zur beruflichen Weiterbildung (geistiges Bedürfnis), was wiederum ein Gefühl von beruflicher Sicherheit vermittelt (emotionales Bedürfnis). Dieses Beispiel zeigt, wie immaterielle Bedürfnisse miteinander verflochten sind und sich gegenseitig ergänzen sowie verstärken können.

Die Bedürfnispyramide nach Maslow

Eine berühmte, hierarchische Darstellung der Bedürfnisse ist die in Abbildung 4.2 dargestellte *Bedürfnispyramide* nach Abraham Maslow. Sie zeigt in mehreren Stufen, was uns motiviert und zufrieden macht.

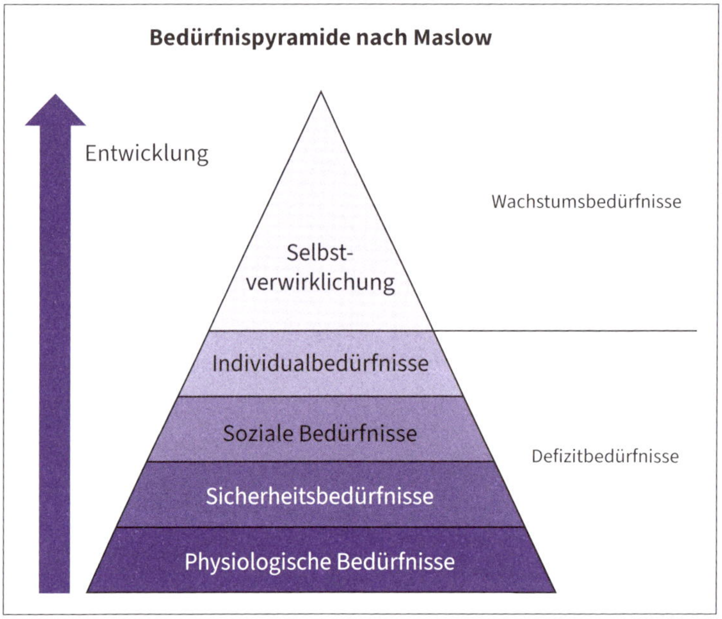

Abbildung 4.2 Bedürfnispyramide nach Maslow

Die ersten vier Stufen der Bedürfnispyramide klassifiziert Maslow als **Defizitbedürfnisse**, während die letzte, oberste Stufe den **Wachstumsbedürfnissen** zugeordnet ist. Das Modell basiert auf der Annahme, dass Bedürfnisse hierarchisch, von den grundlegenden physiologischen Bedürfnissen bis hin zur Selbstverwirklichung, erfüllt werden müssen. Ein Aufstieg zur nächsthöheren Ebene hält Maslow erst für möglich, wenn die darunterliegenden Bedürfnisse zumindest in einem ausreichenden Maße befriedigt sind.

Die Basis der Pyramide bilden die **physiologischen Bedürfnisse** wie Wasser, Nahrung, Luft und Schlaf – diese sichern das Überleben.

Zur nächsten Stufe, den **Sicherheitsbedürfnissen**, zählen die Faktoren Schutz, Geborgenheit und Ordnung.

Auf der dritten Stufe der Bedürfnispyramide befinden sich die **sozialen Bedürfnisse**, unter anderem zwischenmenschliche Beziehungen, Zugehörigkeit und Zuneigung. Für viele Menschen ist das Gefühl, Teil einer Gemeinschaft zu sein, sehr wichtig. Ohne ein erlebtes Zugehörigkeitsgefühl kann ihre Motivation erheblich beeinträchtigt werden. Deshalb sind Maßnahmen zur Förderung des Teamgeists auch im Unternehmenskontext sehr wichtig.

Zur vorletzten Stufe, den **Individualbedürfnissen**, zählen unter anderem Erfolg, Wertschätzung und Anerkennung. Können die Bedürfnisse der ersten vier Ebenen nicht ausreichend befriedigt werden, kann dies sowohl psychische als auch physische Folgen haben. Diese Bedürfnisse können grundsätzlich gestillt werden, wenn auch nie vollständig und dauerhaft; sie sind aber prinzipiell befriedigbar, wie Maslow betont.

Sobald alle Defizitbedürfnisse in ausreichendem Maße erfüllt sind, kann die höchste Stufe, die **Selbstverwirklichung**, erreicht werden. Im Zentrum stehen hier das persönliche Wachstum und die Sinnsuche, mit dem Ziel, das eigene Potenzial zu entfalten sowie die Persönlichkeit und Fähigkeiten weiterzuentwickeln. Die Befriedigung dieser Bedürfnisse führt nicht nur zu Zufriedenheit, sondern auch zu einem Gefühl von Erfüllung und Glück. Allerdings können Selbstverwirklichungsbedürfnisse, so die Annahme, nie vollständig gestillt werden – sie stellen eine dauerhafte Motivation im Leben dar.

Wichtig ist auch zu wissen, dass die Bedürfnisse nur so lange zum Handeln antreiben, wie sie noch unbefriedigt sind. Eine höhere Bedürfnisebene kann dauerhaft auch nur erfolgreich angesprochen werden, wenn die darunterliegenden Bedürfnisse erfüllt sind.

Wenn wir also wollen, dass die Zusammenarbeit im Betrieb gut läuft, müssen wir uns mit den Bedürfnissen der Menschen auseinandersetzen. Wir wissen, ein Mensch hat viele Bedürfnisse, die aber nicht zu jeder Zeit gleich wichtig sind. Beispiel: Ein Mitarbeiter wurde befördert, wodurch sein Individualbedürfnis nach Anerkennung gestillt wurde. Allerdings befindet sich die Firma in einer schlechten wirtschaftlichen Lage, sodass er um seinen Arbeitsplatz bangen muss. Dadurch kann er sich nicht über seinen beruflichen Aufstieg freuen, weil sein Streben nach Sicherheit vorrangiger ist.

Das Modell der Bedürfnispyramide kann dabei unterstützen, die richtigen Rahmenbedingungen für die Motivation im Team zu schaffen; ich gehe in Abschnitt 6.7, »Personalführung und Motivation«, noch näher darauf ein. Es hat aber auch Schwächen: In der Praxis zeigt sich, dass das Ausmaß, in dem die Bedürfnisse befriedigt werden, stark von der individuellen Persönlichkeit abhängt. Ein Beispiel hierfür ist eine Mitarbeiterin, die ihren sicheren Bürojob kündigt, um sich mit ihrem Hobby, der Malerei, selbstständig zu machen und als Künstlerin ihren Lebensunterhalt zu verdienen. In diesem Fall wird die Sicherheit zugunsten der Selbstverwirklichung aufgegeben, was mit dem Modell von Maslow nicht vollständig vereinbar ist.

Zusammenfassend kann man festhalten, dass die grundlegende Idee von einer Hierarchie der Bedürfnisse sehr wertvoll und gewinnbringend sein kann. In der Realität müssen aber auch andere Faktoren, z. B. die individuelle Persönlichkeit oder kulturelle Hintergründe, berücksichtigt werden.

Das Prinzip von Bedarf und Nachfrage

Die beiden Begriffe wurden bereits in Abschnitt 3.2 eingeführt. Sie werden hier jedoch für den betriebswirtschaftlichen Kontext weiter präzisiert. Wenn ein Bedürfnis konkretisiert wird und sich auf den Konsum bestimmter Güter und Dienstleistungen bezieht, spricht man vom sogenannten *Bedarf*. Unser aller Bedürfnis nach Nahrung wird, wenn wir Nahrung kaufen wollen, konkret zum Bedarf nach Obst und Gemüse. Wird dieser Bedarf durch Kaufkraft gedeckt, also wenn jemand mit der Absicht einzukaufen in den Laden geht, entsteht eine *Nachfrage*, indem das Obst und Gemüse tatsächlich gekauft wird. Zur Verdeutlichung abschließend ein Beispiel aus dem betrieblichen Kontext: Ein Unternehmen möchte die Produktion innovativer und effektiver gestalten (Bedürfnis). Hierfür muss eine neue Maschine gekauft werden (Bedarf). Wenn die Frage der Finanzierung geklärt ist, bestellt das Unternehmen die Maschine bei einem Lieferanten (Nachfrage).

Um diese Nachfrage zu decken, bieten Unternehmen Güter und Dienstleistungen an (Angebot). Hierfür benötigen sie für die Herstellung *Ressourcen* und *Güter*, beispielsweise Rohstoffe und Kapital, die aber nur begrenzt zur Verfügung stehen. Deshalb ist es notwendig, dass sowohl Unternehmen als auch Privatpersonen effizient mit diesen knappen Gütern »wirtschaften«, um möglichst viele Bedürfnisse der Nachfrager zu befriedigen und gleichzeitig auch unternehmerische Ziele wie Gewinnmaximierung zu erreichen. Dieser Grundsatz des *ökonomischen Prinzips* dient Unternehmen als Handlungsmaxime dafür, wie sie knappe Ressourcen gezielt und optimal einsetzen, um ihre Produkte und Dienstleistungen möglichst kostengünstig und effektiv bereitzustellen. In Abschnitt 3.2 habe ich das bereits dargestellt.

Zusammenfassend kann gesagt werden, dass Unternehmen durch die Anwendung des ökonomischen Prinzips effektiv wirtschaften, indem sie ihre Güter und Dienstleistungen möglichst kostengünstig produzieren und somit einen möglichst hohen Gewinn erzielen.

Güter und Dienstleistungen

Nachdem Güter und Dienstleistungen bereits mehrfach erwähnt wurden, ist es sinnvoll, einen genaueren Blick auf sie zu werfen. Was sind eigentlich Güter?

Güter

Güter sind die Mittel, die im betrieblichen Leistungserstellungsprozess verwendet werden, um daraus neue Produkte und Dienstleistungen zu erhalten.

Güter können in verschiedene Kategorien eingeteilt werden (vgl. Vahs, Schäfer-Kunz: »Einführung in die Betriebswirtschaftslehre«, S. 9f):

- Einteilung nach der *Beschaffenheit*:
  - **Materielle Güter:** Das sind greifbare Gegenstände, wie z. B. Autos oder Maschinen.
  - **Immaterielle Güter:** Diese Güter sind nicht gegenständlich, wie z. B. Dienstleistungen.
- Einteilung nach der *Verfügbarkeit*:
  - **Freie Güter:** Diese Güter sind unbegrenzt und kostenlos vorhanden, wie z. B. Luft.
  - **Knappe Güter** (auch *Wirtschaftsgüter* genannt): Diese Güter sind nicht unbegrenzt verfügbar und werden im marktwirtschaftlichen System gehandelt. Über den Preis erfolgt der Ausgleich zwischen dem begrenzt verfügbaren Angebot und der höheren Nachfrage. In Abschnitt 3.2 wird auf die Preisbildung auf dem Markt näher eingegangen.
- Einteilung nach der *Nutzung*:
  - **Gebrauchsgüter:** Diese Güter werden mehrmals und für eine längere Zeit genutzt, wie z. B. Grundstücke oder Maschinen.
  - **Verbrauchsgüter:** Diese Güter werden einmal genutzt und sofort aufgebraucht oder weiterverarbeitet; Beispiele: Fertigungsmaterial, Lebensmittel.
- Einteilung nach dem *Verwendungszweck*:
  - **Konsumgüter:** Diese Güter dienen der Deckung des Bedarfs von privaten Haushalten.
  - **Investitionsgüter:** Diese Güter werden in Unternehmen zur Produktion von anderen Gütern verwendet. Beispiele hierfür sind Material oder Gebäude. Sie werden deshalb auch *Produktionsgüter* genannt.
- Einteilung nach der *Stellung im Produktionsprozess*:
  - **Inputgüter:** Diese Güter werden im Produktionsprozess verwendet, z. B. Material und menschliche Arbeitskraft.
  - **Outputgüter:** Diese Güter sind das Ergebnis des Produktionsprozesses, z. B. das fertig produzierte Auto.
- Einteilung nach der *Funktion*:
  - **Nominalgüter:** Diese Güter besitzen keinen Materialwert, sondern einen Wert, der Kaufkraft symbolisiert, wie beispielsweise das Bargeld.
  - **Realgüter:** Diese Güter sind materielle oder immaterielle Güter mit einem direkten Wert.

Dienstleistungen

Dienstleistungen sind immaterielle Leistungen, die einen Nutzen oder Mehrwert schaffen, ohne dass ein materielles Produkt entsteht.

Dienstleistungen unterscheiden sich von Gütern dadurch, dass sie physisch nicht greifbar sind und weder gelagert noch transportiert werden können. Besonders ist auch, dass sie in der Regel gleichzeitig produziert und konsumiert werden; hier spricht man vom *Uno-actu-Prinzip* (lat. für *in einem Akt*). So erfolgt die Reparatur einer Produktionsmaschine während des Produktionsprozesses, damit die Maschine betriebsfähig ist und der reibungslose Ablauf der Produktion gewährleistet ist. Der Nutzen dieser Dienstleistung tritt unmittelbar ein.

Dienstleistungen lassen sich ebenfalls in verschiedene Kategorien einteilen:

- **Personenbezogene Dienstleistungen:** Sie werden direkt von oder an einer Person erbracht, z. B. der Besuch beim Arzt oder Friseur.
- **Produktbegleitende Dienstleistungen:** Diese Dienstleistungen bieten Unternehmen als Service ergänzend zu ihren materiellen Gütern an. Beispiele hierfür sind die Beratung vor dem Kauf oder Reparaturen nach dem Kauf.
- **Sachbezogene Dienstleistungen:** Diese Dienstleistungen werden nicht direkt an einer Person erbracht, sondern schaffen einen direkten Nutzen für den Empfänger der Dienstleistung, z. B. die Reparatur des Autos in der Kfz-Werkstatt oder Lieferdienste.
- **Originäre Dienstleistungen:** Diese Dienstleistungen erbringen Unternehmen, die keine Güter produzieren, sondern ausschließlich immaterielle Leistungen erbringen. Beispiele sind z. B. Rechts- und Steuerberatung oder Bildungsdienstleistungen wie Seminare oder Schulungen.

Güter und Dienstleistungen sind der Kern des *Wertschöpfungsprozesses* und sind entscheidend für den wirtschaftlichen Erfolg eines Unternehmens. Sie werden produziert, um sowohl die Wettbewerbsfähigkeit zu sichern als auch die Kundenbedürfnisse zu befriedigen, mit dem übergeordneten Ziel, den Gewinn zu maximieren.

4.4 Der Betrieb und sein Umfeld

Der Betrieb stellt einen zentralen Akteur im wirtschaftlichen Geschehen dar, da er durch die Bereitstellung von Waren und Dienstleistungen zur Befriedigung der Bedürfnisse der Haushalte beiträgt und dabei auf wirtschaftlichen Erfolg ausgerichtet ist. Die Leistungsfähigkeit des Betriebs darf nicht isoliert betrachtet werden, sondern stets im Kontext seines Umfeldes, denn je anpassungsfähiger ein Betrieb auf seine Umwelt reagieren kann, desto erfolgreicher ist er. Das Umfeld eines Betriebes umfasst sämtliche *Faktoren*, die einen direkten oder indirekten Einfluss auf die betrieblichen Aktivitäten haben. Auf das betriebliche Handeln wirken folgende Faktoren:

- **Direkte und indirekte Faktoren**

  Direkt bedeutet, dass ein Faktor die Abläufe oder Entscheidungen innerhalb des Betriebes unmittelbar beeinflusst. Zum Beispiel sorgen Qualitätsprobleme bei einem Lieferanten dafür, die Wahl des Lieferanten zu überdenken. *Indirekt* bedeutet, dass sich der Faktor nicht sofort und weniger offensichtlich auf die Prozesse im Betrieb auswirkt, er kann jedoch längerfristig erhebliche Auswirkungen auf die betriebliche Tätigkeit haben. So können beispielsweise Innovationen in der Automatisierungstechnik langfristig zu Veränderungen in den Produktionsverfahren führen.

- **Interne und externe Faktoren**

  Eine weitere Unterteilung des betrieblichen Umfeldes erfolgt nach internen und externen Faktoren. *Interne Faktoren* liegen innerhalb eines Unternehmens und können direkt beeinflusst und gesteuert werden: Bei höherer Nachfrage und der Steigerung der Produktionskapazität wird sofort zusätzliches Personal eingestellt. *Externe Faktoren* kommen von außen und entziehen sich dem direkten Einfluss des Unternehmens. Dennoch erfordern sie eine entsprechende Anpassung, etwa im Fall gesetzlicher Vorgaben.

- **Mikro- und Makroumfeld**

  Die betriebliche Umgebung lässt sich auch in ein Mikro- und ein Makroumfeld untergliedern. Das *Mikroumfeld* umfasst jene externen Faktoren, die das operative Handeln des Unternehmens unmittelbar beeinflussen, z. B. Geschäftsbeziehungen zu Kunden oder Lieferanten. Das *Makroumfeld* hingegen wirkt eher indirekt auf übergeordneter Ebene auf das Unternehmen ein. Hierzu zählen beispielsweise gesamtwirtschaftliche Entwicklungen, politische Rahmenbedingungen oder gesellschaftliche Trends, die strategische Entscheidungen langfristig beeinflussen können.

  Zusammenfassend werden die oben beschriebenen Faktoren in Abbildung 4.3 veranschaulicht.

Wie bereits oben beschrieben, ist die Wechselbeziehung zwischen dem Betrieb und seinem Umfeld dynamisch. Die internen Faktoren bestimmen, wie effektiv ein Betrieb auf externe Herausforderungen reagieren kann, während sich äußere Rahmenbedingungen langfristig auf unternehmerische Entscheidungen auswirken. Wer eine Geschäftsidee hat, übersieht häufig, dass der Betrieb in ein komplexes Geflecht aus internen und externen Einflussfaktoren eingebettet ist, die sowohl sein Handeln als auch seine Leistungsfähigkeit maßgeblich beeinflussen.

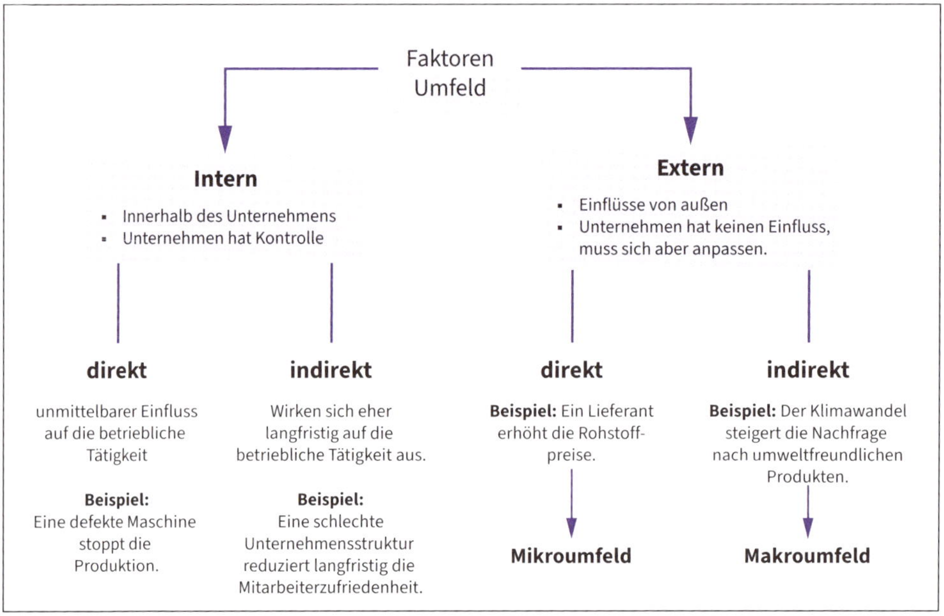

Abbildung 4.3 Faktoren Umfeld Unternehmen

Interne und externe Stakeholder

Stakeholder sind Personen oder Organisationen, die direkt oder indirekt Interesse an einem Unternehmen oder Einfluss auf ein Unternehmen und seine Aktivitäten haben. Diese Interessen können unterschiedlich sein, je nachdem, ob es sich um interne oder externe Stakeholder handelt. Ein Konkurrenzunternehmen ist z. B. kein Stakeholder, weil es kein Interesse am Wohl des Unternehmens hat und eher entgegengesetzte Ziele verfolgt.

- *Interne Stakeholder* befinden sich im Unternehmen und sind beispielsweise die Mitarbeiter oder Eigentümerinnen und Investoren. Mitarbeiter wünschen sich sichere Arbeitsplätze und gute Arbeitsbedingungen, wohingegen die Eigentümer oder Investoren vor allem auf maximale Gewinne abzielen. Dies kann zu Interessenskonflikten führen.
- *Externe Stakeholder* stehen außerhalb der Unternehmung. Sie sind z. B. Kunden, die qualitativ hochwertige Produkte zu einem guten Preis-Leistungs-Verhältnis verlangen, oder auch Kreditinstitute, die eine möglichst stabile finanzielle Lage mit hohen Ausschüttungen erwarten.

Der nachhaltige Unternehmenserfolg hängt maßgeblich davon ab, dass ein Unternehmen die Interessen seiner internen und externen Stakeholder frühzeitig erkennt und aktiv in seine Planungs- und Entscheidungsprozesse einbindet. Die Berücksichtigung dieser Anspruchsgruppen ist ein wichtiger Faktor für die strategische Ausrichtung und somit für den langfristigen Erfolg und die Wettbewerbsfähigkeit des Unternehmens.

Sozioökonomisches Umfeld

Der Begriff *sozioökonomisch* setzt sich aus den beiden Wörtern »sozial« und »ökonomisch« zusammen und bezeichnet das Zusammenspiel sowie die wechselseitige Beeinflussung zwischen gesellschaftlichen und wirtschaftlichen Bedingungen. Das sozioökonomische Umfeld bildet den übergeordneten Handlungsrahmen für unternehmerische Aktivitäten. Um dauerhaft wirtschaftlich erfolgreich zu sein, muss sich ein Unternehmen an diesen externen Gegebenheiten orientieren und strategisch ausrichten. Das sozioökonomische Umfeld lässt sich in die vier zentralen Bereiche *Gesellschaft*, *Politik*, *Technologie* und *Wirtschaft* einteilen, die nachfolgend näher betrachtet werden.

Gesellschaft

Unternehmen tragen nicht nur wirtschaftlich Verantwortung, sondern sie übernehmen auch eine bedeutende gesellschaftliche Rolle. Sie sind mitverantwortlich dafür, den Gemeinschaftssinn und die Solidarität der Gesellschaft zu fördern. Durch ihre betriebliche Tätigkeit, z. B. durch Gestaltung ihres Produktangebots oder ihr soziales Engagement, nehmen sie aktiv Einfluss auf das gesellschaftliche Leben.

Gleichzeitig wirken gesellschaftliche Werte, Normen und Einstellungen auf unternehmerische Entscheidungen. Aktuell stehen Themen wie Nachhaltigkeit und Umweltbewusstsein stark im Fokus, was dazu führt, dass viele Unternehmen ihre Strategien und Prozesse an diesen Leitprinzipien ausrichten.

Ein weiteres Beispiel für gesellschaftliche Einflussfaktoren ist die demografische Entwicklung. So hat die Höhe der Migrationsrate direkte Auswirkungen auf die strategische Ausrichtung von Unternehmen. Migration fördert nicht nur wirtschaftliche und gesellschaftliche Veränderungen, sondern bringt auch Impulse für Kreativität und Innovation. Darüber hinaus kann der Arbeitsmarkt von der Migration profitieren, indem sie zur Verfügbarkeit zusätzlicher Arbeitskräfte beiträgt und somit dem Fachkräftemangel entgegenwirkt.

Politik

Die Politik stellt einen zentralen Einflussfaktor im betrieblichen Umfeld dar, weil sie die wesentlichen gesetzlichen und wirtschaftlichen Rahmenbedingungen vorgibt. So regeln gesetzliche Vorgaben beispielsweise Qualitätsstandards, Sicherheitsbestimmungen oder Umweltauflagen. Im Bereich des Arbeitsrechts sind Regelungen zu Arbeitszeiten oder Urlaubsansprüchen von zentraler Bedeutung. Darüber hinaus gestaltet die Politik das Steuer- und Abgabensystem und entscheidet über staatliche Förderprogramme.

Auch die politische Stabilität wirkt sich unmittelbar auf die Wirtschaft aus: Eine verlässliche und handlungsfähige Regierung, die klare, sinnvolle und langfristig gültige Gesetze erlässt, schafft Planungssicherheit für Unternehmen. Die Stabilität fördert das Investitionsklima und begünstigt nachhaltiges wirtschaftliches Wachstum.

Technologie

Die Technologie stellt einen weiteren zentralen Bestandteil des sozioökonomischen Umfeldes eines Unternehmens dar, da der technologische Fortschritt in der heutigen, stark digitalisierten Welt eine entscheidende Rolle spielt. Er beeinflusst zahlreiche Unternehmensbereiche. Durch den Einsatz moderner Technologien können betriebliche Abläufe automatisiert und digitalisiert werden, was häufig mit Effizienzsteigerungen und Kostensenkungen einhergeht. Die Anpassungsfähigkeit an die technologischen Entwicklungen ist heute eine grundlegende Voraussetzung für den wirtschaftlichen Erfolg und die Wettbewerbsfähigkeit.

Wirtschaft

Begriffe wie *Konjunktur*, *Kaufkraft*, *Inflation*, *Märkte*, *Globalisierung*, *Infrastruktur* und *Arbeitsmarktsituation* verdeutlichen die Vielschichtigkeit und Komplexität wirtschaftlicher Zusammenhänge. Faktoren wie die konjunkturelle Lage, die Höhe der Inflation und der Zinsen haben direkten Einfluss auf die Lebensbedingungen der Bevölkerung. Eine stabile und wachsende Wirtschaft trägt dazu bei, Arbeitsplätze zu schaffen und den Lebensstandard eines Landes zu erhöhen. Der *Konjunkturzyklus*, auf den in Abschnitt 3.3 schon verwiesen wurde, ist dabei ein zentrales Instrument zur Beschreibung wirtschaftlicher Schwankungen.

Unternehmen profitieren in vielerlei Hinsicht von einer florierenden Wirtschaft: Die Konsumbereitschaft der Verbraucher steigt, was zu einer höheren Nachfrage nach Produkten und Dienstleistungen führt. Die gestiegene Nachfrage wirkt sich vielschichtig auf betriebliche Prozesse aus: Es werden mehr Umsätze und eventuell höhere Gewinne erwirtschaftet – dies erleichtert die Kapitalbeschaffung und ermöglicht neue Investitionen in moderne Technologien oder Maschinen. Gleichzeitig kann der Personalbedarf steigen, um das erhöhte Produktionsvolumen zu bewältigen. All diese Entwicklungen stärken die Wettbewerbsfähigkeit der Unternehmen. Jedoch ist hier auch wichtig, dass Unternehmen in erfolgreichen Phasen auch für mögliche Abschwungphasen vorsorgen, etwa durch die Bildung von Rücklagen.

Abbildung 4.4 fasst die Komplexität des betrieblichen Umfeldes zusammen.

Aufgrund der dynamischen gesellschaftlichen, politischen, technologischen und wirtschaftlichen Entwicklungen ist es für Unternehmen unerlässlich, ihr Handeln kontinuierlich an die Bedingungen des sozioökonomischen Umfelds anzupassen, nicht nur im Interesse ihres wirtschaftlichen Erfolgs, sondern auch im Hinblick auf ihre gesellschaftliche Verantwortung.

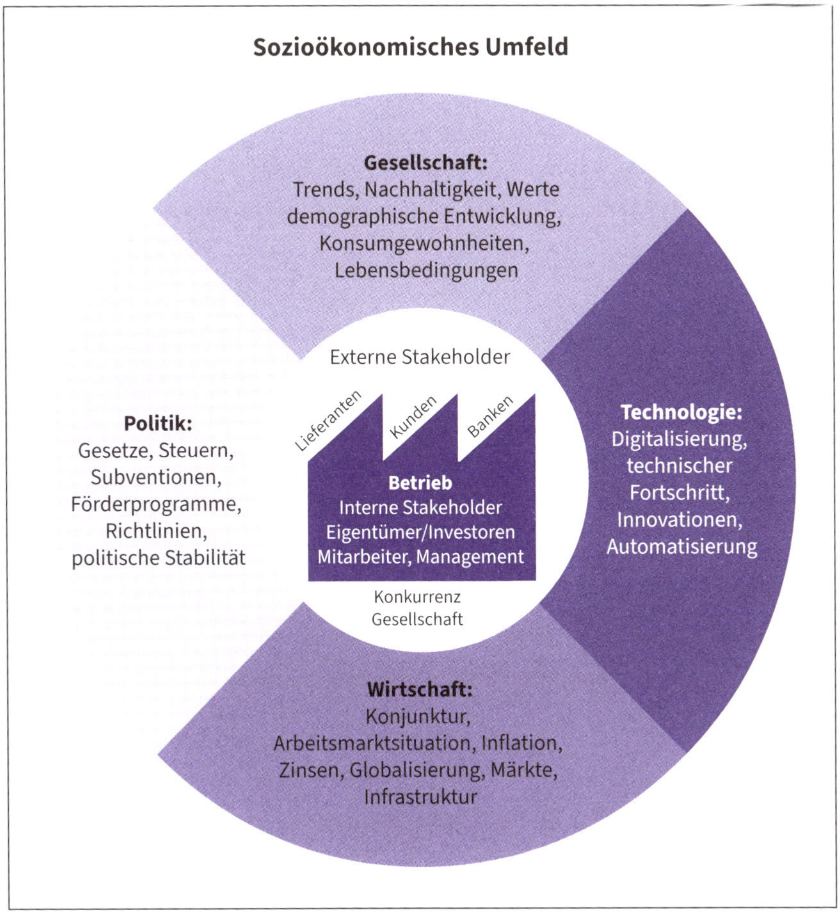

Abbildung 4.4 Der Betrieb und sein Umfeld

Aufgabe 1: Einflussfaktoren

Betrachten Sie die aktuelle Situation für Unternehmen in Deutschland aus wirtschaftlicher, politischer, technologischer und gesellschaftlicher Perspektive.

a) Welche externen Faktoren wirken aktuell besonders stark auf Unternehmen und ihre Entscheidungen?

b) Welche Faktoren halten Sie derzeit für besonders kritisch?

c) Welche Maßnahmen könnten Unternehmen ergreifen, um angemessen auf diese Herausforderungen zu reagieren und ihre Wettbewerbsfähigkeit zu sichern?

4.5 Lösungen

Aufgabe 1

a) **Wirtschaftliche Lage**

Hohe Energie-Rohstoffpreise belasten die Produktionskosten. Weitere Faktoren sind der Fachkräftemangel und Lieferkettenprobleme aufgrund von globalen Unsicherheiten.

Politische Lage

Internationale Konflikte wirken sich auf die Import- und Exportmärkte aus. Weitere Faktoren sind Investitionsanreize für Digitalisierung und die erneuerbaren Energien.

Technologische Lage

Digitalisierung, künstliche Intelligenz, Innovationsdruck, Mangel an IT-Fachkräften

Gesellschaftliche Lage

Wertewandel (Nachhaltigkeit und Umweltbewusstsein), Work-Life-Balance

b) **Bewertung**

Geopolitische Unsicherheiten, Fachkräftemangel, Energiepreise

c) **Handlungsempfehlungen**

Digitalisierung, strategisches Personalmanagement, Risikomanagement, Nachhaltigkeitsstrategien

Kapitel 5

Die Gründung und Organisation eines Unternehmens

Jede Unternehmung beginnt mit einer Idee. Doch eine gute Idee allein reicht nicht aus, um dauerhaft erfolgreich zu sein. In diesem Kapitel lernen Sie die zentralen Grundlagen der Gründung und Organisation eines Unternehmens kennen.

Knobelei zum Einstieg

Los geht es mit einem praktischen Beispiel: Wir gründen gemeinsam das Unternehmen »planITs«, das nachhaltige Studierenden- und Schüler*innenkalender mit digitaler Integration anbietet. Die Marktanalyse hat gezeigt, dass nachhaltige Kalender gefragt sind – deshalb bestehen die Kalender aus umweltfreundlichen Materialien, wie Recyclingpapier und pflanzenbasierter Druckfarbe und werden mit einer begleitenden App kombiniert, die Termine, Aufgaben und Semesterpläne digital verwaltet. Damit verbinden wir Nachhaltigkeit, Alltagstauglichkeit und moderne Technologien, speziell abgestimmt auf die Bedürfnisse junger Menschen.

In Kapitel 4 haben wir uns bereits mit grundlegenden Aspekten der Unternehmensgründung beschäftigt. Bevor wir jedoch mit der Produktion beginnen können, müssen noch viele weitere Faktoren berücksichtigt werden. Überlegen Sie, welche Fragen Sie als Unternehmensgründer*in beantworten müssen, um ein erfolgreiches Unternehmen aufzubauen.

Erstellen Sie eine Mindmap zum Geschäftsmodell von planITs.

Ein paar Lösungsimpulse: Was treibt uns an? Welche Ziele verfolgen wir? Woher kommt das Geld, das wir für den Aufbau und die Produktion benötigen? Was ist unsere Zielgruppe? Welche Rechtsform ist die richtige? Welche nachhaltigen Materialien werden verwendet? Wie werden die Produkte vertrieben? Wer entwickelt die App zum Planer? Wo werden die Kalender produziert?

Wir werden in den folgenden Kapiteln die theoretischen Inhalte anhand dieses Beispielunternehmens betrachten. Beginnen wir mit den grundlegenden Entscheidungen, die ganz zu Beginn zu treffen sind, um langfristig erfolgreich agieren zu können – den *konstitutiven Entscheidungen*.

Worum geht es in diesem Kapitel?

Abschnitt 5.1, »Konstitutive Entscheidungen bei der Gründung eines Unternehmens«

Abschnitt 5.2, »Kaufleute, Firma, Handelsregister«

Abschnitt 5.3, »Die Rechtsform eines Unternehmens«

Abschnitt 5.4, »Der normative Rahmen eines Unternehmens – das Unternehmensleitbild«

Abschnitt 5.5, »Unternehmensziele«

Abschnitt 5.6, »Standortwahl«

Abschnitt 5.7, »Organisationsformen«

5.1 Konstitutive Entscheidungen bei der Gründung eines Unternehmens

Die konstitutiven Entscheidungen betreffen die strategische Ausrichtung und den strukturellen Aufbau des Unternehmens und bilden die Grundlage für sämtliche nachfolgenden strategischen und operativen Entscheidungen. In der Regel werden sie einmalig getroffen, entweder zu Beginn der Unternehmensgründung wie oben erwähnt oder bei grundlegenden strategischen Veränderungen. Wegen ihrer weitreichenden Konsequenzen und weil sie nur mit erheblichem Aufwand verändert werden können, sind sie mit Sorgfalt und Weitsicht zu treffen. Zu den zentralen konstitutiven Entscheidungen zählen unter anderem:

- die Erstellung eines Businessplans
- die Wahl der Rechtsform
- die Standortentscheidung
- die finanzielle Grundplanung
- die Festlegung der grundlegenden Aufbau- und Ablauforganisation

In der Gründungsphase nehmen die internen Stakeholder, insbesondere Eigentümer und Investoren, eine zentrale Rolle ein, da sie maßgeblich die Entscheidungsgewalt innehaben und die grundlegende Ausrichtung des Unternehmens festlegen.

Neben dem inneren Aufbau – also der Frage, wer entscheidet, wie Abläufe organisiert sind und welche internen Strukturen gelten – müssen auch zahlreiche äußere Einflüsse und Rahmenbedingungen berücksichtigt werden. Sie sind besonders relevant für marktnahe Entscheidungen wie die Produktgestaltung, die Preisfindung und die Wahl der geeigneten Vertriebskanäle sowie die Entwicklung von Marketingstrategien. Diese Faktoren sind entscheidend für den Markterfolg und werden in Kapitel 11 ausführlich behandelt. Werfen wir nun einen genaueren Blick auf die einzelnen Schritte der Unternehmensgründung.

Am Beginn jeder Gründungsphase steht die *Geschäftsidee*, also die Frage, welches Produkt oder welche Dienstleistung verkauft werden soll und welche Zielgruppe damit angesprochen werden soll. Die genaue Bestimmung der Zielgruppe ist von zentraler Bedeutung, da das Angebot auf deren Bedürfnisse und Erwartungen zugeschnitten sein sollte. Durch Markt- und Wettbewerbsanalysen lässt sich herausfinden, ob für das geplante Produkt überhaupt eine Nachfrage besteht und ob diese ausreichend ist, um die Geschäftsidee erfolgreich realisieren zu können.

Idealerweise wird die Geschäftsidee in einem *Businessplan* konkretisiert. Dieser dient als zentrales Instrument, um das Vorhaben klar zu definieren, zu planen und zu strukturieren. Gleichzeitig ermöglicht er eine zielgerichtete Kommunikation der Gründungsidee, insbesondere gegenüber externen Akteuren wie Investoren oder Banken, die in der Regel einen solchen Plan als Entscheidungsgrundlage fordern. Er beinhaltet beispielsweise folgende Bestandteile:

- **Geschäftsidee:** Welches Produkt soll an wen verkauft werden?
- **Zielsetzung:** Welche Mission/Vision verfolgt das Unternehmen?
- **Markt- und Wettbewerbsanalyse:** Gibt es ausreichend Nachfrage für das Produkt?
- **Finanzplanung:** Wie viel Eigenkapitel und Fremdkapital sind vorhanden?
- **Organisation und Management:** Welche Rechtsform hat das Unternehmen? Wie ist das Unternehmen intern aufgebaut?
- **Marketing- und Vertriebsstrategie:** Auf welche Weise soll das Produkt an den Kunden gebracht werden?

Der Aufbau eines Unternehmens orientiert sich an der sogenannten *Wertschöpfungskette*, die sämtliche Prozesse und Aktivitäten abbildet, die notwendig sind, um ein Produkt oder eine Dienstleistung zu erstellen und erfolgreich am Markt anzubieten. Jeder einzelne Prozessschritt erfordert den Einsatz von Ressourcen, trägt jedoch gleichzeitig zur Wertschöpfung bei. Das Ziel jeder Stufe ist es, den Wert des Produkts zu erhöhen, um sowohl einen hohen Kundennutzen als auch Gewinnmaximierung zu erzielen. Die Wertschöpfungskette hilft dabei, die Prozesse im Unternehmen zu bestimmen, sie effizient zu gestalten und gezielt auf den Erfolg des Unternehmens auszurichten. Der amerikanische Ökonom Michael E. Porter hat hierfür ein Grundmodell entwickelt, das in Abbildung 5.1 dargestellt und anschließend noch genauer erläutert wird.

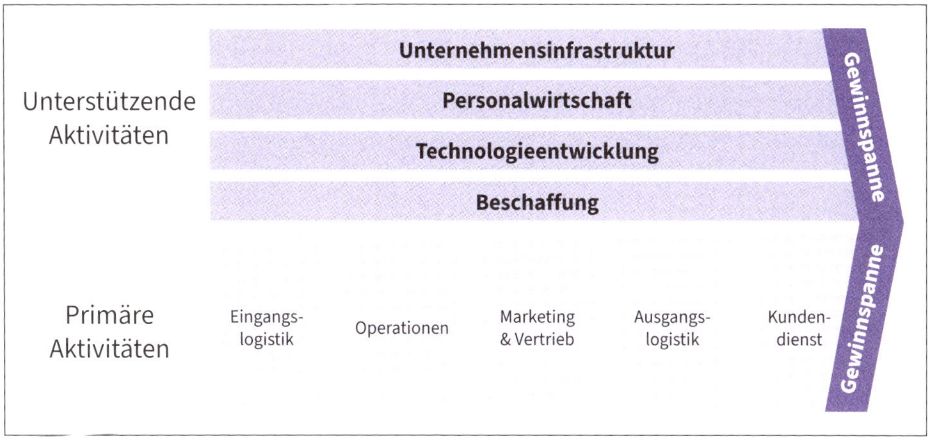

Abbildung 5.1 Die Wertschöpfungskette – Aufbau und Grundmodell nach Michael E. Porter (vgl. *https://www.marketinginstitut.biz/blog/wertschoepfungskette/#dim-h2-nr2*, aufgerufen am 04.01.2025)

Porter teilt den Gütererstellungsprozess eines Unternehmens in **primäre Aktivitäten** und **unterstützende Aktivitäten** ein. Zu den primären Aktivitäten zählen Tätigkeiten, die mit der Herstellung des Produkts oder der Dienstleistung zusammenhängen. Wie diese Aktivitäten konkret aussehen können, schauen wir uns am Beispiel planITs an:

- **Eingangslogistik:** Die Materialien, die für die Herstellung der Studentenkalender benötigt werden (Papier, Bambuscover und Spiralen zum Binden) müssen zunächst beim Lieferanten bestellt werden. Die Eingangslogistik kümmert sich um den Empfang, die Lagerung und die Verteilung der gelieferten Rohmaterialien. Nach der Lieferung werden sie auf Vollständigkeit und Qualität überprüft und anschließend fachgerecht eingelagert. Eine kontinuierliche Kontrolle der Lagerbestände ist entscheidend, um einen reibungslosen Produktionsablauf sicherzustellen.
- **Operationen (Produktion):** Danach erfolgt die eigentliche Produktion der Kalender. Das Papier wird zugeschnitten und zusammen mit dem Bambuscover in einer Spiralbindung zusammengeheftet. Sind die Kalender fertiggestellt, können sie zum Verkauf angeboten werden.
- **Marketing und Vertrieb:** Um die Kalender verkaufen zu können, brauchen wir Kunden. Marketing und Vertrieb sind dafür zuständig, den Bekanntheitsgrad des Produkts zu steigern und somit Kunden zu werben. Durch geeignete Werbemaßnahmen kann die Nachfrage nach dem Kalender gesteigert werden.
- **Ausgangslogistik:** Ist das Produkt verkauft, muss es verpackt, zwischengelagert und an die Kunden geliefert beziehungsweise verschickt werden.
- **Kundendienst:** Am Ende der Wertschöpfungskette steht der Kundendienst, der den Kunden bei Anliegen zu Rücksendungen, Fragen zum Produkt und für Beschwerden über verschiedene Kanäle zur Verfügung steht, etwa über Telefon, WhatsApp oder E-Mail.

Die unterstützenden Aktivitäten tragen dazu bei, die primären Aktivitäten effizienter zu gestalten. So kann der Output beispielsweise gesteigert werden, wenn die Personalwirtschaft geeignete Mitarbeiter*innen einstellt. Zu den unterstützenden Aktivitäten zählen unter anderem folgende Bereiche:

- **Unternehmensinfrastruktur:** Die Unternehmensinfrastruktur bildet die Grundlage sämtlicher betrieblicher Aktivitäten und umfasst strukturelle, organisatorische und auch administrative Elemente. So wäre beispielsweise bei planITs ohne geeignete Räumlichkeiten, funktionierende Energieversorgung, Maschinen und intelligente IT-Systeme eine Produktion nicht realisierbar.
- **Personalwirtschaft:** Die Mitarbeitenden sind ein wesentlicher Erfolgsfaktor und werden in Produktion und Verwaltung gleichermaßen benötigt. Ohne sie wäre planITs nicht denkbar, daher sind sowohl ihre Zufriedenheit als auch ihre kontinuierliche fachliche Weiterbildung entscheidend für den langfristigen Erfolg des Unternehmens.

- **Technologieentwicklung:** Die Optimierung der Produktionsprozesse sowie die Entwicklung innovativer Rohstoffe für die Kalenderproduktion sind von zentraler Bedeutung für die Zukunftsorientierung von planITs.
- **Beschaffung:** Bei der Beschaffung geht es um den Einkauf der *Rohstoffe* und *Betriebsmittel*. Rohstoffe sind die Materialien, die direkt für die Produktion benötigt werden, wie Papier. Betriebsmittel sind materielle und immaterielle Güter, die nicht direkt ins Produkt einfließen, jedoch für die Durchführung des Produktions- und Dienstleistungsprozesses benötigt werden. Bei planITs wären dies z. B. die Produktionsmaschinen, die zuerst angeschafft werden müssen, bevor mit der Produktion begonnen werden kann.

An der rechten Pfeilspitze des Modells befindet sich die *Gewinnspanne*, also jener Überschuss, der nach Abzug sämtlicher Kosten vom Umsatz übrig bleibt. Das übergeordnete Ziel von planITs ist es, eine möglichst hohe Gewinnspanne zu erwirtschaften.

Die Wertschöpfungskette ermöglicht einen umfassenden Überblick über die Prozesse und Aktivitäten eines Unternehmens und kann aufkommende Fragen zu allen Teilbereichen beantworten, z. B. ob ein Bereich effizient oder ineffizient arbeitet. Jedoch ist ihre Erstellung sehr komplex und zeitaufwendig, deshalb sollte in der Praxis erst geprüft werden, ob sich der Aufwand hierfür lohnt.

Wie bereits oben ausgeführt, spiegeln die Bestandteile des Businessplans den groben Aufbau eines Unternehmens wider. In diesem Kapitel werde ich die zentralen Aspekte der Unternehmensgründung und des Unternehmensaufbaus näher beleuchten. Ab Kapitel 6 betrachten wir die primären und unterstützenden Aktivitäten, die sich den einzelnen Teildisziplinen der Betriebswirtschaftslehre (siehe Abschnitt 4.2) zuordnen lassen.

5.2 Kaufleute, Firma, Handelsregister

Um die rechtlichen Grundlagen unternehmerischer Tätigkeit zu verstehen, ist es wichtig zu klären, wer im Sinne des *Handelsgesetzbuchs (HGB)*, des zentralen Regelwerks für das Handelsrecht in Deutschland, als *Kaufmann* oder *Kauffrau* gilt. Denn davon hängt es ab, ob ein Unternehmen den Vorschriften des HGB unterliegt, z. B. zur Buchführungspflicht.

Der Kaufmannsbegriff ist ein zentraler rechtlicher Ausgangspunkt für die Einordnung und Organisation eines Betriebes und bestimmt maßgeblich, welche Rechte und Pflichten gelten – er ist eng mit dem Gewerbebegriff und der Eintragung ins *Handelsregister* verknüpft.

Ein *Gewerbe* ist eine selbstständige, dauerhaft ausgeübte Tätigkeit, mit dem Ziel, Gewinne zu erwirtschaften. Je nach Art und Umfang des Gewerbebetriebs ergibt sich eine Pflicht zur Eintragung ins Handelsregister (bei Istkaufleuten, siehe unten) oder die Möglichkeit zur freiwilligen Eintragung (bei Kannkaufleuten und Kleingewerbetreibenden), aber darauf gehe ich im weiteren Verlauf noch genauer ein.

Wer *Kaufmann* ist (im HGB wird der Begriff geschlechtsneutral verwendet und gilt für alle Geschlechter), ist im *Handelsgesetzbuch (HGB)* festgelegt. Das HGB ist das zentrale Regelwerk für das Handelsrecht in Deutschland. Es regelt die besonderen Rechte und Pflichten von Kaufleuten und Unternehmen im Handelsverkehr und ist eine Ergänzung zum allgemeinen Zivilrecht des *Bürgerlichen Gesetzbuchs (BGB)*, da es die spezifischen Anforderungen und Besonderheiten des Wirtschaftslebens berücksichtigt.

Das HGB gilt für alle im Handelsregister eingetragenen Kaufleute, nämlich für:

- Kaufleute, die ein Handelsgewerbe gemäß § 1 HGB betreiben
- Kapitalgesellschaften, wie GmbH, AG
- Personengesellschaften, wie OHG, KG, GmbH & Co. KG

Das HGB unterscheidet drei verschiedene Arten von Kaufleuten: Den Kaufmann bzw. den *Istkaufmann*, den *Kannkaufmann* und den *Formkaufmann*:

1. **Kaufmann (Istkaufmann), § 1 HGB**

   »(1) Kaufmann im Sinne dieses Gesetzbuches ist, wer ein Handelsgewerbe betreibt. (2) Handelsgewerbe ist jeder Gewerbebetrieb, es sei denn, daß [sic] das Unternehmen nach Art oder Umfang einen in kaufmännischer Weise eingerichteten Geschäftsbetrieb nicht erfordert.« (§ 1 HGB, Gesetze im Netz)

   Ein »in kaufmännischer Weise eingerichteter Geschäftsbetrieb« liegt vor, wenn die Größe und Komplexität eines Unternehmens bestimmte kaufmännische Organisationsstrukturen, wie Buchführung, Lagerhaltung usw. benötigt.

   Ein kleiner Blumenladen mit nur einer Mitarbeiterin, dessen Einnahmen überschaubar sind und der keine komplexeren Geschäftsprozesse aufweist, ist so einfach organisiert, dass er nicht als »in kaufmännischer Weise eingerichtet« gilt – er zählt daher zu den Kleingewerbetreibenden (siehe weiter unten).

   Die **Merkmale eines** *Gewerbebetriebes* sind:

   - selbstständige Tätigkeit (auf eigene Verantwortung und Rechnung)
   - Nachhaltigkeit (auf Dauer und Wiederholung angelegt)
   - Gewinnerzielungsabsicht
   - Beteiligung am allgemeinen wirtschaftlichen Verkehr (Waren und Dienstleistungen werden öffentlich, am Markt, angeboten.)
   - rechtlich erlaubte Tätigkeit
   - keine freiberufliche oder land- und forstwirtschaftliche Tätigkeit

2. **Kannkaufmann, §§ 2, 3 HGB**

   »Ein gewerbliches Unternehmen, dessen Gewerbebetrieb nicht schon nach § 1 Abs. 2 Handelsgewerbe ist, gilt als Handelsgewerbe im Sinne dieses Gesetzbuchs, wenn die Firma des Unternehmens in das Handelsregister eingetragen ist. Der Unternehmer ist berechtigt, aber nicht verpflichtet, die Eintragung nach den für die Eintragung kaufmännischer Firmen geltenden Vorschriften herbeizuführen.« (§ 2 HGB, Gesetze im Netz)

   Die Regelung bedeutet, dass sich das Unternehmen ins Handelsregister eintragen lassen kann (*Kannkaufmann*) – es gilt für *Kleingewerbetreibende* (§ 2 HGB) und für *land- und forstwirtschaftliche Unternehmen* (§ 3 HGB).

   Kleingewerbetreibende sind Gewerbetreibende, deren Betrieb kein Handelsgewerbe gemäß § 1 Abs. 2 HGB darstellt, weil er nach Art und Umfang keinen kaufmännisch eingerichteten Geschäftsbetrieb erfordert.

   Ein Beispiel hierfür wäre ein kleiner Kiosk mit geringem Umsatz. Genau definierte handelsrechtliche Grenzen der Indikatoren *Umsatz*, *Gewinn* oder *Mitarbeiterzahlen* existieren nicht, vielmehr basiert die Einordnung auf Erfahrungswerten aus der Praxis und Rechtsprechung.

3. **Formkaufmann, § 6 HGB**

   Formkaufleute sind Unternehmen, die die Rechtsform einer Kapitalgesellschaft gewählt haben, z. B. GmbH oder AG. Sie werden mit der Eintragung ins Handelsregister automatisch zu Kaufleuten (Formkaufmann, Kaufmann kraft Rechtsform).

Das *Handelsregister* ist ein öffentlich zugängliches, regional geführtes Verzeichnis, in dem alle Kaufleute erfasst werden. Es wird beim zuständigen Registergericht (Amtsgericht) verwaltet und kann von jedermann kostenlos eingesehen werden. Dadurch können Sie sich rechtliche Informationen über potenzielle Geschäftspartner einholen, was im Geschäftsverkehr für mehr Transparenz und Sicherheit sorgt. Das macht es zu einem mächtigen Werkzeug, um sicherzugehen, dass ein Unternehmen tatsächlich existiert und vertrauenswürdig ist.

Mittlerweile wird das Handelsregister elektronisch geführt. Das bedeutet, dass alle Unterlagen elektronisch eingereicht werden müssen. Der Eintrag ins Handelsregister muss über einen Notar erfolgen, denn er bedarf einer notariellen Beurkundung. Die Unterlagen werden vom Registergericht geprüft, und die Eintragung wird anschließend im elektronischen Bundesanzeiger veröffentlicht. Als Nachweis der Eintragung erhält das Unternehmen eine *Handelsregisternummer*, die in Geschäftsunterlagen wie dem Impressum angegeben werden muss. Die Handelsregisternummer dient als Legitimation für die rechtliche Anerkennung als Kaufmann, die Vertrauen bei Geschäftspartner und Kunden schafft.

Bei der **Handelsregistereintragung** unterscheiden wir zwischen zwei verschiedenen rechtlichen Wirkungen:

- **deklaratorisch** (rechtsbekundend): Die Eintragung bestätigt einen bereits bestehenden rechtlichen Zustand, z. B. bei Kaufleuten nach § 1 HGB.
- **konstitutiv** (rechtserzeugend): Die Rechtswirkung entsteht erst durch die Eintragung. Zum Beispiel wird die Erteilung der Prokura erst durch die Eintragung rechtskräftig.

Abbildung 5.2 fasst alle wichtigen Informationen zum Handelsregister zusammen:

Handelsregister

= öffentliches, vom Registergericht regional geführtes Verzeichnis aller eingetragenen Kaufleute

Anmeldung: notarielle Beurkundung
Wirkung: deklaratorisch (rechtsbekundend) und konstitutiv (rechtserzeugend)

Abteilung A

Für:
- Einzelunternehmen (e.K.)
- Personengesellschaften (OHG, KG)

Eintragungen, z. B.
- Firma
- Rechtsform
- Gegenstand des Unternehmens
- Inhaber, Gesellschafter
- Höhe Gesellschaftereinlage
- Prokura

Abteilung B

Für:
- Kapitalgesellschaften (GmbH, AG)

Eintragungen, z. B.
- Firma
- Rechtsform
- Gegenstand des Unternehmens
- Höhe Grund-und Stammkapital
- Insolvenzverfahren
- Gesellschafter/Vorstand

Abbildung 5.2 Das Handelsregister

Im Rahmen der Handelsregistereintragung muss noch geklärt werden, was man unter dem Begriff *Firma* versteht. Rechtlich bezeichnet die Firma den Namen, unter dem ein Kaufmann im Handelsregister eingetragen ist und seine Geschäfte führt und rechtsverbindlich auftritt, z. B. durch seine Unterschrift bei Vertragsabschlüssen. Gemäß § 17 HGB kann ein Kaufmann unter seiner Firma klagen und verklagt werden. Die Firma dient also der eindeutigen Identifizierung des Unternehmens und repräsentiert es nach außen.

Es gibt vier verschiedene Arten von Firmen:

1. **Personenfirma:** Sie enthält den Namen des Inhabers, z. B. *Berger e.K.*
2. **Fantasiefirma:** Sie benutzt einen erfundenen Namen, z. B. *planITs GmbH*.

3. **Sachfirma:** Sie bezieht sich auf den Unternehmenszweck und/oder auf die tätige Branche, z. B. *Papeterie Berger*.
4. **Mischfirma**: Bei ihr werden Sach- und Personen- und Fantasie-bezeichnungen kombiniert, z. B. *Berger planITs GmbH*.

Damit eine Firma den rechtlichen Ansprüchen entspricht und im Geschäftsverkehr praktikabel und wahrheitsgemäß ist, braucht es die in Abbildung 5.3 gezeigten *Firmengrundsätze*, die ebenfalls im HGB in den §§ 17 bis 37a geregelt sind.

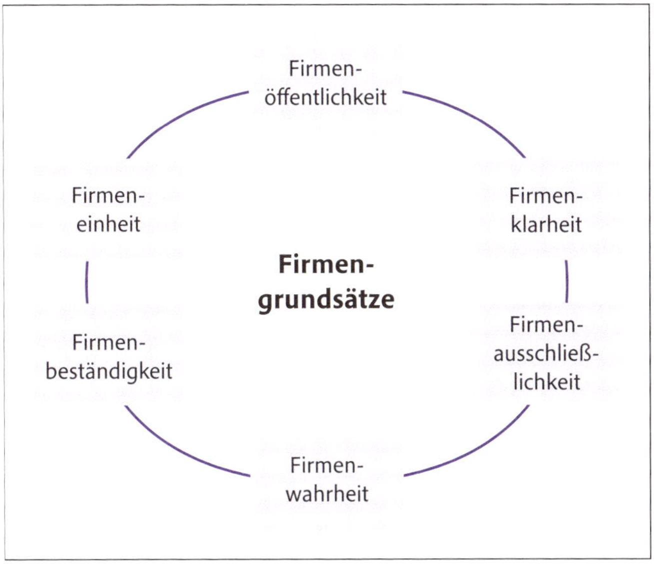

Abbildung 5.3 Firmengrundsätze

Der Grundsatz der **Firmenöffentlichkeit** verlangt, dass die Firma durch die Eintragung ins Handelsregister öffentlich bekannt gegeben wird. Dies schafft maximale Transparenz für alle Geschäftspartner und *Gläubiger*. (Ein Gläubiger ist eine Person oder Organisation, die berechtigt ist, von einem Schuldner eine bestimmte Leistung, entweder eine Zahlung oder Warenlieferung, zu fordern.) Außerdem erhält die Firma durch die Eintragung rechtlichen Schutz. Bei Geschäftsbriefen muss die Firma ebenfalls angegeben werden.

Im § 18 Abs. 1 HGB ist der Grundsatz der **Firmenklarheit** geregelt. Er besagt, dass die Firma den Kaufmann eindeutig kennzeichnen und hinreichend Unterscheidungskraft besitzen muss. Das bedeutet, dass allgemeine Beschreibungen des *Unternehmensgegenstandes* (Art und Bereich der unternehmerischen Tätigkeit) nicht ausreichend sind. Die Firma muss sich von der Konkurrenz eindeutig abheben, weshalb Originalität und Individualität des Unternehmens die Maxime sind.

Der Grundsatz der **Firmenausschließlichkeit** bedeutet: Um Verwechslungen mit anderen Firmen zu vermeiden, muss der Firmenname innerhalb des zuständigen Handelsregisterbezirks eindeutig und klar formuliert sein und, wie bereits oben aufgeführt, Unterscheidungskraft besitzen. Dadurch sollen Verwechslungen vermieden werden und soll die Transparenz im Geschäftsverkehr gewährleistet sein.

Firmenwahrheit: Die Firma darf keine irreführenden Angaben enthalten und muss die tatsächlichen Verhältnisse des Unternehmens widerspiegeln. Die Angabe einer falschen Rechtsform oder einer irreführenden Unternehmensgröße, indem sich ein kleiner Familienbetrieb beispielsweise *Berger Weltkonzern e. K.* nennt, ist nicht zulässig.

§ 21 HGB regelt den Grundsatz der **Firmenbeständigkeit**. Er besagt, dass eine Firma, auch wenn sie den Namen des bisherigen Inhabers enthält, trotzdem fortgeführt werden darf. Dies gilt auch, wenn sich Änderungen bei den Gesellschaftern ergeben.

Der Grundsatz der **Firmeneinheit** gibt vor, dass für jedes Unternehmen nur eine einzige Firma verwendet werden darf.

Nachdem wir uns bereits ausführlich mit der Eintragung der Firma ins Handelsregister beschäftigt haben, betrachten wir nun die Rechtsform eines Unternehmens genauer.

5.3 Die Rechtsform eines Unternehmens

Denkaufgabe zur Rechtsform

Können Sie sich vorstellen, warum die Wahl der Rechtsform für ein Unternehmen von großer Bedeutung ist? Überlegen Sie sich kurz, welche Auswirkungen diese Entscheidung haben könnte.

Schauen wir nun gemeinsam, ob Ihre Vermutung mit den folgenden Ausführungen übereinstimmen. Es gibt eine Vielzahl von möglichen Rechtsformen in Deutschland. Grundsätzlich unterscheidet man zwischen

- Einzelunternehmen
- Personengesellschaften
- Kapitalgesellschaften
- Genossenschaften

Einzelunternehmen sind Unternehmen, die von einzelnen *natürlichen Personen* geführt werden. Sie sind die am häufigsten vorkommende Rechtsform in Deutschland. Die Gründerin oder der Gründer trifft alle Entscheidungen selbst, trägt jedoch auch das unternehmerische Risiko allein.

Bei *Personengesellschaften* stehen die handelnden natürlichen Personen im Vordergrund. Natürliche Personen sind alle Menschen, die Träger von Rechten und Pflichten sind.

Kapitalgesellschaften hingegen sind *juristische Personen*, also keine Menschen, sondern rechtliche Konstrukte, die selbst rechtsfähig sind. Das bedeutet, sie können beispielsweise Verträge abschließen und Eigentum besitzen. Unternehmen sind meistens juristische Personen des Privatrechts, wie z. B. GmbHs, Aktiengesellschaften, Vereine oder Stiftungen – sie entstehen durch eine formelle Gründung und durch die Eintragung in das entsprechende Register (z. B. Handels- oder Vereinsregister). Sie können aber auch juristische Personen des öffentlichen Rechts sein, nämlich dann, wenn sie öffentliche Aufgaben erfüllen. Dazu zählen beispielsweise Gemeinden, Städte, städtische Versorgungsbetriebe oder öffentlich-rechtliche Rundfunkanstalten.

Genossenschaften sind Zusammenschlüsse von Personen, um gemeinsame wirtschaftliche, soziale und kulturelle Ziele zu verfolgen. Die Förderung der Interessen der Mitglieder steht hier im Mittelpunkt.

In den folgenden Abschnitten werden wir uns sämtliche Rechtsformen des Privatrechts ausführlich anschauen. Zuerst legen wir aber die Auswahlkriterien fest, die für die richtige Wahl der Rechtsform ausschlaggebend sind.

Denkaufgabe: Wichtige Überlegungen vor der Gründung

Überlegen Sie sich, was Ihnen bei einer unternehmerischen Tätigkeit wichtig ist: Möchten Sie das alleinige Sagen haben oder ist es Ihnen lieber, wenn Sie die Verantwortung teilen? Sind Sie bereit, mit Ihrem kompletten Privatvermögen zu haften oder nur mit der Höhe Ihrer Geschäftseinlage?

Auswahlkriterien für die Wahl der Rechtsform

Zu Beginn der Unternehmensgründung muss eine Entscheidung über die Rechtsform der Unternehmung getroffen werden. Die Rechtsform regelt die Rechtsbeziehung im Innenverhältnis zwischen den Gesellschaftern und im Außenverhältnis zwischen dem Unternehmen und den Stakeholdern (siehe Abschnitt 4.4).

Für die Wahl der Rechtsform gibt es keine Universallösung; jede Form hat ihre Vor- und Nachteile. Die wichtigsten Auswahlkriterien sind:

Auswahlkriterien für die Wahl der Rechtsform

1. Gründung
2. Gewinn- und Verlustverteilung
3. Leitungs- und Kontrollrechte
4. Finanzierungsmöglichkeiten
5. Haftung
6. Kapitalbedarf
7. Publizitätspflicht und Prüfung
8. Besteuerung

Diese Entscheidungskriterien unterstützen bei der Auswahl der richtigen Rechtsform. Es wird grundsätzlich zwischen *privatrechtlichen Unternehmen*, die auf dem Privatrecht basieren, und *öffentlich-rechtlichen Unternehmen*, wie z. B. staatlichen Institutionen, unterschieden. Im Rahmen dieser Betrachtung konzentrieren wir uns auf private Betriebe. Eine Übersicht der möglichen Rechtsformen finden Sie in Abbildung 5.4.

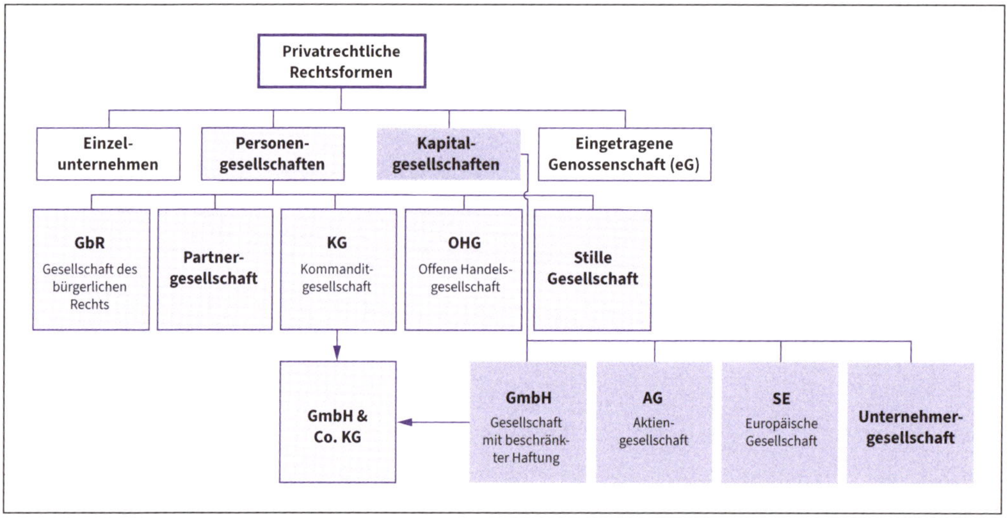

Abbildung 5.4 Die Rechtsformen privatrechtlicher Unternehmen im Überblick

Die am häufigsten vertretene Rechtsform in Deutschland ist das Einzelunternehmen. Sie ist besonders beliebt bei kleineren Unternehmen, Selbstständigen oder Freiberuflern, da sie einfach zu gründen ist und es keine Mindestkapitalanforderungen gibt. Aus Abbildung 5.5, die vom Statistischen Bundesamt stammt, geht deutlich hervor, dass über die Hälfte der deutschen Unternehmen, nämlich 59 %, Einzelunternehmen sind.

Rechtliche Einheiten nach zusammengefassten Rechtsformen im Berichtsjahr 2023

Rechtsformen	Rechtliche Einheiten[1] Insgesamt	davon mit ... bis unter ... abhängig Beschäftigten 0 bis 10	10 bis 50	50 bis 250	250 und mehr
Einzelunternehmer	2 048 063	1 954 811	89 627	3 540	85
Personengesellschaften (zum Beispiel: OHG, KG)	417 526	335 851	64 122	14 322	3 231
Kapitalgesellschaften (zum Beispiel: GmbH, AG)	833 890	591 177	181 460	49 919	11 334
Sonstige Rechtsformen	170 439	132 816	27 618	7 328	2 677
Insgesamt	3 469 918	3 014 655	362 827	75 109	17 327

1: Rechtliche Einheiten mit Umsatzsteuervoranmeldungen und/oder Beschäftigten 2023 sowie Sitz in Deutschland.
Eine Rechtliche Einheit ist eine natürliche Person, die wirtschaftlich tätig ist, eine juristische Person oder eine Personenvereinigung.
Betrachtet werden also beispielsweise eine Aktiengesellschaft, Gesellschaft mit beschränkter Haftung, Offene Handelsgesellschaft oder Einzelunternehmer.
Details sind dem Qualitätsbericht zu entnehmen.

Stand 2. Dezember 2024

Abbildung 5.5 Rechtliche Einheiten nach zusammengefassten Rechtformen (*destatis.de*)

Die Vielzahl an potenziellen Rechtsformen kann die Entscheidung, welche Rechtsform am besten zu den eigenen Bedürfnissen passt, erschweren. Unterstützung bieten die Industrie- und Handelskammern (IHK), Steuerberater sowie Rechtsanwälte, die mit ihrer Expertise bei der Wahl der passenden Rechtsform beraten können.

Die nachfolgenden Abschnitte befassen sich ausführlich mit den gängigsten Rechtsformen und konkretisieren diese anhand der zuvor genannten Auswahlkriterien.

Einzelunternehmen

Wie bereits oben beschrieben, ist das *Einzelunternehmen* die am häufigsten vorkommende Rechtsform in Deutschland. Sie eignet sich besonders für kleine gewerbliche Betriebe sowie für selbstständig Tätige, besonders für Freiberufler.

Unterschied Gewerbetreibende – selbstständige Arbeit

Selbstständig ist jemand, wenn er in keinem abhängigen Beschäftigungsverhältnis steht und eigenverantwortlich und auf eigene Rechnung arbeitet. Die Selbstständigkeit kann *gewerblich* oder *freiberuflich* ausgeführt werden.

Gewerbetreibende

§ 15 Abs. 2 Einkommensteuergesetz (EStG) definiert den Gewerbebetrieb wie folgt:

»Eine selbständige nachhaltige Betätigung, die mit der Absicht, Gewinn zu erzielen, unternommen wird und sich als Beteiligung am allgemeinen wirtschaftlichen Verkehr darstellt, ist Gewerbebetrieb, wenn eine Betätigung weder als Ausübung von Land- und Forstwirtschaft noch als Ausübung eines freien Berufs noch als eine andere selbständige Arbeit anzusehen ist.[...]« (EStG, Gesetze im Netz)

Nachhaltigkeit bedeutet, dass die Tätigkeit nicht nur einmalig ausgeführt werden darf, sondern auf Wiederholung und Kontinuität ausgelegt sein muss. Beispiele für Gewerbetreibende sind: Einzelhandel, Großhandel, Dienstleistungsunternehmen und Handwerker.

Selbstständige Arbeit

In § 18 Abs. 1 EStG steht:

»Einkünfte aus selbständiger Arbeit sind Einkünfte aus freiberuflicher Tätigkeit. Zu der freiberuflichen Tätigkeit gehören die selbständig ausgeübte wissenschaftliche, künstlerische, schriftstellerische, unterrichtende oder erzieherische Tätigkeit, [...].« (EStG, Gesetze im Netz)

Im Gesetz sind auch einige Beispiele für Freiberuflicher angegeben, beispielsweise Ingenieure, Architekten, Heilpraktiker oder Notare, um nur ein paar zu nennen. In den weiteren Absätzen werden noch weitere Einkünfte aus selbstständiger Arbeit aufgeführt, die jedoch seltener vorkommen und hier deshalb nicht näher betrachtet werden.

Zusammenfassend lässt sich feststellen, dass gewerbliche Tätigkeiten gemäß § 15 EStG typischerweise den Warenhandel und handwerkliche Dienstleistungen umfassen, während selbstständige Tätigkeiten nach § 18 EStG freiberuflicher Natur sind und in wissenschaftlicher, künstlerischer, schriftstellerischer, unterrichtender oder erzieherischer Form ausgeübt werden.

Die *Gründung* eines Einzelunternehmens ist denkbar einfach – es kann von einer einzigen Person unkompliziert und ohne Mindestkapitaleinlage gegründet werden, indem sich die/der Gewerbetreibende beim Gewerbeamt anmeldet. Freiberufler benötigen keine Gewerbeanmeldung, sie melden sich direkt beim Finanzamt an.

Die *Leitung und Kontrolle* obliegt dem Inhaber. Das heißt, es sind keine Abstimmungen mit anderen Personen notwendig. Der Inhaber allein entscheidet. Dies ermöglicht ihm eine freie, flexible und schnelle Reaktion auf Veränderungen und Herausforderungen.

Ein zentraler Punkt des Einzelunternehmens ist die unbeschränkte *Haftung*: Für die Verbindlichkeiten des Betriebes haftet der Inhaber nicht nur mit seinem gesamten Geschäftsvermögen, sondern auch mit seinem Privatvermögen. Insbesondere wenn der Geschäftsbetrieb mit einem hohen Maß an Unsicherheit verbunden ist oder die wirtschaftliche Lage schlecht ist, kann dies ein hohes persönliches Risiko für ihn darstellen.

Ein gesetzlich gefordertes Mindestkapital, wie bei anderen Rechtsformen, gibt es hier nicht. Der *Kapitalbedarf* des Einzelunternehmens hängt von der Art der Tätigkeit ab. Sind moderne, innovative und technisch fortschrittliche Maschinen für die Herstellung einer Ware notwendig, ist der Kapitalbedarf in solch einem Betrieb höher als in handwerklich orientierten Betrieben, die lediglich grundlegendes Werkzeug (wie Hammer und Bohrmaschine) für die Leistungserbringung nutzen. Idealerweise wird der Kapitalbedarf durch Eigenmittel gedeckt. Fremdes Kapital in Form von Bankkrediten kann hier ebenfalls ein probates Mittel zur Finanzierung sein. Wegen der persönlichen Haftung des Inhabers ist dessen Kreditwürdigkeit eng mit seiner privaten finanziellen Situation verbunden. Gerät der Betrieb in wirtschaftliche Schwierigkeiten, bringt der Inhaber oft zusätzliches Eigenkapital mit ein, um die finanzielle Lage zu stabilisieren. Dies kann jedoch sein Privatvermögen spürbar verringern und sich dadurch negativ auf seine Kreditwürdigkeit auswirken.

Die *Verteilung von Gewinn und Verlust* gestaltet sich beim Einzelunternehmen sehr einfach, da es nur einen Inhaber gibt und ihm der gesamte Gewinn zusteht. Allerdings trägt er auch das alleinige Risiko von Verlusten.

Eine *Publizitätspflicht*, also die Offenlegung von bestimmten finanziellen und geschäftlichen Informationen (z. B. Jahresabschlüsse), hat der Einzelunternehmer nicht, wenn er nicht Kaufmann im Sinne des Handelsgesetzbuches (HGB) ist.

Der erwirtschaftete Gewinn oder Verlust wird im Rahmen der Einkommensteuer des Geschäftsinhabers versteuert. Umsatzsteuerpflicht besteht ebenfalls, wenn der Unternehmer nicht unter die Kleinunternehmerregelung gemäß § 19 Umsatzsteuergesetz (UstG) fällt. Eine Zahlung der Gewerbesteuer fällt bei Gewerbetreibenden an. Natürliche Personen und Personengesellschaften erhalten hier einen Freibetrag von 24.500,00 €. Kapitalgesellschaften bekommen diesen nicht.

Das Einzelunternehmen ist eine flexible und unkomplizierte Rechtsform, die sich besonders für den Einstieg in die Selbstständigkeit eignet. Sie bietet viele Vorteile, wie z. B. die alleinige Entscheidungsmacht, bringt aber auch deutliche Nachteile mit sich. Sie verlangt ein hohes Maß an Verantwortungsbewusstsein, da der Inhaber sowohl die alleinige Kontrolle als auch das alleinige Risiko trägt. Das Prinzip der unbeschränkten Haftung sollte wohl überlegt sein, da die Haftung ein erhebliches Risiko für das eigene Privatvermögen darstellt.

Tabelle 5.1 bietet eine zusammenfassende Übersicht über alle wesentlichen Merkmale des Unternehmens:

Gründung	– ein Inhaber – Gewerbeanmeldung – Freiberufler: Anmeldung beim Finanzamt
Gewinn- und Verlustverteilung	Inhaber
Leitung/Kontrolle	Liegt alleinig beim Inhaber.
Finanzierungsmöglichkeiten	– Eigenkapitalanlage – Beschaffung von Fremdkapital
Haftung	Unbeschränkt: Inhaber haften mit Geschäfts- und Privatvermögen.
Kapitalbedarf	Kein Mindestkapital erforderlich
Publizierung und Prüfung	Keine
Besteuerung	Gewinn- und Verlustanteile sind als Einkünfte aus Gewerbebetrieb oder selbstständiger Tätigkeit zu versteuern.

Tabelle 5.1 Einzelunternehmen

Personengesellschaften

Bei Personengesellschaften schließen sich mehrere natürliche Personen zusammen, um ein gemeinsames Ziel zu erreichen. Die Gesellschafter haften meist persönlich und unbeschränkt, sowohl mit ihrem Privat- als auch mit ihrem Geschäftsvermögen. Wie genau die Haftung und die Auswahlkriterien jeweils ausgestaltet sind, erkläre ich bei den nachfolgend thematisierten Rechtsformen.

Gesellschaft bürgerlichen Rechts (GbR)

Denkaufgabe: Überlegungen zur Gründung zu zweit

Sie haben recherchiert, dass das Einzelunternehmen als Rechtsform eigentlich ganz gut für Sie geeignet wäre. Sie möchten Ihre Geschäftsidee *planITs* aber nicht allein verwirklichen, sondern Ihren besten Freund mit ins Boot holen, denn dieser hat bereits erste

Erfahrungen mit dem Führen eines Betriebes. Sie glauben, dass er Ihnen wertvolle Tipps geben und Sie tatkräftig beim Aufbau von *planITs* unterstützen kann. Überlegen Sie sich, was Sie beachten sollten, wenn Sie mit ihm gemeinsam das Unternehmen gründen. Was muss unbedingt geregelt werden?

Die *Gesellschaft bürgerlichen Rechts (GbR)* zählt zu den sogenannten Personengesellschaften, bei denen die handelnden Personen im Vordergrund stehen. Sie muss aus mindestens zwei Gesellschaftern bestehen, die sich in einem *Gesellschaftervertrag*, der auch formlos sein kann, gegenseitig verpflichten, einen gemeinsamen Zweck zu verfolgen. Dieser Zweck muss nicht zwingend gewerblich sein.

Die GbR ist besonders gut für kleinere Unternehmen oder Projekte geeignet, die von mindestens zwei Personen gemeinsam geführt werden, weil sie schnell und günstig ohne Mindestkapital gegründet werden kann. Alle Gesellschafter bringen sich zu gleichen Anteilen in die GbR ein, sei es durch Arbeitsleistung, Geldleistung oder auch Beratungsleistung. Sie sind gleichberechtigt und haben das Recht und die Pflicht zur gemeinsamen Geschäftsführung. Aus diesem Grund werden, falls nichts Abweichendes vereinbart wurde, sowohl der Gewinn als auch der Verlust zu gleichen Teilen auf die Gesellschafter verteilt. Die Gesellschafter versteuern die Gewinne oder Verluste dann in ihrer Einkommensteuererklärung, da die GbR selbst nicht einkommensteuerpflichtig ist. Welche Einkünfte gemäß Einkommensteuergesetz vorliegen, hängt von der Art der Tätigkeit ab. Gewerbesteuerpflicht besteht, wenn das Ergebnis über dem Freibetrag von 24.000 € liegt.

Für die Schulden und Verbindlichkeiten der Gesellschaft haftet

- die Gesellschaft mit ihrem Gesellschaftsvermögen und
- jeder Gesellschafter zusätzlich mit seinem Privatvermögen.

Die Gesellschafter haften dabei *gesamtschuldnerisch*, das bedeutet, dass die Gläubiger von jedem einzelnen Gesellschafter die Begleichung der gesamten Schulden verlangen können.

Früher sah das BGB keine Rechtsfähigkeit der GbR vor. Seit dem 1. Januar 2024 mit Inkrafttreten des neuen *Gesetzes zur Modernisierung des Personengesellschaftsrechts (MoPeG)* wird im BGB zwischen rechtsfähigen und nichtrechtsfähigen GbRs unterschieden:

- Die *nichtrechtsfähige GbR*, auch *Innengesellschaft* genannt, nimmt nicht am Rechts- und Geschäftsverkehr teil. Ihr Zweck ist ausschließlich die Regelung der Rechtsverhältnisse innerhalb der Gesellschaft.
- Die *rechtsfähige GbR*, auch *Außen-GbR* genannt, nimmt als Betrieb am Rechts- und Geschäftsverkehr teil. Gegenüber Dritten entsteht die Außen-GbR erst, wenn alle Gesellschafter der Geschäftstätigkeit zugestimmt haben.

Neu ist auch, dass sich eine GbR, die beispielsweise als Gesellschafterin an einer GmbH beteiligt sein möchte, zwingend in das neu geschaffene *Gesellschaftsregister* beim Amtsgericht eintragen lassen muss. In diesem Fall trägt sie den Zusatz »e« für »eingetragen« in ihrer Rechtsform und firmiert künftig als eGbR (vgl. IHK, *https://www.ihk.de/koblenz/unternehmensservice/recht/aktuelles/reform-der-gbr-und-egbr-5760480*, aufgerufen am 14.06.2025).

Für eine GbR bestehen verschiedene Finanzierungsmöglichkeiten. Am gebräuchlichsten ist entweder die Erhöhung der Einlagen durch die Gesellschafter oder die Aufnahme eines Kredits bei einem externen Bankinstitut. Eventuell könnte auch ein neuer Gesellschafter beteiligt werden. Alle Optionen sollten aufgrund der persönlichen Haftung der Gesellschafter mit ihrem Privatvermögen jedoch genauestens geprüft werden. Eine generelle Publizitäts- und Prüfungspflicht besteht nicht.

Tabelle 5.2 fasst alle wesentlichen Merkmale einer GbR zusammen:

Gründung	– mindestens zwei Gesellschafter – Gesellschaftsvertrag – gleich hohe Einlage – ein gemeinsamer Zweck
Gewinn- und Verlustverteilung	Zu gleichen Teilen auf alle Gesellschafter verteilt
Leitung/Kontrolle	Alle Gesellschafter zusammen
Finanzierungsmöglichkeiten	– Erhöhung der Gesellschaftseinlage – Aufnahme neuer Gesellschafter – Beschaffung von Fremdkapital
Haftung	Mit Gesellschaftsvermögen und Privatvermögen der Gesellschafter gesamtschuldnerisch
Kapitalbedarf	Kein Mindestkapital erforderlich
Publizierung und Prüfung	Keine
Besteuerung	Gewinn- und Verlustanteile sind als Einkünfte in der Einkommensteuererklärung der Gesellschafter zu versteuern.

Tabelle 5.2 Gesellschaft des bürgerlichen Rechts (GbR)

Partnergesellschaft (PartG)

Für freiberuflich Tätige (siehe oben) gibt es eine Rechtsform, die auf den gesetzlichen Vorgaben der GbR beruht, nämlich die *Partnergesellschaft (PartG)*. Die Gründer einer PartG betreiben kein Handelsgewerbe und sind im Gegensatz zur GbR nicht gewerbesteuerpflichtig. Bezüglich der Haftung gibt es hier eine Sonderregelung, nämlich die *Handelndenhaftung*. Sie sieht vor, dass sich die Haftung für Fehler auf die Gesellschaft und auf den Partner konzentriert, der den Auftrag bearbeitet hat. Die übrigen Partner*innen haften hier nicht mit ihrem Privatvermögen. Dies ist ein entscheidender Vorteil gegenüber der GbR.

Stille Gesellschaft

Denkaufgabe

Sie haben sich entschieden, Ihr Unternehmen *planITs* allein zu führen. Allerdings fehlen Ihnen noch finanzielle Mittel. Deshalb bietet Ihre Oma Ihnen an, dass sie Ihnen 20.000,00 € zur Verfügung stellt. Sie wird sich aber nicht in die Geschäfte einmischen und möchte nach außen hin auch nicht in Erscheinung treten. Überlegen Sie, ob die stille Gesellschaft als Rechtsform für Ihre Bedürfnisse und die Bedürfnisse Ihrer Oma geeignet wäre.

Die *stille Gesellschaft* ist eine besondere Form der Personengesellschaft, bei der sich eine natürliche oder juristische Person als Kapitalgeber am Handelsgewerbe beteiligt. Die Beteiligung erfolgt rein intern und ist nach außen hin nicht sichtbar, weshalb man von einer *stillen Beteiligung* spricht. Die Bezeichnung der stillen Gesellschaft leitet sich aus dieser Anonymität ab. Eine stille Beteiligung ist nicht nur bei Einzelunternehmen, sondern auch bei anderen Rechtsformen möglich.

Die *Gründung* einer stillen Gesellschaft ist unkompliziert, da es bei der Gestaltung des Gesellschaftsvertrags einen großen gesetzlichen Freiraum gibt. Der stille Gesellschafter wird auch nicht ins Handelsregister eingetragen, und die Firma ändert sich durch seine Beteiligung nicht. An der Geschäftsführung beteiligt sich der stille Gesellschafter nicht, jedoch kann er Kontrollrechte ausüben und z. B. die Einsicht in die Geschäftsbücher verlangen.

Die *Haftung* des stillen Gesellschafters beschränkt sich auf die Höhe seiner Einlage, mit seinem Privatvermögen haftet er nicht. Das Gesetz schreibt keine Mindesthöhe für die Einlage fest. Die Einlage des stillen Gesellschafters dient der *Finanzierung* des Unternehmens und wird per Gesellschaftsvertrag von dem Inhaber und dem Gesellschafter individuell festgelegt. Im Vertrag wird auch die Höhe der *Gewinnbeteiligung* festgelegt, ebenso wie die Verlustbeteiligung.

Der stille Gesellschafter muss seine Gewinn- und Verlustanteile als Einkünfte aus Kapitalvermögen versteuern. Ein stiller Gesellschafter kann die Aufnahme von Krediten erleichtern, da seine Kapital- oder Sacheinlage das Eigenkapital erhöht und somit der Bank zusätzliche Sicherheit bietet. Gesetzliche Publizitäts- und Prüfungspflichten bestehen nicht.

Tabelle 5.3 fasst alle wesentlichen Merkmale einer stillen Gesellschaft zusammen:

Gründung	– großer gesetzlicher Freiraum beim Gesellschaftsvertrag – Beteiligung nur intern
Gewinn- und Verlustverteilung	Gemäß Gesellschaftsvertrag
Leitung/Kontrolle	– keine Beteiligung des stillen Gesellschafters an der Geschäftsführung – Kontrollrechte vorhanden
Finanzierungsmöglichkeiten	Durch die stille Einlage erhöht sich das Eigenkapital des Unternehmens, was die Aufnahme von Krediten erleichtert.
Haftung	Die Haftung des stillen Gesellschafters ist auf die Höhe der Einlage beschränkt. Er haftet nicht mit seinem Privatvermögen.
Kapitalbedarf	Keine Mindesthöhe der Einlage
Publizierung und Prüfung	Keine
Besteuerung	Gewinn- und Verlustanteile des stillen Gesellschafters sind in der Regel Einkünfte aus Kapitalvermögen.

Tabelle 5.3 Stille Gesellschaft

Offene Handelsgesellschaft (OHG)

Denkaufgabe

Auf den ersten Blick könnte man meinen, dass sich die OHG und die KG bezüglich ihrer gesetzlichen Vorgaben sehr ähneln. In einigen Punkten gibt es jedoch Unterschiede. Schauen Sie sich Tabelle 5.4 und Tabelle 5.5 genau an und analysieren Sie, was die OHG und die KG voneinander unterscheidet.

Gründung	- mindestens zwei Gesellschafter - Handelsgewerbe - Gesellschaftsvertrag - Eintragung ins Handelsregister
Gewinn- und Verlustverteilung	Gemäß Gesellschaftsvertrag
Leitung/Kontrolle	Alle Gesellschafter
Finanzierungsmöglichkeiten	- Eigenkapital erhöhen durch Kapitaleinlage oder Aufnahme neuer Gesellschafter - Fremdfinanzierung: Kredit von externen Geldgebern
Haftung	- unbeschränkt - gesamtschuldnerisch - unmittelbar
Kapitalbedarf	Kein Mindestkapital
Publizierung und Prüfung	Keine
Besteuerung	Gewinn- und Verlustanteile der Gesellschafter sind Einkünfte aus Gewerbebetrieb; gewerbesteuerpflichtig.

Tabelle 5.4 Offene Handelsgesellschaft (OHG)

Kommanditgesellschaft (KG)

Gründung	- mindestens ein unbeschränkt haftender Gesellschafter (*Komplementär*) - mindestens ein beschränkt haftender Gesellschafter (*Kommenditist*) - Handelsgewerbe - Gesellschaftsvertrag - Eintragung ins Handelsregister

Tabelle 5.5 Kommanditgesellschaft (KG)

Gewinn- und Verlustverteilung	Gemäß Gesellschaftsvertrag
Leitung/Kontrolle	- Aufgabe des Komplementärs - Der Kommanditist hat nur beschränktes Kontrollrecht, Widerspruchrecht, erweitertes Informationsrecht.
Finanzierungsmöglichkeiten	- Eigenkapital erhöhen durch Kapitaleinlage oder Aufnahme neuer Gesellschafter - Fremdfinanzierung: Kredit von externen Geldgebern
Haftung	- Komplementär: unbeschränkt - Kommanditist: beschränkt auf die Kapitaleinlage
Kapitalbedarf	Kein Mindestkapital beziehungsweise keine Mindesteinlage
Publizierung und Prüfung	Keine, wenn der Komplementär keine Kapitalgesellschaft ist
Besteuerung	Gewinn- und Verlustanteile der Gesellschafter sind Einkünfte aus Gewerbebetrieb.

Tabelle 5.5 Kommanditgesellschaft (KG) (Forts.)

Haben Sie die Unterschiede entdeckt? Der große Unterschied zwischen OHG und KG ist der, dass es bei der OHG nur voll haftende Gesellschafter gibt; bei der KG gibt es hingegen *Komplementäre*, die ebenfalls voll haften, und *Kommanditisten*, die nur beschränkt haften. Auch die Leitungsrechte unterscheiden sich.

Kapitalgesellschaften

Kapitalgesellschaften sind, wie bereits oben beschrieben, juristische Personen mit eigener Rechtspersönlichkeit. Das bedeutet, sie werden durch die rechtliche Anerkennung ein eigenständiges Rechtssubjekt mit eigener *Rechtsfähigkeit*.

Rechtsfähigkeit

Die *Rechtsfähigkeit* ist die Fähigkeit, Träger von Rechten und Pflichten zu sein.

Gesellschaft mit beschränkter Haftung (GmbH)

Die *Gesellschaft mit beschränkter Haftung (GmbH)* ist eine Kapitalgesellschaft und somit eine juristische Person des Privatrechts.

Die GmbH kann von einer oder mehreren Personen gegründet werden. Die *Gründung* ist aufwendiger als bei Personengesellschaften, da der Gesellschaftsvertrag notariell beurkundet werden muss und einige Formalitäten zu erledigen sind. Gemäß GmbH-Gesetz ist ein Mindeststartkapital (*Stammkapital*) in Höhe von 25.000,00 € erforderlich, von dem die Hälfte der Summe, also 12.500,00 €, zum Zeitpunkt der Gründung eingezahlt werden müssen. Die restlichen 12.500,00 € können zu einem späteren Zeitpunkt eingezahlt werden. Das Stammkapital darf als Sacheinlage oder Bareinlage getätigt werden. Die Gründung wird in das Handelsregister (Abteilung B) eingetragen.

Die Organe der GmbH mitsamt den jeweiligen Aufgaben legt der Gesetzgeber genau fest. Zwingend notwendig sind:

- **Geschäftsführer:** Er übernimmt die Geschäftsführung und die Vertretung nach außen.
- **Gesellschafterversammlung:** Sie trifft grundlegende Entscheidungen (z. B. wer Geschäftsführer und Generalhandlungsbevollmächtigter wird) und hat Kontrollkompetenz – sie überwacht die Geschäftsführung. Die Höhe der Stammkapitaleinlage bestimmt das Stimmengewicht in der Gesellschafterversammlung.
- **Aufsichtsrat:** Ein Aufsichtsrat ist nur bei Gesellschaften mit mehr als 500 Beschäftigten rechtlich vorgeschrieben. Er überwacht ebenfalls die Geschäftsführung und prüft den Jahresabschluss.

Alle Gesellschafter haften nur mit der Höhe ihrer Geldeinlage (der *Stammeinlage*), nicht mit ihrem Privatvermögen. Die Gesellschaft als Kapitalgesellschaft haftet für ihre Schulden mit ihrem gesamten Vermögen.

Die *Gewinn- und Verlustverteilung* erfolgt nach der Höhe des Stammkapitalanteils. Die Gesellschafterversammlung entscheidet über die Höhe der Ausschüttung; jedoch gibt es eine gesetzliche Gewinnausschüttungsbegrenzung in Höhe des Stammkapitals.

Die *Finanzierungsmöglichkeiten* der GmbH sind divers: Zum einen kann das Eigenkapital durch die Aufnahme neuer Gesellschafter oder durch Nachschusszahlungen der bestehenden Gesellschafter erhöht werden. Zum anderen ist aufgrund der beschränkten Haftung eine Beschaffung von Fremdkapital erschwert, da Banken eventuell noch zusätzliche Sicherheiten verlangen, beispielsweise die Eintragung einer Grundschuld.

Kapitalgesellschaften unterliegen, abhängig von den in §§ 267, 267a HGB festgelegten Größenklassen, mit ihrem Jahresabschluss gesetzlichen *Prüfungs- und Offenlegungsvorschriften*. Diese sind in Tabelle 5.6 zusammengefasst:

Unternehmenskategorie	Prüfung durch Wirtschaftsprüfer (§§ 316–324a HGB)	Offenlegung (§§ 325–328 HGB)
Kleinste und kleine Kapitalgesellschaften	Keine Prüfungspflicht	– Bilanz und Anhang in verkürzter Form – Elektronischer Bundesanzeiger – bei Kleinstkapitalgesellschaften: jeweils vereinfacht
Mittelgroße und große Kapitalgesellschaften	Prüfungspflicht für Jahresabschluss und Lagebericht	– Jahresabschluss (wenn mittelgroß: verkürzt bzw. zusammengefasst) und Lagebericht – Elektronischer Bundesanzeiger
Großunternehmen anderer Rechtsformen	Wie große Kapitalgesellschaften	Wie große Kapitalgesellschaften

Tabelle 5.6 Kapitalgesellschaften – Prüfungs- und Publizitätsvorschriften (Wöhe et. al, »Einführung in die Allgemeine Betriebswirtschaftslehre«, 2023, S. 228)

Als Kapitalgesellschaft unterliegt die GmbH der *Körperschaftssteuer*, deren Höhe 15 % vom zu versteuernden Einkommen der GmbH ist. Andere betriebliche Steuern wie Gewerbesteuer oder Umsatzsteuer gelten ebenfalls. Die Gewinnausschüttungen bzw. Verlustzuweisungen an die Gesellschafter hängen von individuellen Faktoren der Gesellschafter ab und werden dementsprechend je nach Art als Einkünfte aus Gewerbebetrieb, selbstständiger Arbeit oder Kapitalvermögen versteuert. Eine vertiefte Betrachtung der einkommensteuerlichen Behandlung erfolgt hier nicht, da diese nicht Gegenstand der BWL ist.

Tabelle 5.7 fasst alle wesentlichen Merkmale einer GmbH zusammen:

Gründung	– mindestens eine natürliche Person – Gesellschaftsvertrag – notarielle Beurkundung – Eintragung ins Handelsregister (Abteilung B)
Gewinn- und Verlustverteilung	Nach der Höhe des Stammkapitalanteils
Leitung/Kontrolle	– durch Geschäftsführer – Gesellschafterversammlung: Mitbestimmung und Kontrollrechte – ab 500 Beschäftigten: Aufsichtsrat
Finanzierungsmöglichkeiten	– Eigenkapital erhöhen durch Aufnahme neuer Gesellschafter, Nachschusszahlungen – Fremdfinanzierung: erschwert
Haftung	– beschränkt auf das Gesellschaftsvermögen – Gesellschafter haften nur mit der Höhe ihrer Stammeinlage.
Kapitalbedarf	Mindeststammkapital: 25.000,00 €
Publizierung und Prüfung	Je nach Größenklasse des Unternehmens
Besteuerung	Körperschaftssteuer, Gewerbesteuer, Umsatzsteuer; Einkünfte der Gesellschafter je nach Art des Unternehmens

Tabelle 5.7 Gesellschaft mit beschränkter Haftung (GmbH)

Unternehmergesellschaft (UG) haftungsbeschränkt

Laut der IHK München haben ca. 13.000 Unternehmen in Deutschland die Rechtsform der UG (haftungsbeschränkt). Der Zusatz »haftungsbeschränkt« muss im Geschäftsverkehr zwingend geführt werden, da die Haftungsbeschränkung ein wesentliches Merkmal der UG ist. Die UG ist keine eigenständige Rechtsform, sondern eine Unterform der GmbH. Sie wird als »Mini-GmbH« oder als »1-Euro-GmbH« bezeichnet, weil für die Gründung ein Mindeststammkapital in Höhe von einem Euro ausreicht. Durch dieses geringe Stammkapital soll Existenzgründern der Einstieg ins Geschäftsleben erleichtert werden.

Tabelle 5.8 fasst alle wesentlichen Merkmale einer UG haftungsbeschränkt zusammen:

Gründung	– mindestens eine natürliche Person – Musterprotokoll oder Gesellschaftsvertrag (notarielle Beurkundung) – Eintragung ins Handelsregister (Abteilung B)
Gewinn- und Verlustverteilung	Nach der Höhe des Stammkapitalanteils
Leitung/Kontrolle	– durch Geschäftsführer – Gesellschafterversammlung: Mitbestimmung und Kontrollrechte – ab 500 Beschäftigten: Aufsichtsrat
Finanzierungsmöglichkeiten	– Eigenkapital erhöhen durch Aufnahme neuer Gesellschafter, Nachschusszahlungen – 25 % Rücklage vom Jahresgewinn – Fremdfinanzierung: erschwert
Haftung	– beschränkt auf das Gesellschaftsvermögen – Gesellschafter haften nur mit der Höhe ihrer Stammeinlage.
Kapitalbedarf	Mindeststammkapital: 1,00 €
Publizierung und Prüfung	Je nach Größenklasse des Unternehmens
Besteuerung	Körperschaftssteuer, Gewerbesteuer, Umsatzsteuer; Einkünfte der Gesellschafter je nach Art des Unternehmens

Tabelle 5.8 Unternehmergesellschaft (UG) haftungsbeschränkt

Aktiengesellschaft (AG)

Die Aktiengesellschaft wird von einer oder mehreren Personen gegründet und ist ebenfalls eine Kapitalgesellschaft, deren Grundkapital in Höhe von mindestens 50.000,00 € in *Aktien* zerlegt wird.

> *»Eine Aktie ist eine Urkunde. Sie bescheinigt ihrem Besitzer, dass er einen bestimmten Geldbetrag einem Unternehmen zur Verfügung gestellt hat. […] Er hat das Geld nicht aus Großzügigkeit gegeben, sondern weil er mit dieser Aktie bestimmte Rechte erwirbt. Er*

wird unter anderem Miteigentümer dieser AG und hat einen Anspruch auf einen Teil des Gewinns, den das Unternehmen erwirtschaftet.« (*bpb, https://www.bpb.de/kurz-knapp/lexika/das-junge-politik-lexikon/319798/aktien/*, aufgerufen am 18.01.2025)

Die Aktien können entweder als *Nennbetragsaktien* oder *Stückaktien* ausgegeben werden. Nennbetragsaktien haben einen festen Nennwert. Dieser Nennwert muss mindestens 1,00 € betragen und auf volle Euro lauten. Der Anteil am Grundkapital bestimmt sich nach dem Verhältnis des Nennbetrags der Aktie zum Grundkapital.

Beispiel: Berechnung des prozentualen Anteils am Grundkapital

Das Grundkapital ist 100.000,00 € und der Nennwert pro Aktie 5,00 €. Ein Aktionär besitzt 1.000 Aktien. Wie viel prozentualen Anteil am Grundkapital besitzt er?

Lösung: 1.000 Aktien · 5,00 € = 5.000,00 € für 1.000 Aktien → prozentualer Anteil am Gesamtvermögen 5.000,00 € · 100 / 100.000,00 € = 5 %

Stückaktien haben keinen Nennbetrag, sondern haben alle den gleichen Wert. Ihr Nennwert wird rechnerisch ermittelt, indem das Grundkapital durch die Anzahl der Aktien dividiert wird.

Beispiel: Berechnung des rechnerischen Nennwerts pro Aktie

Das Grundkapital der *ABC AG* beträgt 500.000,00 €, aufgeteilt in 200.000 Stück Aktien. Wie hoch ist der rechnerische Nennwert pro Aktie?

Lösung: 500.000,00 € / 200.000 Stück = 2,50 €/Aktie

Jeder Kapitalanteil ist als Wertpapier verbrieft und am Kapitalmarkt erhältlich. Die Anteile börsennotierter AGs werden an der Börse gehandelt.

Die AG besitzt drei Organe mit folgenden Aufgaben:

- **Vorstand (das geschäftsführende Organ):** Der *Vorstand* leitet die Geschäfte eigenverantwortlich und vertritt die AG nach außen hin. Er ist gegenüber den anderen Organen nicht weisungsgebunden, jedoch hat er gegenüber dem Aufsichtsrat eine Berichtspflicht. Er verantwortet den Jahresabschluss und den Geschäftsbericht. Meist besteht der Vorstand aus mehreren Personen. Gemäß § 84 Aktiengesetz (AktG) bestellt der Aufsichtsrat die Vorstandsmitglieder auf höchstens 5 Jahre. Eine wiederholte Amtszeit ist möglich.
- **Aufsichtsrat (das überwachende Organ):** Der *Aufsichtsrat* bestellt und überwacht den Vorstand. Ein Arbeitnehmervertreter muss Mitglied sein. Der Aufsichtsrat wird von der Hauptversammlung für maximal 4 Jahre gewählt.

- **Hauptversammlung (das beschlussfassende Organ):** Die *Hauptversammlung* ist die jährliche Versammlung der Aktionär*innen. Die Aktionäre bestellen die Aufsichtsratsmitglieder und entscheiden über grundlegende Fragen. Sie *entlasten* den Vorstand und den Aufsichtsrat. Das heißt, sie billigen die Geschäftsführung des vergangenen Geschäftsjahres. Um diese Entlastung durchführen zu können, haben die Aktionär*innen in der Hauptversammlung ein Auskunftsrecht gegenüber dem Vorstand. Das Stimmrecht in der Hauptversammlung richtet sich nach der Anzahl der gehaltenen Aktien, denn pro Aktie gibt es eine Stimme. Am Ende eines Geschäftsjahres haben die Aktionär*innen das Recht auf Gewinnausschüttung, die sogenannten *Dividende*. Wird die AG aufgelöst, haben die Aktionäre ein Recht auf einen Anteil des Liquidationserlöses. Wird eine Kapitalerhöhung durch die Ausgabe von neuen Aktien beschlossen, haben die Aktionäre ein Aktienbezugsrecht.

Gewinne (Jahresüberschuss) und Verluste (Jahresfehlbetrag) werden gleichmäßig auf alle Aktien verteilt. Das Aktiengesetz schreibt vor, dass nur die Hälfte des Gewinns ausgeschüttet werden darf; die andere Hälfte wird als Rücklage für zukünftige Verluste eingestellt.

Die *Publikations- und Prüfungsvorschriften* sind genauso wie bei der GmbH.

Die AG unterliegt ebenfalls der Körperschaftssteuer sowie der Gewerbesteuer und Umsatzsteuer. Die ausgeschüttete Dividende müssen die Aktionäre als Erlöse aus Kapitalvermögen versteuern und unterliegen zusätzlich der Kapitalertragssteuer.

Tabelle 5.9 fasst alle wesentlichen Merkmale einer Aktiengesellschaft zusammen:

Gründung	– mindestens eine Person – notarielle Beurkundung – Eintragung ins Handelsregister (Abteilung B)
Gewinn- und Verlustverteilung	Gleichmäßig auf alle Aktien
Leitung/Kontrolle	– Vorstand: geschäftsführendes Organ – Aufsichtsrat: überwachendes Organ – Hauptversammlung: beschlussfassendes Organ
Finanzierungsmöglichkeiten	– Kapitalerhöhung durch Ausgabe neuer Aktien – Fremdfinanzierung einfacher
Haftung	– beschränkt auf das Gesellschaftsvermögen – Haftung der Aktionäre in Höhe ihrer Aktien

Tabelle 5.9 Aktiengesellschaft (AG)

Kapitalbedarf	Grundkapital 50.000,00 €
Publizierung und Prüfung	Je nach Größenklasse des Unternehmens
Besteuerung	Körperschaftssteuer, Gewerbesteuer, Umsatzsteuer; Einkünfte der Gesellschafter aus Kapitalvermögen

Tabelle 5.9 Aktiengesellschaft (AG) (Forts.)

Europäische Gesellschaft (SE)

Aktiengesellschaften sind in Deutschland sowie in anderen Ländern streng reguliert. Problematisch wird es, wenn zwei länderfremde Aktiengesellschaften miteinander fusionieren und die jeweiligen Gesetze miteinander konkurrieren: *»Um einen einheitlichen Rechtsrahmen zu schaffen, wurde auf europäischer Ebene die Rechtform der Europäischen Gesellschaft, die Societas Europaea (SE) bzw. Europa-AG, kreiert.«* (Wöhe et. al, »Einführung in die Allgemeine Betriebswirtschaftslehre«, 2023, S. 228)

Der wesentliche Unterschied ist ein höheres Mindestgrundkapital von 120.000,00 € (bei der deutschen AG sind es 50.000,00 €). Bei der SE ist es möglich, anstelle eines Aufsichtsrats einen Verwaltungsrat zu gründen; die Mitbestimmung wird individuell verhandelt.

Sonderform: GmbH & Co. KG

Die *GmbH & Co. KG* ist eine Sonderform der Kommanditgesellschaft (KG). Bei ihr übernimmt eine GmbH die Rolle des Komplementärs, d. h. der voll haftenden Gesellschafterin. Die Kommanditisten sind in der Regel natürliche Personen. Tabelle 5.10 zeigt Ihnen die wichtigsten Regelungen zur GmbH & Co. KG. Der wesentliche Unterschied zur klassischen KG besteht darin, dass der Komplementär, der normalerweise unbeschränkt mit seinem Privatvermögen haftet, hier eine GmbH ist. Da die GmbH nur mit ihrem Stammkapital haftet, wird die Haftung der GmbH & Co. KG insgesamt auf das Gesellschaftsvermögen beschränkt.

Um keinen Anschein einer unbeschränkten Haftung zu erwecken, muss die Stellung der GmbH als Komplementärin in der Rechtsformbezeichnung kenntlich gemacht werden. Wenn Sie mehr ins Detail gehen möchten, empfehle ich Ihnen das Merkblatt der Niederrheinischen Industrie- und Handelskammer, das Sie unter folgendem Link finden:

https://www.ihk.de/blueprint/servlet/resource/blob/4038488/780b050aa5814a14ff6ef8f25f233c3f/gmbh-co-kg-data.pdf

Tabelle 5.10 fasst alle wesentlichen Merkmale einer GmbH & Co. KG zusammen:

Gründung	- Kapitalgesellschaft und natürliche Person - Gesellschaftsvertrag - notarielle Beurkundung - Eintragung ins Handelsregister (Abteilung A)
Gewinn- und Verlustverteilung	Gemäß Gesellschaftervertrag
Leitung/Kontrolle	- durch den Geschäftsführer der Komplementär-GmbH - Der Kommanditist hat beschränkte Kontrollrechte.
Finanzierungsmöglichkeiten	- Eigenkapital erhöhen durch Kapitaleinlage, Aufnahme neuer Gesellschafter - Fremdfinanzierung: erschwert durch beschränkte Haftung
Haftung	- Komplementär: GmbH → beschränkt - Kommanditist: natürliche Person → beschränkt
Kapitalbedarf	Mindeststammkapital der Komplimentär-GmbH: 25.000,00 €
Publizierung und Prüfung	Je nach Größenklasse des Unternehmens
Besteuerung	- Zwei Jahresabschlüsse: KG und GmbH - KG: Gewerbesteuer, Umsatzsteuer - GmbH: Körperschaftssteuer, Gewerbesteuer, Umsatzsteuer

Tabelle 5.10 GmbH & Co. KG

Die eingetragene Genossenschaft (eG)

Die *eingetragene Genossenschaft (eG)* ist eine Rechtsform, bei der sich Mitglieder zusammentun, um gemeinschaftlich die Umsetzung wirtschaftlicher, kultureller oder sozialer Ziele zu verfolgen. Auch hier ist das Wichtigste in Tabelle 5.11 zusammengefasst. Möchten Sie sich näher mit dieser Rechtsform beschäftigen, finden Sie hier wertvolle Informationen: *https://www.ihk.de/bodensee-oberschwaben/recht/auftreten-im-geschaeftsverkehr/rechtsformen/unternehmensform-genossenschaft-1942642*.

Gründung	– mindestens drei Personen – Eintragung ins Genossenschaftsregister
Gewinn- und Verlustverteilung	Gemäß § 19 GenG oder gemäß Satzung
Leitung/Kontrolle	– Aufgabe des Vorstands – Aufsichtsrat: überwacht den Vorstand. – Generalversammlung: wählt Vorstand und Aufsichtsrat.
Finanzierungsmöglichkeiten	– Eigenkapital schwankt je nach Anzahl und Einlage der Mitglieder – Fremdfinanzierung möglich
Haftung	Auf die Höhe der Gesellschaftsanteile der Mitglieder begrenzt
Kapitalbedarf	Kein Mindestkapital bzw. keine Mindestgeschäftseinlage
Publizierung und Prüfung	– spezifische Publizitätspflicht – Prüfungspflicht durch genossenschaftlichen Prüfungsverband
Besteuerung	– Körperschaftssteuer, Gewerbesteuer, Umsatzsteuer – Gewinnausschüttungen an die Mitglieder gelten als Einkünfte aus Kapitalvermögen.

Tabelle 5.11 Eingetragene Genossenschaft (eG)

Sie haben nun alles Wissenswerte über die Rechtsformen erfahren. Kommen wir zu unserer Eingangsfrage zurück: Wissen Sie nun, warum die Wahl der Rechtsform in der Praxis von großer Bedeutung ist? Genau, die Wahl der Rechtsform wirkt sich unmittelbar auf den rechtlichen, finanziellen und organisatorischen Rahmen des Unternehmens aus.

5.4 Der normative Rahmen eines Unternehmens – das Unternehmensleitbild

Der normative Rahmen eines Unternehmens legt die grundlegenden Werte, Prinzipien und Richtlinien fest, die das unternehmerische Handeln leiten – sowohl intern für Führungskräfte und Mitarbeitende als auch extern als Orientierung für Kunden, Lieferanten und weitere Anspruchsgruppen. All diese grundlegenden Prinzipien sind im *Unternehmensleitbild* zusammengefasst, das als Grundlage für sämtliche unternehmerischen Entscheidungen und Aktivitäten dient.

Das Unternehmensleitbild enthält grundsätzlich drei Elemente: die *Vision*, die *Mission* und die *Werte*.

Vision

Am Anfang jedes Unternehmens steht eine Vision. Die *Vision* ist das langfristige Zukunftsbild des Unternehmens, das »Warum und wohin?«. Die Vision zeigt, was der Sinn und Zweck der eigenen unternehmerischen Tätigkeit ist und was langfristig erreicht werden soll. Sie beschreibt idealerweise ein inspirierendes Bild des angestrebten Zustands in der Zukunft, das für Begeisterung und Motivation bei den Handelnden sorgt. Wenn es eine konkrete Vorstellung der eigenen Vision gibt, ist es einfacher und auch zielgerichteter, die dafür notwendigen nächsten zukünftigen Schritte zu planen und zu gehen.

Wenn die Zukunftsvision von den handelnden Personen – allen voran den Mitarbeitenden – akzeptiert wird, fungiert sie als treibende Kraft für deren Einsatzbereitschaft und Engagement. Die Wirkungskraft nach außen steigt ebenfalls, wenn die Vision klar die eigenen Stärken und Ziele formuliert wird, aber auch der Nutzen, den das Unternehmen den Nachfragern beziehungsweise der Gesellschaft bringt, klar verbalisiert wird (vgl. Vahs/Schäfer-Kunz, »Einführung in die Betriebswirtschaftslehre«, 2015, S. 24f.).

Ihre Vision

Was ist Ihre persönliche Vision? Von Ihrem BWL-Studium? Haben Sie eine? Wo sehen Sie sich in 5 Jahren? Das ist auch eine beliebte Frage im Bewerbungsgespräch, denn hier zeigen sich anhand der Antworten die Ambitionen und die Motivation der einzelnen Bewerbenden.

Mission

Das zweite Element des Unternehmensleitbilds ist die *Mission* – der Unternehmensauftrag. Es beantwortet die Fragen »Was und wie?«. *»Die Unternehmensmission beziehungsweise die*

Business-Mission beschreibt den Zweck und den Gegenstand des gegenwärtigen unternehmerischen Handelns.« (Vahs/Schäfer-Kunz, »Einführung in die Betriebswirtschaftslehre«, 2015, S. 26.) Der Gegenstand des Unternehmens beschreibt die konkreten Leistungen, die es erbringt, also die aktuellen Kernaufgaben. Dieser Unternehmenszweck wird bereits bei der Gründung im Gesellschaftsvertrag schriftlich fixiert.

Eine klar formulierte und überzeugend kommunizierte Mission, die sowohl nach innen als auch nach außen wirkt, beeinflusst das Verhalten aller Beteiligten nachhaltig. Sie schafft Orientierung und stiftet Identität, indem sie die zentralen Unternehmenswerte einbezieht. Eine genaue Ausprägung der *Unternehmensidentität* wird im weiteren Verlauf näher erläutert.

Werte

Damit sind wir beim dritten Element angekommen, den *Werten*. Das Wertesystem eines Unternehmens bildet dessen ethisches Fundament. Es umfasst zentrale Prinzipien und Normen, die das unternehmerische Handeln leiten und ausdrücken, wofür das Unternehmen steht. Diese Werte dienen als Handlungsorientierung für alle betrieblichen Entscheidungen und prägen die Unternehmenskultur. Das folgende Zitat definiert meiner Meinung nach perfekt, was man unter Werten versteht und wie sie wirken:

> *»Werte bezeichnen etwas, das wir als positiv, erstrebenswert oder moralisch gut ansehen. Es sind tief-verwurzelte Überzeugungen, Einstellungen, Ideale und Bedürfnisse, welche gewöhnlich von den Mitgliedern einer Gemeinschaft geteilt werden und zu deren Identität und Kultur beitragen.«* (*https://purpose-in-der-praxis.de/was-sind-werte-definition-beispiele-praktische-verwendung/*, aufgerufen am 25.01.2025)

Werte sind also nicht nur reine Normen oder Handlungsanweisungen, sondern sie sind eine mit Gefühlen verbundene Vorstellung darüber, was erstrebenswert ist. Wenn die Mitarbeiter fühlen, dass man eine gemeinsame Ausrichtung hat, sind sie motivierter und leistungsbereiter, denn wenn Emotionen im Spiel sind, handeln die Beteiligten wirksamer. In dem oben genannten Artikel werden Werte als »kultureller Code« bezeichnet, weil jeder Mensch danach handelt, sie aber nicht bewusst auswählt. Sie sind tief in jedem von uns persönlich verankert und stärken das Gemeinschaftsgefühl und das Gefühl der Verbundenheit sowohl in der Gesellschaft als auch im Unternehmen. Werte sind aber nur wirksam, wenn sie spürbar sind und von allen in der Unternehmung gelebt werden, sowohl in der grundlegenden Organisation als auch in der täglichen Arbeit.

Werte finden – Purpose entdecken

Sie wissen nun, wie wichtig Werte sind. Jetzt stellt sich die Frage, wie wir die für unser Unternehmen wichtigen, authentischen Werte finden. Auf der Webseite *https://purpose-in-der-praxis.de/was-sind-werte-definition-beispiele-praktische-verwendung/* ist ein ausführlicher 10-Schritte-Plan zur Werteentwicklung aufgezeigt.

Als erster Schritt ist genannt, den eigenen »*Purpose*« zu bestimmen. Der Begriff *Purpose* steht für den Sinn und Zweck eines Unternehmens mit dem Ziel, einen positiven Beitrag zur Gesellschaft zu leisten und gleichzeitig aber auch die eigenen Vorstellungen, Werte und Ziele zu leben und zu verwirklichen. Es geht dabei um die Wahrnehmung einer gesellschaftlichen Aufgabe, die wichtiger ist, als nur wirtschaftlichen Profit zu erzielen.

Vor allem in den USA hat der Begriff Purpose in den letzten Jahren an Bedeutung gewonnen. Man geht von drei Dimensionen aus, nämlich der *ökonomischen Dimension*, der *ökologischen Dimension* und der *sozialen Dimension*. Diese drei Dimensionen in Einklang zu bringen und dadurch eine bessere Welt zu erschaffen, ist das Ziel von Purpose: *»Der neue Dreiklang für Unternehmen, die auch morgen noch erfolgreich sein wollen, lautet, […]: People, Profit, Planet.«* (*https://purpose-in-der-praxis.de/purpose/*, aufgerufen am 25.01.2025)

Ist der Purpose also klar definiert, hilft dies allen Beteiligten, zielgerichtet zu handeln. Auch auf den wirtschaftlichen Erfolg wirkt sich der Purpose positiv aus, wie Studien belegen. Zusammenfassend lässt sich sagen, dass es sich lohnt, den eigenen unternehmerischen Purpose zu finden und alle weiteren Schritte darauf auszurichten. Bei der Entdeckung des Purpose hilft der *Golden Circle* von Simon Sinek, bei dem es darum geht, in sich stimmige Antworten auf die Fragen »Warum?«, »Wie?« und »Was?« zu finden (vgl. *https://purpose-in-der-praxis.de/purpose/*, aufgerufen am 25.01.2025).

Ein Unternehmen, das Purpose lebt, ist die Outdoor-Bekleidungsmarke *Patagonia*. Das zentrale Leitmotiv von Patagonia lautet: »We're in business to save our home planet«. Das Unternehmen lebt den Purpose durch konkrete Maßnahmen wie nachhaltige Produkte oder spendet 1 % des Umsatzes an Umweltorganisationen. Diese Übereinstimmung zwischen Kommunikation und Verhaltensweisen schafft Vertrauen und Kundenbindung und hebt Patagonia von der Konkurrenz ab (vgl. Homepage Patagonia, *https://eu.patagonia.com/de/de/ownership/*, aufgerufen am 15.05.2025).

Wenn Sie sich intensiver mit dem Thema Purpose beschäftigen möchten, finden Sie auf der Website von Thomas Pyczak – Autor mehrerer Fachbücher, unter anderem zum Thema Purpose – unter *www.purpose-in-der-praxis.de* hilfreiche Erläuterungen und praxisnahe Werkzeuge.

Da mich die oben dargestellten Überlegungen zum Purpose überzeugen und ich ihn als eine über Vision und Mission hinausgehende Dimension verstehe – eine, die auf eine tiefere Sinnstiftung im gesellschaftlichen Kontext abzielt –, betrachte ich den Purpose als eigenständiges Konzept neben dem klassischen Leitbild.

Der Purpose weist inhaltliche Schnittmengen insbesondere zu den Werten auf, geht in seiner Ausrichtung häufig jedoch darüber hinaus. Aus Gründen der begrifflichen Klarheit wird das Leitbild jedoch nicht um eine weitere Dimension erweitert – vielmehr werden Leitbild und Purpose als getrennte, aber miteinander verbundene Konzepte verstanden.

Unternehmensidentität

All diese Elemente tragen zur *Unternehmensidentität*, auch *Corporate Identity* genannt, bei. Diese prägt das Image, also den Ruf und das Ansehen des Unternehmens in der Öffentlichkeit sowie auch gegenüber Kunden und Lieferanten. Eine klare Unternehmensidentität, auch Unternehmenspersönlichkeit, ist extrem wichtig, weil sie Wiedererkennungswert hat und man sich dadurch von der Konkurrenz abgrenzt. Oft bieten viele Unternehmen ähnliche Produkte an, deshalb wird die Kaufentscheidung oftmals auf Basis des Unternehmensimages getroffen. (vgl. Vahs/Schäfer-Kunz, »Einführung in die Betriebswirtschaftslehre«, 2015, S. 24f.). Das ist Grund genug, der Corporate Identity mehr Aufmerksamkeit zu schenken. Sie besteht aus folgenden Faktoren:

- **Corporate Behaviour (Unternehmensverhalten/Unternehmenskultur)**

  Das *Corporate Behaviour* beschreibt das Verhalten eines Unternehmens intern, gegenüber seinen Mitarbeitern und extern, gegenüber Kunden oder Geschäftspartnern. Es ist eine Art Verhaltenscodex, weil es versucht, das Verhalten der Mitarbeiter zu beeinflussen. Durch dieses Verhalten wird die Unternehmenskultur sichtbar, denn das tatsächliche Tun sagt mehr aus als nur Worte auf Papier in Ankündigungen. Es reicht beispielsweise nicht aus, eine Feedbackkultur im Unternehmen schriftlich auszuarbeiten. Wichtig ist, dass man sie auch im täglichen Geschäft anwendet und »lebt«.

- **Corporate Design (Erscheinungsbild)**

  Das *Corporate Design*, das einheitliche äußere Erscheinungsbild eines Unternehmens, lässt sich leichter steuern als das Corporate Behaviour. Es trägt durch optische Elemente zu einem stimmigen Unternehmensbild bei. Die größte Signalwirkung hat hier vor allem das Firmenlogo, das z. B. auf sämtlichen Produkten, Verpackungen oder Briefköpfen zu finden ist. Auch einheitliche Firmenfarben oder der homogene Internetauftritt tragen zum harmonischen Unternehmensbild bei. Diese visuellen Details werden von den Menschen unmittelbar wahrgenommen, deshalb haben viele Unternehmen, auch kleinere, ein professionell gestaltetes Corporate Design.

- **Corporate Communication (Kommunikation)**

  Die *Corporate Communication* steht für die gesamte Unternehmenskommunikation, sowohl nach innen (Mitarbeiter) als auch nach außen (Kunden, Geschäftspartner, Öffentlichkeit). Ihr Ziel ist es, ein einheitliches Erscheinungsbild des Unternehmens in der Öffentlichkeit zu kreieren und ein positives Image zu bewirken. Alle Elemente des normativen Rahmens müssen miteinander harmonieren, damit das Unternehmen als glaubwürdig wahrgenommen wird.

  Wenn *planITs* als nachhaltig produzierendes Unternehmen dargestellt werden möchte, sollte es auch in anderen Bereichen, z. B. bei der Stromerzeugung oder bei Büromaterialien, auf Umweltfreundlichkeit achten. Bei der internen Kommunikation unterstützen ein

Intranet oder ein Newsletter die Korrespondenz. Externe Kommunikation erfolgt beispielsweise über die Homepage oder Social Media. Corporate Communication steht in enger Verbindung mit der Öffentlichkeitsarbeit, die in Abschnitt 11.4 noch genauer betrachtet wird.

Es lässt sich feststellen, dass die Entwicklung eines Unternehmensleitbilds eine anspruchsvolle, komplexe Aufgabe ist. Zahlreiche Aspekte müssen berücksichtigt werden und harmonisch miteinander verknüpft werden, damit ein stimmiges, realistisches Gesamtbild entsteht. Unrealistische Versprechungen und Darstellungen müssen hier unbedingt vermieden werden, um die Glaubwürdigkeit zu wahren.

Bei der Erstellung des Leitbilds ist es gewinnbringend, wenn verschiedene Mitarbeiter*innen aus unterschiedlichen Bereichen mit einbezogen werden und somit die Kraft der Gemeinschaft genutzt wird. Sinnvoll ist es auch, zuerst den aktuellen Ist-Zustand des Unternehmens zu ermitteln. Anschließend werden der Purpose, die Vision, die Mission und die Werte formuliert. Bei der grafischen Gestaltung können Sie Ihrer Kreativität freien Lauf lassen, denn je besonderer die Gestaltung ist, desto einprägsamer ist es. Ein einprägsamer Slogan unterstreicht die Originalität.

Sie haben jetzt viele Begriffe kennengelernt, doch braucht wirklich jedes Unternehmen all diese Elemente? Gehen wir zurück zu unserem Eingangsbeispiel: Braucht das Start-up eine Vision, eine Mission, ein Wertesystem oder einen Purpose? Und was ist mit dem Traditionsbetrieb, dem Familienhotel? Die Antwort ist einfach: Eine klare Ausrichtung über Vision, Mission, Werte und Purpose ist nicht zwingend vorgeschrieben, kann aber in beiden Fällen wertvolle Orientierung geben und die langfristige Entwicklung des Unternehmens positiv beeinflussen.

Aufgabe 1: Unternehmensleitbild entwerfen

Entwerfen Sie ein Leitbild für unser neu gegründetes Unternehmen *planITs*, das nachhaltige Studentenkalender herstellt. Integrieren Sie den Purpose, die Vision, die Mission und die Werte in Ihre Darstellung.

5.5 Unternehmensziele

Beim normativen Rahmen war bereits immer wieder von Unternehmenszielen die Rede. Ziele sind enorm wichtig, weil sie das Handeln des Unternehmens steuern und somit das Fundament für einen nachhaltigen Erfolg sind. Ohne ein klares Ziel fehlt die Orientierung und man bewegt sich planlos, ohne zu wissen, in welche Richtung man steuern soll. Damit dies nicht passiert und das unternehmerische Handeln effizient und zielgerichtet ist, ist es unerlässlich, dass jedes Unternehmen klar definierte Ziele hat.

Im Unternehmensleitbild sind bereits einige übergeordnete Ziele enthalten, jedoch braucht es in der betrieblichen Praxis Teilziele, weil für die Zielerreichung oft mehrere Schritte notwendig sind. An erster Stelle muss immer die Zielplanung liegen, bei der die Ziele festgelegt, konkretisiert und – ganz wichtig – aufeinander abgestimmt sind. Jedes Unternehmen hat ein eigenes *Zielsystem* mit einer gewissen *Zielhierarchie*.

Bevor wir uns jedoch der Kategorisierung von Unternehmenszielen widmen, möchte ich noch auf die Wichtigkeit der konkreten *Zielformulierung* eingehen. Ziele dienen dazu, von einem bestimmten Ist-Zustand zu einem gewünschten Soll-Zustand zu gelangen. Sie müssen klar, messbar und umsetzbar formuliert werden, damit überprüft werden kann, ob das Ziel erreicht wurde oder nicht. Die *SMART-Methode* ist hierbei ein hilfreiches Werkzeug, um realistische und überprüfbare Ziele zu formulieren. Die Ziele müssen Folgendes sein:

Die SMART-Methode

Spezifisch

Messbar

Attraktiv

Realistisch

Terminiert

Nachfolgendes Beispiel verdeutlicht die SMART-Methode:

- **Nicht-SMARTe Formulierung:** Wir wollen unseren Umsatz steigern.
- **SMARTe Formulierung:** Wir wollen unseren Umsatz bis zum 31.12.2026 um 10 % steigern.

Die nicht-SMARTe Formulierung ist zu vage, weil sie zu ungenau formuliert ist.

Die SMARTe Formulierung erfüllt alle Kriterien der SMART-Methode. In der Praxis wird die SMART-Methode schnell und einfach angewendet, jedoch kann sie bei kreativen, qualitativen Prozessen auch einschränken, da vor allem messbare Ziele priorisiert werden. Auch die subjektive Wahrnehmung und Sichtweise der am Prozess beteiligten Personen ist nicht von der Hand zu weisen. Das Bundesministerium des Inneren und für Heimat stellt die SMART-Methode ausführlich auf folgender Webseite dar: *http://r-wrk.de/SMART* (aufgerufen am 01.02.2025)

Ziele können verschiedenartig eingeteilt werden. Sie können nach den *Zielmerkmalen* klassifiziert werden:

Zielmerkmal	Zielausprägungen
1. Zielinhalt	Mengengrößen, Geldgrößen, Sachziele, Formalziele
2. Zielausmaß	Begrenzte, unbegrenzte Ziele
3. Zeitbezug	Kurzfristige, mittelfristige, langfristige Ziele
4. Zielbeziehungen	Komplementäre, konkurrierende, indifferente Ziele
5. Rangordnung	Oberziele, Zwischenziele, Unterziele

Tabelle 5.12 Einteilung der Unternehmensziele nach Zielmerkmalen (vgl. Wöhe, »Einführung in die Allgemeine Betriebswirtschaftslehre«, 2023, S. 63)

Zur Verdeutlichung möchte ich die einzelnen Zielmerkmale mitsamt ihren Ausprägungen näher erläutern:

1. **Zielinhalt**

   Ziele können sowohl in Geldeinheiten, Mengeneinheiten als auch in relativen Größen angegeben werden. (Eine relative Größe gibt das Verhältnis zwischen verschiedenen Größen an, z. B. *Eigenkapitalrentabilität* – eine Vertiefung zu diesen Kennzahlen finden Sie in Abschnitt 13.2.)

   Außerdem können Ziele in Formalziele und Sachziele unterteilt werden:

   - *Formalziele*, auch *Erfolgsziele* gennannt, definieren den wirtschaftlichen Erfolg, der in Zahlen messbar ist und angibt, wie erfolgreich das Ziel umgesetzt wird. Sie sind den Sachzielen übergeordnet.
   - *Sachziele* beschreiben ein konkretes Handeln, das notwendig ist, um die Formalziele zu erreichen. Sie nennt man auch *Leistungsziele*.

   Beispiele:

   Sachziel: Herstellung und Verkauf von Studentenplanern. Monatlich sollen 500 Stück hergestellt werden.

   Formalziel: Erhöhung der Umsatzrentabilität um 5 %.

2. **Zielausmaß**

   Beim *Zielausmaß* unterscheidet man *begrenzte* und *unbegrenzte Ziele*:

   - *Begrenzt* ist es ein Ziel, wenn es klar, messbar und mit einem Endpunkt terminiert ist, beispielsweise: »Wir wollen unseren Umsatz bis zum 31.12.2025 um 10 % steigern.«
   - *Unbegrenzt* ist ein immer fortlaufendes, übergeordnetes Ziel, wie z. B.: »Wir wollen langfristig unsere Marktstellung stetig ausbauen.«

3. **Zeitbezug**

   Die Einteilung von Zielen in lang-, mittel- und kurzfristige Ziele ist gängige Praxis:

   - *Kurzfristige Ziele* sind meist von operativer Natur und schnell umsetzbar. Die Laufzeit beträgt bis zu einem Jahr.
   - *Mittelfristige Ziele* werden über mehrere Jahre realisiert und sind Teil der strategischen Ausrichtung eines Unternehmens. Ihre Laufzeit beträgt ein bis fünf Jahre.
   - *Langfristige Ziele* verfolgen die Umsetzung der grundlegenden Vision und Mission des Unternehmens. Ihre Laufzeit beträgt normalerweise über fünf Jahre.

Aufgabe 2: Ziele entwerfen

Formulieren Sie für unser Unternehmen *planITs* jeweils ein kurzfristiges, ein mittelfristiges und ein langfristiges Ziel. Denken Sie an die SMART-Regel.

4. **Zielbeziehungen**

   In der Regel verfolgt ein Unternehmen mehrere Ziele gleichzeitig. Diese Ziele stehen miteinander in Beziehung. Folgende *Zielbeziehungen* sind möglich:

Komplementäre Ziele	Konkurrierende Ziele	Indifferente Ziele
Zielharmonie: Die Ziele unterstützen und begünstigen sich gegenseitig.	*Zielkonflikt:* Die Ziele stehen im Widerspruch zueinander, behindern sich gegenseitig.	*Zielneutralität:* Die Ziele beeinflussen sich nicht, haben nichts miteinander zu tun.
Kostensenkung und Gewinnerhöhung	Kostensenkung und Umsatzsteigerung	Senkung der Energiekosten und Verbesserung des Markenimages
Die Kostensenkung führt in der Regel zu einer Gewinnerhöhung. Die Maßnahmen zur Erreichung der Ziele begünstigen sich gegenseitig. Das gilt nicht in jedem Fall, z. B. wenn die Kostensenkung Auswirkungen auf die Qualität hat.	Durch die Kostensenkung verringern sich die Marketingausgaben, deshalb ist davon auszugehen, dass der Umsatz zurückgeht.	Die Maßnahmen zur Energiekostensenkung haben mit den Werbemaßnahmen, die ergriffen werden müssen, um das Image des Unternehmens zu erhöhen, nichts zu tun.

5. **Rangordnung**

   Für die Bezeichnung der Rangordnung gibt es verschiedene Begrifflichkeiten (vgl. Wöhe et al., »Einführung in die Allgemeine Betriebswirtschaftslehre«, S. 63f.):

   - **Oberziele/Primärziele:** Diese Ziele zeigen das übergeordnete Ziel, die Vision, z. B.: »Wir wollen Marktführer für nachhaltige Planner werden.«
   - **Zwischenziele/Sekundärziele:** Das sind mittelfristige Etappenziele, z. B.: »Bis Ende 2027 soll unser Bekanntheitsgrad um 30 % gesteigert werden.«
   - **Unterziele/Tertiärziele:** Das sind kurzfristige, meist operative Ziele, z. B.: »Das Budget fürs Marketing wird 2026 um 20 % erhöht.«

Nachhaltigkeit und Corporate Social Responsibility (CSR)

Nach der oben detailliert beschriebenen Kategorisierung der Ziele möchte ich mit einer generellen Einteilung von Unternehmenszielen abschließen. Bei dieser Einteilung spricht man vom *Drei-Säulen-Modell der Nachhaltigkeit* (siehe Abbildung 5.6).

Nach diesem Modell sollen Unternehmen nicht nur wirtschaftliche Ziele (*Ökonomie*) verfolgen, sondern auch umweltbezogene (*Ökologie*) und soziale Ziele (*Soziales*). Nur dann kann eine nachhaltige Entwicklung des Unternehmens erfolgen:

> *»Nachhaltigkeit oder nachhaltige Entwicklung bedeutet, die Bedürfnisse der Gegenwart so zu befriedigen, dass die Möglichkeiten zukünftiger Generationen nicht eingeschränkt werden. Dabei ist es wichtig, die drei Dimensionen der Nachhaltigkeit – wirtschaftlich effizient, sozial gerecht, ökologisch tragfähig – gleichberechtigt zu betrachten.«* (Bundesministerium für wirtschaftliche Zusammenarbeit und Entwicklung, *https://www.bmz.de/de/service/lexikon/nachhaltigkeit-nachhaltige-entwicklung-14700*, aufgerufen am 01.02.2025)

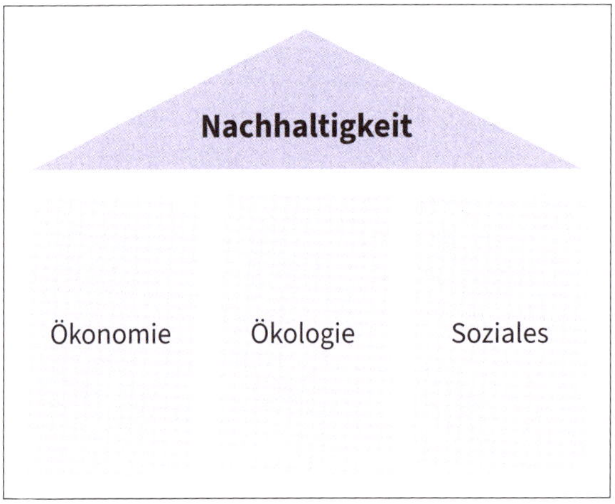

Abbildung 5.6 Das Drei-Säulen-Modell der Nachhaltigkeit

Entscheidend ist, dass alle Säulen denselben Stellenwert haben und entsprechend gleichgewichtig in die Umsetzung einfließen sollten.

Zusammenfassend kann festgestellt werden, dass sich das Modell in der Theorie vielversprechend anhört, in der betrieblichen Praxis jedoch oft schwer umsetzbar ist. Nicht immer können die Ziele aller drei Säulen gleichzeitig verfolgt werden, da es sich teilweise um konkurrierende Ziele handelt. Oft werden die ökologischen und sozialen Ziele der Stakeholder (Interessengruppen, z. B. Mitarbeiter, Kunden) zugunsten der ökonomischen Ziele der Shareholder (Anteilseigner, Aktionäre), wie beispielsweise einer Gewinnmaximierung, vernachlässigt. Trotzdem ist das Modell eine gute Orientierungshilfe, wenn Unternehmen nachhaltig agieren möchten.

Eng verbunden mit dem Drei-Säulen-Modell ist das Konzept der *Corporate Social Responsibility (CSR)*:

> *»Unter ›Corporate Social Responsibility‹ oder kurz CSR ist die gesellschaftliche Verantwortung von Unternehmen im Sinne eines nachhaltigen Wirtschaftens zu verstehen.«* (Verantwortung Unternehmen, CSR Allgemein, *https://www.csr-in-deutschland.de/DE/CSR-Allgemein/csr-allgemein.html*, aufgerufen am 01.02.2025)

Das CSR-Konzept ist enger gefasst als der Begriff der Nachhaltigkeit. CSR ist der tatsächliche Beitrag, den das Unternehmen zum nachhaltigen Wirtschaften leistet. Auf Initiative des Bundesministeriums für Arbeit und Soziales wurde eine eigene Homepage zu der Thematik eingerichtet. Diese finden Sie unter *https://www.csr-in-deutschland.de/DE/Startseite/start.html*.

Die Bundesregierung verleiht sogar einen CSR-Preis, mit dem Unternehmen ausgezeichnet werden, die gutes Benehmen auf unternehmerischer Ebene zeigen, die mitarbeiterorientiert sind und ressourcenschonend agieren und außerdem Verantwortung für die Lieferkette übernehmen und die Umwelt und das Klima schützen. Die Preisträger und weitere Informationen finden Sie ebenfalls auf der oben genannten Website.

5.6 Standortwahl

Denkaufgabe: Standortfaktoren

Noch agiert *planITs* aus dem Wohnzimmer heraus. Zukünftig soll jedoch ein Firmensitz eingerichtet werden. Überlegen Sie, welche Faktoren Ihnen persönlich bei der Standortentscheidung wichtig sind. Die Richtigkeit Ihrer Antworten können Sie mithilfe des folgenden Textes überprüfen.

Der *Standort* ist der geografische Ort, an dem ein Unternehmen Güter herstellt und/oder verkauft. Die Wahl des richtigen Standorts ist von enormer Wichtigkeit, da der Standort einen großen Einfluss auf den wirtschaftlichen Erfolg eines Unternehmens hat. Der Standort entscheidet, je nach Art des Unternehmens, über die Höhe des Umsatzes und der Kosten und folglich auch über den Gewinn.

Kleinere Unternehmen, vor allem Handwerksbetriebe, siedeln sich oft lokal an, das heißt in der Nähe des Heimatortes ihres Inhabers. Hier mag das gut funktionieren, weil der Bedarf an Handwerkerleistungen sehr hoch ist und die Leistungserbringung meist vor Ort beim Kunden erfolgt. Bei einem Einzelhandelsunternehmen für Geschenkartikel macht es jedoch wenig Sinn, als Standort ein ruhig gelegenes Gewerbegebiet mit wenig Publikumsverkehr auszuwählen: Dieses Unternehmen sollte seine Räumlichkeiten beispielsweise in einer belebten Fußgängerzone suchen.

Bei produzierenden Unternehmen können andere Kriterien ausschlaggebend sein, z. B. die Verkehrsanbindung. Eventuell stellt sich bei größeren, weltweit agierenden Unternehmen die Frage der Internationalisierung, also in welchem Land die Firma produzieren soll.

Hinzu kommt, dass die Standortwahl eine langfristige Entscheidung ist, die schwer rückgängig zu machen ist. Glücklicherweise muss die Entscheidung über einen Standort nicht oft getroffen werden, sondern nur in bestimmten Fällen, beispielsweise bei Gründung oder Erweiterung des Unternehmens.

Jedes Unternehmen hat unterschiedlichen Anforderungen an einen potenziellen Standort und findet jeweils unterschiedliche Rahmenbedingungen vor. Es gibt hier vor allem wirtschaftliche, infrastrukturelle, soziale oder ökologische Unterschiede (Inhomogenität), die die Standortfindung erschweren. Auch weil ortsabhängige, situationsabhängige Entscheidungen getroffen werden müssen, stets unter der Prämisse, dass sie langfristige Auswirkungen haben und oft mit erheblichen Kosten verbunden sind. Deshalb ist eine sorgfältige Planung unabdingbar.

Man unterscheidet zwischen der *strategischen Standortplanung* und der *operativen Standortplanung.*

Strategische Standortplanung

Die *strategische Standortplanung* legt die langfristigen Ziele fest und beschäftigt sich mit den zwei Fragen:

1. Was soll in welcher Menge wo angeboten werden?
2. Auf welche Länder/Regionen/Orte sollen die Güter, die Produktion und andere Betriebsfunktionen verteilt werden?

Bei der zweiten Frage unterscheidet man die vier Grundformen:

- **Standorteinheit:** Bei *Standorteinheit* findet die komplette Leistungserstellung an einem Standort statt. Diese Struktur ist typisch für kleine Unternehmen, Handwerksbetriebe sowie für neu gegründete Unternehmen.
- **Standortspaltung:** Die Leistungsmenge von identischen Produkten oder Betriebsfunktionen wird an mehreren Standorten produziert beziehungsweise durchgeführt.
- **Standortteilung:** Je nach Leistungsart wird hier *produktorientiert* (Produktion am Standort A, Montage am Standort B), *funktionsorientiert* (Forschung und Entwicklung am Standort A, Produktion am Standort B) oder *produktionsstufenorientiert* (Anbau von Rohstoffen am Standort A, Weiterverarbeitung am Standort B, Fertigung am Standort C) an verschiedenen Standorten gearbeitet.
- **Standortdiversifikation:** *Standortspaltung* und *Standortteilung* werden miteinander kombiniert. Beispiel: Die Produktion von Teil 1 erfolgt am Standort A, die Produktion von Teil 2 am Standort B, die Montage am Standort C, die Forschung und Entwicklung am Standort D.

Außerdem stellt sich die Frage, wie viele Standorte eingerichtet werden sollen.

Operative Standortplanung

Die *operative Standortplanung* setzt die langfristigen Ziele aus der strategischen Planung durch konkrete Schritte um. Ihr Ziel ist es, dass die aktuellen Ist-Standortgegebenheiten durch geeignete Maßnahmen so angepasst werden, dass sie mit den Zielvorgaben aus der strategischen Planung harmonisieren.

Falls die strategische Standortplanung noch nichts festgelegt hat, wird hier beispielsweise die geografische Lage des Standorts bestimmt. Zuerst wird die Staatengemeinschaft (z. B. Europäische Union) bestimmt, dann der Staat (*Makrostandortbestimmung*). Wenn das geklärt ist, wird erst die Region (Bayern), dann die Stadt beziehungsweise Gemeinde (Herzogenaurach) und abschließend das tatsächliche Grundstück bestimmt (*Mikrostandortbestimmung*; vgl. Vahs/Schäfer-Kunz, »Einführung in die Betriebswirtschaftslehre«, 2015, S. 97ff.).

Da viele Bedingungen am Standort sich unmittelbar auf die betrieblichen Abläufe auswirken, beschäftigt sich die operative Standortplanung mit diesen Merkmalen. Diese Faktoren nennt man *Standortfaktoren*.

Standortfaktoren

Standortfaktoren

Standortfaktoren sind die spezifischen Bedingungen vor Ort, die bei der Entscheidung über den richtigen Standort berücksichtigt werden müssen.

Denkaufgabe

Überlegen Sie sich, welche Faktoren Ihnen bei der Universitätsauswahl wichtig waren. Ich bin mir sicher, dass viele dieser Faktoren mit den betrieblichen Standortfaktoren übereinstimmen. Überprüfen Sie dies anhand der folgenden Informationen.

Standortfaktoren können verschiedenartig eingeteilt werden. Manche Autoren unterscheiden zwischen *Gütereinsatz* und *Güterabsatz*, andere wiederum unterteilen spezifischer nach beispielsweise *Infrastruktur* oder *Produktionsfaktoren* (siehe Abschnitt 8.1).

Auch die Einteilung nach *harten Standortfaktoren* (messbar, da quantifizierbar, wie z. B. Steuern, Energiekosten, Grundstückspreise) und *weichen Standortfaktoren* (schwer messbar, da subjektive Wahrnehmung, Beispiel: Image des Standorts, politische Lage) ist geläufig. Letztendlich führen alle die gleichen Faktoren auf, lediglich die Bezeichnungen variieren. Ich entscheide mich hier für die Begrifflichkeiten von Vahs und Schäfer-Kunz (vgl. Vahs/Schäfer-Kunz, Einführung in die Betriebswirtschaftslehre, 2015, S. 113), die untergliedern in:

- unternehmensbezogene Standortfaktoren
- produktionsbezogene Standortfaktoren
- absatzbezogene Standortfaktoren

Abbildung 5.7 zeigt die verschiedenen Standortfaktoren und ihre jeweiligen Ausprägungen.

Die *unternehmensbezogenen Standortfaktoren* sind die allgemeinen Rahmenbedingungen eines Standorts, die für das gesamte Unternehmen gelten, z. B. die gesellschaftliche oder rechtliche Situation.

Produktionsbezogene Standortfaktoren betreffen nur die zur Leistungserstellung benötigten Faktoren, z. B. Grundstücke oder Arbeitskräfte.

Die *absatzbezogenen Standortfaktoren* beurteilen Aspekte, die für den Verkauf der erstellten Leistungen ausschlaggebend sind, z. B. das Marketing bei der Absatzstruktur (siehe Kapitel 11).

Die Herausforderung besteht für die Unternehmen darin, die für sie wichtigen Faktoren bei der Standortauswahl zu berücksichtigen und dabei systematisch vorzugehen. Auch hier gibt es zahlreiche Möglichkeiten der Vorgehensweise. Ich stelle Ihnen nachfolgend ein gängiges Verfahren zur Bewertung der Standortalternativen vor, nämlich die sogenannte Nutzwertanalyse.

Abbildung 5.7 Unternehmensbezogene Standortfaktoren

Nutzwertanalyse

Die *Nutzwertanalyse* wird auch *Scoring-Modell* genannt. Sie berücksichtigt sowohl qualitative als auch quantitative Entscheidungskriterien.

Vorgehensweise bei der Nutzwertanalyse (Scoring-Modell)

1. Auswahl der zu bewertenden Standortalternativen
2. Auswahl der Standortfaktoren, die als wesentlich erachtet werden
3. Gewichtung der ausgewählten Standortfaktoren, Summe = 100
4. Bewertungsmaßstab festlegen, z. B. 1 = sehr gut, 5 = sehr schlecht
5. Bewertung der Standortalternativen mit dem Bewertungsmaßstab
6. Berechnung des Gesamtnutzens
7. Bestimmung der Rangfolge

Sehen wir und das Vorgehen an einem Beispiel an: *planITs* ist auf der Suche nach einem Betriebsstandort. Der »Standort« heimisches Wohnzimmer soll einem »richtigen« Standort weichen. Zur Auswahl stehen die Städte A, B und C.

Folgende Standortfaktoren mitsamt ihrer Gewichtung hat *planITs* als wichtig erachtet:

Standortfaktor	Gewichtung in %
Grundstückspreis	10
Verkehrsanbindung zur Autobahn	15
Arbeitskräfte: Verfügbarkeit, Qualifizierung	15
Gewerbesteuer	10
Nähe zum Hauptlieferanten von Papier	20
Lebensqualität	10
Umweltmanagement	20
	100

Tabelle 5.13 Gewichtung der Standortfaktoren

Folgender Bewertungsmaßstab gilt:

5 Punkte → sehr gut

4 Punkte → gut

3 Punkte → neutral

2 Punkte → schlecht

1 Punkt → sehr schlecht

Die Zuordnung des *Bewertungsmaßstabs* erfolgt anhand der vorhandenen Informationen zum Standort. Diese Bewertung ist immer auch subjektiv gefärbt. Multipliziert man den Bewertungsmaßstab mit dem *Gewichtungsfaktor*, erhält man den *Punktwert*, beispielsweise bei einem Grundstückspreis: $10 \cdot 2 = 20$. Die Addition der einzelnen Punktwerte ergibt die Punktwertsumme, also den Gesamtnutzen.

Mit dem *Entscheidungswert* geht es weiter:

Standort-faktor	Gewich-tung	Bewertung (Stadt A)	gewichtete Punkte (Stadt A)	Bewertung (Stadt B)	gewichtete Punkte (Stadt B)	Bewertung (Stadt C)	gewichtete Punkte (Stadt C)
Grund-stücks-preis	10	2	20	3	30	3	30
Verkehrs-anbindung	15	3	45	2	30	5	75
Arbeits-kräfte	15	2	30	3	45	5	75
Gewerbe-steuer	10	2	20	5	50	3	30
Nähe Lieferant	20	1	20	5	100	5	100
Lebens-qualität	10	2	20	2	20	3	30
Umweltma-nagement	20	5	100	4	100	1	20
Gesamt-nutzen			255		**375**		360
Rangfolge			3		**1**		2

Tabelle 5.14 Entscheidungswerttabelle

Anhand des berechneten Gesamtnutzens wird nun die Rangfolge festgelegt. Der höchste Gesamtnutzen erhält den Rang 1, gefolgt von den anderen in absteigender Reihenfolge.

Ergebnis: Die Stadt B hat die höchste Punktwertsumme und deshalb den größten Gesamtnutzen. *planITs* sollte seinen Standort in der Stadt B errichten.

Die systematische Vorgehensweise bei der Nutzwertanalyse sorgt dafür, dass die Entscheidungsfindung transparent und nachvollziehbar ist. Sie ist ein flexibles Instrument, das an unterschiedliche Entscheidungssituationen angepasst werden kann. Trotzdem muss man berücksichtigen, dass die Gewichtung und Bewertung subjektiv ist und die Durchführung sehr zeitintensiv ist, wenn die wichtigsten Faktoren berücksichtigt werden sollen. Außerdem können Zielkonflikte entstehen.

Zielkonflikt

Ein *Zielkonflikt* entsteht, wenn die Verfolgung eines Ziels die Erreichung eines anderen Ziels behindert oder ausschließt. Ein Beispiel hierfür ist: Die Kosten sollen so gering wie möglich gehalten werden, trotzdem legt das Unternehmen großen Wert auf Umweltschutz, was meist mit höheren Kosten verbunden ist.

Alles in allem ist die Nutzwertanalyse aber ein hilfreiches Tool zur Standortbestimmung.

Die Nutzwertanalyse kann Ihnen auch im privaten Bereich helfen. Mögliches Thema: Ihr nächster Urlaubsreiseort. Überlegen Sie sich, welche Kriterien erfüllt sein sollten und wie wichtig Ihnen diese sind, indem Sie sie mit dem von Ihnen festgelegten Maßstäben bewerten. Ermitteln Sie den Gesamtnutzen und die Rangfolge, und schon wissen Sie, wo es im nächsten Urlaub hingeht.

5.7 Organisationsformen

Damit Unternehmen ihre Ziele bestmöglich erreichen, müssen systematische, klare, effiziente und zielgerichtet Organisationsstrukturen geschaffen werden. Sowohl die Verteilung der Aufgaben als auch die Abläufe müssen optimiert werden. Es muss festgelegt werden, wer was wann und wo zu erledigen hat. Die Schwierigkeit besteht darin, Teilaufgaben zu bestimmen, diese zu strukturieren, den Mitarbeitern zuzuordnen und Regeln für deren Abwicklung festzulegen.

Je größer ein Unternehmen ist, desto umfangreicher sind die zu erledigenden Aufgaben und desto schwieriger ist es, einen reibungslosen Ablauf zu garantieren. Es gibt einige Prinzipien und Prozesse, die helfen, eine bestmögliche Organisationsstruktur zu schaffen.

- **Aufbauorganisation:** Bei der *Aufbauorganisation* geht es um langfristige Entscheidungen der obersten Führungsebene; sie definiert die Aufgaben, Kompetenzen und Verantwortlichkeiten und legt die Hierarchien fest.
- **Ablauforganisation:** Bei der *Ablauforganisation* geht es um kurz- und mittelfristige Entscheidungen der mittleren und unteren Führungsebene; sie strukturiert die Arbeitsprozesse personell, zeitlich und räumlich innerhalb der in der Aufbauorganisation festgelegten Regelungen.

Diese beiden Bereiche können in der Praxis nicht voneinander getrennt werden, da sie meist synchron durchgeführt werden.

Aufbauorganisation

Die Entwicklung einer *Aufbauorganisation* beginnt mit der *Aufgabenanalyse*, die die Gesamtaufgabe des Unternehmens in viele kleine Teilaufgaben zerlegt. Anschließend erfolgt die *Aufgabensynthese*, die die Teilaufgaben zu wirtschaftlich sinnvollen Aufgabenkomplexen zusammenfasst. Abbildung 5.8 verdeutlicht den Zusammenhang zwischen der Aufgabenanalyse und der Aufgabensynthese.

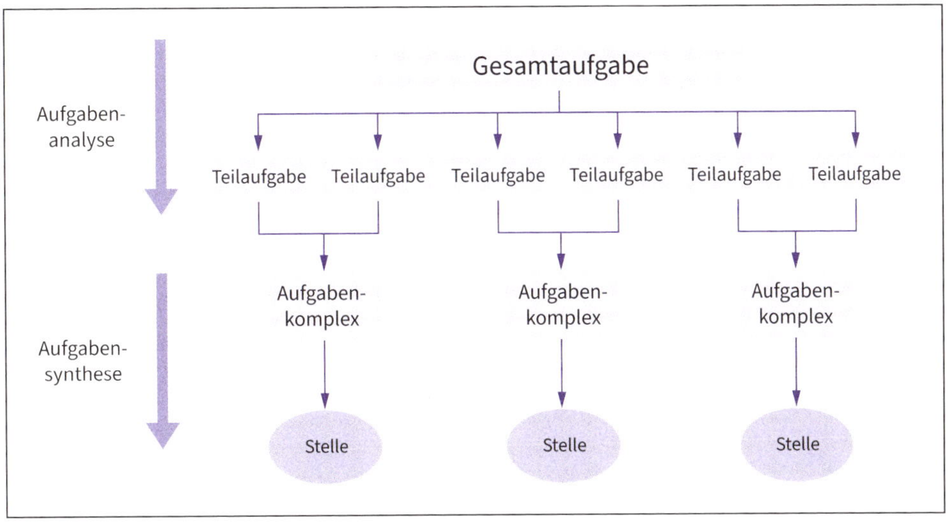

Abbildung 5.8 Aufgabenanalyse und Aufgabensynthese

Die Gesamtaufgabe kann nach folgenden Prinzipien zerlegt werden (Aufgabenanalyse):

- **Verrichtungsprinzip:** Gleichartige Tätigkeiten an verschiedenen Objekten werden zusammengefasst – es entsteht eine funktionale Organisationsstruktur.
- **Objektprinzip:** Verschiedene Tätigkeiten an je gleichen Objekten oder nach anderen Kriterien (wie beispielsweise Länder oder Regionen oder auch in Firmenkunden und Privatkunden) werden zusammengefasst– es entsteht eine sogenannte Spartenorganisation oder auch divisionale Organisationsstruktur.

Abbildung 5.9 verdeutlich die Auswirkungen der beiden Prinzipien.

Voraussetzung für die Strukturierung nach dem Verrichtungs- oder Objektprinzip ist, dass im Zuge der Aufgabensynthese bereits *Stellen* geschaffen wurden (siehe Abbildung 5.8).

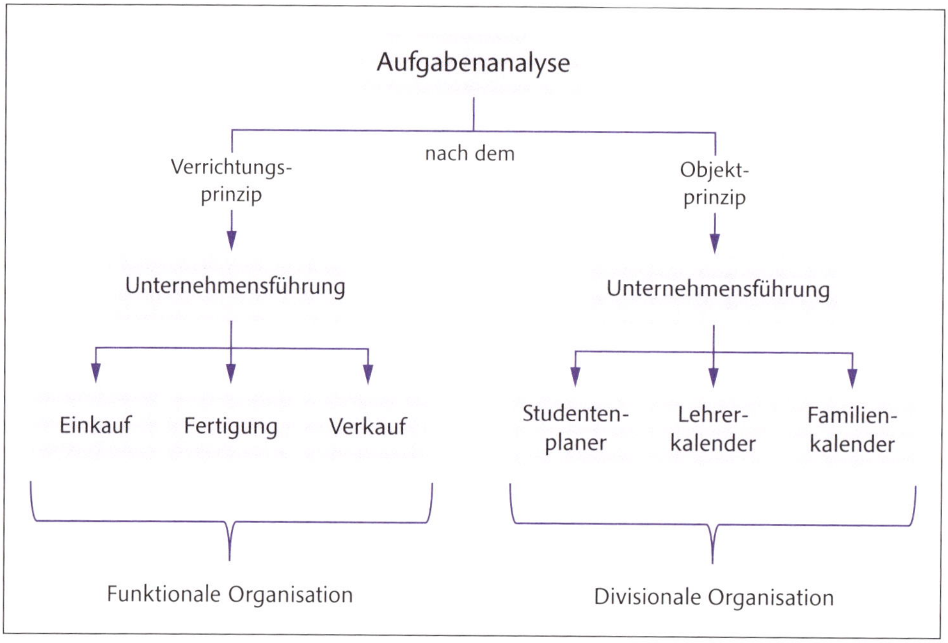

Abbildung 5.9 Aufgabenanalyse nach dem Verrichtungs- und dem Objektprinzip

Stelle

Die *Stelle* ist die kleinste organisatorische Einheit im Unternehmen und definiert die Aufgaben, die der Aufgabenträger (Stelleninhaber) zu erledigen hat.

Die Merkmale einer Stelle sind:

- dauerhafte Zuweisung der zu erledigenden Aufgaben
- Kompetenzen: Fähigkeiten und Fertigkeiten
- Verantwortung: Handlungs-, Ergebnis-, Führungsverantwortung
- von einem Stelleninhaber besetzt: mindestens 1 Person

Sobald ein Unternehmen mehrere Mitarbeitende beschäftigt, muss zwischen folgenden Stellen unterschieden werden:

- **leitende Stellen:** Die Stelleninhaber besitzen Weisungsrecht und eine *Leitungsspanne* (Anzahl der unterstellten Mitarbeitenden). Leitende Stellen finden sich auf der mittleren bzw. höchsten Führungsebene, beispielsweise als Abteilungsleiter*in.
- **ausführende Stellen:** Die Stelleninhaber besitzen kein Weisungsrecht; unterste Hierarchieebene.

Abteilung

Eine *Abteilung* ist eine organisatorische Einheit, in der eine oder mehrere ausführende Stellen einer gemeinsamen Leitung unterstellt sind.

Eine Abteilung kann nach folgenden Kriterien gruppiert werden: Verrichtung, Objekt, Kundengruppe und Region.

Stellen sollten immer sachbezogen und nicht personenbezogen gebildet werden. In den höheren Hierarchiestufen werden manche leitenden Stellen personenbezogen besetzt, jedoch sollte dies eher die Ausnahme sein.

Mit wachsender Mitarbeiterzahl neigen Unternehmen dazu, weitere Hierarchieebenen einzuführen, damit die Leitungsspanne übersichtlich bleibt, denn eine zu große Leitungsspanne kann zur Überlastung der Führungskraft führen und die Führungsqualität beeinflussen.

Lean Management

Hierarchieebenen bezeichnen Rangordnungen. Das bedeutet, dass Personen entsprechend ihrer Bedeutung in verschiedene Stufen eingeordnet werden. Viele Hierarchiestufen machen die Organisation träge. Besser ist es, wenn die Organisationsstruktur schlank bleibt, um schnell reagieren zu können. Das Organisationskonzept des *Lean Managements*, das Prozesse schlank und effizient gestalten will und nach Kostensenkung strebt, ist hier ein geeignetes Mittel. Jede Tätigkeit soll nach dieser Unternehmensphilosophie wertschöpfend aus der Sicht des Kunden sein. Der japanische Automobilhersteller Toyota hat das Konzept unter dem Begriff *Toyota Production System (TPS)* etabliert.

Es gibt verschiedene Methoden, die das Lean Management unterstützen. Zwei ausgewählte Methoden werden wir uns nachfolgend kurz anschauen. Weitere Methoden finden Sie in der Methodensammlung des Instituts für Integrierte Produktion Hannover (IPH) unter *https://www.iph-hannover.de/_media/files/downloads/IPH_Lean_Methodensammlung.pdf* (aufgerufen am 22.04.2025).

- **3M-Methode**

  Die 3M-Methode will ineffiziente Tätigkeiten wie Verschwendung, Überlastung und Unausgeglichenheit konsequent eliminieren. Auf folgender Webseite finden Sie ausführliche Informationen zur 3M-Methode: *https://der-prozessmanager.de/aktuell/wissensdatenbank/toyota-3m-modell*.

- **PDCA-Zyklus (Deming-Kreis)**

  Die Buchstaben stehen für »Plan–Do–Check–Act«. Die Methode ist unserem täglichen Agieren im Alltag sehr ähnlich: Wir planen unseren Einkauf mit einer Einkaufsliste, gehen anschließend zum Supermarkt und kaufen ein, was auf der Liste stand. Zu Hause kontrollieren wir, ob wir alles besorgt haben. Haben wir etwas Wichtiges vergessen, müssen wir eventuell noch einmal los.

Der Sinn hinter dieser Methode ist, dass das Unternehmen durch ständiges Wiederholen seine Prozesse verbessert und optimiert. Jeder neue Durchgang sorgt für einen *kontinuierlichen Verbesserungsprozess* (KVP), der ebenfalls zentrales Element des Lean Managements ist, aber auch im Qualitätsmanagement ein wichtiger Grundsatz ist (siehe Abschnitt 9.9 und vgl. *https://ifm-business.de/aktuelles/business-news/was-ist-lean-management-definition-methoden.html*, aufgerufen am 22.04.2025).

Abbildung 5.10 zeigt die PDCA-Methode grafisch.

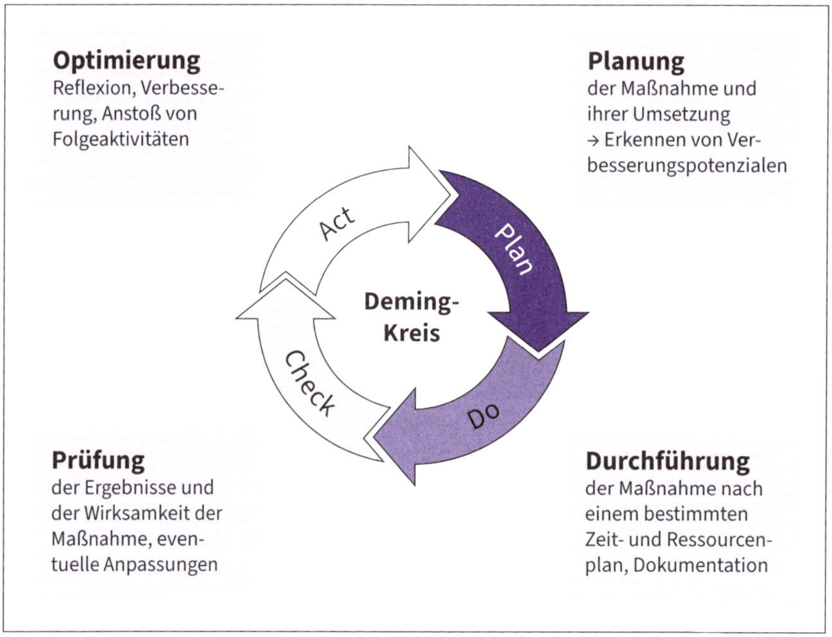

Abbildung 5.10 Der PDCA-Zyklus, auch »Deming-Kreis« genannt

Lean Management ist das übergeordnete Prinzip, das auf alle Unternehmensbereiche angewendet werden kann. *Lean Production* ist ein Teilbereich, der sich auf die Produktionsprozesse spezialisiert. In Abschnitt 9.7 gehe ich näher darauf ein.

Hierarchieebenen

Kommen wir nun auf das Thema *Hierarchieebenen* zurück. Positionen, die in die Hierarchiestruktur eingebunden sind und Weisungsrecht gegenüber untergeordneten Stellen besitzen, aber auch Weisungen von übergeordneten Stellen entgegennehmen müssen, nennt man *Linienstellen*. Der Abteilungsleiter wäre ein typisches Beispiel für eine Linienstelle.

Stabsstellen beraten und unterstützen die leitenden Instanzen, indem sie Informationen sammeln, aufbereiten und analysieren. Sie besitzen kein Weisungsrecht. Beispiel: Die Assistenz der Geschäftsleitung.

Zentralstellen fassen Aufgaben zusammen, die viele Unternehmensbereiche erledigen müssten. Sie koordinieren die Aufgaben für mehrere Bereiche und nehmen Weisungen nur von der obersten Führungsebene entgegen. Sie haben in ihrem Sachgebiet Weisungsbefugnisse und Führungsverantwortung. Typische Zentralabteilungen sind die Personalabteilung oder die IT-Abteilung.

Ganz oben in der Hierarchie steht die Unternehmensführung.

Unternehmensführung

Die Aufgabe der *Unternehmensführung* ist es, Entscheidungen zu treffen, die strategische Ausrichtung des Unternehmens zu planen und festzulegen (z. B. Unternehmensziele), zu organisieren und sicherzustellen, dass alle betrieblichen Prozesse und Maßnahmen darauf ausgerichtet sind (Organisation, Ausführung, Personalführung) und zu kontrollieren, ob durch das Handeln die Ziele erreicht werden oder ob gegebenenfalls Korrekturmaßnahmen vorgenommen werden müssen.

Damit sich die Unternehmensleitung auf die strategische Planung konzentrieren kann und sich nicht mit taktischen, operativen und ausführenden Aufgaben belasten muss, delegiert sie Aufgaben, Entscheidungsbefugnisse und Verantwortung an nachgelagerte Instanzen. Ein hilfreiches Tool, um die hierarchische Struktur im Unternehmen mitsamt ihren Funktionen und Verantwortlichkeiten darzustellen, ist das *Organigramm*. Es stellt überblicksartig die Organisationsstruktur der Leitungsebenen, der Leitungsspannen, der Weisungsbefugnisse und der Aufgabenverteilung im Unternehmen dar und zeigt, ob es sich um eine funktionale Organisationsform (Gliederung nach Tätigkeiten) oder eine divisionale Organisationsform (Gliederung nach Produkten, Kunden oder Regionen) handelt (siehe Abbildung 5.9) (vgl. Wöhe et al., »Einführung in die Allgemeine Betriebswirtschaftslehre«, S. 99ff.). Je nach Unternehmensgegenstand und Unternehmensgröße gibt es verschiedene Grundformen. Die klassischen Grundmuster sind: *Einliniensysteme*, *Mehrliniensysteme*, *Stabliniensysteme*, *Matrixorganisation*. Im Internet oder unter folgender Internetadresse finden Sie dazu grundlegende Informationen: *https://refa.de/service/lean-beratung/lean-methoden/aufbauorganisation*.

Das Ziel der bis hierher dargestellten *Aufbauorganisation* ist es, dass wiederkehrende Prozesse und Aufgaben effizient erledigt werden. Es kann aber auch sein, dass das Unternehmen eine neue komplexe Aufgabe bewältigen muss, z. B. die Einführung eines Buchführungsprogramms. In solch einem Fall ist es sinnvoll, das Vorhaben mithilfe des *Projektmanagements* zu organisieren. Besteht ein großer Bedarf an Expertenwissen, ist es wichtig, einen Projektleiter zu bestimmen, der mit den nötigen Kompetenzen ausgestattet ist, um das Projekt erfolgreich durchzuführen.

Je nach Art des Projekts, der Projektgröße oder der Bedeutung für das Unternehmen sind verschiedene Formen der Projektorganisation möglich. Entweder arbeitet das Projektteam losgelöst von der Linienorganisation oder das Team ist sowohl der Linien- als auch der *Projektorganisation* zugeordnet. Bei Letzterem spricht man von der Matrix-Projektorganisation.

Die *Ablauforganisation* befasst sich mit der räumlichen, zeitlichen und personellen Strukturierung der Arbeitsabläufe. Sie baut auf die Aufbauorganisation auf, die den organisatorischen Rahmen vorgibt, innerhalb dessen die Arbeitsprozesse stattfinden. Das Ziel der Ablauforganisation ist es, einen reibungslosen und effizienten Ablauf der Teilaufgaben sicherzustellen, stets unter der Prämisse des ökonomischen Prinzips (siehe Abschnitt 3.2). Dabei wird festgelegt, wer wann wo wie und mit welchen Mitteln die Arbeit durchführt. Bei der Visualisierung helfen *Arbeitsablaufdiagramme*, die die Arbeitsvorgänge strukturieren.

Sie haben nun viele Informationen über die Grundstrukturen eines Unternehmens erhalten. Sie wissen auch, dass nicht jedes Unternehmen alle Instrumente benötigt, um gute Strukturen zu schaffen. Sie wissen nun aber auch, dass eine gute Idee allein nicht ausreicht, um ein erfolgreiches Unternehmen zu führen.

5.8 Lösungen

Aufgabe 1: Leitbild

Für diese Aufgabe gibt es natürlich keine absolut vollständige Musterlösung. Aber ich stelle Ihnen mit Abbildung 5.11 ein Grundgerüst für das Leitbild von *planITs* zur Verfügung.

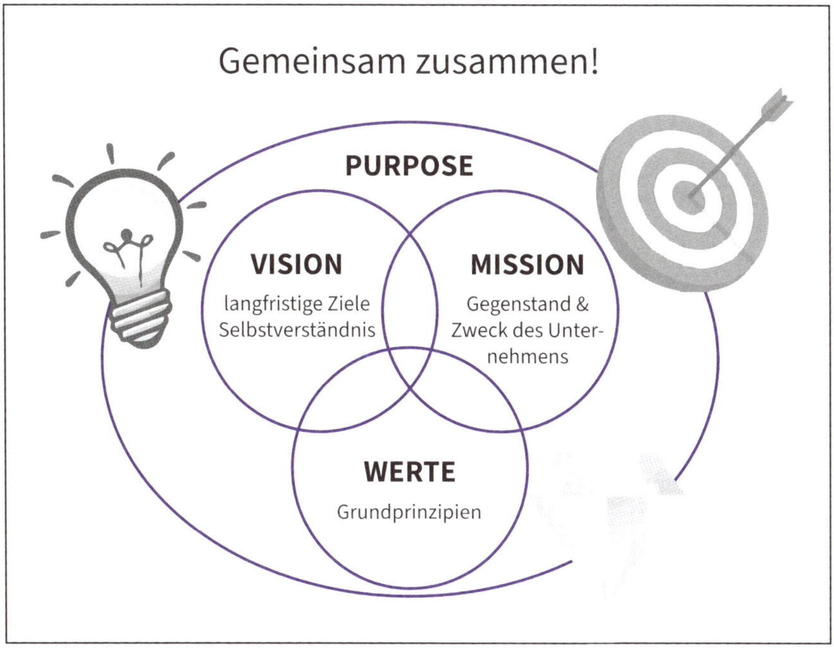

Abbildung 5.11 Mögliches Leitbild von »planITs«

Die abgebildeten Begriffe könnten dabei folgendermaßen definiert werden:

- **Purpose**

  Gemeinsam zusammen! Wir glauben an die Kraft des Miteinanders. Nicht nur nebeneinander, sondern wirklich gemeinsam zusammen gestalten wir unsere Zukunft.

- **Vision**

  Wir streben danach, führender Anbieter von ökologisch verantwortungsvollen Planungslösungen für Studierende zu werden und das Bewusstsein für Nachhaltigkeit im Bildungssektor zu fördern. Durch Innovation und Engagement möchten wir den Standard für umweltfreundliche Produkte in unserer Branche setzen. Außerdem wollen wir bis 2030 klimaneutral produzieren.

- **Mission**

  Wir entwickeln und produzieren nachhaltige Studentenkalender, die Funktionalität mit Umweltbewusstsein verbinden. Unser Ziel ist es, Studierenden ein praktisches Planungswerkzeug zu bieten, das gleichzeitig einen positiven Beitrag zum Schutz unseres Planeten leistet.

- **Werte**
  - **Nachhaltigkeit:** Wir verpflichten uns zu umweltfreundlichen Produktionsprozessen und Materialien, um die natürlichen Ressourcen zu schonen und unseren ökologischen Fußabdruck zu minimieren.
  - **Qualität:** Unsere Kalender zeichnen sich durch hohe Funktionalität und Langlebigkeit aus, um den Anforderungen des studentischen Alltags gerecht zu werden.
  - **Innovation:** Wir sind bestrebt, kontinuierlich kreative und effiziente Lösungen zu entwickeln, die den Bedürfnissen unserer Kunden entsprechen und gleichzeitig ökologische Standards erfüllen.
  - **Transparenz:** Eine offene Kommunikation mit unseren Kunden, Partnern und Mitarbeitenden ist für uns essenziell, um Vertrauen zu schaffen und gemeinsam unsere Ziele zu erreichen.
  - **Soziale Verantwortung:** Wir fördern faire Arbeitsbedingungen und unterstützen Bildungsinitiativen, um einen positiven gesellschaftlichen Beitrag zu leisten.

Aufgabe 2: Ziele entwerfen

- **Kurzfristig**

  planITs steigert die Kundenzufriedenheit im Bereich »Versand und Lieferung« bis zum Ende des nächsten Quartals um 15 %, gemessen an den Bewertungen im Online-Shop und den Rückmeldungen aus Kundenumfragen.

- **Mittelfristig**

  planITs erschließt innerhalb der nächsten 18 Monate zwei neue Vertriebskanäle im deutschsprachigen Raum, um den Umsatz um 25 % zu steigern.

- **Langfristig**

  planITs etabliert sich innerhalb der nächsten fünf Jahre als einer der führenden Anbieter für nachhaltige Kalenderprodukte in Deutschland, gemessen an einem Marktanteil von mindestens 15 %.

Kapitel 6

Personalmanagement

Zwei Friseursalons, gleiche Qualität und Preise – doch nur einer ist gut besucht. Der Unterschied: freundlicher Empfang, entspannte Atmosphäre, motiviertes Team. Das zeigt, dass das Personal mehr ist als nur Arbeitskraft. Engagierte Mitarbeitende sind eine wertvolle Ressource und können entscheidende Wettbewerbsvorteile schaffen.

Knobelei zum Einstieg

»Gutes Personal ist schwer zu finden«, sagt man. Auch *planITs* stellt sich die Frage: Wie finden und binden wir motivierte Mitarbeiter*innen? Welche Rolle spielen das Arbeitsklima oder das *Employer Branding*? Wirkt sich eine nachhaltige Ausrichtung des Unternehmens motivierend auf die Mitarbeitenden aus?

Überlegen Sie sich vorab, wie *planITs* es schaffen kann, motivierte und fachlich gut qualifizierte Mitarbeiter*innen für sich zu gewinnen. Was würde Sie selbst bei einer Stellenanzeige ansprechen?

Worum geht es in diesem Kapitel?

Abschnitt 6.1, »Grundlagen«
Abschnitt 6.2, »Personalbedarf«
Abschnitt 6.3, »Personalbeschaffung«
Abschnitt 6.4, »Personaleinsatz«
Abschnitt 6.5, »Personalbeurteilung«
Abschnitt 6.6, »Personalentwicklung«
Abschnitt 6.7, »Personalführung und Motivation«
Abschnitt 6.8, »Personalcontrolling«
Abschnitt 6.9, »Personalfreisetzung«
Abschnitt 6.10, »Betriebliches Gesundheitsmanagement«

6.1 Grundlagen

Personal ist im globalen Wettbewerb ein entscheidender Erfolgsfaktor für Unternehmen. Während Produktionsmittel wie Rohstoffe und Maschinen für alle Marktteilnehmer relativ gleich zugänglich sind, machen gut ausgebildete, kreative und engagierte Mitarbeitende oft den Unterschied.

Zufriedene Mitarbeitende bringen sich meist mit mehr Motivation ein, identifizieren sich stärker mit dem Unternehmen und setzen sich für dessen Ziele ein. Deshalb ist es Aufgabe des Personalmanagements, die richtigen Personen zu finden, gezielt weiterzuentwickeln und langfristig zu binden.

In diesem Kapitel geht es darum, wie modernes *Personalmanagement* dazu beitragen kann, diese strategische Ressource bestmöglich zu gestalten und zu nutzen.

Ich habe mich aktiv für die Bezeichnung Personalmanagement entschieden, weil dieser Begriff den Fokus auf die strategischen und mitarbeiterorientierten Aspekte legt. Der ebenfalls gebräuchliche Begriff *Personalwirtschaft* betont eher die wirtschaftliche Komponente. Diese ist zwar ebenfalls sehr wichtig, jedoch nicht allein ausschlaggebend, deshalb geht es im Folgenden um Personalmanagement. *Human-Resource-Management* ist ebenfalls ein gängiger Begriff, der jedoch teilweise als negativ empfunden wird, weil Menschen nicht als rein austauschbare »Ressourcen« betrachtet werden sollten. Daher benennen Unternehmen ihre Human-Resource-Abteilung in »People & Culture« um oder wählen ähnliche Bezeichnungen, um den Fokus stärker auf Menschen und die Unternehmenskultur zu legen.

Aufgrund des derzeitigen Fachkräftemangels ist gutes Personal hart umkämpft. Der demografische Wandel verändert zusätzlich die Altersstruktur der Mitarbeiter*innen: Ältere Mitarbeitende machen einen wachsenden Anteil aus, während weniger junge Fachkräfte nachrücken. Gleichzeitig haben sich die Anforderungen am Arbeitsplatz deutlich verändert: Nicht nur *Hard Skills*, also erlernbare Fähigkeiten wie Wissen und Kompetenzen, sind entscheidend, sondern auch *Soft Skills*, das heißt zwischenmenschliche Fähigkeiten wie Teamfähigkeit oder Kommunikationsfähigkeit.

Aufgrund der Digitalisierung wird von Mitarbeiter*innen aller Altersstufen erwartet, mit neuen Technologien sicher umgehen zu können. Für manche bedeutet diese geforderte Vielfältigkeit in den Kompetenzen eine große Herausforderung, wenn nicht sogar eine Überforderung. Wie ich bereits in Kapitel 5 erklärt habe, werden Werte in der Unternehmensphilosophie immer wichtiger – vor allem im Bereich Personalmanagement müssen sie in alle Bereiche integriert werden, damit sichergestellt wird, dass sie auch gelebt werden.

Zum Wirtschaftlichen: Die Lohnkosten in Deutschland sind im internationalen Vergleich als hoch einzustufen. Im Jahr 2023 betrugen die durchschnittlichen Kosten für eine geleistete Arbeitsstunde im produzierenden Gewerbe und Dienstleistungsbereich 41,30 €. Damit lag Deutschland auf Platz sechs innerhalb der Europäischen Union. Im verarbeitenden Gewerbe lag der Durchschnitt sogar bei 46,00 € (vgl. Statistisches Bundesamt, *https://www.destatis.de/DE/Presse/Pressemitteilungen/2024/04/PD24_165_624.html*, aufgerufen am 10.02.2025).

Ziele des Personalmanagements

Die Ziele des Personalmanagements leiten sich aus den konkreten wirtschaftlichen, sozialen und ökologischen Unternehmenszielen ab, weil das Personalmanagement hierfür geeignete Mitarbeiter*innen in ausreichender Zahl und zur richtigen Zeit am richtigen Ort bereitstellen muss. Zum einen soll durch die Mitarbeiter*innen ein Wettbewerbsvorteil erzielt werden, wie oben beschrieben, zum anderen soll auch die Produktivität der Arbeitskräfte durch verschiedene Maßnahmen gesteigert werden. Allgemeine Routineaufgaben sollen standardisiert und somit optimiert werden. In einem erwerbswirtschaftlich orientierten Unternehmen stellt die Gewinnmaximierung sowohl das oberste Unternehmensziel als auch das zentrale Ziel des Personalmanagements dar.

Das Personalmanagement besitzt sowohl eine langfristige *strategische Ausrichtung*, bei der Leistungsziele umgesetzt werden, um den wirtschaftlichen Erfolg zu sichern, als auch eine kurzfristige *operative Ausrichtung*, bei der es erst einmal um das konkrete Handeln im Hier und Jetzt geht.

Wir können inhaltlich zwei Ebenen unterscheiden:

1. **Makroebene:** zentral – sie konzipiert Regeln und Programme für das gesamte Personal.
2. **Mikroebene:** dezentral – sie begleitet und unterstützt das Personal auf Teamebene (Beispiel: Mitarbeitergespräche)

Handlungsrahmen des Personalmanagements

Der Handlungsrahmen des Personalmanagements ist begrenzt, vor allem durch gesetzliche Vorgaben beispielsweise zu den Arbeitszeiten, zu den Urlaubsansprüchen, zur Arbeitssicherheit oder zum Kündigungsschutz, um nur ein paar zu nennen. Auch gibt es einen gesetzlichen Mindestlohn, der zum 01.01.2026 bei 13,90 €/Stunde liegt.

In Deutschland gilt zwar Vertragsfreiheit, jedoch wird diese gestalterische Freiheit des Arbeitsvertrags durch eine Menge an Gesetzen eingeschränkt. Auch Tarifverträge müssen beachtet werden, was eine weitere Einschränkung bedeutet.

Weitere Faktoren, die den Handlungsspielraum der Unternehmen beeinflussen, sind unter anderem eine schwankende Konjunkturlage, Fachkräftemangel, Wertewandel, technischer Fortschritt, Globalisierung, die Größe des Unternehmens oder die Anzahl der Standorte.

Auch die Branche, in der das Unternehmen tätig ist, oder das Image des Unternehmens spielen eine Rolle. Beispielsweise müssen im gastronomischen Bereich bestimmte Hygienevorschriften eingehalten werden, wie der Nachweis eines Gesundheitszeugnisses.

Unternehmen, die ein hohes Ansehen haben, finden in der Regel einfacher Arbeitskräfte, als Unternehmen, deren Image eher bedeutungslos ist. In meiner Heimat sind zwei große Sportartikelhersteller ortsansässig, deren Produkte sehr beliebt sind und deren Image den derzeitigen Lifestyle der jüngeren Generationen verkörpert. Viele junge Menschen identifizieren sich damit und würden gerne bei einem dieser Unternehmen arbeiten. Das ist gut für die Unternehmen, da sie aus einer Vielzahl an Bewerber*innen wählen können.

Hauptbereiche des Personalmanagements

Das Personalmanagement hat zwei große Hauptbereiche:

- Beim ersten geht es um die *Gestaltung der Personalmanagementsysteme*, untergliedert in Mitarbeiterflusssysteme und in Belohnungssysteme:
  - Unter die *Mitarbeiterflusssysteme* fallen die Planung des Personalbedarfs, die Personalbeschaffung, die Personalentwicklung und die Personalfreisetzung.
  - Bei den *Belohnungssystemen* geht es um die Personalbeurteilung und die Vergütung.
- Der zweite Hauptbereich des Personalmanagements ist die *Personalführung*, unterteilt in die *Mitarbeiterführung* und in die *Führung von Teams* (vgl. Stock-Homburg/Groß, »Personalmanagement«, 2019, S. 23).

In den folgenden Abschnitten verzichte ich allerdings bewusst auf eine Strukturierung nach dieser Einteilung, sondern gehe nach einer inhaltlichen Strukturierung des Personalprozesses vor.

6.2 Personalbedarf

Die *Personalbedarfsplanung* stellt eine wichtige Aufgabe im Personalmanagement dar. Sie soll sicherstellen, dass zum richtigen Zeitpunkt und am richtigen Ort genügend Mitarbeitende mit passenden Qualifikationen zur Verfügung stehen, und zwar genau dort, wo sie gebraucht werden.

In einem ersten Schritt ermittelt man häufig nur die Anzahl der benötigten Mitarbeiter*innen, ohne dabei ihre Qualifikationen, Arbeitsorte oder Einsatzzeiten zu berücksichtigen – man spricht dann von der *quantitativen Personalbedarfsplanung*.

Quantitative Personalbedarfsplanung

Bei der quantitativen Personalbedarfsplanung wird zunächst ermittelt, wie viele Mitarbeitende ein Unternehmen insgesamt benötigt, um seine Ziele zu erreichen – diese Zahl bezeichnet den *Bruttopersonalbedarf*.

Ihr gegenüber steht der *fortgeschriebene Personalbestand* – das ist die Zahl der aktuell beschäftigten Mitarbeitenden, angepasst um absehbare Zu- und Abgänge (z. B. durch Renteneintritt, Elternzeit).

Die Differenz zwischen diesen beiden Werten ergibt den sogenannten *Nettopersonalbedarf* – also die Anzahl an Mitarbeiter*innen, die neu eingestellt oder entlassen werden müssen.

Beispiel

Ein Unternehmen beschäftigt aktuell 100 Mitarbeitende. Im Bereich Entwicklung werden 10 neue Stellen geschaffen. Aufgrund der Automatisierung werden in der Abteilung Produktion 5 Stellen dauerhaft abgebaut. 7 Mitarbeiter gehen sicher in Rente und 2 in Elternzeit. Wie hoch ist der Brutto-Personalbedarf und der Netto-Personalbedarf?

- **Berechnung Brutto-Personalbedarf**

  Brutto-Personalbedarf = aktuelle Stellen + neue Stellen – nicht mehr benötigte Stellen

  = 100 + 10 – 5 = 105 Mitarbeitende
- **Berechnung fortgeschriebener Personalbestand**

  Fortgeschriebener Personalbestand = aktueller Personalbestand + feststehende Zugänge – sichere Abgänge

  = 100 – 7 – 2 = 91 Mitarbeitende
- **Berechnung Netto-Personalbedarf**

  Netto-Personalbedarf = Brutto-Personalbedarf – fortgeschriebener Personalbestand

  = 105 – 91 = 14 Mitarbeitende
- **Bedeutung Ergebnis**

  Der Netto-Personalbedarf von 14 besagt, dass wir 14 Mitarbeitende neu einstellen müssen.

Qualitative Personalbedarfsplanung

Der nächste Schritt ist die qualitative Personalbedarfsplanung. Im Beispiel oben wissen wir nicht, ob die Mitarbeitenden, die in der Produktion abgebaut werden, für die Entwicklung geeignet wären oder ob die Rückkehrer*innen aus der Elternzeit die gesuchten Qualifikationen mitbringen. Genau darum geht es bei der qualitativen Personalbedarfsplanung: Sie fragt nicht nur »wie viele?«, sondern forscht nach, welche Qualifikationen und Kompetenzen erforderlich sind, um die geplanten Aufgaben zu erfüllen.

In einem ersten Schritt müssen die Soll-Anforderungen an die Mitarbeitenden ermittelt werden. Hierfür braucht es zuerst eine Ermittlung der erforderlichen Tätigkeiten des jeweiligen Arbeitsplatzes. Anschließend können die Anforderungen an den Mitarbeiter, der die Stelle innehat, abgeleitet werden, sichtbar in der *Stellenbeschreibung*. Bei der Stellenbeschreibung werden die fachlichen und sozialen Anforderungen einer Stelle objektiv beschrieben, unabhängig vom Inhaber der Stelle. Die Inhalte einer Stellenbeschreibung sind beispielsweise: klare Bezeichnung der Stelle, Einordnung in die Organisation (Bereich, Einheit), Ziel der Stelle, Aufgaben, Verantwortung und Kompetenzen, Eingruppierung in die Entgeltgruppe.

Die Stellenbeschreibung ist die Basis für die sogenannte *Stellenbewertung*. Hier werden die Arbeitsstellen im Unternehmen analysiert und bewertet, um die Bedeutung der Stelle zu ermitteln, um auf dieser Basis die gerechte Gestaltung des Vergütungssystems vorzunehmen.

Zeitliche und räumliche Dimension

Die *zeitliche Dimension* der Personalbedarfsplanung bezieht sich auf die Frage, wie lange und zu welchem Zeitpunkt das Personal benötigt wird. Man unterscheidet die folgenden drei Dimensionen:

- **kurzfristig:** bis zu circa 6 Monaten (Beispiele: Saisongeschäft, unerwarteter Ausfall bei längerer Krankheit)
- **mittelfristig:** mehrere Monate bis ein Jahr (Beispiele: Projekte, erhöhte Nachfrage durch einen Großauftrag)
- **langfristig:** mehrere Jahre, für die Umsetzung von strategischen Unternehmenszielen (Beispiele: Änderungen in der Unternehmensorganisation, Expansion)

Wenn wir an die zwei Mitarbeiterinnen denken, die sich aktuell in Elternzeit befinden, stellt sich hier die Frage, wann genau sie aus der Elternzeit zurückkehren werden, denn ihre Rückkehr beeinflusst nämlich den Bedarf: Eventuell werden nur Vertretungen gebraucht und keine dauerhaft neuen Mitarbeitenden.

Bei der *räumlichen Dimension* der Personalbedarfsplanung geht es darum, wie die Mitarbeiter auf die verschiedenen Standorte, Filialen oder Abteilungen verteilt sind. Vor allem größere Unternehmen oder solche mit mehreren Niederlassungen müssen berücksichtigen, wo Engpässe auftreten oder Personalüberhänge entstehen. Wenn die zwei Mitarbeiterinnen aus der Elternzeit zurückkehren, ist zu entscheiden, an welchem Standort freier Bedarf besteht oder ob eine Umverteilung notwendig ist. Es ist wichtig, dass die Unternehmen auf regionale Unterschiede flexibel reagieren können und somit die Personalressourcen effizient eingesetzt werden.

6.3 Personalbeschaffung

Die *Personalbeschaffung*; auch *Personalgewinnung* genannt, beginnt immer dort, wo im Rahmen der Personalbedarfsplanung eine Personalunterdeckung festgestellt wird. Das heißt, dass dem Unternehmen weniger Personal zur Verfügung steht, als tatsächlich benötigt wird. Die Personalgewinnung zielt darauf ab, offene Stellen zeitnah mit geeigneten Bewerbern zu besetzen. Die Suche kann intern und extern erfolgen.

Intern bedeutet, dass die offenen Stellen mit geeigneten Mitarbeitern aus den eigenen Reihen besetzt werden. Dies hat den Vorteil, dass die Mitarbeiter mit den Abläufen im Unternehmen bereits vertraut sind und die Einarbeitung so kosten- und zeitgünstiger ist. Oft sind sie auch stärker mit dem Unternehmen verbunden, was ihre Motivation und Leistung fördern kann.

Sind intern keine geeigneten Mitarbeiter für die offene Stelle vorhanden, kann die Personalsuche auch auf dem *externen* Arbeitsmarkt erfolgen. Hierbei muss das suchende Unternehmen strategisch vorgehen und beispielsweise folgende Fragen berücksichtigen:

- Welches Anforderungsprofil wird gesucht?
- Welche Zielgruppe soll angesprochen werden?
- Wie und über welche Kanäle erreiche ich die Zielgruppe am besten?
- Wie wähle ich den neuen Beschäftigten bzw. die neue Beschäftigte aus?
- Wie präsentiere ich das Unternehmen attraktiv, um Bewerber*innen zu überzeugen?

Aufgabe 1: Pro und contra

Überlegen Sie sich sowohl für die interne Personalbeschaffung als auch für die externe Personalbeschaffung jeweils drei Vor- und Nachteile.

Der Prozess der Personalgewinnung beinhaltet die in Abbildung 6.1 dargestellten Phasen:

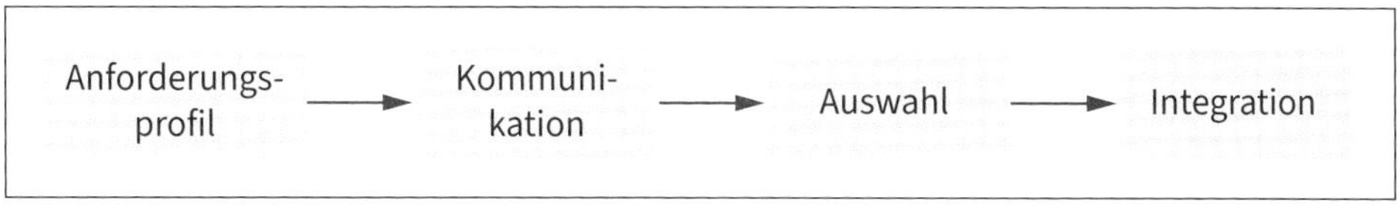

Abbildung 6.1 Prozess der Personalgewinnung

Anforderungsprofil

Das Anforderungsprofil beschreibt, welche Qualifikationen und Eigenschaften Bewerber*innen mitbringen sollten. Es wird meist auf Basis der Stellenbeschreibung (siehe Abschnitt 6.2) erstellt und dient als Grundlage für die Auswahl geeigneter Kandidat*innen. Abbildung 6.2 verdeutlicht die verschiedenen gewünschten Kompetenzen.

Fachliche Kompetenz	Methodische Kompetenz	Soziale Kompetenz	Persönliche Kompetenz
▪ Fachwissen ▪ Sprachen ▪ IT-Kenntnisse ▪ Erfahrung	▪ Problemlösungsstrategie ▪ Analytisches Denken ▪ Medienkompetenz ▪ Präsentationsfähigkeit	▪ Teamfähigkeit ▪ Kritikfähigkeit ▪ Führungskompetenz ▪ Kommunikationsfähigkeit	▪ Motivation ▪ Flexibilität ▪ Belastbarkeit ▪ Verantwortungsbewusstsein ▪ Lernbereitschaft

Abbildung 6.2 Kompetenzen im Anforderungsprofil

Kommunikation

Die Stellenausschreibung wird intern und/oder extern kommuniziert. Das Ziel ist es, geeignete Kandidat*innen anzusprechen und für das Unternehmen zu begeistern. Man spricht hier von *Personalmarketing*. Es zielt darauf ab, dass das Unternehmen als attraktiver Arbeitgeber am Arbeitsmarkt wahrgenommen wird und sich von der Konkurrenz positiv abhebt. Man spricht hier auch vom *Employer Branding*.

Man unterscheidet zwei Hauptbereiche:

- **Internes Personalmarketing:** Bereits Beschäftigte sollen langfristig an das Unternehmen gebunden werden, indem die Mitarbeiterzufriedenheit und -motivation gefördert werden. Maßnahmen dazu sind: Weiterbildungsangebote, Karrieremöglichkeiten, Belohnungssysteme, Maßnahmen zur Förderung der Mitarbeitergesundheit.
- **Externes Personalmarketing:** Neue Mitarbeiter sollen von außerhalb angezogen und gewonnen werden, beispielsweise durch Stellenanzeigen in Printmedien oder Online-Medien, durch Jobbörsen, Headhunter, Arbeitsagenturen, Praktikumsprogramme und durch Mitarbeiter aus dem eigenen Unternehmen.

  Beim externen Personalmarketing ist es wichtig, die Neugier und das Interesse der potenziellen Bewerber zu wecken. Dies geschieht durch eine kreative Gestaltung der Anzeige, durch eine ansprechende Farbgestaltung, durch ein auffallendes Logo oder Reizwörter (z. B. Teamplayer, Flexibilität).

  Die *AIDA-Formel* ist ein bekanntes Marketing-Modell (siehe Abschnitt 11.4), das auch bei der Gestaltung von Stellenanzeigen effektiv eingesetzt werden kann. Stellenanzeigen sind jedoch nur ein Aspekt des externen Personalmarketings. Dieses zielt darüber hinaus auch auf den Aufbau eines positiven Arbeitgeberimages ab, etwa durch Employer Branding oder Social Media. Während das *Recruiting* auf die kurzfristige Besetzung offener Stellen ausgerichtet ist, verfolgt das *Personalmarketing* eine langfristige Strategie zur Positionierung des Unternehmens als attraktiver Arbeitgeber.

Auswahl

In der Auswahlphase geht es darum, den richtigen Mitarbeiter für die offene Stelle im Unternehmen auszuwählen. Meist wird nach einem mehrstufigen Auswahlprozess vorgegangen, der so wie in Abbildung 6.3 aussehen kann.

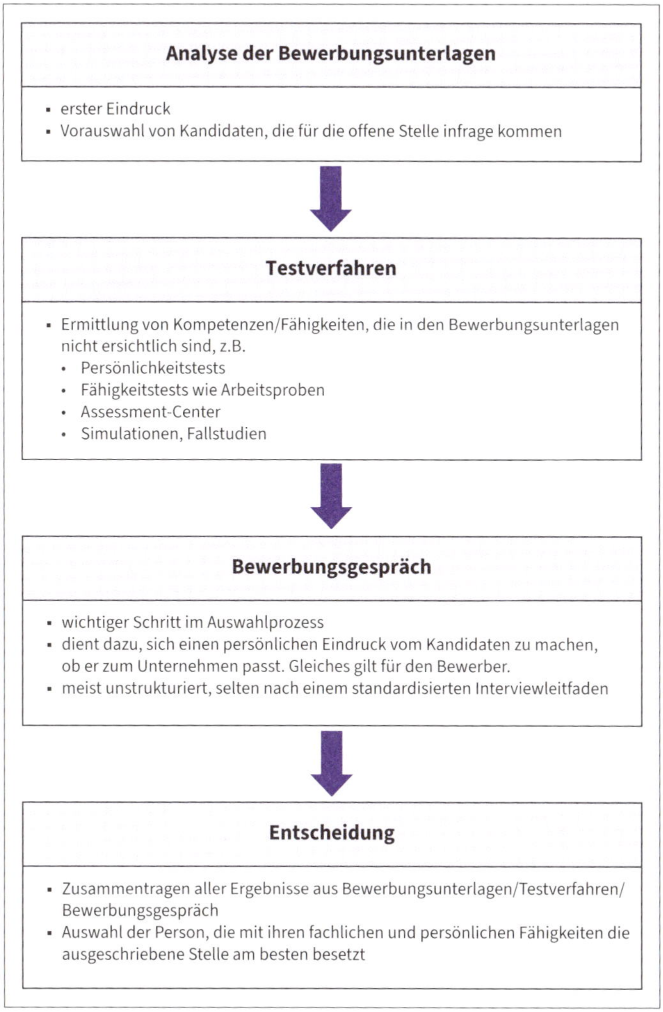

Abbildung 6.3 Personalauswahlprozess

Integration

Ein guter Start ist für neue Mitarbeiter*innen enorm wichtig. Durch eine strukturierte Vorgehensweise wird der neue Mitarbeiter bzw. die neue Mitarbeiterin effizient eingearbeitet. Er bzw. sie findet sich somit schnell im Unternehmen zurecht, kennt die Prozesse und fühlt sich integriert. Dies wirkt sich positiv auf die Motivation und Produktivität dieser Person aus und somit auch auf den wirtschaftlichen Erfolg des Unternehmens. Meiner Meinung nach zeigt sich Wertschätzung gegenüber neuen Mitarbeiter*innen auch darin, dass ihr Einstieg sorgfältig geplant wird. Deshalb muss ein besonderes Augenmerk auf das sogenannten *Onboarding* (bedeutet: »an Bord nehmen«) gelegt werden. Das Onboarding hat nämlich die Aufgabe, neue Mitarbeitende ins Unternehmen zu integrieren, und zwar

- **fachlich:** durch Einarbeitung in Prozesse und Strukturen
- **sozial:** durch soziale Kontakte mit Kollegen, »Wir-Gefühl«
- **kulturell:** durch Vermittlung der Unternehmensziele und -werte

Idealerweise läuft das Onboarding nach einem festgelegten Plan mit Zielen und Maßnahmen von der Vorbereitung über den ersten Arbeitstag bis zum Abschluss der Probezeit ab. Tabelle 6.1 zeigt ein Beispiel.

Zeitrahmen	Ziel	Maßnahmen
Erste Arbeitswoche	Durch die Einarbeitung und Unterstützung hat der Mitarbeiter das Gefühl, dass er gut aufgenommen wurde.	▸ Mentorenprogramm: Langjährige Mitarbeitende unterstützen jüngere Kolleg*innen. ▸ Patenprogramm: Ein erfahrener Kollege der gleichen Hierarchiestufe arbeitet die neue Mitarbeiterin ein. ▸ Einführung in betriebliche Prozesse ▸ Erste selbstständige Aufgaben erledigen ▸ Notwendige Schulungen anbieten
Erster Monat	Der Mitarbeiter fühlt sich wohl und ist motiviert, sich weiter intensiv einzuarbeiten, weil er fest im Unternehmen bleiben möchte.	▸ Teambuilding-Maßnahmen ▸ Mitarbeit fördern ▸ Immer mehr Aufgaben werden selbstständig erledigt. ▸ Steigende Verantwortung ▸ Feedback-Gespräche ▸ Kulturelle Integration

Tabelle 6.1 Einarbeitungsplan

In der Praxis finden sich vielfältige Onboarding-Möglichkeiten. Jedes Unternehmen steht so vor der Herausforderung, einen detaillierten Einarbeitungsplan zu entwickeln. Es lohnt sich immer, Mitarbeiter*innen effektiv einzuarbeiten.

6.4 Personaleinsatz

Gehen wir nun davon aus, dass die Einarbeitungsphase erfolgreich abgeschlossen wurde und der Mitarbeiter sich als Teil des Teams sieht. Damit dies aber so problemlos verläuft, müssen die Arbeitsbedingungen sowohl für den Arbeitnehmer als auch für den Arbeitgeber akzeptabel sein:

- *Arbeitgeber* erwarten in der Regel vollen Einsatz ihrer Mitarbeitenden für das Unternehmen. Sie bevorzugen meist einheitliche Regelungen für alle Beschäftigten und eine Vergütung, die sich in einem wirtschaftlich vertretbaren Rahmen bewegt.
- *Arbeitnehmer* hingegen wünschen sich individuell an ihre Bedürfnisse angepasste Arbeitsbedingungen mit einer möglichst hohen Entlohnung.

Diese unterschiedlichen Interessen müssen aneinander angepasst werden. Genau dies ist Aufgabe der *Personaleinsatzplanung*. Sie hat zum Ziel, dass die Mitarbeiter*innen bestmöglich nach ihren Fähigkeiten und Fertigkeiten eingesetzt werden, zufrieden damit sind und möglichst lange im Unternehmen verbleiben, sodass die Fluktuationsrate möglichst gering bleibt. Denn die Fluktuation und die mit ihr einhergehende neue Mitarbeitersuche verursachen erhebliche Kosten.

Im Folgenden widmen wir uns der Personaleinsatzplanung und ich erläutere deren zentrale Aspekte.

Arbeitsinhalt

Die Ausgestaltung und Angemessenheit des *Arbeitsinhalts* – also die konkreten Tätigkeiten und Aufgaben, die ein Mitarbeiter ausführen muss – sind wichtige Einflussfaktoren für die Arbeitsleistung und die Arbeitszufriedenheit. Ist die ausgeübte Tätigkeit zu monoton, ist der Mitarbeiter eventuell gelangweilt und bringt nicht die Arbeitsleistung, die er erbringen könnte. Sind die Aufgaben zu viel und zu breit gefächert, führt das eventuell zu einer Überforderung, die sich ebenfalls negativ auf die Arbeitsleistung auswirkt. Beide Extreme sind schädlich für den Unternehmenserfolg, deshalb können verschiedene Konzepte zum Einsatz kommen, um diesen Entwicklungen entgegenzuwirken (vgl. Vahs/Schäfer-Kunz, »Einführung in die Betriebswirtschaftslehre«, 2015, S. 301):

- **Job-Enlargement:** Aufgabenerweiterung – quantitativ, das heißt, zusätzliche, ähnliche Aufgaben kommen hinzu.
- **Job-Enrichment:** Aufgabenbereicherung – qualitativ, mehr Kompetenzen/Verantwortung
- **Job-Rotation:** Stellenwechsel – intern, periodisch, neue veränderte Aufgaben und Kompetenzen

Alle Konzepte zielen darauf ab, dass die Aufgaben abwechslungsreicher und anspruchsvoller und gleichzeitig erfüllender für die Beschäftigten werden. Ein hoher Grad an Arbeitsteilung führt auch zu einem hohen Grad an Spezialisierung. Durch eine Spezialisierung der Mitarbeiter kann eine hohe Effizienz erreicht werden, jedoch könnten durch die Einseitigkeit auch Ermüdungserscheinungen bei den Mitarbeitern auftreten. Das Unternehmen muss also weise den Arbeitsinhalt festlegen, damit die Leistungsbereitschaft und -motivation der Mitarbeiter*innen erhalten bleibt.

Arbeitsplatz

In Deutschland regeln verschiedene Gesetze und Verordnungen, wie Arbeitsplätze beschaffen sein müssen.

Das *Arbeitsschutzgesetz* (ArbSchG) sowie die konkretisierende *Arbeitsstättenverordnung* (ArbStättV) haben das Ziel, die Sicherheit und den Gesundheitsschutz der Beschäftigten am Arbeitsplatz zu gewährleisten. Sie geben vor, wie Arbeitsplätze gestaltet sein müssen, um Gefährdungen zu vermeiden und ein gesundes Arbeiten zu ermöglichen – sowohl im Betrieb als auch im *Homeoffice*.

Arbeitsumfeld

Mit *Arbeitsumfeld* sind vor allem die sozialen Bedingungen gemeint, weil die organisatorischen und physischen Gegebenheiten (siehe Arbeitsplatz) in den anderen Punkten berücksichtigt werden. Ein positives Arbeitsumfeld fördert die Zufriedenheit und somit die Motivation und Produktivität der Mitarbeiter*innen. Eine negative Stimmung im Betrieb verursacht Unwohlsein und Frust bei den Arbeitnehmer*innen. Deshalb sollte das Unternehmen in jedem Fall versuchen, ein positives Arbeitsumfeld zu schaffen.

Vor allem das *Betriebsklima*, also die allgemeine Stimmung im Betrieb, ist hier ausschlaggebend. Ein *wertschätzendes Miteinander* und ein gutes Arbeitsklima fördern die Leistungsbereitschaft der Mitarbeitenden. Wird offen und transparent kommuniziert, fühlen sich die Mitarbeiter*innen mitgenommen und bauen so Vertrauen auf. Die Zusammenarbeit im Team wird dadurch ebenfalls gefördert. Auch ein respektvoller und hilfsbereiter Umgang unter den Kolleg*innen trägt zu einem guten Betriebsklima bei.

Sowohl materielle Anreize, wie eine gute Entlohnung oder eine betriebliche Altersvorsorge, als auch immaterielle Anreize, wie Personalausflüge, wirken sich positiv auf das Betriebsklima aus.

Arbeitszeit

Im *Arbeitszeitgesetz* (ArbZG) ist in § 2 genau definiert, was man unter Arbeitszeit versteht, nämlich *»die Zeit vom Beginn bis zum Ende der Arbeit ohne die Ruhepausen.«* (Gesetze im Netz, § 2 ArbZG, *https://www.gesetze-im-internet.de/arbzg/BJNR117100994.html*, aufgerufen am 16.01.2025).

Der Zweck dieses Gesetzes ist es, die Sicherheit und den Gesundheitsschutz der Arbeitnehmer zu gewährleisten und die Rahmenbedingungen für flexible Arbeitszeiten zu verbessern. Heutzutage sind den Mitarbeitern flexible Arbeitszeiten wichtig, weil sie Wert auf eine gute *Work-Life-Balance* legen.

Work-Life-Balance

Unter *Work-Life-Balance* versteht man die Ausgewogenheit zwischen persönlichen Bedürfnissen und beruflichen Verpflichtungen.

Eine ausgewogene Work-Life-Balance ist sowohl für den Mitarbeiter oder die Mitarbeiterin als auch für das Unternehmen gewinnbringend. Der Mitarbeiter bzw. die Mitarbeiterin ist flexibler in seiner/ihrer Lebensgestaltung, hat weniger Stress, ist somit zufriedener und hat mehr Lebensqualität. Das wirkt sich positiv auf die Motivation und Produktivität aus. Das Unternehmen profitiert ebenfalls davon, indem es glückliche, entspannte und dadurch leistungsfähige Beschäftigte hat, die gerne im Unternehmen arbeiten, weniger von Krankheit betroffen sind und keinen Betriebswechsel anstreben. Die Work-Life-Balance hat vier Bereiche (siehe Abbildung 6.4).

Es geht also darum, dass genügend Zeit für alle Bereiche – Arbeit, Familie/Freunde, Freizeit, Gesundheit – zur Verfügung steht und die Menschen eine Sinnhaftigkeit für ihr Leben spüren. Dass sie also nicht nur »leben, um zu arbeiten«, sondern »arbeiten, um zu leben« und glücklich und zufrieden sind.

Verschiedene Arbeitszeitmodelle können hier unterstützen: Gleitzeit, Teilzeit, Jahresarbeitszeit, Lebensarbeitszeit. Je nachdem, welche privaten Gegebenheiten vorherrschen, kann der Arbeitgeber flexibel darauf reagieren, denn es ist für einen guten Zweck, nämlich dass sich der Arbeitnehmer wohlfühlt und leistungsbereit ist.

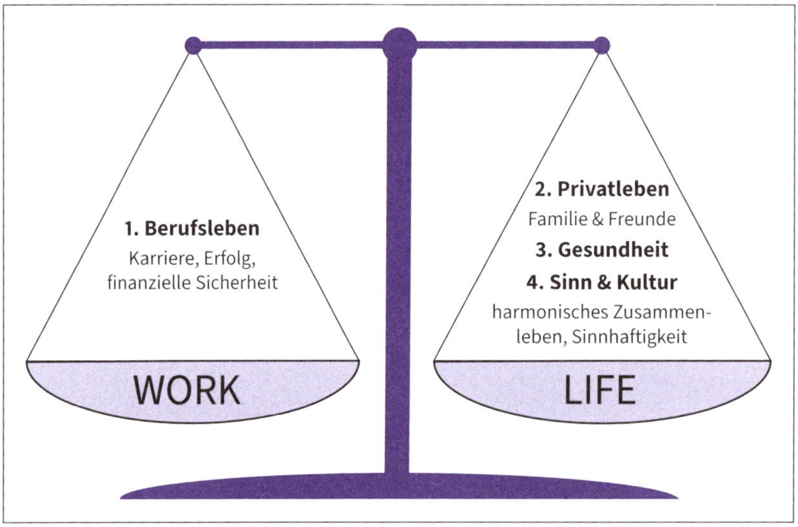

Abbildung 6.4 Work-Life-Balance

Arbeitsvergütung

Für die Mehrzahl der Beschäftigten ist der Vergütung ihrer Arbeit immer noch der größte Anreiz. Sie möchten den Anforderungen ihrer Stelle entsprechend und nach ihren Leistungen gerecht und fair entlohnt werden. Auch wenn die Work-Life-Balance eine wichtige Rolle spielt, bleibt eine angemessene Vergütung entscheidend, da sie die finanzielle Existenzgrundlage der Mitarbeitenden sichert.

In Deutschland gibt es eine Vielzahl von rechtlichen Grundlagen, die die Entlohnung und weitere Arbeitsbedingungen betreffen. Wenn es zu rechtlichen Fragen rund um das Arbeitsverhältnis kommt, etwa zur Arbeitszeit oder zum Urlaubsanspruch, lohnt sich ein Blick in folgende Quellen:

1. **Arbeitsvertrag:** Die wichtigste Grundlage in der individuell geschlossene Arbeitsvertrag. Er enthält konkrete Vereinbarungen zwischen Arbeitgeber und Arbeitnehmer, z. B. zur Vergütung.
2. **Betriebsvereinbarung (falls es einen Betriebsrat gibt):** Betriebsvereinbarungen sind betriebsinterne Regelungen zwischen Geschäftsführung und Betriebsrat. Diese betreffen häufig Themen wie Arbeitszeitmodelle oder Sonderzahlungen und sind für alle Beschäftigten im Betrieb verbindlich.
3. **Tarifvertrag (in tarifgebundenen Betrieben):** Tarifverträge sind Regelungen zwischen Arbeitgeberverbänden und Gewerkschaften. Man unterscheidet zwischen *Entgelttarifver-*

trägen (sie regeln die Höhe der Vergütung) und *Manteltarifverträgen* (sie legen allgemeine Arbeitsbedingungen wie Arbeitszeit, Urlaub und Kündigungsfristen fest).

4. **Gesetze:** z. B. Bürgerliches Gesetzbuch (BGB), Arbeitszeitgesetz (ArbZG), Kündigungsschutzgesetz (KSchG), Entgeltfortzahlungsgesetz (EFZG)

Vergütungskomponenten

Was verdient man eigentlich wirklich? Oft ist es nicht nur das monatliche Grundgehalt, das auf dem Konto landet. Viele Beschäftigte erhalten zusätzlich variable Bestandteile, je nach Leistung und Erfolg. Die wichtigsten Vergütungskomponenten sind:

- **Grundgehalt:** feste monatliche Zahlung
- **variable Vergütungskomponenten:** Provisionen, Leistungsprämien
- **Zuschläge:** für Wochenendarbeit, Überstunden
- **betriebliche Sozialleistungen:** Sie werden unten gesondert beschrieben.
- **Sachleistungen (geldwerte Vorteile):** z. B. Dienstwagen
- **Erfolgsbeteiligungen:** Je nach Höhe der Bezugsgröße (z. B. Gewinn, Umsatz) erhalten die Mitarbeitenden einen prozentualen Anteil in Form eines Bonus.
- **Kapitalbeteiligungen:** Die Mitarbeiter erhalten eine Beteiligung am Kapitalvermögen, beispielsweise bei einer Aktiengesellschaft in Form von Belegschaftsaktien oder einer Aktienkaufoption.

Ein Teil der betrieblichen Sozialleistungen sind gesetzlich vorgeschrieben, z. B. der Arbeitgeberanteil zur *Sozialversicherung* (für vertiefte Ausführungen siehe *https://www.bmas.de/DE/Soziales/Sozialversicherung/sozialversicherung.html*) oder die bis zu sechs Wochen andauernde Lohnfortzahlung im Krankheitsfall. Urlaubsgeld und Weihnachtsgeld zählen ebenfalls dazu, aber nur, wenn sie tarifrechtlich vorgesehen sind. Ansonsten ist die Zahlung von Urlaubs- und Weihnachtsgeld eine freiwillige betriebliche Sozialleistung. Auch Sonderzahlungen für ein Betriebsjubiläum oder eine betriebliche Altersvorsorge sind freiwillige Leistungen.

Das sogenannte *Cafeteria-System* (auch *Cafeteria-Modell* genannt), das in den USA bereits weit verbreitet ist, ist eine Art Vergütungssystem, bei dem die Mitarbeitenden unter den angebotenen Sozialleistungen innerhalb eines bestimmten Punkte-Budgets die Leistungen wählen können, die ihren persönlichen Bedürfnissen entsprechen. Dies gilt meist für ein Jahr. Mögliche Leistungen wären z. B. zusätzliche Urlaubstage, flexible Arbeitszeiten, Altersvorsorge oder materielle Vergünstigungen, wie z. B. Firmenwagen. Die Grundidee des Cafeteria-Systems ist, dass die Mitarbeiter durch individuelle Leistungen oder aufgrund ihrer Unternehmenszugehörigkeit Punkte erhalten.

Je mehr Punkte ein oder eine Mitarbeiter*in besitzt, desto mehr Sozialleistungen kann er/sie auswählen. Für die Wirksamkeit ist vor allem wichtig, dass die Mitarbeiter*innen über das Auswahlsystem informiert sind und wissen, wie es funktioniert. Wenn dies zutrifft, steigert das System die Zufriedenheit der Mitarbeiter*innen, da sie sich anerkannt und wertgeschätzt fühlen. Zudem kann der/die Mitarbeitende die Leistungen an seine/ihre individuelle Lebenssituation anpassen.

Der große Vorteil betrieblicher Sozialleistungen gegenüber einer gleichwertigen Bruttogehaltserhöhung liegt in ihrem steuerlichen Vorteil: Viele dieser Leistungen sind ganz oder teilweise steuer- und abgabenfrei, was sich positiv auf das Nettogehalt auswirkt.

Ein Nachteil ist allerdings, dass nicht alle Sozialleistungen gleichermaßen den Bedürfnissen aller Mitarbeitenden entsprechen. Wenn individuelle Erwartungen nicht berücksichtigt werden können, kann dies zu Unzufriedenheit führen. Insgesamt überwiegen allerdings die Vorteile.

Um die passende Vergütung zu finden, müssen für jede Stelle erst einmal die anfallenden Tätigkeiten ermittelt und bewertet werden. Bewertungskriterien für die *Arbeitsbewertung* des Arbeitsplatzes können sein (vgl. Wöhe et al., »Einführung in die Allgemeine Betriebswirtschaftslehre«, 2023, S. 143.):

- **körperliche Anforderungen:** körperliche Arbeit mit Muskelkraft
- **geistige Anforderungen:** Ausbildung, Qualifikationen, Erfahrung
- **Arbeitsbedingungen:** erschwerte Bedingungen durch Lärm, Staub
- **Führungsverantwortung:** Mitarbeiterführung

Als Abgrenzung zur Arbeitsbewertung, bei der der Arbeitsplatz allgemein bewertet wird, gibt es noch die *Leistungsbewertung*, bei der die individuelle Leistung des Mitarbeiters oder der Mitarbeiterin evaluiert wird.

Aufgrund der Tätigkeit wird festgelegt, welche Art von Lohn angemessen ist. Es kann entlohnt werden nach

- **der Arbeitszeit (Zeitlohn):** Der Arbeitnehmer wird für seine Anwesenheit im Unternehmen entlohnt, z. B. für 40 Stunden Arbeitszeit pro Woche. Hier sind die Leistung und deren Qualität nicht ausschlaggebend für die Vergütung.
- **dem Arbeitsergebnis (Akkordlohn):** Hier wird der Beschäftigte für sein Arbeitsergebnis bezahlt, also für die Outputmenge. Vor allem im produzierenden Gewerbe eignet sich die Vergütung nach dem Akkordlohn-Prinzip, wenn hier gleichartige, wiederholende Tätigkeiten stattfinden, deren Leistungsmenge klar messbar ist.

- **Prämienlohn:** Um die Mitarbeiter zu mehr Leistungen anzuspornen, ist auch ein *Prämienlohn* möglich, z. B. für eine geringe oder die Null-Unfall-Grenze oder für Verbesserungsvorschläge.

  Für welche Leistungen Prämien bezahlt werden, das entscheidet die Unternehmensführung. Wichtig ist, dass das Unternehmen dabei immer den/die Mitarbeiter*in mitsamt seiner/ihrer Motivation und der daraus resultierenden Leistungsbereitschaft im Blick hat.

6.5 Personalbeurteilung

Die Mitarbeiter und Führungskräfte sind diejenigen, die die strategischen Unternehmensziele realisieren. Deshalb ist es für das Unternehmen wichtig zu wissen, welche Fähigkeiten und Begabungen seine Mitarbeiter*innen besitzen und wo eventuell noch Entwicklungsbedarf besteht. Das Instrument für diese Erfassung ist die *Personalbeurteilung*. Sie ist ein Kernthema im Bereich Personalmanagement.

Personalbeurteilung

Die *Personalbeurteilung* ist ein *»Instrument zur strukturierten Bewertung der Leistungen und der Potenziale von Führungskräften und Mitarbeitern anhand quantitativer bzw. qualitativer Kriterien (in Anlehnung an Fallgatter 1999, S. 84; Nurse 2005, S. 1178).«* (Stock-Homburg/Groß, »Personalmanagement«, 2019, S. 414)

Ziele der Personalbeurteilung

Die Ziele der Personalbeurteilung sind:

- Identifikation der Stärken und Schwächen der Mitarbeiter*innen
- Erkennen der Potenziale der Mitarbeiter*innen
- Schulungs- und Entwicklungsbedarf erkennen*innen
- Wertschätzung und Anerkennung der Mitarbeiter*innen
- Steigerung der Mitarbeiterzufriedenheit und dadurch auch der Leistungsfähigkeit der Mitarbeiter*innen
- Konfliktmanagement: Prävention und Lösung
- Vergleichbarkeit und Kontrolle der Leistungen der Mitarbeiter*innen und Führungskräfte
- Verzahnung mit anderen Bereichen (Zum Beispiel haben die Ergebnisse der Personalbeurteilung Auswirkungen auf die Personalführung, die in Abschnitt 6.7 näher betrachtet wird.)

Abbildung 6.5 fasst mögliche Anlässe für eine Personalbeurteilung zusammen.

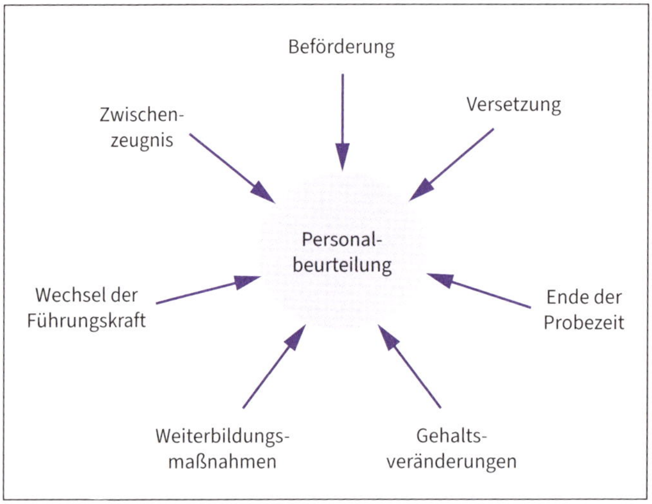

Abbildung 6.5 Anlässe für eine Personalbeurteilung

Damit die Personalbeurteilungen wirkungsvoll sind, müssen sie regelmäßig, periodisch (meist einmal pro Jahr) erfolgen und auf die Unternehmensziele und -strategie ausgerichtet sein. Andernfalls werden sie bedeutungslos. Deshalb sollten die Anforderungen aus Abbildung 6.6 erfüllt sein, um eine effektive Personalbeurteilung zu erreichen.

Abbildung 6.6 Anforderungen an eine Personalbeurteilung (vgl. Stock-Homburg/Groß, »Personalmanagement«, 2019, S. 417)

Die Personalbeurteilung kann mittels Fragebogen, Mitarbeitergespräch oder Selbsteinschätzung erfolgen. Für ein aussagekräftiges Ergebnis werden alle drei Methoden kombiniert.

Der gesamte Ablauf der Personalbeurteilung muss professionell geplant sein, damit die Mitarbeiter Vertrauen in den Prozess haben. Zuerst muss beobachtet werden, dann müssen die Ergebnisse ausgewertet werden und anschließend müssen sie mit dem Mitarbeiter oder der Mitarbeiterin besprochen werden. Der idealtypische Verlauf sieht so aus wie in Abbildung 6.7 dargestellt.

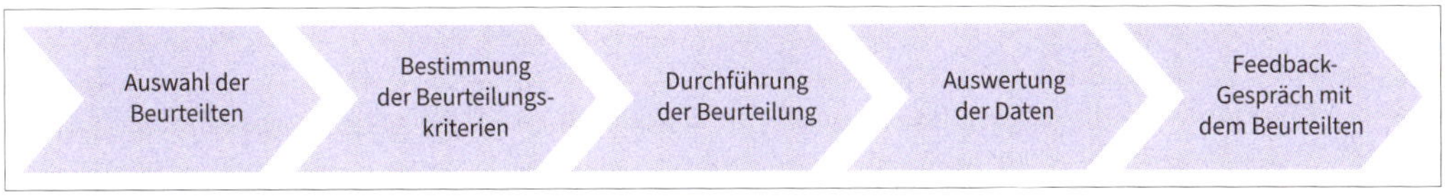

Abbildung 6.7 Idealtypischer Verlauf der Personalbeurteilung

Sehen wir uns die einzelnen Schritte etwas genauer an:

1. Die **Auswahl** der zu beurteilenden Mitarbeiter*innen erfolgt meist aufgrund der Bestimmungen im Unternehmen. Sinnvoll ist es, dass die Beurteilung in regelmäßigen Abständen, meist einmal jährlich, stattfindet. Idealerweise wird eine Unternehmenskultur geschaffen, in der die Mitarbeitenden die Beurteilung als Unterstützung für ihre persönliche und berufliche Weiterentwicklung verstehen.
2. Im zweiten Schritt müssen die **Beurteilungskriterien** festgelegt werden. Diese Standardisierung fördert die Objektivität der Beurteilung. Jedes Unternehmen bestimmt selbst, welche Kriterien wichtig sind. In der Regel wird Folgendes herangezogen:
   - **fachliche Kompetenzen:** spezifisches Fachwissen, Sprachkenntnisse
   - **soziale Kompetenzen:** Belastbarkeit, Kommunikationsfähigkeit
   - **methodische Kompetenzen:** Präsentationstechniken, Projektmanagement
   - **persönliche Kompetenzen:** Lernbereitschaft, Flexibilität

   Wenn Sie sich näher mit Beurteilungskriterien beschäftigen möchten, empfehle ich Ihnen die Zusammenstellung der Universität Hamburg unter *http://r-wrk.de/kompetenzen*. Dort finden Sie eine Auflistung von möglichen Beurteilungskriterien.
3. Der dritte Schritt ist die **Durchführung der Personalbeurteilung**. Die Beurteilung kann schriftlich anhand eines Fragebogens und durch Selbst- oder Fremdeinschätzung erfolgen sowie in einem persönlichen Gespräch. (Weiter unten führe ich die Selbst- und Fremdeinschätzung noch näher aus.)
4. Der vierte Schritt ist die **Auswertung der Daten**. Bei einem standardisierten Fragenbogen kann die Analyse mithilfe geeigneter Auswertungsverfahren erfolgen, z. B. durch die Mittelwertermittlung.

5. Im letzten Schritt erfolgt ein **Feedback-Gespräch mit dem Beurteilten**, bei dem die Ergebnisse besprochen werden. Diese Bewertung ist manchmal keine einfache Aufgabe für Vorgesetze, schließlich müssen neben den positiven Aspekten auch eventuell negative angesprochen werden. Eventuell stößt der Feedbackgeber beim Feedbacknehmer auf Widerstand, deshalb ist hier besonders viel Fingerspitzengefühl und Empathie seitens der Führungskraft notwendig. Bei dieser Rückmeldung werden weitere Maßnahmen besprochen und gemeinsame Zielvereinbarungen festgelegt. Maßnahmen könnten z. B. die Teilnahme an einer Weiterbildungsqualifizierung oder an anderen Fortbildungen sein (vgl. Stock-Homburg/Groß, »Personalmanagement«, 2019, S. 447f).

Wird der oder die Mitarbeitende wertschätzend in den Beurteilungsprozess einbezogen und erkennt er das ehrliche Interesse des Unternehmens an seiner Entwicklung, kann dies die Akzeptanz fördern und ein großes Motivations- und Entwicklungspotenzial entfalten.

Feedback- und Beurteilungstechniken

In der Regel übernehmen die direkten Vorgesetzen die Beurteilung der Mitarbeiter*innen. Bei projektübergreifender Zusammenarbeit können jedoch auch andere Führungskräfte, Kolleg*innen oder externe Partner wie Kund*innen bestimmte Tätigkeitsbereiche fundiert einschätzen. Sind mehrere Beurteilende involviert, vor allem auch in der Führungskräftebeurteilung, wird oft die Methode des *360-Grad-Feedbacks* angewandt.

Beim 360-Grad-Feedback erhalten die Mitarbeitenden Feedback aus verschiedenen Perspektiven (siehe Abbildung 6.8).

Der Mitarbeitende, der beurteilt wird, schätzt sich zuerst selbst ein. Dann beurteilen ihn Vorgesetzte, Kolleg*innen, gegebenenfalls ihm unterstellte Mitarbeiter*innen sowie externe Gruppe wie Kunden oder Lieferanten. Die verschiedenen Feedbackgeber ermöglichen eine Leistungsbewertung aus verschiedenen Perspektiven. Die Methode hört sich erst einmal sehr gut an, jedoch ist ihre Durchführung eine große Herausforderung, weil sie gewisse Fähigkeiten voraussetzt.

Wenn sich ein Mensch selbst einschätzen soll, benötigt er ein gewisses Maß an Selbstreflexion und vor allem an Selbstkritik. Es ist schwer vorzustellen, dass Mitarbeiter ihre Schwächen realistisch einschätzen. Sie tendieren eher dazu, ihre Schwächen in Stärken umzudeuten, so wie es auch die bevorzugte Strategie bei Bewerbungsgesprächen ist. Die subjektive Wahrnehmung ist also ein bedeutsames Thema im Bereich der Personalbewertung. Ein möglicherweise hilfreiches Tool ist hier das *Johari-Fenster*.

Johari-Fenster

Das *Johari-Fenster* ist ein psychologisches Modell, das hilft, uns selbst und andere besser zu verstehen, indem es die Unterschiede zwischen der Selbstwahrnehmung und der Fremdwahrnehmung aufzeigt.

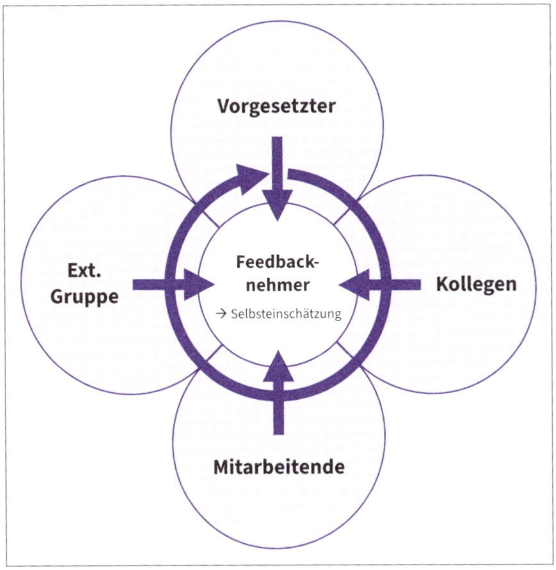

Abbildung 6.8 360-Grad-Feedback

Dem Johari-Fenster liegt die Theorie zugrunde, dass Menschen besser kommunizieren können und somit Missverständnisse vermieden werden können, wenn die Selbst- und Fremdwahrung nahezu übereinstimmen. Das heißt, wenn ich mich selbst gut kenne und auch weiß, wie ich auf andere wirke, können Konflikte verhindert werden.

Die Testung beginnt damit, dass der zu beurteilende Mitarbeiter aus einer Liste mit insgesamt 56 Johari-Adjektiven 5 bis 6 auswählt, mit denen er sich selbst beschreiben würde. Anschließend wählen die Feedbackgeber 5 bis 6 Adjektive aus, mit denen sie denjenigen charakterisieren würden. Eine Liste mit den 56 Adjektiven finden Sie hier: *https://karriere-bibel.de/johari-fenster/*. Anschließend werden diese Eigenschaften in das in Abbildung 6.9 dargestellte Johari-Fenster eingeordnet, eine Matrix mit vier Bereichen, aus der dann der Unterschied zwischen Selbst- und Fremdwahrnehmung ersichtlich ist.

Die Diskrepanz zwischen Fremd- und Selbstwahrnehmung nennt man den *blinden Fleck*. Wenn diese Diskrepanz dem Mitarbeiter bzw. der Mitarbeiterin bewusst ist, kann daran gearbeitet werden, denn andere Sichtweisen – vorausgesetzt wir sind offen dafür – helfen uns, uns besser zu reflektieren, und bringen uns in unserer Persönlichkeitsentwicklung voran.

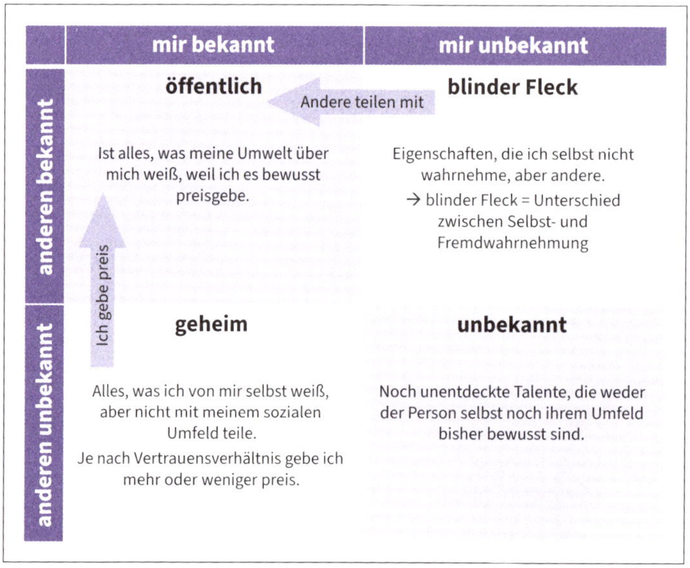

Abbildung 6.9 Das Johari-Fenster

Denkaufgabe

Erstellen Sie ein Johari-Fenster von sich selbst mit Blick auf Ihre Rolle in studentischen Lerngruppen. Wie erleben Sie sich selbst in diesen Situationen? Wie sehen Sie andere und wie sehen andere Sie? Fragen Sie Ihre Kommiliton*innen, Freund*innen oder Familienmitglieder, wie sie Sie einschätzen. Sind Sie überrascht von dem Ergebnis?

Beurteilt ein Mensch einen anderen, ist dies meist nicht nur rein objektiv, sondern auch subjektiv geprägt. Die Beurteilenden sollten aber, wenn möglich, neutral sein, denn sonst ist das Gerechtigkeitsempfinden bei den Beurteilten gefährdet. Die Neutralität der Feedbackgeber kann durch quantitative Beurteilungskriterien gefördert werden. Das bedeutet, dass die Feedbackgeber ihre Professionalität steigern, indem sie Methoden der Personalbeurteilung kennen und beherrschen sowie sich der möglichen Fehlerquellen bewusst werden.

Vor allem unbewusste Wahrnehmungsverzerrungen spielen oft eine große Rolle. Besonders verbreitet sind z. B.:

- der *Halo-Effekt*, d. h., eine einzelne positive Eigenschaft überstrahlt alles andere,
- der *Primacy-Effekt*, d. h., der erste Eindruck zählt übermäßig stark, sowie
- der *Ähnlichkeitseffekt*, auch *Similarity-Attraction Effect* genannt, d. h., Personen, die uns in bestimmten Merkmalen ähnlich sind, werden sympathischer wahrgenommen und insgesamt positiver beurteilt.

Um Führungskräfte für diese typischen Fehlerquellen zu sensibilisieren, ist ein bewusster Umgang mit den eigenen Wahrnehmungen entscheidend. Eine vollständige Übersicht über mögliche Beurteilungsfehler und geeignete Gegenmaßnahmen finden Sie bei Stock-Homburg/Groß, »Personalmanagement«, 2019, S. 424ff.

Das durchführende Unternehmen muss nicht nur die Bewertungskriterien (wie oben bereits beschrieben) festlegen, sondern auch den zeitlichen Horizont der Betrachtung. Die Frage ist hier, ob vergangene Leistungen oder auch das zukünftig zu erwartende Potenzial der Mitarbeiter bewertet werden soll. Meist werden in der Praxis beide Faktoren kombiniert. Ein Instrument zur Erhebung beider Aspekte ist die *Leistungs-Potenzial-Matrix* (Stock-Homburg/Groß, »Personalmanagement«, 2016, S. 433f.). Hier werden sechs Typen von Mitarbeitern beziehungsweise Führungskräften unterschieden. In der Matrix, die Sie in Abbildung 6.10 sehen, sind ebenfalls die weiteren sinnvollen Aktivitäten angegeben.

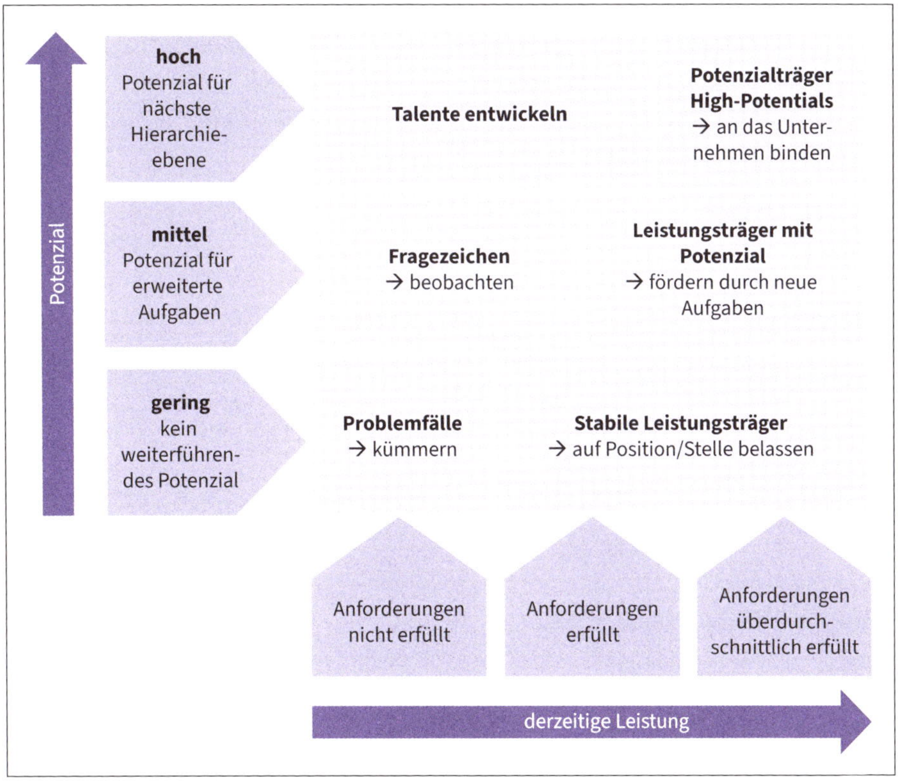

Abbildung 6.10 Leistungs-Potenzial-Matrix

Aus der Matrix und den anderen aufgezeigten Maßnahmen der Personalbeurteilung, wie beispielsweise dem 360-Grad-Feedback, lassen sich die weiteren notwendigen Schritte für eine nachhaltige Personalentwicklung ableiten: Soll der Mitarbeiter sich weiterbilden, soll die Arbeitsstruktur verändert werden oder ist eine Versetzung in eine höhere Position der richtige Schritt? Im folgenden Abschnitt wird der Bereich der Personalentwicklung genauer betrachtet.

Abschließend lässt sich zur Personalbeurteilung zusammenfassen: Die Personalbeurteilung bietet vielseitige Möglichkeiten. Jedes Unternehmen muss den für sich passenden Rahmen finden. Es ist wichtig, viel Energie in das Gelingen der Beurteilung der Mitarbeiter zu investieren, denn hier verbergen sich viele Chancen und Möglichkeiten, die nicht nur die Mitarbeiter, sondern auch das Unternehmen voranbringen.

6.6 Personalentwicklung

Gerade in Zeiten von Fachkräftemangel und digitalem Wandel leisten gut qualifizierte und engagierte Mitarbeiter*innen einen entscheidenden Beitrag zum Unternehmenserfolg. Die *Personalentwicklung* verfolgt deshalb das Ziel, vorhandene Potenziale zu erkennen, gezielt zu fördern und langfristig an das Unternehmen zu binden. Dabei geht es nicht nur um Weiterbildung im klassischen Sinne, sondern auch um Karriereförderung, Persönlichkeitsentwicklung und strategische Nachfolgeplanung.

Personalentwicklung

Die *Personalentwicklung* fördert durch geeignete Maßnahmen den Ausbau der Qualifikationen der Mitarbeiter, der Führungskräfte und somit der gesamten Unternehmensfamilie. Dies wirkt sich positiv auf die gesamte Organisation aus.

Die Personalentwicklung hat ambitionierte Ziele, die in Tabelle 6.2 zusammengefasst sind.

Mitarbeiter	Unternehmen
▶ Sicherung des Arbeitsplatzes ▶ Steigerung der Motivation ▶ Steigerung der Arbeitszufriedenheit ▶ Aufstiegs- und Karrieremöglichkeiten ▶ Verbesserung der eigenen Qualifikationen ▶ Verbesserung der Chancen am Arbeitsmarkt ▶ Möglichkeiten der persönlichen Weiterentwicklung und Selbstverwirklichung	▶ Sicherung der Wettbewerbsfähigkeit ▶ Erhöhung der Arbeitgeberattraktivität ▶ Steigerung der Mitarbeitermotivation und -zufriedenheit ▶ Effizienzsteigerung bei den Mitarbeitern ▶ Sicherung des Fach- und Führungskräftebedarfs ▶ flexiblerer Personaleinsatz ▶ Mitarbeiterbindung

Tabelle 6.2 Ziele der Personalentwicklung (vgl. Stock-Homburg, Groß, »Personalmanagement«, 2019, S. 255.)

Richtig eingesetzt, kann Personalentwicklung die Anpassungsfähigkeit eines Unternehmens verbessern, die Zufriedenheit der Mitarbeitenden erhöhen und sogar Kosten für externe Personalbeschaffung senken. Gleichzeitig sind auch kritische Aspekte zu beachten: Wird z. B. nur ein kleiner Teil der Belegschaft gefördert, kann das bei anderen Frust auslösen, oder es entsteht Unmut, wenn neue Kompetenzen aufgebaut, aber im Arbeitsalltag nicht angewendet werden dürfen.

Solche Effekte zeigen: Personalentwicklung ist kein Selbstläufer, sondern ein sensibler Balanceakt zwischen Bedarf, Fairness und Wirkung.

Um diese Aspekte gezielt anzugehen, unterscheidet man zwei zentrale Bereiche der Personalentwicklung, wie in Abbildung 6.11 gezeigt.

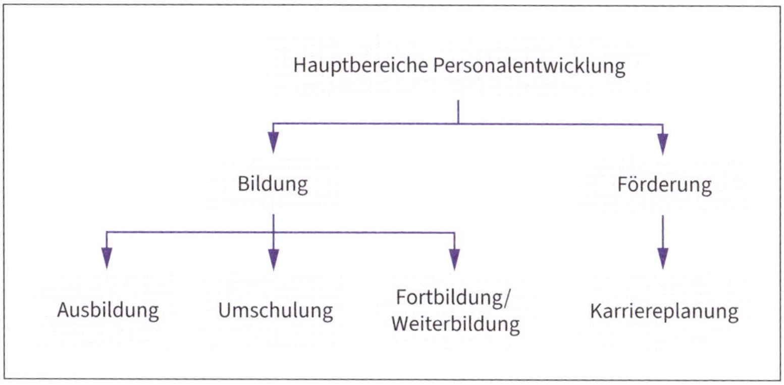

Abbildung 6.11 Hauptbereiche der Personalentwicklung

Der Fokus der Personalentwicklung kann sich auf der **Bildung** der Mitarbeiter und Führungskräfte liegen oder auf deren **Förderung**.

Im Bereich Bildung sind folgende Maßnahmen angesiedelt:

- **Ausbildung**

  Eine *Ausbildung* vermittelt den Auszubildenden das nötige Fachwissen und die praktischen Fertigkeiten zur Ausübung eines Berufs. In Deutschland geschieht dies meist im Rahmen einer *dualen Ausbildung* – einer Kombination aus Berufsschule und Ausbildungsbetrieb. Diese Verknüpfung von Theorie und Praxis stärkt die Qualifikation und verbessert die Chancen auf dem Arbeitsmarkt.

  Für Unternehmen wirkt die Ausbildung zunächst kostenintensiv, da Auszubildende eine Vergütung erhalten und noch nicht produktiv einsetzbar sind. Langfristig jedoch rechnet sich die Investition: Betriebe sichern sich qualifizierte Fachkräfte, sparen Kosten für externe Personalbeschaffung und stärken ihr Image in der Öffentlichkeit. Zudem übernehmen sie gesellschaftliche Verantwortung.

- **Umschulung**

  Eine *Umschulung* vermittelt ähnlich wie eine Ausbildung die berufliche Handlungsfähigkeit für einen bestimmten Beruf, richtet sich aber an Erwachsene mit abgeschlossener Erstausbildung. Sie kann im dualen System oder rein schulisch erfolgen. Die Inhalte und Anforderungen entsprechen denen einer regulären Ausbildung. Die Dauer ist oft verkürzt, da Vorkenntnisse angerechnet werden.

  Umschulungen sind sinnvoll, wenn sich betriebliche Anforderungen ändern und bestehende Berufe entfallen. Unternehmen profitieren, da sie Fachkräfte im eigenen Haus halten können und finanzielle Entlastung durch Förderzuschüsse erhalten.

- **Fortbildung/Weiterbildung**

  Fort- und Weiterbildungsmaßnahmen sind Investitionen in die Mitarbeiter, die sich langfristig für beide Seiten lohnen. *Fortbildungen* erweitern die Kenntnisse in dem aktuell ausgeübten Beruf, z. B. wenn eine Buchhalterin ein Seminar für Gesetzesänderungen im Steuerrecht besucht. *Weiterbildungen* hingegen qualifizieren für neue Aufgaben und fördern persönliche Kompetenzen, z. B. der Abschluss als geprüfte*r Bilanzbuchhalter*in.

  Gerade durch die Digitalisierung und die Globalisierung ist kontinuierliches Lernen notwendig, um flexibel auf Veränderungen reagieren zu können. So sichern Unternehmen ihre Wettbewerbsfähigkeit und Mitarbeitende ihre berufliche Entwicklung.

Karriereplanung

Im Bereich der Förderung geht es um die strategische *Karriereplanung* von potenziellen und talentierten Mitarbeitern und Führungskräften aus den eigenen Reihen. Das Ziel ist es, sie langfristig an das Unternehmen zu binden und dem Fachkräftemangel entgegenzuwirken. Da klassische Karriereverläufe heute seltener geworden sind und Jobwechsel häufiger vorkommen, gewinnt die Karriereplanung als Mittel gegen die Fluktuation an Bedeutung.

Dabei werden Entwicklungsschritte festgelegt, etwa in Richtung einer Führungslaufbahn oder Fachlaufbahn oder Projektkarriere. Idealerweise passen individuelle Ziele der Mitarbeiter*innen und die strategischen Interessen des Unternehmens zusammen, wobei beide Seiten unterschiedliche Einflussfaktoren mitbringen. Tabelle 6.3 zeigt diese Faktoren.

Um unterschiedliche Interessen und Ziele von Mitarbeitenden und Unternehmen abzugleichen, empfiehlt es sich, gemeinsam einen Karriereplan zu erstellen – dies schafft Transparenz, fördert die Motivation und gibt dem Mitarbeiter bzw. der Mitarbeiterin eine klare Perspektive.

Der *Personalentwicklungsprozess* beginnt mit der Bedarfsanalyse, z. B. im Rahmen von Mitarbeitergesprächen. Darauf folgen die Formulierung von konkreten Zielen, die Auswahl der passenden Maßnahmen und deren Umsetzung. Abschließend wird evaluiert, ob die Maßnahmen den gewünschten Effekt hatten.

Arbeitnehmer	Arbeitgeber
▶ eigene gesteckte berufliche Ziele	▶ Unternehmensziele
▶ Gehaltsvorstellungen	▶ wirtschaftliche Lage des Unternehmens
▶ private Kreditverpflichtungen	▶ Konjunktur
▶ fachliche Kompetenzen	▶ Ziele des Personalmanagements
▶ Stärken und Werte	▶ Positionierung am Markt
▶ Belastbarkeit	▶ Unternehmensimage
▶ physische und psychische Gesundheit	▶ allgemeine Lage auf dem Arbeitsmarkt
▶ Übernahme von Verantwortung	▶ Personalbedarf
▶ Suche nach beruflicher Herausforderung	▶ Aufbaustruktur des Unternehmens
▶ Work-Life-Balance	▶ nationale/internationale Tätigkeit
▶ Zeit für die Familie, Freunde, Hobbys	▶ Generationenmanagement

Tabelle 6.3 Einflussgrößen in der Personalentwicklung

Je nach Ziel und Situation werden unterschiedliche Methoden der Personalentwicklung eingesetzt (siehe Abbildung 6.12).

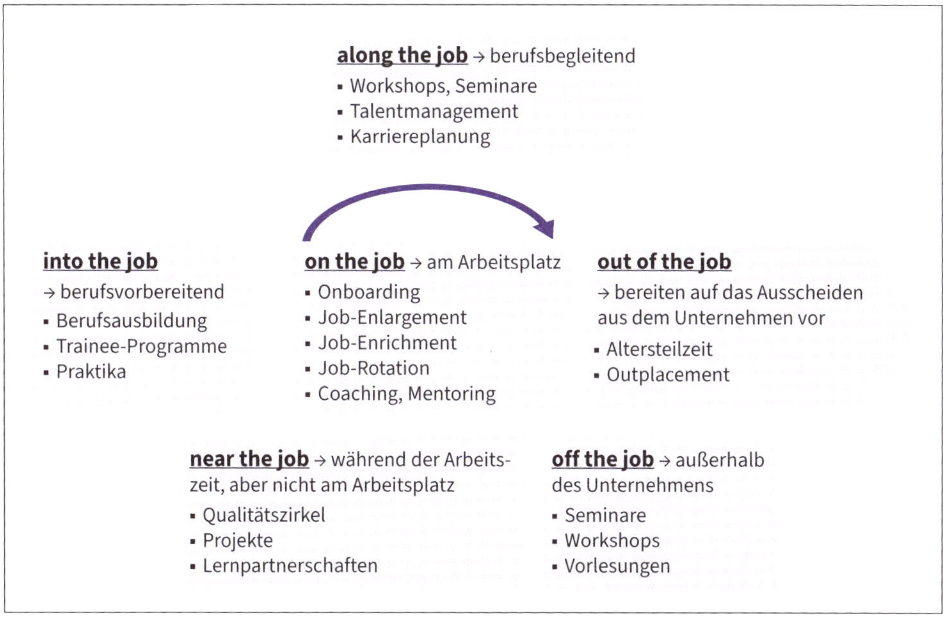

Abbildung 6.12 Methoden der Personalentwicklung (vgl. Holtbrügge, Dirk, »Personalmanagement«, 2004, S. 106.)

Diese Systematik hilft, geeignete Maßnahmen zielgerichtet auszuwählen und Mitarbeitende wirksam zu fördern.

6.7 Personalführung und Motivation

Personalführung

Unter *Personalführung* versteht man das gezielte Einflussnehmen von Führungskräften auf Mitarbeiter*innen, um die betrieblichen Ziele zu erreichen.

Die Führungskraft nimmt verschiedene Rollen ein: Sie ist zum einen Unterstützer, Mentor und Motivator, um die Mitarbeiter bestmöglich zu führen und sie in ihrer Entwicklung zu unterstützen. Zum anderen muss sie aber auch die betrieblichen Belange im Auge behalten und verfolgen. Die Fähigkeit, diese beiden Bereiche harmonisch miteinander zu kombinieren und abzustimmen, macht eine gute Führungskraft aus.

Tatsache ist, dass eine gute Führung die Arbeitsweise und die Motivation der Mitarbeiter*innen beeinflusst. Personalführung hat deshalb immer auch etwas mit der Motivation der Mitarbeiter*innen zu tun, weswegen ich die Überschrift für dieses Kapitel auch so gewählt habe. Eine Personalführung sollte immer die Ziele im Blick haben, die in Abbildung 6.13 zusammengefasst sind.

Meiner Meinung nach ist es mit am wichtigsten, dass die Führungskraft authentisch ist und die von ihr geforderten Werte selbst lebt. In gewisser Weise lernen die Mitarbeiter dann am Modell, weil die Führungskraft die Ziele selbst umsetzt.

Die Basis für jede weitere Personalführung im Unternehmen ist die Makroebene. Die *Makroebene der Personalführung* gibt die strategische Ausrichtung und die grundlegende Führungsphilosophie der Unternehmung als Ganzes vor. Die *Mikroebene der Personalführung* geht auf die individuelle Beziehung und Interaktion im operativen Tagesgeschäft zwischen Vorgesetzten und Mitarbeitern ein.

Jede Führungskraft ist anders und hat eine eigene Führungspersönlichkeit. Das *Kompetenzzentrum Fachkräftesicherung*, das ein Projekt im Auftrag des Bundesministeriums für Wirtschaft und Klimaschutz (BMWK) ist, hat *10 Aspekte einer vertrauensvollen Führungskultur* zusammengetragen. Diese finden Sie hier: *https://www.kofa.de/personalarbeit/personalfuehrung/mitarbeiterfuehrung/*

Wie eine Führungskraft mit ihrem Team umgeht, hat großen Einfluss auf die Motivation, Zusammenarbeit und den Erfolg. Manche Führungskräfte treffen alle Entscheidungen allein und erwarten, dass diese umgesetzt werden. Andere beziehen ihr Team aktiv mit ein und fördern Diskussionen und Eigenverantwortung.

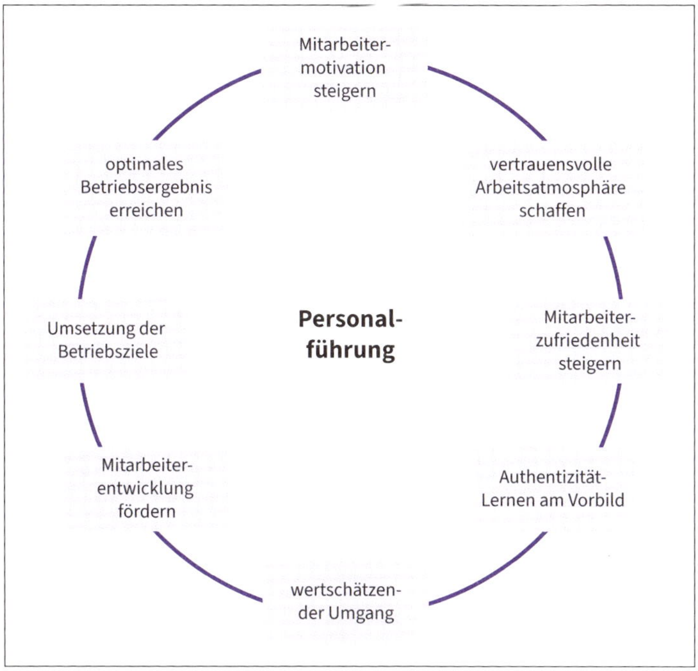

Abbildung 6.13 Ziele der Personalführung

Zwei klassische Führungsstile stehen dabei oft im Mittelpunkt:

- **Autoritärer Führungsstil:** Die Führungskraft gibt klare Anweisungen, trifft Entscheidungen allein und erwartet Gehorsam. Das kann in Krisensituationen, wenn schnelle Entscheidungen notwendig sind, sinnvoll sein. Auf Dauer aber kann es Mitarbeiter*innen demotivieren, weil ihre Ideen und Meinungen wenig zählen.
- **Kooperativer bzw. demokratischer Führungsstil:** Die Führungskraft bezieht die Mitarbeitenden aktiv mit ein und Entscheidungen werden gemeinsam diskutiert. Das fördert die Motivation, erfordert aber auch ein hohes Maß an Zeit und Vertrauen.

Welcher Stil der richtige ist, hängt von der Situation und den beteiligten Personen ab. In der Praxis entstehen oft auch Mischformen. Gute Führungskräfte passen ihren Stil flexibel an.

Wenn Sie sich näher mit weiteren Führungsstilen, etwa dem bürokratischen oder charismatischen Führungsstil, beschäftigen möchten, finden Sie eine gute Übersicht auf der Website der Munich Business School: *https://www.munich-business-school.de/l/bwl-lexikon/fuehrungsstile*.

Wichtig ist: Eine motivierende Führung wirkt wie ein Katalysator, da sie nicht nur die Leistungsbereitschaft, sondern auch die Zufriedenheit und Gesundheit der Mitarbeitenden spürbar steigert.

Die drei Säulen erfolgreicher Mitarbeiterführung

Mitarbeiter*innen erbringen ihre Leistung auf Grundlage ihrer Motivation, was sich in der folgenden etablierten Formel in der Personalführung zeigt:

Leistung erbringen = Wollen · Können · Dürfen

Die drei Säulen erfolgreicher Mitarbeiterführung sind somit *Können*, *Wollen* und *Dürfen*, denn sie beschreiben wichtige Aspekte, die für eine erfolgreiche Führung und Motivation von Mitarbeiter*innen ausschlaggebend sind:

- **Können** beschreibt das Wissen und die Qualifikationen, die ein Mitarbeiter für die Erledigung seiner Aufgaben benötigt. Heutzutage ist es wichtig, dass die Mitarbeitenden ihre Kompetenzen kontinuierlich weiterentwicklen, z. B. durch Maßnahmen der Personalentwicklung (siehe Abschnitt 6.6).
- **Wollen** bezieht sich auf die innere Motivation und Leistungsbereitschaft. Mitarbeiter*innen sind motivierter, wenn sie passende Aufgaben, klare Ziele und wertschätzendes Feedback erhalten und wenn sie Entwicklungsperspektiven sehen.
- **Dürfen** meint die Erlaubnis und das Vertrauen, die Mitarbeiter*innen von ihren Vorgesetzten erhalten, um eigenständig zu handeln und das eigene Potenzial entfalten zu können. Wer zwar kann und will, aber nie darf, verliert langfristig die Motivation.

Nur wenn alle drei Faktoren im Gleichgewicht sind, kann Mitarbeit erfolgreich und dauerhaft gelingen (vgl. Kalaidos Fachhochschule Schweiz, *https://www.kalaidos-fh.ch/de-CH/Blog/Posts/2024/05/HR-Management-1076-Weg-zur-High-Performance-Koennen-Wollen-Duerfen*, aufgerufen am 01.03.2025).

Das Zwei-Faktoren-Modell der Arbeitszufriedenheit

Eine weitere bedeutende Theorie zur Arbeitsmotivation stammt vom amerikanischen Psychologen *Frederick Herzberg*.

Er befragte in der *Pittsburgh-Studie* 203 Arbeitnehmer nach Ursachen, wann eine Arbeitssituation besonders angenehm und besonders unangenehm für sie war, und kam zu einer spannenden Erkenntnis: Was uns unzufrieden macht, ist nicht automatisch das Gegenteil von dem, was uns zufrieden macht.

Daraus entwickelte Herzberg das sogenannte *Zwei-Faktoren-Modell* der Arbeitszufriedenheit. Es unterscheidet zwischen:

- **Hygienefakoren:** z. B. Gehalt, Arbeitsplatzsicherheit, Arbeitsbedingungen. Wenn diese Faktoren fehlen, entsteht Unzufriedenheit. Sind sie gegeben, verhindern sie Unzufriedenheit, führen aber nicht automatisch zu echter Zufriedenheit.

- **Motivatoren:** z. B. Anerkennung, Verantwortung, persönliche Entwicklung. Diese Faktoren erzeugen echte Zufriedenheit und Motivation, also das, was Mitarbeitende wirklich antreibt.

Herzbergs Modell macht deutlich: Nur wer über die bloße Vermeidung von Frust hinausgeht und gezielt motivierende Rahmenbedingungen schafft, wird Mitarbeiter*innen langfristig binden und zur Entfaltung bringen.

Weitere Informationen dazu finden Sie unter: *http://r-wrk.de/arbeitszufriedenheit.*

Die ERG-Theorie

Eine weitere bekannte Motivationstheorie ist die *ERG-Theorie*, entwickelt von dem amerikanischen Psychologen *Clayton Alderfer*. Alderfer kritisierte die Maslowsche Bedürfnispyramide (siehe dazu Abschnitt 4.3 und darin den Abschnitt »Bedürfnisse, Bedarf und Nachfrage«), weil seiner Meinung nach die Motivation der Menschen mit ihr nicht hinreichend erfasst wird. Auch die starre hierarchische Ordnung der Bedürfnisse beanstandete er. Alderfer unterscheidet drei Bedürfniskategorien, die gleichberechtigt nebeneinanderstehen:

- **Existenzbedürfnisse (existence needs):** grundlegende materielle Sicherheit; im Arbeitskontext z. B. Gehalt, Arbeitsbedingungen
- **Beziehungsbedürfnisse (relatedness needs):** soziale Beziehungen und Zugehörigkeit im Unternehmen
- **Wachstumsbedürfnisse (growth needs):** persönliche Weiterentwicklung und Selbstverwirklichung

Im Unterschied zu Maslow sagt Alderfer: Menschen verfolgen diese Bedürfnisse nicht stufenweise, sondern gleichzeitig – je nach Situation mit wechselnden Schwerpunkten. Wird ein Bedürfnis nicht befriedigt, gibt es z. B. keine Beförderung, kann sich die Motivation auf ein anderes Feld verlagern, z. B. mehr Fokus auf soziale Beziehungen.

Für Unternehmen ergibt sich hieraus ein klarer Nutzen: Wer die Bedürfnisse seiner Mitarbeitenden richtig einordnet und gezielt anspricht, etwa durch Entwicklungsperspektiven, stärkt die Motivation, Zufriedenheit und Bindung. Das senkt die Fluktuation und steigert die Produktivität.

Prozessorientierte Motivationstheorien

Die bisher dargestellten Motivationstheorien waren inhaltsorientiert und beantworten die Fragen nach den Motiven der Menschen. Es gibt aber darüber hinaus aus noch die prozessorientierten Motivationstheorien, bei denen es darum geht, welche psychologischen Prozesse zum Handeln führen.

Die VIE-Theorie

Eine dieser Prozesstheorien ist die *VIE-Theorie* (*Valenz-Instrumentalitäts-Erwartungs-Theorie*) nach *Victor H. Vroom*.

Dieser Theorie liegt die Annahme zugrunde, dass Menschen mit ihrem Verhalten versuchen, ihren Nutzen zu maximieren. Dies führt dazu, dass die Motivation eines Menschen von dem zu erwartenden Nutzen des angestrebten Ziels abhängt. Vroom beantwortet mit seinem Modell die Frage, welche Prozesse zur Entstehung der Motivation führen, das heißt, wie sehr ein Mensch bereit ist, sich anzustrengen. Nähere Informationen hierzu finden Sie auf der Website *https://positivepsychology.com/expectancy-theory/*.

Die VIE-Theorie ermöglicht es Unternehmen, die Motivationsprozesse ihrer Mitarbeiter*innen besser zu verstehen und gezielt durch Anreizsysteme auf die wahrgenommenen Valenzen (subjektive Werte) einzuwirken.

Die Anreiz-Beitrags-Theorie

Abschließend schauen wir uns noch die *Anreiz-Beitrags-Theorie (ABT-Theorie)* von March und Simon an. Sie gehört ebenfalls zu den Prozesstheorien und beschäftigt sich mit der Frage, was Mitarbeitende dazu veranlasst, Leistungen für das Unternehmen zu erbringen. Demnach werden Entscheidungen auf die Art und Weise getroffen, indem die Mitarbeitenden ihre erbrachten Leistungen, »Beiträge« genannt, den erhaltenen »Anreizen« gegenüberstellen. Sie bewerten also die Austauschbeziehung zwischen Beiträgen und Anreizen, wobei hier die Annahme zugrunde liegt, dass die am Arbeitsverhältnis beteiligten Partner ein Gleichgewicht der Austauschbeziehung anstreben.

Es liegt ein *Gleichgewicht* vor, wenn die bereitgestellten Anreize die eigenen eingesetzten Beiträge übersteigen, das bedeutet, wenn sich für die Person eine positive Anreiz-Beitrags-Bilanz ergibt. Ist die Bilanz positiv, ist die Bereitschaft der Person hoch, in ein Unternehmen einzutreten oder ihm treu zu bleiben. Ein *Ungleichgewicht* liegt vor, wenn die geleisteten Beiträge die erhaltenen Anreize übersteigen. Dies bewertet die Person für sich rein subjektiv, z. B., wenn sie sich sehr für das Unternehmen engagiert, viele Überstunden absolviert, aber dafür gefühlt nicht genügend Anreize erhält, z. B. in Form von Wertschätzung durch die/den Vorgesetzte*n. Für die Bewertung sind nämlich nicht die absoluten Größen ausschlaggebend, z. B. die tatsächlich geleisteten Arbeitsstunden, sondern der persönlich zugewiesene Nutzen.

Die Entscheidung hängt aber nicht nur vom Nutzen ab, sondern auch von den angebotenen Anreizen, z. B. dem Lohn/Gehalt. Die Herausforderung für Unternehmen besteht also darin, die Anreize so zu gestalten, dass sie die Motivation und Leistungsbereitschaft der Beschäftigten erhöhen. Anreize können *monetär* (Vergütung, Bonuszahlungen, Gewinnbeteiligungen) und *nicht monetär* (Arbeitsklima, Status, Aufstiegsmöglichkeiten, Unternehmensimage) sein (vgl. Stock-Homburg/Groß, »Personalmanagement«, 2019, S. 77ff.).

Abbildung 6.14 fasst das Ganze noch einmal zusammen (in Anlehnung an Stock-Homburg/Groß, »Personalmanagement«, 2019, S. 80).

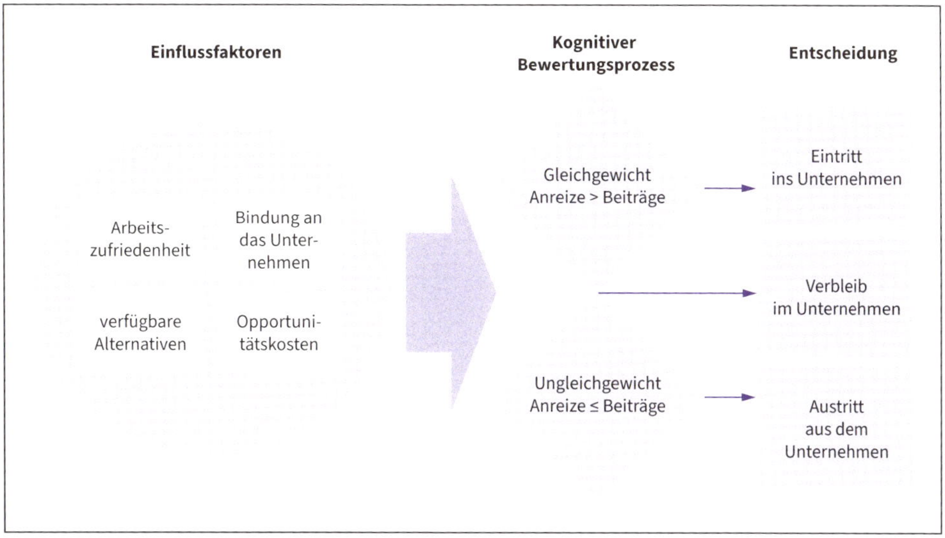

Abbildung 6.14 Die Anreiz-Beitrags-Theorie

Zusammenfassend kann gesagt werden: Die Anreiz-Beitrags-Theorie verdeutlicht den Kausalzusammenhang zwischen ausgewählten Einflussfaktoren, die durch einen Bewertungsprozess das Entscheidungsverhalten der Beschäftigten beeinflussen. Sind die wahrgenommenen Anreize größer als die geleisteten Beiträge, sind die Mitarbeiter*innen bereit, ihre Leistungen für die Unternehmung zu erbringen und dort zu verbleiben.

Auf den zurückliegenden Seiten habe ich verschiedene Ansätze zur Mitarbeiterführung und zur Steigerung der Motivation dargestellt. Jede Theorie hat ihre Stärken und Schwächen. In der Praxis kombinieren Unternehmen meist mehrere Ansätze miteinander. Auf diese Weise motivieren sie ihre Mitarbeitenden und binden sie langfristig an das Unternehmen.

6.8 Personalcontrolling

In den vorangegangenen Abschnitten ging es vor allem um Maßnahmen des Personalmanagements. Diese Maßnahmen sind oft sehr zeit- und kostenintensiv. Um keine Ressourcen im Unternehmen unnötig zu verschwenden und sie möglichst optimal einzusetzen, ist es wichtig, zu kontrollieren, ob die geplanten und durchgeführten Maßnahmen des Personalmanagements auch effektiv und effizient sind. Ein passendes Instrument hierfür ist das *Personalcontrolling*.

Personalcontrolling

Das *Personalcontrolling* plant, steuert und kontrolliert personalbezogene Maßnahmen und Prozesse und macht sie für die Entscheidungsträger sichtbar, um datenbasierte Entscheidungen zu treffen (siehe Abbildung 6.15).

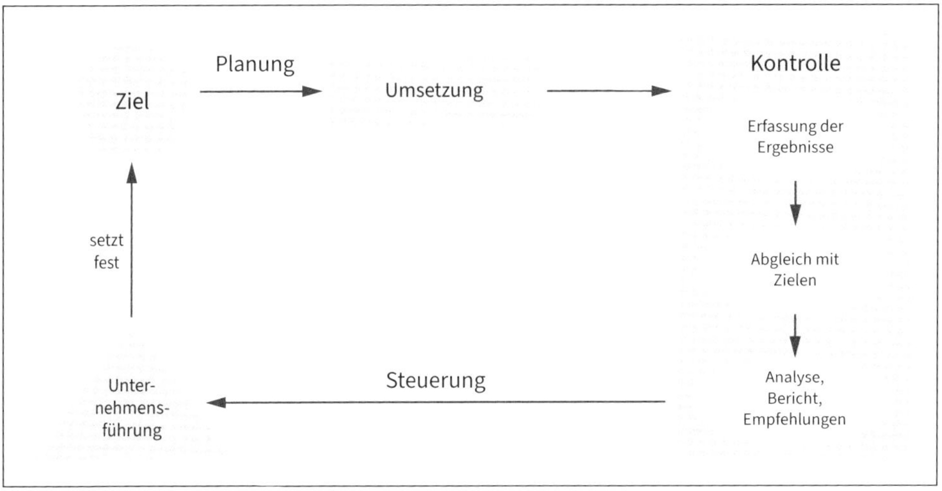

Abbildung 6.15 Der Personalcontrolling-Prozess

Das Personalcontrolling hilft dabei, die Prozesse im Personalwesen transparent zu machen, zu koordinieren, zu optimieren und auch eventuell zu vereinheitlichen. Wenn ein Unternehmen weltweit agiert, ist eine einheitliche Personalmanagementstrategie mit klaren Kommunikationswegen und standardisierten Controllinginstrumenten erforderlich.

Man unterscheidet zwei verschiedene Arten von Personalcontrolling:

1. **Strategisches Personalcontrolling:** langfristige Planung und Kontrolle der Ziele und Maßnahmen zur Sicherung der Effektivität des Unternehmens und damit des wirtschaftlichen Erfolgs
2. **Operatives Personalcontrolling:** kurz- bis mittelfristige Planung und Kontrolle der Realisierung der strategischen Unternehmensziele, Erhebung der Ergebnisse, Kontrolle der Effizienz, Berechnung von Kennzahlen

Die Adressaten des Personalcontrollings können sowohl extern (z. B. Banken, Gewerkschaften, Arbeitsagentur für Arbeit) als auch intern sein (Mitarbeitende, Geschäftsleitung, Betriebsrat).

Je nach festgelegtem Ziel helfen verschiedene Methoden und Instrumentarien, den Personalcontrolling-Prozess optimal zu gestalten. Zu ihnen zählen:

- Mitarbeiterbefragungen
- Benchmarks
- Ermittlung von Personalkennzahlen
- Analyse der Personalkennzahlen
- Vergleiche und Zeitreihen

Da die Kennzahlen wichtige Instrumentarien des Personalcontrollings sind, wollen wir diese nachfolgend genauer betrachten.

Personalkennzahlen

Personalkennzahlen sind Messgrößen, die personalwirtschaftliche Aktivitäten beleuchten und beurteilen und somit bei strategischen Prozessen unterstützen.

Anhand von standardisierten Kennzahlen können strategische Maßnahmen datenbasiert statt ausschließlich intuitiv abgeleitet werden, denn quantitative Daten gelten in der betriebswirtschaftlichen Praxis als objektiver und belastbarer – vorausgesetzt, sie sind aktuell. Damit sie vergleichbar sind, müssen Merkmale wie der Beobachtungszeitraum, der Erfassungszeitpunkt, die Bedeutung des Zielwertes und die Formel, mit der die Kennzahl berechnet wird, festgelegt werden. Eine Vertiefung der einzelnen Kennzahlen erfolgt hier nicht, da dies den Rahmen dieses Kapitels sprengen würde. Für einen groben Überblick dient die Einteilung von Personalkennzahlen, die Sie in Abbildung 6.16 sehen.

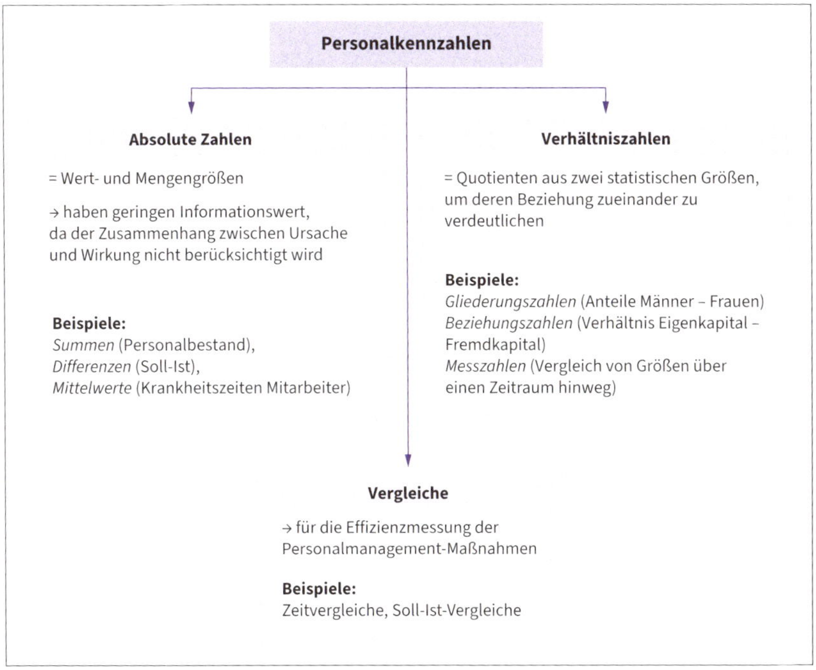

Abbildung 6.16 Personalkennzahlen

Abschließend lässt sich sagen, dass ein effektives Personalcontrolling ein hilfreiches Instrument zur strategischen Ausrichtung eines Unternehmens und damit auch für dessen wirtschaftlichen Erfolg darstellt. Da Mitarbeitende einen zentralen Erfolgsfaktor darstellen, sollte diesem Bereich besondere Aufmerksamkeit gewidmet werden.

6.9 Personalfreisetzung

Nicht immer läuft alles rund in einem Unternehmen, sei es aus unternehmerischen Gründen oder sei es aufgrund der gesamtwirtschaftlichen Lage. Eine mögliche Konsequenz der Situation kann eine *Personalfreisetzung*, auch *Personalabbauplanung* genannt, sein. Damit sind aber nicht zwangsläufig Entlassungen gemeint. Was darunter zu verstehen ist, wird nachfolgend ausführlich erklärt.

Personalfreisetzung

Personalfreisetzung bedeutet, dass Personal abgebaut werden muss, weil der Personalbestand größer ist als der Personalbedarf und somit eine Überkapazität an Mitarbeitern besteht.

Es gibt zwei Arten der Personalfreisetzung:

1. **Antizipative Personalfreisetzung:** strategische Vorgehensweise mit dem Ziel, Personalüberhänge frühzeitig zu erkennen und mit den notwendigen Maßnahmen gegenzusteuern, z. B. mit einem Einstellungsstopp oder einer Arbeitszeitverkürzung.
2. **Reaktive Personalfreisetzung:** Ad-hoc-Maßnahmen zum sofortigen Personalabbau, beispielsweise durch Kündigung, vorzeitigen Ruhestand oder Aufhebungsvertrag mit Abfindung

Grundsätzlich können für eine Personalfreisetzung zwei Hauptgründe vorliegen:

- **betriebsbedingte Gründe:** technischer Fortschritt, saisonale und konjunkturelle Schwankungen, Fusion/Übernahme von Unternehmen, Digitalisierung, Automatisierung, Standortwechsel, Fehlkalkulation, Unternehmensauflösung
- **personenbedingte Gründe:** keine körperliche Eignung, Haftstrafe, Allergie, Krankheit, psychische Erkrankung, schuldhaftes oder vorsätzliches Fehlverhalten, Pflichtverletzung

Die Ursachen können weiterhin eingeteilt werden in:

- **unvorhersehbare Ursachen:** beispielsweise extreme Absatzschwankungen, Managementfehler, Liquiditätsprobleme

- **vorhersehbare Ursachen:** beispielsweise saisonbedingte Absatzschwankungen, Verschlankung der Organisationsstruktur oder die Schließung eines Standorts

Für die Festlegung der notwendigen Maßnahmen ist der erwartete zeitliche Horizont des Personalüberhangs ebenfalls wichtig. Die Personalüberkapazität kann vorübergehend sein, z. B. bei saisonbedingten Ursachen, oder dauerhaft, z. B. bei strukturbedingten Gründen.

Wenn ein Unternehmen in die Situation der Personalfreisetzung kommt, hat es verschiedene Möglichkeiten des Personalabbaus, die in Abbildung 6.17 dargestellt sind.

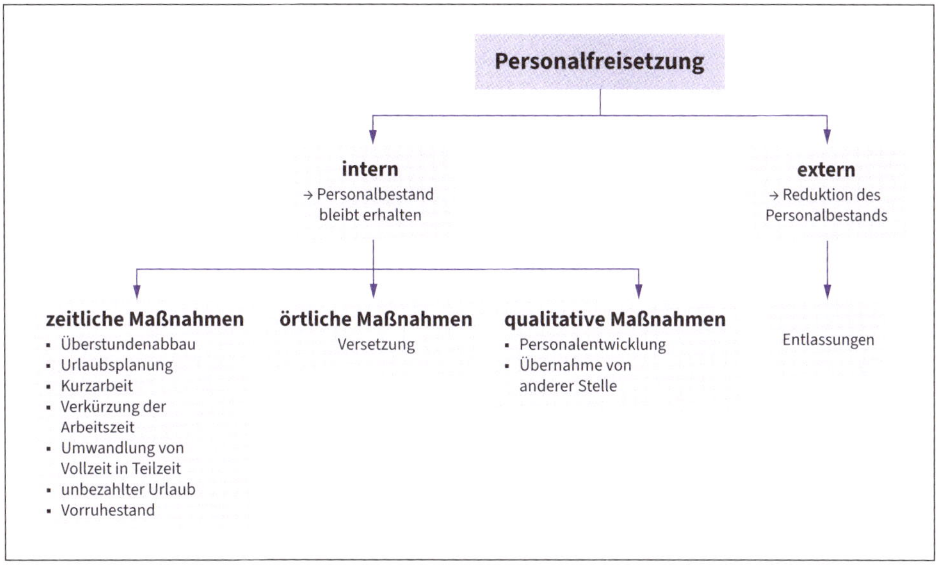

Abbildung 6.17 Möglichkeiten der Personalfreisetzung

Bei den **internen Maßnahmen** erfolgt meist eine *Änderungsfreisetzung*, das bedeutet, dass der Arbeitgeber im Rahmen einer *Änderungskündigung* dem Mitarbeiter einen neuen Arbeitsvertrag mit geänderten (meist schlechteren) Bedingungen vorlegt.

Bei den **externen Maßnahmen** wird das Arbeitsverhältnis durch eine *Beendigungsfreisetzung* aufgelöst. Sie ist die klassische Form der Kündigung. Eine Sonderform sind *Massenentlassungen* aufgrund betriebsbedingter Gründe (vgl. Stock-Homburg/Groß, »Personalmanagement«, 2019, S. 341).

Es gibt nicht nur die Änderungskündigung, sondern noch zwei weitere Kündigungsarten, nämlich:

- die *ordentliche Kündigung*: Sie ist die Standardform der Beendigung des Arbeitsverhältnisses und kann sowohl vom Arbeitnehmer als auch vom Arbeitgeber erfolgen. Kündigt der Arbeitnehmer, beträgt die gesetzliche Kündigungsfrist gemäß § 622 BGB vier Wochen zum Fünfzehnten oder zum Ende des Kalendermonats. Für eine Kündigung durch den Arbeitgeber ist die Kündigungsfrist gestaffelt; z. B. beträgt sie bei einer Betriebszugehörigkeit von 10 Jahren vier Monate zum Ende eines Kalendermonats.

Damit der Arbeitgeber eine Kündigung aussprechen kann, muss sie sozial verträglich sein und es müssen personenbedingte oder betriebsbedingte Gründe vorliegen. Bei einer größeren Anzahl an Entlassungen durch den Arbeitgeber wird oft in Absprache mit dem Betriebsrat ein *Sozialplan* aufgestellt. Gemäß § 112 Betriebsverfassungsgesetz (BetrVG) soll der Sozialplan die wirtschaftlichen Nachteile infolge der betrieblichen Kündigung ausgleichen beziehungsweise abmildern. Mögliche Inhalte können hier Abfindungen, Lohnausgleichszahlungen oder angepasste Regelungen bezüglich der betrieblichen Altersvorsorge sein.

- die *außerordentliche Kündigung*: Hier wird fristlos gekündigt, denn es müssen so schwerwiegende Gründe vorliegen, dass es für den Arbeitgeber oder den Arbeitnehmer unzumutbar ist, das Beschäftigungsverhältnis weiter fortzuführen. Solch schwerwiegende Gründe wären beispielsweise Diebstahl, Beleidigung oder Tätlichkeiten.

Aufgabe 2: Kündigungsfolgen

Eine Kündigung hat nicht nur für den betroffenen Mitarbeiter Folgen, sondern auch für die Kolleg*innen und das Unternehmen. Überlegen Sie sich jeweils vier mögliche Folgen für den betroffenen Mitarbeiter, für die im Unternehmen verbleibenden Kolleg*innen und für das Unternehmen.

Wenn Kündigungen ausgesprochen werden, kann dies zu weitreichenden Folgen bei den betroffenen Mitarbeitern führen. Je höher die Person in der Unternehmenshierarchie steht, desto stärker sind diese Folgen. Hier hilft eventuell das *Outplacement*, das in Abschnitt 6.6 erklärt wird.

Es gibt aber auch die sogenannte *innere Kündigung* (*Silent Quitting*) des Mitarbeiters bzw. der Mitarbeiterin. Hier geht der/die Beschäftigte zwar weiterhin den beruflichen Verpflichtungen am Arbeitsplatz nach, ist aber so unzufrieden, dass seine/ihre Arbeitsmotivation und Leistungsbereitschaft gegen null gehen. Solche Mitarbeitenden haben resigniert und innerlich mit dem Job abgeschlossen, was nach außen oft durch fehlende Arbeitsmoral sichtbar ist. Es findet aufgrund der empfundenen Unzufriedenheit ein emotionaler Rückzug statt. Häufig sind eine zu geringe Vergütung, Überlastung und mangelnde Wertschätzung die Ursachen dafür. Der spürbare Leistungsabfall des Mitarbeiters/der Mitarbeiterin führt zu einem Produktivitätsverlust und wirkt sich somit auch negativ auf das Betriebsergebnis aus. Für das Unternehmen entstehen oft auch höhere Kosten aufgrund erhöhter Fehlzeiten, und auch das Betriebsklima leidet, weil andere Kolleg*innen eventuell Mehrarbeit leisten müssen. Aus diesen Gründen ist es wichtig, dass Führungskräfte achtsam sind und erste Anzeichen für eine innere Kündigung erkennen. Mitarbeitergespräche sind ein hilfreiches Instrument, um eine aufkommende Unzufriedenheit bei den Mitarbeiter*innen wahrzunehmen und dann gegebenenfalls mit geeigneten Maßnahmen gegenzusteuern.

Personalfreisetzung kommunizieren

Wenn die Personalfreisetzung feststeht, muss sie auch kommuniziert werden: bei Einzelkündigungen an die betroffenen Mitarbeiter*innen, bei Massenentlassungen zusätzlich auch nach außen. Diese externe Kommunikation ist enorm wichtig und muss wohlüberlegt sein, denn wird dieser Bericht als unangebracht wahrgenommen, können sich für das Unternehmen negative Konsequenzen ergeben.

Aufgabe 3: Gute Kommunikation

Überlegen Sie sich, welche negativen Konsequenzen eine mangelnde und unpassende Kommunikation nach außen haben könnte.

Um negative Konsequenzen zu vermeiden, ist eine sorgfältig geplante Kommunikation bei der Personalfreisetzung unerlässlich. Diejenigen, die für die Kommunikation zuständig sind (normalerweise die Führungskräfte), sollten hierfür entsprechend geschult sein. Wird einem Mitarbeitenden eine Kündigung ausgesprochen, erhöht es die Akzeptanz, wenn dies durch die direkte Führungskraft erfolgt, vorausgesetzt, sie verfügt über die notwendigen kommunikativen Fähigkeiten. Können Mitarbeit*innen den Kündigungsgrund nachvollziehen und verläuft der Prozess fair und respektvoll, steigt in der Regel auch die Akzeptanz der Kündigung.

Zur strategischen Planung der Freisetzungskommunikation dienen folgende Leitfragen (vgl. Stock-Homburg/Groß, »Personalmanagement«, 2019, S. 362ff.):

1. **Wann ist ein geeigneter Zeitpunkt, um die Kündigung zu kommunizieren?**

   Sinnvoll ist es, wenn das Gespräch stattfindet, bevor Gerüchte entstehen. Der Mitarbeiter, der die Kündigung erhält, sollte sofort, nachdem die Entscheidung für die Kündigung gefallen ist, darüber informiert werden. Erfährt die betroffene Person durch Dritte von der Kündigung, wird das Vertrauen dauerhaft gestört.

2. **Welche Informationen bezüglich der Kündigung werden bekannt gegeben?**

   Hier sollten sachliche Inhalte kommuniziert werden, beispielsweise die Gründe für die Kündigung, die Kündigungsfrist, die Anzahl der insgesamt freigesetzten Mitarbeiter, Maßnahmen zur Unterstützung.

3. **Welche nonverbalen Kommunikationsinhalte sollten vermittelt werden?**

   Nicht nur sachliche Aspekte müssen in einem Freisetzungsgespräch besprochen werden, sondern auch nonverbale Kommunikationselemente sind wichtig und sollten vorab geplant werden. An dieser Stelle geht es auch um die Glaubwürdigkeit des Unternehmens, was hier vermittelt wird. Der freigesetzte Mitarbeiter sollte weiterhin Vertrauen haben, trotz Kündigung. Welche Gefühle sollen transportiert werden? Welche Reaktionen sind angemessen? Wie kann der Gesprächsführer dies umsetzen?

4. **Wer kommuniziert die Kündigung an wen?**

   Bei dieser Frage wird zwischen interner und externer Kommunikation unterschieden. Bei der *externen* Kommunikation wird idealerweise die Pressestelle im Unternehmen damit beauftragt. *Intern* ist die Kommunikationsrichtung festzulegen, das heißt, wie kommuniziert wird:

   - **horizontal:** gleiche Hierarchieebene – Mitarbeiter*in spricht mit Mitarbeiter*in.
   - **vertikal:** nächsthöhere Hierarchieebene – Führungskraft spricht mit Mitarbeiter*in.
   - **diagonal:** mehrere Hierarchieebenen – Standortleiter spricht mit Mitarbeiter*in.

5. **Welche Phasen umfasst der Kommunikationsprozess?**

   - **Awareness-Phase:** erste Kommunikation, um Aufmerksamkeit der Adressaten zu bekommen
   - **Participation-Phase:** aktive Einbindung der Betroffenen, Gründe und Perspektiven darlegen
   - **Acceptance-Phase:** Das Ziel ist ein konstruktiver Umgang mit der Kündigung; Feedback des Betroffenen.

6. **Wie fühlen sich die freigesetzten Mitarbeiter*innen und wie sollte im Gespräch damit umgegangen werden?**

   Jede Person reagiert anders auf eine erhaltene Kündigung. Anfangs wird die betroffene Person erst einmal unter Schock stehen, eventuell die Kündigung verneinen, sie nicht wahrhaben wollen. Irgendwann sieht die Person ein, dass die Kündigung real ist, und akzeptiert sie. Idealerweise kommt die Person irgendwann in die Phasen des Ausprobierens und der Neuorientierung. Wichtig ist, dass der Gesprächsführer auf die Emotionen und Reaktionen des betroffenen Mitarbeiters eingeht und Unterstützung anbietet.

Die betriebliche Entscheidung für eine Personalfreisetzung wird nie leichtfertig getroffen, weil persönliche Schicksale mit ihr verbunden sind. Trotzdem muss ein Unternehmen seine wirtschaftliche Situation im Auge behalten und gegebenenfalls Personal abbauen. Es gibt vielfältige Maßnahmen der Personalfreisetzung; welche Maßnahme gewählt wird, hängt von der jeweiligen betrieblichen Situation ab. Je nachdem, wie die Kündigung kommuniziert wird, kann sowohl ein monetärer (z. B. Umsatzeinbußen) als auch ein nichtmonetärer (z. B. Image) Schaden abgemildert werden. Das Unternehmen hat die Wirkung durch seine strategische Vorgehensweise größtenteils selbst in der Hand.

6.10 Betriebliches Gesundheitsmanagement

Abschließend möchte ich noch auf ein Thema eingehen, das in den letzten Jahren zunehmend wichtiger geworden ist: auf das betriebliche *Gesundheitsmanagement*.

Die Arbeitswelt hat sich in den letzten Jahrzehnten massiv gewandelt. Nicht nur neue Technologien und die Digitalisierung haben das Arbeitsleben verändert, sondern auch der Mitarbeiter mit all seinen Fähigkeiten und Fertigkeiten ist in den Mittelpunkt gerückt: Der/die heutige Arbeitnehmer*in soll zeitlich flexibel, örtlich mobil, hoch engagiert sein, über ausgeprägte Soft Skills verfügen und idealerweise ein *Digital Native* sein (eine Person, die von Kindesbeinen an mit den digitalen Technologien vertraut ist). Hinzu kommt die Erwartung, dass Mitarbeitende jederzeit erreichbar und verfügbar sind, und das nicht nur in Führungspositionen.

In den vergangenen Jahren hat ein Wandel stattgefunden, durch den ein großer Teil der Unternehmenskommunikation ins Digitale verlagert wurde. Dadurch können Beschäftigte weltweit jederzeit problemlos miteinander kommunizieren.

Eine hohe Zahl an Überstunden ist ebenfalls keine Seltenheit mehr, auch oder gerade wegen des derzeitigen Fachkräftemangels. Die zunehmende Komplexität beruflicher Anforderungen fordert von Mitarbeiter*innen ein hohes Maß an Anpassungsfähigkeit, häufig mit der Folge, dass die Trennung zwischen Berufs- und Privatleben zunehmend verschwimmt. All das führt dazu, dass das Stresslevel von Arbeitnehmer*innen sehr hoch ist und die Mitarbeiter*innen aufgrund des zunehmenden Drucks und fehlender Bewältigungsstrategien psychisch sehr belastet sind. Abbildung 6.18 zeigt die Entwicklung der Arbeitsunfähigkeitstage aufgrund psychischer Erkrankungen in Deutschland von 2001 bis 2023.

Die Daten für die Grafik stammen aus dem *DAK-Psychreport 2024*. Aus ihr geht hervor, dass im Jahr 2023 pro 100 Versicherte rund 323 Arbeitsunfähigkeitstage aufgrund psychischer Erkrankungen verzeichnet wurden. Frauen sind mit 407 Tagen deutlich häufiger wegen psychischer Erkrankungen krankgeschrieben als Männer mit 252 Tagen. Die häufigsten psychischen Erkrankungen wie Ängste, Anpassungsstörungen und Depressionen sind für rund 82 % der Fehltage verantwortlich. Interessieren Sie sich für detaillierte Ergebnisse, finden Sie diese hier: *http://r-wrk.de/psychreport*.

Diese Entwicklung bedeutet nicht nur hohe Kosten für das Gesundheitssystem, sondern auch für die Unternehmen als Arbeitgeber. Wenn ein Mitarbeiter oder eine Mitarbeiterin erkrankt, führt dies zu einem Ausfall, was bedeutet, dass er oder sie nicht produktiv ist. Dies verursacht Kosten, beziehungsweise die Wertschöpfung bleibt aus und das Betriebsergebnis mindert sich. Auch gesamtwirtschaftlich hat dies negative Auswirkungen. Die *Bundesanstalt für Arbeitsschutz und Arbeitsmedizin* (BAuA) schätzt die volkswirtschaftlichen Produktionsausfälle durch Arbeitsunfähigkeit im Jahr 2023 insgesamt auf 128 Milliarden Euro und den Ausfall an

Bruttowertschöpfung (also den Mehrwert, der durch die in der Produktion neu geschaffenen Güter und Dienstleistungen entsteht) auf 221 Milliarden Euro (vgl. BAuA, *https://www.baua.de/DE/Themen/Monitoring-Evaluation/Zahlen-Daten-Fakten/Kosten-der-Arbeitsunfaehigkeit*, aufgerufen am 05.03.2025).

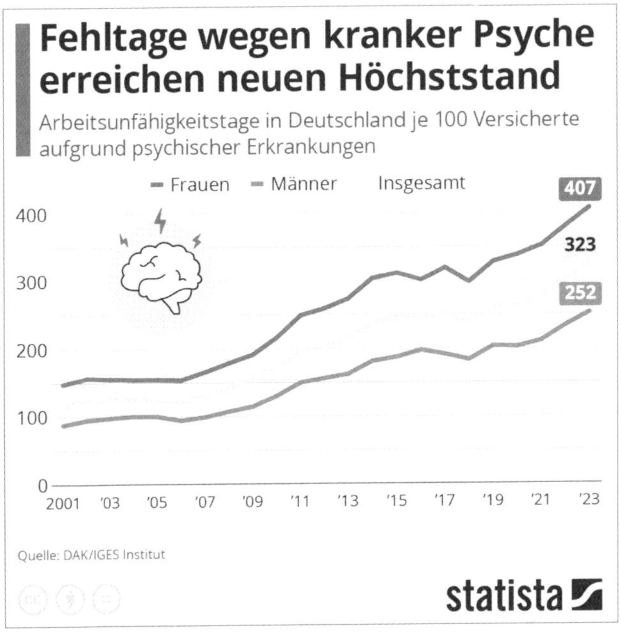

Abbildung 6.18 Fehltage wegen psychischer Erkrankungen (statista, *https://de.statista.com/infografik/18813/krankschreibungen-wegen-psychischer-erkrankungen-in-deutschland/*, aufgerufen am 25.03.2025)

Aufgrund dieser Entwicklungen ist es sinnvoll, ein betriebliches Gesundheitsmanagement zu etablieren. Abbildung 6.19 zeigt seine zwei tragenden Säulen.

Das betriebliche Gesundheitsmanagement hat gute Absichten mit den folgenden möglichen Zielen:

- Verbesserung der Gesundheit
- zufriedenere und leistungsfähigere Mitarbeiter*innen
- Steigerung der Mitarbeitermotivation
- weniger Fehlzeiten
- weniger Kosten
- besseres Betriebsklima
- positive Auswirkungen auf das Unternehmensimage

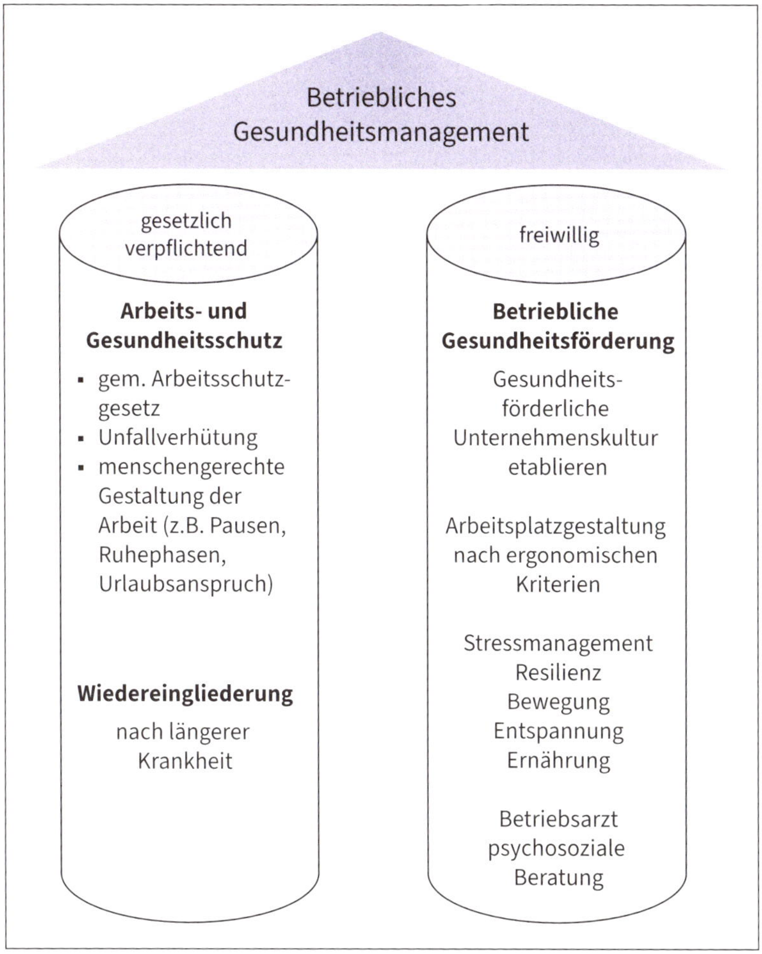

Abbildung 6.19 Betriebliches Gesundheitsmanagement

Gesundheitliche Prävention ist kostspielig, aber die Investitionen rechnen sich für größere Unternehmen. Kleine und mittelständige Unternehmen, die sich kein betriebliches Gesundheitsmanagement leisten können, werden von den Koordinierungsstellen zur betrieblichen Gesundheitsförderung, einer Initiative der gesetzlichen Krankenkassen, beraten. Unter *https://www.bgf-koordinierungsstelle.de* finden Sie alle wichtigen Informationen dazu.

Eine vertiefte Darstellung des betrieblichen Gesundheitsmanagements kann hier nicht erfolgen. Im Internet finden sich vielfältige Impulse dazu. Auch auf offiziellen Seiten des Bundesministeriums für Gesundheit finden Sie viele Informationen, z. B. hier unter *https://gesund.bund.de/betriebliches-gesundheitsmanagement-bgm*.

Abschließend können wir zusammenfassen: Personal ist ein riesiger Erfolgsfaktor und der Schlüssel zu einer nachhaltigen Entwicklung des Unternehmens. Wenn es einem Unternehmen gelingt, durch vielfältige Methoden und Werkzeuge ein wertschätzendes und motivierendes Arbeitsumfeld zu schaffen, damit seine Mitarbeiter*innen so motiviert und leistungsbereit und -fähig sind, dass sie neue Innovationen hervorbringen, dann ist die langfristige Wettbewerbsfähigkeit am Markt gesichert. Unternehmen sollten sich dieser Bedeutung bewusst sein und in ihr Personal investieren.

Um auf unsere Eingangsfrage zurückzukommen, was *planITs* im Bereich Personal beachten sollte, möchte ich abschließend nur ein paar Schlagworte einbringen: Personalbeschaffung, Onboarding, Zufriedenheit, Motivation, Leistungsfähigkeit, Weiterentwicklung, Wertschätzung, Erfolgsfaktoren.

6.11 Lösungen

Aufgabe 1

	Interne Personalbeschaffung	Externe Personalbeschaffung
Vorteile	▶ kürzere Einarbeitungsphase ▶ geringere Kosten ▶ geringeres Auswahlrisiko ▶ Motivationseffekt für Mitarbeitende durch Aufstiegs- und Entwicklungschancen	▶ größere Auswahl an Bewerbern ▶ neue Ideen und Know-how ▶ Spezielle Qualifikationen können direkt besetzt werden.
Nachteile	▶ begrenzter Bewerberkreis ▶ eventuell Fortbildungskosten ▶ Konfliktpotenzial innerhalb des Teams ▶ »Betriebsblindheit«: weniger neue Impulse und Ideen von außen	▶ höhere Kosten ▶ längere Einarbeitungszeit ▶ höheres Fehlbesetzungsrisiko ▶ Demotivation interner Mitarbeitender

Aufgabe 2

Betroffener Mitarbeiter / betroffene Mitarbeiterin	Im Unternehmen verbleibende Kolleg*innen	Unternehmen
▶ Bei Kündigung durch Arbeitnehmer: Sperrzeit für den Empfang von Arbeitslosengeld, mindestens 12 Wochen ▶ Einkommensverlust ▶ Zukunftsangst ▶ Verlust des sozialen Umfelds ▶ Einsamkeit ▶ gesellschaftliche Ausgrenzung ▶ Unterbrechung der Karriere	▶ Mehrarbeit ▶ Das Betriebsklima verschlechtert sich. ▶ Verunsicherung ▶ Angst um den eigenen Arbeitsplatz ▶ Motivation sinkt ▶ Vertrauen sinkt ▶ Produktivität sinkt ▶ Krankheitsstand steigt	▶ Produktivitätseinbußen ▶ Umsatzeinbußen ▶ Finanzielle Belastungen, z. B. durch die Zahlung einer Abfindung ▶ Das Betriebsklima verschlechtert sich. ▶ Die Motivation der Mitarbeitenden sinkt. ▶ Eventuell leidet das Unternehmensimage.

Aufgabe 3

Auch für diese Aufgabe gibt es natürlich mehrere Lösungsansätze. Drei Vorschläge mache ich Ihnen im Folgenden (vgl. Stock-Homburg/Groß, »Personalmanagement«, 2019, S. 361):

1. **Das Arbeitgeberimage des Unternehmens ist belastet:** Fehlkommunikation kann sowohl intern als auch extern zu einem Vertrauensverlust führen. Das Image als sicherer Arbeitgeber leidet somit ebenfalls.
2. **»Survival-Sickness-Syndrom«:** Die Identifikation mit dem Unternehmen und die Zufriedenheit der verbleibenden Mitarbeiter*innen und Führungskräfte sinkt, was auch zu einer Reduzierung der Motivation führt. Empirische Studien zeigen, dass je widersprüchlicher die Kommunikation ist und je intensiver Kündigungsentscheidung als unfair oder unangemessen wahrgenommen werden, desto stärker die negativen Auswirkungen auf die Mitarbeitermotivation ausfallen.
3. **Verstärktes Ausscheiden von erfolgsmotivierten Arbeitnehmer*innen:** Entlassungen sind für Mitarbeiter*innen, die erfolgreich sein möchten, eher ein Zeichen für eine schwache wirtschaftliche Positionierung des Unternehmens. Wird die neue erfolgsversprechende Unternehmensstrategie den verbleibenden Mitarbeitenden nicht plausibel vermittelt, wechseln erfolgsmotivierte Beschäftigte eventuell zur Konkurrenz.

Kapitel 7

Controlling

Stellen Sie sich vor, Sie planen den nächsten Urlaub – zwei Wochen Sonne, Strand und Erholung. Bevor Sie die Reise buchen, vergleichen Sie die Angebote und haben Ihr Budget im Blick. Das, was Sie hier tun, ist Controlling: Sie setzen sich Ziele, sammeln Informationen, analysieren Kosten und treffen Entscheidungen. Im Unternehmen ist das nicht anders.

Knobelei zum Einstieg

Ein einfaches Controlling-System bietet eine entscheidende Orientierung, denn durch verschiedene Kennzahlen lässt sich herausfinden, ob die aktuellen Preise rentabel sind. Starten wir doch einmal mit einem kleinen Gedankenexperiment.

Aufgabe 1: Die richtige Kalkulation

Stellen Sie sich vor, *planITs* hat in den ersten drei Monaten bereits einige Kalender verkauft. Sie als Gründer*in sind sich aber unsicher, ob die Preise ausreichend kalkuliert sind, da am Monatsende kaum Geld übrig bleibt. Außerdem brauchen Sie einen Entwickler oder eine Entwicklerin für die digitale Integration des Kalenders – aber Sie wissen nicht genau, ob sich das finanziell tragen würde. Wie könnte ein einfaches Controlling-System *planITs* in dieser Situation unterstützen? Würde sich in dieser frühen Geschäftsphase der Aufwand für solch ein System lohnen?

Worum geht es in diesem Kapitel?

7.1 Grundlagen

In den letzten Kapiteln haben Sie viel über den Aufbau, die strategische Ausrichtung eines Unternehmens und die dafür notwendigen Maßnahmen erfahren. Es ist die Aufgabe der Unternehmensleitung, sich um diese Themen zu kümmern und festzulegen, wohin die Reise geht. Um diese Aufgaben jedoch bestmöglich erfüllen zu können, benötigen die Entscheidungsträger fundierte zahlenbasierte Entscheidungsgrundlagen. Das *Controlling* bietet an dieser Stelle eine Hilfestellung.

Controlling

Unter *Controlling* versteht man die datengestützte Planung, Steuerung und Kontrolle aller Unternehmensbereiche – nicht nur im Sinne von »Überwachung«, wie der Begriff oft fälschlicherweise verstanden wird, sondern als umfassende Überstützung für das Management, um fundierte Entscheidungen treffen zu können.

Controlling erfasst, analysiert, wertet aus und bereitet die Daten aus allen relevanten Unternehmensbereichen auf, um eine fundierte Entscheidungsgrundlage für die Unternehmensführung bereitzustellen. Aus diesem Grund wird es auch dem Bereich der Unternehmensführung zugeordnet. Jedes Unternehmen und seine Führungskräfte stehen immer vor der Herausforderung, die zukünftige Ausrichtung sinnvoll zu gestalten. Ein Konzept, das hier unterstützen kann, ist das *WEG-Modell* von Albrecht Deyhle. Es steht für eine Ausgewogenheit der Unternehmensziele, z. B. für die Frage, ob es möglich ist, ökologische Interessen zu verfolgen (da die Umwelt unsere Lebensgrundlage darstellt), ohne dabei die Unternehmensexistenz zu gefährden – auch wenn höhere Kosten zulasten der Gewinnmaximierung gehen.

Das WEG-Modell besteht aus den drei Sektoren (vgl. Controller Magazin, *https://www.controllerakademie.de/wp-content/uploads/2017/05/CM3-17-WEG-Marken-fuer-das-Controlling-und-die-Rolle-des-Controllers.pdf*, aufgerufen am 07.03.2025):

- **W**achstum
- **E**ntwicklung
- **G**ewinn

Das WEG-Modell bietet einen konzeptionellen Rahmen, der sich gut mit den Aufgaben des Controllings verbinden lässt (siehe Abbildung 7.1).

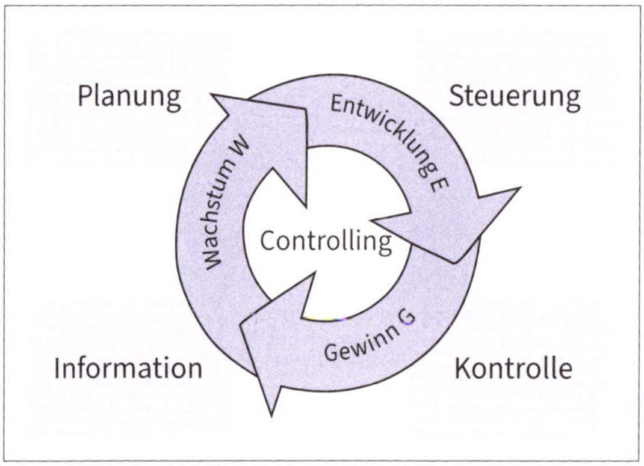

Abbildung 7.1 Aufgabenmodell Controlling

Das Hauptziel des Controllings ist es also, die zur Verfügung stehenden Ressourcen so einzusetzen und die operativen Prozesse so zu gestalten, dass die strategischen Unternehmensziele erreicht werden.

Die Abbildung 7.2 zeigt die zwei Hauptbereiche des Controllings: das strategische und das operative Controlling.

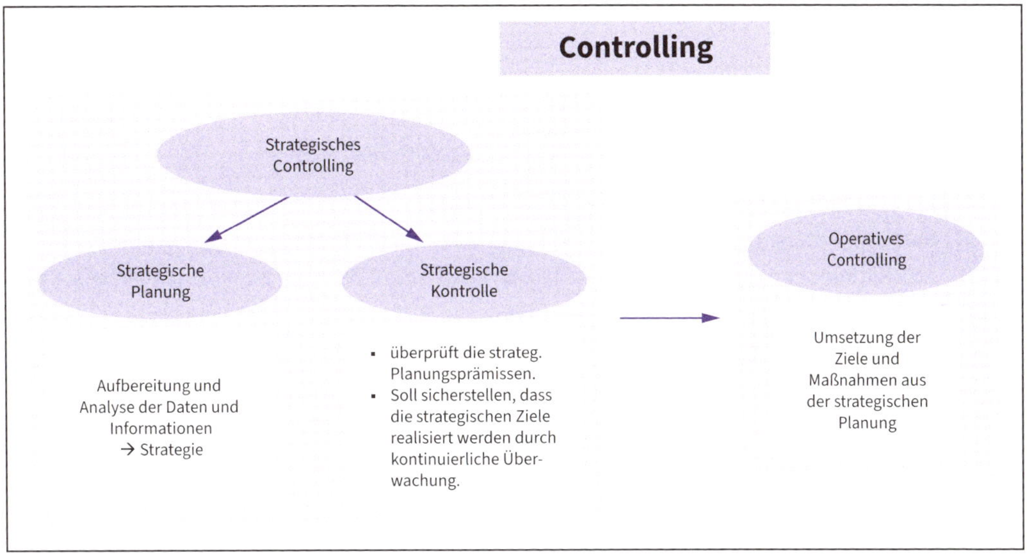

Abbildung 7.2 Hauptbereiche des Controllings

Das *strategische Controlling*

- unterstützt die Unternehmensführung bei strategischen Entscheidungen.
- befasst sich mit der langfristigen Planung, Steuerung und Kontrolle der Unternehmensstrategie und den Unternehmensprozessen, um nachhaltig erfolgreich zu sein und die Existenz des Unternehmens zu sichern.
- analysiert die Potenziale des Unternehmens (ressourcenorientiert).
- entwickelt eine langfristige Unternehmensstrategie (Zeitraum > 3 Jahre).
- Informationsquellen: Daten aus dem Rechnungswesen, externe Daten (z. B. Marktforschung, Wettbewerbsanalysen, politische und rechtliche Entwicklungen)
- Zielgrößen: Marktanteile, Erfolgspotenziale
- Instrumente: SWOT-Analyse, Benchmarking, Portfolio-Analyse

Das *operative Controlling*

- plant, steuert und kontrolliert die kurz- bis mittelfristigen Unternehmensprozesse (meist 1 Jahr bis max. 2 Jahre).
- setzt die Ziele des strategischen Controllings durch konkrete, detaillierte Ziele und Maßnahmen um.
- ist die Aufgabe aller Hierarchiestufen.
- Informationsquellen: Daten aus dem internen Rechnungswesen
- Zielgrößen: Kosten, Leistungen, Gewinn, Rentabilität, Liquidität
- Instrumente: Budgetierung, Kosten- und Leistungsrechnung

In manchen Quellen wird noch die *taktische Planung* als mittelfristige Ebene unterschieden. Sie liegt zwischen der strategischen und der operativen Planung, da sie sich mit Planungen im Zeitraum zwischen zwei und fünf Jahren beschäftigt. Beispiel: Wenn wichtige Mitarbeiter in Rente gehen, muss mittelfristig die reibungslose Übergabe geplant werden.

Allen Ebenen ist gemeinsam, dass sie jeweils die Schritte *Planung*, *Steuerung* und *Kontrolle* beinhalten. Unterschiedlich ist nur der Zeithorizont. Beim strategischen Controlling geht es, wie oben beschrieben, um die langfristige Ausrichtung, beim operativen Controlling um den kurz- bis mittelfristigen Zeithorizont. Alle drei Schritte greifen ineinander, sodass eine klare Trennung nicht immer möglich ist.

Sie wissen bereits, dass Controlling alle Unternehmensbereiche betrifft. Damit das Controlling speziell auf die einzelnen Unternehmensbereiche ausgerichtet ist, gibt es verschiedene Arten des Controllings, die die Eigenarten und Besonderheiten der jeweiligen Abteilung berücksichtigen. Dementsprechend gibt es beispielsweise das Personal-Controlling, Finanz-Controlling, Einkaufs-Controlling, Marketing-Controlling oder Projekt-Controlling.

Im Folgenden widmen wir uns den drei Schritten Planung, Steuerung und Kontrolle. Diese sind im Controlling eng miteinander verbunden:

- Die *Planung* bildet die Grundlage für die Steuerung. Das heißt, sie erfolgt zeitlich zuerst. Die Planung legt die Unternehmensziele und die zur Umsetzung benötigten Strategien und Maßnahmen fest.
- Die *Steuerung* sorgt für die Umsetzung der geplanten Maßnahmen und greift aktiv in die Unternehmensprozesse ein, und
- die *Kontrolle* überwacht deren Fortschritt und legt eventuell Korrekturmaßnahmen fest.

7.2 Strategische Planung

Für die *strategische Planung* steht eine Vielzahl an Instrumenten zur Verfügung. Diese allumfassend hier darzustellen, ist nicht möglich. Deshalb werden nur ein paar ausgewählte Instrumente näher betrachtet.

Die SWOT-Analyse und TOWS-Matrix

Die *Stärken-Schwächen-Analyse*, auch als *SWOT-Analyse* bekannt, zeigt die unternehmensinternen Stärken (**S**trenghts) und Schwächen (**W**eaknesses) sowie die externen Chancen/Gelegenheiten (**O**pportunities) und Risiken/Bedrohungen (**T**hreats) auf. Durch die Kombination von internen und externen Faktoren umfasst die SWOT-Analyse sowohl die innere ressourcenorientierte Sicht als auch die äußere marktorientierte Sicht. Ihre Ergebnisse werden meist in einer Matrix dargestellt, wie hier in Abbildung 7.3.

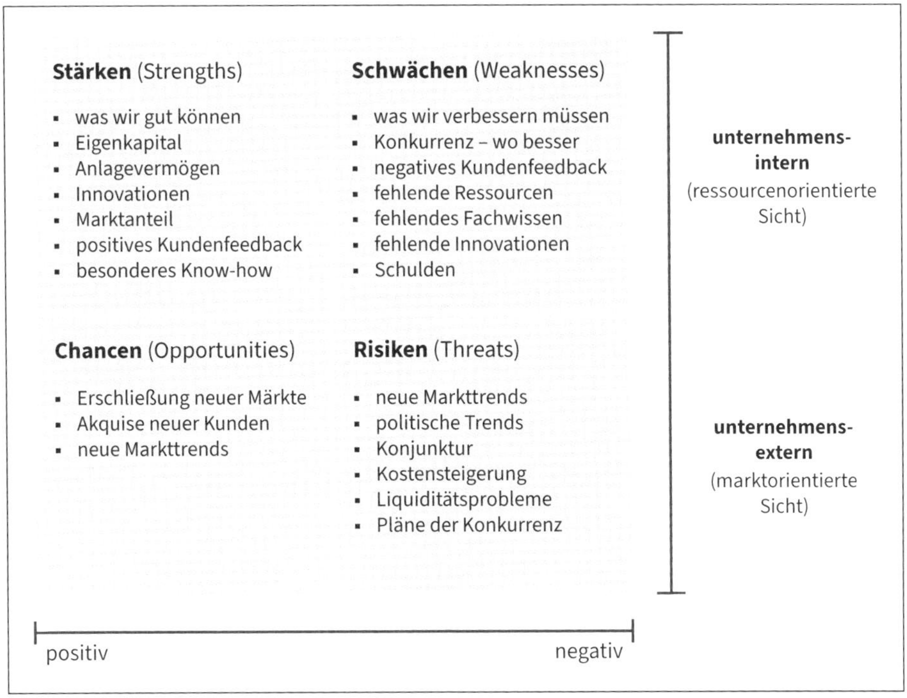

Abbildung 7.3 SWOT-Analyse

Die SWOT-Analyse dient als Basis für die strategische Planung, weil sie den Ist-Zustand eines Unternehmens bezüglich der Prozesse und angebotenen Produkte zeigt. Eine Erweiterung der SWOT-Analyse ist die *TOWS-Matrix*, weil sie alle Faktoren miteinander kombiniert, um konkrete Handlungsstrategien zu erhalten (siehe Abbildung 7.4).

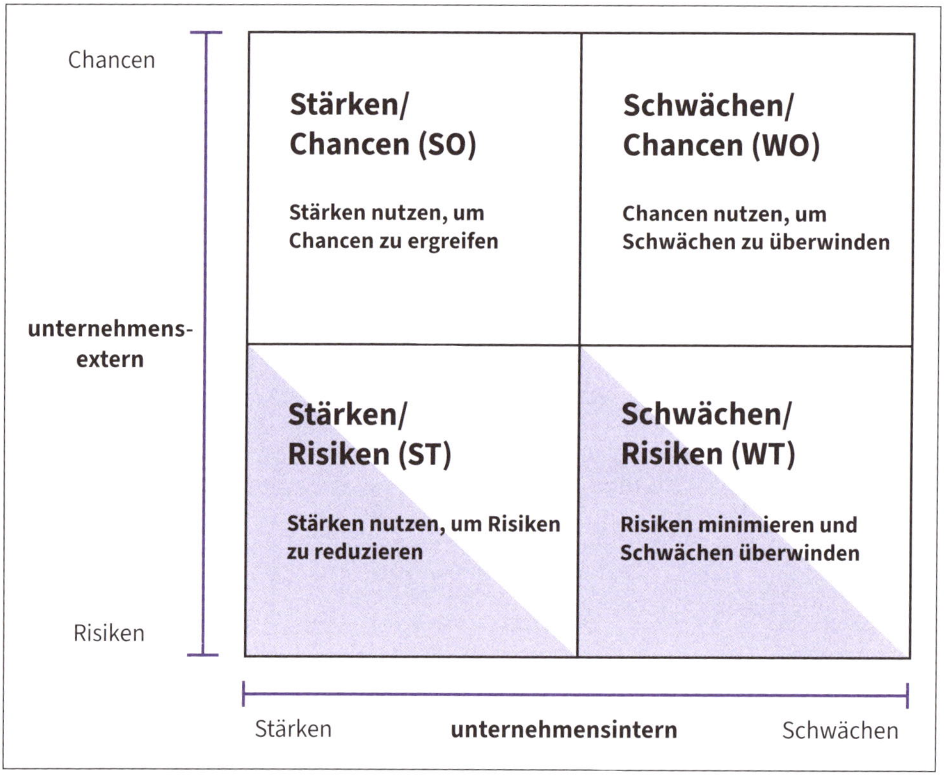

Abbildung 7.4 TOWS-Matrix (vgl. Vahs/Schäfer-Kunz, »Einführung in die Betriebswirtschaftslehre«, S. 351)

Um eine TOWS-Matrix zu erhalten und sie bestmöglich zu nutzen, empfiehlt sich folgende Vorgehensweise:

1. Erstellung SWOT-Analyse
2. Kombination der Faktoren und Eintrag in die TOWS-Matrix
3. Bewertung der Strategien nach Nutzen, Machbarkeit und Dringlichkeit

Der Fokus liegt bei den Stärken/Schwächen-Strategien, weil hier zwei positive Faktoren miteinander kombiniert werden.

Aufgabe 2: Die richtige Strategie

Ordnen Sie den in Tabelle 7.1 aufgeführten Beispielen die vier Strategien der TOWS-Matrix zu.

Beispiel für ein Unternehmen für Künstlerbedarf	Strategie
Ein Unternehmen für Künstlerbedarf hat zwar bereits alle Kundendaten digitalisiert, arbeitet aber mit einem sehr veralteten IT-System. Da das Risiko für Datenklau immer größer wird, entscheidet sich das Unternehmen, seine IT-Infrastruktur zu modernisieren.	
Das Unternehmen hatte bisher keinen eigenen Onlineshop. Da der Online-Handel immer wichtiger wird, investiert das Unternehmen nun auch in die Entwicklung eines eigenen Onlineshops, um die steigende Online-Nachfrage zu bedienen.	
Das Unternehmen hat bereits einige gute Entwicklungsergebnisse in Bezug auf umweltfreundliche Aquarellfarbe zu verzeichnen. Da der Markt für nachhaltige Produkte wächst, entwickelt es diese Idee weiter, um die umweltfreundlichen Produkte auf den Markt zu bringen.	
Das Unternehmen hatte bisher einen treuen und loyalen Kundenstamm und war das einzige vor Ort. Nun hat im gleichen Ort ein Drogeriemarkt eröffnet, der ebenfalls Künstlerbedarf anbietet. Um die Loyalität seiner Kunden zu stärken und sie an sich zu binden, startet das Künstlerbedarf-Unternehmen ein lukratives Bonusprogramm.	

Tabelle 7.1 Übungsaufgaben zur TOWS-Matrix

Benchmarking

Ein weiteres Instrument im strategischen Controlling ist das *Benchmarking*. In Abschnitt 6.2 habe ich den Begriff beim Personalbedarf bereits eingeführt, hier wird er jedoch spezifiziert. Durch die Dynamik am Markt muss sich jedes Unternehmen, und zwar immer wieder, sowohl strategisch als auch strukturell an Veränderungen anpassen, um die eigene Existenz zu sichern. Benchmarking ist ein sehr effektives Instrument, um diese Veränderungen zu identifizieren, Lösungen zu erarbeiten und die Veränderungsmaßnahmen dauerhaft zu etablieren. Es fordert uns immer wieder dazu auf, uns selbst als Unternehmen, unsere Produkte, unsere Ressourcen und unser Tun zu hinterfragen. Das Wort »Benchmarking« kommt aus dem Englischen und heißt übersetzt »Leistungsvergleich«. Es gibt eine Vielzahl an Definitionen; ich fasse Benchmarking hier wie folgt auf.

Benchmarking

Benchmarking bezeichnet den systematischen Vergleich der eigenen Produkte, Prozesse und Leistungen mit denen besonders erfolgreicher Organisationseinheiten oder Wettbewerber, um aus deren Vorgehensweisen zu lernen und Verbesserungsmöglichkeiten abzuleiten. Benchmarking bedeutet demnach, von den Besten zu lernen, und zwar anhand sogenannter *Best Practices*, also bewährter Verfahren.

Benchmarking kann intern erfolgen, etwa durch den Vergleich verschiedener Unternehmensstandorte, oder extern, indem man sich mit anderen Unternehmen misst. Externes Benchmarking kann sich dabei sowohl auf Wettbewerber innerhalb derselben Branche als auch auf branchenfremde Unternehmen beziehen.

Damit die Methode erfolgreich ist, ist ein systematisches Vorgehen erforderlich. In Abbildung 7.5 ist ein möglicher Ablauf eines Benchmarking-Prozesses dargestellt.

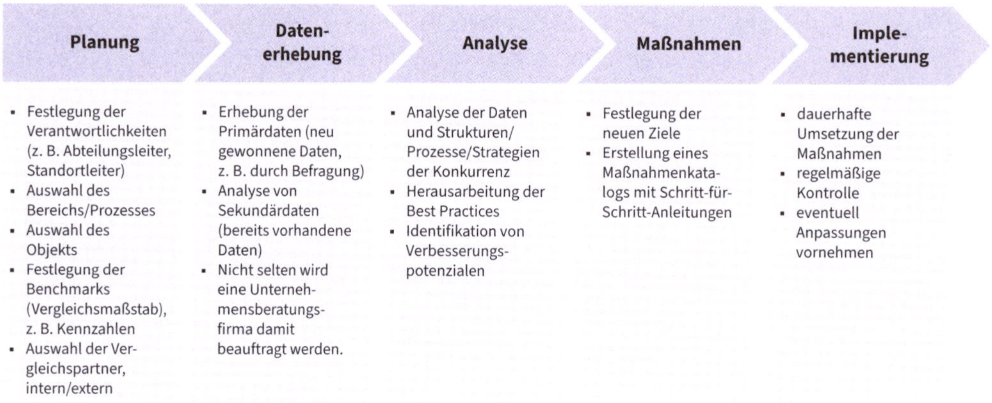

Abbildung 7.5 Benchmarking-Prozess

Die Portfolioanalyse

Eine weitere Methode beim strategischen Controlling ist die *Portfolioanalyse*, auch *Vier-Felder-Matrix* genannt.

Portfolioanalyse

Die *Portfolioanalyse* ist eine Controlling-Methode, bei der verschiedene Bereiche oder Produkte und Dienstleistungen mithilfe einer Matrix bewertet werden, um daraus Handlungsstrategien abzuleiten.

Die klassische Portfolioanalyse wurde in den 1970er-Jahren von der Boston-Consulting-Group konzipiert, deshalb wird sie häufig auch als *BCG-Matrix* bezeichnet. Ihr Anliegen war es, Geschäftsfelder oder -sparten anhand der Faktoren Marktanteil und Marktwachstum zu bewerten. Deshalb wird diese ursprüngliche Variante, die in Abbildung 7.6 dargestellt ist, zudem auch *Marktwachstum-Marktanteil-Matrix* genannt.

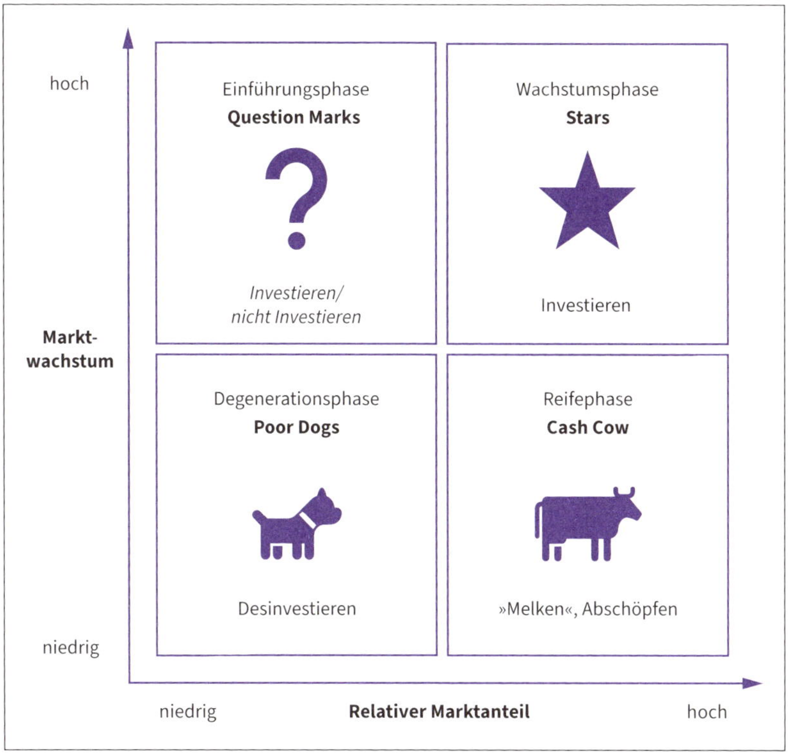

Abbildung 7.6 Portfolioanalyse, BCG-Portfolio

Bei der BCG-Matrix werden der relative Marktanteil und das Marktwachstum verglichen:

- Der *relative Marktanteil* gibt das Verhältnis des eigenen Marktanteils zum Marktanteil des größten Wettbewerbers an.
- Das *Marktwachstum* beschreibt, wie schnell der Markt wächst, indem die Entwicklung des Marktvolumens über mehrere Jahre betrachtet wird.

Die Einordnung in die Felder der Matrix ist nicht immer eindeutig, sie erlaubt jedoch eine Einschätzung der strategischen Position eines Produkts. Auf dieser Basis können gezielt Maßnahmen zur weiteren Entwicklung des Produkts abgeleitet werden. Abbildung 7.7 zeigt die möglichen Kriterien für die Einteilung in das jeweilige Feld sowie daraus folgende, grundsätzliche Handlungsstrategien.

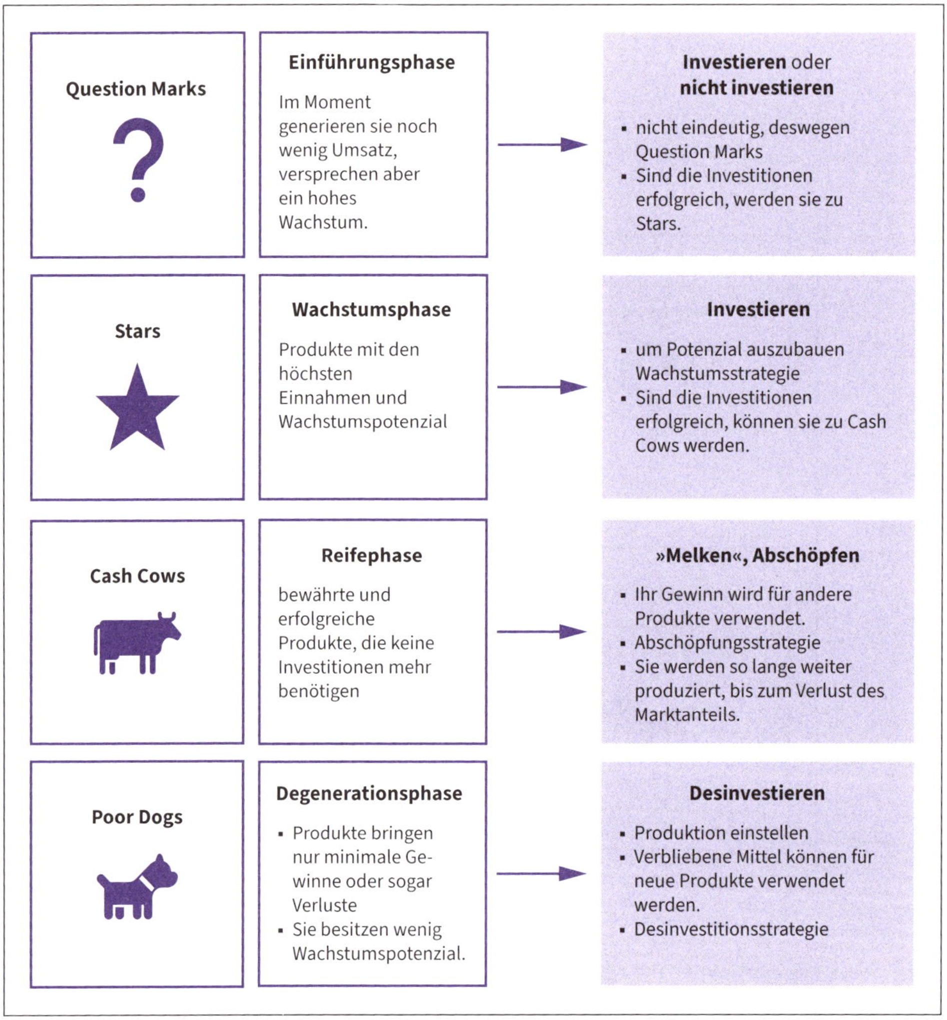

Abbildung 7.7 Handlungsstrategien nach der Vier-Felder-Matrix

Die Handlungsstrategien geben dem Unternehmen wichtige Impulse für das zukünftige Vorgehen:

- Gibt es *zu wenige Fragezeichen*, sollte stärker in die Entwicklung neuer Produkte investiert werden. Anderenfalls fehlen künftig potenzielle Nachfolger für Stars und Cash Cows.
- Gibt es *zu wenige Stars*, ist es sinnvoll, ausgewählte Question Marks weiterzuentwickeln oder neue wachstumsstarke Geschäftsfelder zu erschließen, damit künftig genügend erfolgsversprechende Produkte vorhanden sind.

- Gibt es *zu wenige Cash Cows*, kann die finanzielle Stabilität des Unternehmens in Gefahr sein. In diesem Fall sollten zum einen Stars stabilisiert werden (sie können mit zunehmender Marktreife zu Cash Cows werden) und zum anderen aussichtsreiche Question Marks gefördert werden.
- Gibt es *zu viele Poor Dogs*, signalisiert dies Handlungsbedarf im Produktportfolio. Es ist zu prüfen, ob einzelne Produkte noch Zukunftspotenzial besitzen. Besteht ein solches Potenzial, können beispielsweise Produkt- oder Preisanpassungen vorgenommen werden. Ist kein Wachstumspotenzial erkennbar, sollte das Produkt konsequent vom Markt genommen werden.

Die grundlegende Theorie hinter der Vier-Felder-Matrix ist der Lebenszyklus eines Produkts.

Der Produktlebenszyklus

Produktlebenszyklus

Der *Produktlebenszyklus* ist ein Modell, das die verschiedenen Phasen eines Produktes von der Entstehung der Idee bis zur Eliminierung darstellt.

Der Produktlebenszyklus hilft dem Unternehmen, seine Produkte im Auge zu behalten und seinen Entwicklungsstand zu überwachen. Dadurch können die Verantwortlichen frühzeitig geeignete Handlungsstrategien implementieren, um ihr Ziel der Gewinnmaximierung zu erreichen. Abbildung 7.8 zeigt das Produktlebenszyklus-Modell.

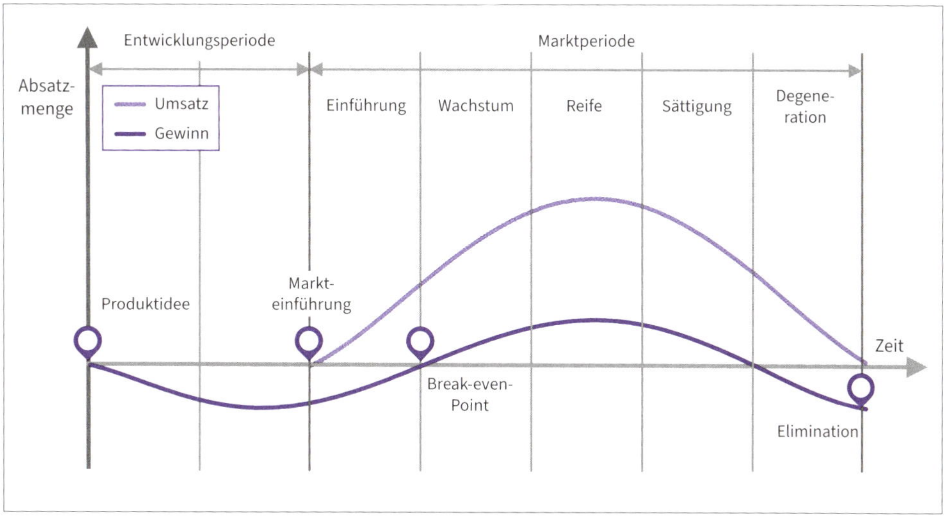

Abbildung 7.8 Der Produktlebenszyklus

Vorneweg muss gesagt werden, dass der Produktlebenszyklus ein deterministisches Modell ist. Das bedeutet, dass das Ergebnis durch die zugrunde liegenden Bedingungen vorhersehbar ist und eine Zufälligkeit und Unsicherheit – so wie sie auf dem Markt tatsächlich vorliegen – nicht berücksichtigt wird. Obwohl er nicht die Marktkomplexität berücksichtigt, ist der Produktlebenszyklus ein hilfreiches Tool zur Analyse und Planung. Bei den Kurvenverläufen wird das klassische *Ertragsgesetz* nach dem französischen Ökonomen *Anne Robert Jacques Turgot* zugrunde gelegt. Es besagt, dass der Ertrag der zusätzlichen Einbringungsmenge an Produktionsfaktoren (siehe Abschnitt 8.1) zuerst überproportional zunimmt, ab einem bestimmten Punkt unterproportional zunimmt und schließlich abnimmt. Dieser Zusammenhang wird in Abbildung 7.8 als S-Kurve dargestellt.

Das Modell unterscheidet zwischen zwei Zeiträumen, nämlich der Entwicklungsphase und der Marktphase:

- Die *Entwicklungshase* beginnt mit der Produktidee. Hier fallen bereits Kosten an, aber es werden noch keine Umsätze generiert. Ihr Ziel ist es, die Produktinnovation möglichst schnell zur *Marktreife* zu bringen (d. h., das Produkt erfüllt alle qualitativen, funktionalen, ästhetischen und preislichen Anforderungen der Zielgruppe, sodass es erfolgreich am Markt eingeführt werden kann) und positive Deckungsbeiträge zu erwirtschaften. Der *Deckungsbeitrag* ist die Differenz zwischen dem Verkaufspreis und den variablen Kosten – er zeigt, wie viel das Produkt zur Deckung der Fixkosten beiträgt. (In Abschnitt 13.3 wird die Deckungsbeitragsrechnung detailliert betrachtet.)
- Die *Marktphase* beginnt mit der Einführung des Produkts am Markt. Sie ist in die folgenden fünf Phasen unterteilt:
  - **Einführung:** Das Produkt wird am Markt eingeführt. Es wird noch kein Gewinn erwirtschaftet. Das Ziel ist es, durch Werbemaßnahmen den Bekanntheitsgrad zu erhöhen und so schnell wie möglich die Wachstumsphase zu erreichen. Das Ende der Einführungsphase ist erreicht, wenn der *Break-even-Point* (die *Gewinnschwelle*) überschritten wird. Am Break-even-Point sind die Gesamterlöse genauso hoch wie die Gesamtkosten, sodass weder ein Gewinn noch ein Verlust erzielt wird. (Genaueres zum Break-even-Point folgt in Abschnitt 13.3).
  - **Wachstum:** Das Produkt ist nun bekannter und es werden mit ihm mehr Umsätze generiert, sodass Gewinne erzielt werden. Die Bekanntheit steigt weiter, die Verkaufszahlen steigen. Die ersten Konkurrenten werden auf das Produkt aufmerksam.
  - **Reife:** Die Reifephase ist in der Regel die längste Phase im Produktlebenszyklus. Der Gewinn erreicht seinen Höhepunkt, jedoch steigt auch die Zahl der Mitbewerber. Deshalb beginnen der Marktanteil und der Gewinn zu sinken. Gegenmaßnahmen wären z. B., dass verstärkt Marketingmaßnahmen durchgeführt werden oder neue Variationen des Produkts angeboten werden. Das Optimum wäre, wenn das Produkt die Reifephase nicht verlässt.

- **Sättigung:** Hier findet kein Wachstum mehr statt, denn je länger ein Produkt auf dem Markt ist, desto wahrscheinlicher ist es, dass die Nachfrage gesättigt ist. Die Gewinne fallen massiv ab. Die Sättigungsphase ist beendet, wenn das Produkt keine Gewinne mehr erzielt.
- **Degeneration:** Es werden keine Gewinne mehr erwirtschaftet, Marketingmaßnahmen sind jedoch wirkungslos. Entweder eliminiert das Unternehmen jetzt das Produkt und der Lebenszyklus ist beendet, oder es versucht durch Produktvariationen oder andere Modifikationen (verschiedene Designs, Farben, Funktionen) das Produkt neu am Markt zu implementieren. Gelingt dies, beginnt der Produktlebenszyklus von vorne.

Es existieren noch zahlreiche weitere Instrumente der strategischen Planung, die hier jedoch nicht weiter im Detail beschrieben werden können.

7.3 Operative Planung

Die *operative Planung* ist ein Bestandteil des operativen Controllings und bezieht sich auf quantitative Größen im Steuerungsprozess. Sie überträgt die Vorgaben der strategischen Planung auf die ausführenden (operativen) Unternehmensbereiche und die Ziele auf eine kurzfristige Umsetzungsperiode, meist auf ein Jahr. Der Erfolg der laufenden Periode steht hier im Vordergrund. Die operative Planung setzt somit die Ziele und Maßnahmen aus der strategischen Planung mithilfe von detaillierten Aktionsplänen um. Folgende Pläne werden erstellt:

- Finanz- und Erfolgspläne
- Beschaffungspläne: zu beschaffende Materialien
- Produktionspläne: benötigte Kapazitäten für geplante Absatzmengen
- Absatzpläne: geplante Absatzmengen
- Personalpläne: Personalentwicklung, Personaleinsatz
- Investitionspläne

Die *operative Steuerung* will die Abläufe effektiv und effizient so gestalten, dass die strategisch gesetzten Unternehmensziele erreicht werden. Prozesse werden hier überwacht und angepasst, damit das Leistungspotenzial und die Leistungsfähigkeit erhalten bleiben. Die *Kostenkontrolle* ist eine wichtige Aufgabe des operativen Controllings. Die primäre Datenquelle hierfür ist das interne Rechnungswesen (siehe Abschnitt 13.3). Der *Controller*, der mit der Aufgabe des Controllings betraut ist, arbeitet sehr eng mit dem Rechnungswesen zusammen, beziehungsweise führt in der unternehmerischen Praxis die Tätigkeiten selbst aus. Er bedient sich bei der Umsetzung verschiedener Instrumente, z. B.:

- Kosten- und Leistungsrechnung
- Deckungsbeitragsrechnung
- Break-even-Point-Analyse
- Budgetierung
- Kennzahlen
- Abweichungsanalyse (Soll-Ist-Vergleich)

Die Kosten- und Leistungsrechnung ist eines der wichtigsten Instrumente des Controllings und wird deshalb in Abschnitt 13.3 ausführlich behandelt. Auch die Vertiefung der Deckungsbeitragsrechnung sowie der Break-even-Point-Analyse erfolgt in Abschnitt 13.3.

Budgetierung

Die *Budgetierung* stellt ein übergreifendes Koordinationsinstrument dar, da sie auf eine ganzheitliche Steuerung der Unternehmung abzielt. Durch die Festsetzung von Budgets werden die Ressourcen effizient verteilt und wird die Koordination zwischen den einzelnen Unternehmensbereichen verbessert.

Das Ziel der ist Budgetierung eine verteilte oder auch dezentrale Steuerung. Das bedeutet, dass die Unternehmensführung durch die Vorgabe des Budgets auf detaillierte Handlungsanweisungen verzichtet und der Verantwortliche im Rahmen der finanziellen Vorgaben eigenständig entscheiden kann. Die Abteilungen gewinnen auf diese Weise an Autonomie und können flexibel auf die Marktbedingungen reagieren.

Budget

Das *Budget* ist ein Plan für die einzelnen Unternehmensbereiche mit vorgegebenen, einzuhaltenden Wertgrößen beziehungsweise Kosten auf Basis der festgelegten Leistungsziele.

Ein Budget kann für verschiedene Bereiche, Abteilungen, Stellen oder Projekte aufgestellt werden und kann beispielsweise den Ausgabenrahmen, die erwarteten Mindesteinnahmen sowie eine Erfolgserwartung beinhalten. Man unterscheidet zwischen *bereichsbezogener Budgetierung*, bei der die Planungsgrundlage die einzusetzenden Ressourcen sind, und *programmbezogener Budgetierung*, bei der die zu erreichenden Ziele im Fokus stehen.

Die Budgetplanung hat verschiedene Funktionen:

- **Motivation:** Durch die Budgetvorgaben erhalten die Verantwortlichen klare Zielvorgaben – wenn sie motiviert erfüllt oder übererfüllt werden, ist eine Belohnung in Sicht. So entsteht ein Anreiz für die Mitarbeiter*innen.
- **Planung:** Budgets legen die Zukunft des Unternehmens fest.
- **Koordination:** Teilpläne sorgen dafür, dass Unternehmenseinheiten aufeinander abgestimmt werden. Somit werden gegebenenfalls Engpässe frühzeitig sichtbar.
- **Kontrolle:** Durch den Vergleich von mindestens zwei Größen werden Abweichungen frühzeitig erkannt und analysiert, und gegebenenfalls werden Gegenmaßnahmen ergriffen.
- **Kompetenz:** Budgets zeigen den (finanziellen) Handlungsrahmen der Verantwortlichen auf.

Es gibt verschiedene Planungsverfahren bei der Budgetierung. Sie sind in Abbildung 7.9 schematisch dargestellt, und wir betrachten sie im Anschluss genauer.

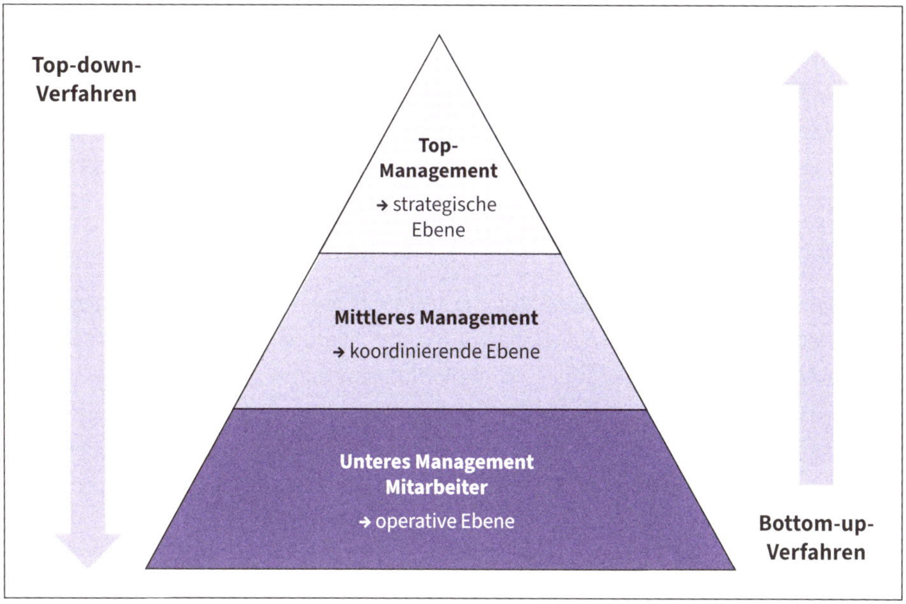

Abbildung 7.9 Planungsverfahren bei der Budgetierung

Top-down-Verfahren

Beim Top-down-Verfahren legt die Unternehmensführung auf Basis der geplanten Bilanz und Gewinn- und Verlustrechnung das Gesamtbudget und die Bereichsbudgets fest. Die

Budgetverantwortlichen auf der mittleren bzw. koordinativen Ebene, z. B. Abteilungsleitungen, dürfen innerhalb dieser Budgetvorgaben eigenverantwortlich Entscheidungen treffen und Maßnahmen festlegen – sowohl im Hinblick auf das Leistungsbudget als auch auf das Kostenbudget. Die Maßnahmen werden in einem Aktionsplan niedergeschrieben und von den Mitarbeitenden ausgeführt.

Der Vorteil dieses Verfahrens ist die schnelle Vorgehensweise, weil wenige Entscheidungsträger mit eingebunden sind und der Koordinationsaufwand dadurch gering ist. Nachteilig, vor allem für große Unternehmen, ist, dass die Geschäftsführung eventuell nicht alle Gegebenheiten und Herausforderungen der Unterabteilungen kennt, sodass unrealistische Budgetierungen entstehen.

Bottom-up-Verfahren

Beim Bottom-up-Verfahren sind Mitarbeiter*innen oder Manager*innen auf der unteren Ebene an der Budgetierungsplanung beteiligt. Ihr Wissen aus dem operativen Geschäft und ihre Bedürfnisse geben den Input für die Budgetierung. Die Geschäftsführung vereinbart daraufhin Einzelbudgets mit den Budgetverantwortlichen aus dem unteren und mittleren Management. Durch die Zusammenfassung der Einzelbudgets ergibt sich dann das Gesamtbudget. Das Bottom-up-Verfahren fördert die Motivation der Mitarbeiter, weil sie mitgestalten dürfen. Jedoch ist das Verfahren sehr zeitaufwendig, weil viel Abstimmungsbedarf besteht. Eventuell widersprechen sich auch die Budgetpläne der einzelnen Abteilungen, weil sie das große Ganze – die strategische Zielplanung – nicht so im Auge haben.

Gegenstromverfahren

Eine Kombination aus Top-down-Verfahren und Bottom-up-Verfahren ist das *Gegenstromverfahren*. Bei ihm werden die Vorteile der beiden Verfahren miteinander verknüpft. Die Führungsebene legt die Gesamtbudgets der Hauptabteilungen gemäß dem Top-down-Verfahren fest. Die einzelnen Unterabteilungen legen, basierend auf den Vorgaben von oben, ihre eigenen Budgetpläne fest. Wird von den einzelnen Abteilungen zu viel Budget beansprucht, müssen sich die Unterabteilungsleiter und Hauptabteilungsleiter absprechen und das Budget für alle zufriedenstellend anpassen.

Hiermit ist ein großer zeitlicher Koordinations- und Abstimmungsaufwand verbunden. Können sich die Abteilungen untereinander nicht einigen, muss das Top-Management die Entscheidung treffen. Ein großer Vorteil des Gegenstromverfahrens ist, dass auch die Mitarbeiter*innen der operativen Ebene aktiv in den Gestaltungsprozess eingebunden sind, was wiederum zu realistischen Plänen führt. Da alle Ebenen mit einbezogen sind, ist die Akzeptanz der Planung sehr hoch. Abbildung 7.10 verdeutlicht das Gegenstromverfahren.

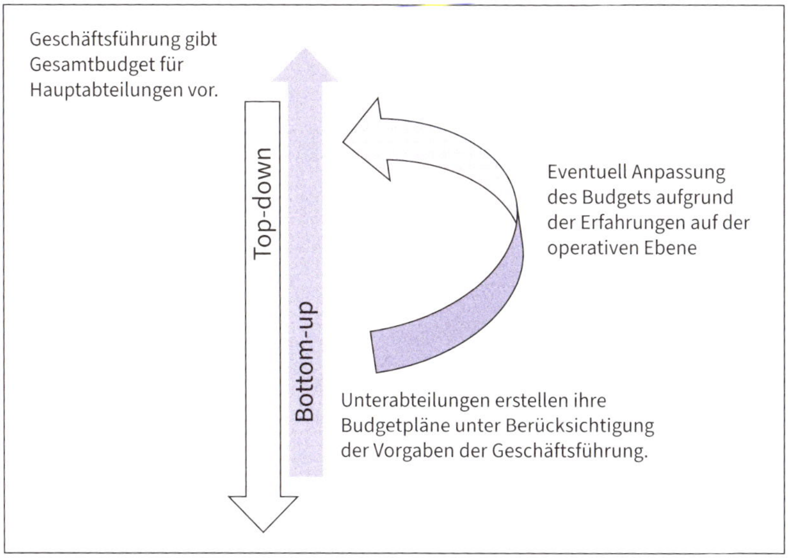

Abbildung 7.10 Gegenstromverfahren

Zero-Based Budgeting

Eine weitere Methode, die in den letzten Jahren auf dem Vormarsch ist, ist das *Zero-Based Budgeting*. Bei ihm muss jeder Manager jedes Jahr sein Budget neu begründen. Das heißt, dass die Budgetpläne nicht vom Vorjahr übernommen werden, sondern jährlich neu erstellt werden. Bei den oben genannten traditionellen Budgetierungsmethoden ist die Vorperiode der Ausgangspunkt. Daraus folgt, dass nur neue Ausgaben gerechtfertigt werden müssen und das Budget voraussichtlich von Jahr zu Jahr steigt.

Beim Zero-Based Budgeting wird das Budget hingegen für jedes Jahr »von null« erstellt. Somit besteht die reelle Chance auf Kosteneinsparungen. Jede Unterabteilung arbeitet ihren eigenen Budgetplan aus und stellt diesen der Führungsebene vor. Die Unternehmensführung entscheidet über die Genehmigung; ein festgelegtes Gesamtbudget existiert bei dieser Methode nicht.

Risiken der Budgetierung

Ein Unternehmen sollte sich auch die Gefahren der Budgetierung bewusst machen, um eventuell gleich gegenzusteuern. Folgende Risiken drohen (vgl. Wöhe et al., »Einführung in die Allgemeine Betriebswirtschaftslehre«, S. 185f.):

- **Budgetary Slack:** Verantwortliche schätzen die geplanten Ausgaben höher und die erwarteten Einnahmen niedriger, sodass dadurch ein Puffer entsteht.

- **Budget Wasting (Budgetverschwendung):** Gegen Ende des Jahres werden noch unnötige Ausgaben getätigt, um sich die Höhe des bisherigen Budgets für das neue Jahr zu sichern.
- **Budget-Schere:** Die Ausgaben steigen schneller als die Einnahmen, weshalb ein finanzieller Engpass entstehen kann. Aufgrund des festgelegten Budgets können zusätzliche notwendige Maßnahmen nicht getätigt werden.
- **Number Game:** Strategisches Anpassen von Budgetzahlen, um Zielvorgaben zu erreichen. Dadurch werden gegebenenfalls langfristige Unternehmensziele vernachlässigt.
- **Budget-Egoismus:** Dieser Begriff bezeichnet die Tendenz von Führungskräften, die finanziellen Interessen der eigenen Abteilung über die Gesamtinteressen des Unternehmens zu stellen.

Warum ist Budgetierung so wichtig?

Auch wenn Risiken bei der Budgetierung entstehen können, gibt es auch einige Gründe, warum Budgetierung so wichtig für ein Unternehmen ist:

- **Finanzkontrolle:** Das Aufstellen eines Budgets liefert einen umfassenden Überblick über Einnahmen und Ausgaben. Es hilft, die Ressourcen effektiv einzusetzen und Risiken zu minimieren. Gute Planung verhindert unnötige Ausgaben.
- **Zielsetzung:** Budgetierung hilft, die unternehmerischen Ziele durch gute Planung zu realisieren. Wichtig sind kleine, umsetzbare Teilziele.
- **Notfallvorsorge:** Eine sinnvolle Budgetplanung kann bei der Bewältigung unerwarteter Ereignisse helfen.
- **Entscheidungsfindung:** Budgetierung ermöglicht es, fundierte Entscheidungen zu treffen, die auf die verschiedenen Ziele abgestimmt sind.
- **Schuldenmanagement:** Ein Budget hilft dabei, die Finanzen besser zu planen, und somit können Schulden vermieden werden.
- **Kosteneinsparungen:** Eine gut durchdachte Budgetierung hilft nachhaltig dabei, Kosten einzusparen.

Die Budgetierung ist eines der wichtigsten Controlling-Instrumente. Unternehmen profitieren auf vielfältige Art und Weise von ihr und sollten deshalb den Aufwand betreiben, eine gut durchdachte Budgetplanung durchzuführen.

Kennzahlen

Kennzahl

Eine *Kennzahl* ist ein Zahlenwert, der den quantitativ messbaren Zustand eines Prozesses darstellt.

Betriebswirtschaftliche Kennzahlen sind ebenfalls wichtige Controlling-Instrumente, die helfen, die komplexe Situation und Leistung eines Unternehmens zu kontrollieren, zu analysieren und zu steuern. Unternehmen erhalten durch Kennzahlen komprimiert Auskunft über bestimmte wirtschaftliche Sachverhalte. Kennzahlen bilden eine solide Entscheidungsgrundlage, weil Unternehmenswerte mit ihrer Hilfe schnell verglichen und beurteilt werden können. So lässt sich z. B. erkennen, wie sich der Gewinn in den vergangenen Jahren entwickelt hat. Kennzahlen sind damit eine zentrale Grundlage für ein wirkungsvolles Controlling. Sie helfen, Probleme oder eigene Schwachstellen zu erkennen, zeigen aber auch die eigenen Stärken und Bereiche auf, in denen ein Unternehmen gute Leistungen erbringt und noch Ausbaupotenzial hat.

Das Hauptziel bei der Nutzung von Kennzahlen ist es also, die betriebliche Situation in komprimierten, aussagekräftigen Zahlen abzubilden und somit die Entscheidungsträger im Unternehmen dabei zu unterstützen, fundierte, wachstumsförderliche und zukunftsweisende Maßnahmen zu ergreifen.

Die Kennzahlen besitzen drei übergeordnete Funktionen, die Sie in Abbildung 7.11 sehen.

Interne Erfolgsmessung	**Externe Erfolgsmessung**	**Unternehmenssteuerung**
Vergleichsmaßstab intern	Vergleich mit branchenspezifischen Konkurrenten	Controlling-Funktion
z. B. wie erfolgreich das Unternehmen im laufenden Geschäftsjahr im Vergleich zum Vorjahr ist	z. B. Marktanteil	Kontrolle, ob Ziele erreicht werden
		z. B. durch Soll-Ist-Vergleiche

Abbildung 7.11 Die Funktionen von Kennzahlen

Es gibt eine Vielzahl an Kennzahlen, die nach verschiedenen Kriterien unterschieden werden. So gibt es finanzielle und nichtfinanzielle Kennzahlen:

- *Nichtfinanzielle Kennzahlen* können nicht direkt monetär bewertet werden, haben aber ebenfalls Auswirkungen auf den unternehmerischen Erfolg. Beispiele hierfür wären die Kundenzufriedenheit oder auch Mitarbeiterzufriedenheit. In Kapitel 6 haben wir bereits ausführlich über die Wichtigkeit der Mitarbeiterzufriedenheit gesprochen.
- Finanzielle, also *monetäre Kennzahlen* können in zwei Arten unterteilt werden. Abbildung 7.12 zeigt die beiden Kennzahlenarten.

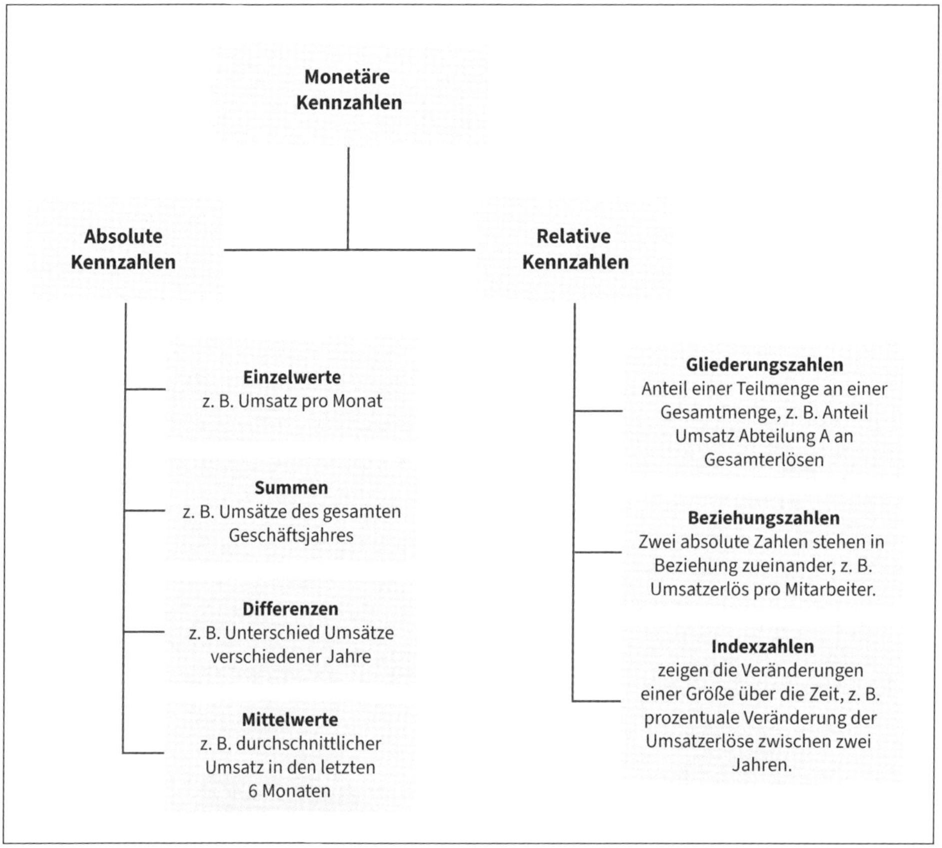

Abbildung 7.12 Monetäre Kennzahlen – Kategorien

Für jeden Bereich existieren eigene Kennzahlen, die in den Kapiteln der einzelnen Teildisziplinen – meist in einem eigenen Abschnitt »Kennzahlen« – näher erläutert werden. Damit Sie aber bereits einen groben Einblick in die Welt der Kennzahlen erhalten, nenne ich nachfolgend verschiedene Beispiele von Kennzahlen. Grundsätzlich kann nach folgenden Kategorien unterschieden werden:

- **Erfolgskennzahlen:** Sie geben Auskunft über die wirtschaftliche Leistungsfähigkeit eines Unternehmens. Beispiele: Umsatz, Gewinn, Rohgewinn (Umsatzerlöse – Wareneinsatz) Reingewinn (Erträge – Aufwendungen).

- **Rentabilitätskennzahlen:** Sie geben das Verhältnis des erzielten Gewinns zum eingesetzten Kapital an und zeigen, wie effizient das Kapital genutzt wird. Beispiele: Eigenkapitalrentabilität, Fremdkapitalrentabilität, Umsatzrentabilität.
- **Liquiditätskennzahlen:** Sie geben an, inwieweit ein Unternehmen in der Lage ist, seine kurzfristigen Zahlungsverpflichtungen mit vorhandenen Geldmitteln zu begleichen. Beispiel: Kapitalbindung, Liquiditätsgrade.
- **Finanzkennzahlen:** Sie geben einen Überblick über die finanzielle Lage des Unternehmens. Beispiele: Eigenkapitalquote, Fremdkapitalquote, Verschuldungsgrad.
- **Bilanzkennzahlen:** Sie analysieren die finanzielle Lage mithilfe der Zahlen aus der Bilanz. Beispiele: Rentabilitäts-, Liquiditäts- und Finanzkennzahlen.
- **Lagerkennzahlen:** Sie analysieren die Wirtschaftlichkeit der Lagerhaltung. Beispiele: Meldebestand, Mindestbestand, Lagerumschlagshäufigkeit.

Eine Einteilung in Kennzahlen zur *Ergebnisanalyse*, *Kapitalanalyse*, *Vermögensanalyse*, *Liquiditätsanalyse* und *Investitionsanalyse* ist auch möglich. Die Kennzahlen bleiben gleich, nur die Bezeichnungen des Ordnungsrahmens können unterschiedlich ausfallen.

Wenn man nun einzelne Kennzahlen sinnvoll und systematisch miteinander kombiniert und in Hinblick auf ein konkretes Ziel miteinander in Beziehung setzt, entstehen sogenannte *Kennzahlensysteme*, die helfen, Unternehmensprozesse ganzheitlich zu betrachten. Zwei der bekanntesten Kennzahlensysteme sind das *DuPont-Kennzahlensystem* (*ROI-Kennzahlensystem*) und die *Balanced Scorecard*.

Das DuPont-Kennzahlensystem (ROI-Kennzahlensystem)

Das 1919 von dem gleichnamigen Chemieunternehmen entwickelte *DuPont-Kennzahlensystem* gilt als Stammvater der Kennzahlensysteme. Das DuPont-Kennzahlensystem berechnet den *Return on Investment* (ROI), deshalb wird es auch als ROI-Kennzahlensystem bezeichnet.

Die Kennzahl *Return on Investment* sagt aus, ob sich eine Investition lohnt oder nicht. Mit dem ROI wird berechnet, wie viel zusätzlicher Gewinn im Verhältnis zu den Kosten einer Investition erzielt wird. Es können auch zukünftige Anschaffungen damit bewertet werden, jedoch basiert das Ergebnis dann auf Schätzungen, weil der tatsächliche Gewinn noch nicht feststeht. Der ROI kann auch auf Unternehmensebene angewandt werden und zeigt, wie effektiv das Unternehmen insgesamt arbeitet. Das ROI-Kennzahlensystem wird mithilfe eines Kennzahlenbaums dargestellt, den Sie in Abbildung 7.13 sehen.

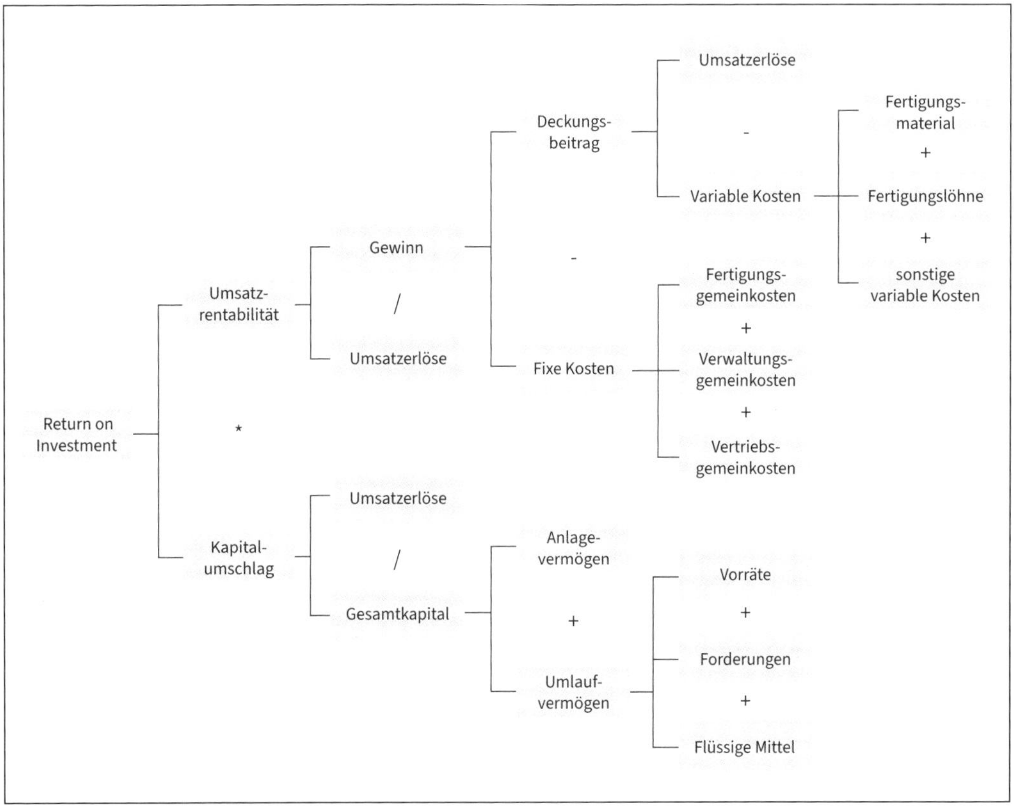

Abbildung 7.13 Kennzahlenbaum

Aufgabe 3: Return on Investment

Berechnen Sie mithilfe eines Kennzahlenbaums den Return on Investment (ROI) mit folgenden Angaben:

Umsatzerlöse 500.000,00 €, variable Kosten 280.000,00 €, Fixkosten 130.000,00 €, Anlagevermögen 150.000,00 €, Umlaufvermögen 320.000,00 €.

Interpretieren Sie das Ergebnis und überlegen Sie sich, wie sich der ROI verändert, wenn sich die variablen Kosten auf 320.000,00 € erhöhen.

Balanced Scorecard

Die *Balanced Scorecard* (dt. »ausbalancierte Kennzahlentafel«) ist ein Konzept, dass die traditionelle finanzielle Perspektive um drei weitere Perspektiven – nämlich um die Kunden-, die Prozess- und die Wissensperspektive – erweitert, denn ihre Begründer, Robert S. Kaplan und David P. Norton, waren der Auffassung, dass sich Unternehmen, wenn sie erfolgreich sein wollen, nicht nur an finanziellen Kriterien orientieren dürfen, sondern weitere Kriterien miteinbeziehen müssen. Nur so könne eine »Balanced Scorecard«, also eine ausbalancierte Unternehmenssteuerung erfolgen. Sie hilft also bei der Umsetzung und Ausarbeitung der Unternehmensstrategie. Jeder Perspektive werden *Ziele*, *Kennzahlen*, *Vorgaben* und *Maßnahmen* zugeordnet. Schauen wir uns die Finanzperspektive als Beispiel genauer an:

- Das *Ziel* könnte hier eine Umsatzsteigerung sein.
- Folglich ist die passende *Kennzahl* der Umsatz.
- Die *Vorgabe* wäre dann beispielsweise eine Umsatzsteigerung in Höhe von 18 %.
- Die *Maßnahme* könnte eine groß angelegte Rabattkampagne sein.

Abbildung 7.14 zeigt die Balanced Scorecard mit den vier Perspektiven.

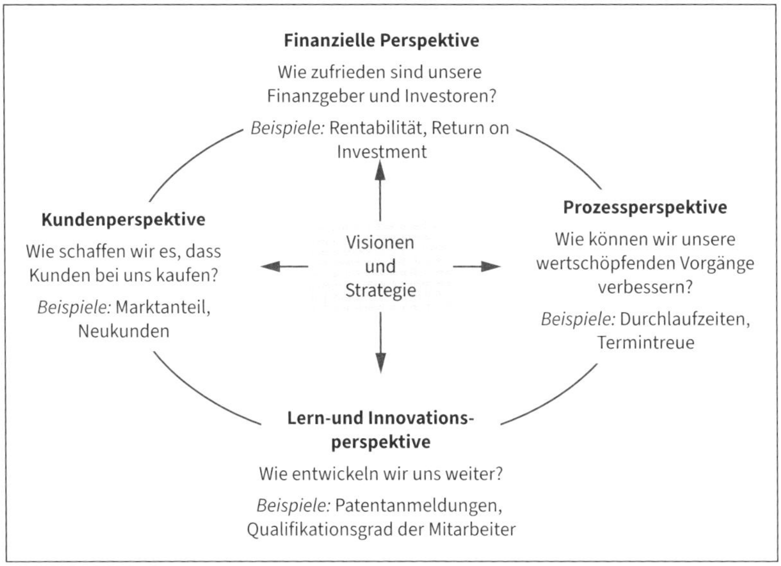

Abbildung 7.14 Balanced Scorecard

Kaplan und Norton empfehlen, nicht mehr als 25 Kennzahlen bei der Balanced Scorecard zu verwenden, jedoch gibt es keine Standardvorgaben beim Vorgehen. Jedes Unternehmen passt die Kennzahlentafel an seine individuellen Gegebenheiten und Ziele an. Der Einsatz der Methode ist für alle Hierarchieebenen vorgesehen.

Folgende Vorgehensweise hat sich als vorteilhaft erwiesen:

1. Vision entwickeln
2. Strategie festlegen

3. Ziele, Kennzahlen, Vorgaben und Maßnahmen bestimmen
4. Ursache und Wirkung zwischen den Perspektiven herausfinden

Ein großer Nutzen der Balanced Scorecard ist, dass die Wechselwirkungen zwischen den einzelnen Sichtweisen deutlich werden. Außerdem erhält das Unternehmen einen umfassenden, ganzheitlichen Überblick über komplexe Auswirkungen auf einzelne Maßnahmen, da alle Perspektiven miteinbezogen werden (vgl. Vahs/Schäfer-Kunz, »Einführung in die Betriebswirtschaftslehre«, S. 385). Die Balanced Scorecard kann auch bei der Entwicklung einer Personalstrategie als Instrument eingesetzt werden.

Abweichungsanalyse (Soll-Ist-Vergleich)

Die Überprüfung, ob Ziele erfolgreich im Unternehmen erreicht werden, ist ein wichtige Aufgabe des Controllings. Ein klassisches Tool hierfür ist die *Abweichungsanalyse* (Soll-Ist-Vergleich). In vielen Unternehmen ist der Soll-Ist-Vergleich Bestandteil im standardisierten *Controlling-Regelkreis*, der normalerweise die Schritte enthält, die Sie in Abbildung 7.15 sehen.

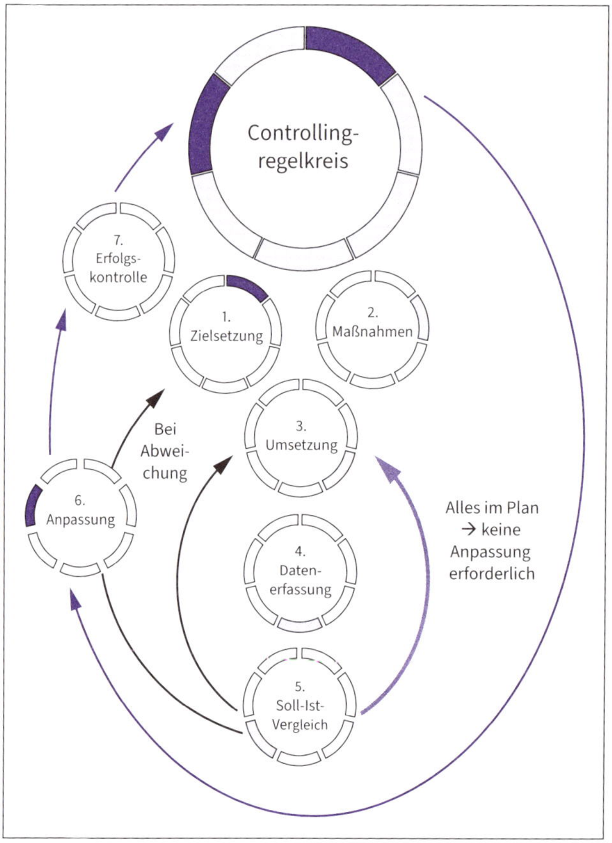

Abbildung 7.15 Controlling-Regelkreis

Zu Beginn eines Unternehmensprozesses steht die **Zielsetzung** – das, was erreicht werden SOLLte. Anschließend werden die passenden **Maßnahmen** zur Zielerreichung geplant, und im dritten Schritt erfolgt deren **Umsetzung**. Danach werden **Daten** darüber erfasst, wie die tatsächliche Umsetzung erfolgt IST. Im nächsten Schritt wird ein **Soll-Ist-Vergleich** durchgeführt, um herauszufinden, ob die tatsächliche Umsetzung mit den geplanten Ergebnissen übereinstimmt. Stimmen Soll und Ist weitgehend überein, sind keine größeren Anpassungen notwendig. Gibt es jedoch Abweichungen, müssen **Anpassungen** durchgeführt werden – entweder bei der Durchführung der Maßnahmen oder, sofern sich das ursprüngliche Ziel als unrealistisch erweist, durch eine Anpassung der Zielsetzung (Zielkontrolle). Am Ende steht eine **Erfolgskontrolle**, die ebenfalls mittels Soll-Ist-Vergleich erfolgen kann und den Grad der Planerfüllung anzeigt. Die gewonnenen Erkenntnisse fließen wieder in die nächste Zielsetzung ein. Der Controlling-Prozess ist damit ein kontinuierlicher Kreislauf aus Planen, Umsetzen, Kontrollieren und Anpassen.

7.4 Informationen

Informationen sind nicht nur die Basis des Controllings, sondern sie sind eine wesentliche Ressource im Unternehmen und essenziell für den Geschäftserfolg. Sie sind die Grundlage für die Planung, Steuerung und Kontrolle aller Unternehmensbereiche und sind notwendig, um fundierte Entscheidungen sowohl auf strategischer als auch auf operativer Ebene treffen zu können. Hierfür müssen schnell relevante, genaue, aktuelle, vollständige und vor allem korrekte Informationen zur Verfügung stehen, die auch miteinander in Beziehung gesetzt werden können, weil sie vergleichbar sind. Das Controlling liefert wertvolle Auskünfte, die auf diesen Informationen und Daten basieren, und übernimmt somit die Aufgabe der *Informationsversorgung*.

Alle in den vorherigen Unterkapiteln aufgezeigten Instrumente für die Planung, Steuerung und Kontrolle dienen der Informationsversorgung. Auf dieser Grundlage können fundierte Entscheidungen zur Erreichung der Unternehmensziele getroffen werden. Auch die in Abschnitt 7.3 beschriebenen Kennzahlen lassen sich hier einordnen, da sie Informationen über die wirtschaftliche Lage des Unternehmens liefern.

Informationen – sowohl finanzielle (Gewinn, Umsatz, Bilanz) als auch nicht-finanzielle (Kunden- und Mitarbeiterzufriedenheit) – können intern (z. B. vom Rechnungswesen, durch Mitarbeiterbefragung) oder extern (z. B. aus Medien, durch Marktforschung) gewonnen werden. Man unterscheidet dabei zwischen *Primärinformationen*, die durch eigene Erhebungen neu gewonnen werden, und *Sekundärinformationen*, die bereits vorliegen und ausgewertet werden. Beide Informationsarten können sowohl intern als auch extern erhoben werden.

Die Informationsversorgung erfolgt durch das *Berichtswesen*, auch *Reporting* genannt. Beim Reporting werden die Daten erfasst, aufbereitet und an die verantwortlichen Führungskräfte auf der Managementebene weitergeleitet und zur Dokumentation abgespeichert. Die dabei entstehenden Dokumente werden Reports genannt. *Reports* sind ein fester Bestandteil des Controllings.

Die Reports können für unternehmensinterne Zielgruppen (Geschäftsleitung, Führungskräfte, Mitarbeiter) erstellt werden oder für externe Interessengruppen wie z. B. Investoren, Banken oder das Finanzamt. Der Inhalt der Reports ist von der Zielgruppe abhängig.

In Theorie und Praxis werden drei grundlegende Arten von Berichten unterschieden:

- **Standardberichte:** Diese Berichte werden zu gleichen Zeitpunkten mit den gleichen Inhalten erstellt, z. B. ein monatlicher Bericht über die Absatzzahlen und den Umsatz. Der Standardbericht ist der am häufigsten verwendete Berichtstyp.
- **Abweichungsberichte:** Diese Berichte zeigen Abweichungen zwischen Soll- und Ist-Werten auf und sind eine Art Warnsystem, da sie Maßnahmen in Gang setzen sollen, um Abweichungen zu vermeiden. Beispiel: zu hohe Kosten, zu niedrige Umsatzzahlen.
- **Bedarfsberichte:** Diese Berichte werden nach Anforderung für einen spezifischen Zweck erstellt. Sie werden oft bei Problemen durch das Management angefordert.

Die heutigen Technologien ermöglichen es, Informationen meist in kurzer Zeit bereitzustellen. Dafür ist aber eine einheitliche Datenbasis notwendig, anderenfalls ist eine zeitintensive, manuelle Nachbereitung notwendig. Ideal ist es, wenn daraus ein automatisierter Berichtsprozess in Gang gesetzt wird, der die Kennzahlen für das Reporting liefert. Der Prozessverantwortliche der Abteilung und der Finanzverantwortliche sollten den Bericht gemeinsam erstellen, sodass die Aussagekraft der Kennzahlen für die Entscheidungsträger möglichst umfassend erläutert wird. So kann die Unternehmensführung fundierte Entscheidungen treffen und passende Maßnahmen ableiten. Im letzten Schritt erfolgt die Aufbereitung der Daten. Bei der Aufbereitung ist es wichtig, dass die komplexen Daten auf das Wesentliche reduziert und vereinfacht werden, damit die Informationen für die jeweilige Zielgruppe verständlich sind und ein Wissenstransfer erfolgen kann.

Um die Verständlichkeit zu fördern, sollten die Berichte deshalb immer einheitlich verfasst werden. Das heißt, der Aufbau sollte standardisiert sein und es sollten immer die gleichen Begriffe verwendet werden. Es geht nicht um die Quantität der Daten, also dass möglichst viele Kennzahlen verwendet werden; vielmehr geht es um die Art und Weise, wie diese Daten interpretiert und präsentiert werden. Eine ansprechende Grafik ist sehr wirkungsvoll, und wenn die Zahlen auch noch mit einer Art Geschichte verknüpft werden, bleiben sie im Gedächtnis, denn niemand merkt sich nur eine Reihe von Zahlen. Also verknüpfen Sie die Zahlenbasis mit einer Geschichte, und die Verantwortlichen haben einen nachhaltigen, metaphorischen Zugang zu ihr.

7.5 Nachhaltigkeitscontrolling

Seit 2017 gilt in Deutschland für bestimmte Unternehmen die *CSR-Berichtspflicht*. CSR steht für *Corporate Social Responsibility* und bedeutet übersetzt die gesellschaftliche Verantwortung von Unternehmen als Teil ihres nachhaltigen Wirtschaftens. Die Vorgaben regelt die EU-Richtlinie zur Unternehmens-Nachhaltigkeitsberichterstattung *Corporate Sustainability Reporting Directive* (CSRD).

Seit dem 1. Januar 2024 wurde die Berichtspflicht deutlich ausgeweitet und neue Vorgaben sind in Kraft getreten. Auf der offiziellen Homepage des Bundesministeriums für Arbeit und Soziales zum CSR finden Sie eine ausführliche Aufzählung der Unternehmen, die von der Berichtspflicht betroffen sind: *https://www.csr-in-deutschland.de/DE/CSR-Allgemein/CSR-Politik/CSR-in-der-EU/Corporate-Sustainability-Reporting-Directive/corporate-sustainability-reporting-directive-art.html* (CSR, aufgerufen am 19.03.2025). Bisher sind von dieser Pflicht aber nur große Unternehmen (gemäß § 267 Abs. 3 HGB) betroffen. Der Kreis wird zukünftig sukzessive erweitert.

Die betroffenen Unternehmen müssen einen Lagebericht darüber verfassen, welchen Beitrag sie zum Thema Nachhaltigkeit leisten. Es geht nicht um finanzielle Aspekte, sondern um folgende Themen:

- Umwelt-, Sozial- und Arbeitnehmerangelegenheiten
- Achtung der Menschenrechte
- Bekämpfung von Korruption und Bestechung
- Diversitätskonzept für die Zusammensetzung der Mitarbeiter*innenstruktur in Geschäftsführung, Kontrollgremien und Aufsichtsrat

Der Fachkräftemangel und der Klimawandel mit ihren weitreichenden Folgen haben ein Umdenken angestoßen. Viele Unternehmen erkennen inzwischen, dass nachhaltige Unternehmensführung eine grundlegende Voraussetzung für langfristigen wirtschaftlichen Erfolg ist. Zahlreiche Unternehmen zeigen bereits überzeugende Ansätze, um soziale und ökologische Herausforderungen zu bewältigen. Auch das Lieferkettengesetz (siehe Abschnitt 4.1) unterstreicht die Relevanz nachhaltiger Unternehmensführung.

Durch die Berichtspflicht soll ein nachhaltigeres und verantwortungsvolleres Handeln bei Unternehmen unterstützt und gefördert werden, denn durch das Bewusst- und Sichtbarmachen des eigenen sozialen und ökologischen Engagements wird die betriebliche Entwicklung hierfür angekurbelt und gefördert.

Die Erstellung des Nachhaltigkeitsberichts kann bis zu 12 Monate in Anspruch nehmen. Die *Industrie- und Handelskammer München und Oberbayern* hat einen 10-Schritte-Plan zur Nachhaltigkeitsberichterstattung nach der EU-Richtlinie CSRD veröffentlicht. Diesen können Sie von *https://www.ihk-muenchen.de/de/Service/Nachhaltigkeit-CSR/Nachhaltigkeitsberichterstattung/10-schritte-nachhaltigkeitsberichterstattung/* herunterladen.

Die CSRD ist eine von drei Säulen der *Sustainable Finance Strategy*, die die Europäische Union zur Erreichung ihres bis 2050 gesetzten Ziels der Klimaneutralität aufgestellt hat. Die zwei anderen Säulen sind die *EU-Taxonomie* (*EU Tax-VO*), die nachhaltige Wirtschaftstätigkeiten klassifiziert, und die EU-Offenlegungsverordnung *Sustainable Finance Disclosure Regulation* (*SFRD*), die die Transparenzanforderungen festlegt. Alle drei Säulen sollen nachhaltige Investitionen auf den europäischen Kapitalmärkten fördern. Sie dienen als Grundlage für das eigene Nachhaltigkeitscontrolling.

Das Gesamtziel einer nachhaltigen Entwicklung gilt weltweit. Die Vereinten Nationen haben 17 *Sustainable Development Goals* (*SDGs*) festgelegt, die Sie hier einsehen können: *https://dgvn.de/publications/PDFs/Unterrichtsmaterial/SDG_Unterziele.pdf*

Diese Nachhaltigkeitsziele sind ein ausgezeichneter Orientierungsrahmen für Unternehmen, die ihr nachhaltiges Handeln ausbauen möchten, denn unabhängig von der CSR-Berichtspflicht für größere Unternehmen ist es, wie bereits dargestellt, auch für mittelständische und kleinere Betriebe wichtig, mit dem Zeitgeist zu gehen und dem steigenden Interesse der Öffentlichkeit an sozialer Verantwortung und Umweltschutz nachzukommen sowie gleichzeitig den eigenen langfristigen ökonomischen Erfolg zu sichern.

Nachhaltigkeitscontrolling sollte in jedem Fall im Management integriert sein, und das Top-Management muss die Nachhaltigkeitskennzahlen so entwickeln, dass sie sowohl mit den Zielen der Stakeholder als auch mit den strategischen Unternehmenszielen in Einklang stehen. Eine rein finanzorientierte Steuerung reicht heutzutage nicht mehr aus, um erfolgreich am Markt zu sein. Das Thema Nachhaltigkeit ist eine komplexe Aufgabe für die Unternehmensführung, da eine Reihe von gesetzlichen Anforderungen (z. B. CSRD, EU-Taxonomie, SFRD) erfüllt sein müssen, die sich direkt auf das operative Handeln auswirken. All das kann aber auch neue Chancen eröffnen, z. B. dass Kosten eingespart werden, weil Ressourcen besser genutzt werden. Wenn Unternehmen die traditionellen Kennzahlen um neue, fortschrittliche Kennzahlen erweitern, können sie ihre Aktivitäten in Bezug auf umwelttechnische Aspekte präziser steuern. Hierin liegt ein großes Wachstumspotenzial, vielleicht auch ein großer Wettbewerbsvorteil.

Die Kennzahlen des Nachhaltigkeitscontrollings werden *Nachhaltigkeitskennzahlen* oder auch *grüne Kennzahlen* genannt.

Grüne Kennzahlen

Grüne Kennzahlen sind quantitative Indikatoren, die Informationen zur unternehmerischen Leistung in den Bereichen Umwelt, Soziales und Unternehmensführung liefern.

Diese grünen Kennzahlen werden nicht nur *Nachhaltigkeitskennzahlen*, sondern auch *Sustainability KPIs* (Key Performance Indicators) genannt. Sie helfen, den Fortschritt in Richtung Nachhaltigkeitsziele zu überwachen und die Wirksamkeit der Strategien zu beurteilen. Außerdem können Herausforderungen in Bezug auf Nachhaltigkeit frühzeitig erkannt werden. Sie fördern die Transparenz der Unternehmenstätigkeiten im Nachhaltigkeitsbereich – sowohl gegenüber den Mitarbeitenden als auch gegenüber externen Stakeholdern wie der Öffentlichkeit oder Investoren – und stärken dadurch das Vertrauen.

In der Praxis orientieren sich Nachhaltigkeitskennzahlen häufig an den *ESG-Kriterien*:

1. **Environment** (Umwelt): z. B. Emissionen, Klimaschutzmaßnahmen, Einsatz erneuerbarer Energien, Abfallaufkommen
2. **Social** (Soziales): z. B. Gesundheitsschutz, Arbeitsbedingungen, Arbeitssicherheit, Verbot von Kinder- und Zwangsarbeit
3. **Governance** (Unternehmensführung): z. B. ethisch vertretbare Unternehmensführung, Aufsichtsstrukturen, Compliance, Verhinderung von Korruption, Risikomanagement

Es existiert eine große Zahl an ESG-Kennziffern – eine vollständige Darstellung ist daher nicht möglich. Einen wichtigen Stellenwert hat das *Nachhaltigkeitsreporting*: Die Öffentlichkeit wird in der Regel durch einen jährlichen Nachhaltigkeits- bzw. ESG-Bericht informiert. Im Internet finden Sie zahlreiche Beispiele hierfür. Der Nachhaltigkeitsbericht sollte aber nicht nur ein Instrument der Öffentlichkeitsarbeit sein, sondern die Verantwortung dokumentieren, die das Unternehmen tatsächlich für Mensch und Umwelt übernimmt.

Zahlreiche Unternehmen nutzen bereits freiwillig die geltenden Standards. Die derzeit am weitesten verbreiteten und bekanntesten Berichtstandards für die Offenlegung der Informationen über die Nachhaltigkeit sind die *GRI-Standards*. GRI-Standards sind die Leitlinien der *Global Reporting Initiative (GRI)*, einer gemeinnützigen Stiftung, mit denen ein Unternehmen über seine ökologischen, ökonomischen und sozialen Maßnahmen und deren Auswirkungen auf den Geschäftsbetrieb berichten kann. Der TÜV Süd informiert auf seiner Internetseite ausführlich darüber: *https://www.tuvsud.com/de-de/dienstleistungen/auditierung-und-zertifizierung/nachhaltige-management-services/verifizierung-des-gri-berichts*.

Auf eine ausführliche Betrachtung wird hier verzichtet. Wenn Sie Ihre Kenntnisse hierzu vertiefen möchten, finden Sie auf der Homepage von GRI unter *www.globalreporting.org* ausführliche Informationen einschließlich einer deutschen Übersetzung.

Die Öffentlichkeit hat auch ein besonderes Interesse daran, zu erfahren, ob ein Unternehmen nachhaltig tätig ist. Die Grundlage hierfür legt die Unternehmensführung, die die strategischen Nachhaltigkeitsziele festlegt. Von großem öffentlichem Interesse ist der *ökologische Fußabdruck*.

Ökologischer Fußabdruck

Der *ökologische Fußabdruck* eines Unternehmens gibt an, wie viel Treibhausgasemissionen (CO_2-Emissionen) ein Unternehmen durch seine Aktivitäten verursacht.

Das *Greenhouse Gas Protocol (GHG)* stellt Unternehmen Richtlinien und Tools für die Erfassung und Bilanzierung von Treibhausgasemissionen zur Verfügung. Die CSRD fordert die Unternehmen auf, diese Standards zu berücksichtigen. Dabei wird zwischen direkt erzeugten Emissionen, indirekten Emissionen aus zugekaufter Energie sowie weiteren indirekten Emissionen entlang der Wertschöpfungskette unterschieden. Auch der Wasser- und Energieverbrauch oder das Abfallaufkommen spielen bei der Bestimmung des ökologischen Fußabdrucks eine wichtige Rolle. Die Berechnung ist sehr komplex und wird daher häufig von darauf spezialisierten Dienstleistern durchgeführt. Auf der Website von *UN Global Compact Netzwerk Deutschland* (*www.globalcompact.de*) finden Sie zahlreiche Handlungshilfen und weitreichende Informationen.

Denkaufgabe

Berechnen Sie Ihren privaten ökologischen Fußabdruck. Geben Sie hierzu in eine Suchmaschine »ökologischen Fußabdruck berechnen« ein, und schon können Sie loslegen. Sind Sie überrascht vom Ergebnis?

Soziales Engagement

Die Öffentlichkeit ist sehr daran interessiert, etwas über das soziale Engagement eines Unternehmens zu erfahren. Kennzahlen, die über diesen Bereich informieren, sind beispielsweise:

- die Altersstruktur der Belegschaft
- der Frauenanteil in Führungspositionen
- die Krankheitsquote
- die Fluktuationsquote
- die Arbeitssicherheit und die Unfallquote

Das Lieferkettengesetz bildet hier unterstützend ein nachhaltiges Handeln ab, weil es in den globalen Lieferketten sowohl die Menschenrechte als auch den Umweltschutz stärkt (siehe Abschnitt 4.1).

Alle hier dargestellten Nachhaltigkeitskennzahlen sollten Unternehmen für die Öffentlichkeit aussagekräftig in einem Nachhaltigkeitsbericht darstellen, wie oben bereits angesprochen.

Die europäischen Berichtstandards sind in den *European Sustainability Reporting Standards (ESRS)* geregelt.

Die künstliche Intelligenz kann im Nachhaltigkeitscontrolling auch ein hilfreiches Instrument sein, denn sie analysiert problemlos große Datenmengen und kann in ihnen Muster erkennen, die helfen, Produktionsprozesse zu verbessern, den Ressourcenverbrauch zu optimieren und somit umweltfreundliche Methoden zu entwickeln.

Die Informationen zeigen, dass *planITs* auf dem richtigen Weg ist, wenn es eine nachhaltige Produktion anstrebt.

Kommen wir zur Eingangsfrage zurück, ob *planITs* schon ein Controlling-System benötigt: Natürlich, denn jedes Unternehmen braucht Controlling, angepasst an die Unternehmensphase.

7.6 Lösungen

Aufgabe 1

Ein einfaches Controlling-System hilft *planITs*,

- Kosten und Erlöse transparent zu machen
- Stückkosten zu berechnen
- die Gewinnschwelle zu ermitteln
- die Liquidität zu planen und Engpässe früh zu erkennen
- zu beurteilen, ob sich die Einstellung eines Entwicklers bzw. einer Entwicklerin finanzieren lässt

Fazit: Ja, der Aufwand für ein einfaches Controlling-System, z. B. mit Excel-Tabellen, lohnt sich – auch langfristig.

Aufgabe 2

In Tabelle 7.2 sehen Sie die Beispiele, die den vier Strategien der TOWS-Matrix gegenübergestellt wurden:

Beispiel für ein Unternehmen für Künstlerbedarf	Strategie
Ein Unternehmen für Künstlerbedarf hat zwar bereits alle Kundendaten digitalisiert, arbeitet aber mit einem sehr veralteten IT-System. Da das Risiko für Datenklau immer größer wird, entscheidet sich das Unternehmen, seine IT-Infrastruktur zu modernisieren.	Schwächen/Risiken WT-Strategie
Das Unternehmen hatte bisher keinen eigenen Onlineshop. Da der Online-Handel immer wichtiger wird, investiert das Unternehmen nun auch in die Entwicklung eines eigenen Onlineshops, um die steigende Online-Nachfrage zu bedienen.	Schwächen/Chancen WO-Strategie
Das Künstlerbedarf-Unternehmen hat bereits einige gute Entwicklungsergebnisse in Bezug auf umweltfreundliche Aquarellfarbe zu verzeichnen. Da der Markt für nachhaltige Produkte wächst, entwickelt es diese Idee weiter, um die umweltfreundlichen Produkte auf den Markt zu bringen.	Stärken/Chancen SO-Strategie

Tabelle 7.2 Lösung zu Aufgabe 2 – die richtige Strategie

Beispiel für ein Unternehmen für Künstlerbedarf	Strategie
Das Unternehmen hatte bisher einen treuen und loyalen Kundenstamm und war das einzige vor Ort. Nun hat im gleichen Ort ein Drogeriemarkt eröffnet, der ebenfalls Künstlerbedarf anbietet. Um die Loyalität seiner Kunden zu stärken und sie an sich zu binden, startet das Künstlerbedarf-Unternehmen ein lukratives Bonusprogramm.	Stärken/Risiken ST-Strategie

Tabelle 7.2 Lösung zu Aufgabe 2 – die richtige Strategie (Forts.)

Aufgabe 3

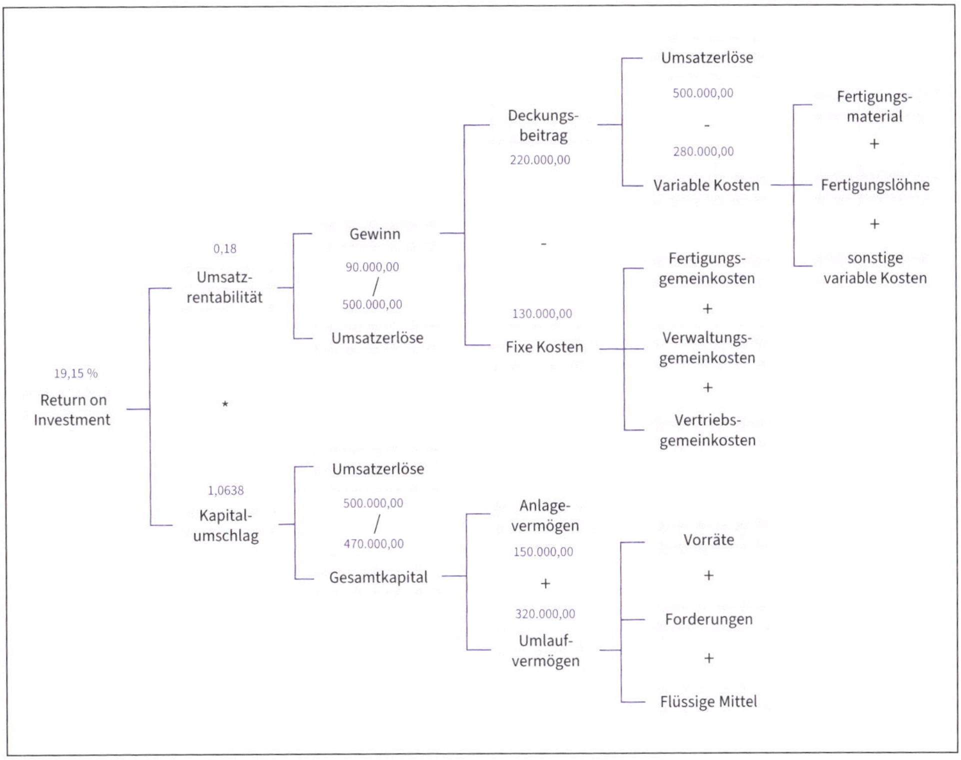

Abbildung 7.16 Lösung zu Aufgabe 3 – Return on Investment

Der ROI in Höhe von 19,15 % bedeutet, dass für jeden investierten Euro 19 Cent Gewinn erwirtschaftet werden.

Erhöhen sich die variablen Kosten auf 320.000,00 €, so sinkt der ROI auf 10,64 %. Die höheren Kosten belasten also die Rentabilität.

Kapitel 8

Beschaffung

Bevor ein Unternehmen Produkte und Dienstleistungen anbieten kann, muss es Materialien und eventuell externe Leistungen beschaffen. Die Beschaffung ist entscheidend für die Produktionsfähigkeit, die Kostenstruktur, die Wettbewerbsfähigkeit und die Kundenzufriedenheit und trägt damit wesentlich zum Unternehmenserfolg bei.

Knobelei zum Einstieg

planITs steht vor der Herausforderung, hochwertiges Papier für die Kalenderproduktion zu beschaffen. Es stehen die folgenden zwei Anbieter zur Auswahl:

Anbieter A	Anbieter B
▸ lokaler Hersteller	▸ internationaler Hersteller
▸ FSC-zertifiziertes Recyclingpapier	▸ normales Papier, nicht zertifiziert
▸ höherer Preis	▸ deutlich günstigerer Preis
▸ kurze Transportwege	▸ lange Transportwege
▸ flexible Lieferung in Teilmengen	▸ nur große Mengen möglich

Für welchen Anbieter soll sich *planITs* entscheiden? Auf den ersten Blick erscheint es naheliegend, sich für das günstigste Angebot zu entscheiden. Doch wie steht es um die Nachhaltigkeit solcher Entscheidungen – gerade weil *planITs* doch großen Wert auf verantwortungsvolles und ressourcenschonendes Wirtschaften legt?

Bevor *planITs* eine Wahl trifft, sollte das Unternehmen klären, welche Werte und Ziele es im Einkauf verfolgt, insbesondere im Hinblick auf Nachhaltigkeit. Nachhaltigkeit umfasst nicht nur den Umweltschutz, sondern auch soziale Verantwortung (z. B. faire Arbeitsbedingungen) und wirtschaftliche Tragfähigkeit (z. B. langfristige Versorgungssicherheit).

Die Herausforderung für *planITs*: Die nachhaltigen Ziele können leicht mit ökonomischen Zielen (wie niedrigen Kosten) kollidieren. Es ist auch nicht immer möglich, qualitativ hochwertige, ökologisch produzierte Materialien zu einem niedrigen Preis zu bekommen. Deshalb muss die Unternehmensleitung sorgfältig abwägen, welche Ziele Priorität haben. Eine Klärung der Entscheidungssituation finden Sie am Ende dieses Abschnitts.

Worum geht es in diesem Kapitel?

Abschnitt 8.1, »Grundlagen der Beschaffung«

Abschnitt 8.2, »Aufgabenbereiche, Strategien und Arten der Beschaffung«

Abschnitt 8.3, »Materialbedarfsplanung«

Abschnitt 8.4, »Lieferantenauswahl«

Abschnitt 8.5, »Lagerplanung«

8.1 Grundlagen der Beschaffung

Damit *planITs* fundierte Entscheidungen im Einkauf treffen kann, braucht es zuerst eine klare Vorstellung davon, welche Ziele und Werte es im Beschaffungsprozess verfolgen will, etwa in Bezug auf Kosten, Qualität, Nachhaltigkeit oder Versorgungssicherheit. Nur wenn diese strategischen Leitlinien definiert sind, kann die operative Umsetzung auch zielgerichtet gesteuert werden.

Die Umsetzung dieser Vorgaben liegt in der Verantwortung der *Materialwirtschaft*. Das ist der Unternehmensbereich, der dafür sorgt, dass die benötigten Güter, Materialien und externen Leistungen zu richtigen Zeit am richtigen Ort und in der richtigen Menge und Qualität zur Verfügung stehen. Die Materialwirtschaft umfasst den gesamten Warenstrom im Unternehmen – von der Bedarfsermittlung über die Lagerhaltung bis hin zum innerbetrieblichen Transport.

Ein zentraler Teilbereich ist dabei die *Beschaffung.*

Beschaffung

Die *Beschaffung* umfasst alle Tätigkeiten und Prozesse, die die kontinuierliche und rechtzeitige Versorgung eines Unternehmens mit Materialien, Waren und Dienstleistungen aus externen Quellen sicherstellen.

Materialwirtschaft und Beschaffung sind eng mit dem sogenannten Leistungserstellungsprozess verknüpft. Der *Leistungserstellungsprozess* ist der betriebliche Kernprozess, in dem aus eingesetzten Ressourcen marktfähige Produkte und Dienstleistungen entstehen. Bei *planITs* bedeutet das: Ohne Papier, Druckfarben, Bindematerialien usw. kann kein Kalender produziert werden.

Damit dieser Leistungserstellungsprozess reibungslos verläuft, müssen alle beteiligten Bereiche – von der Beschaffung über die Produktion bis zur Logistik – optimal aufeinander abgestimmt sein.

In diesem Kapitel liegt der Fokus auf dem Teilbereich der Beschaffung – sie stellt den ersten Schritt im betrieblichen Leistungserstellungsprozess dar und hat maßgeblichen Einfluss darauf, ob ein Unternehmen wie *planITs* wirtschaftlich, zuverlässig und nachhaltig arbeiten kann.

Abbildung 8.1 zeigt die gesamte betriebliche Leistungserstellung mit ihren unterschiedlichen Teilprozessen.

Im Rahmen des betrieblichen Transformationsprozesses (Input–Transformation–Output) versteht man unter *Input* die eingesetzten Produktionsfaktoren (z. B. Material, Arbeit), die für die Leistungserstellung benötigt werden. Diese werden in der *Transformationsphase*, meist im Rahmen der Produktion, miteinander kombiniert, um daraus marktfähige Güter und Dienstleistungen (*Output*) zu erzeugen.

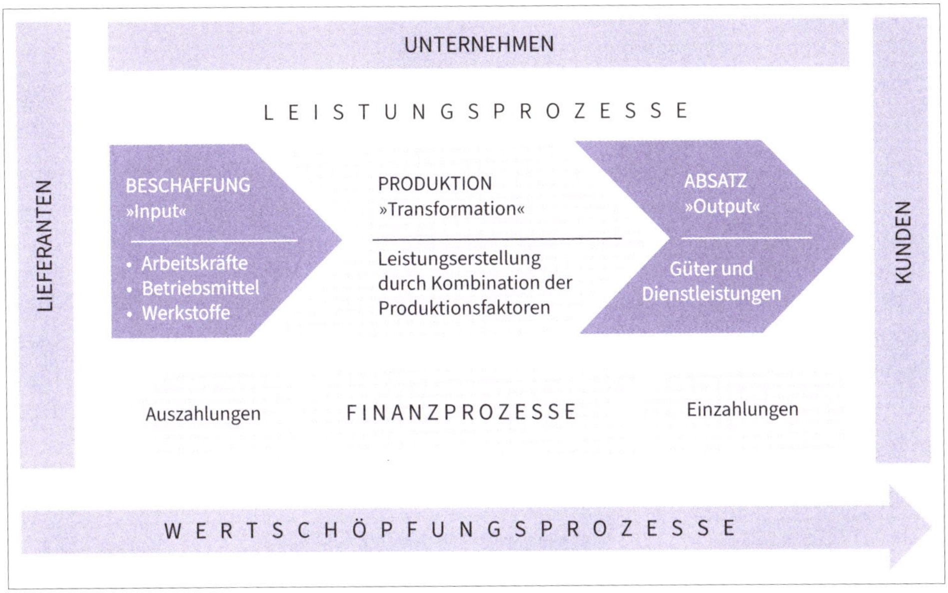

Abbildung 8.1 Betriebliche Leistungserstellung

In der Produktion (siehe Kapitel 9) werden die Produktionsfaktoren so miteinander kombiniert, dass die Güter und Dienstleistungen effizient, also mit möglichst geringem Ressourceneinsatz, hergestellt werden – dies gilt nicht nur für Sachgüter, sondern auch für Dienstleistungen, deren Erstellung ebenfalls Teil des betrieblichen Leistungserstellungsprozesses ist.

Der Input, der benötigt wird, verursacht Kosten, das heißt, das Unternehmen muss *Auszahlungen* tätigen. Das Geld hierfür verdient es durch den Output, dem Verkauf der Güter und Dienstleistungen. Die Umsätze sind wiederum *Einzahlungen* für das Unternehmen. Der *Zahlungsstrom* verläuft also genau gegenläufig zum *Güterstrom*. Auszahlungen erfolgen an den Lieferanten, wenn beispielsweise neue Materialien beschafft werden. Die Koordinierung der Güterströme erfolgt im Rahmen des *Leistungsprozesses*. Bei der Beschaffung spricht man von der *Leistungsermöglichung*, bei der Produktion von der *Leistungserstellung* und beim Absatz von der *Leistungsverwertung*. Die Finanzprozesse steuern die Zahlungsströme, die für die Sicherstellung der Zahlungsfähigkeit des Unternehmens von enormer Wichtigkeit sind, denn ein Unternehmen sollte zu jeder Zeit seinen Zahlungsverpflichtungen nachkommen können. (vgl. Wöhe et al., »Einführung in die Allgemeine Betriebswirtschaftslehre«, S. 267)

Die Beschaffung nimmt eine zentrale Rolle im betrieblichen Leistungserstellungsprozess ein und interagiert mit verschiedenen Bereichen:

- Die Produktion informiert die Beschaffung, welche Materialien für die Fertigung benötigt werden.
- Die Materialien werden von den Lieferanten erworben, und die Logistik informiert die Beschaffung über die Lagerbestände.
- Die Beschaffung erkennt anhand der Lagerbestände und der bevorstehenden Aufträge, wann eine neue Bestellung erforderlich ist.
- Mit der Forschungs- und Entwicklungsabteilung (F & E) besteht ebenfalls eine enge Zusammenarbeit, vor allem, wenn neue Produkte auf den Markt gebracht werden und hierfür eventuell neue Maschinen angeschafft werden müssen.

Die Beschaffung ist also ein zentraler Bereich im Unternehmen mit einer verantwortungsvollen Aufgabe, denn hier liegt ein erhebliches Kosteneinsparungspotenzial. Für das Verständnis der Beschaffung ist es wichtig zu wissen, welche Arten von Gütern und Leistungen überhaupt beschafft werden müssen. In diesem Zusammenhang lohnt sich ein Blick auf die Einteilung der *betriebswirtschaftlichen Produktionsfaktoren* nach Erich Gutenberg (siehe Abbildung 8.2).

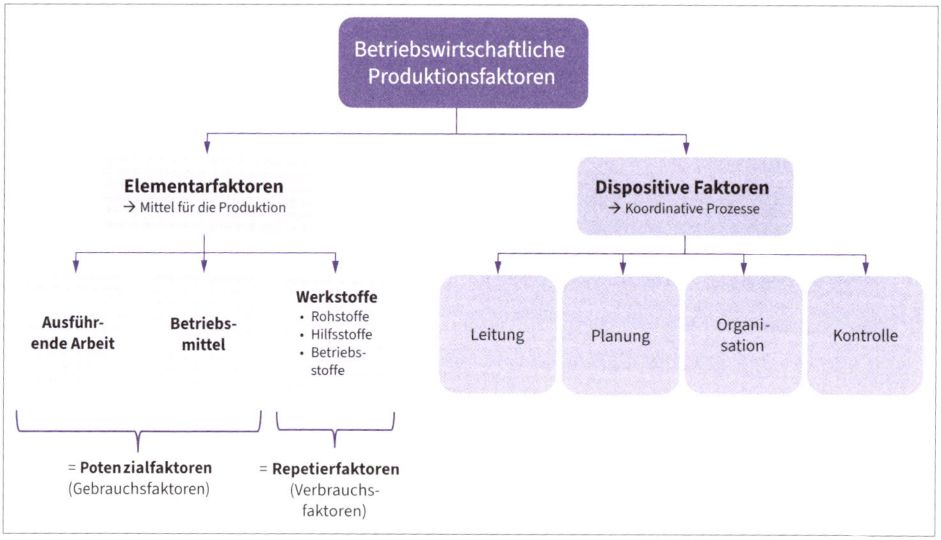

Abbildung 8.2 Betriebswirtschaftliche Produktionsfaktoren

Die betriebswirtschaftlichen Produktionsfaktoren sind untergliedert in *Elementarfaktoren* und *dispositive Faktoren*. Die dispositiven Faktoren umfassen alle Aufgaben, die mit der Planung, Organisation, Leitung und Kontrolle betrieblicher Prozesse zu tun haben. Sie sorgen dafür, dass die Elementarfaktoren effizient eingesetzt werden, z. B. in der Produktion, die in Kapitel 9 ausführlich dargestellt wird.

Bei den Elementarfaktoren unterscheidet man zwischen *Potenzialfaktoren* (z. B. Maschinen, Gebäude, Arbeit), auch *Gebrauchsfaktoren* genannt, und *Repetierfaktoren* (Verbrauchsfaktoren). Für die Beschaffung sind vor allem die Repetierfaktoren relevant, da sie im Produktionsprozess verbraucht werden und regelmäßig nachgekauft werden müssen. Zu diesen Faktoren zählen insbesondere Roh-, Hilfs- und Betriebsstoffe. Diese Stoffe bilden den Kernbereich der Materialbeschaffung. Die Beschaffung besorgt jedoch nicht nur stoffliche Materialien, sondern auch nichtstoffliche Dienstleistungen – z. B., wenn *planITs* einen Freelancer für die Entwicklung der Kalender-Software beauftragen würde. Personal zählt zu den Potenzialfaktoren und ist deshalb nicht die Aufgabe der Beschaffung.

Die Beschaffung verfolgt unterschiedliche Ziele, unter anderem:

- bestmögliche Konditionen mit niedrigen Beschaffungskosten
- niedrige Kapitalbindung
- hohe Qualität
- optimale Lagerhaltung
- Vermeidung von Abhängigkeiten von Lieferanten
- Sicherstellung der Lieferbereitschaft
- Unterbrechungsfreie Versorgung der Produktion
- Einhaltung von sozialen/ethischen Kriterien

Wenn wir die einzelnen Ziele näher betrachten und miteinander in Beziehung setzen, stellen wir fest, dass sich manche Ziele nicht nur gegenseitig begünstigen, sondern auch oft in einem Zielkonflikt zueinanderstehen (zu den Zielbeziehungen siehe auch Abschnitt 5.5).

Die Entscheidungssituation unseres Eingangsbeispiels ist unter anderem Folgende: Anbieter A erfüllt die Nachhaltigkeitsanforderungen; Anbieter B erfüllt diese nicht, ist dafür aber deutlich günstiger. *planITs* muss also abwägen: Kosten einsparen oder nachhaltig einkaufen? Das Beispiel zeigt, dass Zielkonflikte vor allem dort entstehen, wo ökologische, soziale und wirtschaftliche Ziele gleichzeitig relevant sind. Die Kunst ist es, Prioritäten festzulegen und mit einer durchdachten Beschaffungsstrategie Kompromisslösungen zu finden. Welche konkreten Strategien dabei zum Einsatz kommen können, erfahren Sie im nächsten Abschnitt.

8.2 Aufgabenbereiche, Strategien und Arten der Beschaffung

Bei der Beschaffung unterscheidet man zwei Aufgabenbereiche: Die *strategische Beschaffung* und die *operative Beschaffung*. Abbildung 8.3 stellt beide Bereiche gegenüber und zeigt mögliche Strategien auf.

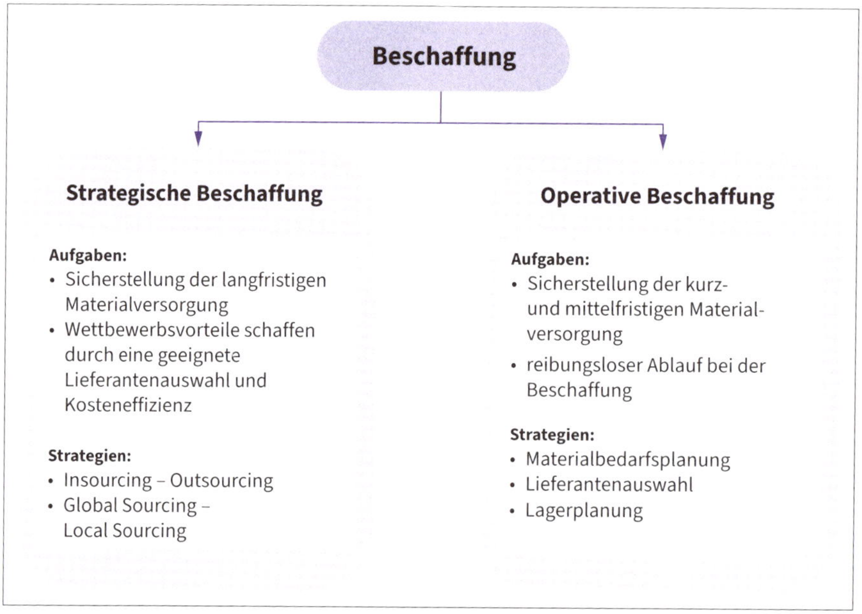

Abbildung 8.3 Aufgabenbereiche der Beschaffung

Die *Lieferantenauswahl*, die häufig der operativen Beschaffung zugeordnet wird, kann ebenso einen strategischen Charakter haben, insbesondere dann, wenn es um die Auswahl von langfristigen Lieferantenpartnern geht. In der betrieblichen Praxis kommt es aber auch vor, dass kurzfristig ein Lieferant gefunden werden muss, z. B. bei Engpässen oder Sonderbedarfen. Aus diesem Grund wird die Lieferantenauswahl in der Fachliteratur oft der operativen Beschaffung zugeordnet. Wir folgen dieser Einordnung, erkennen jedoch an, dass sie auch strategische Aspekte beinhalten kann.

Ähnliches gilt für die *Lagerplanung*: Die strategische Lagerplanung kümmert sich um langfristige Gesichtspunkte wie die Standortwahl, die operative Lagerplanung um kurzfristige Entscheidungen wie die Höhe der Sicherheitsbestände oder Meldebestände. Auch hier ist die Abgrenzung fließend.

Bei der langfristigen strategischen Beschaffung muss vor allem die Frage geklärt werden, welche Güter selbst produziert werden sollen (*Insourcing*) und welche extern beschafft werden sollen (*Outsourcing*). Das Unternehmen muss also eine *Make-or-buy-Entscheidung* treffen. Das ist nicht immer einfach, denn hier wirken vielfältige Einflussfaktoren. Beim *Insourcing* sind dies beispielsweise unter anderem:

- Wie hoch sind die Kosten, wenn wir die Produkte selbst herstellen?
- Sind genügend Kapazitäten vorhanden? (Produktion, Lager)
- Verfügt das Unternehmen über das nötige Know-how für die Produktion?

- Kann die erforderliche Qualität produziert werden?
- Sind die passenden Produktionsmaschinen vorhanden oder müssen neue angeschafft werden?
- Wie hoch ist die finanzielle Belastung für eventuelle Neuanschaffungen?
- Stehen ausreichend Mitarbeiter zur Verfügung?

Demgegenüber stehen die Bedingungen beim *Outsourcing*:

- Kann der Lieferant die geforderte Qualität kostengünstig anbieten?
- Wie zuverlässig und flexibel ist der Lieferant?
- Kann das Produkt auf die Kundenbedürfnisse zugeschnitten werden?
- Wie lang sind die Lieferzeiten?
- Arbeitet der Lieferant mit Konkurrenten zusammen und hat dies Auswirkungen auf die eigenen Produkte?
- Ist eine Zusammenarbeit bei Produktinnovationen möglich, um Synergieeffekte zu erzielen?

Ein weiterer grundsätzlicher Aspekt, der geklärt werden muss, ist, ob die benötigten Materialien auf regionalen oder nationalen Märkten (*Local Sourcing*) oder auf internationalen Märkten (*Global Sourcing*) beschafft werden sollen. Beide Strategien können Vor- und Nachteile haben. Diese sind in Tabelle 8.1 gegenübergestellt.

Local Sourcing	Global Sourcing
+ einfache Kommunikation + kurze Transportwege – schneller und umweltfreundlicher + häufig geringes Risiko für Lieferausfälle + Die Wirtschaft im eigenen Land wird unterstützt. + meist Erfüllung hoher Qualitätsstandards – begrenzte Lieferantenauswahl – begrenzte Produktauswahl – eventuell höhere Einkaufspreise – Spezielle Anforderungen können unter Umständen nicht erfüllt werden.	+ größere Lieferantenauswahl + höhere Verhandlungsmacht + häufig günstigere Einkaufspreise + bessere Möglichkeit, spezielle Produktanforderungen umzusetzen + Zugang zu neuen Technologien und Innovationen – mögliche sprachliche und kulturelle Barrieren – längere Lieferzeiten – höhere Transportkosten – höhere Umweltbelastung – Qualitätss-, Sozial- und Umweltstandards können schwerer durch das eigene Unternehmen kontrolliert werden.

Tabelle 8.1 Vor- und Nachteile von Local und Global Sourcing

Ein Unternehmen muss abwägen, welche Kriterien ihm bei der Wahl zwischen Local und Global Sourcing wichtiger sind und welche Beschaffungsstrategie es anwendet: Will es möglichst geringe Beschaffungskosten haben und nimmt es beispielsweise längere Lieferzeiten in Kauf oder will es umweltbewusst handeln? In der realen Unternehmenswelt ist es gängige Praxis, dass Unternehmen einen hybriden Ansatz verfolgen. Das bedeutet, sie kombinieren beide Strategien und kaufen ihre Materialien sowohl bei lokalen als auch bei global agierenden Lieferanten ein.

Ein strategisches Instrument in der Beschaffung ist das *Warengruppen-Portfolio* nach Peter Kraljič. Es analysiert und kategorisiert Warengruppen in Bezug auf die Wichtigkeit des Materials für die Unternehmung sowie in Bezug auf das Beschaffungsrisiko. Durch diese Einordnung können für die verschiedenen Materialgruppen geeignete Beschaffungsstrategien entwickelt werden. Das Warengruppen-Portfolio sieht die Einteilung vor, die in Abbildung 8.4 grafisch dargestellt ist.

Abbildung 8.4 Warengruppen-Portfolio (vgl. Bundesverband Materialwirtschaft, Einkauf und Logistik e. V. (BME): Grundlagen des Einkaufs, *https://www.koinno-bmwk.de/fileadmin/user_upload/publikationen/Grundlagen_des_Einkaufs.pdf*, aufgerufen am 30.03.2025)

Bevor wir gleich detailliert in die *Materialbedarfsplanung* einsteigen, schauen wir uns kurz noch den gesamten *Beschaffungsprozess* an, der in Abbildung 8.5 schematisch abgebildet ist. Die einzelnen Schritte geben Ihnen eine Orientierung für den weiteren Verlauf der Themen.

Abbildung 8.5 Beschaffungsprozess

8.3 Materialbedarfsplanung

Die *Materialbedarfsplanung*, die auch als *Bedarfsermittlung* bezeichnet wird, plant und verwaltet den Material- und Ressourcenbedarf eines Unternehmens. Ihr Ziel ist es, eine möglichst *kostenoptimale Materialversorgung* sicherzustellen. Sie bildet die Grundlage für einen reibungslosen Produktionsablauf. Um unnötige Kosten zu vermeiden, sollte nur so viel Material vorgehalten werden, wie tatsächlich benötigt wird. Gleichzeitig muss gewährleistet sein, dass alle benötigten Materialien rechtzeitig verfügbar sind – ohne Engpässe und idealerweise auch ohne nennenswerte Überbestände. Aufgrund dieser zentralen Funktion zählt die Bedarfsermittlung zu den Schlüsselfunktionen innerhalb der Beschaffung. Die Materialbedarfsplanung basiert auf der Annahme, dass die Produkte und Dienstleistungen aus verschiedenen Einzelteilen und Materialien zusammengesetzt sind. Diese Komplexität erfordert eine präzise und vorausschauende Planung.

Für die Bedarfsermittlung können folgende Methoden genutzt werden:

- **Programmorientierte (deterministische) Bedarfsermittlung:** Der exakte Bedarf wird aus den aktuellen Absatz- und Produktionsprogrammen ermittelt. Die Informationen werden aus Prognosen für den Primärbedarf oder aus sicheren Kundenaufträgen gewonnen. Stücklisten helfen bei der Ermittlung des Materialbedarfs. Die Bedarfsmengen werden mit dem verfügbaren Lagerbestand abgeglichen.
- **Verbrauchsorientierte (stochastische) Bedarfsermittlung:** Mit Daten aus der Vergangenheit wird der zukünftige Bedarf vorhergesagt. Es wird die Annahme getroffen, dass sich der zukünftige Bedarf analog zu vergangenen Perioden entwickelt. Verschiedene mathematisch-stochastische Verfahren kommen zur Anwendung, um den Materialbedarf zu ermitteln.
- **Schätzverfahren (heuristische Bedarfsermittlung):** Auf Basis von Erfahrungswerten wird der Bedarf meist von einem erfahrenen Mitarbeiter oder Experten geschätzt.

Ich vertiefe im Folgenden die deterministische Bedarfsermittlung, indem wir die verschiedenen Bedarfsarten voneinander abgrenzen und berechnen. Außerdem schauen wir uns die stochastische und die heuristische Bedarfsermittlung genauer an. Anschließend betrachten wir die ABC-Analyse, die ein Instrument zur Priorisierung der Materialien ist. Sie ist keine eigene Methode der Bedarfsermittlung, wird aber oft bei der verbrauchsorientierten Bedarfsermittlung eingesetzt.

Programmorientierte (deterministische) Bedarfsermittlung

Um den Bedarf ermitteln zu können, müssen wir zunächst die *Bedarfsarten* klären – es gibt nämlich drei verschiedene:

- Unter *Primärbedarf* versteht man den Bedarf an verkaufsfähigen Produkten, also den Endprodukten, die das Unternehmen verkauft. Im Fall von *planITs* sind das beispielsweise die Kalender.
- Der *Sekundärbedarf* sind die Materialien, die zur Herstellung des Endprodukts benötigt werden. Bei *planITs* sind das z. B. das Papier und eventuell Spiralen für die Bindung.
- Der *Tertiärbedarf* sind alle Materialien, die zwar für die Produktion verwendet werden, aber nicht direkt in das Endprodukt einfließen, z. B. der Strom für die Produktionsmaschine.

Weiterhin unterscheidet die Bedarfsplanung zwischen dem

- *Bruttobedarf* als dem Gesamtbedarf ohne Berücksichtigung der vorhandenen Lager- und Lieferbestände und dem
- *Nettobedarf*. Das sind die Materialien, die tatsächlich noch beschafft werden müssen, weil sie nicht auf Lager sind.

Ein Produkt besteht oft aus mehreren Komponenten, so beispielsweise auch der Kalender von *planITs*, für den Papier, Spiralen, Stifteschlaufen etc. benötigt werden. Im technischen Bereich, z. B. bei der Automobilherstellung, besteht ein modernes Fahrzeug aus 70.000 bis 90.000 Einzelteilen. Für jede einzelne dieser Komponenten muss bei der Bedarfsplanung der Brutto- und Nettobedarf ermittelt werden. Selbstverständlich erfolgt diese Berechnung heutzutage computergestützt. Stücklisten mit allen Komponenten für jedes Produkt helfen, den Überblick zu bewahren. Folgende, vereinfachte Aufgabe wollen wir nun gemeinsam berechnen:

Beispiel

planITs plant die Produktion von 200 Kalendern. Jeder Kalender benötigt eine Spiralbindung. Für die Materialplanung soll der Bedarf an Spiralbindungen ermittelt werden. Es liegen folgende Daten vor:

- geplanter Output: 200 Kalender
- Lagerbestand an Spiralbindungen: 22 Stück
- offene Bestellungen, d. h. bereits bestellte, aber noch nicht gelieferte Spiralbindungen: 38 Stück
- Reservierungen (für andere Aufträge vorgemerkte Spiralbindungen): 15 Stück
- Sicherheitsbestand an Spiralbindungen: 25 Stück

Anmerkung: Eine ausführliche Erklärung der Begriffe finden Sie in Tabelle 8.12.

Wie hoch sind der Bruttobedarf und der Nettobedarf an Spiralbindungen?

Der Nettobedarf wird mit folgendem Schema berechnet:

Berechnung	Beispiel
Primärbedarf	200 Kalender
× Anzahl/Stück	1 Spiralbindung pro Kalender
= Sekundärbedarf	200 Spiralbindungen
= **Bruttobedarf**	200 Spiralbindungen
Bruttobedarf	200
– verfügbarer Lagerbestand	22
– offene Bestellungen	38
+ Reservierungen	15
+ Sicherheitsbestand	25
= **Nettobedarf**	180 Spiralbindungen

Tabelle 8.2 Berechnungsschema für Brutto- und Nettobedarf

Bei der deterministischen (programmorientierten) Bedarfsermittlung werden die verschiedenen Bedarfe aus aktuellen Absatz- und Produktionsprogrammen und aus vorhandenen Kundenaufträgen abgeleitet. *Stücklisten* und *Rezepte* sind die Basis für die Ermittlung der Bedarfe.

Stückliste

Eine *Stückliste* enthält alle Rohstoffe und Einzelteile mit Mengenangaben, die für die Produktion des Produkts benötigt werden. Die *Strukturstückliste* bildet alle Fertigungsstufen mit ihren Beziehungen zueinander ab.

Es gibt verschiedene Arten von Stücklisten, wobei ihre Darstellung von Unternehmen zu Unternehmen individuell ist. Abbildung 8.6 zeigt drei verschiedene Arten – sie wurden mithilfe von KI generiert.

Strukturstückliste

```
Studentenkalender (1 Stk.)
├── Umschlag
│   ├── Deckblatt (1 Stk.)
│   ├── Rückwand (1 Stk.)
│   └── Schutzfolie (1 Stk.) [optional]
│
├── Innenteil
│   ├── Monatsseiten (12 Blatt)
│   ├── Wochenübersichten (52 Blatt)
│   └── Notizseiten (20 Blatt)
│
├── Bindung
│   ├── Spiralbindung (1 Stk.)
│   ├── Bindevorgang (1 Arbeitsvorgang)
│   └── Druckfarbe Cover (1 Satz)
│
└── Verpackungseinheit
    └── Versandhülle (1 Stk.)
```

Mengenstückliste

Position	Bauteil / Komponente	Menge pro Kalender	Einheit
1	Deckblatt (farbig)	1	Stück
2	Monatsseiten	12	Blatt
3	Wochenübersichten	52	Blatt
4	Notizseiten	20	Blatt
5	Rückwand	1	Stück
6	Spiralbindung	1	Stück
7	Schutzfolie (optional)	1	Stück
8	Druckfarbe (Umschlag)	1	Satz
9	Bindung (Montagevorgang)	1	Arbeitsvorgang
10	Verpackung (Versandhülle)	1	Stück

Baukastenstückliste

Position	Bauteil / Komponente	Menge	Einheit	Hinweis
1	Deckblatt	1	Stück	Teil des Umschlags
2	Rückwand	1	Stück	Teil des Umschlags
3	Schutzfolie	1	Stück	Optional
4	Monatsseiten	12	Blatt	Innenteil
5	Wochenübersichten	52	Blatt	Innenteil
6	Notizseiten	20	Blatt	Innenteil
7	Spiralbindung	1	Stück	Bindung
8	Druckfarbe für Cover	1	Satz	Für das Deckblatt
9	Bindevorgang	1	Arbeitsvorgang	Montageprozess
10	Versandhülle	1	Stück	Verpackungseinheit

Abbildung 8.6 Verschiedene Stücklisten (KI-generiert)

Rezepte werden benötigt, wenn Flüssigkeiten oder andere feste Schüttgüter (z. B. Sand, Kies, Zucker, Salz, Mehl) verwendet werden. Sie finden ihre Anwendung vor allem in der Lebensmittel- oder Chemieindustrie.

Die Bedarfsermittlung erfolgt hier per *Stücklistenauflösung* beziehungsweise *Rezeptauflösung*. Das bedeutet, dass aus dem geplanten Primärbedarf der Materialbedarf für alle Komponenten berechnet wird, indem alle Mengen mit dem Primärbedarf multipliziert werden.

Das Ergebnis ist der Bruttobedarf, auf dessen Grundlage anschließend mithilfe des Berechnungsschemas aus Tabelle 8.2 der Nettobedarf ermittelt werden kann. Meist wird der ermittelte Bedarf noch um einen gewissen Ausschuss korrigiert, dessen Prozentsatz stochastisch ermittelt wurde (vgl. Vahs/Schäfer-Kunz, »Einführung in die Betriebswirtschaftslehre«, S. 635f.).

Die Stücklisten können auch grafisch dargestellt werden, und zwar mithilfe eines *Gozintographen* (siehe Abbildung 8.7).

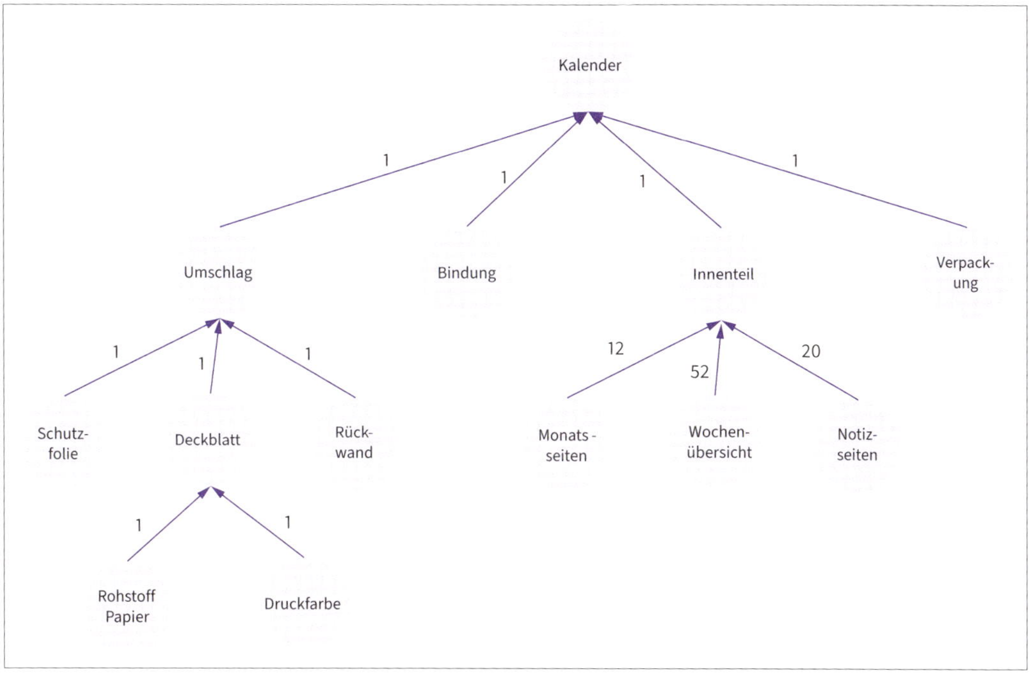

Abbildung 8.7 Gozintograph für die Fertigung des Studentenkalenders von »planITs«

Gozintograph

Der Begriff *Gozintograph* leitet sich vom englischen Ausdruck »goes into« ab. Es handelt sich dabei um einen gerichteten Graphen, der zeigt, welche Rohstoffe, Bauteile oder sonstige Zwischenprodukte in welchen Mengen und auf welcher Fertigungsstufe in das Endprodukt einfließen.

Mit einem Gozintographen ermitteln Sie stufenweise die Bedarfsmengen von oben nach unten, das heißt, vom Endprodukt zu den Einzelkomponenten. Diese Struktur hilft im *Dispositionsstufenverfahren* bei der Bedarfsermittlung.

Beim Dispositionsstufenverfahren werden die Fertigungsstufen angezeigt, auf denen ein Einzelteil oder Bauteil im Fertigungsprozess benötigt wird. *Einzelteile* sind nicht zerlegbar; das sind meist Standardteile wie Pappe, Schrauben, Muttern, Spiralen. *Bauteile* sind zusammengesetzte Einheiten aus verschiedenen Einzelteilen, z. B. der Einband unseres Kalenders.

Abbildung 8.7 zeigt einen sehr vereinfachten Gozintographen für die Fertigungsstruktur des Studentenkalenders.

Die Rückwand, die Bindung und die Verpackung werden als fertige Vorprodukte von einem Lieferanten zugekauft. Aus dem Gozintographen ist die Menge der benötigten Materialien für einen Kalender ablesbar. Der Materialbedarf für eine größere Menge lässt sich anhand der Zahlen leicht hochrechnen. Bei Produkten mit wenigen Einzelteilen ist der Gozintograph ein geeignetes Hilfsmittel zur Visualisierung und auch zum besseren Verständnis der Produktstruktur. Bei Produkten, die aus vielen Einzelteilen bestehen, wie z. B. ein Auto oder eine Heizungsanlage, ist er ungeeignet, da die Darstellung schnell unübersichtlich wird. Ein Softwareprogramm kann nichts mit der Abbildung anfangen, aber die Daten können in Matrizen überführt werden, aus denen dann die Bedarfe ermittelt werden können.

Verbrauchsorientierte (stochastische) Bedarfsermittlung

Bei der verbrauchsorientierten (stochastischen) Bedarfsermittlung wird der Bedarf, wie oben bereits angedeutet, aus dem Verbrauch vergangener Planungsperioden ermittelt. Ein einfaches Verfahren ist hier die *Berechnung des Durchschnitts*. Schauen wir uns das am Beispiel von *planITs* an: Das Unternehmen druckt jährlich Kalender und bezieht dafür die Dienstleistung »Kalenderbindung« von einem externen Anbieter. In den letzten fünf Monaten wurden folgende Mengen gebunden:

Monat	Bedarf in Stück
1	100
2	85
3	60
4	110
5	120
Summe	475

Tabelle 8.3 Bedarf für 5 Monate

Um den Bedarf für den kommenden Monat zu schätzen, wird der Durchschnitt aus den vergangenen fünf Monaten berechnet:

Verbrauch für 5 Monate = 475 Stück

$$\text{Durchschnitt} = \frac{475\ \text{Stück}}{5\ \text{Monate}} = 95\ \text{Stück}$$

Antwort: Der prognostizierte Bedarf für Monat 6 beträgt 95 Stück.

Betrachtet man den Verlauf der Bedarfe, wird deutlich, dass die Angabe von 95 Stück möglicherweise eine Fehleinschätzung darstellt. Der Bedarf ist von Monat 3 auf 4 sprunghaft angestiegen und hat in Monat 5 sogar 120 Stück erreicht. Es ist daher denkbar, dass dieser Trend anhält und sich der Bedarf zumindest auf diesem höheren Niveau stabilisiert. In diesem Fall wären 95 Stück nicht ausreichend.

Diese Ungenauigkeiten können mit genaueren statistischen Verfahren reduziert werden, z. B. indem man den *gleitenden Mittelwert* berechnet, der auch *gleitender Durchschnitt* genannt wird. Abbildung 8.8 zeigt, wie der gleitende Durchschnitt berechnet wird.

Periode	**Bedarf in Stück**
1	100
2	85
3	60
4	110
5	120
Summe	**475**

1 – 3	ca. 82
2 – 4	85
3 – 5	ca. 97

Abbildung 8.8 Gleitender Durchschnitt bzw. Mittelwert

Der gleitende Mittelwert zeigt, wie sich der Bedarf im Laufe der Zeit im Durchschnitt entwickelt. Er glättet monatliche Schwankungen und macht Trends im Zeitverlauf sichtbar. Im Beispiel aus Abbildung 8.8 ist ein steigender Bedarfstrend zu erkennen.

Alle Verfahren der verbrauchsorientierten Bedarfsermittlung zielen darauf ab, auf Basis vergangener Verbrauchsdaten eine Prognose für die Zukunft zu erstellen. Ein zentrales Problem besteht jedoch darin, dass dabei angenommen wird, dass Vergangenheitswerte und -verläufe auch in Zukunft gelten. Ändern sich die Rahmenbedingungen, z. B. durch neue Trends, kann diese Annahme zu fehlerhaften Bedarfsschätzungen führen.

Neben einfachen Verfahren wie dem gleitenden Durchschnitt existieren auch komplexere Prognosemethoden, z. B. Trendanalysen oder Zeitreihenmodelle. Diese können die Prognosegenauigkeit erhöhen, sind jedoch zeitaufwendiger.

Schätzverfahren (stochastische Bedarfsermittlung)

Mit *Schätzverfahren* kann der Materialbedarf ebenfalls ermittelt werden, vor allem dann, wenn noch keine Vergangenheitswerte vorliegen oder keine Kenntnisse über das Produktionsprogramm vorliegen, weil das Produkte neu auf den Markt gekommen ist. Programmorientierte und verbrauchsorientierte Verfahren sind hier nicht geeignet. In solchen Fällen eignen sich subjektive Schätzverfahren zur Bedarfsermittlung. Die Schätzung kann intuitiv, nach rein subjektiver Beurteilung, erfolgen und analog, wo Verbrauchsmengen von ähnlichen Produkten mitberücksichtigt werden. (vgl. Vahs, Schäfer/Kunz, »Einführung in die Betriebswirtschaftslehre«, S. 638f.)

Klassifizierung von Materialien

Oft muss eine große Zahl an Artikeln termingerecht und kostengünstig beschafft werden. Unter Kostengesichtspunkten und aus Zeitgründen ist eine intensive Planung und Durchführung des Beschaffungsvorgangs nicht immer sinnvoll. Sinnvoll ist es daher, Schwerpunkte zu setzen und die Beschaffungsstrategie daran auszurichten.

Beispiel: Worauf sollte die Beschaffungsabteilung ihre Aufmerksamkeit richten? Frau Müller arbeitet im Einkauf bei *planITs*. Sie ist sehr engagiert und möchte bei jedem Artikel den besten Preis verhandeln. Bei Kleinteilen wie Heftklammern und Paketklebeband sind die Preise in den letzten Monaten leicht gestiegen. Deshalb investiert Frau Müller viel Zeit, um Angebote zu vergleichen und den günstigsten Lieferanten zu finden – sie spart bei einem Posten von 100,00 € stolze 5,00 € ein. Was sie dabei übersieht: Im selben Zeitraum wurde hochwertiges Spezialpapier im Wert von 15.000,00 € für die Kalenderproduktion beschafft – ohne Preisvergleich, einfach bei dem bekannten Lieferanten. Wie bewerten Sie dieses Vorgehen?

Ist es sinnvoll, viel Zeit und Mühen in ein Produkt zu investieren, das zwar häufig gebraucht wird, aber nur einen geringen Anteil an den Gesamtkosten ausmacht? Oder wäre es klüger, sich auf die Materialien zu konzentrieren, die den größten Einfluss auf die Kosten haben?

Genau hier setzt die *ABC-Analyse* an: Sie hilft, die beschafften Güter nach ihrem wertmäßigen Anteil zu klassifizieren und so die Aufmerksamkeit im Einkauf gezielt zu steuern.

ABC-Analyse

Die *ABC-Analyse* ist eine Methode, mit der Objekte wie Produkte, Kunden, Aufgaben oder Ziele nach ihrer Bedeutung eingeteilt und priorisiert werden.

Die Definition zeigt, dass die ABC-Analyse eine Methode ist, die nicht nur in der Materialwirtschaft ihre Anwendung findet, sondern auch in anderen betrieblichen Bereichen eingesetzt werden kann, beispielsweise im Marketing, wenn Kunden nach ihrer Wichtigkeit basierend auf ihrem Beitrag am Umsatz priorisiert werden. Nachfolgend betrachten wir die Methode in Bezug auf die Materialwirtschaft.

Der Hintergrund der ABC-Analyse ist das *Pareto-Prinzip*. Eas besagt, dass 20 % des Aufwands für 80 % des Erfolgs zuständig sind. Im betriebswirtschaftlichen Sprachgebrauch spricht man auch von der *80/20-Regel*.

Bei der ABC-Analyse werden die Materialien im Unternehmen in *A-Güter*, *B-Güter* und *C-Güter* eingeteilt. A-Güter haben eine hohe Priorität, weil sie einen hohen Wertanteil besitzen; B-Güter haben mittlere Priorität und C-Güter haben eine niedrige Priorität, weil sie einen geringen Wertanteil haben.

Für die Einteilung gibt es in der Literatur und Praxis keine einheitliche Norm. Üblicherweise werden folgende Werte verwendet (vgl. Vahs/Schäfer-Kunz, »Einführung in die Betriebswirtschaftslehre«, S. 631):

- **A-Güter:** 10 bis 20 % der Menge an Materialien verursachen 60 bis 80 % der Gesamtkosten.
- **B-Güter:** 30 bis 40 % der Menge an Materialien verursachen 30 bis 40 % der Gesamtkosten.
- **C-Güter:** 40 bis 60 % der Menge an Materialien verursachen 5 bis 10 % der Gesamtkosten.

Die Spannbreiten zeigen, dass die Klassifikation in der Praxis variieren kann.

Um eine ABC-Analyse durchzuführen, gehen Sie wie folgt vor:

1. Ermitteln Sie die Einzelwerte sowie den Anteil an der Gesamteinkaufsmenge und am Gesamteinkaufswert in Prozent.
2. Bestimmen Sie die Rangfolge nach dem Anteil am Gesamteinkaufswert. Der höchste Prozentwert erhält Rang 1.
3. Sortieren Sie die Artikel aufsteigend nach dem Rang und übertragen Sie die jeweiligen Einzelwerte in Prozent.
4. Kumulieren Sie die Einkaufsmenge und Einkaufswerte in Prozent.
5. Teilen Sie die Artikel auf Basis des prozentualen, kumulierten Einkaufswerts in die Klassen A, B, C ein.

Lassen Sie uns die Vorgehensweise am folgendem Beispiel veranschaulichen. Die Angaben für die Artikel, die Einkaufsmenge sowie den Preis je Einheit sind kursiv eingetragen.

1. Bestimmung der Rangfolge (Schritte 1 bis 4)

Artikel	Einkaufsmenge in Stück	Preis je Einheit in €	Einkaufswert in €	Anteil an der Gesamteinkaufsmenge in %	Anteil am Gesamteinkaufswert in %	Rangfolge nach dem Gesamteinkaufswert
1248	*480*	*8,00*	3.840,00	28,74	8,82	5
1683	*80*	*85,00*	6.800,00	4,79	15,63	3
2745	*125*	*102,00*	12.750,00	7,49	29,30	2
3256	*835*	*6,50*	5.427,50	50,00	12,47	4
3383	*150*	*98,00*	14.700,00	8,98	33,78	1
Summe	**1677**	–	**43.517,50**	**100**	**100**	–

Tabelle 8.4 Vorgehen bei der ABC-Analyse – Bestimmung der Rangfolge

2. Einteilung in ABC-Güter (Schritt 5)

Artikel	Einkaufsmenge in %		Einkaufswert in %		Klassifikation
nach Rang	Wert	kumuliert	Wert	kumuliert	
3383	8,98	8,98	33,78	33,78	A
2745	7,49	16,47	29,30	63,08	A
1683	4,79	21,26	15,63	78,71	A
3256	50,00	71,26	12,47	91,18	B
1248	28,74	100	8,82	100	C

Tabelle 8.5 Vorgehen bei der ABC-Analyse – Klassifikation in A, B, C

Was sagt uns dieses Ergebnis?

Die Beispielaufgabe veranschaulicht das Pareto-Prinzip, indem sie zeigt, dass 21,26 % der Einkaufsmengen für 78,71 % des Einkaufwerts verantwortlich sind. Diese Materialien werden als A-Güter klassifiziert und haben im Beschaffungsprozess eine hohe Priorität für das Unternehmen. Daher sollte die Beschaffungsstrategie ihren Fokus auf diese A-Güter legen, um eine kosteneffektive Materialversorgung zu gewährleisten. Wenn die Ressourcen optimal genutzt werden, wirkt sich das positiv auf das Unternehmensergebnis aus. Die letzten 5 bis 10 % (hier 8,82 %) werden den C-Gütern zugeordnet und haben eine niedrige Priorität. Eine detaillierte Beschaffungsplanung ist hier nicht erforderlich. Die verbleibenden Materialien entfallen auf die B-Güter, die eine mittlere Priorität bei der Beschaffung aufweisen. Ein genauerer Blick auf deren Beschaffung lohnt sich ebenfalls.

Die Ergebnisse der ABC-Analyse lassen sich grafisch mithilfe der *Lorenzkurve* veranschaulichen. Sie zeigt, wie stark sich der kumulierte Einkaufswert auf den kumulierten Anteil der Artikel verteilt, und macht damit die Konzentration der Werte auf relativ wenige Artikel sichtbar. Allgemein stellt die Lorenzkurve das Verhältnis zweier kumulierter Anteile einer Gesamtmenge dar und zeigt den Grad der Ungleichverteilung.

Abbildung 8.9 zeigt zum einen den Verlauf der Beispielaufgabe sowie den idealtypischen, stark konzentrierten Verlauf der Lorenzkurve. Dieser wird häufig im Zusammenhang mit dem Pareto-Prinzip (siehe oben) interpretiert, wonach ein kleiner Anteil der Artikel einen großen Anteil des Gesamtwerts verursacht.

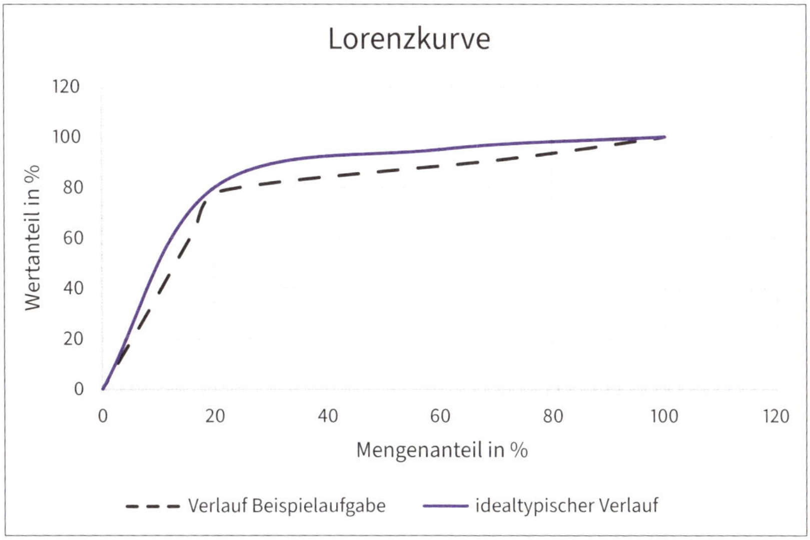

Abbildung 8.9 Lorenzkurve

Aufgabe 1: Die ABC-Analyse

Führen Sie rechnerisch eine ABC-Analyse durch.

Hinweis: Runden Sie die Prozentwerte auf eine Nachkommastelle.

Die Daten, die Ihnen vorliegen, sind in Tabelle 8.6 bereits eingetragen:

a) Bestimmung der Rangfolge

Artikel	Einkaufsmenge in Stück	Preis je Einheit in €	Einkaufswert in €	Anteil an der Gesamteinkaufsmenge in %	Anteil am Gesamteinkaufswert in %	Rangfolge nach dem Gesamteinkaufswert
101	37.500	9,19				
202	180.000	0,51				
303	31.500	58,33				
404	75.000	5,72				
505	100.000	1,02				
606	55.900	29,11				
Summe						

Tabelle 8.6 Aufgabe ABC-Analyse – Rangfolge

b) Einteilung in ABC-Güter

Artikel	Einkaufsmenge in %		Einkaufswert in %		Klassifikation
nach Rang	Wert	kumuliert	Wert	kumuliert	

Tabelle 8.7 Aufgabe ABC-Analyse – Klassifizierung

8.4 Lieferantenauswahl

Die Lieferantenauswahl ist in der Beschaffung ein entscheidender Prozess, um eine qualitativ hochwertige und zuverlässige Versorgung mit Materialien und auch Dienstleistungen zu garantieren und dabei das Preis-Leistungs-Verhältnis zu optimieren. Zuallererst muss sich das Unternehmen Gedanken darüber machen, welche Anforderungen es allgemein an Lieferanten hat. Wenn z. B. feststeht, dass die Beschaffung nur national geschehen soll, macht es wenig Sinn, weltweit zu suchen. Anschließend werden mögliche Lieferanten identifiziert (*Lieferantenermittlung*), die dann bewertet werden (*Lieferantenbewertung*). Aufgrund dieser Ergebnisse wird dann der Lieferant ausgewählt (*Lieferantenauswahl*), der die gestellten Anforderungen am besten erfüllt.

Abbildung 8.10 veranschaulicht den allgemeinen Ablauf der Lieferantenauswahl.

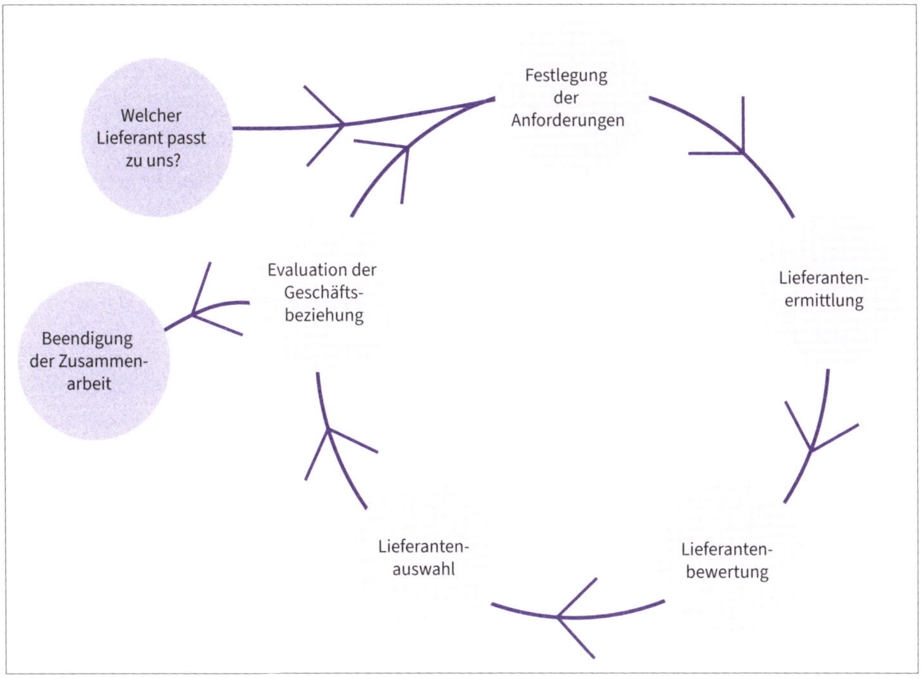

Abbildung 8.10 Ablauf der Lieferantenauswahl

Die Punkte aus Abbildung 8.10 werden nachfolgend genauer betrachtet.

Lieferantenermittlung

Im ersten Schritt müssen potenzielle Lieferanten identifiziert werden. Das geschieht, indem das Unternehmen eine *Beschaffungsmarktforschung* durchführt.

Die Beschaffungsmarktforschung untersucht die Beschaffungsmärkte, um deren Transparenz zu erhöhen und beschaffungsbezogene Entwicklungen zu erkennen. Dazu gehört, Informationen über die Materialqualität, die wirtschaftliche und technische Leistungsfähigkeit des Lieferanten sowie über dessen Preisstrukturen einzuholen. Hierfür können sowohl interne Informationsquellen (wie Lieferantenkarteien oder vorliegende Angebote) als auch externe Informationsquellen (beispielsweise Internet, Messen, Prospekte, Fachzeitschriften, Industrie- und Handelskammer) verwendet werden. Auch eine Lieferantenermittlung mittels Ausschreibung ist denkbar.

Sind potenzielle Lieferanten identifiziert, können sie bewertet werden.

Lieferantenbewertung

Bevor die Lieferanten bewertet werden können, müssen Auswahlkriterien definiert werden. Jedes Unternehmen legt für sich fest, welche Kriterien ihm wichtig sind, weil der Schwerpunkt der Beschaffung bei jedem Unternehmen woanders liegen kann. Ein Unternehmen will den günstigsten Preis, andere wollen nachhaltige Produkte, die sicherlich nicht den niedrigsten Einkaufspreis haben. Die Kriterien können beispielsweise sein: Preis für die angebotenen Produkte, Lieferbedingungen, Lieferzeiten, Liefertermintreue, Zahlungsbedingungen, Produktqualität, Zuverlässigkeit, Flexibilität, Erreichbarkeit, Serviceleistungen, Finanzkraft des Lieferanten, Standort und Nachhaltigkeit.

Ratsam ist es, die Kriterien auf maximal acht zu beschränken, um die Übersichtlichkeit zu bewahren und den Arbeitsaufwand einzuschränken.

Nachdem die Lieferantenauswahlkriterien feststehen, ist es sinnvoll, sie zu gewichten und zu bewerten, denn die Erreichbarkeit des Kundenservice ist vermutlich weniger wichtig als der Einkaufspreis. Hier spricht man vom *qualitativen Angebotsvergleich*, weil die Entscheidungsgrundlage nicht nur die Kosten sind, sondern auch qualitative Kriterien. Werden nur die Kosten einbezogen, spricht man vom *quantitativen Angebotsvergleich*, der weiter unten näher ausgeführt wird.

Qualitativer Angebotsvergleich

Beim qualitativen Angebotsvergleich erfolgt die Lieferantenbewertung mithilfe einer Entscheidungstabelle. Diese Tabelle ist in Form einer *Nutzwertanalyse* aufgebaut. (Die Nutzwertanalyse wird auch als *Scoring-Modell* bezeichnet.) Auch bei anderen Fragestellungen kann die Nutzwertanalyse angewandt werden, z. B. bei der Standortwahl.

Lassen Sie uns nun die Nutzwertanalyse anhand des folgenden Beispiels erkunden:

Beispiel

Sie sind für die Auswahl eines neuen Lieferanten verantwortlich. Zwei potenzielle Lieferanten, Lieferant A und Lieferant B, stehen zur Auswahl. Ihre Entscheidung soll auf einer Nutzwertanalyse basieren, die die folgenden Kriterien und Gewichtungsfaktoren berücksichtigt:

- **Preis:** Gewichtung 40 %
- **Qualität:** Gewichtung 30 %
- **Lieferfrist:** Gewichtung 20 %
- **Termintreue:** Gewichtung 10 %

Die Kriterien werden auf einer Skala von 1 (niedriger Standard) bis 9 (höchster Standard) bewertet. Die 5 ist die Normalpunktzahl und wird vergeben, wenn keine Informationen vorliegen. Für welchen Lieferanten entscheiden Sie sich?

Die Nutzwertanalyse beinhaltet folgende Schritte:

1. Definition der Entscheidungskriterien
2. Gewichtung der Entscheidungskriterien
3. Bewertung der Entscheidungskriterien
4. Berechnung der gewichteten Teilnutzenwerte
5. Berechnung des Gesamtnutzenwertes
6. Wahl der besten Alternative

1) Kriterien	2) Gewichtungsfaktor	3) Lieferant A Punkte	4) Lieferant A Punkte × Faktor	3) Lieferant B Punkte	4) Lieferant B Punkte × Faktor
Preis	*40 %*	9	3,6	6	2,4
Qualität	*30 %*	7	2,1	8	2,4
Lieferfrist	*20 %*	5	1,0	6	1,2
Termintreue	*10 %*	2	0,2	3	0,3
5) Gesamtwert	*100 %*		6,9		6,3

Tabelle 8.8 Nutzwertanalyse

Nachdem in Schritt 1 die Entscheidungskriterien festgelegt wurden, erfolgt in Schritt 2 ihre Gewichtung. Dabei wird jedem Kriterium entsprechend seiner Bedeutung ein Gewichtungsfaktor zugewiesen – insgesamt müssen die Gewichtungen 100 % ergeben.

In Schritt 3 werden die Entscheidungskriterien bewertet. Dies erfolgt auf Grundlage individueller, subjektiver Einschätzungen, wodurch unterschiedliche Bewertungen möglich sind. Die Bewertung erfolgt anhand einer Skala von 1 (niedriger Standard) bis 9 (höchster Standard), je nach Ausprägung des jeweiligen Kriteriums.

In Schritt 4 wird der Gewichtungsfaktor aus Schritt 2 mit der Bewertung aus Schritt 3 multipliziert.

Im abschließenden Schritt 5 werden alle so berechneten Werte addiert, um den Gesamtnutzenwert jedes Angebots zu ermitteln.

Antwort: Das Unternehmen entscheidet sich auf Basis der Nutzwertanalyse für Lieferant A, da bei ihm der Gesamtnutzenwert am höchsten ist. Trotzdem sollte das Ergebnis kritisch hinterfragt werden und mit der eigenen intuitiven Einschätzung abgeglichen werden.

Zusammenfassend lässt sich sagen, dass die Nutzwertanalyse ein hilfreiches und bewährtes Instrument und eine transparente Methode für die Entscheidungsfindung bei der Auswahl des optimalen Lieferanten ist. Sie zeigt, dass nicht nur der Preis entscheidet, sondern auch andere qualitative Faktoren wichtig sind.

Aufgabe 2: Vor- und Nachteile der Nutzwertanalyse

Die Nutzwertanalyse hat sowohl Vor- als auch Nachteile. Nennen Sie jeweils drei Vorteile und drei Nachteile.

Aufgabe 3: Nutzwertanalyse in der Durchführung

Sie arbeiten bei *planITs* und sollen überprüfen, bei welchem Papierlieferanten zukünftig bestellt werden soll. Führen Sie für drei mögliche Lieferanten eine Nutzwertanalyse durch und entscheiden Sie, welcher Lieferant ausgewählt werden soll. Die Kriterien sind:

- **Bezugspreis:** Gewichtung 40 %
- **Qualität:** Gewichtung 30 %
- **Lieferfrist:** Gewichtung 5 %
- **Termintreue:** Gewichtung 10 %
- **Finanzkraft des Lieferanten:** Gewichtung 5 %
- **Verhalten bei Reklamationen:** Gewichtung 10 %

Lieferant	Gegebenheiten aus Sicht von planITs
X-KG	Vor ein paar Wochen traf eine Falschlieferung bei uns ein. X lieferte sofort am darauffolgenden Tag das richtige Papier, damit es keinen Produktionsausfall gab. Bei den anderen Bestellungen gab es keine besonderen Vorkommnisse. Die X-KG ist ein solider Lieferant, der regelmäßig Gewinne erwirtschaftet. Der Preis je 1.000 Blatt beträgt 4,50 €. Die Lieferzeit beträgt 14 Tage.
Y-AG	Es lagen insgesamt 3 Bestellungen vor. Bei der letzten Bestellung wurde der Termin trotz Auftragsbestätigung und mehrfacher Mahnung nicht eingehalten. Wir mussten einen Deckungskauf bei einem anderen Kunden vornehmen, um unsere eigenen Lieferverpflichtungen erfüllen zu können. Bei den anderen Bestellungen gab es keine besonderen Vorkommnisse und die Qualität des Papiers ist ausgezeichnet. In einer Fachzeitschrift konnten wir lesen, dass die Y-AG in den letzten beiden Jahren einen Verlust erwirtschaftet hat und aufgrund der schlechten Auftragslage Kurzarbeit angemeldet hat. Der Preis je 1.000 Blatt beträgt 6,10 €. Es wird ein Rabatt in Höhe von 10 % gewährt. Die Lieferung erfolgt innerhalb von 3 Tagen.
Z-GmbH	Zwei Bestellungen verliefen ohne Beanstandungen. In der Fachzeitschrift konnten wir über die Z-GmbH lesen, dass sie im letzten Monat nach der DIN ISO 9001 zertifiziert wurde. Die Ware ist sofort lieferbar. Der Preis je 1.000 Blatt beträgt 9,20 €. Es wird ein Rabatt in Höhe von 20 % gewährt.

Tabelle 8.9 Aufgabe zur Nutzwertanalyse

Kriterien	Gewichtungsfaktor	Punkte Lieferant X-KG	Punkte × Faktor Lieferant X-KG	Punkte Lieferant Y-AG	Punkte × Faktor Lieferant Y-AG	Punkte Lieferant Z-GmbH	Punkte × Faktor Lieferant Z-GmbH
Bezugspreis							
Qualität							
Lieferfrist							
Termintreue							
Finanzkraft							
Reklamationen							
Gesamtwert							

Tabelle 8.10 Aufgabe zur Nutzwertanalyse – Lösung

Quantitativer Angebotsvergleich

Beim quantitativen Angebotsvergleich werden bei der Bewertung des Angebots ausschließlich messbare, zahlenbasierte Kriterien herangezogen, insbesondere der Preis. Der rechnerische Angebotsvergleich erfolgt mithilfe der *Bezugskalkulation*, bei der der sogenannte *Bezugspreis* (auch *Einstandspreis* genannt) ermittelt wird. Diese Kalkulation erfolgt nach folgendem Schema:

Listeneinkaufpreis – Lieferrabatt = Zieleinkaufspreis

Zieleinkaufspreis – Lieferskonto = Bareinkaufspreis

Bareinkaufpreis + Bezugskosten = Bezugspreis

Tabelle 8.11 verdeutlicht den Rechenweg:

Listeneinkaufpreis	
- Liefererrabatt	
= Zieleinkaufspreis	
- Liefererskonto	
= Bareinkaufspreis	
+ Bezugskosten	
= Bezugspreis	

Tabelle 8.11 Schema für die Bezugskalkulation

Liefererskonto ist ein Preisnachlass, den ein Lieferant gewährt, wenn die Rechnung innerhalb einer bestimmten verkürzten Zahlungsfrist bezahlt wird, z. B. 2 % Skonto bei Zahlung innerhalb von 10 Tagen. Zahlt der Unternehmer erst nach 10 Tagen, entfällt dieser Nachlass.

Unter *Bezugskosten* versteht man sämtliche anfallenden Nebenkosten, z. B. Transportkosten, Verpackungskosten oder Versicherungskosten.

Eine Beispielrechnung wird hier nicht angegeben, da sich die Berechnung unkompliziert mit dem Taschenrechner erledigen lässt.

Evaluierung der Geschäftsbeziehung mit einem Lieferanten

Wenn ein Lieferant mehrfach beziehungsweise dauerhaft liefert, ist es wichtig, die Geschäftsbeziehung zu evaluieren, denn nur durch eine kontinuierliche Überprüfung der Lieferantenleistungen kann sichergestellt werden, dass die vereinbarten Qualitätsstandards eingehalten werden. Auch die Kosteneffizienz muss regelmäßig überprüft werden, um gegebenenfalls neue Konditionen auszuhandeln, um so die Kosten so gering wie möglich zu halten.

Empfehlenswert ist auch, den Lieferanten in das Bewertungsverfahren einzubeziehen, denn das stärkt das gegenseitige Vertrauen und fördert die Zusammenarbeit.

Auch eine gute und transparente Kommunikation trägt zu einer gelingenden Geschäftsbeziehung bei. Dies gilt nicht nur für produzierende Unternehmen: Auch Dienstleistungsunternehmen bewerten regelmäßig ihre Lieferanten, selbst wenn sie keine klassischen Materialien, sondern beispielsweise digitale Güter oder Dienstleistungen beziehen.

Wenn die Evaluation zeigt, dass der Lieferant die gewünschte Qualität nicht liefern kann, sollte über eine Beendigung der Geschäftsbeziehung nachgedacht werden, denn ein unzuverlässiger Lieferant verursacht Kosten und eventuell sogar Störungen im betrieblichen Ablauf. Daher ist es wichtig, dies zu erkennen und frühzeitig Gegenmaßnahmen einzuleiten.

8.5 Lagerplanung

Zu einer effizienten Materialversorgung gehört auch eine optimierte Lagerhaltung, denn eine gute Lagerplanung sorgt dafür, dass die benötigten Produkte und Materialien rechtzeitig zur Verfügung stehen, um Produktionsausfälle zu vermeiden. Eine vorausschauende Lagerplanung berücksichtigt Sicherheitsreserven, um Lieferverzögerungen, aber auch Nachfrageschwankungen aufzufangen. Für produzierende Unternehmen, die auf eine kontinuierliche Materialverfügbarkeit angewiesen sind, ist die Lagerhaltung besonders wichtig. Sie ist eng mit der Beschaffung verzahnt, da sie sicherstellt, dass die im Rahmen der Beschaffung bereitgestellten Materialien jederzeit verfügbar sind.

Außerdem wird durch eine effektive Planung die Kapitalbindung im Lager reduziert, weil Überbestände vermieden werden. Eine gut durchdachte Lagerplanung ermöglicht es dem Unternehmen, flexibel auf Marktveränderungen zu reagieren und somit wettbewerbsfähig zu bleiben.

Die Ziele und Aufgaben der Lagerplanung können wie folgt zusammengefasst werden:

- **Versorgungs- und Sicherungsfunktion:** Die Versorgungssicherheit soll zu jederzeit gewährleistet sein.
- **Ausgleichs- und Pufferfunktion:** Schwankungen bei der Nachfrage und folglich dann auch beim Bedarf sollen ausgeglichen werden.
- **Spekulationsfunktion:** Um Preisvorteile zu nutzen, werden Güter auf Vorrat bestellt, wenn z. B. ein Preisanstieg erwartet wird.
- **Kostensenkung:** Ermittlung der optimalen Bestellmenge, um Bestell- und Lagerkosten zu minimieren
- **Veredelungs- und Umformungsfunktion:** Bei bestimmten Produkten findet während der Lagerung eine Reifung oder Veredelung statt, z. B. bei Wein oder Käse.
- **Implementierung von »Green Logistics«:** Das Ziel ist hier, die ökologischen Prozesse der Logistik zu verbessern, z. B. durch die Minimierung von Verpackungsmaterial.

Je nach Anforderungen und Güterart kommen unterschiedliche *Lagerarten* zum Einsatz: Je nach Standortstrategie unterscheidet man zwischen einem *Zentrallager*, das von einem Standort aus das Unternehmen versorgt, und *dezentralen Lagern*, die an unterschiedlichen Standorten die Versorgung sichern.

In Produktionsbetrieben wird die Lagerhaltung auf den Ablauf der Fertigung abgestimmt. Hier unterscheidet man (vgl. Wöhe et al., »Einführung in die Allgemeine Betriebswirtschaftslehre«, S. 325):

- **Eingangslager:** Das *Eingangslager* dient als Sammelstelle für beschaffte Materialien.
- **Handlager:** Das *Handlager* befindet sich in unmittelbarer Nähe zum Arbeitsplatz.

- **Zwischenlager:** Im *Zwischenlager* werden Materialien oder Halbfabrikate kurzfristig zwischen den einzelnen Fertigungsstufen gelagert.
- **Ausgangslager:** Das *Ausgangslager* dient als Sammelstelle für den Verkauf.

Bevor wir die Lagerplanung im Detail betrachten, ist die Klärung zentraler Lagerbegriffe erforderlich. Tabelle 8.12 zeigt die verschiedenen Begriffe.

Bestand	Menge der Artikel, die im Lager vorrätig sind
Reservierung	Menge der Artikel, die bereits für bestehende Kundenaufträge reserviert sind und somit für neue Aufträge nicht zur Verfügung stehen
Erwarteter Zugang	Offene Lieferungen, die bereits beim Lieferanten bestellt sind, jedoch noch nicht geliefert wurden
Verfügbarer Bestand	Menge der Artikel, die für die zu bearbeitenden Kundenaufträge vorrätig sind und zur Verfügung stehen
Mindestbestand	Lagerbestand, der nicht unterschritten werden darf (Sicherheitsbestand oder eiserne Reserve)
Höchstbestand	Bestand, der maximal auf Lager liegen darf
Meldebestand	Lagerbestand, bei dessen Erreichung eine neue Bestellung ausgelöst wird

Tabelle 8.12 Begriffe der Lagerhaltung

Wie Sie die einzelnen Bestände berechnen, zeige ich Ihnen weiter unten bei den Lagerkennzahlen.

Um operative gute Entscheidungen treffen zu können, müssen im Vorfeld bereits strategische Entscheidungen getroffen werden über

- **die Lagerkapazität:** Sie gibt die Grenzen für die Materialbedarfsplanung vor.
- **den Lagerstandort:** Das Ziel ist es, die Transportwege zu minimieren, deshalb muss die Lagerstandortwahl durchdacht getroffen werden, ähnlich wie bei der Standortwahl (siehe dazu auch Abschnitt 5.6).
- **die Lagerausstattung- und organisation:** Sie hängt von der Art und den Eigenschaften der zu lagernden Materialien und Güter ab und orientiert sich an den Anforderungen an das Lager, z. B. wie das Produkt gelagert werden muss: im Freien oder in einem Gebäude, auf dem Boden oder im Regal.

  (vgl. Wöhe et al., »Einführung in die Allgemeine Betriebswirtschaftslehre«, S. 325f.)

In den vorherigen Abschnitten haben wir uns mit der Ermittlung des Materialbedarfs und der Auswahl geeigneter Lieferanten beschäftigt. In Bezug auf die *operative Lagerplanung* ist es nun wichtig zu wissen, welche Menge zu welchem Zeitpunkt bestellt werden soll.

Ist es sinnvoll, den gesamten Materialbedarf in einer einzigen Bestellung zu decken oder sollte er besser auf mehrere kleinere Bestellungen verteilt werden?

Für die Ermittlung der Menge eignet sich das Verfahren zur Ermittlung der *optimalen Bestellmenge*. Es ist zu entscheiden, ob

- gleichbleibende Mengen oder
- variable Mengen

bestellt werden.

Zur Festlegung des optimalen Bestellzeitpunktes können zwei Strategien angewandt werden, nämlich:

- das *Bestellpunktverfahren*
- das *Bestellrhythmusverfahren*

Nachfolgend werden diese Fragen geklärt.

Optimale Bestellmenge

Eine zentrale Herausforderung bei der Bestellmengenplanung besteht darin, die Bestellmenge so festzulegen, dass die Gesamtkosten am geringsten sind. Dabei besteht ein Zielkonflikt: Große Bestellmengen verursachen zwar niedrige Bestellkosten pro Stück, jedoch auch hohe Lagerhaltungskosten. Kleinere, häufigere Bestellungen senken zwar die Lagerhaltungskosten, führen aber zu höheren Bestellkosten pro Stück. Die Kunst besteht darin, ein wirtschaftliches Gleichgewicht zwischen diesen beiden Kostenarten herzustellen.

Eine hilfreiche Methode, um dieses Gleichgewicht zu finden, ist die Berechnung der *optimalen Bestellmenge*, vorausgesetzt, die Nachfrage ist relativ konstant. Ihr Ziel ist es, die Gesamtkosten zu minimieren bei gleichzeitiger Sicherstellung der Materialversorgung.

Optimale Bestellmenge

Die *optimale Bestellmenge* ist die Bestellmenge, bei der die Summe aus den Lagerhaltungskosten und den Bestellkosten am geringsten ist.

Es gibt drei verschiedene Arten, die optimale Bestellmenge zu ermitteln:

1. die tabellarische Ermittlung,
2. die grafische Ermittlung und
3. die rechnerische Ermittlung mit der Andler-Formel.

Beginnen wir mit der tabellarischen Ermittlung der optimalen Bestellmenge mit folgender Ausgangssituation:

Beispiel

planITs hat zu Beginn des Jahres Füller ins Sortiment aufgenommen. Weil die Füller so gut bei den Kunden ankommen, rechnet *planITs* mit einem jährlichen Absatz der zugekauften Füller von 12.000 Stück. Die Beschaffungsabteilung muss entscheiden, ob der Jahresbedarf auf einmal, halbjährlich, vierteljährlich, alle vier Monate oder monatlich bestellt werden soll. Der Einstandspreis pro Füller beträgt 3,00 €, der Lagerhaltungskostensatz (der Prozentwert der Kosten für die Lagerhaltung) beläuft sich auf 10 % vom durchschnittlichen Lagerbestand. Pro Bestellung fallen bestellfixe Kosten in Höhe von 200,00 € an.

Wie hoch ist die optimale Bestellmenge?

Für die Berechnung der optimalen Bestellmenge sind folgende Formeln relevant:

$$\text{Bestellhäufigkeit} = \frac{\text{Jahresbedarf}}{\text{Bestellmenge}}$$

$$\text{Bestellkosten} = \text{Bestellhäufigkeit} \cdot \text{Kosten pro Bestellung}$$

$$\text{Durchschnittlicher Lagerbestand in Stück} = \frac{\text{Bestellmenge}}{2}$$

$$\text{Durchschnittlicher Lagerbestand in €}$$
$$= \text{Durchschnittlicher Lagerbestand} \cdot \frac{\text{Einstandspreis}}{\text{Stück}}$$

$$\text{Lagerhaltungskosten in €}$$
$$= \text{Durchschnittlicher Lagerbestand in €} \cdot \text{Lagerkostensatz}$$

1. Die **tabellarische Ermittlung** wird mithilfe von Tabelle 8.13 durchgeführt.

Bestell-häufigkeit im Jahr	Bestell-Menge in Stück	Bestell-kosten in €	Ø Lager-bestand in Stück	Ø Lager-bestand in €	Lagerhal-tungskos-ten in €	Summe aus Lagerhal-tungs- und Bestell-kosten in €
12	1.000	2.400,00	500	1.500,00	150,00	2.550,00
4	3.000	800,00	1.500	4.500,00	450,00	1.250,00
3	4.000	600,00	2.000	6.000,00	600,00	1.200,00
2	6.000	400,00	3.000	9.000,00	900,00	1.300,00
1	12.000	200,00	6.000	18.000,00	1.800,00	2.000,00

Tabelle 8.13 Optimale Bestellmenge – tabellarische Ermittlung

Ergebnis: Die optimale Bestellmenge liegt bei 4.000 Stück, da hier die Summe aus den Lagerhaltungs- und Bestellkosten mit 1.200,00 € am geringsten ist.

2. Für die **grafische Ermittlung** übertragen wir die Werte der Tabelle in ein Koordinatensystem (siehe Abbildung 8.11).

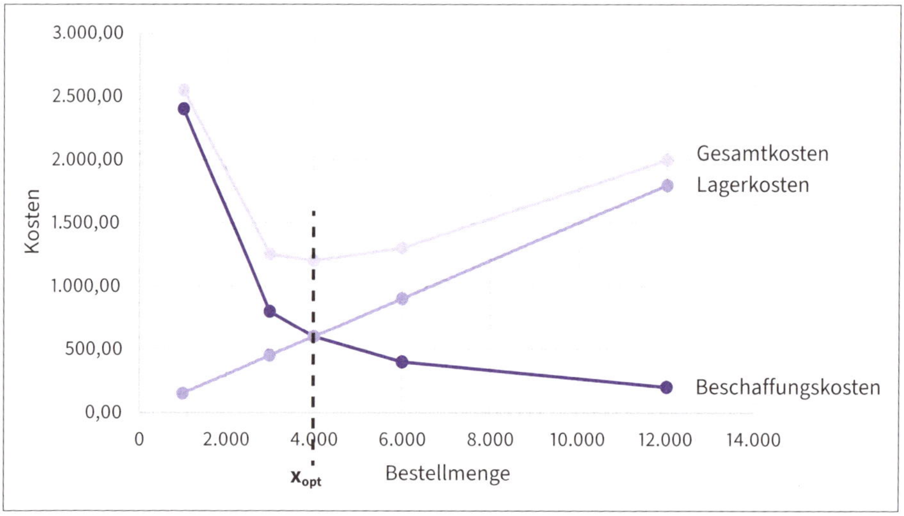

Abbildung 8.11 Optimale Bestellmenge – grafische Ermittlung

Die grafische Ermittlung bestätigt die optimale Bestellmenge in Höhe von 4.000 Stück. Sie liegt an dem Punkt, an dem sich Lagerhaltungs- und die Bestellkosten schneiden und die Gesamtkosten ihr Minimum erreichen.

3. Zur **rechnerischen Ermittlung** wird die *Andler-Formel* angewendet:

$$x_{opt} = \sqrt{\frac{2 \cdot B \cdot K_b}{K_l \cdot P}} =$$

Dabei sind:

x_{opt} = optimale Bestellmenge (in Stück)

B = Jahresbedarf (in Stück)

K_b = Bestellkosten je Bestellung (in €)

K_l = Lagerkostensatz (in %)

P = Einstandspreis pro Stück (in €)

$$x_{opt} = \sqrt{\frac{2 \cdot 12.000 \text{ Stück} \cdot 200{,}00 \text{ €}}{10\,\% \cdot 3{,}00 \text{ €}}}$$

$$= 4.000 \text{ Stück}$$

Die Berechnung mit der Andler-Formel bestätigt die optimale Bestellmenge in Höhe von 4.000 Stück. Bei einem Jahresbedarf von 12.000 Stück würde also alle 4 Monate bestellt werden.

Das vereinfachte Rechenmodell bildet die betriebliche Praxis allerdings nur unvollständig ab, da bestimmte Einflussfaktoren unberücksichtigt bleiben, nämlich unter anderem:

- Es wird ein konstanter Bedarf vorausgesetzt – schwankende Bedarfe können nicht berücksichtigt werden.
- Fixe Bestellkosten werden angenommen – sie sind in der betrieblichen Praxis aber oft mengenabhängig und variabel.
- Ist ausreichend Lagerkapazität vorhanden?
- Hat der Lieferant genügend Kapazität, um die optimale Bestellmenge zu liefern?
- Es gibt keine Liquiditätsprobleme – das Unternehmen kann die optimale Bestellmenge bezahlen.
- Lieferzeiten und Ausfallrisiken werden nicht berücksichtigt. Eine eiserne Reserve ist jedoch in der Praxis empfehlenswert, um Produktionsausfälle zu vermeiden.

Aufgabe 4: Optimale Bestellmenge

Die Firma *XYZ GmbH* verkauft hochwertige Kugelschreiber. Für das kommende Jahr plant der Einkauf mit einem konstanten Jahresbedarf von 8.000 Stück. Die fixen Bestellkosten pro Bestellung betragen 250,00 €. Ein Kugelschreiber kostet 10,00 € pro Stück und der Lagerhaltungskostensatz liegt bei 25 % des Einstandspreises.

a) Berechnen Sie die optimale Bestellmenge mithilfe der Andler-Formel.

b) Nehmen Sie an, aufgrund einer gestiegenen Jahresbedarfsmenge hat der Einkauf einen Mengenrabatt verhandeln können. Der neue Einstandspreis beträgt nun 9,00 € pro Stück. Wie verändern sich die Gesamtkosten und die optimale Bestellmenge?

Bestellpunktverfahren

Beim *Bestellpunktverfahren* wird der Lagerbestand nach jeder Entnahme überprüft, und bei Unterschreitung eines bestimmten Lagerbestands erfolgt eine neue Bestellung zum Zeitpunkt *t*.

Beispiel

Die Spiralen für die Bindung der Kalender bezieht *planITs* von einem externen Lieferanten. Der Meldebestand wird auf 60 Stück festgelegt, das heißt, die Nachbestellung der Spiralen wird dann ausgelöst, wenn der Meldebestand von 60 Stück erreicht oder unterschritten wird. Die Lieferzeit beträgt 1 Woche. Der durchschnittliche wöchentliche Verbrauch liegt bei 40 Stück, der Sicherheitsbestand bei 20 Stück.

Der Meldebestand ergibt sich wie folgt:

Meldebestand = Verbrauch während der Lieferzeit + Sicherheitsbestand

= 40 + 20 = 60 Stück

Abbildung 8.12 zeigt die grafische Darstellung des Bestellpunktverfahrens: Dabei wird eine – oft zuvor mit der Andler-Formel ermittelte – feste Bestellmenge bestellt, sobald der Lagerbestand den Meldebestand erreicht hat, wobei Lieferzeit und Sicherheitsbestand berücksichtigt werden.

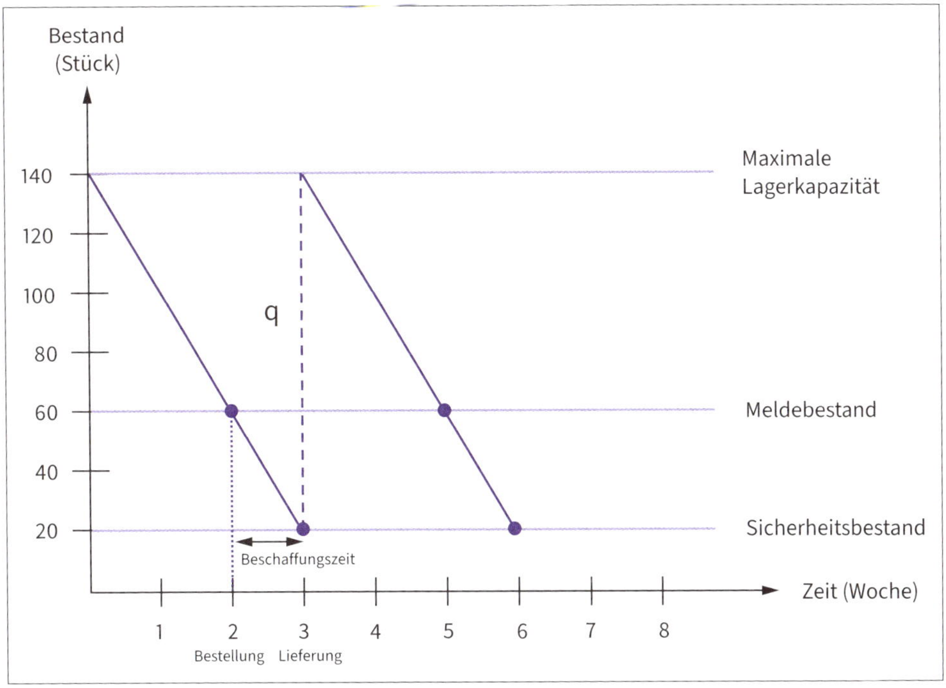

Abbildung 8.12 Das Bestellpunktverfahren – grafische Ermittlung

Wird in der zweiten Woche der Meldebestand von 60 Stück erreicht, wird eine Bestellung von der Menge q=120 Stück ausgelöst. Bei einer Wiederbeschaffungszeit von einer Woche trifft die Lieferung zu Beginn der dritten Woche ein und wird eingelagert, sodass die maximale Lagerkapazität von 140 Stück erreicht wird.

Ob das Bestellpunktverfahren für das Unternehmen geeignet ist, hängt von den Abläufen im Lager und in der Produktion sowie von den Nachfragemengen ab. Tabelle 8.14 listet die Vor- und Nachteile des Verfahrens auf.

Das Bestellpunktverfahren ist ein gängiges Konzept für die Lagerplanung, vor allem bei stark schwankendem Bedarf. Effizient ausgeführt, spart es Geld, weil der Lagerbestand immer auf einem optimalen Niveau ist. Das verhindert sowohl Über- als auch Fehlbestände.

Vorteile	Nachteile
▶ hohe Flexibilität bei Nachfrageschwankungen – problemlose Anpassung der Meldebestände und Bestellmengen möglich ▶ optimale Lagerauslastung durch Vermeidung von Über- und Fehlbeständen ▶ Sicherstellung der Produktions- und Lieferfähigkeit ▶ Optimierung der Lagerkosten	▶ Die Lagerbestände müssen ständig überwacht werden. ▶ Die Nachfrage muss genau vorhergesagt werden; bei einer falschen Prognose entstehen Über- oder Fehlbestände. ▶ hoher Verwaltungsaufwand vor allem bei einem großen Sortiment

Tabelle 8.14 Vor- und Nachteile des Bestellpunktverfahrens

Aufgabe 5: Bestellpunktverfahren

planITs hat zu Jahresbeginn einen Füller in sein Handelswarensortiment aufgenommen. Am 1. April wurde ein Lagerbestand von 250 Füllern ermittelt. Pro Kalendertag werden im Durchschnitt 20 Stück verkauft (U = täglicher Umsatz). Die Beschaffungszeit beträgt 6 Tage. Der Mindestbestand (MiB) beträgt 50 Stück. Als optimale Bestellmenge hat die Geschäftsleitung 300 Stück ermittelt.

a) Füllen Sie die unten stehende Wertetabelle aus, aus der die Entwicklung des Lagerbestands im Monat April hervorgeht.

Tag	1.	2.	3.	4.	5.	6.	7.	8.	9.	10.
Lagerbestand (Stück)										
Tag	11.	12.	13.	14.	15.	16.	17.	18.	19.	20.
Lagerbestand (Stück)										
Tag	21.	22.	23.	24.	25.	26.	27.	28.	29.	30.
Lagerbestand (Stück)										

Tabelle 8.15 Übungsaufgabe zum Bestellpunktverfahren – Wertetabelle

b) Nach wie vielen Tagen, gerechnet vom 1. April an, wird der Mindestbestand erreicht?

c) Bei welchem Meldebestand ist die Auffüllung des Lagers zu veranlassen, wenn der Mindestbestand nicht unterschritten werden soll? Stellen Sie die Berechnung anhand einer Formel dar.

d) Nach wie vielen Tagen, gerechnet vom 1. April an, wird der Meldebestand erreicht?

e) Welcher Bestand wird sofort nach dem Eintreffen der neuen Ware erreicht?

f) Stellen Sie die Lösung grafisch dar.

Bestellrhythmusverfahren

Beim *Bestellrhythmusverfahren* wird der Bestand nicht nach jeder Entnahme überprüft, sondern in festen Zeitabständen, z. B. wöchentlich. Hier wird eine variable Menge *q* in gleichen, festgelegten Zeitintervallen bestellt, unabhängig vom Melde- beziehungsweise Lagerbestand.

Abbildung 8.13 zeigt vereinfacht das Verfahren.

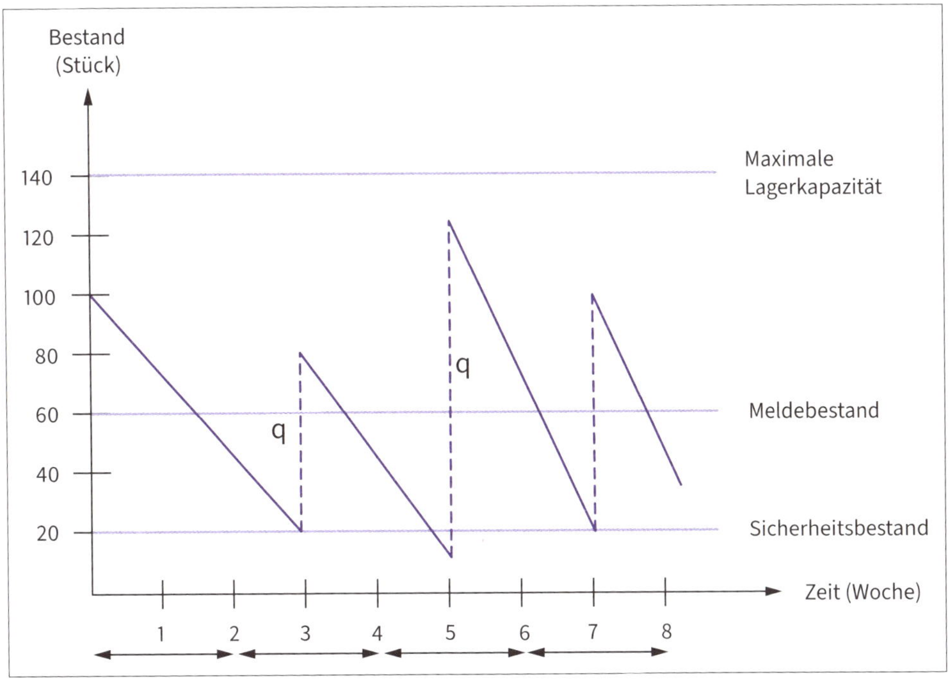

Abbildung 8.13 Bestellrhythmusverfahren – grafische Ermittlung

Im Gegensatz zum Bestellpunktverfahren, das mengenorientiert ist, ist das Bestellrhythmusverfahren zeitorientiert. Es eignet sich vor allem für Unternehmen, die einen gleichmäßigen und planbaren Materialverbrauch haben. Auch das Bestellrhythmusverfahren hat seine Vor- und Nachteile, die in Tabelle 8.16 aufgeführt sind.

Vorteile	Nachteile
▸ geringer Planungs- und Kontrollaufwand ▸ Bündelung von Bestellungen – Kostenvorteile ▸ variable Bestellmenge; sie kann auch bei 0 sein, es wird also nicht zwangsläufig bestellt.	▸ Eine Bestellung erfolgt nur zu festen Terminen. ▸ Gefahr von Über- oder Fehlbeständen bei ungeeignetem Bestellrhythmus ▸ wenig flexibel bei plötzlichem Mehrbedarf ▸ höherer Sicherheitsbestand notwendig

Tabelle 8.16 Vor- und Nachteile des Bestellrhythmusverfahrens

Welches Verfahren geeigneter ist, hängt von den jeweiligen Rahmenbedingungen im Unternehmen ab. Häufig werden beide Verfahren kombiniert und in Abhängigkeit vom Ergebnis der ABC-Analyse eingesetzt: Für A-Güter wird in der Regel das Bestellpunktverfahren (Zeitpunkt variabel, Menge meist fest) verwendet, während bei C-Gütern meist das Bestellrhythmusverfahren (Zeitpunkt fest, Menge variabel) zum Einsatz kommt.

Nach der Bestellung erfolgt die Lieferung. Nun muss eine *Warenkontrolle* durchgeführt werden. Da wir aus Sicht eines Unternehmens agieren und bei anderen Unternehmen etwas einkaufen, liegt hier ein zweiseitiger Handelskauf vor, weshalb folgende Vorschriften eingehalten werden müssen:

- **Zeitpunkt:** Die Überprüfung der Ware muss unverzüglich ohne schuldhaftes Verzögern erfolgen.
- **Quantitätskontrolle:** Die Menge muss kontrolliert werden, damit nicht zu wenig oder zu viel geliefert wird.
- **Qualitätskontrolle:** Die Ware muss sofort bei Lieferung auf Mängel überprüft werden. Offene Mängel sind sofort erkennbar, versteckte Mängel meist nur bei Anwendung. Offene Mängel sind z. B. »Artikel zerbrochen«, »Artikel zerkratzt«, »falscher Artikel«.

Nach der Lieferung der Ware wird eine *Rechnungsprüfung* durchgeführt. Folgendes ist dabei zu beachten:

- **Unterlagen prüfen:** Bestellung, Wareneingangsschein, Lieferschein und Rechnung
- **sachliche Prüfung:** Art der Waren, Menge, Lieferungs- und Zahlungsbedingungen
- **rechnerische Prüfung:** Kontrolle der Einzelpreise, Gesamtpreise, Rabatte, Umsatzsteuer, Skonto

- Differenzen werden gemeinsam mit dem Lieferanten bereinigt.
- Dann erfolgt die Freigabe der Rechnung zur Zahlung.

Der Beschaffungsvorgang ist mit der Zahlung der Rechnung abgeschlossen.

Lagerkennzahlen

Sie haben bereits einiges zur Lagerhaltung erfahren. Um den betrieblichen Erfolg sicherzustellen, ist es auch wichtig, zu überprüfen, ob die Lagerplanung effizient und wirtschaftlich ist. Ein effektives Instrument hierfür sind *Lagerkennzahlen*, da sie eine objektive Grundlage für optimale Entscheidungen in der Lagerplanung sind, um die Lagerkosten so gering wie möglich zu halten, gleichzeitig aber auch eine optimale Produktverfügbarkeit sicherzustellen. Durch die Lagerkennzahlen können fehlerhafte Prozesse aufgedeckt und optimiert werden.

Lagerkennzahlen

Lagerkennzahlen sind betriebswirtschaftliche Messwerte, die Auskunft über die Wirtschaftlichkeit und Effizienz des Lagers geben.

Im Folgenden gebe ich Ihnen einen Überblick über die Lagerkennzahlen anhand ihrer Einteilung (siehe Abbildung 8.14) und stelle anschließend die jeweiligen Berechnungsformeln vor, ohne dabei tiefer ins Detail zu gehen.

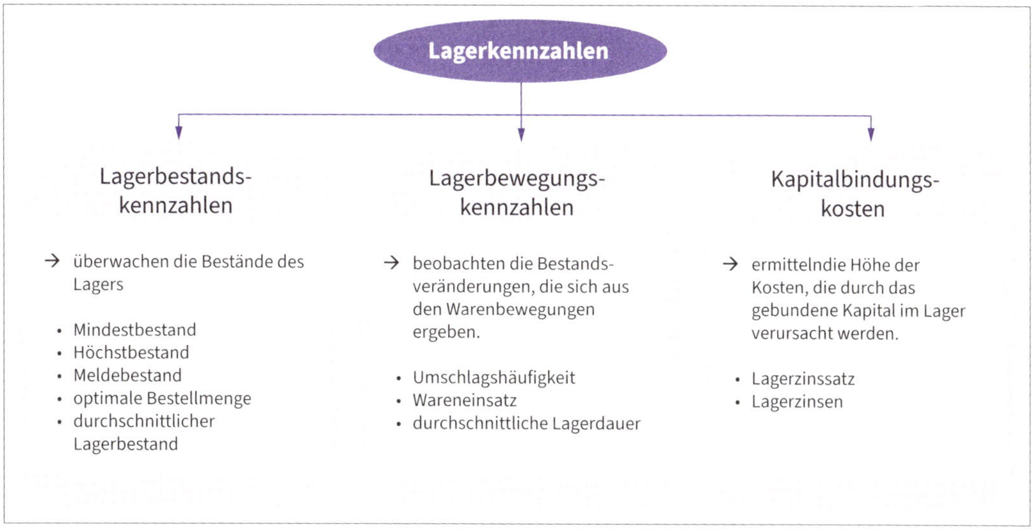

Abbildung 8.14 Lagerkennzahlen

Den Mindestbestand, den Höchstbestand und den Meldebestand habe ich bereits kurz erklärt, weil sie wichtige Begriffe der Lagerplanung sind. Auch die Bestellmenge und der durchschnittliche Lagerbestand wurden bei der Ermittlung der optimalen Bestellmenge bereits thematisiert. Trotzdem werde ich diese Begriffe und die übrigen Kennzahlen im Folgenden kurz erläutern und mit ihrer jeweiligen Berechnungsformel darstellen, damit Sie alle wesentlichen Lagerkennzahlen hier an einer Stelle gebündelt nachschlagen können.

Lagerbestandskennzahlen

Mindestbestand

Der *Mindestbestand* ist der Bestand, der immer am Lager vorrätig sein sollte, um Lieferengpässe oder Sonderbedarfe auszugleichen.

Mindestbestand = Ø Tagesbedarf • Lieferzeit in Tagen

Höchstbestand

Der *Höchstbestand* gibt die maximale Lagermenge an, die nicht überschritten werden sollte.

Höchstbestand = Mindestbestand + optimale Bestellmenge

Meldebestand

Bei Erreichen des *Meldebestands* wird eine neue Bestellung ausgelöst.

Meldebestand = Ø Tagesbedarf • Beschaffungszeit + Mindestbestand

Optimale Bestellmenge

Die *optimale Bestellmenge* ist die Bestellmenge, bei der die Summe aus den Lagerhaltungskosten und den Bestellkosten am geringsten ist.

$$x_{opt} = \sqrt{\frac{2 \cdot \text{Jahresbedarf in Stück} \cdot \text{Bestellkosten je Bestellung}}{\text{Lagerkostensatz} \cdot \text{Einstandspreis pro Stück}}}$$

Durchschnittlicher Lagerbestand

Der *durchschnittliche Lagerbestand* kann auch vierteljährlich, monatlich oder wöchentlich berechnet werden. Hierzu addiert man alle Bestände und teilt sie durch die Anzahl der Bestände.

$$\text{Durchschnittlicher Lagerbestand} = \frac{\text{Anfangsbestand} + \text{Endbestand}}{2}$$

Lagerbewegungskennzahlen

Umschlagshäufigkeit

Die *Umschlagshäufigkeit* gibt an, wie oft der Lagerbestand innerhalb eines Jahres verkauft wird.

Je größer die Umschlagshäufigkeit ist, desto geringer ist die Kapitalbindung im Lager.

$$\text{Umschlagshäufigkeit (Mengenbasis)} = \frac{\text{Wareneinsatz}}{\text{durchschnittlicher Lagerbestand}}$$

Wareneinsatz

Der *Wareneinsatz* ist die Menge der verkauften Ware innerhalb eines Zeitraums.

$$\text{Umschlagshäufigkeit (Wertbasis)} = \frac{\text{Jahresumsatz}}{\text{durchschnittlicher Lagerbestand}}$$

Durchschnittliche Lagerdauer

Die *durchschnittliche Lagerdauer* gibt an, wie lange ein Artikel innerhalb eines Jahres im Lager liegt.

$$\text{Durchschnittliche Lagerdauer} = \frac{360}{\text{Umschlagshäufigkeit}}$$

Kapitalbindungskosten

Lagerzinssatz

Das Kapital, das im Lager gebunden ist, hätte das Unternehmen alternativ gewinnbringend anlegen können, etwa bei einer Bank, um Zinsen dafür zu erhalten. Der *Lagerzinssatz* gibt an, wie viel Prozent Zinsen das im Lager gebundene Kapital verursacht.

$$\text{Lagerzinssatz} = \frac{\text{Jahreszinssatz} \cdot \text{durchschnittliche Lagerdauer}}{360}$$

Lagerzinsen

Die *Lagerzinsen* geben die Kosten an, die das im Lager gebundene Kapital verursacht.

$$\text{Lagerzinsen} = \frac{\text{durchschnittlicher Lagerbestand (€)} \cdot \text{Lagerzinssatz (\%)}}{100\,\%}$$

Mithilfe der Lagerkennzahlen werden die Ist-Zustände im Lager aufgezeigt, die dann anschließend mit den Soll-Zuständen verglichen werden können, um bei Abweichungen entsprechende Maßnahmen zu ergreifen.

Abschließend möchte ich noch kurz auf das *Just-in-Time-Konzept* eingehen, bei dem die Materialien erst angeliefert werden, wenn sie für die Produktion benötigt werden. Das Ziel bei diesem Konzept ist es, die Lagerkosten und die Kapitalbindungskosten zu minimieren. In der Realität werden die Lagerkosten zwar vermieden, jedoch erhöhen sich in der Regel die Beschaffungskosten, denn zum einen übernimmt der Lieferant die Lagerung der Materialien, zum anderen lässt er sich den erhöhten Koordinationsaufwand dafür, dass die Ware auch zur richtigen Zeit in der richtigen Menge verfügbar ist, und die geforderte Flexibilität selbstverständlich vergüten.

In diesem Kapitel konnten Sie erkennen, welch große Bedeutung die Beschaffung für die gesamte Unternehmung hat. Die Beschaffung trägt dazu bei, dass der Produktionsprozess störungsfrei verläuft, um jederzeit wettbewerbsfähig zu sein. Eine gute strategische und operative Beschaffungsplanung ist der Grundstein für ein erfolgreiches Unternehmen.

Kommen wir nun zu unserer Eingangsfrage zurück: Wie in Abschnitt 8.1 beschrieben, bestehen unterschiedliche Zielbeziehungen. So kann es zu Zielkonflikten zwischen einer kostengünstigen Beschaffung und dem Anspruch auf Nachhaltigkeit kommen. Zwar ist der Einkauf von Materialien im Ausland oft günstiger, doch durch längere Transportwege entstehen ökologische Nachteile, die im Widerspruch zum Nachhaltigkeitsgedanken stehen. Eine genauere Betrachtung von Local und Global Sourcing konnten Sie in Abschnitt 8.2 lesen. Welche generellen Tipps haben Sie sich für *planITs* noch überlegt?

8.6 Lösungen

Aufgabe 1

a) Bestimmung der Rangfolge

Artikel	Einkaufs-menge in Stück	Preis je Einheit in €	Einkaufswert in €	Anteil an der Gesamt-einkaufs-menge in %	Anteil am Gesamt-einkaufs-wert in %	Rangfolge nach Gesamt-einkaufs-wert
101	37.500	9,19	344.625,00	7,8	7,8	4
202	180.000	0,51	91.800,00	37,5	2,1	6
303	31.500	58,33	1.837.395,00	6,6	41,5	1
404	75.000	5,72	429.000,00	15,6	9,7	3
505	100.000	1,02	102.000,00	20,8	2,3	5
606	55.900	29,11	1.627.249,00	11,7	36,6	2
Summe	**479.900**		**4.432.069,00**	**100**	**100**	

Tabelle 8.17 Übungsaufgabe zur ABC-Analyse – Rangfolge – Lösung

b) Einteilung in ABC-Güter

Artikel nach Rang	Einkaufs-menge in % (Wert)	Einkaufs-menge in % (kumuliert)	Einkaufs-wert in % (Wert)	Einkaufs-wert in % (kumuliert)	Klassifika-tion
303	6,6	6,6	41,5	41,5	A
606	11,7	18,3	36,7	78,2	A
404	15,6	33,9	9,7	87,9	B
101	7,8	41,7	7,8	95,7	C
505	20,8	62,5	2,3	97,9	C
202	37,5	100	2,1	100	C

Tabelle 8.18 Übungsaufgabe zur ABC-Analyse – Klassifizierung – Lösung

Die grafische Lösung aus Abbildung 8.15 war in der Aufgabe nicht gefordert, ich ergänze sie hier zur Veranschaulichung.

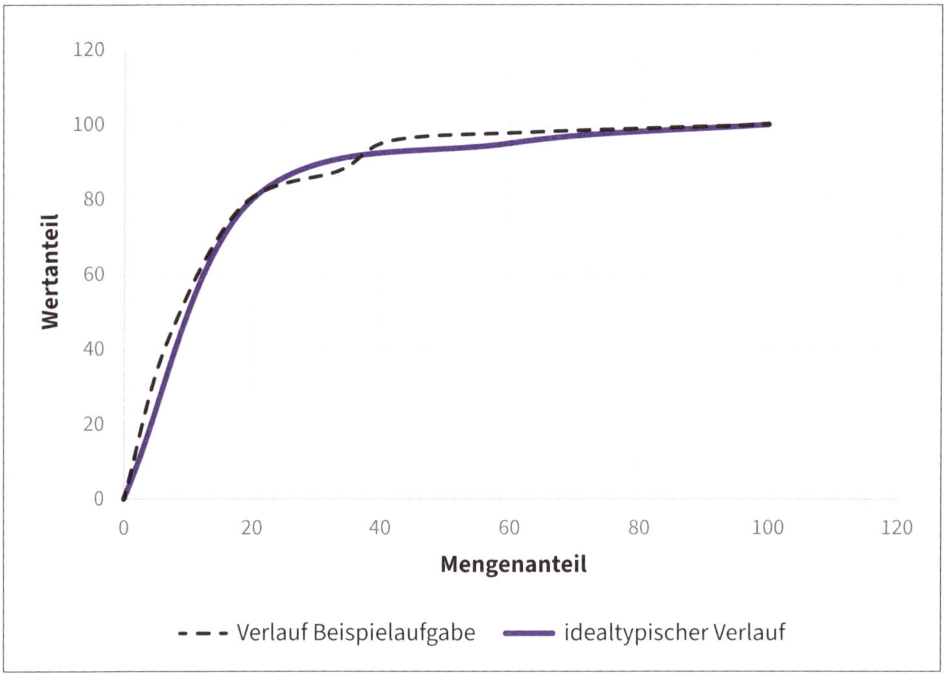

Abbildung 8.15 Aufgabe 1 zur ABC-Analyse – grafische Lösung

Aufgabe 2

Mögliche Vorteile sind:

- Vielfältige Kriterien werden berücksichtigt, sowohl quantitative (z. B. der Preis) als auch qualitative (z. B. Qualität, Serviceleistungen).
- hohe Transparenz durch eine strukturierte Vorgehensweise
- flexibel, und eine Anpassung an spezifische Anforderungen ist jederzeit möglich.
- einsetzbar in verschiedenen Bereichen
- Unterstützung bei komplexen Entscheidungen

Mögliche Nachteile sind:

- Gewichtung und Bewertung basieren auf subjektiven Einschätzungen.
- Vor allem im Team ist es herausfordernd, eine einheitliche Gewichtung zu finden.
- komplex und zeitaufwendig

- Bei der Umwandlung von qualitativen Kriterien in numerische Werte kann eine Scheingenauigkeit vorliegen. Das heißt, es kann eine Präzision vorgetäuscht werden, die es so gar nicht gibt.

Aufgabe 3

Kriterien	Gewichtungsfaktor	Punkte Lieferant X-KG	Punkte × Faktor Lieferant X-KG	Punkte Lieferant Y-AG	Punkte × Faktor Lieferant Y-AG	Punkte Lieferant Z-GmbH	Punkte × Faktor Lieferant Z-GmbH
Bezugspreis	40 %	9	3,6	6	2,4	3	1,2
Qualität	30 %	5	1,5	9	2,7	9	2,7
Lieferfrist	5 %	2	0,1	6	0,3	8	0,4
Termintreue	10 %	5	0,5	5	0,5	5	0,5
Finanzkraft	5 %	6	0,3	2	0,1	5	0,25
Reklamationen	10 %	7	0,7	5	0,5	5	0,5
Gesamtwert	100 %		6,7		6,5		5,55

Tabelle 8.19 Übungsaufgabe zur Nutzwertanalyse – Lösung

Anmerkung: Es ist hier nicht möglich, eine zu 100 % richtige Musterlösung anzugeben, weil die Bewertung der Kriterien subjektiv ist, aber die Tendenz sollte in diese Richtung gehen.

Ergebnis: Basierend auf der durchgeführten Nutzwertanalyse erzielt der Lieferant X-KG die höchste Gesamtpunktzahl und erscheint somit als beste Wahl. Allerdings liegt der Gesamtnutzenwert der Y-AG nur geringfügig darunter. Beim Kriterium Qualität schneidet die Y-AG deutlich besser ab als die X-KG. Deshalb sollte sich das Unternehmen die Frage stellen, wie entscheidend die Qualität im Gesamtkontext ist, denn sollte es der Qualität eine höhere Priorität einräumen, könnte das die Entscheidung zugunsten der Y-AG beeinflussen. Daher ist es sinnvoll, die Gewichtung der Entscheidungskriterien zu überdenken und eventuell anzupassen, um eine Entscheidung treffen zu können, die den strategischen Zielen des Unternehmens entspricht.

Aufgabe 4

Andler-Formel:

$$x_{opt} = \sqrt{\frac{2 \cdot B \cdot Kb}{Kl \cdot P}} = \sqrt{\frac{2 \cdot 8.000 \cdot 250{,}00}{25\,\% \cdot 10}}$$

$$= 1.264{,}91 \sim 1.265 \text{ Stück}$$

Ergebnis: Die optimale Bestellmenge liegt bei 1.265 Stück.

Schritt 1: Der Stückpreis bestimmt die Lagerkosten. → Die Lagerkosten sinken, da der neue Stückpreis niedriger ist.

Schritt 2: Bei den Bestellkosten gibt es keine Veränderungen.

Schritt 3: Die Bestellmenge steigt. → Die Anzahl der Bestellungen sinkt.

Schritt 4: Die optimale Bestellmenge steigt. → Die Gesamtkosten sinken.

Aufgabe 5

a) Wertetabelle zum Lagerbestand im Monat April:

Tag	1.	2.	3.	4.	5.	6.	7.	8.	9.	10.
Lagerbestand (Stück)	250	230	210	190	**170**	150	130	110	90	70
Tag	**11.**	**12.**	**13.**	**14.**	**15.**	**16.**	**17.**	**18.**	**19.**	**20.**
Lagerbestand (Stück)	(50) 350	330	310	290	270	250	230	210	190	**170**
Tag	**21.**	**22.**	**23.**	**24.**	**25.**	**26.**	**27.**	**28.**	**29.**	**30.**
Lagerbestand (Stück)	150	130	110	90	70	(50) 350	330	310	290	270

Tabelle 8.20 Übungsaufgabe zum Bestellpunktverfahren – Wertetabelle – Lösung

b) Am 11. Tag wird der Mindestbestand von 50 Stück erreicht.

$$\text{Meldebestand} = \varnothing\ \text{Tagesbedarf} \cdot \text{Beschaffungszeit} + \text{Mindestbestand}$$

$$\text{Meldebestand} = 20 \cdot 6 + 50 = 170\ \text{Stück}$$

$$250 - 170 = 80 : 20\ \text{Füller} = 4\ \text{Tage}$$

c) Höchstbestand = Mindestbestand + optimale Bestellmenge

Höchstbestand = 50 + 300 = 350 Stück

Grafische Lösung:

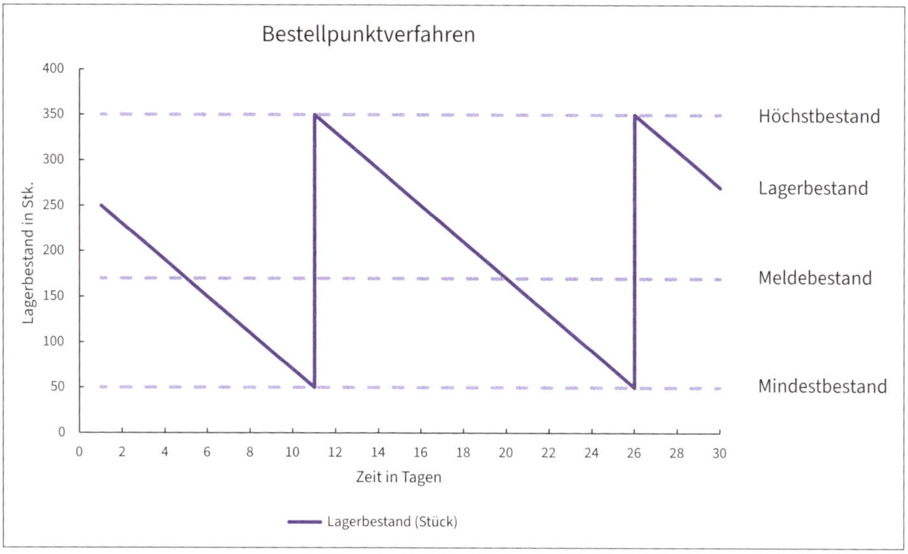

Abbildung 8.16 Übungsaufgabe zum Bestellpunktverfahren – grafische Lösung

Kapitel 9
Produktionswirtschaft

Unser Beispielunternehmen »planITs« steht in den Startlöchern, um den Geschäftsbetrieb aufzunehmen. Die Aufnahme der Produktion markiert einen wichtigen Meilenstein für planITs, da eine effiziente, zuverlässige und qualitativ hochwertige Fertigung ein Grundpfeiler des unternehmerischen Erfolgs ist. Dabei gilt es eine Vielzahl von Aspekten zu berücksichtigen, die in diesem Kapitel betrachtet werden.

Knobelei zum Einstieg

Zum Einstieg gibt es ein kurzes Quiz.

Frage 1: Was ist der zentrale Unterschied zwischen Produktion und Fertigung?

a) Produktion ist nur in der Landwirtschaft möglich, Fertigung nur in der Industrie.

b) Fertigung bezieht sich nur auf Dienstleistungen, Produktion nur auf Güter.

c) Es gibt keinen Unterschied.

d) Fertigung ist die physische Herstellung von materiellen Gütern; die Produktion ist der Oberbegriff für alle Transformationsprozesse.

Frage 2: Warum spielt die Produktion eine wichtige Rolle für die Gesellschaft?

a) Weil sie den Importbedarf eines Landes erhöht.

b) Weil sie ausschließlich der Gewinnerzielung von Unternehmen dient.

c) Weil sie die Haushalte mit lebenswichtigen Gütern versorgt und Arbeitsplätze schafft.

d) Weil sie hauptsächlich für den Export von Luxusgütern zuständig ist.

Frage 3: Was ist das zentrale Ziel von Lean Production?

a) Produktionsprozesse effizient und ohne Verschwendung gestalten

b) maximale Auslastung der Maschinen

c) möglichst viele Produkte gleichzeitig herstellen

d) Einsatz möglichst vieler Arbeitskräfte

Frage 4: Was beschreibt die Durchlaufzeit in der Produktion am genauesten?

a) Die Zeit, die ein Mitarbeiter pro Schicht arbeitet

b) Die Zeitspanne, die das Unternehmen für die Produktion eines Produkts benötigt

c) Die Zeit, die ein Produkt im Lager liegt

d) Die Zeit, die für das Einrichten einer Maschine benötigt wird

Frage 5: Was ist das wesentliche Merkmal von *Industrie 4.0*?

a) die vollständige Verlagerung der Produktion ins Ausland

b) die Einführung von Akkordarbeit in der industriellen Fertigung

c) die Vernetzung von Maschinen, Produkten und Menschen in der Produktion

d) der ausschließliche Einsatz von Handarbeit in der Fertigung

Die Auflösung finden Sie im Text und am Ende des Kapitels in Form der Lösungsbuchstaben.

Worum geht es in diesem Kapitel?

Abschnitt 9.1, »Grundlagen der Produktionswirtschaft«

Abschnitt 9.2, »Produktions- und Kostentheorie«

Abschnitt 9.3, »Produktionsprogrammplanung«

Abschnitt 9.4, »Produktionskapazität«

Abschnitt 9.5, »Auftragseindringtiefe (Order-Penetration-Point)«

Abschnitt 9.6, »Fertigungstypen der Produktion«

Abschnitt 9.7, »Organisationstypen der Produktion«

Abschnitt 9.8, »Fertigungsverfahren der Produktion«

Abschnitt 9.9, »Qualitätsmanagement«

Abschnitt 9.10, »Umweltmanagement«

Abschnitt 9.11, »Produktionsplanung und Produktionssteuerung«

Abschnitt 9.12, »Industrie 4.0«

9.1 Grundlagen der Produktionswirtschaft

Wir leben heute in einem materiellen Wohlstand, den keine Generation vor uns je erlebt hat. Noch nie zuvor standen so viele materielle Güter in solcher Fülle und Vielfalt zur Verfügung wie heute. Einen wesentlichen Beitrag dazu leistet die *Produktionswirtschaft*, die kontinuierlich daran arbeitet, Herstellungsprozesse effizienter, kostengünstiger und qualitativ hochwertiger zu gestalten. Als Teilbereich der BWL befasst sich die Produktionswirtschaft mit der Planung, Organisation und Steuerung der Produktion im Unternehmen. Unter *Produktion* versteht man dagegen die eigentliche Erstellung von Gütern und Dienstleistungen.

Produktion gibt es schon seit der Steinzeit, als Faustkeile aus Stein geklopft wurden. Das Mittelalter war die Blütezeit des Handwerks und des Handels. Die industrielle Revolution begann im 18. Jahrhundert, als die mechanische Produktion eingeführt wurde – die *Industrie 1.0* war geboren. Im Jahr 1913 wurde in den Ford-Werken in den USA die Fließbandproduktion nach dem Prinzip von Henry Ford eingeführt – *Industrie 2.0*. Ab 1970 begann die dritte industrielle Revolution – *Industrie 3.0* –, als immer mehr Computer eingesetzt wurden und die Automatisierung im Vordergrund stand. Heute befinden wir uns in der vierten industriellen Revolution. Die *Industrie 4.0* ist geprägt durch die Vernetzung und Digitalisierung früherer Techniken – in Abschnitt 9.12 gehe ich ausführlicher darauf ein.

Erinnern Sie sich an den Prozess der betrieblichen Leistungserstellung, der in Abbildung 8.1 dargestellt ist? Die *Produktion* zählt neben der Beschaffung und dem Absatz zu den *Primärfunktionen* eines Unternehmens. Die *Sekundärfunktionen*, Bereiche wie Personal oder Finanzierung, unterstützen die Primärfunktionen, um einen reibungslosen Ablauf sicherzustellen. Bei der Produktion werden, wie in Abbildung 8.1 bereits angedeutet, aus *Inputfaktoren* marktfähige *Outputfaktoren*, also Güter und Dienstleistungen, erzeugt.

Produktion

Die *Produktion* ist ein zentraler Teil des Leistungserstellungsprozesses und umfasst sämtliche Tätigkeiten, bei denen Rohstoffe und unfertige Erzeugnisse mithilfe von anderen Produktionsfaktoren in Güter und Dienstleistungen für den Kunden und Endverbraucher umgewandelt werden.

Im allgemeinen Sprachgebrauch werden die Begriffe *Produktion* und *Fertigung* oft synonym verwendet. In der Fachsprache gibt es jedoch klare Unterschiede: Die Fertigung bezeichnet die physische Herstellung materieller Güter, während die Produktion der Oberbegriff für alle Transformationsprozesse ist, bei denen aus Inputgütern (z. B. Rohstoffen, Energie, Wissen) Outputgüter entstehen.

Ein Beispiel für eine Produktion, die nicht als Fertigung gilt, ist die Entwicklung einer standardisierten Software (z. B. eines Betriebssystems): Hier entsteht zwar kein materielles Produkt, aber ein nutzbarer, digitaler Output, der standardisiert und reproduzierbar ist und unabhängig vom Kunden mehrfach verkauft werden kann. In diesem Fall spricht man von einer *immateriellen Produktion* (standardisierte Erstellung immaterieller Güter).

Bei einer individuellen, kundenbezogenen Softwareentwicklung handelt es sich hingegen um eine *Dienstleistung*, da sie projektbasiert, immateriell und nicht lagerfähig ist und vor allem einen individuellen Nutzen für den Kunden bringt. Solche Prozesse sind auch für *planITs* relevant, da eine digitale Version seines Kalenders geplant ist – im Gegensatz zur Papierversion, die als klassische Fertigung einzustufen ist.

Der Output einer Unternehmensberatung, beispielsweise ein individuell erstelltes Strategiepapier, gilt ebenfalls als Dienstleistung, da er nicht auf einem wiederholbaren, standardisierten Produktionsprozess basiert.

Eine Designagentur bewegt sich im Grenzbereich: Standardisierte, reproduzierbare Layoutvorlagen, z. B. für Flyer, können als immaterielle Produktion eingeordnet werden, da sie digital vorliegen und mehrfach reproduziert werden können. Wenn das Layout physisch gedruckt wird, spricht man von Fertigung, da dabei ein materielles Produkt entsteht. Kreative, individuelle Gestaltungsaufträge, z. B. eine maßgeschneiderte Werbekampagne, gelten fachlich als Dienstleistung, weil sie einzigartig, kundenbezogen und nicht standardisiert sind.

Eine gut organisierte und sorgfältig geplante *Produktionsplanung und -steuerung* ist entscheidend für den wirtschaftlichen Erfolg eines Unternehmens, weshalb sich der dafür notwendige Zeit- und Ressourcenaufwand in der Regel auszahlt.

Auch gesamtgesellschaftlich gesehen spielt die Produktion eine bedeutende Rolle, denn die Produktion

- versorgt die Haushalte mit lebenswichtigen Gütern und Dienstleistungen, beispielsweise mit Nahrung, Kleidung, Wasser- und Stromversorgung,
- schafft Arbeitsplätze und Einkommen,
- ist der Kern des *Bruttoinlandsprodukts* (also des Gesamtwerts aller Waren und Dienstleistungen, die im Inland innerhalb einer bestimmten Periode produziert wurden – je mehr produziert wird, desto höher ist das Bruttoinlandsprodukt) und
- trägt zum Wohlstand der Gesellschaft und somit auch zur Lebensqualität im jeweiligen Land bei.

Die Ziele der Produktion korrespondieren mit den strategischen Unternehmenszielen. Das heißt, sie sind auf die langfristigen Unternehmensziele ausgerichtet und unterstützen deren Erreichung. Wichtige *Produktionsziele* sind beispielsweise:

- **Zeitziele**:
  - Einhaltung von Lieferterminen für eine fristgerechte Versorgung der Kunden
  - möglichst kurze Durchlaufzeiten
- **Kostenziele**:
  - möglichst niedrige Produktions- und Herstellkosten
  - Senkung der Materialkosten
  - Reduzierung der Rüst- und Stillstandszeiten
- **Ergebnisziele**:
  - hohe Auslastung
  - hohe Ausbringungsmenge
  - hohe Produktqualität
- **Sonstige**:
  - flexibel auf Kundenwünsche reagieren können
  - Nachhaltigkeit – ein möglichst umweltschonender Produktionsprozess

Die *Aufgaben der Produktionswirtschaft* können in zwei große Bereiche aufgeteilt werden, wie Abbildung 9.1 zeigt.

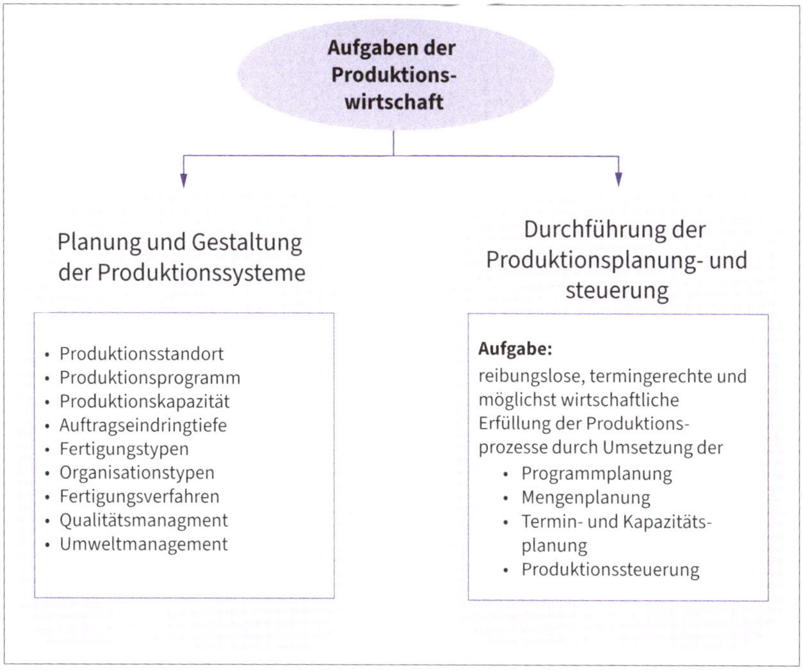

Abbildung 9.1 Aufgaben der Produktionswirtschaft (vgl. Vahs/Schäfer-Kunz, »Einführung in die Betriebswirtschaftslehre«, S. 681)

Die Produktion hat also sowohl planerische (strategische) als auch ausführende (operative) Aufgaben. In den folgenden Abschnitten schauen wir uns diese Bereiche genauer an.

Die Handlungsmaxime bei den Produktionsprozessen ist, dass sie effektiv und effizient sein sollen. *Effektiv* bedeutet, die richtigen Dinge zu tun. *Effizient* meint, die Dinge richtig zu tun. Um dies zu erreichen, bedient sich die Produktionswissenschaft verschiedener Instrumente und Konzepte. Bevor wir uns im Detail mit diesen befassen, widmen wir uns zuerst der Produktionstheorie, denn sie liefert die theoretischen Grundlagen, um die Produktionsabläufe zu verstehen und optimieren zu können.

9.2 Produktions- und Kostentheorie

Das oberste Ziel von produzierenden Unternehmen ist die *Gewinnmaximierung*. Um dieses Ziel zu erreichen, muss das Unternehmen wissen, wie es möglichst effizient Produktionsfaktoren in Güter oder Dienstleistungen umwandelt. Abbildung 9.2 zeigt den vereinfacht dargestellten Produktionsprozess.

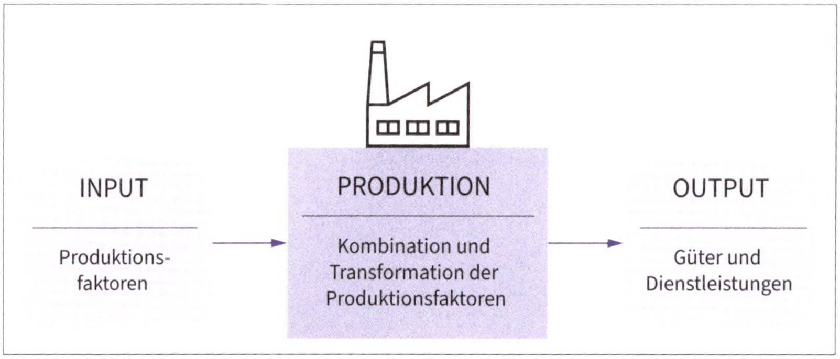

Abbildung 9.2 Der Produktionsprozess

Damit diese Transformation gelingt und die Produktionsprozesse möglichst effizient gestaltet werden können, braucht es wirtschaftliche Grundkenntnisse über die Beziehung zwischen der eingesetzten Menge an Produktionsfaktoren zu der ausgebrachten Menge an Gütern. Die *Produktionstheorie* unterstützt insbesondere in der industriellen Produktion dabei, diesen funktionalen Zusammenhang zu analysieren und aufzuzeigen, wie sich Veränderungen der Inputmenge auf die Outputmenge auswirken.

Die Produktionsfunktion

Dargestellt wird dieser Zusammenhang – die Beziehung zwischen den Produktionsfaktoren und den Gütern – durch die sogenannte *Produktionsfunktion*. Mithilfe der Produktionsfunktion soll die optimale Produktionsmenge unter Berücksichtigung des Inputs ermittelt werden.

Sie kann mathematisch auf folgende Weise mit einer Funktion *f* dargestellt werden (vgl. Vahs/ Schäfer-Kunz, »Einführung in die Betriebswirtschaftslehre«, S. 682):

$$x = f(q_1, q_2, \ldots, q_n)$$

mit:

x = Ausbringungsmenge der produzierten Güter

q = Menge der verwendeten Produktionsfaktoren (Arbeit, Kapital)

n = Anzahl der Produktionsfaktoren

Abbildung 9.3 zeigt, wie sich das in einer vereinfachten Skizze darstellen lässt.

Alle Punkte, die auf der Produktionsfunktionskurve liegen, zeigen technisch effiziente Kombinationen von Inputfaktoren, mit denen der maximal mögliche Output erzielt wird. Punkte unterhalb der Kurve stellen ineffiziente Produktionsfaktorkombinationen dar, bei denen mit denselben Inputs weniger Output erzielt wird, als technisch möglich wäre. Punkte oberhalb der Kurve sind technisch nicht realisierbar, da sie beispielsweise technisch maximal mögliche Produktionsgrenzen überschreiten würden.

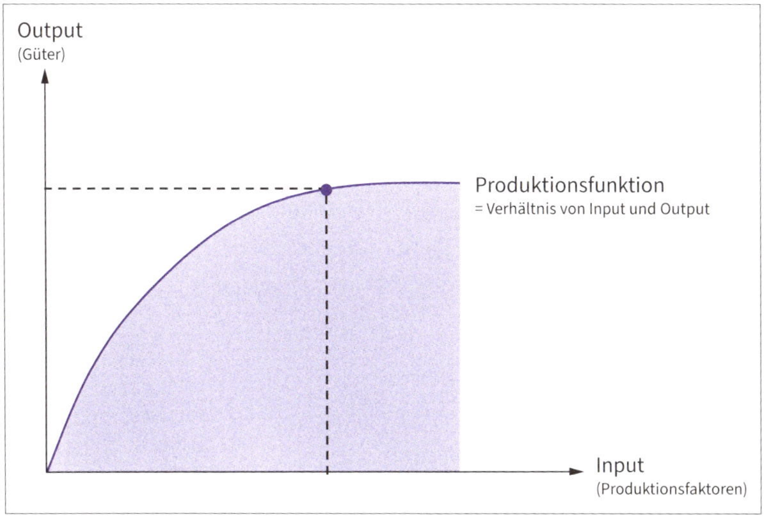

Abbildung 9.3 Die Produktionsfunktion

Die Produktionstheorie unterscheidet bei einer technisch effizienten Produktion zwischen zwei verschiedenen *Arten von Produktionsfunktionen*, die im Folgenden in Tabelle 9.1 gegenübergestellt sind.

Substitutionale Produktionsfunktion	Limitationale Produktionsfunktion
Die Produktionsfaktoren können sich gegenseitig in einem bestimmten Austauschverhältnis ersetzen (*substituieren*), ohne dass sich die Outputmenge verändert. Wird ein Faktor reduziert, kann dies durch die Erhöhung eines anderen Faktors ausgeglichen werden.	Die Produktionsfaktoren lassen sich nicht beliebig austauschen, sondern müssen in einem bestimmten Verhältnis zueinander eingesetzt werden. Um die Outputmenge zu erhöhen, müssen deshalb alle benötigten Inputfaktoren proportional erhöht werden.
Beispiel: Eine Maschine übernimmt die Bindung der Kalender, die bisher ein Mitarbeiter ausgeführt hat.	**Beispiel:** *planITs* möchte doppelt so viele Kalender herstellen. Jeder Kalender benötigt verschiedene Komponenten (Deckblatt, Spiralen etc.) – alle benötigten Materialien müssen entsprechend verdoppelt werden.

Tabelle 9.1 Arten von Produktionsfunktionen

Die Veränderungen in Produktionsfunktionen werden mithilfe von *Isoquanten* dargestellt – diese zeigen alle möglichen Kombinationen der Produktionsfaktoren, mit denen eine bestimmte Outputmenge erzielt werden kann.

Die substitutionale Produktionsfunktion

Bei einer *substitutionalen Produktionsfunktion* verlaufen die Isoquanten in der Regel gekrümmt, da meist nur eine teilweise Substituierbarkeit der Produktionsfaktoren gegeben ist. Das bedeutet, dass ein Produktionsfaktor nicht vollständig durch einen anderen Faktor ersetzt werden kann, ohne die Ausbringungsmenge zu verändern. Liegt hingegen eine vollständige Substituierbarkeit vor, verläuft die Isoquante als Gerade, was in der Realität jedoch selten ist. Deshalb wird in Abbildung 9.4 eine Isoquante für den Fall einer teilweisen Substituierbarkeit dargestellt.

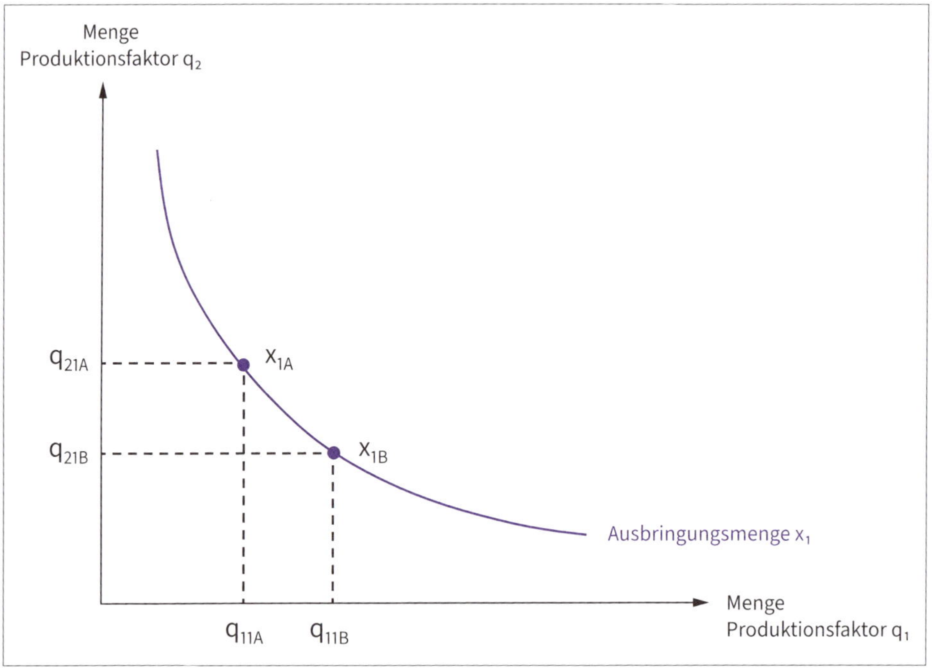

Abbildung 9.4 Substitutionale Produktionsfunktion (vgl. Vahs/Schäfer-Kunz, »Einführung in die Betriebswirtschaftslehre«, S. 684)

In der Grafik ist ersichtlich, dass eine bestimmte Ausbringungsmenge x_1 mit verschiedenen Kombinationen der Produktionsfaktoren q_1 und q_2 erreicht werden kann. So wird die Menge x_{1A} durch den Einsatz der Produktionsfaktoren q_{11A} und q_{21A} realisiert. Die gleiche Ausbringungsmenge x_{1B} kann jedoch auch mit der Faktorkombination q_{11B} und q_{21B} erzielt werden, denn auf einer Isoquante ist die Ausbringungsmenge immer gleich.

Die konvexe Form der Isoquante zeigt, dass ein Produktionsfaktor bis zu einem gewissen Punkt durch einen anderen ersetzt werden kann, jedoch nicht unbegrenzt. So können z. B. in einer Industrieproduktion fehlende Maschinenstunden durch zusätzliche Arbeitsstunden der Mitarbeiter teilweise ausgeglichen werden. Ganz ohne Maschinen ist eine bestimmte Produktionsmenge jedoch nicht erreichbar.

Die limitationale Produktionsfunktion

Bei der *limitationalen Produktionsfunktion* können die Produktionsfaktoren nur in einem festen, vorgegebenen Verhältnis miteinander kombiniert werden. Das bedeutet, dass eine bestimmte Ausbringungsmenge x effizient nur mit einer bestimmten Kombination der Produktionsfaktoren produziert werden kann. Eine Steigerung eines Produktionsfaktors ohne eine entsprechende Erhöhung des anderen Faktors führt nicht zu einer höheren Produktionsmenge. Dieser Zusammenhang lässt sich grafisch so wie in Abbildung 9.5 darstellen.

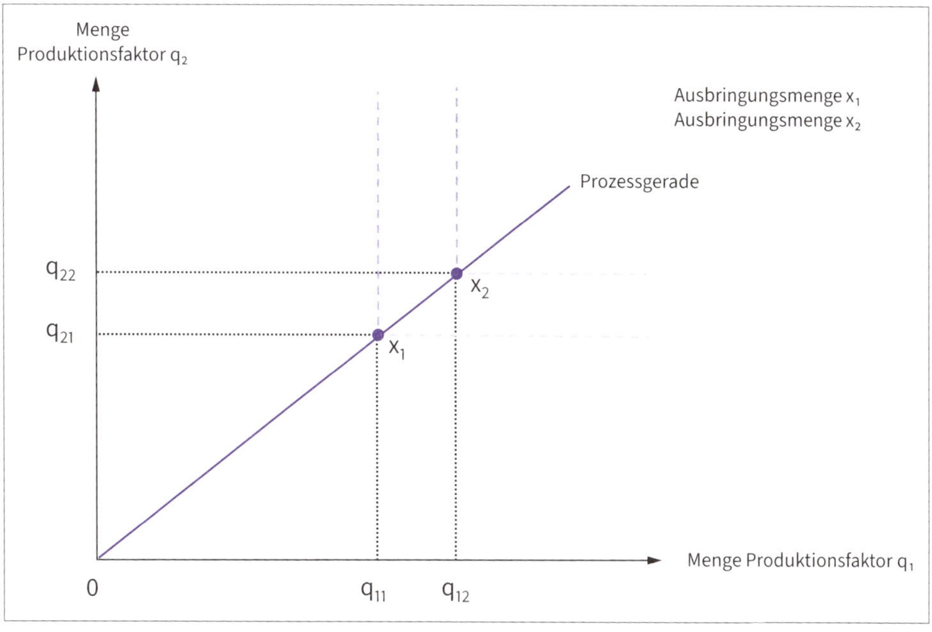

Abbildung 9.5 Isoquanten bei limitationalen Produktionsfunktionen (vgl. Wöhe et al., »Einführung in die Allgemeine Betriebswirtschaftslehre«, S. 284)

Abbildung 9.5 zeigt, dass die Produktionsfaktoren q_1 und q_2 nur in einem festen Verhältnis effizient kombiniert werden können. Die Ausbringungsmenge x_1 wird mit der Faktorkombination (q_{11}, q_{21}) produziert, die höhere Ausbringungsmenge x_2 mit (q_{12}, q_{22}).

Erhöht man nur einen Produktionsfaktor, ohne den anderen im gleichen Verhältnis zu erhöhen, steigt die Ausbringungsmenge nicht.

Betrachtet man die Ausbringungsmenge x_1 und erhöht q_{11}, verschiebt sich der Punkt im Diagramm nach rechts. Die Ausbringungsmenge bleibt dennoch unverändert, weil q_{21} der limitierende Faktor ist. Dies wird in der Abbildung durch die horizontal gestrichelte Linie (helllila) zu x_1 dargestellt. Erhöht man nun q_{21}, ohne q_{11} anzupassen, bleibt die Ausbringungsmenge x_1 ebenfalls unverändert, weil jetzt q_{11} begrenzt. Dies zeigt die vertikal gestrichelte Linie (dunkellila). Beide Teilbereiche zusammen bilden die L-förmige Isoquante für x_1. Der Knickpunkt stellt die effizienteste Faktorkombination dar, weil beide Produktionsfaktoren genau zueinander passen.

Für jede andere Faktorkombination im gleichen Verhältnis lässt sich eine entsprechende Ausbringungsmenge mit eigener Isoquante bestimmen. Alle effizienten Faktorkombinationen liegen auf der Prozessgeraden. Wird ein Produktionsfaktor gleich 0, ist er der limitierende Faktor und der andere Produktionsfaktor wird ebenfalls 0 – daher verläuft die Prozessgerade durch den Ursprung.

Beispiel: *planITs* benötigt pro Kalender ein Deckblatt und ein Innenteil. Fehlt einer der beiden Teile, kann kein Kalender fertiggestellt werden, und ein Überschuss eines Teils erhöht die Produktion nicht.

Nachdem wir die allgemeine Produktionsfunktion sowie die beiden Sonderformen – die substitutionale und die limitationale Produktionsfunktion – angeschaut haben, betrachten wir nun die *Produktionsfunktionstypen A* und *B*. Beide beziehen sich auf den substitutionalen Fall, bei dem Produktionsfaktoren bis zu einem gewissen Grad gegeneinander austauschbar sind. Typ A stellt den Zusammenhang zwischen dem Faktoreinsatz und der Ausbringungsmenge in technischer, physischer Form dar, während Typ B denselben Zusammenhang wertmäßig erfasst und damit insbesondere für betriebswirtschaftliche Kosten- und Effizienzanalysen relevant ist.

Die Produktionsfunktion Typ A

Im 18. Jahrhundert formulierte Anne Robert Jacques Turgot erstmals eine Produktionsfunktion für die landwirtschaftliche Produktion. Er ging dabei von einem Spezialfall aus: Es wird nur ein Produkt hergestellt, die Qualität der Inputfaktoren bleibt konstant, ein Produktionsfaktor ist fix (z. B. die verfügbare Bodenfläche) und ein anderer Produktionsfaktor ist variabel (z. B. die Menge an Dünger). Die Menge des variablen Faktors kann innerhalb des Produktionsprozesses flexibel angepasst werden, während der fixe Faktor unverändert bleibt.

Wichtig ist hier, dass es nicht darum geht, die Produktionsfaktoren gegeneinander auszutauschen, wie es bei der substitutionalen Produktionsfunktion üblich ist. Es geht darum, dass ein fixer Faktor durch unterschiedliche Einsatzmengen eines variablen Faktors ergänzt wird, wodurch sich der Output verändert. Heute wird dieser Fall als *Produktionsfunktion Typ A* bezeichnet, ein Spezialfall der substitutionalen Produktionsfunktion, der auch als *ertragsgesetzliche Produktionsfunktion* bekannt ist.

Ein bekanntes Beispiel zur Verdeutlichung der Produktionsfunktion Typ A ist das folgende: Ein Bauer pflanzt Mais an. Der Acker, auf dem der Mais angebaut wird, ist der fixe Produktionsfaktor Boden, das Düngemittel der variable Produktionsfaktor. Zunächst führt eine steigende Düngermenge zu einem höheren Ertrag. Bei einer bestimmten Menge wird jedoch das Ertragsmaximum erreicht. Das heißt, dass zusätzlicher Dünger den Ertrag nicht weiter steigert, da der Mais nicht überproportional weiter wächst. Wird zu viel gedüngt, kann der Boden sogar geschädigt werden und der Mais geht zugrunde, sodass der Ertrag sinkt.

In der BWL wird die Produktionsfunktion oft mit den beiden Hauptproduktionsfaktoren *Arbeit* (L) und *Kapital* (K) betrachtet. Dies ist eine bewusste Vereinfachung, denn in der Realität gibt es viele weitere Produktionsfaktoren: In der Landwirtschaft sind es z. B. Boden, Saatgut, Düngemittel, Maschinen oder Tiere. Um diese Produktionszusammenhänge grafisch und rechnerisch einfacher darstellen zu können, werden diese Faktoren im Modell oft zusammengefasst.

So umfasst *Kapital* in der Landwirtschaft beispielsweise die verfügbare Bodenfläche, alle Maschinen, Tiere, Dünger oder Saatgut. *Arbeit* steht für die menschliche Arbeitsleistung, egal ob körperlich oder geistig.

In der Abbildung 3.5 wurden die Produktionsfaktoren bereits näher aufgeschlüsselt.

Für die Darstellung der Produktionsfunktion Typ A reduziert man das Modell weiter: Ein Faktor ist fix (hier: der Boden), ein anderer Faktor ist variabel (hier: das Düngemittel). Der Output hängt dann von der Einsatzmenge des variablen Faktors ab, was sich in der vereinfachten Ertragsfunktion darstellen lässt:

$x = f(q)$

Abbildung 9.6 zeigt den typischen Verlauf: Die Outputmenge steigt zunächst mit zunehmender Menge des variablen Faktors deutlich an, flacht dann aber ab und kann bei weiterer Erhöhung sogar sinken.

Die Grafik zeigt die zentrale Gesetzmäßigkeit der Produktionsfunktion Typ A: Wird ein variabler Produktionsfaktor (hier: Düngemittel) erhöht, während ein anderer Faktor konstant bleibt (hier: Boden), steigt der *Grenzertrag* (also der zusätzliche Ertrag) zunächst an. Ab einem bestimmten Punkt nimmt dieser zusätzliche Ertrag pro zusätzlicher Einheit jedoch immer weiter ab und kann schließlich sogar negativ werden (vgl. Vahs/Schäfer-Kunz, »Einführung in die Betriebswirtschaftslehre«, S. 685).

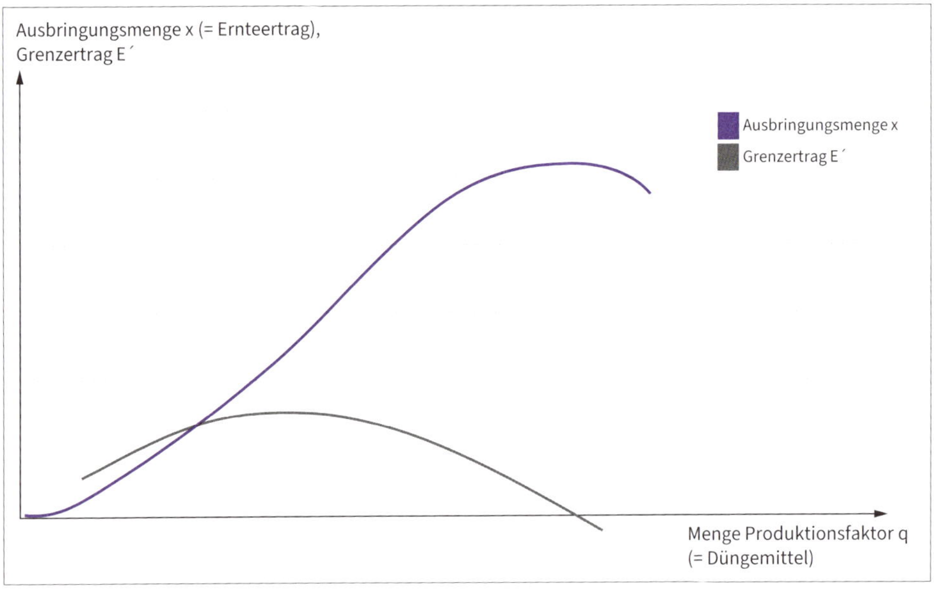

Abbildung 9.6 Die Ertragsfunktion der Produktionsfunktion vom Typ A (vgl. Vahs/Schäfer-Kunz, »Einführung in die Betriebswirtschaftslehre«, S. 686, und Wöhe et al., »Einführung in die Allgemeine Betriebswirtschaftslehre«, S. 300)

Dieses Phänomen wird als *Gesetz vom abnehmenden Ertragszuwachs* bezeichnet. Es gilt nicht nur für die Landwirtschaft, sondern auch für die Industrieproduktion und andere Unternehmensbereiche wie das Marketing. Es hilft Unternehmen dabei, die optimale Kombination von Produktionsfaktoren zu bestimmen, um Kosten zu senken und Erträge zu maximieren.

Die Produktionsfunktion Typ B

Manchmal genügt es nicht, Abhängigkeiten des Outputs nur von einem variablen Faktor zu betrachten, wie es bei der Produktionsfunktion Typ A der Fall ist. In der industriellen Fertigung wirken oft mehrere Produktionsfaktoren gleichzeitig zusammen, und deren Einsatz muss aufeinander abgestimmt werden.

Stellen Sie sich vor, Sie betreiben die *planITs*-Fabrik mit Maschinen, Materialeinsatz und Arbeitskräften: Hier hängt die Produktionsmenge nicht nur von einem einzelnen Faktor ab, sondern von der Kombination all dieser Faktoren, die auch noch in einem festen Verhältnis zueinander stehen müssen.

Um solche komplexen Zusammenhänge und technischen Abläufe zu erfassen, entwickelte *Erich Gutenberg* 1951 die Produktionsfunktion Typ B, auch *Gutenberg-Produktionsfunktion* genannt. Sie ist eine limitationale Produktionsfunktion, die speziell auf industrielle Fertigungsprozesse mit komplexen technischen Anlagen zugeschnitten ist.

Gutenberg unterteilte die Produktionsfaktoren in *Verbrauchsfaktoren (Repetierfaktoren)* und *Gebrauchsfaktoren (Potenzialfaktoren)*; auf beide bin ich schon in Abschnitt 8.1 eingegangen.

Verbrauchsfaktoren

Verbrauchsfaktoren, wie z. B. Roh-, Hilfs- und Betriebsstoffe, werden im Produktionsprozess aufgebraucht und stehen in direkter Abhängigkeit zur Outputmenge.

Während bei der Produktionsfunktion Typ A der Output x als Funktion eines einzigen variablen Faktors q beschrieben wird ($x = f(q)$), betrachtet man bei der Produktionsfunktion Typ B für jeden Verbrauchsfaktor i separat den funktionalen Zusammenhang zwischen der Ausbringungsmenge x und der benötigten Einsatzmenge dieses Faktors. Es kann für jeden Verbrauchsfaktor eine Verbrauchsfunktion

$$q_i = f_i(x)$$

aufgestellt werden, mit:

q_i = Verbrauchsmenge des Verbrauchsfaktors i

f_i = Verbrauchsfunktion des Verbrauchsfaktors i

x = Ausbringungsmenge

Dadurch lassen sich für komplexe industrielle Produktionsprozesse die Verbrauchsverläufe mehrerer Faktoren gleichzeitig abbilden.

In der Landwirtschaft könnte man theoretisch für Saatgut, Dünger, Tierfutter usw. ebenfalls eigene Verbrauchsfunktionen aufstellen. Praktisch wird Typ B aber vor allem für die Industrieproduktion verwendet, weil dort mehrere Produktionsfaktoren streng im festen Verhältnis zueinander eingesetzt werden müssen.

Beispiel

Bei *planITs* hängt die Outputmenge an gedruckten Kalendern unter anderem vom Papierverbrauch, der Druckfarbe, der Maschinenlaufzeit und der Arbeitszeit ab. Jeder dieser Faktoren hat seinen eigenen Verbrauchsverlauf in Abhängigkeit von der Stückzahl, weshalb für jeden Verbrauchsfaktor eine eigene Verbrauchsfunktion aufgestellt werden kann.

Gebrauchsfaktoren

Gebrauchsfaktoren, beispielsweise Maschinen und Werkzeuge, werden über einen längeren Zeitraum genutzt, und ihr »Verbrauch« ist nicht direkt, sondern nur indirekt von der Outputmenge abhängig. Zum einen hängt der Verbrauch von der Intensität der Nutzung ab (z. B. »Wie viel Stück Kalender werden pro Stunde von der Schneidemaschine geschnitten?«), zum anderen von den technischen Eigenschaften (z. B. Schnittgeschwindigkeit der Maschine).

Diese Abhängigkeiten lassen sich in folgender Form darstellen (vgl. Vahs/Schäfer-Kunz, »Einführung in die Betriebswirtschaftslehre«, S. 687):

$$q_i = f_i(z_{i1}, z_{i2}, \dots, z_{in}; d_i) \cdot g_i(x)$$

Dabei ist:

q_i = Verbrauchsmenge des Gebrauchsfaktors *i*

f_i = Verbrauchsfunktion des Gebrauchsfaktors *i*

z_i = (technische) Eigenschaften des Gebrauchsfaktors *i*

n = Anzahl der (technischen) Eigenschaften

d_i = Nutzungsintensität des Gebrauchsfaktors *i*

g_i = Ausbringungsabhängiger Verbrauch des Gebrauchsfaktors *i*

x = Ausbringungsmenge an Erzeugnissen

Die Formel besagt, dass sich der Verbrauch q_i eines Gebrauchsfaktors aus zwei Teilen zusammensetzt:

1. **aus faktorbedingen Einflüssen:** $f_i(z_{i1}, z_{i2}, \dots, z_{in}; d_i)$ fasst alle Merkmale zusammen, die vom Gebrauchsfaktor selbst abhängen, wie seine technischen Eigenschaften z_{i1} bis z_{in} sowie die Nutzungsintensität d_i.
2. **aus dem mengenabhängigen Verbrauch**: $g_i(x)$ beschreibt, wie sich der Verbrauch in Abhängigkeit von der produzierten Menge *x* verändert.

Der Verbrauch eines Gebrauchsfaktors hängt somit sowohl von seinen individuellen technischen Merkmalen und der Intensität der Nutzung als auch von der tatsächlich produzierten Menge ab.

Als großer Kritikpunkt gilt, dass bei der Produktionsfunktion Typ B eine limitationale Beziehung zwischen den Produktionsfaktoren vorausgesetzt wird und die technischen Parameter als konstant angenommen werden. Dadurch kann der Ansatz nur auf Produktionsprozesse angewendet werden, bei denen die Faktoren in einem festen Verhältnis zueinander eingesetzt werden. Veränderungen in der Technologie erfordern neue Verbrauchsfunktionen. Da der Fokus vor allem auf technischen Aspekten liegt, werden die menschliche Arbeit oder soziale Faktoren weitgehend vernachlässigt. Trotzdem können mit der Produktionsfunktion Typ B Produktionsprozesse detailliert analysiert und optimiert werden.

Alle dargestellten Funktionen und mathematischen Modelle sind nützliche Instrumente für Unternehmen, um die eigenen Produktionsprozesse zu analysieren und darauf aufbauend fundierte Entscheidungen zu deren Optimierung zu treffen. Ressourcen können so bestmöglich genutzt werden, die Effizienz kann gesteigert werden und die Kosten können gesenkt werden. Das alles wirkt sich positiv auf die Wettbewerbsfähigkeit aus.

Die Kostentheorie

Die *Kostentheorie* ist eng mit der Produktionstheorie verknüpft: Die Produktionstheorie untersucht den funktionalen Zusammenhang zwischen den Inputfaktoren (z. B. Arbeit, Kapital, Material) und dem daraus resultierenden Output. Die Kostentheorie baut darauf auf.

Kostentheorie

Die *Kostentheorie* bewertet die Inputfaktoren mit Preisen und analysiert, wie sich die Kosten in Abhängigkeit von verschiedenen Einflussgrößen, wie Produktionsmenge, Preise oder Produktionsverfahren, verändern.

Die Kostentheorie bildet die theoretische Grundlage für die Entstehung von Kosten und ihrer Struktur und liefert wertvolle Konzepte und Modelle, um wirtschaftliches Handeln im Unternehmen zu analysieren und zu steuern. Die Kosten- und Leistungsrechnung, die in Abschnitt 13.3 noch ausführlich betrachtet wird, setzt diese Erkenntnisse in die Praxis um.

Bevor wir in die konkrete Kostenstruktur einsteigen, klären wir zunächst den *Kostenbegriff*. Auch hier gibt es verschiedene Definitionen. Wir nutzen hier folgende:

Kosten

Kosten sind der mit Geldeinheiten bewertete Verbrauch von Produktionsfaktoren, die im Rahmen der Herstellungs- und Absatzprozesse von Produkten oder auch Dienstleistungen entstehen.

Ein zentrales Konzept der Kostentheorie ist die *Gesamtkostenfunktion*, die die Kosten eines Unternehmens in Abhängigkeit von der produzierten Menge beschreibt:

$K(x) = K_f + K_v(x)$

Dabei ist:

x = Stückzahl

$K(x)$ = Gesamtkosten

K_f = fixe Kosten

$K_v(x)$ = variable Kosten in Abhängigkeit von der Menge x

Bereits hier wird deutlich, dass es zwei verschiedene Arten von Kosten gibt:

- *Fixkosten* K_f, die unabhängig von der Produktionsmenge anfallen, z. B. Miete, Gehälter, Versicherungen.
- *Variable Kosten* $K_v(x) = k_v \cdot x$, die direkt mit der Produktionsmenge variieren, z. B. Material, Fertigungslöhne.

Fixe Kosten

Die *fixen Kosten* sind Kosten, die unabhängig von der hergestellten Menge anfallen und bei Veränderungen der Produktion unverändert bleiben.

[redacted]sten

Die *variablen Kosten* sind Kosten, deren Höhe von der Ausbringungsmenge abhängt.

Diese Unterscheidung ist wichtig, um zu verstehen, wie sich die Gesamtkosten und die Stückkosten mit zunehmender Produktionsmenge verhalten.

Beispiel: Bei der Kalenderproduktion von *planITs* fallen monatliche Fixkosten wie Miete, Maschinenleasing und Softwarelizenzen an, unabhängig davon, wie viele Kalender produziert werden. Hinzu kommen variable Kosten wie Papier, Druckfarbe und Bindung, die mit jedem produzierten Stück steigen. Wird die Produktionsmenge erhöht, verteilen sich die Fixkosten auf mehr Kalender, wodurch die Kosten pro Stück sinken. Dieses Phänomen nennt man *Fixkostendegression* – es steigert die Wirtschaftlichkeit bei höherer Auslastung.

Es gibt vier verschiedene Kostenverläufe in der Produktion:

- **linear:** konstante Stückkosten – die Kosten steigen proportional zur Produktionsmenge.
- **progressiv:** steigende Stückkosten – die Kosten nehmen mit steigender Produktionsmenge überproportional zu; Beispiel: Löhne für Überstunden.
- **degressiv:** sinkende Stückkosten – die Kosten nehmen mit steigender Produktionsmenge nur unterproportional zu; Beispiel: Mengenrabatte beim Rohstoffeinkauf.
- **regressiv:** sinkende Gesamtkosten (sehr selten) – obwohl die Produktionsmenge steigt, sinken die Kosten insgesamt aufgrund von Mengenrabatten oder Boni für große Absatzmengen.

Abbildung 9.7 zeigt die grafische Darstellung der *linearen Kostenfunktion*:

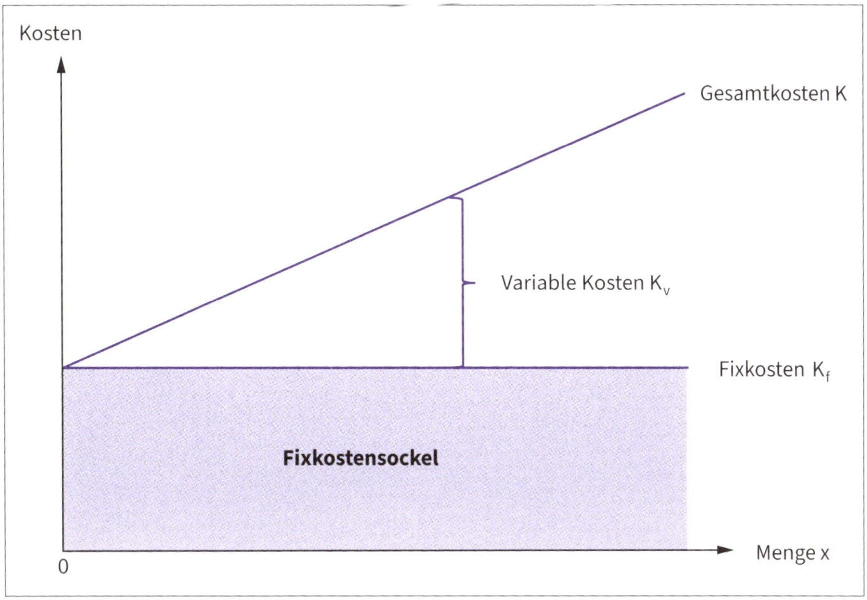

Abbildung 9.7 Lineare Kostenfunktion

Die Grafik zeigt, dass die Gesamtkosten auf Basis der fixen Kosten beginnen, beim sogenannten *Fixkostensockel*. Diese Fixkosten fallen immer an, egal ob produziert wird oder nicht; deshalb sind sie unabhängig von der produzierten Menge *x*.

Beispiel

Die Fixkosten pro Jahr belaufen sich auf 10.000,00 €, die variablen Kosten auf 2,00 €/Stück. Die maximale Produktionskapazität liegt bei 1.000 Stück pro Jahr. Bestimmen Sie, wie hoch der Gewinn/Verlust bei einer produzierten Menge von 0 ist.

Antwort: Wenn die Produktionsmenge 0 ist, erzielt das Unternehmen keine Einnahmen. Es fallen auch keine variablen Kosten an, sondern nur die fixen Kosten in Höhe von 10.000,00 €. Das bedeutet, das Unternehmen hat einen Verlust in Höhe von 10.000,00 €.

Bei einer Ausbringungsmenge von 0 bezeichnet man die 10.000,00 € fixen Kosten auch als *Leerkosten*.

Leerkosten

Leerkosten sind der Teil der Fixkosten, der aufgrund unzureichender Auslastung der Produktion nicht durch eine entsprechende Nutzung gedeckt ist.

Nutzkosten

Die *Nutzkosten* sind der Anteil der Fixkosten, der der tatsächlich genutzten Kapazität zugeordnet ist.

Beispiel: Bei einer maximalen Produktionskapazität von 1.000 Stück werden nur 700 Stück, also 70 %, tatsächlich produziert. Von den insgesamt 10.000,00 € fixen Kosten gelten 7.000,00 € als Nutzkosten und 3.000,00 € als Leerkosten.

Abbildung 9.8 verdeutlicht den Zusammenhang von Leerkosten und Nutzkosten grafisch.

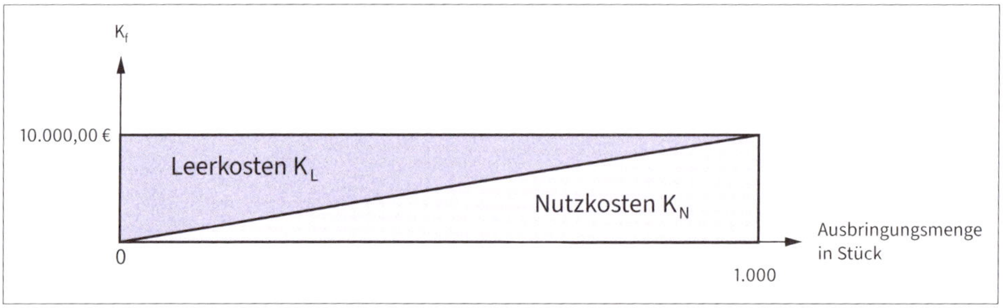

Abbildung 9.8 Zusammenhang zwischen Leerkosten und Nutzkosten (vgl. Wöhe et al., »Einführung in die Allgemeine Betriebswirtschaftslehre«, S. 294.)

Die *Faktorpreise*, also die Kosten für die Produktionsfaktoren, können auf verschiedene Arten ermittelt werden:

- **pagatorisch:** tatsächlich gezahlte Preise für Produktionsfaktoren
- **wertmäßig:** *Wiederbeschaffungspreise* – der Betrag, der gezahlt werden muss, wenn ein gleichwertiges Vermögensgut zum Ersatzzeitpunkt neu oder gebraucht angeschafft wird
- **entgangener Gewinn:** *Opportunitätskosten* – Beispiel: *planITs* kann mit seiner Druckmaschine entweder Kalender produzieren oder für einen externen Kunden Broschüren drucken, was pro Stunde 300,00 € einbringen würde. Verwendet planITs die Maschine nur für die Kalenderproduktion, verzichtet es auf diese zusätzliche Einnahme. Die entgangenen 300,00 € pro Stunde stellen dann Opportunitätskosten dar.

Neben den bereits dargestellten Kostenarten existieren in der Kostentheorie noch andere Kostenbegriffe: *Grenzkosten* und *Durchschnittskosten*.

Grenzkosten

Die *Grenzkosten* sind die Kosten, die bei der Produktion einer zusätzlichen Wareneinheit entstehen.

Sie werden auch als *Marginalkosten* bezeichnet und geben die Steigung der Gesamtkostenfunktion an. Berechnet werden sie, indem man die erste Ableitung der Gesamtkostenfunktion bildet:

$$K'(x) = \frac{\mathrm{d}K(x)}{\mathrm{d}x}$$

Beispiel

$K(x) = 10.000{,}00\ € + 2{,}00\ € \cdot x$

$$K'(x) = \frac{\mathrm{d}K(x)}{\mathrm{d}x} = \frac{\mathrm{d}}{\mathrm{d}x}(10.000) + \frac{\mathrm{d}}{\mathrm{d}x}(2x) = 0 + 2 = 2$$

$K'(x) = 2{,}00\ €$

Antwort: Für die Produktion einer zusätzlichen Wareneinheit betragen die Kosten 2,00 €.

Bei einer linearen Gesamtkostenfunktion sind die Grenzkosten K' gleich den variablen Stückkosten k_v. Eine progressiv steigende Gesamtkostenfunktion führt zu steigenden Grenzkosten, eine degressiv steigende zu fallenden Grenzkosten.

In der Praxis geben die Grenzkosten dem Unternehmen einen Hinweis darauf, ob die Produktion von zusätzlichen Einheiten sinnvoll ist. Die Grenzkostenanalyse ist ein hilfreiches Instrument, um Kostenverläufe zu visualisieren, um somit fundierte wirtschaftliche Produktionsentscheidungen treffen zu können.

Eine weitere Kostenart, die bei Produktionsentscheidungen ebenfalls hilfreich ist, sind die *Durchschnittskosten.*

Durchschnittskosten

Die *Durchschnittskosten DK*(x) geben an, wie viel die Produktion einer Wareneinheit durchschnittlich kostet, bezogen auf eine bestimmte Ausbringungsmenge x.

Die allgemeine Formel lautet:

$$\text{Durchschnittskosten } DK(x) = \frac{\text{Gesamtkosten } K(x)}{\text{Ausbringungsmenge}(x)}$$

Wenn wir von einer linearen Gesamtkostenfunktion ausgehen

$K(x) = K_f + k_v \cdot x$

werden die Durchschnittskosten wie folgt berechnet:

$$DK(x) = \frac{K(x)}{x} = \frac{K_f}{x} + k_v$$

Da bei der linearen Gesamtkostenfunktion die variablen Stückkosten k_v gleich bleiben, hängt der Verlauf der Durchschnittskosten ausschließlich von der Höhe der fixen Stückkosten $\frac{K_f}{x}$ ab. Hierzu werden die Gesamtfixkosten K_f auf die Ausbringungsmenge x verteilt – je mehr Wareneinheiten produziert werden, desto geringer werden die k_f, das bedeutet, dass mit steigender Ausbringungsmenge die fixen Stückkosten k_f fallen. Dies nennt man, wie Sie bereits wissen, *Fixkostendegression*.

Berechnen wir nun anhand unseres oben gewählten Beispiels die verschiedenen Kosten, die in Tabelle 9.2 aufgeführt sind.

Kosten	**Funktion**	**x = 2.000 Stück**	**x = 5.000 Stück**
Gesamtkosten	$K = 10.000,00 + 2,00 \cdot x$	K = 14.000,00 €	K = 20.000,00 €
Stückkosten	$k = \left(\frac{10.000,00}{x}\right) + 2,00$	k = 7,00 €	k = 4,00 €
Grenzkosten	K' = 2,00 €	K' = 2,00 €	K' = 2,00 €
Fixe Stückkosten	$k_f = \left(\frac{10.000,00}{x}\right)$	k_f = 5,00 €	k_f = 2,00 €
variable Stückkosten	k_v = 2,00 €	k_v = 2,00 €	k_v = 2,00 €

Tabelle 9.2 Rechenbeispiel für Kostenfunktionen

Abbildung 9.9 zeigt in graphischer Form die verschiedenen Kostenverläufe bei einer linearen Gesamtkostenfunktion.

Um die Kosten gemäß dem ökonomischen Prinzip (siehe Abschnitt 3.2) auf einem möglichst niedrigen Niveau zu halten, ist es für das Unternehmen wichtig zu wissen, welche Größen die Kosten beeinflussen. Es gibt Größen, die das Unternehmen selbst beeinflussen kann (die *Aktionsvariablen*), und es gibt Kosten, die das Unternehmen nicht beeinflussen kann. Faktorpreise, rechtliche Rahmenbedingungen oder Steuern beispielsweise können Unternehmen nicht beeinflussen. Aktionsvariablen können sein:

- die Art und Menge der hergestellten Güter
- die Betriebsgröße: z. B. die Gesamtkapazitäten der Fertigung
- die Höhe der Lohnkosten

- der Produktionsablauf
- die Produktionsbedingungen
- die Faktorqualität

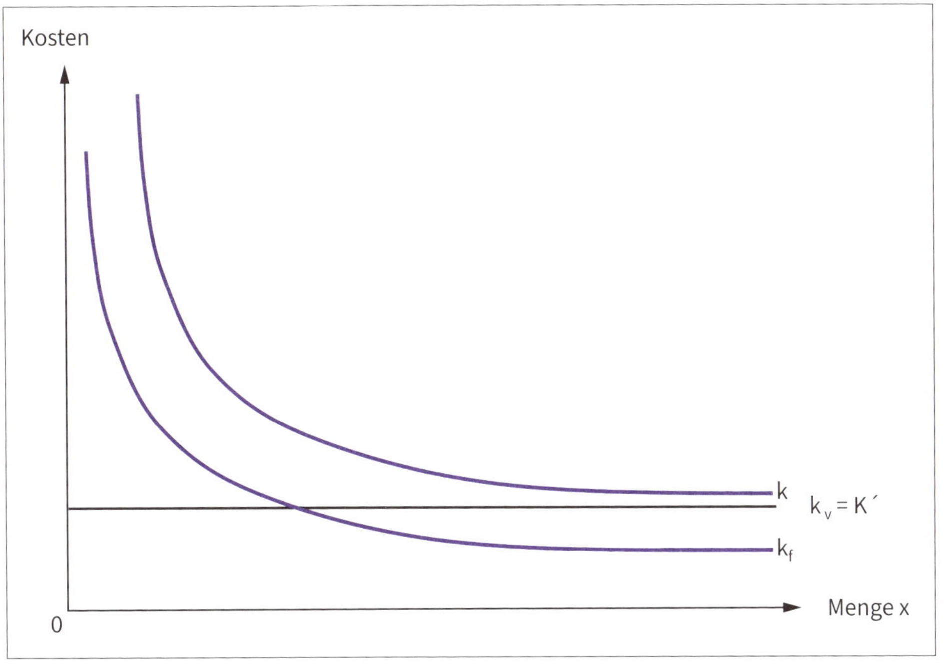

Abbildung 9.9 Grenzkosten K', Durchschnittskosten k, variable Stückkosten k_v, fixe Stückkosten k_f

All diese Erkenntnisse aus der Produktionstheorie und die Berechnungen aus der Kostentheorie helfen dem Unternehmen, die Produktionsprozesse effizient planen zu können und somit die Kontrolle über die Kosten zu haben.

Im folgenden Abschnitt beschäftigen wir uns mit diesen Entscheidungen.

Eine erste wichtige Frage, die geklärt werden muss, ist die Frage nach dem Produktionsstandort. Wir gehen davon aus, dass der Standort bereits festgelegt ist – die Standortplanung wurde ausführlich in Abschnitt 5.6 behandelt.

9.3 Produktionsprogrammplanung

Ein zentraler Bestandteil der strategischen Planung ist die Festlegung des langfristigen *Produktionsprogramms*.

Produktionsprogramm

Das *Produktionsprogramm* beinhaltet alle Produkte und Dienstleistungen, die ein Unternehmen zum Verkauf anbietet.

Da die Entscheidungen über das Produktionsprogramm weitreichende Auswirkungen haben, sollten in die Planung auch Prognosen über gesellschaftliche, konjunkturelle oder technologische Entwicklungen mit einbezogen werden. Ebenso ist es wichtig, potenzielle Risiken zu identifizieren und mögliche Lösungsstrategien zu berücksichtigen, etwa die flexible Nutzung von Produktionsanlagen für alternative Produkte, um auf Marktveränderungen reagieren zu können.

Verantwortlich für die strategische Produktionsplanung ist je nach Unternehmensgröße und -struktur die oberste Unternehmensleitung oder das Top-Management. Ziele der strategischen Planung sind, die Wettbewerbsfähigkeit langfristig zu sichern und eine Gewinnmaximierung zu erreichen. Die strategischen Entscheidungen beeinflussen mehrere Jahre lang die Ausrichtung und Produktion des Unternehmens und müssen daher wohlüberlegt sein.

Langfristige Produktionsprogrammplanung

Die *langfristige Produktionsprogrammplanung* entscheidet über:

- **Produktsortiment:** Welche Produkte sollen in welchen Mengen produziert werden?
- **Produktionsverfahren:** Mit welchem Verfahren wird produziert?
- **Produktionsstiefe:** Welche Produktionsschritte führt das Unternehmen selbst durch und welche nicht?
- **Kapazitätsbudget:** Welche Ressourcen hat das Unternehmen maximal zur Verfügung?

Die Grundlage für diese Entscheidungen sind Absatzprognosen, die im Rahmen der Marktforschung gewonnen wurden. Auch die Planung neuer Produkte wird hier integriert.

Produktionstiefe

Im Rahmen des langfristigen Produktionsprogramms wird die *Produktionstiefe* (oder auch *Fertigungstiefe*) festgelegt.

Produktionstiefe

Die *Produktionstiefe* bzw. *Fertigungstiefe* gibt an, wie viele Stufen der Produktion ein Unternehmen bei einem Produkt selbst durchführt. Sie bezeichnet also mit anderen Worten den Anteil der Eigenfertigung.

Ob es sinnvoller ist, selbst herzustellen oder zuzukaufen, hängt sowohl vom Produkt und als auch von den Unternehmenszielen ab. Wenn ein Unternehmen möglichst unabhängig von externen Lieferanten sein möchte, sollte es eine hohe Fertigungstiefe anstreben. Dadurch behält es die Kontrolle über den Produktionsprozess, die Verfügbarkeit der Vorprodukte sowie die Qualität der Endprodukte in den eigenen Händen.

Ein wesentlicher Vorteil besteht darin, dass das produktbezogene Know-how im Unternehmen bleibt, da es nicht mit externen Zulieferern geteilt werden muss – vorausgesetzt, dieses Know-how ist bereits vorhanden. Muss es hingegen erst aufgebaut werden, kann dies sehr zeit- und kostenintensiv sein. Ein erhöhter Kapitalbedarf kann erforderlich sein, beispielsweise für Investitionen in neue Technologien oder moderne Produktionsanlagen. In solchen Fällen kann der Zukauf bestimmter Komponenten oder Leistungen sinnvoll sein.

Zur Orientierung: Eine hohe Fertigungstiefe liegt bei ca. 80 %, während eine niedrige Fertigungstiefe bei etwa 15 % angesiedelt ist. Bei einer geringen Fertigungstiefe ist der Beschaffungsaufwand zwar höher, jedoch können eventuell auch Rabatte aufgrund von hohen Abnahmemengen in Anspruch genommen werden. Außerdem sind weniger Lagerkapazitäten nötig und das finanzielle Risiko bei Nachfrageveränderungen sinkt.

Ob eine hohe oder niedrigere Fertigungstiefe mehr Flexibilität bringt, lässt sich nicht pauschal beantworten, da es darauf ankommt, welche Produktionskapazitäten das Unternehmen selbst und auch der Lieferant hat. Konzepte wie *Lean Production* (siehe Abschnitt 9.7) verfolgen das Ziel, Prozesse zu verschlanken und die Fertigungstiefe zu reduzieren, um effizient und anpassungsfähig zu sein.

Die Formel für die Produktionstiefe lautet:

$$\text{Produktionsstiefe [in Prozent]}$$
$$= \frac{\text{Kosten der Eigenfertigung} \cdot 100}{\text{Kosten der Eigenfertigung} + \text{Kosten der Fremdfertigung}}$$

Beispiel

planITs produziert jährlich 10.000 Kalender. Bei der internen Produktion entstehen Kosten in Höhe von 100.000,00 €. Die Kosten für die externen Zukäufe belaufen sich auf 35.000,00 €.

Wie hoch ist die Produktionstiefe?

Lösung

Berechnung:

$$\text{Produktionsstiefe [in Prozent]} = \frac{100.000{,}00 \cdot 100\,\%}{100.000{,}00 + 35.000{,}00} = 74{,}07\,\%$$

Antwort: Die Fertigungstiefe beträgt 74,07 %. Diese ist als hoch einzustufen und bedeutet, dass 74,07 % der Wertschöpfung im Produktionsprozess intern erfolgen und 25,93 % durch externe Zukäufe abgedeckt werden.

Innerbetrieblicher Standort

Ein weiterer Aspekt bei der strategischen Produktionsplanung ist die Wahl des perfekten *innerbetrieblichen Standorts* für alle materiellen und immateriellen Betriebsmittel. Es geht hier nicht nur um die räumliche Planung von kompletten Produktionsstätten, sondern auch um Lagerplätze von Produktionsfaktoren und um Zwischenlager in der Produktion. Das Ziel ist es, dass möglichst wenig Kosten verursacht werden, vor allem in Bezug auf Transport und Lager. Standardisierte mathematische Modelle sind hier weniger geeignet, um das innerbetriebliche Standortproblem zu lösen, weil sie zu viele Annahmen aufstellen, die in der Praxis nicht zutreffen. Deshalb braucht es hier oft eine individuelle Lösung (vgl. Wöhe et al., »Einführung in die Allgemeine Betriebswirtschaftslehre«, S. 310f.).

Mittelfristige Produktionsprogrammplanung

Das *mittelfristige Produktionsprogramm* umfasst in der Regel einen Zeitraum von etwa einem Jahr und dient der taktischen Ausrichtung der Produktion. Es sorgt für die Balance zwischen der langfristigen Ausrichtung und der operativen Umsetzung. Es berechnet den Primärbedarf an Endprodukten und stimmt diesen mit den dafür notwendigen Kapazitäten und dem Materialbedarf ab. Die Entscheidungsgrundlage hierfür ist der *Deckungsbeitrag*.

Deckungsbeitrag

Der *Deckungsbeitrag* ist die Differenz zwischen den Umsatzerlösen und den variablen Kosten eines Produkts und zeigt, welchen Beitrag das Produkt zur Deckung der Fixkosten und zur Erzielung des Gewinns leistet.

Die Formel zur Berechnung des Deckungsbeitrags lautet:

Deckungsbeitrag = Umsatzerlöse – variable Kosten

$DB = E - K_v$

Der Stückdeckungsbetrag wird wie folgt berechnet:

$db = p - k_v$

Dabei ist:

E = Periodenerlös

K_v = variable Kosten gesamt

k_v = variable Stückkosten

p = Stückerlös

Eine detaillierte Darstellung der Deckungsbeitragsrechnung folgt in Abschnitt 13.3.

Kurzfristige Produktionsprogrammplanung

Die *kurzfristige Produktionsprogrammplanung* legt die genauen Mengen aller Produkte und ihrer Variationen mitsamt ihren Qualitäten fest und definiert, mit welchen Maschinen die Produkte in der nächsten Planungsperiode (meist zwischen einer Woche und einem Monat oder auch einem Quartal) hergestellt werden. Die Planung des Produktionsprogramms richtet sich danach, ob ein Kapazitätsengpass vorliegt oder nicht.

Liegt kein Kapazitätsengpass vor, werden alle Produkte mit positivem Deckungsbeitrag produziert.

Beispiel

planITs verkauft Kalender A und Kalender B. Es bestehen keine Kapazitätsengpässe, sodass beide Produkte in beliebiger Menge hergestellt werden können.

Folgende Daten sind gegeben:

Produkt	Verkaufspreis pro Stück	variable Kosten pro Stück	Fixkosten pro Monat	Absatzmenge pro Monat	Produktionszeit pro Stück
Kalender A	25,00 €	10,00 €	5.000,00 €	1.000 Stück	0,5 Stunden
Kalender B	50,00 €	30,00 €	5.000,00€	500 Stück	1 Stunde

Welche Kalender sollten herstellt werden? Treffen Sie die Produktionsentscheidung auf Basis der Deckungsbeitragsrechnung.

Lösung

Berechnung des Stückdeckungsbeitrags:

Kalender A: *db* = 25,00 € – 10,00 € = 15,00 €; DB = 15,00 € · 1.000 Stück = 15.000,00 €

Kalender B: *db* = 50,00 € – 30,00 € = 20,00 €; DB = 20,00 € · 500 Stück = 10.000,00 €

Gesamtergebnis:

Gesamtdeckungsbeitrag – Fixkosten = Betriebsergebnis (Gewinn oder Verlust)

(15.000,00 € + 10.000,00 €) – (5.000,00 € + 5.000,00 €) = 15.000,00 € Gewinn

Antwort: Wenn kein Engpass vorliegt, können alle Produkte, deren *db* > 0 sind, produziert werden. Das heißt, hier können sowohl Kalender A als auch Kalender B hergestellt werden.

Ein positiver Deckungsbeitrag bedeutet, dass das Produkt zur Deckung der Fixkosten beiträgt und die Produktion unter kurzfristigen Gesichtspunkten wirtschaftlich sinnvoll ist. Um jedoch langfristig wirtschaftlich erfolgreich zu sein, müssen die gesamten Kosten, also variable und fixe Kosten, vollständig gedeckt werden.

Liegt ein Kapazitätsengpass vor – steht uns z. B. eine maximale Maschinenkapazität von 600 Stunden pro Monat zur Verfügung –, wird der *relative Deckungsbeitrag* als Entscheidungsgrundlage herangezogen:

$$\text{Relativer Deckungsbeitrag} = \frac{\text{Stückkostenbeitrag}}{\text{Engpassfaktor pro Stück}}$$

Der *Engpassfaktor pro Stück* gibt an, wie viel von einer knappen Ressource (z. B. Maschinenzeit, Personalstunden) für die Produktion eines Stücks benötigt wird. Dieser Wert ist bei einem Engpass, also bei begrenzten Kapazitäten entscheidend, um zu beurteilen, welche Produkte wirtschaftlich priorisiert werden sollten. Bevorzugt werden dabei Produkte mit einem hohen relativen Deckungsbeitrag.

Für unser oben beschriebenes Beispiel sieht die Berechnung wie folgt aus:

Lösung

Berechnung des relativen Deckungsbeitrags:

Kalender A: 15,00 € / 0,5 h = 30,00 €/h

Kalender B: 20,00 € / 1 h = 20,00 €/h

Da die Kapazität begrenzt ist, sollte Kalender A priorisiert werden, da er den höchsten relativen Deckungsbeitrag aufweist.

Optimales Produktionsprogramm:

Kalender A:

maximale Absatzmenge = 1.000 Stück

Benötigte Maschinenzeit = 1.000 Stück · 0,5 h = 500 h

Verbleibende Maschinenkapazität = 600 h – 500 h = 100 h

Kalender B:

Mögliche Produktion: 100 h / 1 h pro Kalender = 100 Stück

Gesamtdeckungsbeitrag:

Kalender A: 1.000 Stück · 15,00 € = 15.000,00 €

Kalender B: 100 Stück · 20,00 € = 2.000,00 €

Der Gesamtdeckungsbeitrag beträgt 17.000,00 € bei einer optimalen Produktion von 1.000 Kalendern A und 100 Kalender B.

Das Konzept des relativen Deckungsbeitrags gibt dem Unternehmen Hilfestellung, wenn es entscheiden muss, welche Aufträge es annimmt und welche nicht.

Abschließend lässt sich zusammenfassen, dass das Produktionsprogramm für die Produktionswirtschaft von zentraler Bedeutung ist und es deshalb sorgfältig geplant werden muss, um die Ressourcen effizient zu nutzen. Dies stärkt auch die Wettbewerbsfähigkeit des Unternehmens.

9.4 Produktionskapazität

Eine wichtige Größe bei der Gestaltung der Produktionssysteme ist die *Produktionskapazität*.

Produktionskapazität

Die *Produktionskapazität* ist die maximale Ausbringungsmenge, die ein Unternehmen innerhalb eines bestimmten Zeitraums theoretisch produzieren kann.

Sie zeigt, wie viel ein Unternehmen mit seinen vorhandenen Ressourcen tatsächlich leisten kann, unabhängig von der tatsächlichen Marktnachfrage. In der betrieblichen Praxis ist es eine große Herausforderung, die Produktionskapazität zu planen, da zahlreiche unvorhersehbare Faktoren die tatsächliche Nutzung beeinflussen können. Dazu zählen: Nachfrageschwankungen, technische Störungen, Personalmangel, Lieferengpässe, große Komplexität der Produktion mit vielen Varianten und unterschiedlichen Bedingungen, fehlerhafte Datenbasis als Entscheidungsgrundlage. Diese Faktoren verändern nicht die Kapazität selbst, sondern wirken sich auf die Kapazitätsauslastung und die Effizienz der Produktionsplanung aus.

Man unterscheidet zwei Arten von Produktionskapazität (vgl. Vahs, Schmitt-Kunz, »Einführung in die Betriebswirtschaftslehre«, S. 689f.):

- **Quantitative Produktionskapazität:** Die *quantitative Produktionskapazität* bezieht sich auf die mögliche Ausbringungsmenge, die ein Produktionsfaktor erbringen kann. Man unterscheidet dabei zwischen der *Totalkapazität* (der maximalen Produktionsmenge über die gesamte Nutzungsdauer) und der *Periodenkapazität* (also der Produktionsmenge innerhalb eines bestimmten Zeitraums).
- **Qualitative Produktionskapazität:** Die *qualitative Produktionskapazität* bezieht sich auf die Art und Güte der Leistungen, die ein Unternehmen erbringen kann. Sie zeigt, wie flexibel ein Unternehmen auf Marktveränderungen reagieren kann, indem es beispielsweise Produktvarianten anbietet, um die Kundenbedürfnisse zu erfüllen.

Im Rahmen der Produktionsprogrammplanung findet zunächst die Kapitalgrobplanung statt, bevor es dann in der operativen Phase um eine detailliertere Feinplanung geht. Es gibt verschiedene Möglichkeiten, die Produktionskapazität zu berechnen. Unabhängig davon, ob dafür eine professionelle Produktionsplanungssoftware oder eine tabellarische bzw. rechnergestützte Methode (z. B. Excel) eingesetzt wird, liegt allen Ansätzen die gleiche betriebswirtschaftliche Logik zugrunde.

Entscheidend ist das Verständnis der Einflussfaktoren, die die effektiv nutzbare Produktionskapazität bestimmen. Die *effektiv nutzbare Produktionskapazität* hängt von der *Personalkapazität* und der *Anlagenkapazität* ab.

Bevor die verschiedenen Kapazitäten berechnet werden können, müssen dabei die Nutzungshauptzeit für jedes Betriebsmittel, mögliche Rüstzeiten sowie Ausfallzeiten, z. B. durch Störungen oder Krankheit, berücksichtigt werden.

Schauen wir uns die Berechnung der einzelnen Größen nun genauer an.

Personalkapazität

Personalkapazität

Die *Personalkapazität (PK)* ist die maximale Arbeitsleistung des Personals während einer bestimmten Periode (z. B. Monat):

$$PK = PB \cdot \propto \cdot AZ \cdot \beta$$

Dabei ist:

PB = Anzahl der Personen während einer Arbeitsschicht

α = durchschnittlicher Anwesenheitsgrad der Arbeitskräfte

AZ = regelmäßige Arbeitszeit pro Person und Periode

β = durchschnittliche Anzahl der Arbeitsschichten pro Tag

Die Einheit der Personalkapazität sind *Personalstunden* (vgl. Günther/Tempelmeier: »Übungsbuch Supply Chain Analytics«, S. 5).

Anlagenkapazität

Anlagenkapazität

Die *Anlagenkapazität (AK)* ist das Leistungsvermögen einer Anlage/Maschine in einem bestimmten Zeitraum:

$$AK = M \cdot \mu \cdot BZ$$

mit:

M = Anzahl der eingesetzten Anlagen (Maschinen)

μ = Nutzungsgrad der Anlagen

BZ = Betriebszeit der Anlagen in der betrachteten Periode

Die Einheit der Anlagenkapazität sind Maschinenstunden (vgl. Günther/Tempelmeier: »Übungsbuch Supply Chain Analytics«, S. 5).

Die effektiv nutzbare Produktionskapazität

Produktionskapazität

Die *effektiv nutzbare Produktionskapazität (EK)* einer Betriebseinheit ist die tatsächliche Leistungsfähigkeit eines Unternehmens innerhalb eines bestimmten Zeitraums unter Berücksichtigung der verfügbaren Personal- und Anlagenkapazität.

Damit eine Maschine produktiv eingesetzt werden kann, müssen Personalstunden (Faktoreinsatzmengen) in ausreichender Zahl und über eine bestimmte Zeitspanne (Faktoreinsatzdauer) bereitstehen. Das bedeutet umgekehrt, dass das Personal nur dann effektiv arbeiten kann, wenn die entsprechenden Maschinen betriebsbereit und einsatzfähig sind.

Die effektiv nutzbare Produktionskapazität ergibt sich somit aus dem Minimum der Faktoreinsatzmengen, die durch Maschinen- und Personalkapazität bereitgestellt werden können. Nur wenn beide Faktoren gleichzeitig vorhanden und aufeinander abgestimmt sind, kann produktiv gearbeitet werden.

Die effektiv nutzbare Produktionskapazität *EK* lässt sich mit folgender Formel berechnen:

$$EK = \underbrace{\min\left\{M;\ \frac{PB \cdot \propto}{\gamma}\right\}}_{\substack{\text{Faktoreinsatzmenge} \\ \text{FEM}}} \times \underbrace{\min\left\{BZ \cdot \mu;\ AZ \cdot \beta\right\}}_{\substack{\text{Faktoreinsatzdauer} \\ \text{FED}}}$$

Abbildung 9.10 Berechnung der effektiv nutzbaren Produktionskapazität

Dabei ist:

γ = Anzahl der benötigten Bediener pro Maschine

Die Einheit für die effektiv nutzbare Produktionskapazität sind Betriebsstunden (vgl. Günther/Tempelmeier: »Übungsbuch Supply Chain Analytics«, S. 5f.).

Faktoreinsatzmenge und Faktoreinsatzdauer

Faktoreinsatzmenge/Faktoreinsatzdauer

Die *Faktoreinsatzmenge (FEM)* ist die Menge eines Produktionsfaktors, die im Produktionsprozess eingesetzt wird, unabhängig davon, ob der Faktor verbraucht (z. B. Rohstoffe, Energie) oder lediglich genutzt wird (z. B. Maschinen).

Die *Faktoreinsatzdauer (FED)* ist die Zeitspanne, die der Produktionsfaktor im Produktionsprozess eingesetzt wird.

Beispiel: Wenn eine Maschine (FEM) 100 Stunden zur Verfügung steht (FED Maschine), aber nur Personal für 60 Stunden eingeteilt werden kann (FED Personal), dann ist die Produktionskapazität EK auf 60 Stunden begrenzt, da ein Engpass beim Personal vorliegt.

Gibt es einzelne Engpässe in den Kapazitäten, wirkt sich dies auf die gesamte Produktivität aus. Aus diesem Grund ist es für das Unternehmen wichtig, die Kapazitätsplanung ganzheitlich durchzuführen.

Der Zusammenhang kann auch grafisch dargestellt werden (siehe Abbildung 9.11).

Die Schnittfläche zwischen der Personalkapazität und der Anlagenkapazität stellt die effektiv nutzbare Produktionskapazität dar. Die Flächen außerhalb der Schnittmenge sind Verschwendung, auch *Muda* genannt (das Wort stammt aus dem Japanischen), da sowohl Kapazitäten der Mitarbeiter als auch Kapazitäten der Maschinen hier ungenutzt bleiben. Diese Verschwendung führt in der Regel zu höheren Produktionskosten. Die Kapazitätsplanung soll dafür sorgen, dass dieses Ungleichgewicht erst gar nicht erst entsteht.

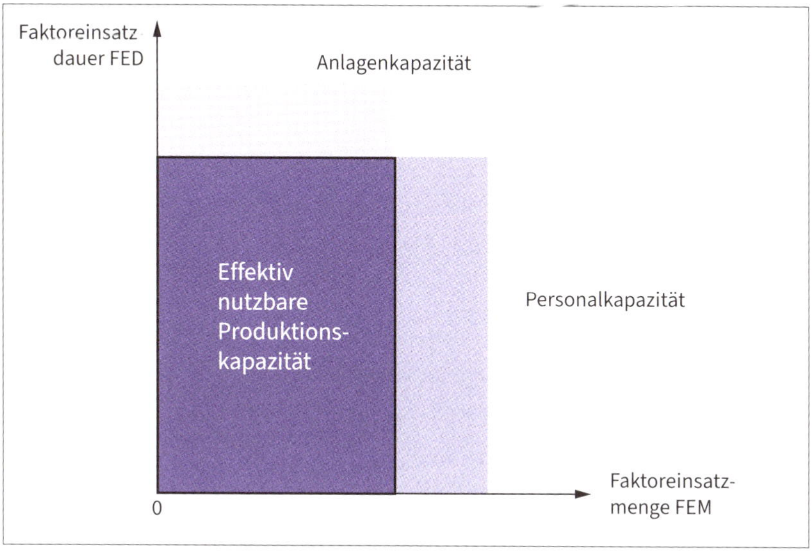

Abbildung 9.11 Effektiv nutzbare Produktionskapazität – grafische Darstellung (vgl. Günther/Tempelmeier, »Übungsbuch Supply Chain Analytics«, S. 6.)

Die Verschwendung kurzfristig ausgleichen können folgende Maßnahmen:

- Überstunden des eigenen Personals
- Urlaubssperren
- Zeitarbeitskräfte einsetzen
- Sonderschichten
- Produktionsmaschinen ausleihen, wenn die räumliche Kapazität vorhanden ist
- Halbfabrikate von externen Lieferanten beziehen

All diese Maßnahmen sollten nur kurzfristig durchgeführt werden und müssen gut überlegt sein, damit die Wettbewerbsfähigkeit, aber auch die Mitarbeiterzufriedenheit nicht langfristig darunter leiden. Wenn das Problem langfristig betriebsintern nicht gelöst werden kann, muss überlegt werden, die Prozesse outzusourcen.

Aufgabe 1: Effektiv nutzbare Produktionskapazität

Ein Industriebetrieb mit insgesamt 360 Mitarbeitern arbeitet im 3-Schicht-Betrieb und hat 23 Arbeitsstationen, die jeweils mit maximal 5 Mitarbeitern besetzt werden können. Die Normalarbeitszeit jedes Mitarbeiters beträgt 40 Stunden pro Woche. Die Betriebszeit pro Woche könnte 168 Stunden betragen. Bei der Personalkapazität verliert das Unternehmen 9 % aufgrund von Urlaub, Krankheit oder anderen Ausfällen. 7 % der Anlagennutzung gehen aufgrund von Störungen, Wartungen und anderen Umrüstprozessen verloren.

a) Berechnen Sie die effektiv nutzbare Produktionskapazität pro Woche.

b) Wie hoch dürfte der Ausfall bei der Personalkapazität maximal sein, wenn die 23 Arbeitsstationen zu 100 % ausgelastet wären?

c) Wie viele Mitarbeiter müssten neu eingestellt werden, um eine 100%ige Arbeitsleistung der Arbeitsstationen zu erreichen?

(vgl. Günther/Tempelmeier, »Übungsbuch Supply Chain Analytics«, S. 5f.)

Um wirtschaftlich erfolgreich produzieren zu können, ist es nicht nur entscheidend, wie viel produziert wird, sondern auch, wie effizient die vorhandenen Kapazitäten genutzt werden. Zwei zentrale Kennzahlen zur Bewertung dieser Effizienz sind der Beschäftigungsgrad und der Kapazitätsauslastungsgrad.

Der *Beschäftigungsgrad* zeigt, wie effizient die geplante Produktionskapazität tatsächlich genutzt wird.

$$\text{Beschäftigungsgrad [in Prozent]} = \frac{\text{Ist} - \text{Produktionszeit} \cdot 100\,\%}{\text{geplante Produktionszeit}}$$

Beispiel

planITs plant mit 300 Stunden Produktionszeit im Monat. Tatsächlich werden im Laufe des Monats aber nur 250 Stunden produktiv gearbeitet. Der Beschäftigungsgrad beträgt 83,33 % (250 · 100/300).

Der *Kapazitätsauslastungsgrad* gibt an, welcher Anteil der maximalen möglichen Kapazität tatsächlich genutzt wird:

$$\text{Kapazitätsauslastungsgrad [in Prozent]} = \frac{\text{Ist} - \text{Produktionszeit} \cdot 100\,\%}{\text{maximal mögliche Produktionszeit}}$$

Eine Kapazitätsauslastung (bei Personal auch *Beschäftigungsauslastung* genannt) von 100 % ist in der Praxis selten erreichbar und häufig auch nicht sinnvoll, denn das würde bedeuten, dass Personal und Anlagen zu 100 % ausgelastet wären. Dies kann zu Qualitätseinbußen, erhöhtem Verschleiß und Überlastung der Mitarbeitenden führen. In der Automobilbranche beispielsweise liegt der Kapazitätsauslastungsgrad zwischen 80 und 90 %.

Neben dem Beschäftigungsgrad und der Kapazitätsauslastung ist auch die Produktivität eine zentrale Kennzahl zur Beurteilung der Effizienz in der Produktion. Die *Produktivität* misst, wie effektiv Ressourcen genutzt werden. Sie zeigt das Verhältnis zwischen dem Einsatz an Ressourcen (Input) und dem produzierten Ergebnis (Output). Sie wird mit folgender Formel berechnet:

$$\text{Produktivität} = \frac{\text{Ausbringungsmenge}}{\text{Einsatzmenge}} = \frac{\text{Output}}{\text{Input}}$$

Je nach Bereich können verschiedene Produktivitäten berechnet werden, z. B. die Arbeitsproduktivität oder die Maschinenproduktivität.

Beispiel

4 Mitarbeiter*innen produzieren in 5 Stunden zusammen 200 Teile.

Die Arbeitsstunden gesamt betragen: 4 Mitarbeiter · 5 Stunden = 20 Stunden

$$\text{Produktivität} = \frac{200 \text{ Teile}}{20 \text{ Stunden}} = 10 \text{ Teile pro Stunde}$$

Ergebnis: Es werden 10 Teile pro Stunde produziert.

Eine zuverlässige Kapazitätsplanung, bei der die Ressourcen optimal genutzt werden, ist entscheidend für den nachhaltigen wirtschaftlichen Erfolg eines Unternehmens. Werden Kapazitäten gut und effektiv geplant, können vereinbarte Liefertermine zuverlässig eingehalten werden, was je nach Branche ein wichtiger Faktor für die Zufriedenheit und Bindung von Kunden und Vertriebspartnern ist. Gleichzeitig stärkt eine transparente und sorgfältige Planung das Vertrauen der Mitarbeitenden in die Geschäftsführung und kann zu einer höheren Arbeitszufriedenheit beitragen.

9.5 Auftragseindringtiefe (Order-Penetration-Point)

Der zunehmende Wunsch vieler Konsument*innen nach individuellen und einzigartigen Produkten führt in bestimmten Märkten zu einer steigenden Nachfrage nach maßgeschneiderten Kundenlösungen. In anderen Bereichen, z. B. bei Großkund*innen, entstehen kundenspezifische Anforderungen unabhängig von gesellschaftlichen Trends, z. B. an ein Software-Produkt mit professioneller Konfiguration und individuellen Plug-ins.

Um diesen unterschiedlichen Anforderungen gerecht zu werden, ist die Position der *Auftragseindringtiefe* entscheidend, die auch *Order-Penetration-Point (OPP)* genannt wird. Sie beschreibt, ab welchem Punkt im Produktionsprozess individuelle Kundenwünsche in das Produkt mit einfließen.

Auftragseindringtiefe

Die *Auftragseindringtiefe* ist der Entkopplungspunkt, an dem die kundenunabhängige Fertigung in die kundenspezifische Fertigung übergeht.

Die Bedarfe der kundenunabhängigen Produktion beruhen auf Prognosen, wohingegen die Bedarfe der kundenspezifischen Produktion auf tatsächlichen, realen Kundenaufträgen basieren. Es gibt vier verschiedene Ausprägungen der Auftragseindringtiefe:

- **make to stock – Lagerproduktion:** Die Lagerproduktion ist eine rein prognosebasierte Fertigung und Montage, die häufig bei standardisierten Massenprodukten zu finden sind, z. B. bei Schrauben oder bei Produkten des täglichen Bedarfs wie Hygieneartikeln oder Reinigungsmitteln.

  OPP: Nach der Fertigstellung
- **assemble to order – Auftragsmontage:** Hier finden wir eine Mischform aus prognose- und auftragsgetriebener Produktion, indem die Fertigung der Teile prognosebasiert und die anschließende Montage kundenorientiert erfolgt. Die Automobilindustrie geht so vor: Sie produziert die Teile prognosebasiert vor, die Endmontage erfolgt dann abhängig von den jeweiligen Kundenwünschen.

  OPP: Nach der Endmontage
- **make to order – Auftragsfertigung:** Sowohl die Fertigung als auch die Montage erfolgen aufgrund eines tatsächlichen Kundenauftrags, die Materialbeschaffung jedoch basierend auf Prognosen. Die Produkte sind oft standardisiert, jedoch mit Kundenbezug. Beispiele sind Werbeartikel oder Möbel nach Maß oder auch kundenspezifische Maschinen. Hier beginnt die Fertigung erst nach Eingang des Kundenauftrags, weil das Endprodukt exakt auf die Kundenwünsche zugeschnitten wird.

  OPP: Vor der Fertigung
- **purchase and make to order – Sonderproduktion:** Sowohl die Materialbeschaffung als auch die Produktion und Montage starten nach Eingang des konkreten Kundenauftrags. Insbesondere bei Produkten, die spezielle und hochpreisige Materialien erfordern, ist diese Herangehensweise üblich.

  OPP: Vor der Produktentwicklung

  (vgl. Vahs/Schäfer-Kunz, »Einführung in die Betriebswirtschaftslehre«, S. 691f.)

Durch die durchdachte Positionierung des Order-Penetration-Points (OPP) können Unternehmen ihre Produktionsprozesse effizienter gestalten und somit Kosten einsparen. Außerdem hilft es, das strategische Unternehmensziel der Gewinnmaximierung zu realisieren und die Wettbewerbsfähigkeit zu sichern.

9.6 Fertigungstypen der Produktion

Innerhalb der Produktionswirtschaft müssen viele strategische Entscheidungen getroffen werden. Die zunehmenden individuellen Kundenanforderungen und die dynamische Entwicklung vieler Märkte machen es notwendig, die Produktionsprozesse sowohl effizient und als auch flexibel zu gestalten. Deshalb ist die Wahl des passenden *Fertigungstyps* von großer Bedeutung, da er festlegt, wie die Produktion im Unternehmen organisatorisch und technisch gestaltet ist, und maßgeblich darüber entscheidet, wie gut ein Unternehmen auf unterschiedliche Anforderungen reagieren kann.

Der Fertigungstyp ist vor allem abhängig von der produzierten Stückzahl und der Anzahl an Produktvarianten. Auch der Grad der Kundenindividualisierung spielt eine große Rolle. Traditionell unterscheidet man die Fertigungstypen, die Sie in Abbildung 9.12 sehen.

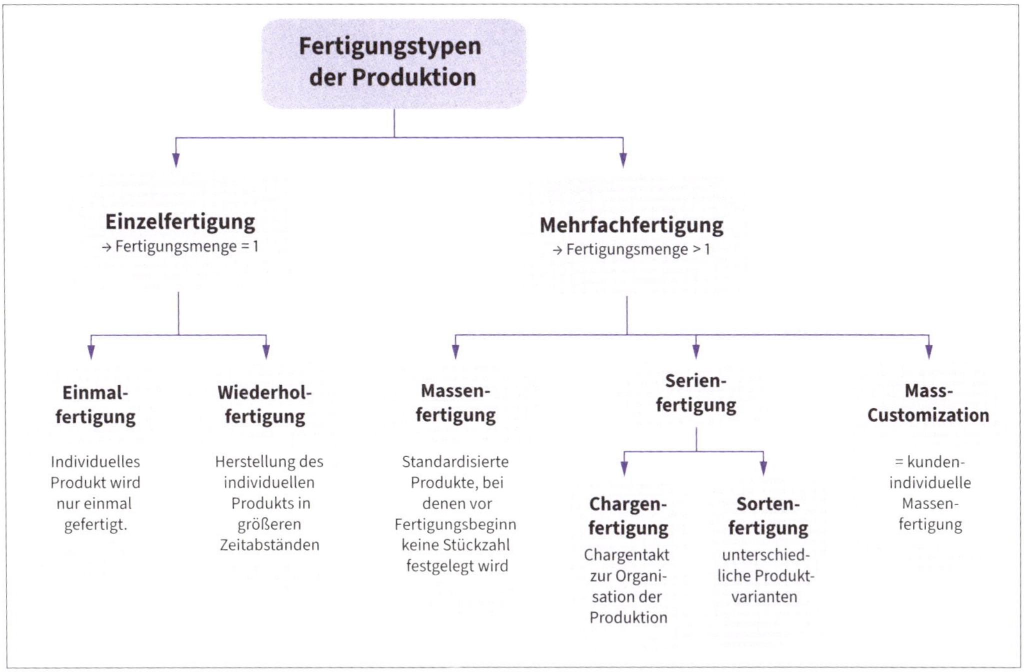

Abbildung 9.12 Fertigungstypen

Die **Serienfertigung** ist eine Mischung aus **Einzelfertigung** und **Massenfertigung**. Bei ihr werden identische Produkte in größeren Mengen kosteneffizient hergestellt. Die Stückzahl wird vor Fertigungsbeginn festgelegt. Sind die produzierten Produkte eines Unternehmens ähnlich, ist die Serienfertigung eine geeignete Fertigungsart, weil die gleichen Maschinen verwendet werden können und nur zwischen den Fertigungsvorgängen umgerüstet werden müssen. Beispiel: Ein Unternehmen stellt verschiedene Kekse in großen Mengen her und verpackt sie.

Die **Chargenfertigung** gehört zur Serienfertigung, die vor allem in der Lebensmittelindustrie weit verbreitet ist. Hier werden bestimmte, festgelegte Mengen, die sogenannten *Chargen*, unter gleichen Bedingungen hergestellt. Der Chargentakt legt die produzierende Menge in einem bestimmten Zeitintervall fest. Bei Rohstoffen mit natürlichen Qualitätsschwankungen wird die Chargenfertigung häufig eingesetzt, da hier in Bezug auf die Qualitätssicherung eine Rückverfolgbarkeit möglich ist. Beispiel: Von der Gemüsesuppe im Glas werden alle vier Wochen 1.000 Liter produziert. Für den Fall, dass es Kundenbeanstandungen gibt, werden zur Qualitätssicherung fünf Gläser mit je 500 ml aufbewahrt. Anhand dieser Gläser kann dann nachträglich geprüft werden, ob Qualitätsprobleme bestehen.

Die **Sortenfertigung** ist eine spezielle Form der Serienfertigung. Hier werden gleichartige Produkte in verschiedenen Varianten in begrenzten Stückzahlen hergestellt. Die eigenschaftsverwandten Produkte werden hintereinander nach einem vorher festgelegten Plan produziert. Der große Vorteil ist, dass schnell auf Kundenwünsche reagiert werden kann, allerdings ist dies natürlich mit höheren Kosten verbunden. Ein Beispiel: Ein Joghurthersteller produziert Naturjoghurt in verschiedenen Geschmacksrichtungen (z. B. Erdbeere, Heidelbeere und Vanille) nacheinander auf derselben Produktionslinie. Die Grundrezeptur bleibt gleich, lediglich die Zusätze variieren, wodurch unterschiedliche Sorten entstehen.

Eine weitere Mischform aus Einzel- und Massenfertigung ist die **Mass-Customization**, weil die Produkte, wie bei der Massenfertigung, identische Fertigungs- und Montageschritte durchlaufen. Die Individualisierung der Erzeugnisse im Sinne einer Einzelproduktion erfolgt nach festgelegten Auswahloptionen. Das Konzept ermöglicht es, kundenspezifische Produkte zu niedrigen Herstellkosten anzubieten (vgl. Vahs/Schäfer-Kunz, »Einführung in die Betriebswirtschaftslehre«, S. 693f.). Beispiele für Mass-Customization sind Autos mit konfigurierbarer Ausstattung oder individuell bedruckte T-Shirts oder Kalender. Die wesentlichen Vorteile bestehen darin, dass die Individualisierungsoptionen die Kundenzufriedenheit erhöhen und dass das Unternehmen flexibel auf die Wünsche am Markt reagieren kann.

9.7 Organisationstypen der Produktion

Im Zusammenhang mit der Aufbauorganisation eines Unternehmens habe ich in Abschnitt 5.7 das Konzept des Lean Managements vorgestellt – eine Philosophie, die auf schlanke Strukturen, effiziente Abläufe und Kundenorientierung setzt. Dieses Denken lässt sich auch auf die Produktion übertragen, als sogenannte *Lean Production*.

Durch Lean Production will man die Produktionsprozesse leistungsfähig, wirtschaftlich und ohne Verschwendung gestalten. Dieses Prinzip spielt bei der Auswahl und Gestaltung der Organisationstypen der Produktion eine wichtige Rolle. Abbildung 9.13 fasst die Grundprinzipien von Lean Production zusammen:

1. **Kundenmehrheit im Mittelpunkt**

   Fokus auf dem konkreten Kundenmehrwert legen und Tätigkeiten, die nicht darauf abzielen, einstellen.

2. **Wertstrom identifizieren**

   Arbeitsprozesse auf nicht wertschöpferische Aktivitäten untersuchen und diese beseitigen.

3. **Fluss-Prinzip**

   Unterbrechungsfreie Wertschöpfungskette während des Produktionsprozesses schaffen.

4. **Pull-Prinzip**

   Nur das produzieren, was der Kunde auch tatsächlich bestellt.

5. **Perfektions-Prinzip**

   Kontinuierliche Verbesserung und Streben nach Perfektion.

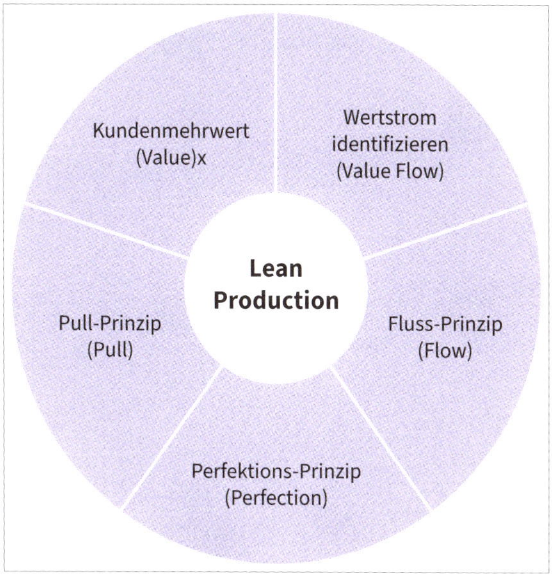

Abbildung 9.13 Grundprinzipien der Lean Production (vgl. Der Prozessmanager, »5 Prinzipien für Prozessoptimierung in der Fertigung«, *https://der-prozessmanager.de/aktuell/news/5-prinzipien-fur-prozessoptimierung-in-der-fertigung-lean-manufacturing-revival-einer-erprobten-methodik*, aufgerufen am 22.04.2025)

Ein zentrales Prinzip der Lean Production ist *Kaizen*, ein kontinuierlicher Verbesserungsprozess, der die Abläufe im Unternehmen stetig verbessern will – auf die Methode selbst gehe ich in Abschnitt 9.9, »Qualitätsmanagement«, noch ausführlicher ein. Bei der Wahl des passenden Organisationstyps sollte dieser Gedanke ebenfalls berücksichtigt werden.

Organisationstyp

Der *Organisationstyp* legt fest, wie die Arbeitsplätze der Mitarbeiter, die Maschinen und die Betriebsmittel räumlich angeordnet sind.

Abbildung 9.14 zeigt die Organisationstypen, die man in der Produktion unterscheidet.

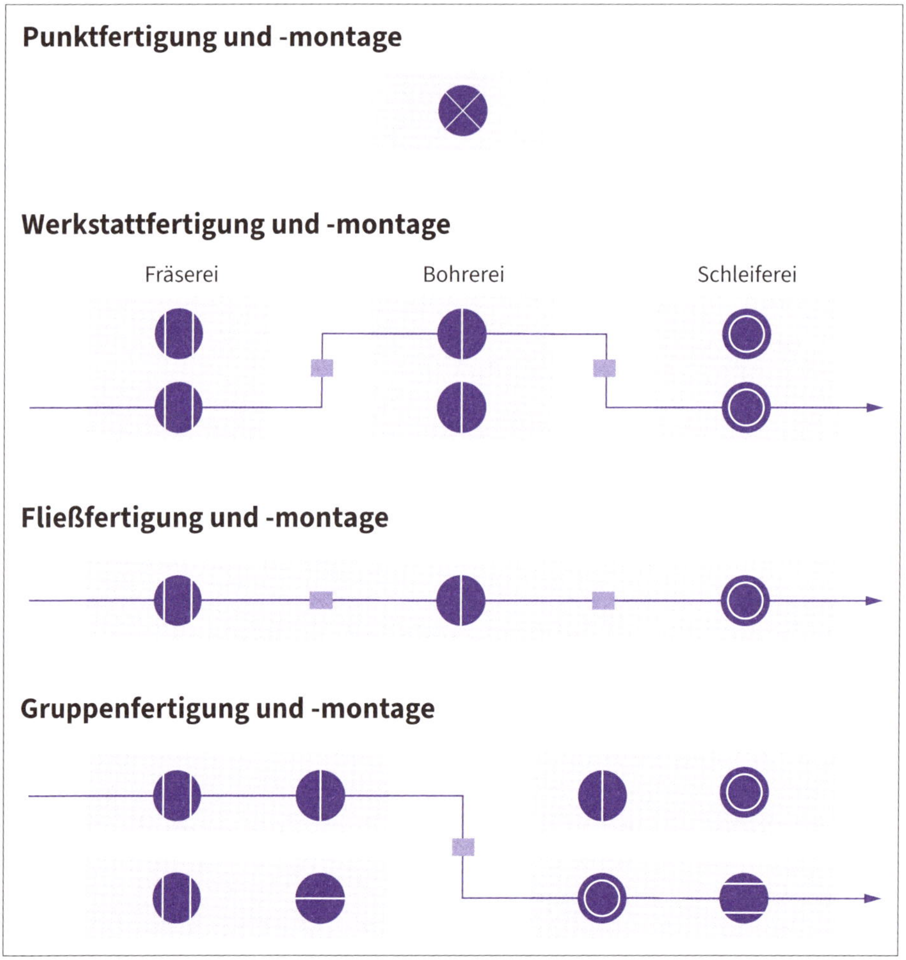

Abbildung 9.14 Organisationstypen der Produktion (vgl. Vahs/Schäfer-Kunz, »Einführung in die Betriebswirtschaftslehre«, S. 695.)

Punktfertigung und -montage

Bei der *Punktfertigung und -montage* spricht man auch von der »produktionsortzentrierten Systemgestaltung«, denn das Produkt verbleibt während des gesamten Herstellungsprozesses an einem festen Standort. Das Produkt bleibt stationär, das heißt, alle benötigten Ressourcen – seien es Betriebsmittel, Rohstoffe oder auch Arbeitskräfte – werden zur Fertigung zu diesem Ort gebracht. Man unterscheidet zwischen

- der *Einzelplatz- oder Werkbankfertigung und -montage* (Beispiel: Anfertigung von Schmuckunikaten, Kunsthandwerk) und
- der *Baustellenfertigung und -montage* (Beispiel: Hausbau, Schiffsbau).

Werkstattfertigung und -montage

Die *Werkstattfertigung und -montage* zählt zur technologiezentrierten Systemgestaltung. Hier werden die Arbeitsplätze und Maschinen gemäß der Art ihrer Tätigkeiten in Werkstätten nach dem sogenannten *Verrichtungsprinzip* angeordnet. Das heißt, dass gleiche Tätigkeiten in einer Werkstatt zusammengefasst werden. Abbildung 9.14 veranschaulicht, dass ein Produkt beispielsweise entsprechend den notwendigen Bearbeitungsschritten nacheinander die Fräserei, Bohrerei und Schleiferei durchläuft. Die Werkstattfertigung eignet sich besonders für Produkte in der Einzelfertigung mit einer großen Variantenvielfalt. Sie ermöglicht es, flexibel auf individuelle Kundenwünsche einzugehen. Allerdings ist der Organisationsaufwand hier hoch, da die Produktionsprozesse aufwendig geplant und gesteuert werden müssen.

Fließfertigung und -montage

Die *Fließfertigung und -montage* wird der produktorientierten Systemgestaltung zugeordnet. Die Schritte des Produktionsprozesses werden nacheinander ohne Unterbrechungen in einer festgelegten Reihenfolge ausgeführt, weil alle erforderlichen Elemente der Produktion (z. B. Arbeitsplätze und Betriebsmittel) aufeinander abgestimmt sind. Es wird unterschieden zwischen

- der *Fließbandfertigung*
- und der *Reihenfertigung*.

Fließbandfertigung

Bei der *Fließbandfertigung* durchlaufen die Produkte auf einem Förderband nacheinander verschiedene Arbeitsstationen, an denen jeweils ein spezifischer Arbeitsschritt ausgeführt wird. Dabei bestimmt das Fließband das Arbeitstempo. Für jeden Arbeitsschritt existieren feste Taktzeiten. Dieser Organisationstyp eignet sich besonders für die Massenproduktion.

Um die Wurzeln der Fließbandfertigung zu verstehen, müssen wir einen kurzen Exkurs in die Geschichte machen: 1911 kam der sogenannten *Taylorismus* auf.

Taylorismus

Der *Taylorismus* geht zurück auf Frederick Winslow Taylor, der komplexe Arbeitsprozesse in standardisierte Einzelschritte zerlegte, um die Produktionsgeschwindigkeit und die Produktionsmenge zu erhöhen und somit die Effizienz der Produktion zu steigern und die Herstellungskosten zu senken.

Henry Ford (1863–1947), der Gründer von Ford Motor Company, revolutionierte die Automobilindustrie und verband die Ideen des Taylorismus mit der Fließbandfertigung. Im Jahr 1913 führte er die Fließbandfertigung in der Automobilproduktion ein und schaffte es dadurch, die Produktionskosten zu senken und somit das Auto für die breite Bevölkerung erschwinglich zu machen. Diese gewonnene Mobilität bescherte den Menschen eine neue Art von Freiheit.

Die Vorteile des Taylorismus sind aus wirtschaftlicher Sicht enorm, jedoch gibt es auch Kritikpunkte, beispielsweise die Monotonie der Arbeitsabläufe, die sich unter Umständen negativ auf die Mitarbeiterzufriedenheit auswirkt. Soziale Aspekte der Mitarbeiterführung werden hier eher nicht berücksichtigt. Sowohl der Taylorismus als auch die Fließbandfertigung ebneten den Weg für die moderne industrielle Produktion. Auch spätere Konzepte, wie das Lean Management (siehe Abschnitt 5.6), wurden von ihm beeinflusst.

Reihenfertigung

Die *Reihenfertigung* ist räumlich genauso aufgebaut wie die Fließbandfertigung, nur existieren für die einzelnen Arbeitsschritte keine festen Zeitvorgaben. Sobald ein Produktionsschritt abgeschlossen ist, wird das Produkt an die nächste Station weitergegeben. Der Vorteil ist, dass Mitarbeiter ihr eigenes Arbeitstempo wählen können. Das hat jedoch eventuell zur Folge, dass Leerzeiten zwischen den einzelnen Arbeitsschritten entstehen, die sich negativ auf die Kosten auswirken. Aus diesem Grund ist die Reihenfertigung eher für kleinere Stückzahlen geeignet.

Gruppenfertigung und -montage

Die *Gruppenfertigung und -montage* ist eine gruppenzentrierte Systemgestaltung und vereint Elemente der Fließband- und Werkstattfertigung. Sie wird auch als *Inselfertigung und -montage* bezeichnet. Bei ihr werden die einzelnen Arbeitsschritte zu Gruppen gebündelt und in »Inseln« organisiert. Die Betriebsmittel sind räumlich so angeordnet, dass möglichst kurze Wege zwischen den einzelnen Inseln bestehen, wodurch die Produktionszeit insgesamt reduziert wird.

Die Arbeit innerhalb der Gruppe wird in der Regel mithilfe des Fließprinzips organisiert, jedoch agiert die Gruppe selbstständiger als bei der Fließfertigung, weil sie sich größtenteils selbst organisieren muss. Sie plant eigenverantwortlich die Wartung oder auch die Urlaubs-

und Krankheitsvertretung. Dies führt zwar zu mehr Flexibilität und die Mitarbeiter sind durch die anspruchsvolle Aufgabe vermutlich motivierter und zufriedener. Jedoch müssen die Mitarbeiter dafür auch die notwendigen Qualifikationen mitbringen und gut ausgebildet sein. Außerdem lassen sich Leerzeiten zwischen den einzelnen Gruppen nur schwer vermeiden. In der Elektroindustrie oder bei der Möbelherstellung ist die Gruppenfertigung zu finden.

Aufgabe 2: Organisationstypen der Produktion

Kreuzen Sie an, welchem Organisationstyp die unten genannten Beispiele zuzuordnen sind.

	Punkt-fertigung	Werkstatt-fertigung	Fließ-fertigung	Gruppen-fertigung
(1) Fertigungsinsel bei der Möbelmontage				
(2) Herstellung von maß-geschneiderten Einzelteilen in einer CNC-Werkstatt				
(3) Herstellung von Smartphones als Massenprodukt				
(4) Ein Windkraftrotor wird an einem Ort zusammengebaut.				
(5) Das Standardmodell einer Uhr wird als Serie produziert.				
(6) Ein Schiff wird im Dock hergestellt.				
(7) Ein Betrieb stellt kunden-spezifische Maschinenbauteile her.				

9.8 Fertigungsverfahren der Produktion

Die *Fertigungsverfahren* selbst sind rein technische Prozesse, auf deren Details ich hier bewusst nicht eingehe, da der Fokus dieses Buches auf der betriebswirtschaftlichen Perspektive liegt. Aus wirtschaftlicher Sicht hat die Wahl des Fertigungsverfahrens aber Auswirkungen auf viele Bereiche des Unternehmens, nämlich unter anderem:

- **Kostenstruktur:** Jedes Verfahren verursacht eigene Kosten. Manche Verfahren sind kostspieliger als andere. Bei Anschaffungen von Maschinen für automatisierte Verfahren sind höhere Investitionen zu tätigen als bei nichtautomatisierten Verfahren. Auch die Kapazität und die Losgröße müssen in die Entscheidung über die Fertigungsverfahren mit einbezogen werden.
- **Lager:** Je nach Verfahren muss eine bestimmte Lagerkapazität vorhanden sein. Eine hohe Lagerhaltung verursacht hohe Kosten.
- **Produktgestaltung:** Manche Verfahren lassen Individualisierungen durch den Kunden zu, manche nicht. In der Regel gilt: Je mehr Individualisierung möglich ist, desto höher sind die Herstellungskosten. Über den Mengeneffekt kann dies jedoch wieder ausgeglichen werden.
- **Personal:** Jedes Verfahren benötigt unterschiedlich qualifiziertes Personal.

Die Eigenschaften der Enderzeugnisse – also z. B. aus welchem Material, in welchem Design wie viel davon hergestellt werden soll – bestimmen das Fertigungsverfahren, das technisch möglich ist, aber sich auch wirtschaftlich rechnt. Da die Endprodukte normalerweise längerfristig hergestellt werden, ist die Wahl des Fertigungsverfahrens immer eine zentrale, strategische Entscheidung. Ein besonderes, betriebsspezifisches Fertigungsverfahren kann immer den Unterschied ausmachen und dem Unternehmen einen Wettbewerbsvorteil verschaffen. Deshalb ist es wichtig, diese technische Entscheidung wohlüberlegt zu treffen.

Die Fertigungsverfahren der Produktion werden in der *DIN-Norm 8580* festgelegt. (DIN steht für *Deutsches Institut für Normung*.) Die DIN 8580 mit dem Titel »Fertigungsverfahren – Begriffe, Einteilung« ist eine deutsche Industrienorm, die die Fertigungsverfahren danach klassifiziert, ob der Fertigungsprozess den Stoffzusammenhalt (also den inneren Zusammenhalt der Teilchen, Atome, ...) des Erzeugnisses schafft, beibehält, vermehrt oder vermindert. Diese Klassifizierung ist vor allem in der Metallindustrie zu finden. Sie teilt die Fertigungsverfahren in 6 Hauptgruppen ein, die in Tabelle 9.3 erläutert sind.

Urformen	Aus formlosen Stoffen, z. B. flüssigem Metall, wird ein fester Körper erzeugt, beispielsweise durch Gießen.
Umformen	Die Form eines festen Körpers wird verändert, ohne Material zu entfernen, z. B. durch Biegen.
Trennen	Material wird entfernt, um eine neue Form zu schaffen, z. B. durch Sägen.

Tabelle 9.3 Fertigungsverfahren nach DIN 8580 (vgl. Institut für Integrierte Produktion Hannover, *https://www.iph-hannover.de/de/dienstleistungen/fertigungsverfahren/uebesicht-fertigungsverfahren/*, aufgerufen am 06.08.2025)

Fügen	Zwei oder mehr Teile werden dauerhaft miteinander verbunden, z. B. durch Schweißen.
Beschichten	Eine fest haftende Schicht wird auf das Werkstück aufgebracht, z. B. durch Lackieren.
Stoffeigenschaft ändern	Die inneren Eigenschaften eines Werkstoffs werden verändert, z. B. durch Härten oder Glühen. So wird Stahl stark erhitzt und danach schnell abgekühlt – das macht ihn härter und verschleißresistenter.

Tabelle 9.3 Fertigungsverfahren nach DIN 8580 (vgl. Institut für Integrierte Produktion Hannover, *https://www.iph-hannover.de/de/dienstleistungen/fertigungsverfahren/uebesicht-fertigungsverfahren/*, aufgerufen am 06.08.2025) (Forts.)

Auch im Kontext von Industrie 4.0 gewinnt das Fertigungsverfahren an strategischer Bedeutung, denn durch die zunehmende Vernetzung von Maschinen und Software werden neue effiziente Produktionsprozesse geschaffen, die einen entscheidenden Wettbewerbsvorteil bringen können.

9.9 Qualitätsmanagement

Wenn Sie Ihre Lieblingsschokolade im Supermarkt kaufen, erwarten Sie, dass diese immer gleich aussieht und gleich schmeckt, oder? Sie als Kunde oder Kundin haben also berechtigterweise eine gewisse Erwartungshaltung bezüglich der Qualität. Deshalb ist es wichtig, dass die produzierenden Unternehmen den Erwartungen ihrer Verbraucher*innen gerecht werden und eine gleichbleibende Qualität ihrer Produkte liefern. Das *Qualitätsmanagement* liefert wertvolle Ansätze, um die Qualität zu sichern.

Aber was versteht man unter *Qualität*? Man unterscheidet:

- **subjektive Qualität:** Aus Sicht des Kunden ist Qualität das, was er von dem Produkt erwartet und welches Maß der Erfüllung seiner Erwartungen er wahrnimmt.
- **objektive Qualität:** Das ist die durch verschiedene Verfahren messbare und nach Kriterien quantifizierbare Güte eines Produktes. Sie ist sowohl von innen als auch von außen bewertbar.

Diese beiden Unterscheidungen zeigen, dass Qualität kein klar definierter Begriff ist, sondern ein relativer Begriff. Das heißt, die Qualität kann nur im Vergleich zu dem erwarteten Anspruchsniveau bewertet werden.

Die Normenreihe *DIN EN ISO 9000* legt weltweit Standards für das Qualitätsmanagement fest. Den Qualitätsbegriff legt sie wie folgt fest:

Qualität

Qualität ist der »Grad, in dem ein Satz inhärenter Merkmale eines Objekts Anforderungen erfüllt.« (vgl. Deutsche Gesellschaft für Qualität, *https://blog.dgq.de/brauchen-wir-einen-modernen-qualitaetsbegriff/*, aufgerufen am 24.04.2025)

Was versteht man nun unter *Qualitätsmanagement* im betrieblichen Kontext?

Qualitätsmanagement

Qualitätsmanagement bezeichnet alle Maßnahmen und Prozesse, die die Beschaffenheit und Güte von Produkten und Dienstleistungen planen, lenken, sichern, prüfen und verbessern.

Total Quality Management (TQM)

Das ganzheitliche Führungsmodell *Total Quality Management (TQM)* ist ein prozessbezogenes Qualitätsmanagementsystem für die gesamte Unternehmung, dessen oberstes Ziel die Qualität ist. Voraussetzung für die erfolgreiche Umsetzung ist die Vorbildfunktion der obersten Führungsriege. Abbildung 9.15 zeigt, wie sich TQM zusammensetzt.

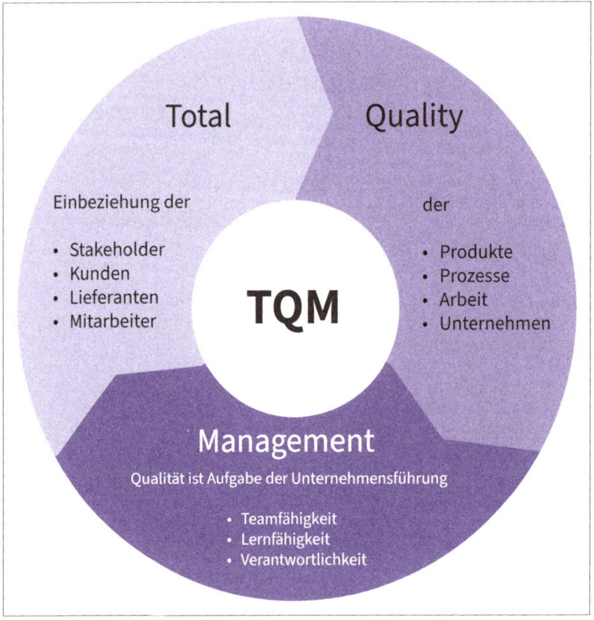

Abbildung 9.15 Total Quality Management (TQM)

Die Basis von TQM bilden die acht Grundsätze, die Sie in Abbildung 9.16 sehen.

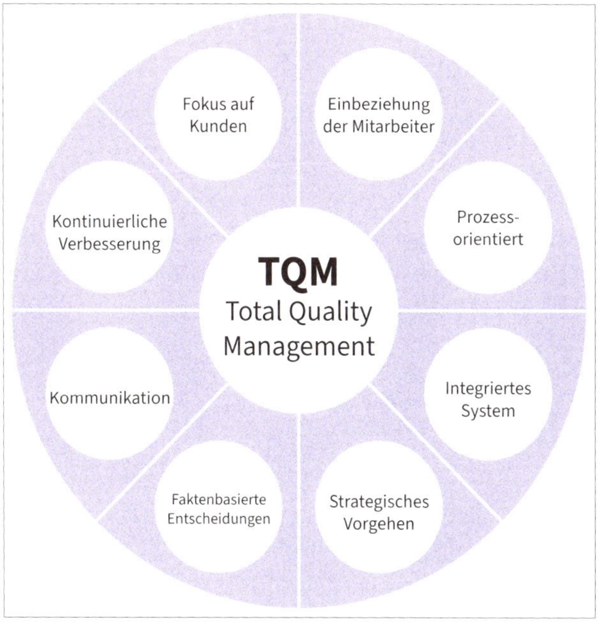

Abbildung 9.16 TQM-Grundsätze (vgl. https://www.gbtec.com/de/ressourcen/total-quality-management/, aufgerufen am 25.04.2025)

Folgt ein Unternehmen dem TQM-Ansatz, sind diese Grundsätze Kernprinzipien, die in der Unternehmenskultur etabliert werden müssen. Deshalb wird in der Literatur oftmals nicht von einem Modell gesprochen, sondern von einer Unternehmensphilosophie. Das TQM ist ein sehr umfassender und langwieriger Prozess, deshalb bevorzugen viele Unternehmen in Deutschland traditionelle Qualitätsmanagementsysteme, weil hier der Fokus oft klarer auf einen bestimmten Bereich liegt und deshalb leichter zu implementieren ist. Aus diesem Grund gehe ich in den folgenden Ausführungen auf das *traditionelle Qualitätsmanagement* ein, wobei viele Elemente aus dem TQM natürlich auch im klassischen Ansatz zu finden sind.

Qualitätsmanagement – der klassische Ansatz

Das übergeordnete *Ziel* des Qualitätsmanagements (QM) ist, die Qualität der angebotenen Produkte und Dienstleistungen dauerhaft sicherzustellen und kontinuierlich zu verbessern und dadurch die Zufriedenheit der Kunden zu gewährleisten und langfristig auch zu erhöhen. Um das zu erreichen, muss das QM vielfältige Aufgaben umsetzen (vgl. *https://qualitaetsmanagement.me/qualitaetsmanagement-iso-9001/*, aufgerufen am 24.04.2025):

- Aufbau, Anpassung und Weiterentwicklung eines Qualitätsmanagementsystems
- Prozessanalyse und Prozessoptimierung
- Qualitätssicherung
- Sicherung der Kundenzufriedenheit
- Etablierung einer Qualitätskultur im Unternehmen
- Audits: Kontrollen, ob Anforderungen erfüllt werden

Eine strukturierte Vorgehensweise für ein gelingendes Qualitätsmanagement liefert die Norm *DIN EN ISO 9001:2015*. Sie legt sieben Leitgedanken als Handlungsorientierung für Unternehmen fest, die in Abbildung 9.17 grafisch dargestellt sind.

Abbildung 9.17 Grundsätze des Qualitätsmanagements

Die Grafik zeigt, dass es zwischen dem TQM und dem klassischen Ansatz einige Überschneidungen gibt. Sehen wir und sie Grundsätze im Einzelnen an (vgl. *https://www.dgq.de/fachbeitraege/die-7-grundsaetze-des-qualitaetsmanagements/*, aufgerufen am 25.04.2025).

Kundenorientierung

Einer der wichtigsten Grundsätze im Qualitätsmanagement ist die *Kundenorientierung.* Die Erwartungen und Bedürfnisse der Kunden bilden das Fundament eines gelingenden Qualitätsmanagements. Um den größtmöglichen Nutzen zu schaffen, sollen – soweit es umsetzbar ist – die Kundenwünsche in die Produktgestaltung mit einfließen. Das Ziel ist, die Kundenerwartungen zu erfüllen beziehungsweise zu übertreffen, denn so wird der nachhaltige unternehmerische Erfolg gewährleistet.

Dafür ist es auch wichtig, Kundenfeedback einzuholen. Mittels Kundenbefragungen soll die Kundenzufriedenheit ermittelt werden – die Ergebnisse sind ein Wegweiser für die nächsten Schritte, um eine kontinuierliche Verbesserung und Weiterentwicklung der Produkte und Prozesse zu erreichen. Je besser ein Unternehmen seine Zielgruppe kennt, desto gezielter und schneller kann es handeln. Diese Flexibilität stärkt die Marktposition, weil sich das Unternehmen rasch an die wandelnden Marktbedingungen anpassen kann.

Führung

Der zweite Grundsatz heißt *Führung*. Die Führung, das heißt die Steuerung und Kontrolle des Qualitätsmanagements, obliegt der obersten Führungsebene. Die Unternehmensleitung muss das System etablieren, pflegen und kontinuierlich weiterentwickeln. Der Erfolg und die Akzeptanz hängen maßgeblich davon ab, dass alle Beschäftigten sowohl die Ziele kennen als auch deren Sinnhaftigkeit nachvollziehen können.

Die Leitung muss auch dafür sorgen, dass die Mitarbeiter*innen die notwendigen Ressourcen und Kompetenzen erlangen, um aktiv an der Gestaltung mitzuwirken. Eine transparente Kommunikation und die Vorbildfunktion der Führungskräfte fördern ebenfalls die Effizienz der Prozesse. All das erhöht die Mitarbeiterzufriedenheit und es wird eine Kultur des Vertrauens geschaffen. Eine gute Führung ermöglicht es ebenfalls, auf Marktveränderungen schnell zu reagieren und die Prozesse anzupassen.

Engagement von Personen

Das *Engagement von Personen* stellt den dritten Grundsatz dar. Wie Sie bereits in Kapitel 6 zum Personalmanagement erfahren haben, sind die Mitarbeiter*innen eine wichtige Säule im Unternehmen. Sie sind meiner Meinung nach das Fundament eines Unternehmens, denn eine Organisation kann nur in dem Maße erfolgreich sein, in dem die Mitarbeiter*innen ihre Potenziale entfalten und sie einbringen.

Eine gute Unternehmensführung fördert die Stärken und Talente ihrer Mitarbeiter*innen und zeigt so Wertschätzung gegenüber ihrem Personal. Die Mitarbeitenden fühlen sich integriert und sind zufrieden. Dies motiviert die Menschen und sie bringen sich mit ihren Fähigkeiten und Fertigkeiten aktiv ein und sind bereit, an der Umsetzung der Ziele mitzuarbeiten. Dieses Engagement der Mitarbeiter*innen sorgt für eine positive Ausrichtung des Unternehmens.

Prozessorientierter Ansatz

Der vierte Grundsatz des Qualitätsmanagements ist der *prozessorientierte Ansatz*. Für ein konstantes Qualitätsniveau ist es im ersten Schritt wichtig zu wissen, was gemacht werden muss und mit welchen Ressourcen dies erreicht werden soll. All diese Prozesse müssen gründlich geplant werden, um im zweiten Schritt diese Vielzahl von zusammenhängenden Prozessen zu koordinieren. Nur wenn alles aufeinander abgestimmt ist, kann das Unternehmen erfolgreich sein. Beim prozessorientierten Ansatz ist es wichtig, dass die Prozesse überwacht werden und Fehlerquellen eliminiert werden. Prozessorientierung im Qualitätsmanagement bedeutet also, dass sich das Unternehmen konsequent an den Prozessen ausrichtet.

Verbesserung

Der fünfte Grundsatz ist die *Verbesserung* im Sinne des *kontinuierlichen Verbesserungsprozesses (KVP)*. Dieser Grundsatz ist einer der wichtigsten im Qualitätsmanagement und wird mit dem PDCA-Zyklus oder auch Deming-Kreis dargestellt (siehe Abbildung 5.10 in Abschnitt 5.7). Der Ablauf gemäß dem PDCA-Zyklus hilft dem Unternehmen, systematisch die eigenen Prozesse zu überprüfen und anzupassen – so kann das Unternehmen sein Leistungsniveau halten beziehungsweise verbessern.

Kaizen

Beim PDCA-Zyklus bringen sich die Mitarbeiter bei Verbesserungen im Rahmen des aus Japan stammenden *Kaizen-Ansatzes* ein, dessen Kern das Streben nach kontinuierlicher Verbesserung der Unternehmensprozesse ist. Auch eine schlanke Produktion (*Lean Production*, siehe Abschnitt 9.7) ist ein Hauptanliegen von Kaizen. Der Begriff setzt sich aus den Teilen

- *Kai* – dt. »Veränderung«, »Wandel« und
- *Zen* – dt. »zum Besseren«

zusammen. Kaizen wurde nach dem Zweiten Weltkrieg vom Automobilhersteller Toyota entwickelt – und durch seine schlanke Produktion wurde Toyota international erfolgreich. Weltweit bekannt gemacht hat diese Strategie Masaaki Imai, der 1986 in seinem Buch »Kaizen: Der Schlüssel zum Erfolg der Japaner im Wettbewerb« den Ansatz zusammengefasst und erklärt hat. Er sagt:

> *»Die Botschaft von Kaizen heißt, es soll kein Tag ohne irgendeine Verbesserung im Unternehmen vergehen. Wenn Kaizen am Arbeitsplatz eingesetzt wird, bedeutet es eine kontinuierliche Verbesserung, an der alle beteiligt sind – Führungskräfte und Arbeitnehmer gleichermaßen.«*
>
> *Masaaki Imai (1930–2023)*

(zitiert nach: Projektmagazin, »Kaizen«, *https://www.projektmagazin.de/glossarterm/kaizen*, aufgerufen am 25.04.2025)

Es geht bei Kaizen also nicht um eine plötzliche Verbesserung, sondern um eine sukzessive Veränderung und Optimierung der Prozesse und um ein permanentes Hinterfragen der betrieblichen Grundprinzipien, sodass langfristig die Qualität gesteigert wird sowie die Kosten gesenkt und der wirtschaftliche Erfolg verbessert werden.

Bei diesem Prozess stehen die Mitarbeiter*innen im Mittelpunkt, weil sie die Tätigkeiten und Arbeitsplatzgestaltung kritisch hinterfragen sollen und so ihre eigene Arbeitsweise kontinuierlich verbessern sollen. Das Kaizen-Prinzip umfasst fünf zentrale Grundlagen, die die Mitarbeitenden konsequent umsetzen sollen. Sie sind in Abbildung 9.18 grafisch dargestellt.

Abbildung 9.18 Das Kaizen-Prinzip

Wie ich bereits mehrfach betont habe, stehen die Bedürfnisse der **Kund*innen** im Zentrum unternehmerischen Handelns. Die Mitarbeiter sollen beim Hinterfragen der Prozesse immer auch die Bedürfnisse der Kund*innen im Blick haben. Im Rahmen der **Prozess**orientierung wird nicht nur das Ziel, das Endprodukt, sondern auch der Weg dorthin betrachtet – ganz nach dem Motto »Der Weg ist das Ziel«. Die **Qualität**sorientierung ist besonders wichtig. Qualitätsstandards werden kontinuierlich überprüft und Prozesse gegebenenfalls angepasst. **Kritik** ist ausdrücklich erwünscht, da sie der ständigen Verbesserung dient. **Standardisierung** bedeutet hier: Wenn Verbesserungsvorschläge der Mitarbeiter*innen langfristig zu Verbesserungen an den Prozessen geführt haben, werden sie dauerhaft integriert, eben standardisiert. Verschwendungen werden somit reduziert (vgl. *https://www.projektmagazin.de/glossarterm/kaizen*, aufgerufen am 25.04.2025).

Faktengestützte Entscheidungsfindung

Die *faktengestützte Entscheidungsfindung* ist der sechste Grundsatz im klassischen Qualitätsmanagement und bedeutet, dass vor jeder wichtigen Entscheidung alle Aspekte – Bedingungen, Ursachen, Wirkungen, Risiken, Chancen – analysiert und mit einbezogen werden müssen. Zahlen, Daten und Fakten sollen die Entscheidung unterstützen. Die Entscheidungen müssen dokumentiert werden, um retrospektiv die Wirksamkeit der Maßnahmen bewerten zu können.

Ganzheitliches Beziehungsmanagement

Der siebte und letzte Grundsatz ist das *ganzheitliche Beziehungsmanagement*. Die Interessen der Stakeholder, also beispielsweise der Kunden, Mitarbeiter und Lieferanten, werden so weit wie möglich berücksichtigt, denn das Verständnis für diese Beziehungen hat einen direkten Einfluss auf den Erfolg des Unternehmens. Das Unternehmen muss die Beziehungen identifizieren und sie gezielt steuern und pflegen. Durch die vertrauensvolle Zusammenarbeit mit den verschiedenen Interessengruppen erlangt das Unternehmen wertvolles Wissen, wodurch Ressourcen besser genutzt und somit Kosten eingespart werden können.

Methoden und Werkzeuge des Qualitätsmanagements

Um die Ziele des Qualitätsmanagements effektiv umzusetzen, stehen zahlreiche Methoden und Werkzeuge zur Verfügung. Es ist jedoch nicht möglich, alle im Detail zu behandeln. Einige der wichtigsten habe ich bereits vorgestellt, darunter den PDCA-Zyklus und den kontinuierlichen Verbesserungsprozess mit dem Kaizen-Prinzip. Weiterführende Informationen zu den verschiedenen Werkzeugen des Qualitätsmanagements finden Sie auf der Homepage der VOREST AG unter *https://qualitaetsmanagement.me/qualitaetsmanagement-iso-9001/qualitaetsmanagement-methoden/*.

Kanban

Neben klassischen Ansätzen des Qualitätsmanagements gewinnen auch agile (also flexible, schnelle) Methoden zunehmend an Bedeutung. Eine davon ist die *Kanban-Methode*, die ursprünglich aus der japanischen Automobilindustrie stammt. Das Wort »Kanban« bedeutet »Signalkarte« und davon leitet sich eine visuelle Methode ab, um den Workflow zu verbessern, indem man mithilfe eines Kanban-Boards die Arbeitsschritte in »to do – in progress – done« sortiert und dadurch den Bearbeitungsstand für alle visualisiert. Das hilft, die Prozesse effektiv zu gestalten und die Ressourcen bestmöglich einzusetzen. Für eine weiterführende Beschäftigung mit Kanban empfehlen sich Onlinequellen. Wenn Sie den Begriff »Kanban-Methode« in Ihre Suchmaschine eingeben, erhalten Sie eine Vielzahl an Erklärungen und Darstellungsmethoden.

Ausschussquote und Fehlerquote

Ein zentrales Element des Qualitätsmanagements ist die Messung und Bewertung von Qualität anhand quantitativer Kennzahlen. Zwei wichtige Kennzahlen sind dabei die Ausschussquote und die Fehlerquote.

Die *Ausschussquote* ermittelt den prozentualen Anteil fehlerhafter Produkte an der Gesamtproduktion. Sie wird mit folgender Formel berechnet:

$$\text{Ausschussquote [in Prozent]} = \frac{\text{Anzahl fehlerhafter Produkte} \cdot 100\ \%}{\text{Produktionsmenge}}$$

Beispiel: *planITs* stellt 300 Kalender im Monat her. Bei der Qualitätskontrolle werden 5 Kalender als fehlerhaft aussortiert. Die Ausschussquote beträgt somit 1,67 % (5 · 100 / 300).

Die *Fehlerquote* gibt den prozentualen Anteil der Fehler an, die in einem bestimmten Prozess auftreten, z. B. beim Bestellprozess.

$$\text{Fehlerquote [in Prozent]} = \frac{\text{Anzahl Fehler} \cdot 100\,\%}{\text{Anzahl der Vorgänge}}$$

Beispiel: *planITs* bearbeitet monatlich 200 Kundenbestellungen. Im vergangenen Monat wurden bei 8 Bestellungen falsche Artikel versendet. Die Fehlerquote beträgt dementsprechend 4 % (8 · 100 / 200), was angesichts der jungen Geschäftstätigkeit ein tolerierbarer Wert ist.

Die beiden Begriffe sind eng verwandt: Die *Ausschussquote* bezieht sich auf fehlerhafte Produktionseinheiten in der Sachgüterproduktion, während die *Fehlerquote* allgemein die Anzahl von Fehlerereignissen in Prozessen beschreibt (häufig bei Dienstleistungen). Ein wichtiger Unterschied ist, dass bei einer Einheit mehrere Fehler auftreten können, daher kann die Fehlerquote theoretisch über 100 % liegen, die Ausschussquote jedoch nicht, da eine Einheit entweder ausschussfähig ist oder nicht.

Qualitätsmanagement und Datenschutz

Auch im Bereich Qualitätsmanagement hat die Digitalisierung Einzug gehalten, denn neue Technologien wie künstliche Intelligenz verändern den unternehmerischen Alltag und stellen ein großes Potenzial für die Steigerung der Produktqualität dar. Deshalb ist die Integration dieser neuen Technologien in qualitätsbezogene Prozesse sehr sinnvoll, da sie diese effizienter gestalten und kontinuierlich verbessern.

Entscheidend ist hier jedoch, dass die Datenqualität hoch ist und dass personenbezogene, sensible Daten gemäß den Bestimmungen der Datenschutz-Grundverordnung (DSGVO) verarbeitet und vor unbefugten Zugriffen geschützt werden. Um die Sicherheit der Daten zu gewährleisten, muss das Unternehmen verschiedene technische und organisatorische Maßnahmen ergreifen, z. B. Zugriffskontrollen, Schulungen der Mitarbeiter, Datenschutzrichtlinien. Das ist ein lohnenswerter Aufwand, denn die zahlreichen Vorteile überwiegen deutlich.

9.10 Umweltmanagement

Gönnen Sie sich ab und an einen Kaffee beim Bäcker um die Ecke, bevor Sie zur Uni oder zur Arbeit fahren? Wird Ihnen der Kaffee im Einwegbecher angeboten oder im wiederverwendbaren Mehrwegbecher?

Aufgrund des zunehmenden Umweltbewusstseins der Gesellschaft gewinnen die Mehrwegverpackungen zunehmend an Bedeutung, da sie eine umweltfreundliche Alternative zu den Einwegverpackungen darstellen. Diese steigende Nachfrage nach nachhaltigen Produkten fordert einen Coffee-to-go-Hersteller auf, seine Produktion auf recycelbare Materialien umzustellen, um seiner gesellschaftlichen Verantwortung nachzukommen. Die Etablierung eines Umweltmanagementsystems hilft hier, die betrieblichen Abläufe und Verantwortlichkeiten so zu gestalten, dass ein verantwortungsvolles, umweltschonendes Handeln sichergestellt ist. Auch unser Unternehmen *planITs* greift mit seinem Fokus auf Nachhaltigkeit den aktuellen Zeitgeist auf und orientiert sich damit an den Erwartungen einer modernen, umweltbewussten Gesellschaft.

In Deutschland existieren zwei Regelwerke für *Umweltmanagementsysteme* (vgl. *http://www.r-wrk.de/g9her*, aufgerufen am 26.04.2025):

- **DIN EN ISO 14001:** Ziele sind die Förderung des Umweltschutzes und die Reduzierung der Auswirkungen auf die Umwelt. Die Unternehmen sollen eine betriebliche Umweltpolitik mit dem dazugehörigen Umweltprogramm definieren und ein Umweltmanagementsystem implementieren, mit dem sie ihre Umweltziele richtig umsetzen. Die Norm folgt der *Harmonized Structure (HS)*, die einen einheitlichen Rahmen für zertifizierte ISO-Managementsysteme vorgibt und eine Integration der verschiedenen Managementsysteme, z. B. für Umwelt, Energie und Arbeitsschutz, erleichtert.
- **EMAS-Verordnung (»Eco Management and Audit Scheme«):** Diese Verordnung wurde 1993 von der Europäischen Union entwickelt und beinhaltet die Bedingungen der ISO 14001. Zusätzlich muss das Unternehmen eine Umwelterklärung verfassen und jährlich aktualisieren. Die EMAS-Verordnung schreibt verpflichtende Kernindikatoren vor, beispielsweise für Energieeffizienz und Emissionen. Zusätzlich empfiehlt sie weitere Kennzahlen, die den Unternehmen hilfreiche Orientierung geben bezüglich des Fortschritts der Realisierung ihrer Umweltziele.

Immer mehr Unternehmen entscheiden sich für eine Zertifizierung. Erhebungen zeigen, dass im November 2023 EU-weit 4.053 Organisationen an 12.745 Standorten die EMAS-Anforderungen erfüllt haben. In Deutschland wurden im Jahr 2023 2.455 Standorte registriert. Die meisten Zertifizierungen gab es in Baden-Württemberg mit 28 % EMAS-Organisationen, gefolgt von Bayern mit 27 % und Nordrhein-Westfalen mit 10 %. Gemäß dem Ziel der Bundesregierung sollen bis 2030 5.000 Standorte nach EMAS validiert sein (vgl. *https://www.umweltbundesamt.de/daten/umwelt-wirtschaft/umwelt-energiemanagementsysteme#eco-management-and-audit-scheme-emas*, aufgerufen am 26.04.2025).

Etliche Gründe sprechen für die Installierung eines Umweltmanagementsystems, z. B.:

- der Beitrag zum Umwelt- und Klimaschutz
- Ressourceneffizienz beziehungsweise Ressourceneinsparungen – das führt zu Kosteneinsparungen.
- Rechtssicherheit durch Einhaltung der umweltrechtlichen Vorschriften, die im Umweltmanagementsystem verankert sind

- Imagevorteile, weil die Verbraucher immer mehr Wert auf Umweltschutz und Nachhaltigkeit legen – eventuell mehr Absatzchancen
- Mitarbeitermotivation

Die vorangegangenen Ausführungen zeigen, wie gewinnbringend die Etablierung eines Umweltmanagementsystems sein kann, denn so werden die Prozesse sowohl ökologisch als auch ökonomisch aufeinander abgestimmt.

9.11 Produktionsplanung und Produktionssteuerung

Das Zusammenspiel von *Produktionsplanung* und *Produktionssteuerung (PPS)* lässt sich so wie in Abbildung 9.19 darstellen.

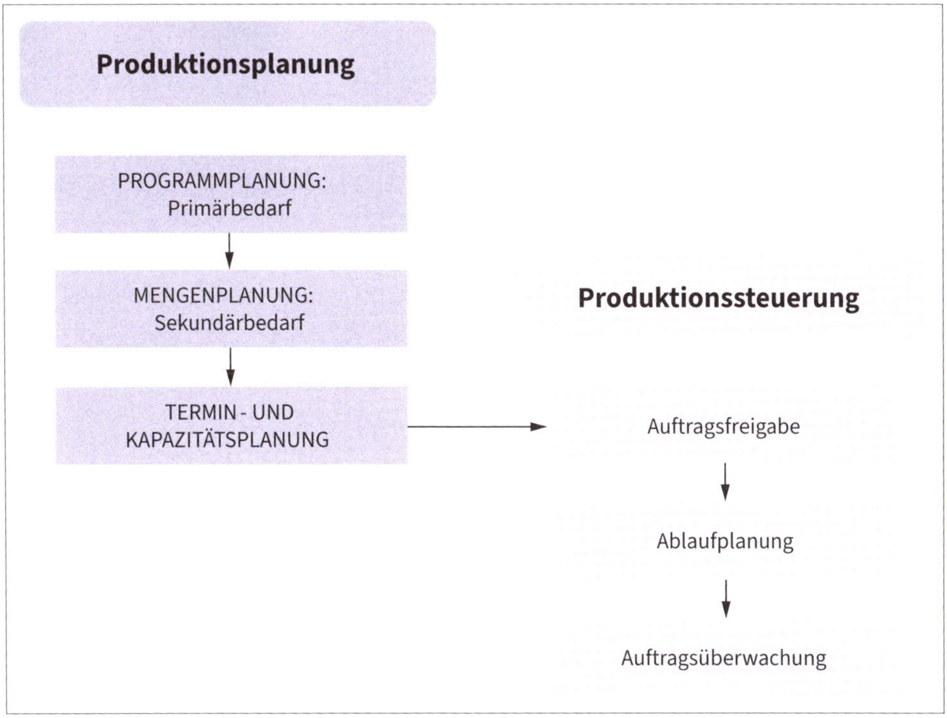

Abbildung 9.19 Produktionsplanung und Produktionssteuerung (PPS)

Aus Abbildung 9.19 ist ersichtlich, wie Produktionsplanung und Produktionssteuerung zusammenhängen. Die Produktionsplanung legt den strategischen und taktischen Rahmen fest, die Produktionssteuerung übernimmt die operative Umsetzung. Das heißt, sie steuert den tatsächlichen Ablauf der Tätigkeiten.

Das Ziel der Produktionsplanung und -steuerung ist ein reibungsloser Ablauf der Produktion und eine termingerechte Auslieferung der produzierten Waren. Normalerweise erfolgt die Organisation beider Bereiche computergestützt mithilfe von *PPS-Systemen*.

PPS-Systeme

PPS-Systeme sind Softwarelösungen für die Planung, Steuerung und Kontrolle von Produktionsprozessen. Sie umfassen sowohl die Bereiche der Produktionsplanung als auch der Produktionssteuerung.

ERP-Systeme können das Unternehmen ebenfalls unterstützen. (ERP steht für *Enterprise Resource Planing* und bedeutet übersetzt »Unternehmensressourcen-Planung«.)

ERP-Systeme haben die ganzheitliche Unternehmenssteuerung im Blick, und PPS-Systeme für die Produktionsprozesse können ebenfalls integriert werden.

ERP-Systeme

ERP-Systeme sind Softwarelösungen für Unternehmen, die die zentralen unternehmerischen Prozesse (beispielsweise Produktion, Beschaffung und Personal) effizient planen, steuern und automatisieren, um eine koordinierte, harmonisierte Zusammenarbeit zwischen den Abteilungen sicherzustellen.

Abbildung 9.20 veranschaulicht umfassend die möglichen Integrationsbereiche und zeigt, welche Methoden dafür zur Verfügung stehen.

Produktionsplanung

Schauen wir uns nun die einzelnen Schritte der Produktionsplanung genauer an:

1. Beginnen wir mit dem ersten Schritt der Produktionsplanung, der *Programmplanung*. Bei der Programmplanung wird die Menge des Primärbedarfs ermittelt. Der Primärbedarf sind die verkaufsfähigen Produkte. Er wird entweder auftragsgetrieben anhand der tatsächlichen Kundenaufträge oder prognosegetrieben anhand von Absatzprognosen ermittelt. In Abschnitt 8.3, »Materialbedarfsplanung«, wird die Bedarfsermittlung ausführlich behandelt. Auch in Abschnitt 9.3 werden wichtige zu beachtende Schritte bei der Programmplanung thematisiert.
2. Beim zweiten Schritt, der *Mengenplanung*, wird der Sekundärbedarf geplant. Der Sekundärbedarf sind die Materialien, die für die Herstellung benötigt werden (siehe ebenfalls Abschnitt 8.3). Die Mengenplanung kann ebenfalls sowohl auftragsgetrieben als auch prognosegetrieben erfolgen.

3. Die Werte, die bei der Programmplanung und Mengenplanung ermittelt wurden, bilden die Grundlage für den dritten Schritt, die *Termin- und Kapazitätsplanung*. Die Terminplanung legt fest, wann ein Produktionsauftrag gestartet wird und wann er abgeschlossen ist. Für die Planung ist es erforderlich, den benötigten Zeitaufwand für jeden Arbeitsschritt zu ermitteln sowie die notwendige *Durchlaufzeit*.

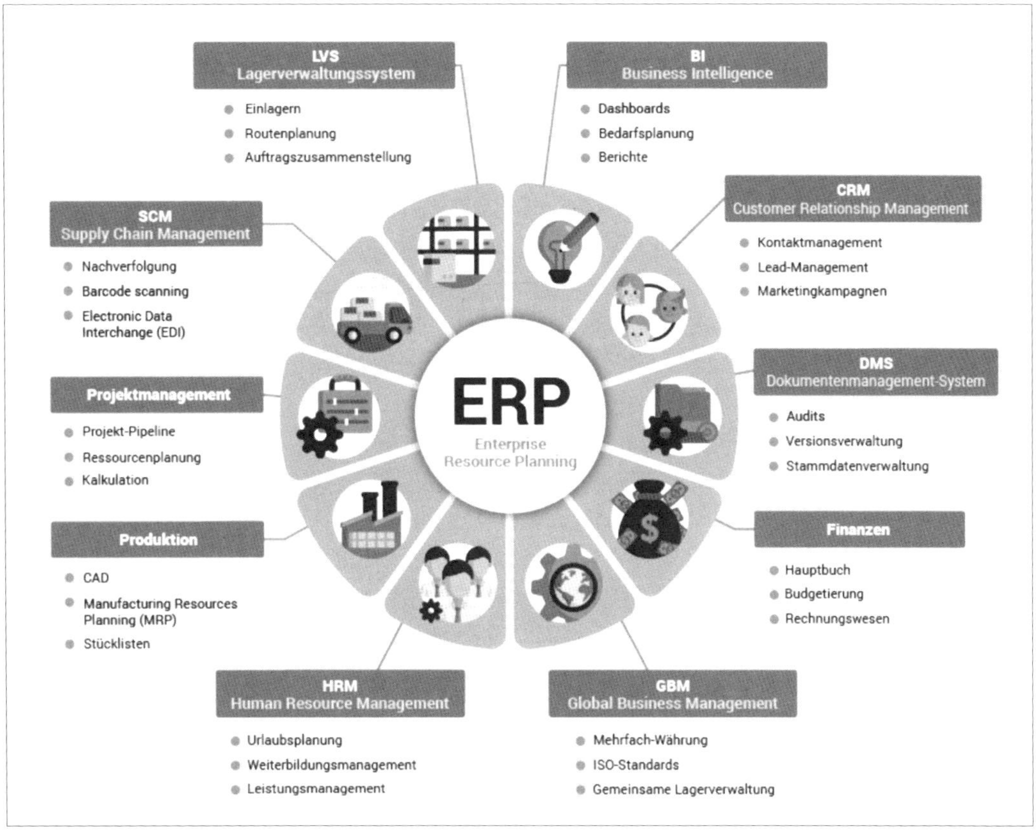

Abbildung 9.20 ERP-Systeme (https://www.erp.de/was-ist-erp, aufgerufen am 26.04.2025)

Durchlaufzeit

Die *Durchlaufzeit* ist die Zeitspanne, die das Unternehmen für die Produktion eines Produkts benötigt. Diese Zeitspanne beginnt mit dem ersten Arbeitsvorgang und endet mit dem letzten. Dabei ist nicht nur die normale Produktionszeit inbegriffen, sondern auch Transport-, Warte- und Lagerzeiten zählen zu ihr.

Die Durchlaufzeit umfasst folgende Komponenten:

- aktive Bearbeitungszeit in der Produktion
- Rüstzeiten, wenn Maschinen umgerüstet oder Arbeitsplätze vorbereitet werden müssen
- Transportzeiten zwischen den Produktionsstationen
- Lagerzeiten, wenn Produkte vor, zwischen oder nach den Produktionsschritten gelagert werden müssen
- Liegezeit, also die ungenutzte Zeit zwischen den einzelnen Arbeitsschritten

Die Durchlaufzeit wird berechnet, indem alle Komponenten miteinander addiert werden.

Wenn die Durchlaufzeiten bekannt sind, erfolgt die *Durchlaufterminierung*.

Durchlaufterminierung

Die *Durchlaufterminierung* ist ein Verfahren der Produktionsplanung, das die zeitliche Abfolge der Produktionsschritte eines Produkts festlegt, indem es die einzelnen Arbeitsschritte effizient aufeinander abstimmt.

Man unterscheidet zwei Verfahren:

- **Rückwärtsterminierung:** Ausgehend vom geplanten, mit dem Kunden vereinbarten Fertigstellungstermin, wird der Zeitpunkt berechnet, zu dem spätestens mit der Produktion begonnen werden muss, um den Liefertermin einzuhalten.

  Beispiel: Der Liefertermin ist der 30. November, die Durchlaufzeit beträgt 8 Tage. Somit muss die Produktion spätestens am 22. November beginnen.
- **Vorwärtsterminierung:** Vom frühestmöglichen Produktionsstarttermin ausgehend wird berechnet, wann das Produkt frühestens fertiggestellt sein kann.

  Beispiel: Der Produktionsstart ist der 10. November, die Durchlaufzeit beträgt 10 Tage. Das heißt, das Produkt ist frühestens am 20. November fertiggestellt.

Die Durchlaufterminierung berücksichtigt zunächst noch keine Kapazitätsgrenzen. Diese werden erst später in einem weiteren Schritt mit einbezogen – bei der sogenannten *Kapazitätsterminierung*.

Bei der Kapazitätsterminierung prüft man, ob die benötigten Kapazitäten zum benötigten Zeitpunkt ausreichend verfügbar sind (*Kapazitätsabgleich*). Bei eventuell auftretenden Kapazitätsengpässen müssen die Termine angepasst werden. Um Engpässe zu vermeiden, muss die Materialbeschaffung angepasst werden (siehe dazu Kapitel 8).

Die Zahlen aus der Produktionsplanung sind die Grundlage für die Produktionssteuerung.

Produktionssteuerung

Die *Produktionssteuerung* setzt die Vorgaben aus der Produktionsplanung operativ um. Das heißt, sie ist dafür verantwortlich, dass die tatsächliche Ausführung der Produktionsaufträge termingerecht gestartet, koordiniert, überwacht und abgeschlossen wird. Sie ist die letzte Ebene der Produktionsplanung und -steuerung und übernimmt die Aufgaben, die Sie in Abbildung 9.21 sehen.

Abbildung 9.21 Produktionssteuerung

Generell kann die Produktionssteuerung auf zwei verschiedene Arten erfolgen:

- **zentral:** Eine übergeordnete Stelle koordiniert den gesamten Produktionsprozess.
- **dezentral:** Die Planungs- und Entscheidungshoheit obliegt einzelnen Abteilungen oder Teams. Der Vorteil ist, dass jede Einheit flexibler auf Veränderungen reagieren kann. Nachteilig ist, dass es zu Unstimmigkeiten in der Produktion kommen kann und mehr Abstimmungsbedarf notwendig ist.

Eine Mischform aus beiden, also dass bestimmte Bereiche zentral organisiert werden und andere dezentral, ist ebenfalls möglich. So können die Vorteile aus beiden Seiten kombiniert werden. Die Wahl der richtigen Methoden hängt von den speziellen, individuellen Anforderungen des Unternehmens ab.

Die Kanban-Methode, siehe Abschnitt 9.9, ist ebenfalls ein hilfreiches Instrument bei der Produktionssteuerung, vor allem bei der dezentralen Methode.

Die Produktionsplanung und Produktionssteuerung sind das Herzstück einer effizienten Produktion. Nur eine gezielte Planung, Durchführung und Kontrolle des Produktionsprozesses sichern einen reibungslosen Ablauf und folglich einen nachhaltigen Erfolg. Mit Industrie 4.0 öffnen sich dafür neue Dimensionen, die im folgenden Abschnitt vertieft werden.

9.12 Industrie 4.0

Stellen Sie sich vor, Ihr Kühlschrank erkennt selbstständig, wenn Ihr Lieblingspudding zur Neige geht, und bestellt automatisch Nachschub. Was früher nach Zukunftsmusik klang, ist heute bereits Realität: Kühlschränke, die Lebensmittel erkennen und Bestände überwachen, existieren bereits. Moderne Technologien, beispielsweise künstliche Intelligenz (KI) oder Cloud-Anbindung, haben Industrie-4.0-Prinzipien bereits in unseren Alltag einziehen lassen, auch wenn der private Kühlschrank streng genommen bislang noch keine Produktionsanlage vernetzt.

In der Industrie geht es um mehr: *Industrie 4.0* bezeichnet die smarte Vernetzung von Produktionsanlagen und Prozessen mithilfe moderner Informations- und Kommunikationstechnologien. Das Ziel ist eine umfassende Digitalisierung in der industriellen Produktion, bei der Menschen, Maschinen und Systeme in Echtzeit zusammenarbeiten. Dazu zählen Technologien wie Cloud-Computing, das Internet of Things (IoT) und künstliche Intelligenz – eine Mischung von Trends, deren konkrete Umsetzung je nach Unternehmen sehr unterschiedlich ausfallen kann.

Weil die Umsetzung von Industrie 4.0 komplex ist, hat das Bundesministerium für Wirtschaft und Energie gemeinsam mit dem Bundesministerium für Bildung und Forschung die *Plattform Industrie 4.0* ins Leben gerufen. Dieses weltweit führende Netzwerk bringt Unternehmen, Verbände, Gewerkschaften, Wissenschaft und Politik an einen Tisch, um die digitale Transformation der Produktion in Deutschland voranzubringen. In sechs Arbeitsgruppen entwickeln Expertinnen und Experten grundlegende Konzepte und Rahmenbedingungen sowie Handlungsempfehlungen für die Unternehmen. Schlüsselthemen sind nicht nur Standardisierung und IT-Sicherheit, sondern auch wirtschaftliche, rechtliche und soziale Aspekte. Alle Informationen und Themen der Plattform Industrie 4.0 finden Sie unter *https://www.plattform-i40.de/IP/Navigation/DE/Home/plattform-industrie-40.html*.

Hier können Sie auch das *Leitbild 2030* für die Industrie 4.0 einsehen. Es beschreibt Industrie 4.0 nicht nur als technische Weiterentwicklung, sondern als Paradigmenwechsel: weg von einer reinen Produktzentrierung hin zu einer datengetriebenen, serviceorientierten Wertschöpfung. Diese Ausrichtung ist bewusst visionär formuliert, um als Orientierung für die langfristige Industriepolitik zu dienen und Unternehmen Impulse für die Entwicklung neuer Geschäftsmodelle zu geben.

Dieser neue Ansatz verdeutlicht, dass der wirtschaftliche Erfolg eines Unternehmens nicht mehr nur vom Verkauf physischer Produkte abhängt, sondern von der intelligenten Nutzung, Verknüpfung und Auswertung von Daten, um individuelle, kundenorientierte Lösungen mit Mehrwert zu schaffen.

Die Umsetzung von Industrie 4.0 ist bereits im Gange. Bei einer im März 2025 durchgeführten Umfrage bei 552 Unternehmen gaben an 71 % an, dass sie bereits Industrie-4.0-Anwendungen nutzen. Weitere 21 % planten den Einsatz. Die Bedeutung dieser Technologien nimmt also immer mehr zu, deshalb ist in den nächsten Jahren mit weiteren Fortschritten in diesem Bereich zu rechnen.

9.13 Lösungen

Aufgabe 1

a) **Berechnung der Personalkapazität PK**

PB = 360 Mitarbeiter → 120 pro Schicht

α = 9 % Verlust bei der Personalkapazität → 1 – 0,09 = 0,91

AZ = 40 Stunden pro Woche

β = 3 Schichten

PK = 120 · 0,91 · 40 · 3 = 13.104 Personalstunden

Berechnung der Anlagenkapazität AK

M = 23 Arbeitsstationen

μ = 7 % Ausfall → 1–0,07 = 0,93

BZ = 168 Stunden

AK = 23 · 0,93 · 168 = 3.593,52 Maschinenstunden

Effektiv nutzbare Produktionskapazität EK einer Betriebseinheit

γ = 5 Mitarbeiter pro Arbeitsstation

$$EK = \min\left\{23;\ \frac{120 \cdot 0{,}91}{5}\right\} \cdot \min\{168 \cdot 0{,}93; 40 \cdot 3\}$$

$$EK = \min\{23; 21{,}84\} \cdot \min\{156{,}24; 120\}$$

$$EK = 21{,}84 \cdot 120$$

$$EK = 2.620{,}80 \text{ Betriebsstunden}$$

b) Gegeben sind die folgenden Werte:

PB = 360 Mitarbeiter → 120 pro Schicht

M = 23 Arbeitsstationen

γ = 5 Mitarbeiter pro Arbeitsstation

Gesucht ist der Abwesenheitsgrad α.

Berechnung:

$$M = \frac{PB \cdot \alpha}{\gamma}$$

$$23 = \frac{120 \cdot \alpha}{5} = 24\alpha$$

$$\alpha = 0{,}9583 = 95{,}83\ \%$$

c) Gegeben sind die folgenden Werte:

PB = 360 Mitarbeiter → 120 pro Schicht

M = 23 Arbeitsstationen

γ = 5 Mitarbeiter pro Arbeitsstation

Gesucht ist die 100%ige Auslastung der Arbeitsstationen.

$$\frac{\gamma}{\alpha} \cdot M = \frac{5}{0{,}91} \cdot 23 = 126{,}37$$

127 Mitarbeiter werden pro Schicht benötigt → im 3-Schicht-Betrieb insgesamt 381 Mitarbeiter

Benötigte Mitarbeiter 381 – bereits vorhandene Mitarbeiter 360 = 21 neue Mitarbeiter

Das Unternehmen müsste demnach 21 neue Mitarbeitende einstellen, um 100 % Auslastung der Arbeitsstationen zu erreichen.

Aufgabe 2

1. Gruppenfertigung
2. Werkstattfertigung
3. Fließfertigung
4. Punktfertigung
5. Fließfertigung
6. Punktfertigung
7. Werkstattfertigung

Quizantworten

Abschließend kommt hier noch die Auflösung unseres Rätsels vom Beginn des Kapitels:

Frage 1: Antwort d)

Frage 2: Antwort c)

Frage 3: Antwort a)

Frage 4: Antwort b)

Frage 5: Antwort c)

Kapitel 10

Logistik

Ohne Logistik steht die Welt still. Täglich sorgen komplexe Netzwerke dafür, dass Produkte zur richtigen Zeit am richtigen Ort ankommen – ob im Supermarkt, in der Fabrik oder direkt vor Ihrer Haustür. Dieses Kapitel zeigt, welche Prozesse sich im Hintergrund abspielen, damit unsere Versorgung reibungslos funktioniert.

Wir starten das Kapitel mit einer kleinen Denkaufgabe aus der Welt der Logistik.

Knobelei zum Einstieg

Denkaufgabe

Auch die Geschäftsführung von *planITs* legt großen Wert darauf, dass die Kunden zuverlässig und pünktlich beliefert werden. Damit die Kalender jedoch rechtzeitig ankommen, müssen zuvor verschiedene logistische Abläufe reibungslos ineinandergreifen. Überlegen Sie sich, welche Prozesse dabei eine Rolle spielen und welche Maßnahmen Sie *planITs* zur erfolgreichen Umsetzung empfehlen würden.

Worum geht es in diesem Kapitel?

Abschnitt 10.1, »Grundlagen der Logistik«

Abschnitt 10.2, »Supply-Chain-Management«

Abschnitt 10.3, »Kennzahlen der Logistik«

Abschnitt 10.4, »Nachhaltige Logistik«

10.1 Grundlagen der Logistik

Haben Sie sich auch schon mal gefragt, wie es scheinbar reibungslos gelingt, dass die Produkte, die Sie täglich nutzen, genau zur richtigen Zeit, am richtigen Ort verfügbar sind? Die Antwort auf diese Frage ist ein hochkomplexes System namens *Logistik*.

Logistik

Unter *Logistik* versteht man die Planung, Steuerung, Durchführung und Kontrolle von Material-, Waren- und Personalströmen und die dazugehörigen Informationen.

Zur Konkretisierung dieser allgemeinen Aufgabenbeschreibung hat sich in der Praxis die sogenannte *Seven-Rights-Definition* nach Edward Grosvenor Plowman etabliert. Sie fasst die Zielsetzungen der Logistik prägnant zusammen. Die Logistik sichert demnach diese sieben Rechte:

- die Verfügbarkeit des richtigen Gutes
- in der richtigen Menge

- im richtigen Zustand
- am richtigen Ort
- zur richtigen Zeit
- für den richtigen Kunden
- zu den richtigen Kosten

(vgl. *https://www.bvl.de/service/zahlen-daten-fakten/logistikbereiche/logistik*, aufgerufen am 01.05.2025)

Die Logistik ist Teil der Materialwirtschaft und verfolgt das Ziel, die oben genannten Abläufe ressourcenschonend und effizient zu gestalten, damit die Kosten minimiert werden. Gleichzeitig soll aber eine termingerechte Lieferung gewährleistet werden, um die Kundenzufriedenheit zu fördern. Auch eine flexible und bedarfsgerechte Produktion sowie der Abbau der Bestände entlang der Wertschöpfungskette werden angestrebt. In Abschnitt 5.1, »Konstitutive Entscheidungen bei der Gründung eines Unternehmens«, wird beim Blick auf die Wertschöpfungskette in Abbildung 5.1 bereits deutlich, dass die Logistik Schnittstellen zu anderen Bereichen des Unternehmens hat.

Bei einer Einteilung der Logistik entsprechend der *Phasen der Leistungserstellung* ergeben sich vier Teilbereiche:

1. **Beschaffungslogistik:** vom Lieferanten bis zur Produktion
2. **Produktionslogistik:** Materialfluss innerhalb der Produktion
3. **Distributionslogistik:** vom Unternehmen zum Endkunden
4. **Entsorgungslogistik:** Entsorgung und Recycling

Damit eine effiziente Lieferung zum Endkunden gewährleistet ist, konzentriert sich die Logistik insbesondere auf die Optimierung der Material-, Informations- und Personenströme.

Betrachtet man die Logistik unter dem *Aspekt der beförderten Güter*, lassen sich die Logistikarten aus Tabelle 10.1 unterscheiden.

Aus Tabelle 10.1 sind die **Basisfunktionen der Logistik** – *Transportieren* und *Lagern* – sowie darüber hinaus die weiteren, ergänzenden Funktionen *Kommissionieren* (Waren zusammenstellen), *Verpacken*, *Umschlagen* (Abläufe beim Transportmittelwechsel) und *Ladeeinheiten bilden* ersichtlich.

	Änderung der räumlichen Gütereigenschaften durch …	Änderung der zeitlichen Gütereigenschaften durch …	Änderung der strukturellen Gütereigenschaften durch …
Materiallogistik → steuert den Materialfluss.	Transportieren Umschlagen (Fahrzeuge, Fließbänder, …)	Lagern (Beschaffungslager, Produktionslager, …)	▸ Kommissionieren, ▸ Ladeeinheiten bilden ▸ Verpacken
Informationslogistik → Stellt die Informationen zur richtigen Zeit am richtigen Ort und in der richtigen Form und Qualität bereit.	Übermitteln (Internet, Cloud-Computing, mobile Geräte, …)	Speichern (E-Mail, Archivierung, Cloud-Speicher, …)	▸ Hinzufügen ▸ Löschen ▸ Neu formatieren (Datenbank, Excel-Tabelle, …)
Personenlogistik → Planung der Bereitstellung und Verfügbarkeit der Mitarbeiter*innen; Beispiel: Personaleinsatzplanung	Befördern (Bus, Bahn, Flugzeug, …)	Warten (Umsteigezeiten Bahnhof, Boarding Flughafen, …)	▸ Einsteigen, ▸ Aussteigen, ▸ Umsteigen (Neuordnung Fahrpläne Werksverkehr, …)

Tabelle 10.1 Unterteilung der Logistik nach Gütern (vgl. Vahs/Schäfer-Kunz, Einführung in die Betriebswirtschaftslehre, S. 662.)

Zusammenfassend zeigt die Abbildung 10.1 die Unterteilung der Logistik in einem Schaubild.

Die Aufgaben der Logistik können in strategische und operative Abläufe unterteilt werden. Diese Unterteilung betrifft z. B. auch die *Materiallogistik* aus Tabelle 10.1:

- **Strategisch:** Mit diesem Begriff ist die Festlegung übergeordneter Ziele gemeint, z. B. im Kundenservice, sowie die Planung und Gestaltung des Logistiksystems. Dabei wird unter anderem das Lagersystem festgelegt, einschließlich der Standorte und der Art der Lagermittel, also beispielsweise welches Regalsystem (Palettenregale, Bodenregale, …) oder welche Lagerbehälter (Container, Boxen, …) benötigt werden. Auch die Festlegung des Transportsystem erfolgt auf strategischer Ebene.

- **Operativ** sind alle durchzuführenden Aufgaben, die im täglichen Geschäftsverkehr notwendig sind, um einen reibungslosen Lagerbetrieb zu gewährleisten. Dazu zählen die bereits oben genannten Basisfunktionen *Transportieren* und *Lagern* sowie die ergänzenden Funktionen *Umschlagen*, *Kommissionieren*, *Verpacken* und *Ladeneinheiten bilden* (vgl. Vahs, Schäfer/Kunz, »Einführung in die Betriebswirtschaftslehre«, S. 665).

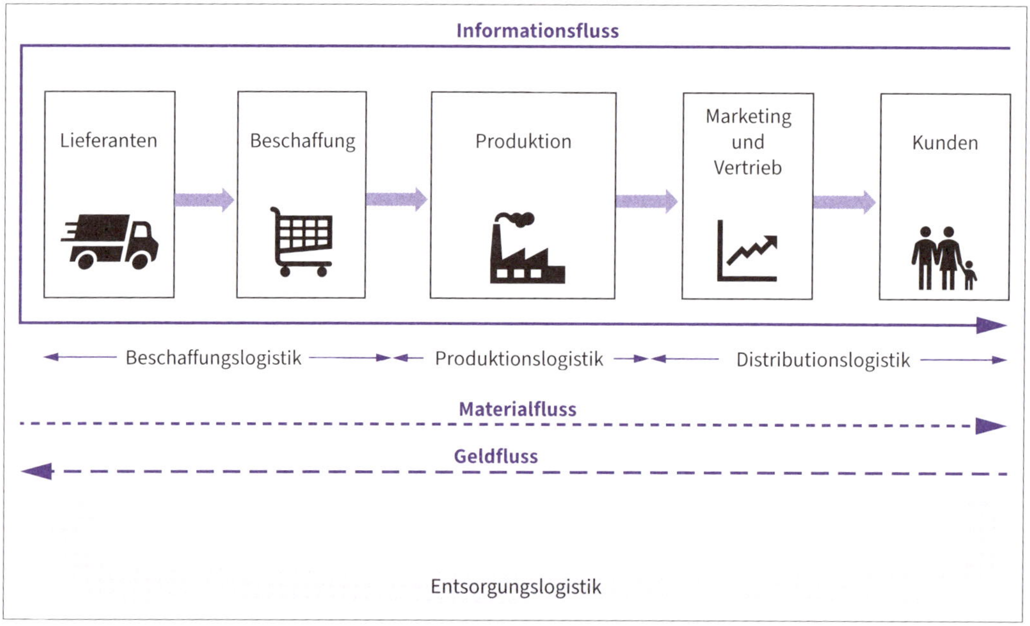

Abbildung 10.1 Unterteilung der Logistik

Das Logistiksystem eines Unternehmens erfüllt damit wesentliche Funktionen wie die Materialbereitstellung (richtige Menge, Qualität, Ort und Zeit), eine effiziente Lagerhaltung, um Über- und Minderbestände zu vermeiden, sowie den Transport innerhalb des Unternehmens und zum Kunden. Darüber hinaus übernimmt die Logistik auch übergeordnete Funktionen, die über das normale Tagesgeschehen hinausgehen. Hierzu zählen:

- **Qualitätssicherung:** Die Logistik überwacht Qualitätsstandards und Prozesse.
- **Risikomanagement**: Sie gleicht Schwankungen und Störungen in den Prozessen aus.
- **Wettbewerbsvorteile:** Sie schafft **Wettbewerbsvorteile** durch ein optimiertes Logistikmanagement.

Diese erweiterten Funktionen zeigen, dass die Logistik nicht nur für die operativen Abläufe entscheidend ist, sondern auch maßgeblich zur strategischen Wettbewerbsfähigkeit eines Unternehmens beiträgt.

Aufgabe 1: Wo ist das Problem?

planITs bemerkt kurz vor Semesterbeginn, dass die Recyclingpapier-Lieferung verspätet eintrifft. Dadurch können die Kalender nicht rechtzeitig produziert werden und einige Buchhandlungen, in denen die Kalender verkauft werden, können nicht rechtzeitig zum Semesterstart beliefert werden.

Analysieren Sie die Situation von *planITs* anhand folgender Fragen:

a) Welches der Seven Rights wird hier verletzt?
b) Handelt es sich hier um ein operatives oder um ein strategisches Problem?
c) Welche Maßnahmen sollte *planITs* ergreifen, um dieses Szenario zukünftig zu vermeiden?

Bei der Gestaltung des Logistiksystems müssen zwei Hauptbereiche geplant werden: die Transportlogistik und die Lagerlogistik.

Transportlogistik

Die *Transportlogistik* beschäftigt sich mit der Frage, mit welchen Transportmitteln räumliche Distanzen oder Ortsveränderungen von Transportgütern überbrückt werden. Dabei wird zwischen dem *innerbetrieblichen Transport* (alle Transporte innerhalb eines Werks) und dem *außerbetrieblichen Transport* (Transport zwischen ortsverschiedenen Werken oder Lagern, Transport zu Kunden) unterschieden.

Zur Transportlogistik gehört auch die Wahl der *Transportmittel*, die grundsätzlich in zwei Kategorien unterteilt werden:

- **Fördermittel:** Sie dienen dem innerbetrieblichen Transport. Beispiele sind Förderbänder und Gabelstapler.
- **Verkehrsmittel:** Sie werden für Transportvorgänge außerhalb des Unternehmens eingesetzt. Beispiele sind der Straßengüterverkehr, der Schienengüterverkehr, der Seetransport und der Luftfrachtverkehr.

Der Begriff *Transportkette* meint alle Vorgänge, die notwendig sind, um eine Person oder ein Gut von einer Quelle zu einem Ziel zu transportieren. Sie kann *eingliedrig* (ungebrochen, ohne Wechsel des Transportmittels) oder *mehrgliedrig* sein (entweder gebrochen; d. h. mit Wechsel des Transportmittels und des Transportbehälters, oder kombiniert, also mit Wechsel des Transportmittels, aber mit gleichbleibendem Transportbehälter).

Neben der Auswahl der Transportmittel ist auch entscheidend, in welcher Form die Güter transportiert oder umgeschlagen werden. Hier kommen sogenannte *Ladehilfsmittel* zum Einsatz, die das Bilden von Ladeeinheiten ermöglichen. Typische Beispiele hierfür sind: Behälter, Container, Paletten und Gitterboxen.

Bei z. B. einem Apfel spielt das Transportmittel eine wichtige Rolle, weil es die Frische, die Qualität und die Kosten des Apfels unmittelbar beeinflusst. Kurze Transportwege bedeuten frischere Äpfel, längere Transportzeiten führen zu Qualitätsverlusten. Bei längeren Transportwegen müssen die Äpfel auch dementsprechend verpackt werden, damit sie nicht beschädigt werden. All dies hat Auswirkungen auf die Kosten der Äpfel. Fakt ist, dass regionale Ware mit kürzeren Transportwegen meist kostengünstiger ist. Selbstverständlich ist auch die Umweltbelastung geringer.

Ein Unternehmen sollte seine Transportmittel sorgfältig auswählen, um Kosten zu minimieren und die Umwelt zu schonen. Die traditionelle Sicht der Logistik berücksichtigt lediglich die Kosten und die Geschwindigkeit der Beförderung. Die neue Sicht berücksichtigt auch den Aspekt der Nachhaltigkeit. Das ist ein Thema, das, wie Sie bereits mehrfach gelesen haben, für viele Kunden heutzutage zunehmend wichtig ist.

Lagerlogistik

Die *Lagerlogistik* beschäftigt sich mit allen Prozessen, die mit der Lagerung und dem innerbetrieblichen Transport der Produkte zu tun haben. Folgende Tätigkeiten werden hier unter anderem durchgeführt: Warenannahme mit Qualitätskontrolle, Einlagerung, Weitergabe an den innerbetrieblichen Transport, Kommissionierung und Verpackung sowie Vorbereitung für den Versand und Warenausgang.

Wie das Ganze technisch und organisatorisch umgesetzt wird, entscheidet das *Lagersystem*. Es ist dafür zuständig, die Materialflüsse zu optimieren und Ungleichgewichte zwischen Angebot und Nachfrage auszugleichen. So kann bei einer hohen Nachfrage schnell Ware nachgeliefert werden, während bei geringer Nachfrage überschüssige Produkte eingelagert und für eine spätere Auslieferung bereitgehalten werden. Das Lagersystem sollte effizient gestaltet sein, um die Transport- und Laufwege möglichst kurz zu halten und schnelle Zugriffszeiten zu gewährleisten. Bei der Gestaltung müssen folgende Aspekte berücksichtigt werden:

- **Art des Lagergutes:** Handelt es sich um ein Stückgut, Schüttgut, Flüssigkeiten, Gefahrenstoffe oder um besonders empfindliche Güter? Dies bestimmt, welche Lagermittel und -arten infrage kommen, z. B. Palettenregale, Silos, Tanklager.
- **Wert des Lagergutes:** Hochpreisige oder diebstahlgefährdete Waren erfordern besondere Sicherheitsmaßnahmen, z. B. Zugangskontrollen oder Kameraüberwachung.
- **Transporteigenschaften des Lagergutes:** Leichte Ware sollte eher oben im Regal gelagert werden, schwere Ware eher unten.

- **Häufigkeit der Auslagerung:** Artikel, die oft nachgefragt und folglich oft ausgelagert werden, sollten gut erreichbar platziert werden, um die Laufwege kurz zu halten.
- **Spezielle Lagervorrichtungen:** Manche Güter erfordern besondere Bedingungen wie Kühlräume, verdunkelte Lagerräume, kontrollierte Luftfeuchtigkeit oder zusätzlichen Brandschutz.

Organisation eines Lagers

Bei der Organisation eines Lagers sind zahlreiche Aspekte zu berücksichtigen, um einen reibungslosen Ablauf sicherzustellen. Folgende Punkte sollten bei der Planung und Gestaltung berücksichtigt werden:

1. **Zentrale und dezentrale Lagerstandorte**
   - **Zentral**: Alle Güter werden an einem Ort gelagert.
   - **Dezentral**: Die Güter werden an verschiedenen Standorten gelagert.
2. **Statische und dynamische Lagerhaltung**
   - **statisches Lager:** Die Lagerplätze werden immer mit den gleichen Artikeln belegt, deshalb spricht man auch vom *Festplatzsystem*. Die Artikel sind leicht auffindbar, jedoch wird eventuell auch wertvoller Lagerplatz verschenkt.
   - **dynamisches Lager:** Die Lagerplätze sind nicht fix, sondern werden je nach Bedarf verändert – man nennt dies auch *Freiplatzsystem*. Das bringt mehr Flexibilität, verursacht aber auch mehr Organisationsaufwand.
3. **Manuelle und automatisierte Lagerhaltung**
   - **manuell:** Ein- und Auslagerungen werden von den Mitarbeiter*innen vorgenommen. Vor allem bei Lagern mit geringer Kapazität und wenig Artikelarten eignet sich diese Methode. Sie ist sehr flexibel, aber auch sehr zeitintensiv.
   - **automatisiert:** Durch den Einsatz von Technologien wie Förderbändern, Robotern usw. werden Lagerarbeiten zunehmend von Maschinen übernommen. Die Effizienz wird gesteigert, jedoch sind auch hohe Investitionskosten notwendig. Auch ein teilautomatisiertes System ist denkbar, wenn z. B. das Lagergut automatisch ausgelagert wird, die weitere Versandvorbereitung aber von einem Mitarbeiter durchgeführt wird. Eine Automatisierung ist nicht für alle Lagergüter geeignet, z. B. sollte darauf verzichtet werden, wenn der Artikel leicht zerbrechlich ist oder eine besondere Handhabung benötigt.
4. **Lagerarten nach der Funktion**
   - *Beschaffungslager / Produktionslager*: Lager für die Rohstoffe und Materialien, die für die Produktion benötigt werden. Es ist sinnvoll, das Lager in der Nähe der Produktionsstätte zu positionieren.

- *Zwischenlager / Pufferlager*: Diese Lager dienen zur temporären Lagerung der Güter zwischen den einzelnen Produktionsstufen.
- *Distributionslager*: Lagerstandort in Kundennähe
- *Umschlagslager / Transitlager*: Diese Lager dienen zur kurzfristigen Aufbewahrung der Güter zwischen der Beförderung von einem zu einem anderen Transportmittel.
- *Kommissionierungslager*: Das ist ein Lager, das nur für die Zusammenstellung von Kundenaufträgen genutzt wird.
- *Vorratslager*: Es dient zur Einlagerung von Produkten, um Preis- und Bedarfsschwankungen auszugleichen – vor allem bei saisonalen Produkten wie z. B. Streusalz.

5. **Lagerarten nach der Bauweise**
   - **offenes Lager (Freiluftlager):** Die Lagerung der Waren erfolgt unter freiem Himmel; vor allem für witterungsunempfindliche Güter wie Sand, Kies oder Holz geeignet.
   - **halboffenes Lager:** Güter werden teilweise witterungsgeschützt gelagert, z. B. mit einem Dach über dem Lagerplatz; Beispiel: Außenanlage einer Gärtnerei.
   - **geschlossenes Lager:** Die Lagerung erfolgt in einem festen Gebäude für witterungsempfindliche und diebstahlgefährdete Produkte. Beispiel: Lebensmittel. Diese Lagerform wird meist auch von Industrieunternehmen bevorzugt. Hier sind verschiedene Arten möglich, z. B. *Hochregallager*, *Silolager* in der Lebensmittelindustrie, *Tanklager* für die Lagerung von Benzin, *Sicherheitslager* für Gefahrenstoffe oder *Speziallager* für Tiefkühllebensmittel.
6. **Reihenfolge der Warenausgabe**
   - **Fifo-Methode (»first in – first out«):** Die neu angelieferte Ware wird hinter der bereits vorhandenen Ware einsortiert. Das heißt, die zuerst eingelagerte Ware wird auch zuerst wieder entnommen. Vor allem im Lebensmittelhandel bei leicht verderblicher Ware und Lebensmitteln mit Mindesthaltbarkeitsdatum ist diese Umwälzung der Ware sehr wichtig.
   - **Lifo-Methode (»last in – first out«):** Die zuletzt eingelagerte Ware wird auch zuerst wieder ausgelagert. Bei Produkten ohne Verderb wie Baustoffen, Haushaltswaren oder Schüttgütern wie Sand oder Kies findet diese Methode ihre Anwendung.
7. **Steuerung des Material- und Warenflusses**
   - **Hol-Prinzip:** Der Produktionsmitarbeiter holt das benötigte Material selbstständig aus dem Lager. Das Prinzip kann sowohl innerbetrieblich als auch zwischenbetrieblich, also in der Zusammenarbeit mit anderen Unternehmen, angewandt werden. Hier spricht man auch vom *Pull-Prinzip*, weil das Material nur dann ausgelagert/gezogen (engl. »pull«, dt. »ziehen«) wird, wenn es tatsächlich gebraucht wird. Dadurch entsteht

eine hohe Flexibilität. Zur innerbetrieblichen Umsetzung des Pull-Prinzips wird häufig die Kanban-Methode eingesetzt (siehe Abschnitt 9.9, »Qualitätsmanagement«). Sie sorgt dafür, dass die Materialbewegungen bedarfsgerecht und auf visuelle Weise gesteuert werden.

- **Bring-Prinzip (auch »Push-Prinzip« genannt):** Die Lieferung des Materials an den Verbraucher erfolgt automatisch, ohne dass ein konkreter Bedarf besteht, z. B. nach einem festen Zeitplan. Der Flexibilitätsgrad ist hier als gering einzustufen, weil die Lieferung nach Plan erfolgt und nicht nach Bedarf. Ein typisches Beispiel sind Lebensmittellieferungen in der Gastronomie: Ein Bäcker liefert jeden Morgen frische Brötchen in ein Café, unabhängig davon, ob dort noch Brötchen vom Vortag übrig sind.

8. **Sicherheits- und Umweltaspekte**
   - **Lager:** Brandschutz (Feuerlöscher, Flucht- und Rettungswege kennzeichnen, Brandschutzübungen), Vorkehrungen für den Umgang mit Gefahrenstoffen, Abfallmanagement, Energieeffizienz
   - **Mitarbeiter:** Arbeitsschutzkleidung, Gefahrenzonen kennzeichnen, Unfallverhütungsvorschriften, Schulungen

Aufgabe 2: Lagerhaltung

Überlegen Sie sich jeweils drei Vorteile und Nachteile der zentralen und der dezentralen Lagerhaltung.

Sie sehen, dass viele Aspekte bei der Organisation und Gestaltung des Lagersystems berücksichtigt werden müssen. Es muss alles wohlüberlegt und aufeinander abgestimmt sein, weil das Lager ein wichtiges Element in der Wertschöpfungskette darstellt. Die Logistik im Ganzen spielt eine zentrale Rolle für den Erfolg eines Unternehmens, da sie für einen effizienten Waren- und Informationsfluss zuständig ist. Eine zuverlässige Logistik bringt die richtigen Produkte in der richtigen Menge und Qualität pünktlich zum Kunden (siehe die Seven-Rights-Definition oben). Wenn der Kunde damit zufrieden ist, kauft er idealerweise erneut bei uns ein. Damit dies erreicht wird, muss die Logistik eine Reihe von operativen Aufgaben organisieren. Jedoch ist die Logistik noch mehr: Sie ist ein strategischer Erfolgsfaktor, der sich auf den langfristigen Unternehmenserfolg auswirkt.

Für die Optimierung der Lieferkette ist es notwendig, dass alle Beteiligten – also Lieferanten, Logistikdienstleister, Händler und Kunden – berücksichtigt werden und ihre unterschiedlichen Bedürfnisse koordiniert werden. Im folgenden Abschnitt wird ein geeignetes Konzept hierfür vorgestellt.

10.2 Supply-Chain-Management

Beim Thema Logistik fällt häufig der Begriff *Supply-Chain-Management*. Dabei geht es unter anderem darum, wie Produkte ihren Weg zum Verbraucher finden. Haben Sie schon einmal überlegt, welche Stationen ein Apfel durchläuft, bevor er schließlich im Supermarktregal liegt? Genau das zeigt das Konzept des Supply-Chain-Managements, das wir uns nun genauer anschauen werden.

Auf Deutsch übersetzt bedeutet der Begriff »Lieferketten-Management«. Das heißt, es geht um eine Managementstrategie für alle Prozesse entlang der Lieferkette, sodass wir die folgende Definition nutzen werden.

Supply-Chain-Management

Supply-Chain-Management ist die Planung und Steuerung aller Material-, Informations- und Geldflüsse über die gesamte Wertschöpfungs- und Lieferkette, also vom Rohstofflieferanten bis zum Endkunden.

Das Supply-Chain-Management also hat nicht nur die logistischen Prozesse der Lieferkette im Blick, sondern legt den Fokus auf die Kostenoptimierung und auf das Management der Zusammenarbeit und Beziehungen zwischen den verschiedenen Partnern der Supply Chain (Lieferkette), also zwischen Lieferanten, Produzenten, Logistikdienstleistern und Kunden. Sein Ziel ist es, die gesamte Kette als Netzwerk so zu steuern, dass beispielsweise Lagerkosten gesenkt, Durchlaufzeiten verkürzt, die Lieferzuverlässigkeit erhöht und die Qualität gesichert werden, denn nur so entsteht echter Kundennutzen. Ein einfaches Beispiel: Wenn Sie im Supermarkt mit einem Apfel zufrieden waren, weil die Qualität, der Preis und die Verfügbarkeit gestimmt haben, werden Sie beim nächsten Einkauf wahrscheinlich wieder dieses Produkt in diesem Geschäft kaufen.

Da der Lebensmittelmarkt ein sogenannter *Käufermarkt* (Angebot > Nachfrage, der Käufer hat die stärkere Position) ist und kein *Verkäufermarkt* (Nachfrage > Angebot, der Verkäufer hat die stärkere Position und kann den Preis bestimmen), soll der Kunde im Mittelpunkt aller betrieblichen Aktivitäten stehen. Man spricht hier auch von der *Demand Chain* (engl. »demand«, dt. »verlangen«), einer kundenorientierten Sicht auf die Wertschöpfungskette.

Ein Beispiel aus der Modebranche: Das traditionelle Vorgehen bei der Supply Chain wäre, die Kleidung zu produzieren und anschließend an den Einzelhandel zu liefern. Wird das Vorgehen jedoch an der Demand Chain ausgerichtet, stehen Kundenwünsche und Trends im Vordergrund und prägen somit das Design, die Produktion und das Marketing. Abbildung 10.2 zeigt anschaulich den Unterschied.

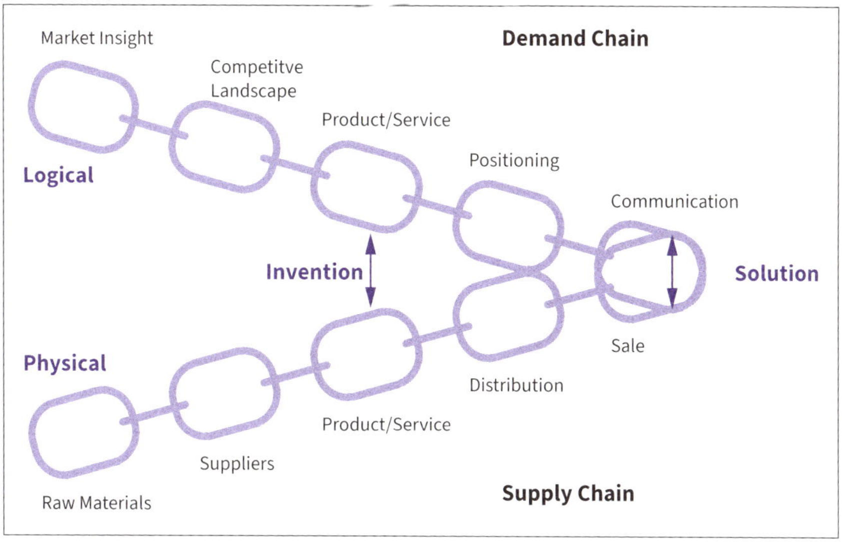

Abbildung 10.2 Unterschied zwischen der Demand Chain und der Supply Chain (vgl. *https://www.chiefoutsiders.com/blog/bid/84023/growth-opportunity-the-demand-chain*, aufgerufen am 04.05.2025)

Die Determinante für die Leistungsfähigkeit der Lieferkette ist der *Kundennutzen*. Folgende Faktoren beeinflussen den Kundennutzen:

- die Qualität der Ware
- die Zufriedenheit mit dem Kundenservice, also mit Support, Verfügbarkeit und mit dem Umgang mit Anfragen oder Reklamationen
- die Höhe der Kosten: Kaufpreis, Versandkosten, weitere Bezugskosten
- der Zeitaufwand: Lieferzeit

Der Kundennutzen kann näherungsweise mit folgender Formel berechnet werden:

$$\text{Kundennutzen} = \frac{\text{Qualität} \cdot \text{Service}}{\text{Kosten} \cdot \text{Zeit}}$$

Dabei handelt es sich nicht um eine offiziell definierte Formel, sondern um ein vereinfachtes Modell. Da die Einheiten der einzelnen Faktoren nicht standardisiert sind, eignet sie sich vor allem dazu, Anbieter miteinander zu vergleichen, jedoch nicht für eine absolute Bewertung des Kundennutzens. Beispielsweise kann bei sehr hochpreisigen Produkten der Kostenfaktor stark dominieren. Dann führen bereits kleinere Veränderungen in Qualität und Service zu großen Schwankungen im berechneten Kundennutzen. In solchen Fällen ist die Kennzahl daher vorsichtig zu interpretieren.

Lassen Sie uns den Kundennutzen anhand des folgenden Beispiels berechnen:

Wir wollen auf dem Wochenmarkt Äpfel einkaufen – zwei Anbieter kommen dafür infrage:

Faktor	Anbieter AB	Anbieter CD
Preis	3,00 €/kg	2,00 €/kg
Qualität	9 (frisch, saftig, Bio)	6 (okay, keine Bioware)
Service	9 (freundlich, gute Beratung)	3 (unfreundlich)
Zeitaufwand	10 Minuten Wartezeit	5 Minuten Wartezeit

Anbieter AB:

$$\text{Kundennutzen} = \frac{9 \cdot 9}{3 \cdot 10} = 2{,}7$$

Anbieter CD:

$$\text{Kundennutzen} = \frac{6 \cdot 3}{2 \cdot 5} = 1{,}8$$

Die Äpfel von Anbieter AB bieten trotz des höheren Preises einen höheren Kundennutzen als die Äpfel von Anbieter CD, weil die Äpfel von AB besser sind und der Einkauf angenehmer verläuft. In der Formel lassen sich folgende Bedingungen ablesen:

- Je höher die Qualität und der Service sind, desto höher ist der Kundennutzen.
- Je höher die Kosten und der Zeitaufwand sind, desto geringer ist der Kundennutzen.

Das sind wichtige Grundsätze, die bei den Planungen logistischer Systeme beachtet werden sollten.

Bevor wir noch tiefer in das Supply-Chain-Management einsteigen, klären wir zunächst, worin der Unterschied zwischen der Logistik und dem Supply-Chain-Management besteht, denn auf den ersten Blick scheinen beide Begriffe ähnliche Inhalte zu beschreiben. Die *Logistik* ist dafür zuständig, dass die Rohstoffe pünktlich geliefert werden, also dass der Produktionsprozess sowie der anschließende Versand der Waren an den Endkunden reibungslos verläuft. Das *Supply-Chain-Management* strebt die Optimierung der gesamten Wertschöpfungskette an und hat zum Ziel, alle Prozesse aufeinander abzustimmen und miteinander zu verknüpfen. Im Rahmen des Supply-Chain-Managements wird hinterfragt: Funktioniert der Prozess als Ganzes? Welche Abläufe können optimiert und verbessert werden? Wo können Kosten eingespart werden? Welche Partner unterstützen uns bei der Optimierung der Lieferkette? Welche Technologien helfen bei der Prozessoptimierung?

Die Gemeinsamkeiten und Unterschiede der Logistik und des Supply-Chain-Managements fasse ich hier also noch einmal kurz zusammen:

- Logistik und Supply-Chain-Management gehören zusammen und greifen wie Zahnräder ineinander.
- Sie sind aber nicht das Gleiche, weil sie jeweils unterschiedliche Interessen verfolgen.
- Die Logistik zielt darauf ab, vor allem die Anforderungen der Kunden zu erfüllen und das Produkt rechtzeitig zu liefern.
- Im Rahmen des Supply-Chain-Managements wird der gesamte Wertschöpfungsprozess optimiert und somit ein Wettbewerbsvorteil geschaffen.

Abbildung 10.3 visualisiert den Zusammenhang grafisch:

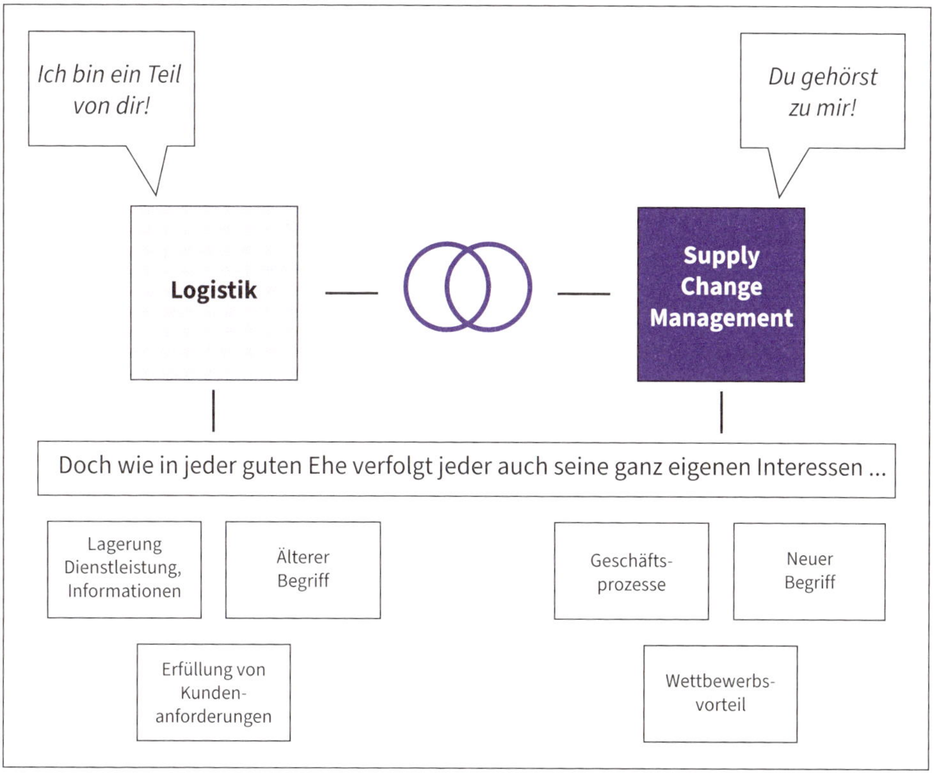

Abbildung 10.3 Unterschied zwischen Logistik und Supply-Chain-Management (*https://www.setlog.com/szenen-einer-ehe-logistik-und-supply-chain-management*, aufgerufen am 03.05.2025)

Der Vergleich mit einer Ehe ist sehr einprägsam und erklärt treffend den Unterschied zwischen Logistik und Supply-Chain-Management. Nachdem wir den Unterschied geklärt haben, schauen wir uns mithilfe von Abbildung 10.4 das Supply-Chain-Management noch etwas genauer an.

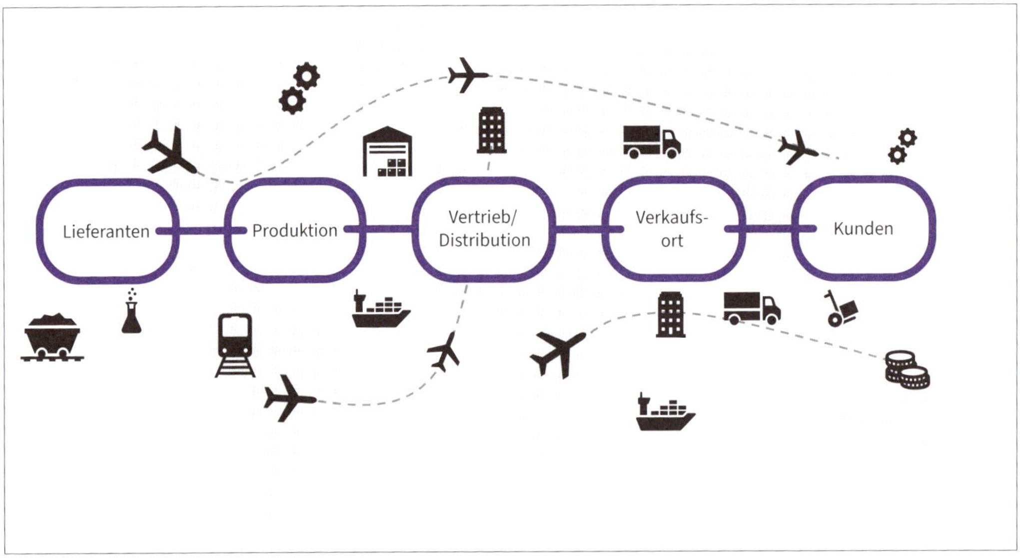

Abbildung 10.4 Supply-Chain-Management

Abbildung 10.4 zeigt, wie eng das Supply-Chain-Management und die Globalisierung miteinander verknüpft sind. Internationale Beschaffungs- und Absatzmärkte und weltweite Produktionsmöglichkeiten verändern folglich auch die Organisation und Gestaltung der gesamten Supply-Chain.

Aufgabe 3: Strategische Ziele

Unternehmen verfolgen im Zuge der Globalisierung verschiedene strategische Ziele, die über die bloße Kostenminimierung hinausgehen. Überlegen Sie sich fünf weitere Motive, die Unternehmen noch verfolgen können.

Die Nachfrage der Kundschaft nach individuell zugeschnittenen Produkten nimmt stetig zu. Unternehmen stehen daher vor der Herausforderung, die spezifischen Anforderungen ihrer Kunden zu erfüllen, denn tun sie dies nicht, wandern die Kunden zur Konkurrenz ab. Gleichzeitig sind die Unternehmen einem kontinuierlichen Preisdruck ausgesetzt, der sie zwingt, die Kosten möglichst gering zu halten. Die maximale Kosteneffizienz der *globalen Lieferketten* dominiert seit vielen Jahren den Welthandel.

Darüber hinaus besteht ein enormer Innovationsdruck. Um wettbewerbsfähig zu bleiben und sich auch von der Konkurrenz abzuheben, muss das Unternehmen regelmäßig neue Produkte auf den Markt bringen. All diesen Herausforderungen am Markt muss sich das Unternehmen stellen, um weiterhin nachhaltig erfolgreich zu sein.

Hinzu kommen noch Herausforderungen, die sich aufgrund der Globalisierung der Märkte ergeben. Die Anzahl der beteiligten Akteure am Markt hat deutlich zugenommen und die längeren Transportentfernungen verursachen höhere Transportkosten und längere Lieferzeiten. Auch länderspezifische gesetzliche Rahmenbedingungen gilt es zu beachten, was wiederum einen größeren zeitlichen und organisatorischen Aufwand verursachen kann. Die Vielzahl dieser Einflussfaktoren führt zu einer erhöhten Komplexität in der globalen Lieferkette und zwingt Unternehmen, ihre organisatorischen Strukturen und Prozesse entsprechend anzupassen.

Diese Komplexität bewirkt, dass die weltweiten Lieferketten immer fragiler werden. Naturkatastrophen wie extreme Wetterverhältnisse oder Erdbeben bedrohen die Lieferketten. Der Tsunami im Jahr 2011 hatte gravierende Auswirkungen auf die japanische Autoindustrie, und zahlreiche Automobilhersteller wie Toyota oder Nissan mussten ihre Produktion aufgrund der Schäden einstellen, der der Tsunami angerichtet hatte. Dies führte zu weltweiten Lieferschwierigkeiten dieser Marken. Auch eine politische Instabilität bedroht die globalen Lieferketten, deshalb müssen bei der Gestaltung der Lieferketten nicht nur die technischen Gesichtspunkte eine Rolle spielen, sondern auch die politischen.

Auslagerung von Prozessen

Um all diese Herausforderungen zu meistern, kann eine Auslagerung der Prozesse sinnvoll sein. Bei der Auslagerung sind verschiedene Ansätze möglich. Es gilt zu beachten, dass die gewählte Strategie zu den strategischen Unternehmenszielen passt. Auch hybride Ansätze, bei denen die Strategien miteinander kombiniert werden, sind möglich. Abbildung 10.5 zeigt die verschiedenen Möglichkeiten der Auslagerung.

Bei *On- und Offshoring* bleibt die Durchführung der Prozesse im Unternehmen, sie werden jedoch räumlich verlagert: beim Onshoring ins Inland, beim Offshoring ins Ausland. Typische Beispiele sind die Eröffnung einer eigenen Produktionsstätte im Ausland.

Beim *Outsourcing* hingegen übernimmt ein externes Unternehmen die Durchführung der Prozesse, unabhängig davon, ob dies im In- oder Ausland geschieht. Je nach Situation des Unternehmens hilft die Wahl der richtigen Strategie, die individuellen Unternehmensziele effektiv zu erreichen und langfristig den unternehmerischen Erfolg zu sichern.

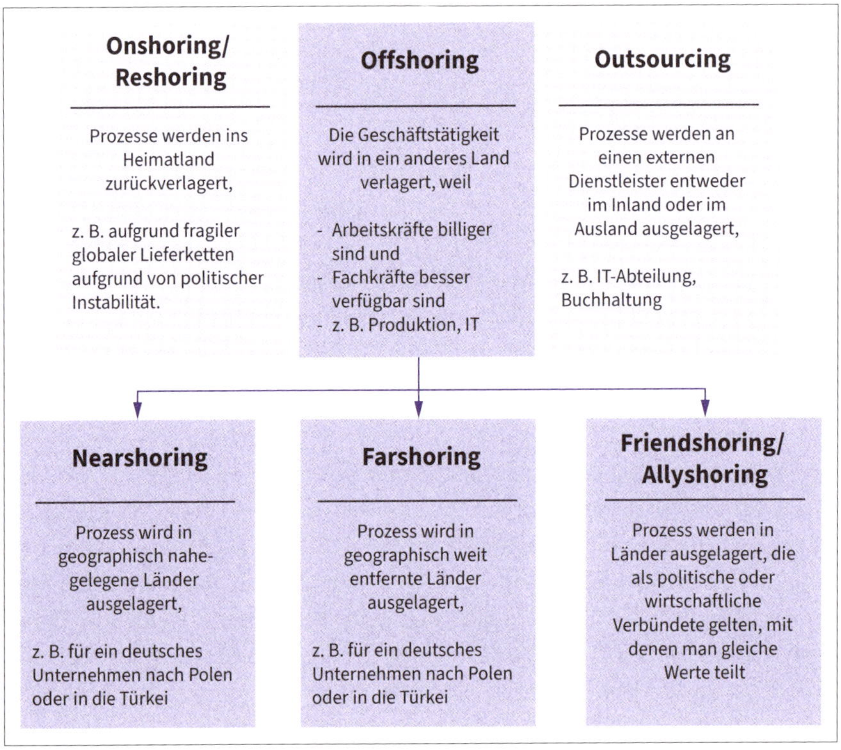

Abbildung 10.5 Möglichkeiten der Auslagerung von Prozessen (vgl. IHK Ulm, »Was darf's sein: Off-, Near-, Re- oder Friendshoring?«, https://www.ihk.de/ulm/online-magazin/im-fokus/was-darf-s-sein-off-near-re-oder-friendshoring--569996, aufgerufen am 04.05.2025)

Bei der Entscheidungsfindung, ob global ausgelagert oder beschafft wird, müssen jedoch auch einige Faktoren berücksichtigt werden. Nachfolgend ein paar Stichpunkte:

- **Transportentfernung und Transportmittel:** Lieferzeiten, Umweltaspekte
- **Organisation und Akteure:** Sprachbarrieren, mehr Koordination und Kontrolle sind notwendig
- **Länderspezifische Rahmenbedingungen:** Zölle, Umweltauflagen, Geschäftsetikette
- **Total Cost of Ownership:** die Summe aller Kosten für die Auslagerung, z. B. Anschaffungspreise, Lieferkosten, Lagerkosten, Personalkosten, Zölle, Steuern, Wechselkursrisiko

Neben den oben genannten Faktoren müssen auch die zukünftigen Auswirkungen der Entscheidung auf das Unternehmen berücksichtigt werden, z. B. auf das Unternehmensimage. Entscheidet sich ein Unternehmen nämlich für die Auslagerung von Prozessen ins Ausland, hat dies Auswirkungen auf den heimischen Arbeitsmarkt. Dies kann das Image negativ beeinflussen, weil Arbeitsplätze im eigenen Land dadurch wegfallen. Auch diese Faktoren sollten bei der Entscheidung mitberücksichtigt werden.

Die Entscheidung über eine Auslagerung hat strategischen Charakter, deshalb dürfen nicht nur die gesamten *Transaktionskosten* (also alle Kosten, die im Zusammenhang mit der Auslagerung entstehen) berücksichtigt und gegengerechnet werden, sondern es müssen auch nichtmonetäre Faktoren einbezogen werden.

Outsourcing wird häufig mit sogenannten *Make-or-buy*-Entscheidungen in Verbindung gebracht, also mit der Frage, ob ein Unternehmen ein Produkt selbst im eigenen Haus herstellen (»make«) oder die Produktion an externe Dienstleister auslagern (»buy«) soll. Die eigentliche Kernkompetenz eines Unternehmens – also das, was es auszeichnet und definiert – sollte natürlich nicht ausgelagert werden. Bei spezialisierten Produkten, z. B. einem hochspezifischen Softwareprogramm für den medizinischen Bereich, kann Outsourcing sinnvoll sein, da das Unternehmen in der Regel nicht über das erforderliche Fachwissen für die Entwicklung verfügt. Buchhaltungs- und Steuerberatungsaufgaben werden auch oft outgesourct, weil hier fortlaufend aktualisiertes Wissen benötigt wird. In Tabelle 10.2 sind weitere Vor- und Nachteile des Outsourcings aufgeführt.

Vorteile	Nachteile
Fokus auf die eigenen Kernkompetenzen	Abhängigkeit vom Lieferanten oder Dienstleister
Kostenersparnis, weil Investitionen oder auch Fort- und Weiterbildungen nicht notwendig sind	Mangelnde Qualitätskontrolle
Zeitersparnis	Erhöhter Kommunikationsaufwand aufgrund von Sprachbarrieren, kulturelle Unterschiede
Erhöhte Flexibilität, z. B. bei Nachfrageschwankungen	Sicherheits- und Datenschutzrisiken: Datenlecks → Verlust des eigenen Know-hows
Zugang zu Spezialwissen und Innovationen	Sonstige soziale Auswirkungen: Arbeitsplätze am Unternehmensstandort gehen verloren → negative Auswirkungen auf das Betriebsklima und das Unternehmensimage

Tabelle 10.2 Vorteile und Nachteile von Outsourcing

Outsourcing ist insbesondere dann sinnvoll, wenn es sich beim outgesourcten Prozess nicht um die eigene zentrale Kernkompetenz handelt. Diese stellt das »Herz des Unternehmens« dar und hat eine wichtige langfristige, strategische Bedeutung. Sie sollte als entscheidendes Know-how im Unternehmen bewahrt werden und ist eine wichtige Grundlage für den zukünftigen unternehmerischen Erfolg.

Bei Make-or-buy-Entscheidungen ist es also wichtig, zu schauen, ob es sich um eine kurzfristige, also operative Entscheidung handelt oder um eine langfristige, also strategische Ausrichtung. Die Entscheidung muss vor allem an den eigenen unternehmerischen Zielen ausgerichtet sein. Die kostenorientierte Make-or-buy-Entscheidung lässt sich auch grafisch veranschaulichen, indem der Kostenverlauf von Eigenfertigung und Fremdbezug gegenübergestellt wird.

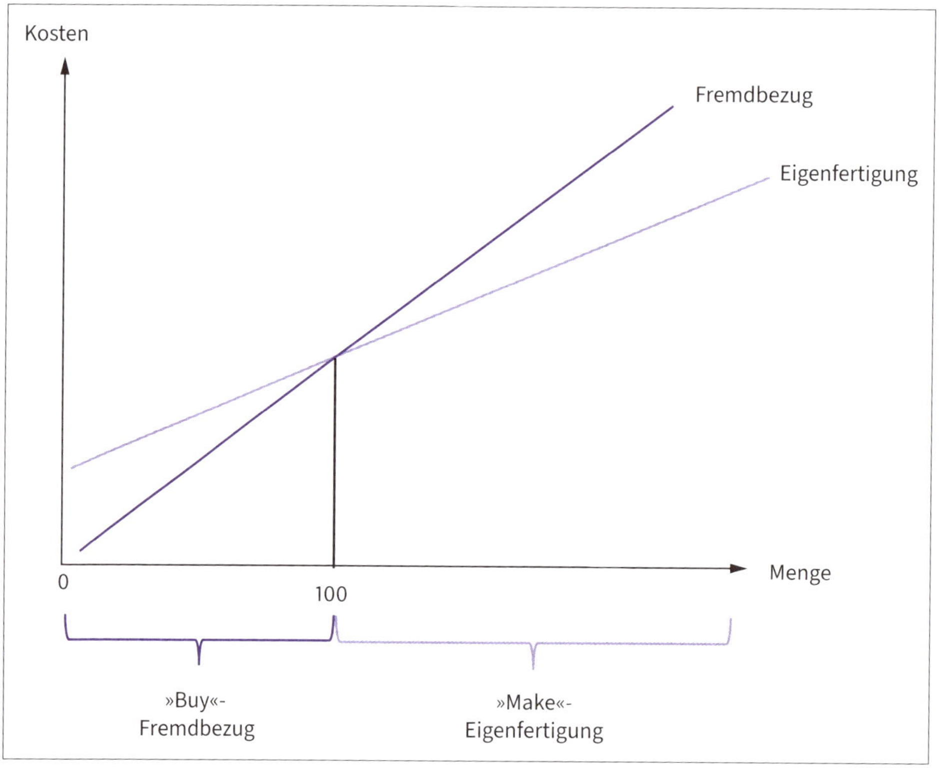

Abbildung 10.6 Make or buy?

Abbildung 10.6 zeigt, dass der Fremdbezug bis zu einer Bestellmenge von 100 Stück für das Unternehmen kostengünstiger ist. Genau bei 100 Stück sind die Kosten des Fremdbezugs genauso hoch wie die Kosten der Eigenfertigung. Ab einer Bestellmenge von 101 Stück ist die Eigenfertigung wirtschaftlich vorteilhafter.

Die Make-or-buy-Entscheidung kann auch rechnerisch ermittelt werden:

Die *Kosten für die Eigenfertigung* berechnen sich wie folgt:

$$\text{Kosten Eigenfertigung} = K_f + k_v \cdot x$$

mit:

K_f = Fixkosten gesamt

k_v = variable Stückkosten

x = Bestellmenge

Die *Kosten für den Fremdbezug* berechnen sich wie folgt:

$$\text{Kosten Fremdbezug} = P \cdot x$$

mit:

P = Einkaufspreis

x = Bestellmenge

Die kritische Menge, ab der sich die Eigenfertigung lohnt, wird berechnet, indem man beide Formeln gleichsetzt. Folgende Formel ergibt sich für die Berechnung:

$$x_{krit} = \frac{K_f}{P - k_v}$$

Aufgabe 4: Kostenfrage

Die Geschäftsführung von *planITs* überlegt, die Hüllen für die Kalender selbst zu produzieren. Der Einkaufspreis für eine Hülle beträgt 10,00 €. Die Kosten für die Eigenfertigung werden folgendermaßen kalkuliert: Fixkosten 500,00 €, variable Kosten 5,00 €.

Berechnen Sie die Menge, ab der sich die Eigenfertigung lohnt.

Im Supply-Chain-Management stehen zwei zentrale Ziele im Vordergrund: Zum einen soll für die Kunden ein möglichst hoher Nutzen entstehen, da dieser maßgeblich zur Kundenzufriedenheit und Kundenbindung und damit zur Wettbewerbsfähigkeit beiträgt. Zum anderen sollen gleichzeitig die Kosten bei der Leistungserstellung gesenkt werden. Die gleichzeitige Erreichung dieser beiden Ziele gilt als die *Essenz des Supply-Chain-Managements*. *Marshall L. Fisher* hat dies bereits 1997 festgestellt und weist darauf hin, dass die konkrete Strategie immer auf die Art der Produkte abgestimmt sein muss. Er unterscheidet dabei zwei generelle Produkttypen:

1. **Functional Products (dt. »Funktionale Produkte«):** Artikel für Grundbedürfnisse, deren Nachfrage gut vorhersehbar ist

2. **Innovative Products (dt. »Innovative Produkte«):** Trends/Mode, deren Nachfrage sich mit der Zeit verändert und unvorhersehbar ist

Entsprechend der Produkttypen empfiehlt Fisher zwei unterschiedliche Supply-Chain-Strategien:

1. **Efficient Supply Chain (dt. »Effiziente Lieferkette«):** Das Ziel ist die Kostenminimierung und eine hohe Auslastung → funktionale Produkte.
2. **Responsive Supply Chain (dt. »Reaktionsfähige Lieferkette«):** Der Fokus liegt auf Flexibilität und einer schnellen Reaktionsfähigkeit auf Marktveränderungen → innovative Produkte.

Fisher stellt das Ganze in einer Matrix dar, wie in Abbildung 10.7 gezeigt:

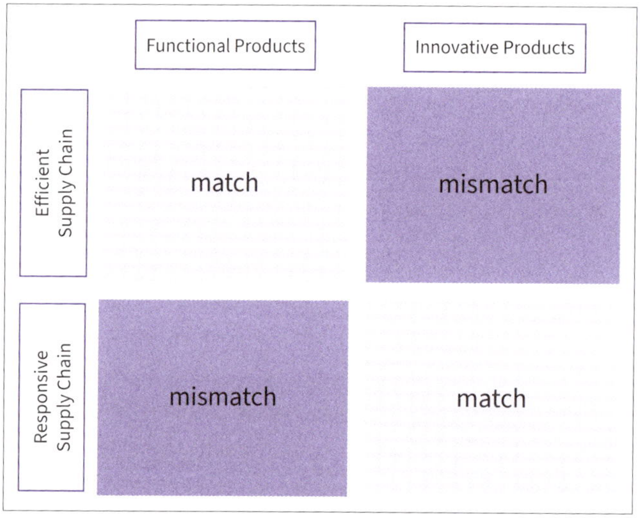

Abbildung 10.7 Matrix von Marshall L. Fisher (vgl. Harris/Componation/Farrington: »An Exploration of Fisher's Framework for the Alignment of Supply Chain Strategy With Product Characteristics«, Engineering Management Journal, April 2015, *http://r-wrk.de/fwkdp*, aufgerufen am 09.05.2025)

2002 erweiterte *Hau L. Lee* die Matrix um die Dimension der Lieferunsicherheit. Er berücksichtigte die Angebots- und Nachfrageunsicherheit ebenfalls in der Darstellung. Wenn Sie die Thematik vertiefen möchten, finden Sie erweiterte Informationen in folgendem Artikel: *http://r-wrk.de/6scgs* (aufgerufen am 09.05.2025).

Weiterführende Informationen zum Supply-Chain-Management finden Sie auf der Homepage des Instituts für Integrierte Produktion Hannover: *https://www.iph-hannover.de/de/dienstleistungen/digitalisierung/supply-chain-management/* (aufgerufen am 21.08.2025).

Auch auf der Homepage des Bundesministeriums für Wirtschaft und Energie finden Sie interessante Informationen zur Thematik: *https://www.bmwk.de/* (aufgerufen am 21.08.2025).

Supply-Chain 4.0

Abschließend möchte ich noch kurz die Digitalisierung im Bereich Supply-Chain-Management ansprechen, auch bekannt als *Supply-Chain 4.0*. Darunter versteht man den Einsatz moderner Technologien – etwa das Internet der Dinge (IoT), also vernetzte Geräte und Sensoren, künstliche Intelligenz oder Cloud-Computing –, um Lieferketten transparenter, effizienter und flexibler zu gestalten.

Supply Chain 4.0 ist dabei weniger ein klar abgegrenzter Zustand als vielmehr ein Zielbild: Unternehmen müssen nicht alle Technologien gleichzeitig implementieren, sondern können ihre Lieferketten Schritt für Schritt digitalisieren. Die Einführung solcher Technologien bringt Vorteile wie eine verbesserte Planungsfähigkeit, kürzere Reaktionszeiten und Kostensenkungen, jedoch erfordert sie auch hohe Investitionen und Maßnahmen zur Datensicherheit (vgl. Mecalux, *https://www.mecalux.de/blog/supply-chain-4-0*, aufgerufen am 29.08.2025).

Ein Beispiel: *planITs* könnte Sensoren einsetzen, um Lagerbestände in Echtzeit zu überwachen. Damit würde *planITs* erste Elemente von Supply-Chain 4.0 umsetzen, ohne sofort eine vollständig digitalisierte Lieferkette aufbauen zu müssen.

10.3 Kennzahlen der Logistik

Im Zuge von Kapitel 8, »Beschaffung«, (siehe Abschnitt 8.5) und Kapitel 9, »Produktionswirtschaft«, (siehe Abschnitt 9.4) habe ich Ihnen bereits zentrale Kennzahlen vorgestellt, die auch für den Bereich der Logistik von Bedeutung sind. Dazu zählen z. B. der Meldebestand, der Mindestbestand oder die Umschlagshäufigkeit. Der Vollständigkeit halber werden nachfolgend noch drei weitere Kennzahlen vorgestellt, die für die Analyse und Optimierung von logistischen Prozessen ebenso hilfreich sind.

Lagerreichweite

Die *Lagerreichweite* gibt den Zeitpunkt an, zu dem der Lagerbestand bei durchschnittlichem Verbrauch vollständig abgebaut ist. Sie zeigt, wie lange der Lagerbestand ausreicht, um die bestehenden Aufträge erfüllen zu können.

$$\text{aktuelle Lagerreichweite} = \frac{\text{aktueller oder durchschnittlicher Lagerbestand}}{\text{durchschnittlicher Verbrauch pro Periode}}$$

$$\text{geplante Lagerreichweite} = \frac{\text{aktueller Lagerbestand} + \text{offene Bestellungen}}{\text{geplanter Verbrauch pro Periode}}$$

Die geplante Lagerreichweite berücksichtigt auch offene, bereits getätigte, aber noch nicht eingetroffene Bestellungen. Die Lagerreichweite ist für die Planung der Versorgungssicherheit und folglich für die Effizienz der Lieferkette entscheidend, denn ist die Lagerreichweite zu gering, kann es zu Lieferverzögerungen und folglich zu Produktionsausfällen kommen. Dagegen verursacht eine höhere Lagerreichweite mehr Kosten, da mehr Kapital im Lager gebunden ist.

Liefergenauigkeit

Die *Liefergenauigkeit (On-Time Delivery)* gibt den Anteil der abgewickelten Aufträge an, die ohne Störungen verlaufen – vom Eingang der Bestellung bis zur Lieferung an den Kunden. Sie gibt also Aufschluss darüber, wie zuverlässig ein Unternehmen seine Kunden beliefert.

$$\text{Liefergenauigkeit} = \frac{\text{Anzahl der Bestellungen ohne Zwischenfälle}}{\text{Anzahl der Gesamtbestellungen}} \cdot 100$$

Das Ergebnis sollte hier über 90 % betragen, idealerweise möglichst 100 %, denn eine hohe Liefergenauigkeit spricht für effiziente Prozesse und eine zuverlässige Lieferkette. Die Kunden sind zufrieden und vertrauen dem Unternehmen – dies wirkt sich nachhaltig auf den Unternehmenserfolg aus.

Lieferantenzuverlässigkeit

Die *Lieferanten-Compliance-Rate* gibt an, wie zuverlässig und effizient ein Lieferant arbeitet, mit anderen Worten, ob er die vereinbarten Bedingungen und gesetzlichen Vorgaben einhält.

$$\text{Lieferanten} - \text{Compliance-Rate} = \frac{\text{verspätet eingegangene Bestellungen}}{\text{insgesamt eingegangene Bestellungen}} \cdot 100$$

Diese Formel misst vor allem die Pünktlichkeit der Lieferungen und zeigt das Ausmaß der Verzögerungen bei der Anlieferung der bestellten Artikel an das Lager. So hilft sie, Lieferrisiken frühzeitig zu erkennen und zu minimieren. Für eine umfassendere Beurteilung der Lieferanten-Compliance können darüber hinaus weitere Kriterien berücksichtigt werden, wie Pünktlichkeit, Produktqualität, Zuverlässigkeit bei der Einhaltung von Vereinbarungen, Verpackungsstandards, Nachhaltigkeit oder auch soziale Aspekte wie Mitarbeiterfreundlichkeit.

Damit ist die Lieferanten-Compliance-Rate ein hilfreicher Indikator zur Bewertung der Zuverlässigkeit von Lieferanten und trägt zu einer Optimierung der Lieferkette bei.

10.4 Nachhaltige Logistik

Nachhaltige Logistik berücksichtigt sowohl unternehmerische als auch soziale und ökologische Faktoren der Logistik (siehe Abbildung 5.6, »Das Drei-Säulen-Modell der Nachhaltigkeit«). Häufig stolpert man in diesem Zusammenhang über den Begriff der *Green Logistics* (siehe auch Abschnitt 8.5 über die Lagerplanung, die einen Teilbereich der nachhaltigen Logistik darstellt).

In der *Green Logistics* konzentriert man sich im Speziellen auf ökologische Aspekte der logistischen Prozesse, während die *nachhaltige Logistik* das große Ganze im Blick hat – also neben den ökologischen auch ökonomische und soziale Faktoren. Maßnahmen wie die Reduzierung von Emissionen oder der Einsatz erneuerbarer Energien sind daher Teil beider Ansätze, während Mitarbeiterschulungen oder faire Arbeitsbedingungen vor allem der nachhaltigen Logistik zugeordnet sind. Das Ziel der nachhaltigen Logistik ist es, die Prozesse so zu planen und umzusetzen, dass Ressourcen effizient genutzt und Umweltschäden minimiert werden.

Auch wenn die Implementierung nachhaltiger Logistikmaßnahmen mit höheren Kosten verbunden ist, trägt die nachhaltige Logistik maßgeblich zur Erfüllung der gesellschaftlichen Verantwortung von Unternehmen bei. Der Schutz unserer natürlichen Lebensgrundlage ist nicht nur aus ethischen Gründen verpflichtend, sondern auch ein entscheidender Faktor für den langfristigen wirtschaftlichen Erfolg von Unternehmen. Es lohnt sich also, hier zu investieren, denn das Umweltbewusstsein der Stakeholder, allen voran der Kunden, wird immer größer.

Beim Bundesministerium für Umwelt, Klimaschutz, Naturschutz und nukleare Sicherheit gibt es eine Themenseite zum nachhaltigen Wirtschaften. Hier finden Sie auch Informationen zu einer nachhaltigen Logistik sowie Links zu verschiedenen Themenportalen im Bezug auf Umweltschutz im Unternehmen: *https://bmuv.de/themen/nachhaltigkeit/wirtschaft/ueberblick-wirtschaft*.

2017 hat das Bundesministerium den Praxisleitfaden für Unternehmen »Schritt für Schritt zum nachhaltigen Lieferkettenmanagement« erstellt (siehe *http://r-wrk.de/tkra1*, aufgerufen am 10.05.2025). Auch wenn das Erstellungsdatum des Leitfadens bereits einige Jahre her ist, finden Sie in ihm ausführliche Handlungsempfehlungen, wie ein Unternehmen eine nachhaltige Logistik im Bereich Lieferkettenmanagement schrittweise einführen kann. Quellen für weiterführende Informationen sind hier ebenfalls angegeben.

Nachhaltige Logistik ist kein Trend, sondern in einer Zeit, in der Kunden und auch andere Stakeholder wie Investoren, zunehmend Wert auf Umweltschutz und Nachhaltigkeit legen, ein entscheidender Baustein einer zukunftsfähigen Unternehmung. Es liegt in der Verantwortung jedes Unternehmens, einen Beitrag zum Umweltschutz zu leisten, um unsere natürliche Lebensgrundlage zu schützen und somit ein wettbewerbsfähiges und erfolgreiches Unternehmen zu sein.

Auch *planITs* ist auf dem richtigen Weg, um ein nachhaltiges Unternehmen zu werden. Überlegen Sie daher noch einmal bezugnehmend auf unsere Eingangssituation: Welche Prozesse sind für eine zuverlässige und nachhaltige Logistik besonders entscheidend, und wie könnte *planITs* diese erfolgreich implementieren? Fassen Sie Ihre Überlegungen z. B. in einer kurzen Rede von etwa einer Minute zusammen und präsentieren Sie Ihre Ergebnisse anschließend Ihren Kommiliton*innen.

10.5 Lösungen

Aufgabe 1

a) Seven Rights: Hier wird vor allem das »richtige Gut zur richtigen Zeit am richtigen Ort« verletzt.

b) Operativ zeigt sich das Problem als Produktionsstillstand. Die Ursache liegt aber eher im strategischen Bereich (z. B. Lieferantenauswahl, fehlende Sicherheitsbestände).

c) Als kurzfristige Maßnahmen: Sicherheitsbestände aufbauen, frühzeitigere Bestellung

Als langfristige Maßnahmen: Einbindung von Zweitlieferanten; Rahmenverträge mit Lieferanten abschließen, um die Lieferzuverlässigkeit zu erhöhen.

Aufgabe 2

	Zentrale Lagerhaltung	Dezentrale Lagerhaltung
Vorteile	▶ hoher Automatisierungsgrad möglich ▶ gute Übersicht über die Lagerbestände ▶ optimierte Flächennutzung möglich ▶ geringere Gebäudekosten ▶ geringerer Personalbedarf und folglich weniger Personalkosten	▶ geringere Transportkosten durch kürzere Entfernungen zwischen Lieferanten–Lager–Kunden ▶ dadurch auch kürzere Lieferzeiten ▶ mehr Flexibilität in der Liefermenge, da mehr Mengen, die zur Verfügung stehen
Nachteile	▶ geringe Flexibilität ▶ eventuell lange Transportwege ▶ geringe Kundennähe ▶ Bei technischen Ausfällen ist das komplette Lager betroffen.	▶ erhöhter Kommunikationsaufwand zwischen den einzelnen Lagern ▶ höhere Mindestbestände, dadurch höhere Kapitalbindung ▶ hohe Gebäudekosten ▶ hoher Personalaufwand ▶ hoher Verwaltungsaufwand

Tabelle 10.3 Lösung: Zentrale vs. dezentrale Lagerhaltung

Aufgabe 3

- **Beschaffungsorientierte Motive**
  - Sicherstellung der Rohstoffversorgung
  - Nutzung von vorhandenem technologischem Know-how und eventuell auch von verfügbaren Ressourcen
  - Zugang zu spezialisierten Arbeitskräften
  - Marktpräsenz zeigen
- **Markt- und absatzorientierte Motive**
  - Erschließung neuer Absatzmärkte
  - Kundennähe
  - Umgehung von Handelshemmnissen (z. B. Zölle oder Mindestpreise)
- **Kosten- und erfolgsorientierte Motive**
  - Nutzung von Kostenvorteilen, z. B. durch niedrigere Personalkosten oder günstigere Mietpreise
  - staatliche finanzielle Unterstützung durch Subventionen
  - *Natural Hedging*: Wechselkursschwankungen werden kompensiert, da z. B. durch die Produktionsstandortverlegung ins Ausland den Einnahmen Ausgaben in derselben Fremdwährung gegenüberstehen.

Aufgabe 4

$$x_{krit} = \frac{500,00}{10,00 - 5,00} = 100 \text{ Stück}$$

Ab einer Menge von 100 Stück lohnt sich die Eigenfertigung der Hüllen. *planITs* muss nun abschätzen, wie viele Hüllen abgesetzt werden können.

Kapitel 11
Marketing

Wir hatten eine Geschäftsidee, haben dann die Materialien beschafft, die Produkte gefertigt – und jetzt wollen wir sie verkaufen. Nur wie bringen wir unsere hergestellten Produkte am besten an den Mann und an die Frau? Darum geht es in diesem Kapitel.

Knobelei zum Einstieg

Zum Einstieg gibt es ein kurzes Quiz (vgl. Abbeymecca, *http://r-wrk.de/bmhz9*, aufgerufen am 29.08.2025).

Welche der folgenden Aussagen sind korrekt?

1. 2025 überschreiten die weltweiten Werbeausgaben erstmals 1 Billion US-Dollar.
2. 2011 lagen die Ausgaben noch bei 384 Milliarden US-Dollar.
3. 75,2 % der Ausgaben entfallen auf digitale Werbung (ca. 777 Milliarden US-Dollar).
4. Auf die USA und China entfallen zusammen fast 60 % der weltweiten Werbegelder.

Sie ahnen es vielleicht schon: Alle Aussagen sind richtig. Die Werbewelt erlebte 2025 eine historische Zäsur: Erstmals überstiegen die weltweiten Werbeausgaben die Marke von 1 Billion US-Dollar.

Worum geht es in diesem Kapitel?

Abschnitt 11.1, »Grundlagen des Marketings«

Abschnitt 11.2, »Marketinganalyse und Marktforschung«

Abschnitt 11.3, »Marketingplanung und Marketingstrategie«

Abschnitt 11.4, »Marketinginstrumente und der Marketing-Mix«

Abschnitt 11.5, »Online-Marketing«

Abschnitt 11.6, »Marketingcontrolling und seine Kennzahlen«

11.1 Grundlagen des Marketings

Dubai-Schokolade ist seit 2024 in aller Munde. Aber dieser Trend ist nicht einfach von selbst entstanden, er ist durch geschicktes *Marketing* künstlich herbeigeführt worden. 2021 hat eine Unternehmerin in Dubai die Schokolade kreiert. Aber erst Ende 2023 löste das Video einer Food-Influencerin den weltweiten Hype aus. Seitdem gibt es viele Versionen vom »Dubai Style« auf dem Markt: Dubai-Eis, Dubai-Schokoladenmilch, Dubai-Style-Kekse, Dubai-Schokoladenlikör etc. Doch warum hat der Trend, der immer noch anhält, funktioniert? Eine Markenexpertin sagt dazu:

> *»Trends haben immer etwas damit zu tun, Emotionen auszulösen: Man soll neidisch werden, lachen, sich ekeln – oder FOMO haben, also die Angst, etwas zu verpassen.« (https://www.absatzwirtschaft.de/dubai-schokolade-so-haben-influencer-den-trend-erzeugt-269198/, aufgerufen am 11.05.2025)*

Sie erklärt, dass die emotionale Anziehungskraft vor allem durch die visuelle Ästhetik der Schokolade entstanden ist:

> *»Das sieht alles total ästhetisch aus. Die Schokolade selbst wie handbemalt, dazu das goldene Papier. Dubai als exotischer Ort, der Sehnsucht auslöst.«* (*https://www.absatzwirtschaft.de/dubai-schokolade-so-haben-influencer-den-trend-erzeugt-269198/*, aufgerufen am 11.05.2025)

Der Start in den sozialen Medien hat extrem gut funktioniert, weil diese stark visuell und akustisch arbeiten und das gezeigte Knacken der Schokolade beim Hineinbeißen oder das anschließende Herauslaufen der Füllung eine Emotion bei den Betrachter*innen auslöst. Durch diese clevere Marketingstrategie wurde die Dubai-Schokolade zu einem weltweiten Phänomen. Das Beispiel zeigt, welche wichtige Aufgabe dem Marketing zuteil wird.

In diesem Kapitel wollen wir die verschiedenen Strategien und Instrumente des Marketings betrachten. Beginnen wir zuerst aber mit der Begriffsbestimmung von Marketing.

Marketing

Marketing sind alle marktorientierten Aktivitäten, die darauf ausgerichtet sind, die Bedürfnisse der Kunden*innen zu erfüllen und eine Kaufentscheidung herbeizuführen.

Im betrieblichen Wertschöpfungsprozess (siehe Abbildung 8.1) folgt nach Beschaffung und Produktion der *Absatz*. Unter Absatz versteht man, dass die Unternehmen ihre produzierten Güter erfolgreich auf dem Markt verkaufen. Das Marketing mitsamt seinen Instrumenten und Strategien unterstützt dabei, das Produkt erfolgreich am Markt zu positionieren und gewinnbringend zu veräußern.

Im allgemeinen Sprachgebrauch werden die Begriffe *Absatzwirtschaft* und *Marketing* oft synonym verwendet, in der modernen Betriebswirtschaft gilt der Begriff der Absatzwirtschaft jedoch als veraltet, da er vor allem die operative Umsetzung des Güteraustauschs betont (also wie Produkte und Dienstleistungen von Unternehmen über Händler oder andere Kanäle zu den Kunden gelangen), wobei die strategischen Faktoren einer ganzheitlichen marktorientierten Unternehmensführung fehlen. Marketing ist also weiter gefasst und integriert sowohl die operativen Tätigkeiten als auch die strategischen Aspekte, wohingegen der Absatz nur ein Teilbereich des Marketings ist.

Bevor wir uns den Marketingprozess anschauen, werfen wir einen kurzen Blick zurück auf die historische Entwicklung des Marketings, die erklärt, warum Marketing für Unternehmen heute unverzichtbar geworden ist.

Sie haben vielleicht schon einmal einen Kuchen gebacken. Zum Kuchenbacken benötigt man Backpulver. Sie fragen sich vielleicht, was das mit Marketing zu tun hat. Ich sage es Ihnen: Mit der Erfindung des Backpulvers von *Dr. August Oetker* im Jahre 1893 war das Marketing geboren, denn Oetker setzte ab der Einführung gezielt auf Werbung und den Aufbau einer starken Marke. Er vermarktete das Produkt mit einem Logo unter dem Markennamen »Backin« in den bekannten, auch heute noch existierenden Portionsgrößen. Das war besonders für diese Zeit, weil es bis dahin völlig unüblich war. Damit schaffte es Oetker, sich von der Konkurrenz abzuheben und ein Markenbewusstsein in der Gesellschaft zu etablieren. Er war ein Werbepionier, der die Werbeinstrumente, die wir heute noch nutzen, erstmalig eingesetzt hat (vgl. Zeit online, *https://www.zeit.de/wirtschaft/2012-01/der-puddingkoenig*, aufgerufen am 14.05.2025). Ab dem Zeitpunkt hat sich das Marketing kontinuierlich weiterentwickelt und die Entwicklungsstufen durchlaufen, die Sie in Abbildung 11.1 sehen.

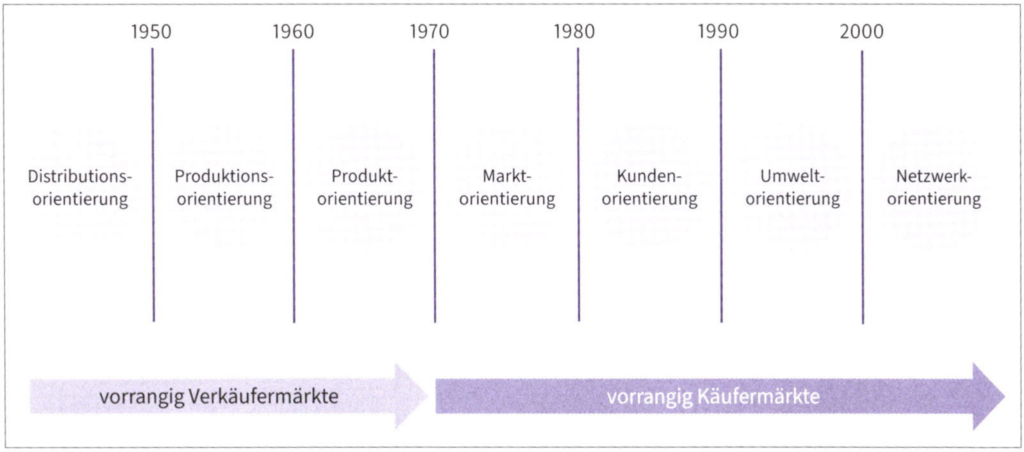

Abbildung 11.1 Geschichte des Marketings

In der Zeit während und nach dem Zweiten Weltkrieg herrschte eine hohe Nachfrage nach unterschiedlichen Produkten, wodurch die Anbieter die Verkaufspreise weitgehend selbst bestimmen konnten. Ein solcher Markt, in dem die Nachfrage das Angebot übersteigt und die Verkäufer die stärkere Position innehaben, wird, wie Sie bereits aus Kapitel 10 wissen, als *Verkäufermarkt* bezeichnet. Der Fokus lag hier vor allem auf der Distribution der Produkte, also der Frage danach, wie das Produkt zum Endkunden kommt.

Die veränderten Marktbedingungen in den 1960er-Jahren (zunehmender Wettbewerb, Sättigungserscheinungen, verändertes Kaufverhalten) führten dazu, dass die ursprüngliche Produktions- und Produktorientierung sich zur Verkaufs- und letztendlich zur Kundenorientierung wandelte. Aus den meisten Verkäufermärkten wurden *Käufermärkte*, weil die Konsumenten nun aus verschiedenen Angeboten auswählen konnten und das Angebot größer war als die Nachfrage. Die Anbieter konnten ihre Produkte also nicht mehr so problemlos absetzen, sodass sie lernen mussten, sich von der Konkurrenz abzuheben, um einen Kaufwunsch bei den Interessenten auszulösen. Die Verkäufer mussten um die Kunden werben, was zur Folge hatte, dass ab diesem Zeitpunkt der Kunde im Mittelpunkt des Marketings stand.

Die Energiekrise 1973/74, bei der das Erdöl drastisch verknappt und verteuert wurde, läutete den Start eines zunehmenden *ökologischen Bewusstseins* ein. Ab den 1990er-Jahren orientierte man sich stärker an ökologischen Aspekten, und auch das Marketing berücksichtigte die Thematik mehr und mehr – bis heute. Heute spricht man von der sogenannten *Netzwerkorientierung des Marketings*. Das bedeutet, dass das Marketing das ganzheitliche Beziehungsgeschehen von Kunden, Lieferanten, Partnern, Mitwettbewerbern und anderen Akteuren berücksichtigt. Durch diese Netzwerke generieren alle Beteiligten langfristigen Erfolg (vgl. Vahs/Schäfer-Kunz, »Einführung in die Betriebswirtschaftslehre«, S. 717f.).

Ziele des Marketings

Das Marketing verfolgt verschiedene Ziele. Sie müssen klar und realistisch sein, denn nur so können sie dafür sorgen, dass die strategischen Unternehmensziele auch erreicht werden können. Es lassen sich folgende Arten von Marketingzielen unterscheiden:

- **strategische Ziele:** z. B. Vergrößerung des Marktanteils, Verbesserung des Image
- **taktische Ziele:** z. B. Einführung eines Treueprogramms, Social-Media-Kampagnen
- **qualitative Ziele:** z. B. das Markenimage erhöhen, die Kundenzufriedenheit steigern
- **quantitative Ziele**: z. B. Umsatz und Gewinn steigern, den Marktanteil erhöhen, die Anzahl der Neukunden steigern

Marketingziele sind von zentraler Bedeutung, weil sie die Richtung für das unternehmerische Handeln vorgeben. Sie bündeln Ressourcen, sorgen für einen klaren Fokus und machen die Prozesse effizienter. Gleichzeitig stärken sie das Vertrauen in den gewählten Weg und in die eigene Umsetzung, da ihre Erreichung zum Unternehmenserfolg beiträgt.

In Abschnitt 9.12 ging es um den Trend der Industrie 4.0. Daran angelehnt entwickelt sich das Konzept des *Marketings 4.0*, das die herkömmliche Verkaufsorientierung hinter sich lässt und im digitalen Zeitalter den Menschen und seine Bedürfnisse in den Mittelpunkt stellt. Dabei werden verschiedene Plattformen genutzt, um potenzielle Kunden anzusprechen. In der aktuellen Literatur finden sich bereits Weiterentwicklungen wie *Marketing 5.0* und *Marketing 6.0*, die modernste Technologien integrieren. Für unsere Zwecke genügt es jedoch, die Existenz dieser Ansätze zu kennen – wir konzentrieren uns hier auf die grundlegenden Prinzipien des Marketings.

Das Fundament für ein erfolgreiches Marketing sind also die Unternehmensziele und davon abgeleitet die Unternehmensstrategie. Darauf aufbauend wird der Marketingprozess geplant. Ein klassischer Marketingprozess sieht so wie in Abbildung 11.2 aus.

Abbildung 11.2 Klassischer Marketingprozess

1. Zuerst erfolgt die *Marketinganalyse*, bei der die eigene Situation mit den Stärken und Schwächen (siehe SWOT-Analyse, Abschnitt 7.2) mit der Situation auf dem Zielmarkt abgeglichen wird. Es geht also darum, welche Bedürfnisse die Kunden*innen haben und welche Mitbewerber bereits auf dem Markt sind. Hier wird also die Ist-Situation sowohl im Unternehmen als auch auf dem Zielmarkt bestimmt.
2. Der zweite Schritt ist die Festlegung der *Marketingziele*. Am Anfang des Marketingprozesses muss festgelegt werden, was erreicht werden soll: Möchten wir beispielsweise unseren Umsatz steigern oder neue Märkte erschließen? Die Marketingziele sollten auf den Unternehmenszielen basierend formuliert werden und sich an den Ergebnissen der Marketinganalyse orientieren.
3. Der nächste Schritt ist die Festsetzung der *Marketingstrategie*, basierend auf den Zielen und der Analyse. Hier wird festgelegt, wie die Ziele erreicht werden sollen, und zwar schriftlich fixiert in einer langfristigen Planung: Wer ist unsere Zielgruppe? Wie gewinnen wir neue Kund*innen?
4. Der vierte Schritt ist die Bestimmung der *Marketinginstrumente*, also die Festlegung darauf, mit welchen Maßnahmen die Ziele erreicht werden sollen. Bei der Umsetzung hilft der *Marketing-Mix*, der in Abschnitt 11.4 näher erläutert wird.
5. Im letzten Schritt, beim *Marketingcontrolling*, wird überprüft, ob die durchgeführten Marketingaktivitäten erfolgreich waren. Verschiedene Kennzahlen helfen bei der Überprüfung (siehe Abschnitt 11.6).

Der *Marketingprozess* ist nicht statisch, sondern dynamisch. Er muss flexibel auf die Marktveränderungen reagieren und fortlaufend angepasst und optimiert werden. Für einen erfolgreichen Marketingprozess ist es wichtig, dass die derzeit vorherrschenden Rahmenbedingungen in der Gesellschaft berücksichtigt werden. Das sind z. B. die wirtschaftliche Lage, das Verhalten der Kunden, aber auch das Verhalten der Mitbewerber, rechtliche Bestimmungen wie das Jugendschutzgesetz und ethische Richtlinien wie Corporate Social Responsibility (CSR, siehe Abschnitt 5.5, »Unternehmensziele«).

Eng verbunden mit dem Konzept des CSR ist das aktuell viel diskutierte *Purpose Driven Marketing*. Beim Purpose Driven Marketing steht ein Mensch im Mittelpunkt, der den Drang verspürt, etwas Sinnstiftendes in seinem Leben zu schaffen. Im Mittelpunkt stehen hier vor allem das soziale und ökologische Engagement. Bei den Konsumenten geht es also nicht nur um eine reine Konsumbefriedigung, sondern auch um eine werteorientierte Kaufhaltung, die das Produkt hinsichtlich seines (gesellschaftlichen) Nutzens hinterfragt. Diese Haltung muss das Unternehmen in das gesamtunternehmerisches Handeln integrieren, und es muss den Kunden glaubwürdig vermitteln, wofür die Marke steht. Werbeinhalte sollen also nicht nur kommuniziert, sondern authentisch gelebt werden. Authentizität zieht den Kunden an. Zum *Purpose* siehe auch Abschnitt 5.4, »Der normative Rahmen eines Unternehmens – das Unternehmensleitbild«.

Damit haben Sie die Grundlagen des Marketings kennengelernt. In den folgenden Abschnitten schauen wir uns die einzelnen Phasen des Marketingprozesses genauer an.

11.2 Marketinganalyse und Marktforschung

Wie treffen Sie im privaten oder beruflichen Kontext gute, angemessene Entscheidungen? Kognitiv-rational, sodass Ihr Verstand entscheidet, oder emotional, sodass Ihr Bauchgefühl entscheidet? Fragen Sie Familie oder Freunde um Rat? Ich vermute, es ist ein Zusammenspiel zwischen dem Verstand und dem Gefühl, aber auch Erfahrungen und das externe Umfeld spielen eine Rolle. Diese Art und Weise, wie wir Menschen eine Entscheidung treffen, ist die Grundlage unseres nächsten Themas, der Marketinganalyse.

Die *Marketinganalyse* ist ein strategisches Instrument und soll herausstellen, was Menschen zum Kauf bewegt und welche Faktoren dabei ausschlaggebend sind. Gleichzeitig berücksichtigt sie die eigene Situation des Unternehmens, indem Stärken und Schwächen bewusstgemacht werden. Auf dieser Grundlage lässt sich die strategische Ausrichtung entwickeln. Eine bewährte Methode hierfür ist die SWOT-Analyse. Diese habe ich bereits in Abschnitt 7.2, »Strategische Planung«, vorgestellt. In den folgenden Abschnitten werden wir weitere Methoden der Marketinganalyse betrachten.

Marketinganalyse

Die *Marketinganalyse* erhebt Daten für interne und externe Fragestellungen, wertet sie aus und analysiert und interpretiert sie. Auf dieser Basis werden die Marketingziele abgeleitet, die als Orientierung dienen und sicherstellen, dass die gewonnenen Erkenntnisse zielgerichtet eingesetzt werden. Im Anschluss werden geeignete Marketingmaßnahmen entwickelt und umgesetzt.

Um Erkenntnisse über einen bestimmten Markt zu gewinnen und dadurch gezielte Entscheidungen treffen zu können, müssen die Daten im ersten Schritt erhoben werden – diese Daten liefert die *Marktforschung*. Im nächsten Schritt werden die Daten ausgewertet und interpretiert. Da die Marktforschung die Grundlage der Marketinganalyse ist, schauen wir uns diese nun im Detail an.

Marktforschung

Marktforschung ist die systematische Sammlung, Erhebung und Auswertung von Daten über den Markt und die Marktteilnehmer. Sie dient als Entscheidungshilfe für geeignete Marketingmaßnahmen.

Informationen über den Markt

Es können *unternehmensinterne* Daten (wie Umsätze, Gewinne, Produktionskapazitäten) und *unternehmensexterne* Informationen (wie beispielsweise rechtliche Rahmenbedingungen, Marktreaktionen oder Daten über die Marktteilnehmer) gesammelt werden:

- **Ein Beispiel für rechtliche Rahmenbedingungen:** Die Datenschutz-Grundverordnung (DSGVO) schreibt seit 2018 vor, dass personenbezogene Daten nur mit ausdrücklicher Zustimmung der Nutzer*innen verarbeitet werden dürfen. Das bedeutet für das Marketing, dass Werbe-E-Mails nicht an jeden Kunden verschickt werden dürfen, sondern nur an diejenigen, die zugestimmt haben.
- **Ein Beispiel für Marktreaktionen:** *planITs* bringt einen digitalen Kalender auf den Markt. Die Zielgruppe sind Schüler*innen und Studierende. Die Marktforschung soll der Frage nachgehen, wie die Zielgruppe auf das neue Produkt reagiert und wie hoch die Kaufbereitschaft ist. Ergebnis: In den sozialen Medien ist die Resonanz positiv, den Preis finden viele aber zu hoch. Schlussfolgerung für das Marketing: Die Werbekampagne wird in den sozialen Medien ausgebaut. Mit Blick auf die Preiskritik wird eine kostenlose 14-tägige Testversion angeboten.
- **Ein Beispiel für Marktteilnehmer:** Es gibt drei Marktteilnehmer: Verkäufer, Absatzmittler (Einzelhandel, Großhandel) und Käufer.

Drei wichtige Größen spiegeln den Erfolg eines Unternehmens am Markt:

- **Marktpotenzial:** die Anzahl der Nachfragenden, die sich für das Produkt XY interessieren
- **Marktvolumen:** die tatsächlich realisierte Absatzmenge/Umsatz
- **Marktanteil**: der Anteil eines Anbieters am Marktvolumen von Produkt XY. Er wird mit folgender Formel berechnet:

$$\text{Marktanteil} = \frac{\text{Umsatz des Unternehmens}}{\text{Marktvolumen}} \cdot 100$$

  Der Marktanteil kann auch mit den Absatzzahlen, also Stückzahlen, berechnet werden.

Aufgabe 1

Laut Statistischem Bundesamt gab es in Deutschland im Wintersemester 2024/25 insgesamt 2.871.600 Studierende (vgl. Statistisches Bundesamt, *https://www.destatis.de/DE/Presse/Pressemitteilungen/2024/11/PD24_447_21.html*, aufgerufen am 15.05.2025).

Von den ca. 2,9 Millionen Studierenden sind 50 % potenzielle Nutzer*innen des digitalen Kalenders von *planITs*. Der Preis pro Kalender beträgt 15,00 €. Tatsächlich werden insgesamt 1 Million Studentenkalender verkauft. *planITs* verkauft 120.000 Kalender.

Berechnen Sie:

a) das Marktpotenzial

b) das Marktvolumen

c) den Marktanteil

Informationen über die Käufer

Außerdem sollen Informationen über das Käuferverhalten gewonnen werden – also wer was wann wie wo und warum kauft. Diese Informationen sind enorm wichtig, da das Ziel von Unternehmen darin besteht, tatsächliche Käufe zu generieren. Um diese Informationen zu gewinnen, ist es unerlässlich, die Beweggründe der Kund*innen zu verstehen und somit deren Bedürfnisse möglichst gut zu erfüllen. Die Einordnung der Typen von Kaufentscheidungen, die Sie in Abbildung 11.3 sehen, ist hier ein hilfreiches Instrument.

Je nach Art des Produkts treffen Kunden ihre Kaufentscheidung. Es hängt auch von den persönlichen Eigenschaften des Kunden ab, ob er beim Kauf eher seinem Bauchgefühl folgt oder alles rational im Kopf entscheidet.

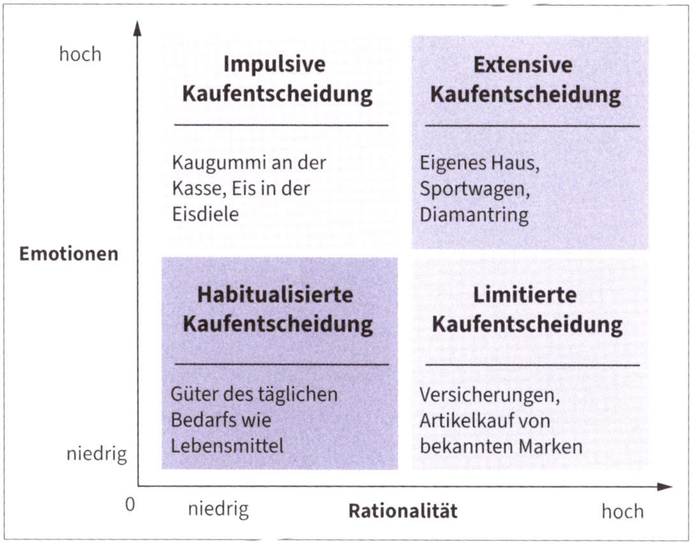

Abbildung 11.3 Typen von Kaufentscheidungen (vgl. Wöhe et al., »Einführung in die Allgemeine Betriebswirtschaftslehre«, S. 371)

Zur Erklärung des Käuferverhaltens gibt es verschiedene Modelle, wie z. B. das *Stimulus-Response-Modell* (SR-Modell) und das *Stimulus-Organismus-Response-Modell* (SOR-Modell). Beim SR-Modell wird das Käuferverhalten nur beobachtet, wohingegen man beim SOR-Modell versucht zu erklären, wie die Reizverarbeitung im menschlichen Gehirn funktioniert. Man geht bei diesem Modell davon aus, dass verschiedene Stimuli (kontrollierte und unkontrollierte) auf den menschlichen Organismus, also auf das Gehirn, treffen, wo sie dann verarbeitet werden und eine Reaktion – im optimalen Fall die Kaufentscheidung – zur Folge haben. Das menschliche Gehirn ist bei dieser Überlegung eine Art Black Box, die man versucht zu entschlüsseln, indem man die Gefühle und Gedanken der Teilnehmer*innen identifiziert, die sie zum Kauf oder Nichtkauf veranlassen (vgl. Wöhe et al., »Einführung in die Allgemeine Betriebswirtschaftslehre«, S. 373). Das Wissen über alle diese Verhaltensweisen hilft dem Unternehmen bei den richtigen Marketingentscheidungen.

Marktsegmente

Um die Zielgruppe und ihre Blackbox besser zu verstehen und sie möglichst präzise anzusprechen, ist es für eine wirksame Gestaltung der Marketingmaßnahmen entscheidend, den heterogenen Gesamtmarkt nach bestimmten Kriterien in kleinere, möglichst homogene Teilbereiche, die sogenannten *Marktsegmente*, zu unterteilen. Die Marktsegmentierung verfolgt das Ziel, unterschiedliche Kundengruppen zu identifizieren, ihre spezifischen Bedürfnisse zu verstehen und zu bestimmen, wie diese Zielgruppe am besten angesprochen werden soll und welche Zielgruppe besonders attraktiv für das Unternehmen ist. Der Segmentierungsprozess umfasst drei Schritte:

1. **Markterfassung:** Relevante Daten werden gesammelt, ausgewertet und gegebenenfalls miteinander verknüpft. Dabei wird zum einen analysiert, wer die Produkte tatsächlich kauft, zum anderen entschieden, welche Kundengruppen künftig gezielt angesprochen werden sollen.
2. **Marktsegmentierung:** Die Kunden werden in Gruppen/Segmente mit ähnlichen Merkmalen eingeteilt. Für eine sinnvolle Einteilung eignen sich folgende *Segmentierungskriterien*:
   - **demografisch:** nach Alter, Geschlecht, Familienstand, Beruf, Einkommen
   - **geografisch:** nach Wohnort, Bundesland, Region, Stadt/Land
   - **psychografisch:** nach Interessen, Meinungen, Werten, Lebenseinstellung
   - **verhaltensbasiert:** nach Markentreue, Prestige, Traditionen, Sparsamkeit, Qualitätsbewusstsein, Offline-Online-Käufe, Schnäppchenjäger

   Ein Beispiel wäre »einkommensstarke Frauen über 50, die in Bayern wohnen und Yoga betreiben«.

   Idealerweise sind die Segmente *innerhalb homogen* (Kunden haben ähnliche Bedürfnisse) und *untereinander heterogen* (d. h., sie unterscheiden sich klar voneinander).
3. **Marktbearbeitungsstrategie:** Da sich die Marktsegmente unterscheiden, werden verschiedene Strategien angewendet:
   - **Undifferenziertes Marketing:** Es existieren keine Marktsegmente, der Markt wird als Ganzes angesprochen, z. B. bei Grundnahrungsmitteln.
   - **Differenziertes Marketing:** Marktsegmente werden unterschiedlich behandelt.
   - **Nischenmarketing:** Ein kleines Marktsegment mit speziellen Ansprüchen wird spezifisch angesprochen.
   - **Mikromarketing:** Eine kleine Gruppe innerhalb der Nische wird individuell behandelt.
   - **One-to-one-Marketing:** Die Wünsche des einzelnen Kunden werden umgesetzt.

(vgl. Qualtrics LLC, *https://www.qualtrics.com/de/experience-management/brand/what-is-market-segmentation/?utm*, aufgerufen am 29.08.2025)

Weitere Marketingstrategien werden in Abschnitt 11.3 behandelt.

Aufgabe 2

Überlegen Sie sich, wie das Unternehmen Coca-Cola den Getränkemarkt segmentieren könnte bzw. segmentiert hat.

Marktforschung

Die Vorgehensweise der Marktforschung wird mithilfe des *Marketingforschungsprozesses* strukturiert. Er beinhaltet die Phasen, die Sie in Abbildung 11.4 sehen (vgl. Meffert et al., »Marketing«, S. 181).

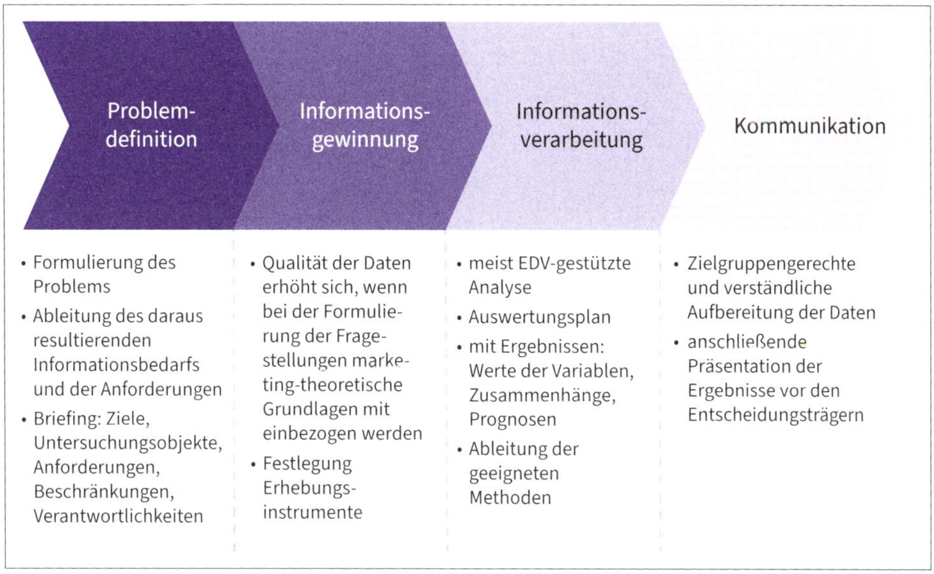

Abbildung 11.4 Der Marketingforschungsprozess (vgl. Meffert et al., »Marketing«, S. 179f.)

Der Prozess ist allerdings nur so lange sinnvoll, wie die Entscheidungen über die Marketingmaßnahmen sowohl zur ursprünglich definierten Problemstellung (z. B. Absatzrückgang, neuer Konkurrent auf dem Markt) als auch zu den gewählten Methoden der Informationsgewinnung und -verarbeitung passen. Außerdem ist eine korrekte Interpretation der erhobenen Daten essenziell. Damit die aus der Marketingforschung abgeleiteten Maßnahmen erfolgreich umgesetzt werden können, ist es wichtig, dass sie von allen Beteiligten akzeptiert und mitgetragen werden. Eine systematische Vorgehensweise unterstützt dabei maßgeblich den Erfolg des gesamten Marketingforschungsprozesses.

Für die Informationsgewinnung und -verarbeitung stehen verschiedene Methoden zur Verfügung. Es kann eine *Marktanalyse*, die einmalig stattfindet, durchgeführt werden, oder eine *Marktbeobachtung*, die über einen längeren Zeitraum stattfindet. Die Ergebnisse münden alle in einer *Marktprognose*, bei der die künftige Entwicklung geschätzt wird, um die Marketingmaßnahmen darauf auszurichten. Grundsätzlich unterscheidet man zwei Bereiche der Marktforschung, die Sie in Tabelle 11.1 sehen:

Primärforschung	Sekundärforschung
Field Research: erstmalige Erhebung von Daten	Desk Research: Verwendung von bereits vorhandenen Daten
Methoden: ▸ Befragung ▸ Beobachtung ▸ Experiment ▸ Panelerhebung	Interne Datenquellen: ▸ Daten aus dem Rechnungswesen, Außendienstberichte, Absatzzahlen Externe Datenquellen: ▸ Veröffentlichungen (Bücher, Zeitschriften), Internet

Tabelle 11.1 Methoden der Marktforschung

Die Wahl der geeigneten Form hängt davon ab, welche Daten das Unternehmen benötigt, ob diese Daten bereits verfügbar sind oder nicht und wie viel Aufwand betrieben werden soll.

Aufgabe 3

Jede Methode hat ihre Vor- und Nachteile. Überlegen Sie sich jeweils drei Vorteile und drei Nachteile der Primärforschung und der Sekundärforschung.

Primärforschung

Schauen wir uns die einzelnen Methoden der Informationsgewinnung etwas genauer an. Beginnen wir mit der Primärforschung. Die gängigsten Methoden sind hier die Befragung, die Beobachtung und das Experiment. Das Panelverfahren stellt eine Sonderform dar.

- **Befragung**

  Bei einer Befragung kann *quantitativ* (mit geschlossenen, standardisierten Fragen) oder *qualitativ* (mit offenen Fragen und kleinem Befragtenkreis) vorgegangen werden. Die Befragung kann schriftlich, mündlich, telefonisch oder online stattfinden. Welche Art der Befragung gewählt wird, ist von den vorhandenen Ressourcen und natürlich von der Fragestellung abhängig. Eine Befragung der Firma Milka, die schriftlich Kund*innen abfragt, wie sie das neue Verpackungsdesign bewerten, muss sicherlich ganz anders ablaufen als die Befragung einer Studentin für ihre Masterarbeit zum Thema »Was der Führungsstil einer Geschäftsleitung zum Markenimage beitragen kann«.

  Wichtig ist bei dieser Methodik, dass sich die Durchführenden des *Interviewer-Effekts* bewusst sind: Unsere Anwesenheit als Interviewende hat immer Einfluss auf die Antworten unseres Gegenübers. Deshalb sollten Fragen in einer Befragung möglichst präzise und verständlich gestellt werden (vgl. Meffert et al., »Marketing«, S. 198).

- **Beobachtung**

  Bei der Beobachtung werden Verhaltensweisen einer Zielgruppe durch alle Sinne – Sehen, Hören, Riechen, Schmecken, Fühlen – erforscht. Es lassen sich verschiedene Formen unterscheiden: Bei der *teilnehmenden Beobachtung* nimmt der Forscher aktiv am Geschehen teil, bei der *nicht-teilnehmenden Beobachtung* nimmt er die Handlungen nur wahr. Eine Beobachtung kann persönlich durch eine Person oder nicht persönlich mithilfe von Geräten (z. B. Video) erfolgen. Außerdem gibt es die *Fremdbeobachtung*, bei der das Verhalten anderer erfasst wird, sowie die *Selbstbeobachtung*, bei der Personen ihr eigenes Verhalten und ihre Gedanken und Gefühle dokumentieren, z. B. durch ein Lerntagebuch (vgl. Meffert et al., »Marketing«, S. 193).

  Ein Vorteil dieser Methode ist, dass nicht nur Aussagen erfasst werden, sondern dass tatsächliches Verhalten sichtbar wird. Auch nonverbale Reaktionen wie Mimik und Gestik liefern wertvolle Informationen. Besonders geeignet ist die Beobachtung bei Kindern oder Personen mit Sprachbarrieren.

  Nachteile bestehen im sogenannten *Beobachtungseffekt* – das Verhalten verändert sich, sobald die Menschen wissen, dass sie beobachtet werden (vgl. Meffert et al., »Marketing«, S. 194) – sowie in der eingeschränkten Repräsentativität, da die Ergebnisse nicht ohne Weiteres auf größere Gruppen übertragbar sind.

- **Experiment**

  Ein Experiment ist eine unter vorher festgelegten Bedingungen durchgeführte Untersuchung, bei der die Ursache-Wirkungs-Beziehung zwischen zwei Variablen erforscht wird: Eine Variable wird verändert, die andere als Ergebnis beobachtet.

  Es gibt verschiedene Arten von Experimenten: Beim *Feldexperiment* findet die Durchführung in einer realen Umgebung statt. Beim *Laborexperiment* findet die Untersuchung in einer künstlich geschaffenen Umgebung statt, oft unter dem Einsatz technischer Geräte. Dies erhöht die *Reliabilität* (Zuverlässigkeit), schränkt jedoch die *Validität* (Gültigkeit) ein, weil der Realitätsgehalt gering ist (vgl. Meffert et al., »Marketing«, S. 198f.).

  Die Reliabilität und Validität sind neben der *Objektivität* die drei *Gütekriterien* in der empirischen Marktforschung und müssen bei allen Erhebungen hinterfragt werden.

  Im digitalen Zeitalter sind Experimente besonders relevant, da sie schnell und kostengünstig umsetzbar sind. So kann beispielsweise eine neue Verpackung kurzfristig im Online-Shop getestet und anhand der Verkaufszahlen bewertet werden, bevor sie endgültig eingeführt wird.

Beispiel für ein Experiment

Wir wollen untersuchen, wie die neu designte Verkaufsverpackung bei den Kunden ankommt und wie sich diese auf die Anzahl der verkauften Produkte auswirkt. Es werden zwei Gruppen beobachtet – eine Gruppe sieht die alte Verpackung, die andere Gruppe die neue Verpackung:

- **Ursache**: Die unabhängige Variable – die Variable, die verändert wird – ist hier das neue Design der Verkaufsverpackung.
- **Wirkung**: Die abhängige Variable – das Ergebnis, das beobachtet werden soll – ist die Anzahl der Verkäufe.
- **Ergebnis**: Wie wirkt sich die neue Verpackung auf die Anzahl der Verkäufe aus? Werden mehr Produkte gekauft oder weniger? Je nach Ergebnis wird die neue Verpackung eingeführt oder nicht.

Alle anderen Variablen, also beispielsweise der Preis oder der Verkaufsort, dürfen nicht verändert werden.

- Panelerhebung

  Eine Spezialform der Informationsgewinnung ist das *Panelverfahren*. Dabei wird eine festgelegte Untersuchungsgruppe (Personen, Unternehmen, …) in regelmäßigen Zeitabständen wiederholt befragt oder beobachtet, um Veränderungen im Zeitverlauf zu erfassen. Man unterscheidet:

  - **Verbraucherpanel:** Befragung einzelner Personen (*Individualpanel*) oder ganzer Haushalte (*Haushaltspanel*)
  - **Unternehmerpanel:** wiederholte Befragung von Unternehmen
  - **Handelspanel:** Beobachtung von Groß- und Einzelhandelsunternehmen (vgl. Meffert et al., »Marketing«, S. 199ff.)

  Die Ergebnisse können durch folgende Gründe limitiert werden:

  - **Panelsterblichkeit:** Teilnehmer scheiden aus dem Panel aus, beispielsweise wegen Umzug.
  - **Paneleffekt:** Das Verhalten verändert sich durch die ständige Beobachtung. Beispielsweise wird unter Beobachtung ein Artikel nicht gekauft, um nicht in Erklärungsnot zu geraten und ein bestimmtes Bild von sich zu wahren.
  - **Panelerstarrung:** Die Eigenschaften und die Zusammensetzung des Panels verändern sich über die Zeit, z. B. durch berufliche oder familiäre Veränderungen (vgl. Meffert et al., »Marketing«, S. 199ff.)

Weitere Spezialformen wären apparative Verfahren, bei denen Reaktionen gemessen werden, oder psychologische Testverfahren.

11.3 Marketingplanung und Marketingstrategie

Die Erkenntnisse aus der Analyse des Marktes und des Käuferverhaltens bilden die Grundlage für die *strategische Marketingplanung*. Die Aufgabe der strategischen Marketingplanung ist es, die Marketingziele festzulegen und daran ausgerichtet die Auswahl geeigneter Marketingstrategien zu planen.

In den Grundlagen in Abschnitt 11.1 bin ich bereits auf die Marketingziele eingegangen. Trotzdem möchte ich das Ganze noch etwas spezifizieren und die Pyramide der Hierarchie von Zielebenen erklären:

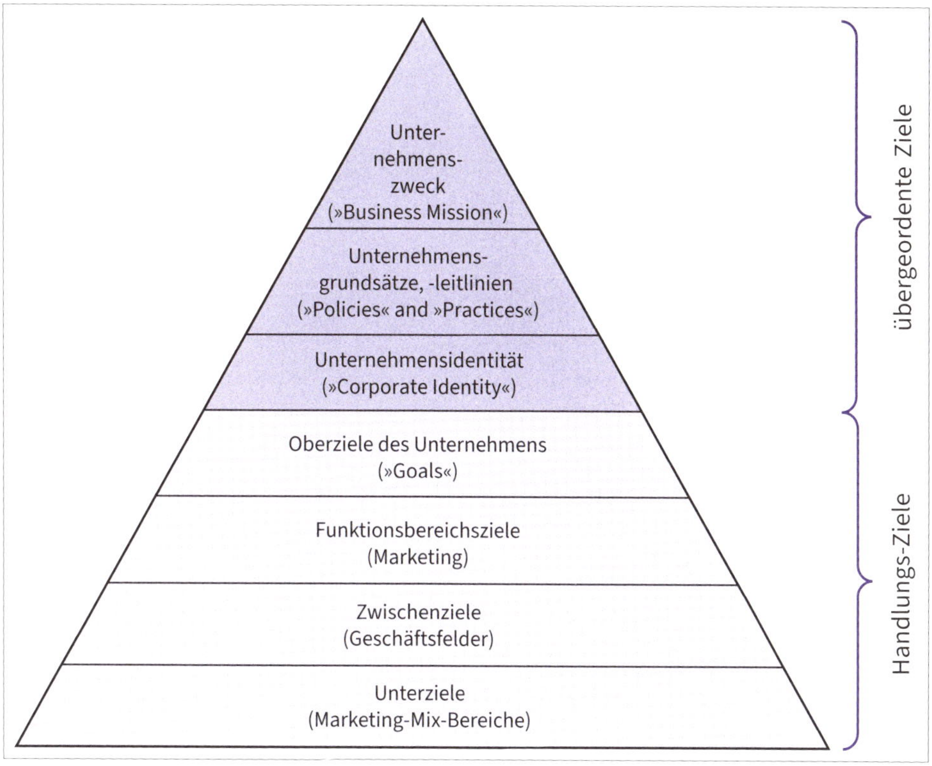

Abbildung 11.5 Hierarchie von Zielebenen (Meffert et al., »Marketing«, S. 261)

An der Spitze der Hierarchie steht die **Business Mission** zusammen mit dem **Purpose** – diese wurden bereits in Abschnitt 5.4, »Der normative Rahmen eines Unternehmens – das Unternehmensleitbild«, ausführlich thematisiert.

Aus diesem Unternehmenszweck leiten sich die **Unternehmensgrundsätze** sowie die **Unternehmensidentität** ab. Dabei handelt es sich um übergeordnete, langfristige Ziele, die die Basis für die eher kurzfristigen operativen Handlungsziele bilden. Wichtig ist, dass eine Kohärenz zwischen den Zielen besteht, also dass die Handlungsziele mit den übergeordneten Zielen im Einklang stehen. Eine Kontrolle der Handlungsziele (z. B. Soll-Ist-Vergleiche) als Teil der Managementaufgabe zeigt die Fortschritte bei der Erreichung der übergeordneten Ziele. Diese Vorgehensweise stellt sicher, dass alle Aktivitäten auf die Gesamtstrategie der Unternehmung ausgerichtet sind.

Wie Sie sehen, können Marketingziele sowohl Bereichsziele (übergeordnete Ziele) als auch Unterziele (Handlungsziele) darstellen. Die strategischen Marketingziele (siehe Abschnitt 11.1) sind in den Funktionsbereichszielen verortet, wohingegen sich konkrete Marketingaktivitäten (wie z. B. der Marketing-Mix in Abschnitt 11.4) auf der Ebene der Unterziele befinden. Diese Struktur ermöglicht eine klare Ausrichtung sämtlicher Marketingmaßnahmen auf die übergeordneten Unternehmensziele.

Um die Umsetzung der langfristigen Ziele in den Marketingmaßnahmen zu gewährleisten, braucht es eine durchdachte Marketingstrategie.

Marketingstrategie

Marketingstrategie

Die *Marketingstrategie* ist eine langfristig ausgerichtete Planung, die alle zur Realisierung der Marketingziele notwendigen Maßnahmen festlegt und koordiniert.

Voraussetzung für die Festlegung der Marketingstrategie sind die vorangegangene Situationsanalyse und die Festlegung der Marketingziele. Wenn diese Informationen vorhanden sind, kann die Marketingstrategie erstellt werden. Bevor eine Gesamtstrategie jedoch entwickelt werden kann, muss zunächst entschieden werden, welche Wettbewerbsstrategie das Unternehmen verfolgen möchte. Es muss geklärt werden, in welchem Umfang das Unternehmen den Markt bearbeiten möchte – ob es sich z. B. auf eine bestimmte Nische spezialisieren möchte oder ob der gesamte Markt bedient werden soll.

Die Produkt-Markt-Matrix / Ansoff-Matrix

Ein zentrales Instrument für die Planung der grundsätzlichen strategischen Ausrichtung und die Entwicklung einer Marketingstrategie ist die *Produkt-Markt-Matrix*, auch *Ansoff-Matrix* genannt. Sie wurde 1957 von dem Ökonomen Igor Ansoff entwickelt und berücksichtigt sowohl die Produktdimension als auch die Marktdimension und zeigt vier mögliche, grundlegende Wachstumsstrategien (siehe Abbildung 11.6).

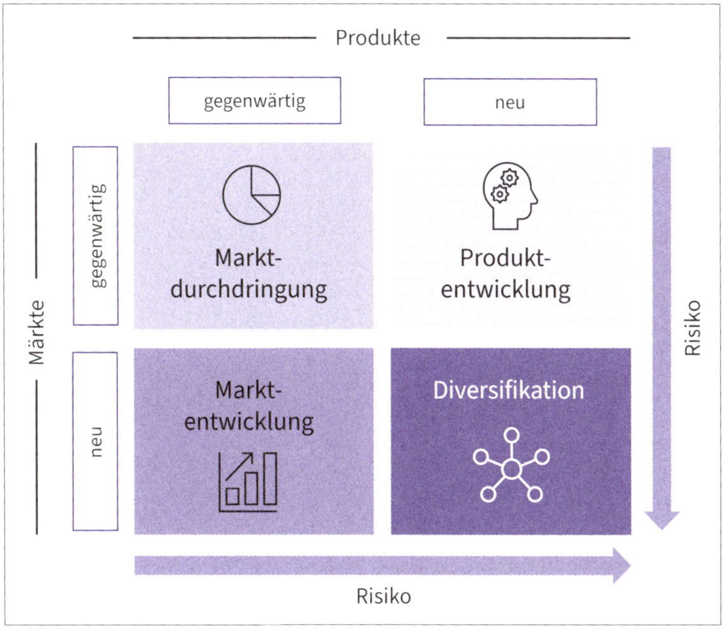

Abbildung 11.6 Ansoff-Matrix (vgl. Meffert et al., »Marketing«, S. 288)

Die Ansoff-Matrix unterstützt die Entscheidungsträger bei der Wahl der passenden Marketingstrategie und Marketingmaßnahmen: Produkt- und Marktkombinationen sowie die Risikogefahr werden bei der Entscheidungsfindung berücksichtigt. Sehen wir uns ihre Bestandteile einmal genauer an.

Marktdurchdringung

Die *Marktdurchdringungsstrategie* wird auch *Intensivierungsstrategie* genannt. Das Ziel ist es hier, den Marktanteil von bereits vorhandenen Produkten auf den bestehenden Märkten zu erhöhen. Durch Intensivierung der Marketingaktivitäten sollen neue Kunden gewonnen werden, und bei bestehenden Kunden soll die Nutzung und dadurch die Nachfrage erhöht werden.

Marktentwicklung

Bei der *Marktentwicklungsstrategie* ist das Ziel, für gegenwärtig bestehende Produkte neue Märkte zu finden. Entweder werden neue geografische Märkte oder weitere Marktsegmente durch die Hinzunahme von neuen Zielgruppen erschlossen. Die Nutzung neuer Vertriebskanäle kann hier zielführend sein.

Produktentwicklung

Die *Produktentwicklungsstrategie* zielt darauf ab, für bestehende Märkte neue Produkte zu entwickeln. Dies kann zum einen über Produktinnovationen oder über Produktvariationen gelingen.

Diversifikation

Bei der *Diversifikationsstrategie* werden neue Produkte auf neuen Märkten eingeführt. Hier lassen sich folgende Typen unterscheiden:

- **Horizontale Diversifikation:** Erweiterung des Sortiments um Produkte, die in einem sachlichen Zusammenhang mit den bereits vorhandenen Produkten stehen. Zum Beispiel verkauft ein Weingroßhändler jetzt auch Liköre und Säfte.
- **Vertikale Diversifikation:** Die neuen Artikel stammen aus vor- oder nachgelagerten Produktions- oder Handelsstufen. Beispielsweise könnte sich der Weingroßhändler an einem Winzerbetrieb beteiligen.
- **Laterale Diversifikation:** Es werden neue Produkte ins Sortiment aufgenommen, die mit den bisherigen Produkten und Märkten nichts zu tun haben, also branchenfremd sind: Der Weingroßhändler bietet nun auch Fenster und Türen an. Dies ist die risikoreichste, aber zugleich auch chancenreichste Diversifikationsart.

  Beispiel: Die Preussag AG, ursprünglich 1923 als Stahlproduzent gegründet, vollzog 1990 einen grundlegenden Wandel, indem sie in den Tourismussektor expandierte. Im Jahr 2000 wurde Preussag durch den Erwerb der britischen Thomson Travel Group zum weltweit größten Tourismusanbieter. 2002 änderte das Unternehmen seinen Namen in »Touristik Union International« oder kurz TUI AG (vgl. Weltkulturerbe Rammelsberg: *https://blog.rammelsberg.de/2023/11/100-jahre-preussag/*, aufgerufen am 30.08.2025).

Wettbewerbsstrategien nach Porter

Abschließend möchte ich noch auf die *Wettbewerbsstrategien nach Porter* eingehen. Michael E. Porter unterscheidet grundsätzlich drei Wettbewerbsstrategien:

- die Strategie der Kostenführerschaft
- die Strategie der Differenzierung
- die Strategie der Nischennutzung

Um dauerhaft dem Wettbewerbsdruck am Markt standhalten zu können, empfiehlt Porter, dass jedes Unternehmen eine Kernkompetenz aufbaut und vertieft, denn *stuck in the middle*, also »in der Mitte gefangen« zu sein, ist keine gewinnbringende Marktposition. Je nach Produkt und Unternehmen kann der Wettbewerbsvorteil entweder durch eine Kostenführerschaft oder durch eine Qualitätsführerschaft entstehen. Abbildung 11.7 zeigt die Wettbewerbsstrategien nach Porter, die ich im Folgenden noch kurz erläutern möchte.

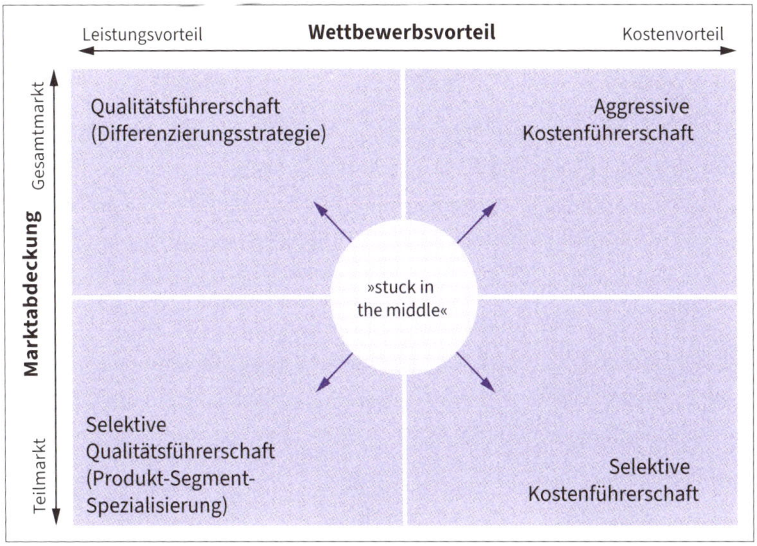

Abbildung 11.7 Wettbewerbsstrategien nach Porter

- Die *aggressive Kostenführerschaft* verfolgt das Ziel, auf dem Gesamtmarkt der preisgünstigste Anbieter zu sein, um Marktanteile zu gewinnen und andere Wettbewerber vom Markt zu verdrängen. Discounter wie Aldi und Lidl sind klassische Beispiele für diese Strategie, die regelmäßig zu intensiven Preiskämpfen zwischen den Anbietern führt.
- Die *selektive Kostenführerschaft* zielt darauf ab, in einem bestimmten Teilmarkt (Nische) der preisgünstigste Anbieter zu sein. Das heißt, es werden niedrige Preise nur in ausgewählten Marktsegmenten angeboten. Beispiel hierfür ist ein Textildiscounter, der sich auf eine preisbewusste Zielgruppe im Bereich »Alltagsbekleidung und Haushaltswaren« konzentriert.
- Bei der *Qualitätsführerschaft*, auch *Differenzierungsstrategie* genannt, hebt sich das Unternehmen durch besondere Produkte mit einzigartigen Merkmalen (z. B. in der Qualität, Design, Technologie) von den Mittbewerbern ab. Ein klassisches Beispiel hierfür ist das Unternehmen Apple, das Produkte mit einer hohen Qualität und einem modernen Design und noch dazu mit einem hervorragenden Markenimage anbietet. All dies sind Gründe, durch die sich Apple von der Konkurrenz unterscheidet.
- Bei der *selektiven Qualitätsführerschaft*, auch *Produkt-Segment-Spezialisierung* genannt, konzentriert sich das Unternehmen auf ein spezifisches Produkt für eine bestimmte Zielgruppe/Nische, um die besonderen Bedürfnisse dieser Zielgruppe zu befriedigen. Das Unternehmen Schär, das glutenfreie Lebensmittel für Menschen mit einer Glutenunverträglichkeit anbietet, betreibt diese Strategie. Ein weiteres Beispiel ist der Uhrenhersteller Rolex, dessen Uhren sich durch Qualität und Exklusivität auszeichnen.

In der Fachliteratur existieren noch zahlreiche weitere Strategien, deren vollständige Darstellung jedoch den Umfang dieses Buches übersteigen würde. Daher habe ich mich auf die gebräuchlichsten Ansätze konzentriert.

Betrachten wir unser Beispielunternehmen *planITs*: Angesichts der Wettbewerbssituation könnte *planITs* sich für eine selektive Qualitätsführerschaft entscheiden und sich so durch innovative Funktionen für Studierende von der Konkurrenz abheben. Damit ist die grobe Richtung der Marketingstrategie festgelegt. Im nächsten Schritt geht es darum, diese Strategie mit konkreten Maßnahmen umzusetzen. Der folgende Abschnitt beschäftigt sich genau mit dieser Thematik.

Abschließend möchte ich noch kurz betonen, wie entscheidend es bei der strategischen Ausrichtung eines Unternehmens ist, die Kund*innen stets im Blick zu behalten, denn nur wenn deren Bedürfnisse und Erwartungen berücksichtigt werden, können Marketingstrategien langfristig erfolgreich sein.

11.4 Marketinginstrumente und der Marketing-Mix

Marketinginstrumente

Marketinginstrumente umfassen alle Maßnahmen, die ein Unternehmen gezielt einsetzt, um seine Produkte erfolgreich am Markt zu positionieren und seine Marketingziele zu erreichen.

Die Kombination der verschiedenen *Marketinginstrumente* wird als *Marketing-Mix* bezeichnet. Der Marketing-Mix bildet die Grundlage für die operative Umsetzung der Marketingstrategie. Er beinhaltet die Bereiche, die Sie in Abbildung 11.8 sehen.

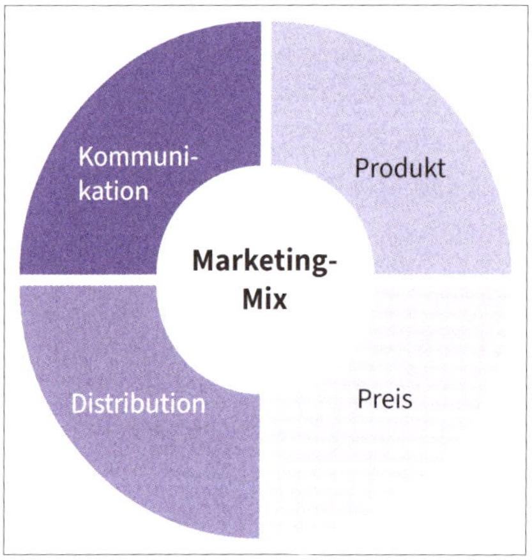

Abbildung 11.8 Der Marketing-Mix

Produktpolitik

Die *Produktpolitik* ist ein zentrales Element des Marketings, um den nachhaltigen wirtschaftlichen Erfolg des Unternehmens sicherzustellen.

Produktpolitik

Die *Produktpolitik* beinhaltet alle Entscheidungen und Maßnahmen, bei denen es um die konkrete Gestaltung der Produkte und Dienstleistungen geht, einschließlich der Sortiments-, Service- und Markenpolitik.

Die zentrale Fragestellung lautet hier: Welche Eigenschaften muss ein Produkt beziehungsweise eine Dienstleistung haben, damit die Kundenbedürfnisse erfüllt werden?

Das Ziel ist es, durch eine effiziente Produktpolitik die Marktposition zu stärken und den Marktanteil zu erhöhen. Im Fokus steht dabei, dass die Kundenbedürfnisse erfüllt werden, um langfristig die Kundenzufriedenheit und die Kundenbindung zu fördern und somit die Umsätze und Gewinne zu steigern.

Der produktpolitische Gestaltungsrahmen umfasst folgende Bereiche: Kernfunktion, Qualität, Design, Verpackung und Markenimage. Je nach Produkt und Positionierung am Markt müssen nur ein Bereich oder gleich mehrere Bereiche verändert werden, um den Marktanteil zu erhöhen.

Aus marketingorientierter Sicht soll das Produkt dem Nachfrager einen Nutzen stiften. Der *Produktnutzen* setzt sich aus dem Grundnutzen (Primärleistung) und dem Zusatznutzen (Sekundärleistung) zusammen:

- Der *Grundnutzen* befriedigt die primären Bedürfnisse und basiert auf den technisch-funktionalen Eigenschaften. Der Grundnutzen ist unverzichtbar für die Daseinsberechtigung eines Produkts. Zum Beispiel ist der Grundnutzen eines Smartphones die Kommunikation über Anrufe und Nachrichten. Der Grundnutzen eines Autos ist die Fortbewegung von A nach B.
- Der *Zusatznutzen* teilt sich wiederum in Erbauungsnutzen und Geltungsnutzen:
  - Der *Erbauungsnutzen* bezieht sich auf die ästhetischen Eigenschaften des Produkts und spricht vor allem die emotionale Ebene an.
  - Der *Geltungsnutzen* bezieht sich auf den sozialen Wert und die sozialen Eigenschaften eines Produkts. Hier spielt das Markenimage eine wichtige Rolle, weil sie das subjektive Erleben des Zusatznutzens beeinflusst.

(vgl. Meffert et al., »Marketing«, S. 380)

Produkte lassen sich in verschiedene Arten einteilen, nämlich in:

- materielle Güter – immaterielle Güter
- Gebrauchsgüter – Verbrauchsgüter
- digitale Güter – analoge Güter
- knappe (begrenzte) Güter – freie (unbegrenzte) Güter

Je nachdem, welche Produktart vorliegt, muss die Produktpolitik individuell angepasst werden. Ein zentraler Teilbereich ist dabei die *Sortimentspolitik*, die die Struktur und die Zusammensetzung des Angebots bestimmt.

Das Sortiment kann aufgeteilt werden in:

- **Kernsortiment:** Darunter versteht man das Hauptangebot an Waren, das den höchsten Umsatz generiert.
- **Randsortiment:** ergänzende Produkte zum Kernsortiment
- **Zusatzsortiment:** Artikel, die nicht mit dem Kernsortiment zusammenhängen; sie sind oftmals nur zeitlich begrenzt verfügbar.

Bei der produktpolitischen Planung werden die Sortimentsbreite und die Sortimentstiefe bestimmt.

Sortimentsbreite/Sortimentstiefe

Unter der *Sortimentsbreite* versteht man die Anzahl der Produkt- und Warengruppen. Unter der *Sortimentstiefe* versteht man die Anzahl der Produkte innerhalb der Produktgruppe.

Das heißt also,

- je *mehr Produktgruppen* ein Unternehmen hat, desto *breiter* ist das Sortiment,
- je *weniger Produktgruppen* ein Unternehmen hat, desto *schmaler* ist das Sortiment,
- je *mehr Artikel* ein Unternehmen innerhalb der Produktgruppen hat, desto *tiefer* ist das Sortiment,
- je *weniger Artikel* ein Unternehmen innerhalb der Produktgruppen hat, desto *flacher* ist das Sortiment.

Aufgabe 4

Bestimmen Sie, ob es sich bei den folgenden Beispielen um ein breites oder schmales, ein tiefes oder flaches Sortiment handelt.

Beispiel	Sortiment
Ein Supermarkt führt alle gängigen Warengruppen für die Güter des täglichen Bedarfs. Innerhalb der Warengruppe »Milchprodukte« gibt es außergewöhnlich viel Auswahl beim Joghurt.	
Fachgeschäft für Wolle	
Der Tante-Emma-Laden auf dem Land bietet alle gängigen Artikel eines Supermarkts an, jedoch ist die Auswahl an Varianten nicht so groß.	
Hersteller für jegliche Art von Schrauben	
Ein kleiner Verkauf im Schwimmbad bietet folgende Produkte an: Essen: Pommes, Getränke: Wasser, Limo Snacks: Müsliriegel, Chips	

Tabelle 11.2 Übungsaufgabe 4

Bevor wir nun tiefer in die Thematik einsteigen, müssen wir vorab noch ein paar grundsätzliche Begriffe klären. Die Sortimentspyramide in Abbildung 11.9 zeigt am Beispiel eines Apfels die wichtigsten Begriffe.

Die *Sortimentsgestaltung* entscheidet, welche Produkte das Unternehmen anbietet und welche vom Markt genommen werden. Ein gut durchdachtes, optimal zusammengestelltes Sortiment ist essenziell, da es die Kund*innen anziehen und sie zum Kauf motivieren soll. Deshalb muss es auch an den Bedürfnissen der Nachfragenden ausgerichtet sein. Je nachdem, wie viele Produkte angeboten werden sollen, kann das Sortiment sehr komplex sein. Wichtig ist dabei jedoch, dass die Produkte nicht isoliert betrachtet werden, sondern auch ihre Beziehungen zueinander berücksichtigt werden.

Die Sortimentspolitik ist Teil der übergeordneten Marketingstrategie, die sich aus den langfristigen Unternehmenszielen ableitet. Vor diesem Hintergrund muss die *Ausrichtung des Sortiments* strategisch entschieden werden: Orientiert sich das Sortiment an Preisen, an den Bedürfnissen der Nachfragenden oder an der Herkunft der Ware (z. B. Bio)?

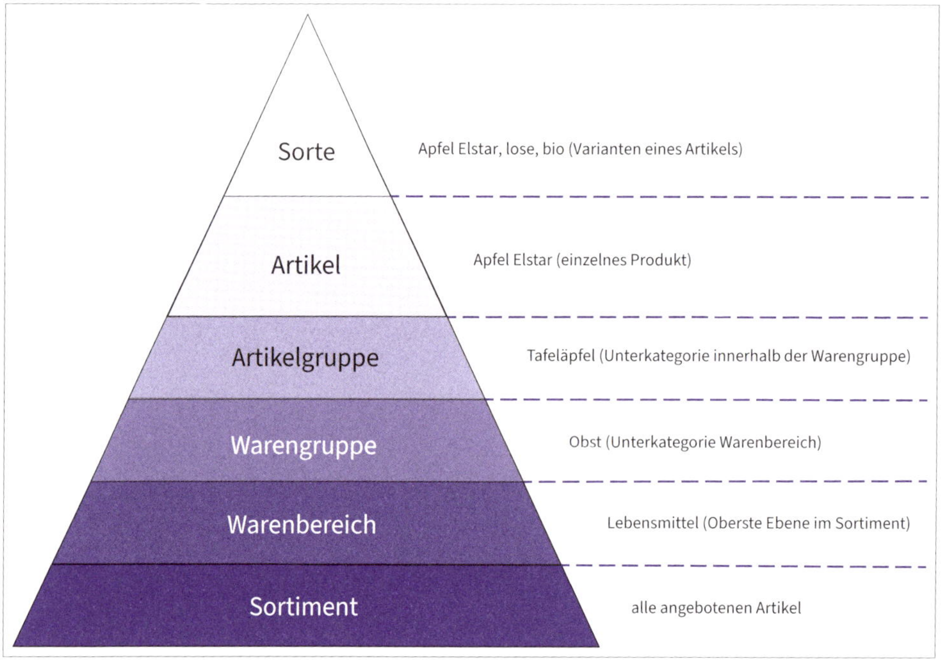

Abbildung 11.9 Sortimentspyramide am Beispiel eines Apfels

Hinzu kommen weitere Einflussfaktoren, z. B. die konjunkturelle Lage, Umwelteinflüsse, Änderungen auf der Lieferantenseite (Geschäftsaufgabe eines bisherigen Lieferanten), das Verhalten der Konkurrenz oder innerbetriebliche Entwicklungen. Auf diese Veränderungen kann das Unternehmen verschiedenartig reagieren.

Grundsätzlich stehen zwei Handlungsoptionen zur Verfügung: die Gestaltung des Qualitätsniveaus sowie die Anzahl der Produkte in den *Produktlinien*. (Unter Produktlinien versteht man die unternehmensinterne Einteilung von Produkten, z. B. nach Marke; vgl. Meffert et al., »Marketing«, S. 384f.). Abbildung 11.10 fasst die Möglichkeiten grafisch zusammen.

Bei der Frage nach der Anzahl der Produkte in einer Produktlinie sind das Marketingteam und die Produktion selten einer Meinung, denn das Marketing möchte möglichst viele Varianten eines Produktes, also lange Produktlinien, um die Bedürfnisse der Kunden optimal erfüllen zu können, während die Produktion sich eher kurze Produktlinien wünscht. Dies ist auch eine Frage der Kosten, denn je mehr Produkte produziert werden müssen, desto höher sind meist die Kosten im indirekten Bereich der Produktion, z. B. bei den Rüstkosten.

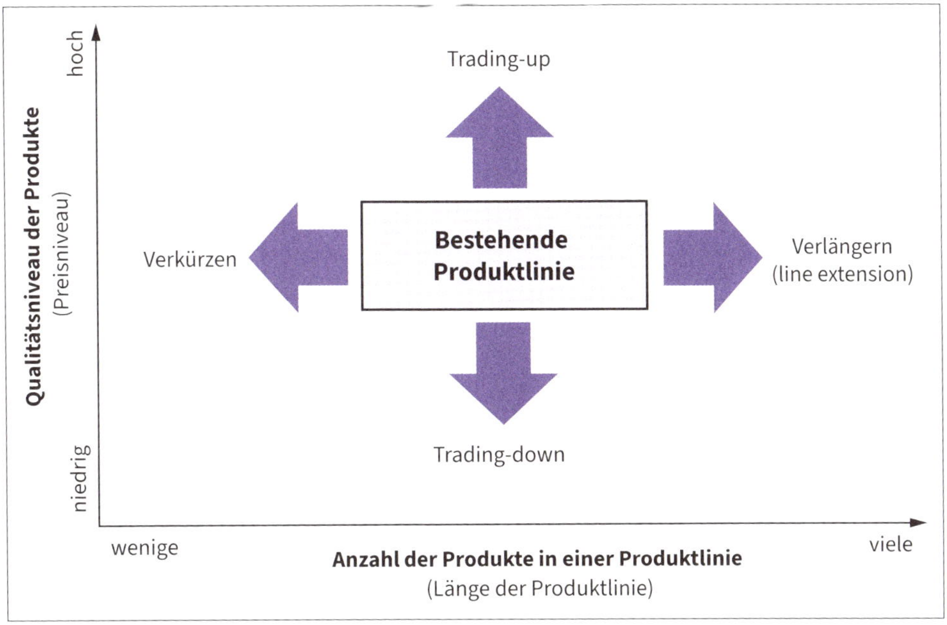

Abbildung 11.10 Handlungsoptionen bei der Sortimentsgestaltung (vgl. Meffert et al., »Marketing«, S. 385.)

Rüstkosten

Rüstkosten sind die Kosten, die beim Umstellen von Maschinen für die Fertigung eines neuen Produkts oder einer Produktvariante entstehen. Da diese unabhängig von der produzierten Stückzahl anfallen, steigen die Stückkosten bei kleinen Produktionsmengen deutlich an.

Das Qualitätsniveau innerhalb einer Produktlinie kann erhöht werden (*Trading up*) oder verringert werden (*Trading down*, siehe Abbildung 11.10). Hier stellt sich die Frage, ob das Unternehmen seine Artikel im oberen oder unteren Qualitätsbereich anbieten möchte. Manchmal können die Anpassungen sowohl als Trading-up wie auch als Trading-down erfolgen, wie z. B. beim VW-Konzern: Während das Unternehmen traditionell Fahrzeuge der Kompakt- und Mittelklasse anbot, wurde das Sortiment später um preisgünstige Kleinstwagen wie den VW Fox sowie um Oberklassemodelle wie den VW Phaeton erweitert. Die Einführung des VW Phaetons erwies sich jedoch als nicht erfolgreich, da sie mit dem etablierten Markenimage nicht übereinstimmte (vgl. Meffert et al., »Marketing«, S. 385f.).

Wie Sie an Abbildung 11.11 sehen, kann auch die Anzahl der Produkte verändert werden, nämlich durch die im Folgenden erläuterten Strategien.

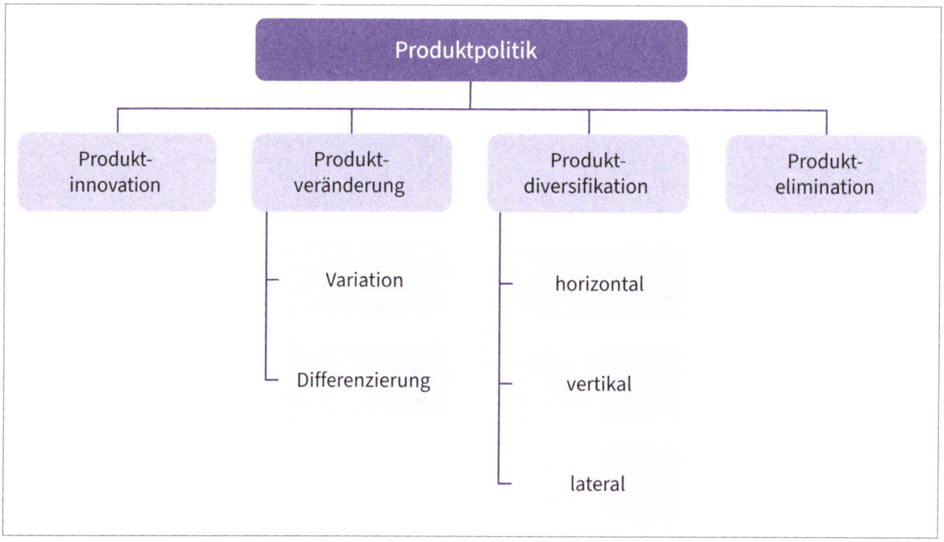

Abbildung 11.11 Strategien der Produktpolitik

- **Produktinnovation**

  Neue Produkte werden für den Markt entwickelt, auf dem das Unternehmen bereits tätig ist. Als Apple im Jahr 2007 das iPhone vorstellte, war dies eine bahnbrechende Produktinnovation.

- **Produktveränderung**

  Bei der Produktveränderung wird ein bestehendes Produkt verbessert beziehungsweise verjüngt. Das hat zur Folge, dass das alte Produkt durch eine überarbeitete Version ersetzt wird. Man spricht hier auch von einem *Produktrelaunch*, der vor allem dann sinnvoll ist, wenn die Absatzzahlen stagnieren oder rückläufig sind. Der Produktlebenszyklus oder die Portfolioanalyse (siehe dazu auch Abschnitt 7.2) sind geeignete Analyseinstrumente, um den richtigen Zeitpunkt für die Veränderung zu wählen. Die Facelift-Modelle bei Pkws sind Beispiele für eine Produktvariation.

- **Produktdiversifikation**

  Die Diversifikationsstrategie mitsamt ihren Ausprägungen wurde bereits in Abschnitt 11.3, »Marketingplanung und Marketingstrategie«, beschrieben. (Hieran sehen Sie, dass sich die einzelnen Bereiche im Marketingprozess nicht immer eindeutig voneinander abgrenzen lassen, da bestimmte Maßnahmen mehreren Feldern zugeordnet werden können.)

- **Produktelimination**

  Bei der Produktelimination wird ein bestehendes Produkt aus dem Sortiment genommen. Die Gründe hierfür können qualitativer Natur sein, wenn das Produkt aufgrund der mangelnden Qualität für ein schlechtes Image sorgt, oder auch ökonomischer Natur, wenn der Umsatz immer weiter sinkt und das Produkt Verluste einfährt. Vor allem Produkte mit einem negativen Deckungsbeitrag (siehe Abschnitt 9.3, »Produktionsprogrammplanung«, und Abschnitt 13.3, »Das interne Rechnungswesen«) kommen für eine Elimination in Betracht.

Dabei sind jedoch auch die Auswirkungen auf andere Produkte im Sortiment zu beachten. Ein Produkt, das rechnerisch Verluste verursacht, kann dennoch verkaufsfördernd auf andere Artikel wirken und somit zum Unternehmenserfolg beitragen. So kann z. B. ein Drucker, der wenig Gewinn erwirtschaftet, immer noch den Verkauf von gewinnbringenden Druckerpatronen fördern.

Die Zusammenstellung des Sortiments muss fortlaufend kontrolliert werden, z. B. anhand von Umsatzstatistiken oder durch *Renner-Penner-Listen*. Das sind Auswertungslisten, die nach der Verkaufsstärke der Artikel geordnet sind. *Renner* sorgen für hohe Verkaufszahlen, *Penner* für niedrige Verkaufszahlen. Weitere Kontrollkennzahlen finden Sie in Abschnitt 11.5, »Online-Marketing«.

Die *Markenpolitik* und auch die *Servicepolitik* sind eng mit der Gestaltung des Sortiments verbunden, weil sie Sekundärleistungen sind, die den Kunden einen zusätzlichen Nutzen bringen. Während die Markenpolitik vor allem auf Wiedererkennung abzielt, umfasst die Servicepolitik alle Dienstleistungen rund um das Produkt, z. B. Beratung, Reparatur, Garantieleistungen, die die Kundenzufriedenheit steigern und die Kundenbindung stärken.

Marke

Unter einer *Marke* versteht man alle Zeichen, die die Waren und Dienstleistungen eines Unternehmens von denen konkurrierender Unternehmen unterscheiden. Marken sind geschützte Kennzeichen, wie z. B. Logos, Farben, Worte, Klänge usw., die ins Markenregister beim *Deutschen Patent- und Markenamt* eingetragen werden. Diese Zeichen haben Wiedererkennungswert, und die Kunden identifizieren sich im Idealfall mit den Werten der Marke.

Markenimage

Ein gutes *Markenimage* hat zahlreiche Vorteile:

- Es spielt bei der Kaufentscheidung der Verbraucher*innen eine entscheidende Rolle.
- Kund*innen sind bereit, einen höheren Preis zu bezahlen.
- Es schafft Vertrauen und sorgt so für eine langfristige Kundenbindung.
- Es hat hohes Potenzial für Mund-zu-Mundpropaganda.
- Es hat positive Auswirkungen auf die Motivation der Mitarbeitenden.

Der Aufbau einer Marke sollte gut geplant sein – hier helfen die einzelnen Bestandteile des Marketing-Mixes. Auch die kontinuierliche Markenpflege ist unerlässlich. Beim Deutschen Patent- und Markenamt (*https://www.dpma.de/index.html*) finden Sie hilfreiche Informationen in Bezug auf Marken.

Am Beispiel der Marke Tempo zeigt sich, wie erfolgreiches Markenbranding dazu führen kann, dass ein Markenname in den allgemeinen Sprachgebrauch übergeht und zum Gattungsbegriff für eine gesamte Produktkategorie wird. Zusätzlich ist die Wahl der Markenstrategie wichtig. Man unterscheidet *Dach-* (Unternehmen), *Familien-* (Produktgruppen) und *Einzelmarkenstrategien* (einzelne Produkte). Während Dach- und Familienmarken meist geringere Markenbildungskosten verursachen, besteht ein höheres Risiko, dass ein Imageverlust mehrere Produkte betrifft. Einzelmarken sind teurer, begrenzen aber das Imageverlust-Risiko auf einzelne Produkte.

Aufgabe 5

Finden Sie einige weitere Beispiele, bei denen durch den Markenerfolg der Gattungsbegriff geprägt wird?

Eine kundenfreundliche Servicepolitik ist ebenfalls unverzichtbar für den unternehmerischen Erfolg und auch für das Markenimage, da sie den guten Ruf des Unternehmens fördert.

Preispolitik

Die *Preispolitik* entscheidet darüber, zu welchen Preisen die Produkte auf dem Markt angeboten werden. Dabei soll der optimale Preis für ein Produkt ermittelt werden, das heißt ein Preis, der sowohl die Erreichung der Unternehmens- und Marketingziele sowie die Wettbewerbssituation am Markt und die Kundenbedürfnisse berücksichtigt.

Die zentrale Fragestellung lautet hier: Welchen Preis sind die Kund*innen bereit, für das Produkt bzw. die Dienstleistung zu bezahlen?

Die Gestaltungselemente der Preispolitik können sein: Preise (einschließlich Rabatte), Zahlungsbedingungen und Lieferbedingungen. Wie auch bei der Marketingstrategie gilt: Zunächst wird eine zur Unternehmenssituation passende Preisstrategie entwickelt, im nächsten Schritt werden darauf aufbauend konkrete Maßnahmen umgesetzt. Beispielsweise kann eine Premiumstrategie durch einen hohen Einführungspreis und die Betonung der Exklusivität realisiert werden.

Die Entscheidung über die richtige Preisstrategie wird von vielen Einflussfaktoren gesteuert, beispielsweise:

- **intern:** Unternehmensziele, eigene Ressourcen, Kosten, Produktlebenszyklus
- **extern:** Konjunktur (siehe Konjunkturzyklus, Abschnitt 3.3), Anzahl und Stärke der Wettbewerber (siehe Marktformen, Abschnitt 3.2), Nachfrage, Rahmenbedingungen

Bei der *Preisfestsetzung* unterscheidet man grundsätzlich drei Arten:

- **Kostenorientierte Preisfestsetzung:** Das Unternehmen orientiert sich an der vorhandenen Kostensituation. (Informationen zur Preiskalkulation finden Sie unter *https://www.whk-controlling.de/wissen/handelskalkulation*.)
- **Konkurrenzorientierte Preisfestsetzung:** Das Unternehmen orientiert sich an den Preisen der Konkurrenz, z. B. am Preis des Markführers.
- **Nachfrageorientierte Preisfestsetzung:** Das Unternehmen orientiert sich an den Preisvorstellungen der Kunden. Was sind die Kunden bereit zu bezahlen?

In der Preispolitik stehen dem Unternehmen grundsätzlich vier zentrale, langfristig ausgelegte *Preisstrategien* zur Verfügung, die je nach Art des Artikels, je nach Marktbedingungen und je nach Unternehmenszielen eingesetzt werden können (siehe Abbildung 11.12).

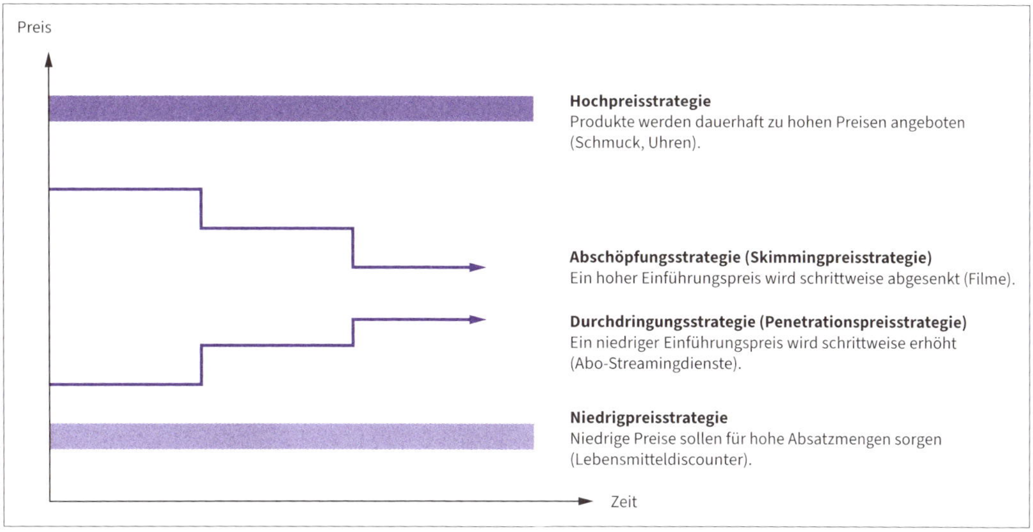

Abbildung 11.12 Preisstrategien

Die Grafik verdeutlicht, dass die *Abschöpfungsstrategie* und die *Durchdringungsstrategie* im mittleren Preissegment angesiedelt sind. Die Mittelpreisstrategien sind besonders geeignet, wenn das Unternehmen ein ausgewogenes Preis-Leistungs-Verhältnis anbietet und eine breite Kundengruppe ansprechen möchte. Jedoch besteht die Gefahr, dass die Kunden hier eher eine schwache Markenidentität wahrnehmen, was wiederum zu Umsatzeinbußen führt.

Wie aber werden diese Strategien nun in der betrieblichen Realität umgesetzt? Hier kann das Unternehmen aus einer Vielzahl an preispolitische Maßnahmen wählen. Preispoltische Maßnahmen sind kurzfristige angelegte Aktionen, die langfristig die Umsetzung der Preisstrategie fördern sollen. Tabelle 11.3 zeigt, welche Möglichkeiten zur Auswahl stehen.

Psychologische Preisgestaltung	Preissteuerung durch Konditionen	Preisdifferenzierung	Preisausgleich (Mischkalkulation)
▶ Preisbündelung (z. B. Paketpreise für Computer und Monitor) ▶ gebrochene Preise (z. B. 0,99 € statt 1,00 €) ▶ Ziffernfolge (z. B. absteigend 642,00 € statt aufsteigend 679,00 €) ▶ Reizwörter (z. B. »nur«, »Angebot«) ▶ Preissplitting (z. B. Einzelpreise statt Gesamtpreise angeben)	Die Preise werden relativiert durch: ▶ Rabatte ▶ Skonto ▶ Bonus ▶ Lieferbedingungen ▶ Zahlungsbedingungen ▶ Serviceleistungen	Ein Produkt wird zu unterschiedlichen Preisen angeboten: ▶ räumlich: Preis nach Absatzgebiet (Stadt, Land) ▶ personell: Preis nach Personengruppe (Personal, Studenten) ▶ zeitlich: Preis nach Verkaufszeitpunkt ▶ mengenmäßig: Preis nach Abnahmemenge ▶ sachlich: Preis nach Aufmachung	Einzelne Produkte werden bewusst niedrig, andere Artikel dafür hoch kalkuliert (z. B. billiger Drucker und teurer Toner).

Tabelle 11.3 Preispolitische Maßnahmen

Aufgabe 6

Bestimmen Sie bei unten aufgeführten Beispielen, um welche Art von Preisdifferenzierung es sich handelt:

a) »Montag ist Kinotag« – d. h. montags gibt es Tickets zu reduzierten Preisen.

b) Das Parfüm wird mit und ohne Geschenkpackung zu unterschiedlichen Preisen angeboten.

c) Die Mitarbeitenden erhalten beim Einkauf einen Rabatt.

d) In den Schulferien sind die Preise für Reisen in der Regel höher als außerhalb der Schulferien.
e) Der Cocktail im Restaurant kostet auf dem Land 1,00 € weniger als in der Stadt.
f) Der Energieversorger bietet unterschiedliche Preise an, je nachdem, ob der Strom für private oder gewerbliche Zwecke genutzt wird.

Werden wir nun wieder etwas theoretischer und schauen uns die *Preistheorie* noch etwas genauer an.

Damit das Unternehmen den gewinnmaximalen Preis bestimmen kann, muss es wissen, wie die Nachfragenden auf Änderungen des Preises reagieren. Die *Preiselastizität der Nachfrage* ist eine gängige Methode, um die Wirkung der Preisänderung auf die Nachfrage und folglich auch auf den Umsatz zu bestimmen. Sie geht von einem rein rational handelnden Nachfrager aus Die Preiselastizität lässt sich aus der *Preis-Absatz-Funktion* ableiten, die in Abbildung 11.13 grafisch dargestellt wird. Unternehmen nutzen die Preiselastizität, um die richtige Preisstrategie zu entwickeln.

Sie wird mit folgender Formel berechnet:

$$\text{Preiselastizität der Nachfrage } (\eta) = \frac{\text{relative Mengenänderung}}{\text{relative Preisänderung}}$$

$$= \frac{\Delta m}{m} \div \frac{\Delta p}{p} = \frac{\Delta m}{\Delta p} \cdot \frac{p}{m} = \frac{M_2 - M_1}{p_2 - p_1} \cdot \frac{p_1}{M_1}$$

mit:

m/*M* = Absatzmenge

p = Preis

Berechnen wir das Ganze anhand eines anschaulichen Beispiels.

Beispiel

planITs ändert den Preis für einen Schreibfüller von 10,00 € auf 12,00 €. Vor der Preiserhöhung wurden 50 Stück pro Monat verkauft, nach der Preiserhöhung 47 Stück.

Erwirtschaftet *planITs* durch die Preiserhöhung mehr Umsatz? Wie hoch ist die Preiselastizität der Nachfrage?

$$\text{Preiselastizität der Nachfrage} = \frac{47 - 50}{12 - 10} \cdot \frac{10}{50} = -0{,}3$$

Die Preiselastizität der Nachfrage ist –0,3. Was bedeutet dies nun?

Zur Vereinfachung wird der negative *Elastizitätskoeffizient* durch ein eingefügtes Minuszeichen zu einem positiven Wert $|\eta| \rightarrow \eta = -0{,}3$ wird dann zu $|\eta| = 0{,}3$

- **Ist die Preiselastizität $|\eta| > 1$**, spricht man von einer *elastischen Nachfrage*. Das heißt, dass die prozentuale Änderung der nachgefragten Menge größer ist als die prozentuale Preisänderung. Kunden reagieren also empfindlich auf Preisänderungen. Hier führen kleine Preisänderungen schon zu relativ großen Änderungen der Nachfragemenge.
- **Bei einer Preiselastizität $|\eta| = 1$** reagiert die Nachfrage proportional auf die Preisänderungen. Das heißt, die Preisänderung beeinflusst den Umsatz nicht.
- **Ist die Preiselastizität $|\eta| < 1$**, spricht man von einer *unelastischen Nachfrage*, was bedeutet, dass die Nachfragemenge unterproportional auf Preisänderungen reagiert. Das heißt, dass die Verbraucher nicht so empfindlich auf Preisänderungen reagieren: Eine Preissenkung verursacht nur einen geringen Anstieg der Nachfrage und eine Preiserhöhung nur einen geringen Rückgang der Nachfrage.

Abbildung 11.13 zeigt die Preiselastizität grafisch dargestellt.

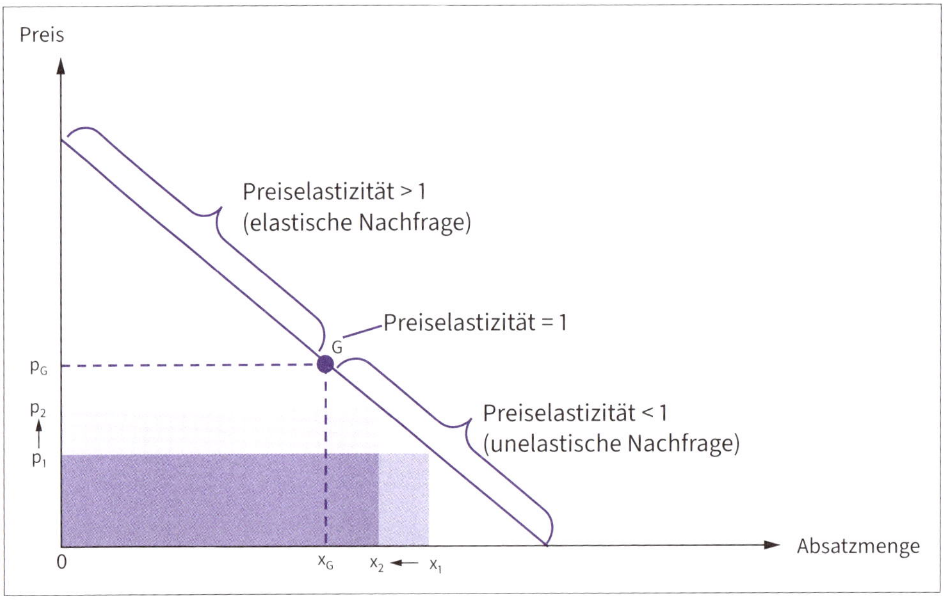

Abbildung 11.13 Preiselastizität der Nachfrage

In der Preis-Absatz-Funktion aus Abbildung 11.13 ist die unelastische Nachfrage unseres Ausgangsbeispiels skizzenhaft dargestellt. Es wird ein linearer Verlauf angenommen.

Preis-Absatz-Funktion

Die *Preis-Absatz-Funktion* veranschaulicht grafisch den Zusammenhang zwischen dem Preis und der Nachfragemenge auf einem vollkommenen Markt.

Wenn der *vollkommene Markt* gilt (siehe Abschnitt 3.2, »Mikroökonomie«), heißt das, dass sich die Preis-Absatz-Funktion nicht auf ein einzelnes Unternehmen bezieht, sondern auf den gesamten Markt. Es wird also das komplette Marktvolumen für dieses Produkt dargestellt. Das Unternehmen kann jedoch seine Schlüsse daraus ziehen, um die richtige Preisstrategie zu wählen.

Die Preiselastizität ist umso geringer,

- je höher das zur Verfügung stehende Einkommen der Nachfrager ist,
- je stärker der persönliche Wunsch der Nachfrager nach diesem Produkt ist,
- je geringer die Chancen sind, das Produkt zu substituieren,
- je schwieriger der Anbieterwechsel ist.

  (vgl. Wöhe et al., »Einführung in die Allgemeine Betriebswirtschaftslehre«, S. 411ff.)

Abbildung 11.13 zeigt den Preis p_G, bei dem die Menge x_G abgesetzt wird. Hier spricht man von einer Nachfrageelastizität von $[\eta] = 1$.

Haben wir mehrere Produkte im Sortiment und erwarten wir Abhängigkeiten, wird die *Kreuzpreiselastizität* berechnet. Die Kreuzpreiselastizität gibt an, um wie viel Prozent sich die Nachfragemenge eines Gutes A ändert, wenn sich der Preis eines anderen Gutes B verändert. Sie wird mit folgender Formel berechnet:

$$\text{Kreuzpreiselastitzität} = \frac{\text{prozentuale Nachfrageänderung nach Gut A}}{\text{prozentuale Preisänderung von Gut B}}$$

Für Gut A wird die Kreuzpreiselastizität berechnet, der Preis von B nimmt indirekt Einfluss auf die nachgefragte Menge von Gut A.

Aufgabe 7

Überlegen Sie sich je zwei Produkte, bei denen man von einer unelastischen beziehungsweise einer elastischen Nachfrage ausgeht.

Die Preispolitik bietet vielfältige Möglichkeiten zur Preisgestaltung, die je nach Unternehmenszielen und Marktbedingungen sinnvoll eingesetzt werden können. Das Ziel ist es, den Nachfragenden attraktive Preismodelle anzubieten, um deren Kaufentscheidung auszulösen. Beispiele hierfür sind Festpreisangebote oder auch Finanzierungsmöglichkeiten. Darüber hinaus kann eine Hochpreis- oder Niedrigpreisstrategie nützlich sein, um verschiedene Kundengruppen anzusprechen. Das Wichtigste ist, dass die Preispolitik flexibel gehandhabt wird, um auf Marktveränderungen adäquat reagieren zu können und somit langfristig erfolgreich zu sein.

Distributionspolitik

Nehmen wir an, Sie wollen sich ein neues Handy kaufen. Wo kaufen Sie es? Im Fachgeschäft vor Ort, online direkt beim Hersteller oder doch bei einem anderen Online-Händler? All diese Wege, über die das neue Handy zu Ihnen kommt, sind Teil der *Distributionspolitik*.

Die zentrale Fragestellung ist hier also: Wie kommt das Produkt bzw. die Dienstleistung von der Produktion zum Endkunden?

Die Distributionspolitik klärt folgende Fragen:

- Wie soll das Produkt vom Hersteller zu den Kund*innen kommen? → Absatzwege
- Wie soll der Kontakt zu den Kund*innen hergestellt werden? → Absatzorgane
- Wie soll die Auslieferung der Produkte an die Kund*innen gestaltet sein? → Logistik

Das übergeordnete Ziel der Distributionspolitik ist, dass die Produkte oder Dienstleistungen

- zur richtigen Zeit
- in der richtigen Beschaffenheit
- in der richtigen Menge
- am richtigen Ort
- dem Abnehmer zur Verfügung gestellt werden.

Diese Anforderungen decken sich mit den klassischen Zielen der Logistik, die daher einen wesentlichen Bestandteil der Distributionspolitik bildet.

Die untergeordneten Ziele der Distributionspolitik, etwas detaillierter betrachtet, sind:

- Sicherstellung der optimalen Verfügbarkeit der Produkte
- Kundenzufriedenheit erhöhen durch kurze Lieferzeiten und eine hohe Zuverlässigkeit
- Kostenminimierung bei Lagerhaltung und Transport durch eine Optimierung der Vertriebskanäle
- direkte Einflussnahme des Herstellers auf die Vermarktung sowie Präsentation der Produkte
- Schaffen einer hohen Markttransparenz

Die Transformationsfunktion der Distribution

Anhand der bisherigen Ausführungen sehen Sie vielleicht schon, dass Distribution mehr ist als nur der Transport des Produkts von A nach B. Sie übernimmt eine Transformationsfunktion. Das Produkt wird also so gestaltet und bereitgestellt, dass es den individuellen Kundenbedürfnissen entspricht. Die *Transformation* findet auf vier verschiedenen Ebenen statt:

- **räumlich:** Das Produkt muss am Ort des Abnehmers verfügbar sein.
- **zeitlich:** Das Produkt muss jederzeit verfügbar sein, unabhängig vom Zeitpunkt der Produktion.
- **quantitativ:** Das Produkt muss in passenden Mengen für den Endabnehmer verfügbar sein, z. B. in Kleinmengen.
- **qualitativ:** Das Produkt sollte in kundenorientierten Leistungskombinationen verfügbar sein. Zum Beispiel werden an der Tankstelle sowohl Benzin als auch Reiseproviant und andere Verbrauchsmittel für das Fahrzeug wie Öl oder Wischwasser angeboten.

  (vgl. Wöhe et al., »Einführung in die Allgemeine Betriebswirtschaftslehre«, S. 445)

Absatzwege und Distributionsorgane

Im Rahmen der Distributionspolitik sind strategische Entscheidungen zu treffen – hinsichtlich der Wahl geeigneter *Absatzkanäle*, der Gestaltung effizienter Logistikprozesse sowie hinsichtlich der Beteiligung verschiedener *Distributionsorgane*. All diese Elemente entscheiden wesentlich darüber, wie das Produkt vom Hersteller zum Endkunden kommt. Abbildung 11.14 zeigt eine übersichtliche Darstellung der verschiedenen Ausprägungen dieser Bereiche.

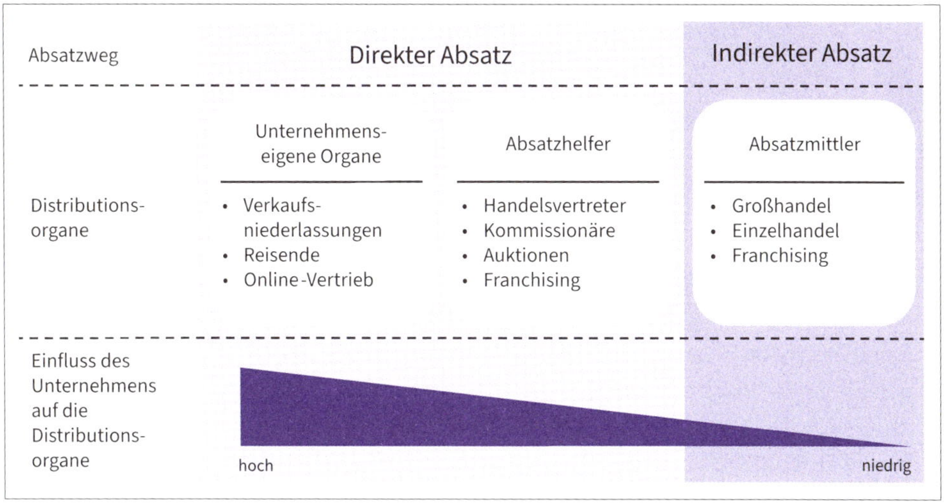

Abbildung 11.14 Absatzwege und Distributionsorgane (vgl. Wöhe et al., »Einführung in die Allgemeine Betriebswirtschaftslehre«, S. 451.)

Die Grafik zeigt deutlich, dass der Produzent bei den unternehmenseigenen Organen den meisten Einfluss hat:

- Die *unternehmenseigenen Organe* sind weisungsgebunden, das Unternehmen kann die Prozesse so gestalten, wie es möchte.
- Die *Absatzhelfer* sind rechtlich gesehen Selbstständige, handeln jedoch im Auftrag des Unternehmens und nach dessen Vorgaben. Sie erwerben kein Eigentum an der Ware.
- Die *Absatzmittler* sind rechtlich und wirtschaftlich selbstständig. Sie erwerben durch den Kauf das Eigentum an der Ware und besitzen somit die volle Verfügungsgewalt.

  (vgl. Wöhe et al., »Einführung in die Allgemeine Betriebswirtschaftslehre«, S. 451)

Lassen Sie uns nun die einzelnen Organe noch genauer betrachten.

Unternehmenseigene Organe

- **Verkaufsniederlassungen:** Dies sind weitere Standorte oder Filialen des Unternehmens, die rechtlich und organisatorisch in das Hauptunternehmen eingebunden sind.
- **Reisende:** Der Handlungsreisende ist gemäß Dienstvertrag beauftragt, »außerhalb des Betriebes des Prinzipals Geschäfte in dessen Namen abzuschließen«. (§ 55 HGB, *https://www.gesetze-im-internet.de/hgb/__55.html*, aufgerufen am 22.05.2025)
- **Online-Vertrieb:** Viele Unternehmen betreiben direkt eigene Online-Shops. Deren Gestaltung liegt völlig in den Händen des Unternehmens.

Absatzhelfer

- **Handelsvertreter:** *»Handelsvertreter ist, wer als selbständiger Gewerbetreibender ständig damit betraut ist, für einen anderen Unternehmer (Unternehmer) [sic] Geschäfte zu vermitteln oder in dessen Namen abzuschließen. Selbständig ist, wer im wesentlichen [sic] frei seine Tätigkeit gestalten und seine Arbeitszeit bestimmen kann.«* (§ 84 HGB, *https://www.gesetze-im-internet.de/hgb/__84.html*, aufgerufen am 22.05.2025)

  Je nachdem, ob der Handelsvertreter eine Abschluss- oder Vermittlungsvollmacht vereinbart, unterscheidet man *Abschluss-* und *Vermittlungsvertreter*. Es ist auch möglich, dass ein Handelsvertreter mehrere Firmen vertritt, dann spricht man von einem *Mehrfirmenvertreter*, wenn er nur eine Firma vertritt, dann von einem *Einfirmenvertreter.*
- **Kommissionäre:** *»Kommissionär ist, wer es gewerbsmäßig übernimmt, Waren oder Wertpapiere für Rechnung eines anderen (des Kommittenten) in eigenem Namen zu kaufen oder zu verkaufen.«* (§ 383 HGB, *https://www.gesetze-im-internet.de/hgb/__383.html*, aufgerufen am 23.05.2025)

  Der Kommissionär ist im eigenen Namen, aber auf Rechnung des Unternehmens tätig. Ein wesentlicher Vorteil für das Unternehmen, das den Auftrag erteilt (*Kommittent*), ist, dass der Kommissionär das Absatzgebiet kennt und eine fertige Verkaufsorganisation bereitstellt. Dadurch kann das Unternehmen auf die Einrichtung einer eigenen Vertriebsstruktur verzichten, was Kosten spart.

- **Auktionen:** Der Auktionator handelt im Auftrag des Verkäufers, er verkauft die Waren im fremden Namen und auf fremde Rechnung.
- **Franchising:** Beim Franchising räumt ein Unternehmen (*Franchisegeber*) einem anderen rechtlich selbstständigen Unternehmen (*Franchisenehmer*) das Recht ein, gegen eine Franchisegebühr ein bewährtes Geschäftsmodell und das Know-how einer etablierten Marke zu nutzen. Ein bekanntes Beispiel hierfür ist McDonald's.

Absatzmittler

Beim indirekten Absatz verkauft das Unternehmen seine Produkte nicht direkt an Endverbraucher*innen, sondern über einen Absatzmittler. *Indirekter Absatz* bedeutet also, dass mindestens ein Zwischenhändler beim Verkauf involviert ist. So verkauft der Hersteller des Produktes seine Waren an Einzelhändler oder Großhändler, die dann das Produkt an den Endverbraucher veräußern.

Der Vorteil für das Unternehmen ist, dass keine eigene Vertriebsstruktur vorhanden sein muss, was wiederum zu geringeren Kosten führt. Nachteilig ist jedoch, dass der Hersteller wenig Einfluss auf die Preisgestaltung oder die Kundenbeziehung hat und er in einer Abhängigkeit zum Absatzmittler steht. In den Medien ist immer wieder zu lesen, dass namhafte Supermarktketten im Preiskampf mit Herstellern stehen. Geben die Hersteller den Forderungen nicht nach, werden ihre Artikel ausgelistet und nicht mehr im Handel verkauft. Diese Absatzeinbußen sind wirtschaftlich langfristig nicht zu stemmen, weshalb die Hersteller oft den Preisforderungen nachgeben. Vor allem bei Konsumgütern führt aber kein Weg am Einzelhandel und Großhandel vorbei.

Bestimmt ist Ihnen aufgefallen, dass das *Franchising* in Abbildung 11.14 sowohl als Absatzhelfer als auch als Absatzmittler aufgeführt ist. Der gängigste Fall ist, dass der Franchisenehmer *Absatzmittler* ist (nämlich dann, wenn er die Waren vom Franchisegeber kauft und im eigenen Namen und auf eigene Rechnung weiterverkauft). Ist der Franchisenehmer hingegen lediglich als *Absatzhelfer* tätig, wird er nicht Eigentümer der Ware, sondern verkauft sie nur im Namen und auf Rechnung des Franchisegebers. In der Praxis kommt diese Form jedoch eher selten vor. In der Automobilbranche beispielsweise existieren beide Varianten: Im Händlermodell ist der Franchisenehmer Absatzmittler, im Agenturmodell Absatzhelfer. Absatzmittler haben mehr Kontrolle, tragen jedoch auch das höhere Absatzrisiko.

Zur Distributionspolitik gehört auch die *physische Absatzlogistik*, also die grundsätzlichen Entscheidungen über Transport- und Lagerentscheidungen. Ausführungen zu diesem Bereich finden Sie in Kapitel 10. Viele Unternehmen nutzen heute mehrere Vertriebskanäle parallel, da Kund*innen Flexibilität erwarten. Gleichzeitig wird eine einheitliche Servicequalität über alle Kanäle hinweg verlangt. Daher müssen Informationen und Angebote der einzelnen Kanäle aufeinander abgestimmt werden – dies wird als *Omnichannel Retailing* bezeichnet.

Kommunikationspolitik

Können Sie sich an eine Werbung erinnern, die Ihnen im Gedächtnis geblieben ist? Bekannte Werbeslogans sind z. B. der von Ritter Sport »Quadratisch. Praktisch. Gut.« oder der von Haribo »Haribo macht Kinder froh und Erwachsene ebenso«. In so einem Fall hat die *Kommunikationspolitik* ganze Arbeit geleistet, denn hier gilt: Je origineller die Ideen sind, desto besser bleiben sie im Gedächtnis der Kunden.

Schauen wir uns nun den letzten Bestandteil des Marketing-Mixes, die Kommunikationspolitik, genauer an. Die Kommunikationspolitik gilt als Herz des Marketings, da sie maßgeblich zum *Markenerfolg* beiträgt und die Vermittlung der *Markenbotschaft* entscheidend beeinflusst. Sie steht jedoch vor großen Herausforderungen, denn aufgrund der heutigen Digitalisierung sind die Kunden einer gewissen Reizüberflutung ausgesetzt, was Informationen betrifft. Das bedeutet: Um bei der ganzen Fülle des Kommunikationswettbewerbs trotzdem als Unternehmen wahrgenommen zu werden, müssen Unternehmen ihre Kommunikationspolitik zielgerichtet anpassen.

Die Kommunikationspolitik kann in verschiedene Teilbereiche untergliedert werden. In der Literatur gibt es zahlreiche Varianten. Wir teilen hier die Kommunikationspolitik in die sechs gängigsten Teilbereiche ein, die Sie in Tabelle 11.4 finden.

Absatzwerbung	Durch Werbung in verschiedenen Medien (z. B. Fernsehen, Zeitschriften) werden bestimmte Botschaften an die Verbraucher herangetragen, um Kaufwünsche zu erzeugen.
Direktwerbung	Der Kunde wird direkt angesprochen, jedoch geht der Kontakt oft einseitig vom Unternehmen aus; z. B. erhält der Kunde einen Newsletter mit Rabattgutschein.
Verkaufsförderung (Sales Promotion)	Zeitlich begrenzte Maßnahmen am Ort des Verkaufs sollen bei den Verbrauchern einen Kaufwunsch erzeugen, z. B. durch Probierstände oder Gewinnspiele.
Öffentlichkeitsarbeit (Public Relations)	Die öffentliche Meinung über das Unternehmen soll positiv beeinflusst werden, z. B. durch Sponsoring oder Spenden.

Tabelle 11.4 Teilbereiche der Kommunikationspolitik

Product Placement	Produkte werden gezielt in Fernsehsendungen, Filmen oder an frequentierten Orten platziert, z. B. fährt James Bond einen Aston Martin.
Persönlicher Verkauf	Es kommt zu einem direkten, interaktiven Kontakt zwischen Käufer und Verkäufer, einschließlich einer intensiven Beratung, z. B. durch Außendienstmitarbeiter.

Tabelle 11.4 Teilbereiche der Kommunikationspolitik (Forts.)

Bevor ich weiter unten näher auf die Teilbereiche eingehe, werfen wir zunächst einen Blick auf einige grundlegende Aspekte der Kommunikationspolitik.

Die Grundlage für die Ausgestaltung des Marketingprozesses ist das *Paradigma der Kommunikation*. Es besagt (Meffert et al., »Marketing«, S. 601):

- »**Wer** (Unternehmen)
- sagt **was** (Kommunikationsbotschaft)
- unter welchen **Bedingungen** (Umwelt-, Wettbewerbssituation)
- über welche **Kanäle** (Kommunikationsinstrumente)
- auf welche **Art und Weise** (Gestaltung der Kommunikationsbotschaft)
- zu **wem** (Zielgruppen)
- mit welcher **Wirkung** (Kommunikationserfolg)?«

Ausgehend von diesem Kommunikationsparadigma lassen sich grundlegende Werbegrundsätze ableiten, die als Leitlinien für eine erfolgreiche Werbung dienen. Die Werbung muss bestimmte *Werbegrundsätze* erfüllen, damit sie effektiv und zielgerichtet, aber auch ethisch korrekt ist. Die vier Werbegrundsätze sind:

- Wirksamkeit
- Wirtschaftlichkeit
- Wahrheit
- Klarheit

Größere Unternehmen lassen ihre Werbekampagnen meist von Werbeagenturen planen. Dies sind Spezialisten auf ihrem Gebiet, und obwohl sie hohe Kosten verursachen, lohnt sich die Investition meistens, da der Werbeerfolg größer ist.

Die Werbeplanung

An diesem Paradigma leitet sich die Werbeplanung ab, die in der Fachwelt als »die *5 Ws*« bezeichnet wird. Dies ist die traditionelle Sichtweise von Werbung. Die Möglichkeiten von IT-gestützter Werbung werden in Abschnitt 11.5, »Online-Marketing«, behandelt. Die Arbeitsschritte der *Werbeplanung und -kontrolle* (»5 Ws«) sind (vgl. Wöhe et al., Einführung in die Allgemeine Betriebswirtschaftslehre, S. 433.):

- **W**erbeziele: Welche Werbeziele sollen erreicht werden?
- **W**erbebudget: Wie viel Geldmittel stehen für die Werbung insgesamt zur Verfügung?
- **W**erbeträger: Wie wird das Geld auf die einzelnen Werbemittel und Werbeträger verteilt?
- **W**erbebotschaft: Was ist die zentrale Aussage, die wir unseren Kunden vermitteln wollen?
- **W**erbewirksamkeitskontrolle: War unsere Werbemaßnahme erfolgreich?

Bei den *Werbezielen* werden folgende Arten unterschieden:

1. **Psychologische Ziele**
   - Bekanntheitsgrad steigern
   - Markenimage aufbauen und verbessern → Corporate Identity
   - Die Marke soll Emotionen beim Kunden hervorrufen.
   - Kundenzufriedenheit fördern
   - Kaufinteresse wecken
2. **Ökonomische Ziele**
   - Gewinnung neuer Kunden
   - Absatz- und Umsatzsteigerung
   - Erhöhung des Marktanteils
   - Wiederkäufe von Kunden → dauerhafte Kundenbindung

In der Regel legt ein Unternehmen eine Jahressumme für Werbeausgaben fest, das *Werbebudget*. Dabei können die Ausgaben jedes Jahr gleichbleibend oder gewinnabhängig festgelegt werden. In der Praxis findet man am häufigsten die *Prozent-vom-Umsatz-Methode*, bei der ein bestimmter Prozentsatz vom Umsatz für Marketingmaßnahmen eingesetzt wird.

Genauso funktioniert die *Prozent-vom-Gewinn-Methode*, bei der ein bestimmter Prozentsatz vom Gewinn als *Werbeetat* verwendet wird. Auch kann das Werbebudget am Budget der Konkurrenz ausgerichtet sein. Bei der Festlegung des Werbebudgets spielt auch der Produktlebenszyklus eines Produkts eine Rolle, den Sie aus Abbildung 7.8 kennen, da neuere Produkte vor allem in der Einführungsphase meist höhere Werbeausgaben benötigen. Auch die eingesetzten *Werbemittel* und *Werbeträger* sind bei der Budgetplanung zu berücksichtigen (siehe Abbildung 11.15).

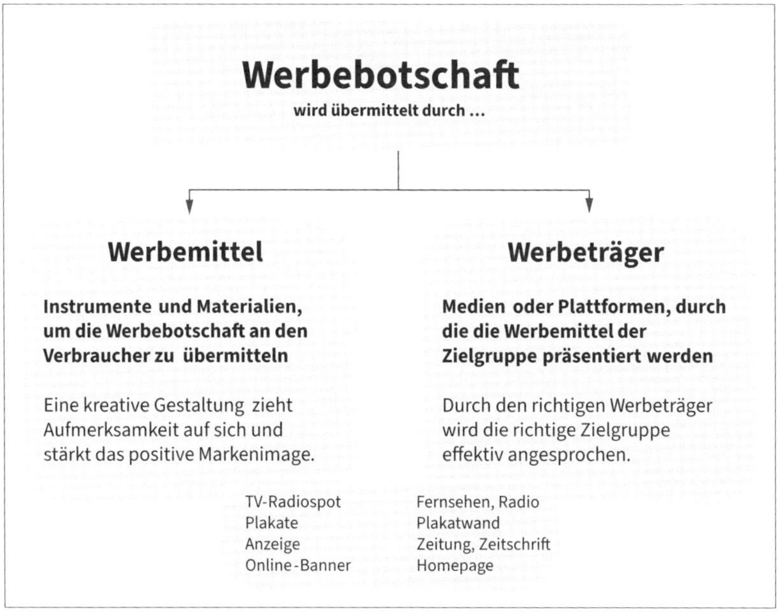

Abbildung 11.15 Werbemittel und Werbeträger

Ist die Entscheidung über die Werbemittel und Werbeträger für die Werbekampagne gefallen, muss die *Werbebotschaft*, also das, was durch die Werbung vermittelt werden soll, formuliert werden. Eine Werbebotschaft sollte kurz, verständlich und emotional sein, denn Gefühle, die hervorgerufen werden, bleiben im Gedächtnis. Außerdem sollte die Botschaft den Nutzen für die Zielgruppe klar, deutlich und glaubhaft vermitteln. Eine prägnante Botschaft bleibt im Gedächtnis der Zielgruppe und steht für eine starke Markenidentität. Bekannte Werbebotschaften sind »Wohnst du noch oder lebst du schon?« von Ikea oder das schon erwähnte »Quadratisch. Praktisch. Gut.« von Ritter Sport.

Die AIDA-Formel

Die *AIDA-Formel* ist ein bewährtes Konzept, das bei der Gestaltung der Werbebotschaft unterstützt, denn es beschreibt die vier Phasen, die Kund*innen durchlaufen – vom ersten Kontakt bis hin zur Kaufentscheidung:

- **Attention:** Aufmerksamkeit erzeugen
- **Interest:** Interesse wecken
- **Desire:** Kaufwunsch erzeugen
- **Action:** Kaufhandlung auslösen

In jüngerer Zeit wurde das klassische AIDA-Konzept immer wieder dahingehend kritisiert, dass der Kaufprozess zu starr und linear dargestellt werde. Als Reaktion auf diese Kritik wurde das Modell um die fünfte Stufe *Satisfaction* (Zufriedenheit) erweitert. Bei dieser Stufe überprüft das Unternehmen, ob der Kunde oder die Kundin mit dem Kauf zufrieden war. Aus dem Feedback können wertvolle Rückschlüsse gezogen werden, denn wenn der Kunde zufrieden ist, wird er weitere Produkte kaufen.

Bevor wir uns mit der Erstellung des konkreten Werbeplans beschäftigen, lohnt sich ein kurzer Rückblick: Wir haben uns bereits mit Unternehmens- und Marketingzielen, der Marketingstrategie sowie den Instrumenten des Marketing-Mix beschäftigt. Damit verfügen wir über eine klare Grundlage und wissen, welche Ziele erreicht werden sollen, welche Zielgruppen relevant sind und welche Instrumente zur Verfügung stehen.

Sobald diese grundlegenden Fragen geklärt sind, empfiehlt es sich, einen detaillierten *Werbeplan* zu erstellen, der folgende Inhalte umfasst:

1. **Werbeobjekte:** Was genau soll beworben werden? Produkte, Produktgruppen, ein ganzes Sortiment, bestimmte Marken?
2. **Werbeziel:** Es wird aus den strategischen Marketingzielen abgeleitet. Was soll mit der Werbung erreicht werden? Umsatzsteigerung, Bekanntheitsgrad erhöhen?
3. **Werbesubjekte:** Welche Zielgruppe soll erreicht werden? Stammkunden, neue Kunden, Studenten?
4. **Werbebotschaft**
5. **Streugebiet:** Wo soll die Werbung ausgespiel werden? Regional, deutschlandweit, international?
6. **Werbebudget**
7. **Zeitplan:** Beginn und Ende der Kampagne, Streuzeiten (d. h., zu welcher Tageszeit ist die Werbung zu sehen?)
8. **Werbemittel/Werbeträger**
9. **Wirksamkeitskontrolle:** War die Werbung erfolgreich? Dazu muss z. B. die Reichweite ermittelt werden.

(vgl. von den Bergen et al., »Groß- und Außenhandelsmanagement«, S. 123.)

Bei all den Planungselementen – vor allem wenn es um die Werbebotschaft geht – müssen die gesetzlichen Rahmenbedingungen eingehalten werden. Das *Gesetz gegen den unlauteren Wettbewerb (UWG)* gibt den Rahmen vor:

> *»Dieses Gesetz dient dem Schutz der Mitbewerber, der Verbraucher sowie der sonstigen Marktteilnehmer vor unlauteren geschäftlichen Handlungen. Es schützt zugleich das Interesse der Allgemeinheit an einem unverfälschten Wettbewerb.«* (§ 1 UWG, *https://www.gesetze-im-internet.de/uwg_2004/__1.html*, aufgerufen am 23.05.2025)

So dürfen demnach andere Unternehmen nicht herabgesetzt werden oder unwahre oder täuschende Aussagen gemacht werden. Auch aggressives Werbeverhalten wie Belästigung, Nötigung oder Beeinflussung sind untersagt.

Des Weiteren sind selbstverständlich auch die jeweiligen Datenschutzbestimmungen einzuhalten – sie sind in der *Datenschutz-Grundverordnung (DSGVO)* geregelt. So dürfen Werbe-E-Mails oder Telefonwerbung nur nach vorheriger ausdrücklicher Genehmigung des Kunden erfolgen. Alle weiteren Regelungen können Sie im Gesetz nachlesen.

Schauen wir uns nun einmal die einzelnen Bereiche der Kommunikationspolitik noch etwas genauer an.

Absatzwerbung

Je nach Phase im Lebenszyklus des Produkts übernimmt die Absatzwerbung verschiedene Aufgaben (vgl. Nolden/Körner, »Industriebetriebslehre«, S. 591):

- **Einführungswerbung:** Die Werbung soll das Interesse der Zielgruppe wecken und das Produkt bekannt machen.
- **Expansionswerbung:** Der Bekanntheitsgrad sowie der Marktanteil sollen erhöht werden.
- **Stabilisierungswerbung:** Die eigene Stellung am Markt soll gesichert werden und aggressive Konkurrenten sollen verdrängt werden.
- **Erinnerungswerbung:** Ehemalige Kunden sollen reaktiviert werden.

Direktwerbung

Direktwerbung wird auch als *Direktmarketing* bezeichnet. Der Kunde wird direkt angesprochen und erhält beispielsweise via E-Mail oder WhatsApp personalisierte Werbung oder Rabattcodes.

Verkaufsförderung (Sales Promotion)

Hier finden sich alle Maßnahmen und Aktionen wieder, die den Absatz des Produkts fördern. Die Sammelbilder- oder Sammelfiguren-Aktionen bei diversen Supermärkten sind ein Beispiel hierfür. Weitere verkaufsfördernde Maßnahmen sind Verkostungen, Gratisproben, Verlosungen, Events und Treueprogramme.

Öffentlichkeitsarbeit (Public Relations)

Ein wichtiges Instrument der Öffentlichkeitsarbeit ist das *Sponsoring*. Das Unternehmen fördert Vereine, Organisationen oder auch nur einzelne Personen oder Veranstaltungen. Vor allem im Bereich des Sports ist Sponsoring eine gängige Methode. Sponsoring ist aber auch im Kulturbereich zu finden (wenn z. B. ein Kulturfestival gesponsert wird), im Umweltbereich (z. B. Bepflanzungsaktion im Wald) oder im Sozialwesen (z. B. als Gesundheitsförderungsprojekt in der Schule).

Öffentlichkeitsarbeit zielt vorrangig nicht auf eine Umsatzsteigerung ab, sondern soll der Öffentlichkeit ein positives Bild von dem Unternehmen vermitteln. Das wiederum wirkt sich dann positiv auf die Absatzzahlen aus.

Product Placement

Beim *Product Placement* werden Markenprodukte gezielt in Filmen, Fernsehsendungen, Videos oder Videospielen platziert. Der Bekanntheitsgrad der Marke wird dadurch gesteigert und die positive Verknüpfung der Marke mit einem Charakter oder einer Szene fördert das Markenimage. Da die Produkte in einem authentischen Umfeld präsentiert werden, kann Product Placement effektiv wirken, da es nicht als Werbung wahrgenommen wird. Bekannte Beispiele für das Product Placement sind: »James Bond – Aston Martin«, »Top Gun – Ray-Ban Aviator-Sonnenbrillen«.

Kritiker des Product Placements monieren, dass die Zuschauer nicht immer erkennen, dass es sich bei solchen Produktplatzierungen um Werbung handelt und dass auch jüngere Zielgruppen dadurch stark beeinflusst werden. Wenn das Instrument jedoch verantwortungsvoll eingesetzt wird, kann es für das Unternehmen sehr vorteilhaft sein.

Persönlicher Verkauf

Beim persönlichen Verkauf steht der Verkäufer im direkten Kontakt mit dem Kunden. Vor allem bei technisch komplizierten Produkten, bei denen eine intensive Beratung notwendig ist, und bei hochpreisigen Produkten ist dieses Instrument des Marketing-Mixes sehr effektiv. Durch den persönlichen Kontakt wird das gegenseitige Vertrauen und folglich die Kundenzufriedenheit gefördert. Dieser intensive persönliche Verkauf verursacht zwar hohe Kosten, ist aber auch sehr effektiv.

Sie haben nun viele Möglichkeiten der Werbung und Absatzförderung kennengelernt. Ein Unternehmen sollte kein Feuerwerk von Maßnahmen abfeuern, sondern Maßnahmen wohlüberlegt einsetzen. Die Maßnahmen sollen aufeinander abgestimmt sein, aufeinander aufbauen und sich gegenseitig begünstigen und eine konsistente Corporate Identity schaffen (siehe dazu Abschnitt 5.4, »Der normative Rahmen eines Unternehmens – das Unternehmensleitbild«), die sich langfristig positiv auf den wirtschaftlichen Erfolg auswirkt.

11.5 Online-Marketing

Wo suchen Sie, wenn Sie auf der Suche nach einem bestimmten Produkt sind? In der Stadt im stationären Handel oder doch lieber online, zu Hause auf dem Sofa? Die Konsumverhalten der Bevölkerung hat sich aufgrund der Digitalisierung sehr gewandelt. Im Jahr 2024 haben laut Statistischem Bundesamt 83 % der Bevölkerung in Deutschland im Alter von 16 bis 74 Jahren im Internet eingekauft oder bestellt. Bei der Altersgruppe der 25- bis 54-Jährigen ist der Anteil derer, die online einkaufen, mit 90 % am höchsten. Vor allem Kleidung, Schuhe und Accessoires werden online eingekauft (vgl. destatis, Pressemitteilung Nr. 446, *http://www.r-wrk.de/pcmqw*, aufgerufen am 24.05.2025).

Diesem Wandel müssen sich Unternehmen anpassen, wenn sie ihre Produkte gewinnbringend verkaufen wollen und online präsent sind. Heutzutage hat nahezu jedes Unternehmen eine Internetpräsenz, meist in Form einer eigenen Homepage. Oft werden auch Online-Shops eingerichtet, damit die Kunden die Produkte direkt beziehen können – manche Unternehmen bieten für individuelle Kundenlösungen Produktkonfiguratoren an, die ebenfalls ein Instrument für Online-Marketing sind. Dadurch werden die Bedürfnisse der Kunden erfüllt und die Kundenzufriedenheit erhöht.

Auf der Homepage der IHK München und Oberbayern finden Sie einen Ratgeber zum Thema Online-Marketing (*https://www.ihk-muenchen.de/de/Service/Marketing-Vertrieb/onlinemarketing/*). In ihm finden Sie alle wichtigen Informationen kurz und prägnant zusammengefasst – über die ersten Schritte im Online-Marketing bis hin zur Wichtigkeit der Kundenbewertung nach Abschluss des Kaufs. Die Datenschutzbestimmungen sind dort ebenfalls aufgeführt.

Speziell zum Thema Social-Media-Marketing gibt es ebenfalls einen Ratgeber, der unter folgender Adresse zu finden ist: *https://www.ihk-muenchen.de/de/Service/Marketing-Vertrieb/social-media-marketing/*

11.6 Marketingcontrolling und seine Kennzahlen

Am Ende des Marketingprozesses müssen Sie die Wirksamkeit Ihrer Werbemaßnahme kontrollieren. Diese Kontrolle ist ebenso wie bei den anderen Bereichen im Unternehmen eine wichtige Aufgabe, da auf diese Weise überprüft wird, ob die Marketingziele erreicht werden und ob gegebenenfalls Nachbesserungen nötig sind.

Man unterscheidet zwischen dem strategischen und dem operativen Marketingcontrolling: *Strategisches Marketingcontrolling* fokussiert sich auf die Existenzsicherung und die Erreichung der langfristigen Ziele des Unternehmens. Das *operative Marketingcontrolling* konzentriert sich hingegen auf die kurz- und mittelfristige Effizienz und Wirtschaftlichkeit der Marketingprozesse.

Langfristig sind vor allem finanzwirtschaftliche Kennzahlen ausschlaggebend. Auf der operativen Ebene zeigen die nachfolgend ausgewählten Kennzahlen den Werbeerfolg.

Umsatz- und Absatzzahlen

Generell sind *Umsatz- und Absatzzahlen* wertvolle Parameter für die Erfolgsmessung von Werbeaktivitäten. Soll-Ist-Vergleiche der Umsatz- und Absatzzahlen sind wertvolle Parameter für die Überprüfung der Werbewirksamkeit, da aus der Veränderung zum Vorjahr die Effizienz der Werbemaßnahmen abgeleitet werden kann. Haben sich die Umsatz- und Absatzzahlen erhöht, kann man davon ausgehen, dass die Werbekampagne erfolgreich war oder ist.

Marktkennzahlen

Verschiedene *Marktkennzahlen*, z. B. der Marktanteil oder das Marktvolumen, aber auch das Marktpotenzial (siehe Abschnitt 11.2 zu Marketinganalyse und Marktforschung) sind wichtige Kennzahlen für die Bewertung der Marketingaktivitäten.

Erfolgskennzahlen

Erfolgskennzahlen wie die Berechnung des Gewinns (»Einnahmen minus Ausgaben«) sagen viel über das wirtschaftliche Handeln des Unternehmens aus. Daraus kann abgeleitet werden, ob die Werbemaßnahmen Erfolg zeigen oder nicht. Auch der *Deckungsbeitrag* (siehe Abschnitt 9.3, »Produktionsprogrammplanung«, und Abschnitt 13.3, »Das interne Rechnungswesen«) kann hier zurate gezogen werden.

Return on Marketing Investment (ROMI)

Der *Return on Marketing Investment* zeigt die Rentabilität der Werbekampagne, also in welchem Verhältnis die Investitionskosten und der Gewinn zueinander stehen. Der ROMI gibt Aufschluss darüber, ob sich die Marketingausgaben lohnen.

Die Formel für den ROMI lautet:

$$\text{ROMI} = \frac{\text{Umsatz durch die Werbekampagne} - \text{Marketingkosten}}{\text{Marketingkosten}}$$

Beispiel

Durch eine Werbekampagne konnte ein Umsatz in Höhe von 70.000,00 € erwirtschaftet werden. Marketingkosten fielen in Höhe von 20.000,00 € an. Wie hoch ist der ROMI?

Berechnung:

$$\text{ROMI} = \frac{70.000{,}00\ € - 20.000{,}00\ €}{20.000{,}00\ €} = 2{,}5 \rightarrow 250\ \%$$

Ergebnis: Der ROMI beträgt 250 %. Das bedeutet, dass wir für jeden investierten Euro 2,50 € Gewinn erzielt haben.

Cost per Lead (CPL)

Eine zentrale Kennzahl – insbesondere für das Online-Marketing – ist die *Cost per Lead (CPL)*, die auch als *Kontaktvergütung* bezeichnet wird. Derjenige, der die Nutzer generiert, z. B. ein Influencer, wird nicht für den Verkauf eines Produkts bezahlt, sondern bereits für die Kontaktaufnahme des Nutzers – hier spricht man von einem *Lead*.

Die Cost per Lead wird mit folgender Formel berechnet:

$$\text{Cost per Lead} = \frac{\text{Werbekosten für alle Leads}}{\text{Anzahl aller Leads}}$$

Beispiel

Der Influencer erhält 5.000,00 € und generiert durch seinen Post 250 Leads. Wie hoch ist die CPL?

Berechnung:

$$\text{Cost per Lead} = \frac{5.000{,}00}{250} = 20{,}00\ €$$

Ergebnis: Die Cost per Lead sind 20,00 €. Das bedeutet, um einen potenziellen Kunden (*Lead*) zu gewinnen, müssen wir 20,00 € pro Kunde aufwenden.

Nettoreichweite

Für das Unternehmen ist es interessant zu wissen, wie viele Menschen durch die Werbekampagne erreicht beziehungsweise kontaktiert wurden. Die *Nettoreichweite* gibt Auskunft darüber. Sie wird mit folgender Formel berechnet:

$$\text{Nettoreichweite} = \frac{\text{tatsächliche Kontakte}}{\text{Anzahl der Zielpersonen}} \cdot 100$$

Beispiel

Eine Zielgruppe besteht aus 5.000 Personen. 3.500 Personen wurden durch die Werbekampagne erreicht und wurden mindestens einmal kontaktiert. Wie hoch ist die Nettoreichweite?

Berechnung:

$$\text{Nettoreichweite} = \frac{3.500}{5.000} \cdot 100 = 70\ \%$$

Ergebnis: 70 % der Zielgruppe wurden durch die Werbekampagne erreicht.

Darüber hinaus stehen dem Marketing-Controlling eine Vielzahl weiterer Controlling-Instrumente zur Verfügung. So zählt z. B. die SWOT-Analyse zu den strategischen Analyseinstrumenten. Sie kann aber auch im Controlling-Kontext genutzt werden (vergleiche hierzu ebenfalls Abschnitt 7.2, »Strategische Planung«). Auch einige weitere in Kapitel 7 beschriebene Instrumente lassen sich effektiv im Rahmen des Marketingcontrollings einsetzen. Zudem existieren für jeden Bereich des Marketing-Mixes spezifische Kennzahlen.

Markenwert

Auf den ersten Blick fällt auf, dass viele Kennzahlen im Marketing-Controlling auf rein monetären Größen basieren. Dabei spielt das Markenimage heute eine ebenso wichtige Rolle und sollte bei Entscheidungen berücksichtigt werden. Was macht eine Marke wertvoll? Und wie lässt sich der *Markenwert (Brand Equity)* ermitteln?

Aus finanzwirtschaftlicher Sicht entspricht der Markenwert den Überschüssen an Einnahmen, die durch die Marke erzielt werden. Aus Sicht der Verhaltenswissenschaft zeigt sich der Markenwert darin, dass Kund*innen ein Produkt einer bestimmten Marke bevorzugen, auch wenn ein anderes Produkt die gleichen Eigenschaften hat. Der Grund hierfür sind positive Vorstellungen und Gefühle, die sie mit der Marke verbinden (vgl. Gabler Wirtschaftslexikon, *https://wirtschaftslexikon.gabler.de/definition/markenwert-38582/version-262003*, aufgerufen am 30.08.2025).

Zur Berechnung existieren unterschiedliche Ansätze, die ökonomische und psychologische Faktoren unterschiedlich gewichten. Internationale Agenturen wie Interbrand oder Kantar veröffentlichen jährlich Rankings der wertvollsten Marken, jedoch wenden sie unterschiedliche Bewertungsverfahren und Kriterien an, was die Aussagekraft der Hitlisten einschränkt. Unter *https://www.kantar.com/Campaigns/BrandZ/Global* können Sie die aktuelle Rangliste der wertvollsten Marken weltweit herunterladen. Wenn Sie sich näher mit der Thematik und der Ermittlung des Markenwerts beschäftigen möchten, finden Sie auf *https://blog.hubspot.de/marketing/markenwert-steigern* hilfreiche Informationen.

Nun haben Sie die Grundlagen im Bereich Marketing kennengelernt. Wie könnte eine Marketingstrategie für *planITs* aussehen? Tauschen Sie sich darüber auch gerne mit Ihren Kommiliton*innen aus.

11.7 Lösungen

Aufgabe 1

a) **Marktpotenzial**

Marktpotenzial (potenzielle Käufer*innen) = 2.817.600 · 50 % = **1.408.800**

Alternativ kann das Marktpotenzial auch als Wertpotenzial in Euro angegeben werden. Bei einem Preis von 15,00 € je Kalender ergäbe sich ein wertmäßiges Markpotenzial in Höhe von 21.132.000,00 € (1.408.800 potenzielle Käufer*innen · 15,00 €).

b) **Marktvolumen**

Marktvolumen = Anzahl tatsächlich verkaufter Produkte = **1.000.000 Kalender**

Wertmäßig entspricht dies bei 15,00 € je Kalender einem Marktvolumen von 15.000.000,00 € pro Jahr (1.000.000 Kalender · 15,00 €).

c) **Marktanteil**

$$\text{Marktanteil} = \frac{\text{Absatz des Unternehmens}}{\text{Gesamtabsatz}} \cdot 100$$

$$\text{Marktanteil} = \frac{120.000}{1.000.000,00} \cdot 100 = 12\ \%$$

Für ein junges Start-up-Unternehmen wie *planITs* sind 12 % Marktanteil ein sehr gutes Ergebnis.

Aufgabe 2

Demografische Segmentierung

- Breite Altersgruppe: konsumieren vor allem die Coca-Cola Classic.
- Jüngere Altersgruppe: konsumieren eher Fanta, Sprite, Spezi.

Geografische Segmentierung

Coca-Cola passt den Geschmack individuell an das jeweilige Land an; zum Beispiel schmeckt in südlichen Ländern die Fanta meist süßer. Auch länderspezifische Geschmacksrichtungen und Verpackungen werden umgesetzt.

Psychografische Segmentierung

Zum Beispiel gesundheitsbewusste Erwachsene: Nachfrage nach zuckerfreien Getränken oder Bio-Getränken, z. B. Coca-Cola light, Vio Bio Limo. Für jeden Lebensstil bietet Coca-Cola ein Getränk an.

Verhaltensbasierte Segmentierung

Regelmäßige Werbeaktionen, Durchführung von Treueaktionen

Aufgabe 3

Primärforschung

Vorteile	Nachteile
genaue Daten für die eigenen Fragestellungen	zeitaufwendig
aktuell	kostenintensiv
Chance auf neue Erkenntnisse	Aufwand für Planung und Organisation

Sekundärforschung

Vorteile	Nachteile
kostengünstig	nicht aktuell
leicht zugänglich	Daten oft nicht passgenau für eigene Fragestellungen
schnell zugänglich	Qualität der Daten schwer überprüfbar

Aufgabe 4

Beispiel	Sortiment
Ein Supermarkt führt alle gängigen Warengruppen für die Güter des täglichen Bedarfs. Innerhalb der Warengruppe Milchprodukte gibt es außergewöhnlich viel Auswahl beim Joghurt.	breit und tief
Fachgeschäft für Wolle	schmal und tief
Der Tante-Emma-Laden auf dem Land bietet alle gängigen Artikel eines Supermarkts an, jedoch ist die Auswahl an Varianten nicht so groß.	breit und flach
Hersteller für jegliche Art von Schrauben	schmal und tief

Beispiel	Sortiment
Ein kleiner Verkauf im Schwimmbad bietet folgende Produkte an: Essen: Pommes, Getränke: Wasser, Limo Snacks: Müsliriegel, Chips	schmal und flach

Aufgabe 5

Beispiele für weitere Markennamen sind: Uhu, Google, Tesa

Aufgabe 6

a) zeitliche Preisdifferenzierung
b) sachliche Preisdifferenzierung
c) personelle Preisdifferenzierung
d) zeitliche Preisdifferenzierung
e) räumliche Preisdifferenzierung
f) sachliche Preisdifferenzierung

Aufgabe 7

Unelastische Nachfrage: Bei steigenden Preisen geht die Nachfrage nur geringfügig zurück.

1. Grundnahrungsmittel
2. Zigaretten, Kaffee
3. Medikamente
4. Benzin

Elastische Nachfrage: Geringe Preisveränderungen führen zu erheblichen Veränderungen bei der Nachfrage.

1. Luxusgüter, z. B. Schmuck, Uhren, Handtaschen
2. Urlaubsreisen
3. Bekleidung

Kapitel 12

Investition und Finanzierung

Ob Autokauf, Eigenheim oder neuer Laptop – im Alltag treffen wir regelmäßig Entscheidungen, die Investitionen erfordern und gut durchdacht finanziert werden müssen. Auch Unternehmen benötigen ausreichend finanzielle Mittel, um ihre Vorhaben umsetzen zu können. Dieses Kapitel zeigt, wie Investition und Finanzierung miteinander verknüpft sind.

Knobelei zum Einstieg

Wie jedes andere Unternehmen steht auch *planITs* vor der Herausforderung, ausreichend finanzielle Mittel für verschiedene Investitionen bereitzustellen. Denn nur durch gezielte Investitionen kann ein Unternehmen nachhaltig wachsen. Starten wir mit einem kleinen Gedankenspiel: Was denken Sie, aus welchen Quellen *planITs* Kapital beziehen kann? Bei der Überlegung kann es hilfreich sein, wenn Sie sich die Frage stellen, an welchen Stellen in der Unternehmensgründung und in welchen Prozessen Kapitel benötigt wird. Schreiben Sie eine Liste mit allen Quellen, die Ihnen einfallen. Wenn Sie das Kapitel durchgearbeitet haben, schauen Sie sich Ihre Liste noch einmal an: Was können Sie ergänzen? Was sollten Sie streichen? Gibt es etwas, das Sie überrascht hat?

Worum geht es in diesem Kapitel?

12.1 Grundlagen

In den bisherigen Kapiteln haben Sie bereits einen umfassenden Einblick in Unternehmen und ihre vielfältigen Prozesse erhalten. Dabei ist Ihnen bestimmt aufgefallen, wie eng alle Bereiche miteinander verknüpft sind und wie stark sie sich gegenseitig beeinflussen. Das zeigt sich auch deutlich, wenn wir uns den betrieblichen Leistungserstellungsprozess in Abbildung 8.1 noch einmal in Erinnerung rufen. Veranschaulichen wir uns dies einmal anhand unseres Beispielunternehmens *planITs*: Bei der Gründung benötigt *planITs* Anfangskapital, um Maschinen und Produktionsfaktoren (*Input*) für die Herstellung des Kalenders zu beschaffen. Anschließend erfolgt die Leistungserstellung, also die Produktion der Kalender durch Kombination der beschafften Produktionsfaktoren. Die fertigen Kalender (*Output*) werden anschließend verkauft, wodurch das Unternehmen Umsätze erzielt (*Kapital* fließt zurück). Um langfristig wirtschaftlich erfolgreich zu sein, muss *planITs* regelmäßig in die Produktion und in Wachstum investieren. Diese Investitionen erfordern entsprechende Geldmittel, die durch geeignete Finanzierungsmaßnahmen bereitgestellt werden.

Im Unternehmen vollzieht sich also ein fortlaufender wirtschaftlicher Kreislauf, bei dem Kapital beschafft (*Finanzierung*), in Vermögenswerte investiert (*Investition*) und durch Umwandlung des gebundenen Kapitals – z. B. durch den Verkauf von Vermögenswerten oder den Rückfluss von eingesetztem Kapital, wenn ein Kunde seine Rechnung begleicht – wieder freigesetzt wird (*Desinvestition*).

Dieses Zusammenspiel von *Investition* und *Finanzierung* ist entscheidend für die wirtschaftliche Existenzsicherung des Unternehmens, denn ohne Finanzierung keine Investition und ohne Investition kein Fortschritt. Beide Bereiche sind untrennbar voneinander, denn will man größere Anschaffungen tätigen, kann dies erst erfolgen, wenn die dafür benötigte Finanzierung gesichert ist.

In der Literatur wird oft davon gesprochen, dass Investition und Finanzierung zwei Seiten einer Medaille sind: Während die Investition im betrieblichen Leistungserstellungsprozess die Güterströme betrifft, bezieht sich die Finanzierung auf die dazugehörigen, entgegengesetzt verlaufenden Geldströme.

Investition/Finanzierung/Kapital

Unter einer *Investition* versteht man den Einsatz finanzieller Mittel, um Vermögenswerte zu erwerben und zu schaffen, die zukünftig einen finanziellen Nutzen hervorbringen sollen.

Unter *Finanzierung* versteht man die Bereitstellung von Geldmitteln, die für die Durchführung von Investitionen verwendet werden.

Unter *Kapital* versteht man finanzielle und sachliche Mittel, die für die Herstellung von Produkten und Dienstleistungen verwendet werden.

Es werden zwei Sichtweisen unterschieden:

- **zahlungsorientierte Sichtweise:** Sie konzentriert sich auf Ein- und Auszahlungsströme.
- **bilanzorientierte Sichtweise:** Sie konzentriert sich auf die Veränderungen bei Vermögen und Kapital.

Die *Bilanz*, die in Kapitel 13 detailliert betrachtet wird, stellt das Vermögen und die Schulden eines Unternehmens gegenüber und macht dadurch Investitionen und Finanzierungen sichtbar. Ihre beiden wertgleichen Seiten, *Aktiva* und *Passiva*, zeigen die Herkunft und die Verwendung des Kapitals.

Die Aktiva zeigt das Vermögen eines Unternehmens, also die *Kapitalverwendung*. Die Passiva gibt Auskunft über die *Kapitalherkunft*, also darüber, wie viel Eigenkapital eingebracht und wie viel Fremdkapital aufgenommen wurde.

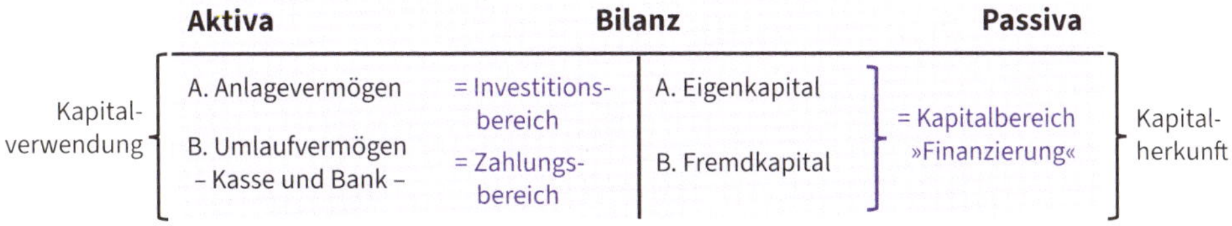

Abbildung 12.1 Investition und Finanzierung in der Bilanz

Das Anlagevermögen auf der Aktivseite ist der *Investitionsbereich*, weil hier alle Vermögenswerte (z. B. Maschinen oder ein Fuhrpark) aufgelistet sind, die dauerhaft im Unternehmen verbleiben. Der *Zahlungsbereich* wird einem Teil des Umlaufvermögens zugeordnet, nämlich den jederzeit verfügbaren Geldbeständen in der Kasse und auf dem Bankkonto. Die Umlaufvermögensbestandteile *Vorräte* und *Forderungen* gehören weder direkt zum Zahlungsbereich noch zum Investitionsbereich, beeinflussen aber die betrieblichen Entscheidungen.

Auf der Passivseite befindet sich der *Kapitalbereich* – hier ist ersichtlich, ob das Kapital eigen- oder fremdfinanziert ist.

Schauen wir uns im Folgenden die Investitions- und Finanzierungsarten genauer an. Die Investitionen können nach der stofflichen Beschaffenheit und nach dem Zweck der Investition eingeteilt werden (siehe Abbildung 12.2).

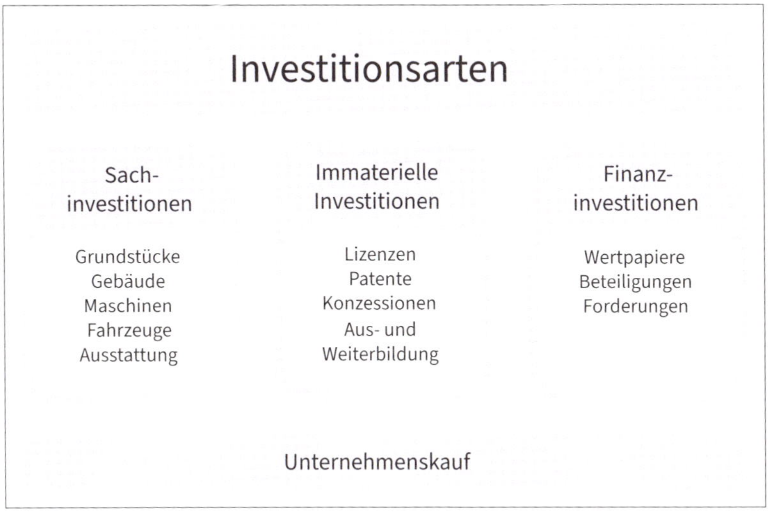

Abbildung 12.2 Investitionsarten nach der stofflichen Beschaffenheit (vgl. Wöhe et al., »Einführung in die Allgemeine Betriebswirtschaftslehre«, S. 470.)

Abbildung 12.2 zeigt, dass ein Unternehmen Sach-, Finanz- und immaterielle Investitionen tätigen kann, um aus ihnen Erträge zu generieren. Das Unternehmen sollte sich immer für diejenige Investition entscheiden, die langfristig den größten Zuwachs an Vermögen verspricht. Um eine gute Entscheidung zu treffen, wird eine Investitionsrechnung durchgeführt, die in Abschnitt 12.3, »Finanzplanung«, näher betrachtet wird. Auch der Kauf eines kompletten Unternehmens stellt eine Investition dar, da der Käufer das Portfolio der bestehenden Investitionen dieses Unternehmens erwirbt. Hinter jeder Investition steht ein bestimmter Zweck (siehe Abbildung 12.3).

Investitionsarten
nach dem Zweck

Gründungs-investition	Investitionen, die bei der Unternehmensgründung durchgeführt werden, z. B. bei der Beschaffung von Maschinen
Ersatz-investition	auch Reinvestitiongenannt; ersetzt veraltete und defekte Betriebsmittel, z. B. wird eine veraltete Produktionsmaschine durch eine neue modernere ersetzt.
Erweiterungs-investition	Das Kapital wird durch eine neue Investition erhöht, z. B. durch Erweiterung der Produktionshalle
Rationalisierungs-investition	Die Leistungsfähigkeit wird durch produktivere Betriebsmittel verbessert, z. B. durch Automatisierung des Lagers
Diversifikations-investition	Das Leistungsangebot wird erweitert, z. B. durch Aufnahme einer neuen Produktlinie.
Sozial-investition	Finanzanlagen für die Mitarbeitenden zur sozialen Absicherung und Stärkung, z.B. Gesundheitsvorsorge, Betriebsrente

Abbildung 12.3 Investitionsarten nach dem Zweck

Die Finanzierung kann nach der Systematik aus Abbildung 12.4 eingeteilt werden.

Die Finanzierung wird

- nach der rechtlichen Stellung der Kapitalgeber in *Eigen-* und *Fremdfinanzierung* und
- nach der Herkunft der Mittel in *Innen-* und *Außenfinanzierung* unterteilt.

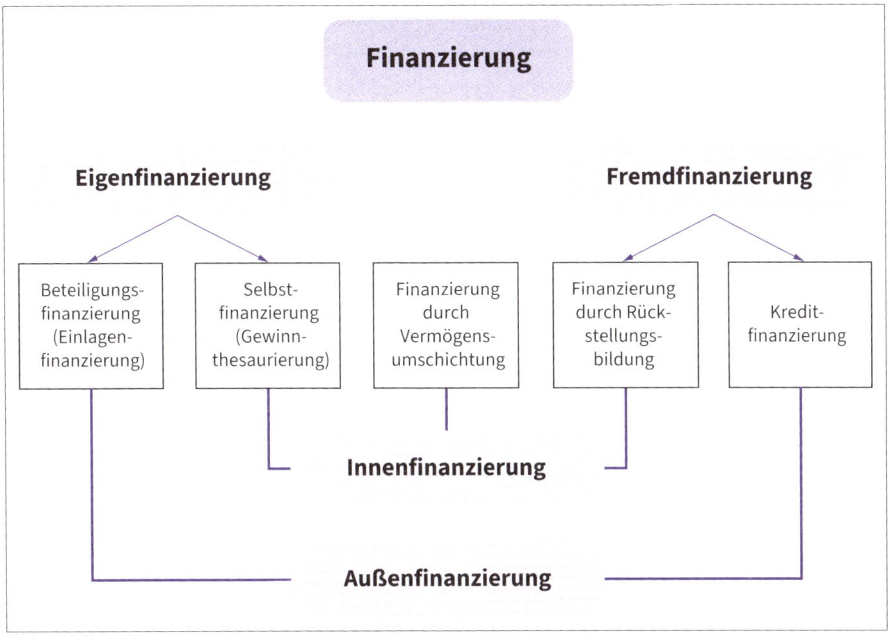

Abbildung 12.4 Systematik der Finanzierungsformen (Wöhe et al., Einführung in die Allgemeine Betriebswirtschaftslehre, S. 471)

Finanzierung

Bei der *Eigenfinanzierung* stammt das Kapital von den Eigentümern selbst. Das kann beim Einzelunternehmen eine Person sein oder bei anderen Rechtsformen die Gesellschafter oder auch Aktionäre.

Bei der *Fremdfinanzierung* stammt das zugeführte Kapital von Dritten (den *Gläubigern*), z. B. Banken oder Lieferanten, und es muss wieder zurückgezahlt werden.

Bei der *Außenfinanzierung* kommt der Kapitalzufluss von Eigen- oder Fremdkapital von außen, z. B. durch Bankdarlehen oder Gesellschaftereinlagen.

Bei der *Innenfinanzierung* kommt der Kapitalzufluss aus dem Unternehmen selbst, z. B. durch Gewinne oder Abschreibungen aus dem Anlagevermögen.

Die Finanzierung aus Vermögensumschichtung ist eine Form der Innenfinanzierung, bei der bereits vorhandenes Vermögen in liquide Mittel umgewandelt wird. Beispiele hierfür sind der Verkauf eines ungenutzten Grundstücks, durch den Kapital freigesetzt wird, oder die Reduzierung von Kapitalbindung, wenn Lagerbestände abgebaut werden.

Nachdem Sie nun die grundlegenden Begriffe und Zusammenhänge kennen, widmen wir uns in den folgenden Abschnitten dem Investitionsgeschehen sowie den damit verbundenen Entscheidungsprozessen. Anschließend gehe ich auf den Finanzierungsbedarf zur Umsetzung dieser Investitionen sowie auf die Möglichkeiten der Kapitalbeschaffung ein.

12.2 Investitionsplanung

Die *Investitionsplanung* gehört zur strategischen Unternehmensplanung. Ihre Aufgabe ist es, die Grundlage für fundierte Investitionsentscheidungen zu schaffen (siehe Abbildung 12.5), die Umsetzung der Investitionsprojekte sicherzustellen und anschließend deren Durchführung zu überwachen.

Investitionen erfordern normalerweise einen hohen Kapitaleinsatz und binden finanzielle Mittel langfristig. Deshalb sind Investitionsentscheidungen oft weitreichend und nur sehr schwer rückgängig zu machen. Daher können *Fehlinvestitionen* weitreichende wirtschaftliche Konsequenzen haben und im schlimmsten Fall die Existenz des Unternehmens gefährden. Um solche Risiken zu minimieren, ist eine sorgfältige Investitionsplanung unerlässlich.

Die Investitionsplanung beinhaltet die Planungsschritte, die Abbildung 12.5 schematisch darstellt.

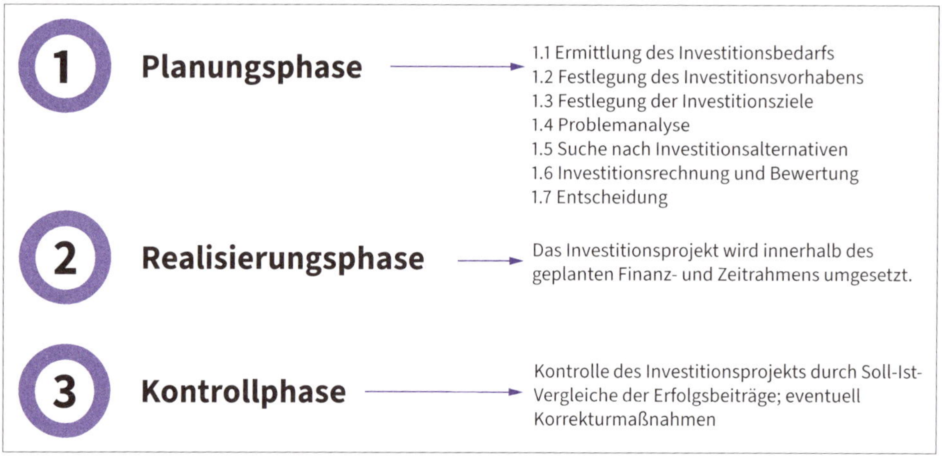

Abbildung 12.5 Ablauf der Investitionsplanung

Die erste Phase ist die **Planungsphase**. In ihr wird zunächst ermittelt, ob ein *Investitionsbedarf* besteht. Dieser ergibt sich aus dem geplanten Produktionsprogramm und dem daraus resultierenden Bedarf an Maschinen und Materialien. Es ist sinnvoll, den Investitionsbedarf laufend oder mindestens regelmäßig zu überprüfen und ihn gegebenenfalls bei Änderung der Rahmenbedingungen anzupassen.

Aus dem ermittelten Investitionsbedarf werden unter Berücksichtigung der finanziellen Möglichkeiten, der strategischen Ziele und der aktuellen Geschäftssituation konkrete *Investitionsvorhaben* abgeleitet. Vorrang haben Investitionen, die für die Aufrechterhaltung des Geschäftsbetriebs zwingend erforderlich sind. Erst wenn ausreichende finanzielle Mittel vorhanden sind, werden die Investitionen umgesetzt, die zwar »nice to have« (wünschenswert), aber nicht unbedingt erforderlich sind (vgl. Nolden/Körner, »Industriebetriebslehre«, S. 665).

Im nächsten Schritt werden die *Investitionsziele* festgelegt. Je konkreter die Ziele festgelegt sind, desto besser. In der Investitionsrechnung werden vor allem monetäre Ziel verfolgt; nichtmonetäre Ziele (wie z. B. Ansehen oder Pflege von Traditionen) schwingen oft nur unbewusst mit und sind eher Begleitfaktoren.

Bei der *Problemanalyse* wird die betriebliche Situation systematisch untersucht, wobei auch Nebenbedingungen und Restriktionen berücksichtigt werden. Hierzu zählen beispielsweise begrenzte finanzielle Mittel sowie zeitliche und rechtliche Vorgaben. Für die Investitionsrechnung ist es beispielsweise entscheidend, ob ein Unternehmen als Start-up zwar nur über geringe finanzielle Mittel verfügt, dafür aber durch Innovationskraft gute Chancen zur Erschließung neuer Märkte hat, ober ob es sich um ein seit vielen Jahren bestehendes Unternehmen handelt, das zwar über finanzielle Reserven verfügt, jedoch in einem gesättigten Markt mit geringen Wachstumschancen agiert.

Anschließend erfolgt die Suche nach *Investitionsalternativen*: Während das Start-up-Unternehmen Geld für Sachinvestitionen benötigt, können beim renommierten Unternehmen Finanzinvestitionen (siehe Abbildung 12.2) sinnvoll sein. Bei der Alternativensuche ist zu berücksichtigen, dass mit der Anzahl der Optionen auch die Planungs- und Entscheidungskosten steigen. Andererseits ist es keine Lösung, ganz auf Alternativen zu verzichten, denn nur durch das Einbeziehen verschiedener Möglichkeiten lässt sich eine optimale Investitionsentscheidung treffen.

Im Rahmen der *Investitionsrechnung* wird beurteilt, wie sich die Investition auf verschiedene Bereiche des Unternehmens auswirkt. Wie könnte sich z. B. eine Investition auf den Gewinn auswirken? Der Vergleichspunkt ist die *Unterlassensalternative*, also das Szenario, in dem keine Investition erfolgt. Die Investitionsrechnung wird in Abschnitt 12.3, »Finanzplanung«, detailliert betrachtet.

Im letzten Schritt der Planungsphase wird entschieden, welche Investition durchgeführt wird. Die Entscheidungsgrundlage sind die Ergebnisse der Investitionsrechnung, die vor allem monetäre Ziele berücksichtigt. Darüber hinaus können aber auch *nichtmonetäre Beurteilungsfaktoren* (ökologische oder soziale Auswirkungen) in die Entscheidung mit einfließen.

Beispielsweise könnte sich ein Unternehmen aus sozialen Gründen dagegen entscheiden, den Standort in ein Niedriglohnland zu verlegen.

Die zweite Phase ist die **Realisierungsphase**, in der die Investition unter Einhaltung des geplanten finanziellen und zeitlichen Rahmens durchgeführt wird.

Die dritte und letzte Phase ist die **Kontrollphase**, in der durch Soll-Ist-Vergleiche die geplanten Erfolgszahlen den tatsächlich erreichten Erfolgszahlen gegenübergestellt werden. Abweichungen können analysiert werden, um gegebenenfalls Maßnahmen zur Korrektur einzuleiten, um das angestrebte Ergebnis doch noch zu erreichen (vgl. Wöhe et al., »Einführung in die Allgemeine Betriebswirtschaftslehre«, S. 473ff.).

Die Unternehmensleitung legt den *strategischen*, langfristigen Investitionsplan fest – in der Regel mit einem Zeithorizont von 5 bis 10 Jahren. Auf der *operativ-taktischen* Ebene wird darauf aufbauend ein einjähriger Investitionsplan erstellt. Dieser dient den einzelnen Funktionsbereichen als Grundlage für konkrete Entscheidungen über einzelne Investitionsprojekte (vgl. Wöhe et al., »Einführung in die Allgemeine Betriebswirtschaftslehre«, S. 475f.).

Zur Planung einer Investition müssen wir uns nun näher mit der *Investitionsrechnung* und dem *Investitionscontrolling* auseinandersetzen.

Investitionsrechnung

Die *Investitionsrechnung* (auch *Wirtschaftlichkeitsrechnung* genannt) prognostiziert und bewertet den wirtschaftlichen Nutzen geplanter Investitionen.

Die Investitionsrechnung kann mit verschiedenen Verfahren durchgeführt werden, die in Tabelle 12.1 aufgeführt sind.

Statische Investitionsrechnung	Dynamische Investitionsrechnung
▸ Kostenvergleichsrechnung ▸ Gewinnvergleichsrechnung ▸ Rentabilitätsvergleichsrechnung ▸ Amortisationsrechnung	▸ Kapitalwertmethode ▸ Annuitätenmethode ▸ Interne Zinsfußmethode

Tabelle 12.1 Methoden der Investitionsrechnung

Die *statischen Investitionsrechenverfahren* sind relativ einfach anzuwenden, da sie nur eine durchschnittliche Periode (beispielsweise 1 Jahr) repräsentativ für die gesamte Laufzeit betrachten. Das bedeutet, dass der Zeitfaktor (z. B. Zinszahlungen über einen längeren Zeitraum oder Preissteigerungen) nicht berücksichtigt wird. Diese Rechenverfahren eignen sich vor allem für kurzfristige und weniger komplexe Investitionen. Die statischen Verfahren zielen vor allem auf eine Kostenminimierung und eine Gewinnmaximierung ab. Trotz ihrer Einfachheit haben sie in der Praxis ihre Berechtigung: Sie sind insbesondere dann sinnvoll, wenn Investitionen eine kurze Laufzeit haben oder wenn sich Kosten und Erlöse über die Zeit kaum verändern. Unternehmen nutzen statische Verfahren häufig, um eine erste Orientierung zu erhalten, bevor sie aufwendigere dynamische Verfahren anwenden.

Die *dynamischen Investitionsrechenverfahren* erfordern einen höheren Rechenaufwand, da sie mehrere Perioden der Investition einbeziehen. Sie berücksichtigen den Zeitwert des Geldes, indem sie die unterschiedlichen Zeitpunkte von Zahlungsströmen mit einbeziehen. Die Ergebnisse sind dadurch präziser und aussagekräftiger als bei den statischen Verfahren. Sie verfolgen primär die Ziele der Vermögens- und Einkommensmaximierung.

Um die Investitionsrechnung durchführen zu können, müssen für die jeweilige Investitionsalternative verschiedene Daten ermittelt werden. Da die Investitionsrechnung vor der Investitionsentscheidung erstellt wird, müssen folgende Daten im Voraus prognostiziert werden (vgl. Wöhe et al., »Einführung in die Allgemeine Betriebswirtschaftslehre«, S. 476f.):

- **Investitionsdauer** n**:** Sie gibt an, wie lange mit Rückflüssen (Einnahmen – Ausgaben) aus der Investition gerechnet wird. Meist wird dafür die wirtschaftliche Nutzungsdauer herangezogen, die häufig der Produktlebensdauer entspricht.
- **Einzahlungen** E_t**:** zum Periodenende, z. B. Umsatzerlöse
- **Auszahlungen** A_t**:** zum Periodenende, Zahlungen für Material, Lohn, Energie usw.
- **Liquidationserlös der Anlage** L_n**:** Erlös, wenn am Ende der Nutzung das Betriebsmittel noch verkauft werden kann
- **Kalkulationszinssatz (auch** ***Kalkulationszinsfuß*** **genannt)** i**:** Das ist die Mindestverzinsung, die ein Investor von der Investition erwartet, meist in Anlehnung an die Verzinsung einer alternativen Kapitalanlage.

Bekannt ist die in der Periode t_0 anfallende Anschaffungsauszahlung A_0. Wenn wir im Beispiel aus Tabelle 12.2 von einem *Modell unter Sicherheit* (Wöhe et al., »Einführung in die Allgemeine Betriebswirtschaftslehre«, S. 477) ausgehen, sind alle relevanten Größen, wie Ein- und Auszahlungen oder Zinssätze, im Voraus bekannt. Diese Annahme dient der Vereinfachung und erleichtert das Verständnis der grundlegenden Zusammenhänge. Es ergeben sich folgende Zahlen bei einem Investitionsprojekt 1, das komplett fremdfinanziert ist und in Periode t_2 zurückbezahlt wird:

Zeitpunkt	*Periode t_0*	*Periode t_1*	*Periode t_2*
Anschaffungsauszahlung A_0	–2.000		
Einzahlungen E_t		+800	+1.500
Auszahlungen A_t		–600	–400
Liquidationserlöse L_n			+1.400
Kreditaufnahme	+2.000		
Kredittilgung			–2.000
Investitionsdauer *n*	2 Jahre		
Fremdkapitalzins *i*	10 %		

Tabelle 12.2 Ausgangsdaten für ein Investitionsprojekt 1 (vgl. Wöhe et al., »Einführung in die Allgemeine Betriebswirtschaftslehre«, S. 477)

Die Daten des Investitionsprojekts 1 können mithilfe eines Zahlungstableaus zusammengefasst werden, wie Sie es in Abbildung 12.6 sehen.

Zeitpunkt	Zahlungsvorgang	Betrag
t_0	Einzahlung: Geldzufluss Kreditaufnahme	+2.000
t_0	Anschaffungsauszahlung A_0	–2.000
t_1	E_1	+800
t_1	A_1	–600
t_1	Auszahlung: Fremdkapitalzinsen Periode 1 (10% von 2.000)	–200
t_1	Bestand Schulden (–), Guthaben (+)	0
t_2	E_2	+1.500
t_2	A_2	–400
t_2	Auszahlung: Fremdkapitalzinsen Periode 2 (10% von 2.000)	–200
t_2	Liquidationserlös L_n	+1.400
t_2	Auszahlung: Kredittilgung	–2.000
t_2	**Bestand Schulden (–), Guthaben (+)**	**+300**

Abbildung 12.6 Zahlungstableau für Investitionsprojekt 1

Beim Investitionsprojekt 1 entsteht für den Investor am Ende der Periode t_2 ein Guthaben in Höhe von 300,00 €. Das bedeutet, dass die Einzahlungen alle Auszahlungen, einschließlich der Fremdkapitalzinsen und Kredittilgung, mit abdecken.

War die Investition nun vorteilhaft?

Der Investor hat in t_0 kein Eigenkapital (Reinvermögen) eingesetzt. Das Reinvermögen in t_2 ist +300,00 €. Somit kann von einem Investitionserfolg gesprochen werden, der sich wie folgt berechnet:

$$\text{Investitionserfolg } \Delta_I = EK_n - EK_0$$

$$\text{Investitionserfolg } \Delta_{I1} = 300 - 0 = 300{,}00 \text{ €}$$

Wenn das Eigenkapitel EK_0 am Beginn der Investition konstant ist und keine weiteren Ein- und Auszahlungen das Eigenkapital beeinflussen, führt die Maximierung des Gewinns gleichzeitig zu einer Maximierung des Eigenkapitals (vgl. Wöhe et al., »Einführung in die Allgemeine Betriebswirtschaftslehre«, S. 477f.).

Statische Verfahren der Investitionsrechnung

Statische Verfahren der Investitionsrechnung sind vereinfachte Rechenmethoden, die in der Praxis häufig eingesetzt werden. Sie basieren auf Planungsgrößen, die aus der Kosten- und Leistungsrechnung stammen (siehe Abschnitt 13.3, »Das interne Rechnungswesen«), und konzentrieren sich auf eine repräsentative Periode.

Kostenvergleichsrechnung

Das erste statische Verfahren ist die *Kostenvergleichsrechnung*. Die Kostenvergleichsrechnung beurteilt die Investitionsalternativen nur durch den Vergleich der Kosten. Die Erlöse werden nicht berücksichtigt, weil davon ausgegangen wird, dass alle Alternativen gleich hohe Erlöse erzeugen.

Schauen wir uns die Kostenvergleichsrechnung anhand des Beispiels aus Tabelle 12.3 an.

Daten	Anlage 1	Anlage 2
Anschaffungswert A	100.000,00 €	140.000,00 €
Restwert R, geschätzt	10.000,00 €	20.000,00 €
Nutzungsdauer	5 Jahre	5 Jahre
Zinssatz	8 %	8 %
Betriebskosten pro Jahr	12.000,00 €	9.000,00 €
Wartungskosten pro Jahr	3.000,00 €	2.000,00 €

Tabelle 12.3 Beispiel Kostenvergleichsrechnung – Angaben

Anhand der Daten ergibt sich folgende Berechnung:

Kosten	Anlage 1	Anlage 2
Kapitaleinsatz = Anschaffungskosten (AK) – Restwert (RW)	90.000,00 €	120.000,00 €
Durchschnittlich gebundenes Kapital = (AK + RW) : 2	55.000,00 €	80.000,00 €
Betriebskosten	12.000,00 €	9.000,00 €
Wartungskosten	3.000,00 €	2.000,00 €
Kalkulatorische Abschreibung $= \frac{\text{AK} - \text{RW}}{\text{Nutzungsdauer } n}$	18.000,00 €	24.000,00 €
Kalkulatorische Zinsen = durchschnittlich gebundenes Kapital · Zinssatz	4.400,00 €	6.400,00 €
Gesamtkosten pro Jahr	37.400,00 €	41.400,00 €

Tabelle 12.4 Beispiel Kostenvergleichsrechnung – Lösung

Die *kalkulatorische Abschreibung* erfasst den *Werteverzehr* (Werteverlust) einer Anlage über die Nutzungsdauer. Nähere Informationen zu den Abschreibungen finden Sie weiter hinten im Buch in Abschnitt 13.2.

Die *kalkulatorischen Zinsen* bilden die Kosten für die Nutzung des in der Investition gebundenen Eigenkapitals ab. Auch Eigenkapital ist aus betrieblicher Sicht nicht kostenlos, da es alternativ verzinst angelegt werden könnte. Die kalkulatorischen Zinsen bilden somit die *Opportunitätskosten* des eingesetzten Kapitals ab. »Kalkulatorisch« bedeutet also, dass es sich nicht um tatsächlich gezahlte Kosten handelt, sondern um fiktive, rechnerisch ermittelte Größen: Was würde es kosten, wenn man das Kapital aufnehmen müsste? Oder was entgeht dem Unternehmen an Zinsen, weil es das Kapital nicht anderweitig, z. B. am Kapitalmarkt, verzinst anlegen kann?

Auf Grundlage der Kostenvergleichsrechnung erweist sich Anlage 1 als die wirtschaftlichere Alternative, jedoch bleibt unklar, ob die zu erwartenden Erlöse zur vollständigen Deckung der Kosten ausreichen.

Für die Investitionsentscheidung in der Praxis sind nicht nur die Kosten ausschlaggebend, sondern es ist auch hilfreich zu wissen, ab welcher Produktionsmenge die Investitionsalternative 2 der Alternative 1 kostentechnisch überlegen ist. Die kritische Menge kann mit der sogenannten *Break-Even-Analyse* ermittelt werden. Die Break-Even-Analyse gehört zur Kosten-

und Leistungsrechnung und wird deswegen in Kapitel 13, »Betriebswirtschaftliches Rechnungswesen«, detailliert betrachtet.

Gewinnvergleichsrechnung

Wenn sich die zu vergleichenden Investitionsalternativen in ihrem Output unterscheiden, ist die Kostenvergleichsrechnung nicht geeignet. In diesem Fall müssen auch die Erlöse berücksichtigt werden – das leistet die *Gewinnvergleichsrechnung*.

Die Gewinnvergleichsrechnung bewertet die Investitionen auf Basis der erzielbaren Gewinne. Die Formel des Gewinns lautet:

$$\text{Gewinn} = \text{Erlöse} - \text{Kosten} = E - K$$

Wenn wir bei unserem Beispiel von oben bleiben und bei der Alternative 1 von Erlösen in Höhe von 50.000,00 € ausgehen und bei der Alternative 2 von Erlösen in Höhe 55.000,00 €, dann ergibt sich die Gewinnvergleichsrechnung aus Tabelle 12.5.

Gewinnvergleichsrechnung	Anlage 1	Anlage 2
Erlöse	50.000,00 €	55.000,00 €
– Kosten	37.400,00 €	41.400,00 €
= Gewinn	12.600,00 €	13.600,00 €

Tabelle 12.5 Ausgangsbeispiel – Gewinnvergleichsrechnung

Auf Grundlage der Gewinnvergleichsrechnung ist die Anlage 2 die vorteilhaftere Investition, da sie trotz höherer Kosten einen höheren Gewinn erzielt.

Rentabilitätsrechnung

Auf die Gewinnvergleichsrechnung folgt oft die *Rentabilitätsrechnung*, da deren Ergebnis die Berechnung der Rentabilität stark vereinfacht. Die Rentabilitätsrechnung ist ein Durchschnittsverfahren und betrachtet ebenfalls nur eine Periode.

Mithilfe der Rentabilitätsrechnung lässt sich beurteilen, wie rentabel (ertragreich) eine Investition im Verhältnis zum durchschnittlich gebundenen Kapital ist. Daraus ergibt sich folgende Formel:

$$\text{Rentabilität } r = \frac{\text{korrigierter Gewinn } G}{\text{durchschnittlich gebundenes Kapital}} \cdot 100$$

Der korrigierte Gewinn berechnet sich nach Wöhe et al., »Einführung in die Allgemeine Betriebswirtschaftslehre«, S. 481, wie folgt:

Ursprünglicher Gewinn G + kalkulatorische Zinsen = korrigierter Gewinn G_p

Im Rahmen unseres Beispiels ergibt sich daraus folgende Rentabilität:

Rentabilitätsvergleichsrechnung	Anlage 1	Anlage 2
originärer Gewinn	12.600,00€	13.600,00 €
+ kalkulatorische Zinsen	4.400,00 €	6.400,00 €
= korrigierter Gewinn	17.000,00 €	20.000,00 €
Rentabilität r = (korrigierter Gewinn G ÷ durchschnittlich gebundenes Kapital) · 100 = Bruttorentabilität	30,91 %	25,00 %
Rentabilität r netto = (Gewinn ÷ durchschnittlich gebundenes Kapital) · 100 = Nettorentabilität	22,91 %	17,00 %

Tabelle 12.6 Ausgangsbeispiel – Rentabilitätsvergleichsrechnung

In der klassischen Rentabilitätsvergleichsrechnung wird die *Bruttorentabilität* ermittelt, die den gesamten Kapitaleinsatz einschließlich der kalkulatorischen Kosten berücksichtigt. Die *Nettorentabilität* hingegen bezieht sich ausschließlich auf den tatsächlich ausgeschütteten Gewinn.

In unserem Rechenbeispiel weist die Anlage 1 sowohl eine höhere Bruttorentabilität als auch eine höhere Nettorentabilität auf, weshalb sie als die wirtschaftlich rentablere Investition einzustufen ist.

Amortisationsrechnung

Die *Amortisationsrechnung* unterscheidet sich von den anderen statischen Verfahren dadurch, dass sie nicht auf den Daten der Kosten- und Leistungsrechnung basiert, sondern auf den Rückflüssen aus Ein- und Auszahlungen. Sie betrachtet nicht nur eine einzelne Periode, sondern berechnet die Anzahl der Perioden, die erforderlich sind, bis die kumulierten Kapitalrückflüsse die Anschaffungsauszahlung ausgeglichen haben. *Amortisiert* bedeutet also im wirtschaftlichen Zusammenhang, dass sich eine Investition durch Einnahmen oder andere Rückflüsse vollständig refinanziert hat. Die Amortisationsdauer hilft dabei, das Risiko einer Investition einzuschätzen. Investoren bevorzugen Investitionen mit kurzer Amortisationsdauer, denn je kürzer die Amortisationsdauer ist, desto schneller wird das eingesetzte Kapitel wieder zurückgewonnen.

Die Amortisationsdauer kann auf zwei verschiedene Arten ermittelt werden:

1. **Durchschnittsmethode**

   Die Amortisationsdauer wird bei der *Durchschnittsmethode* mithilfe der folgenden Formel berechnet:

   $$\text{Amortisationsdauer in Jahren} = \frac{\text{Anschaffungskosten} - \text{Restwert}}{\text{durchschnittlicher (Jahresgewinn} + \text{kalkulatorische Abschreibung)}}$$

   Im Rahmen unseres Beispiels ergibt sich folgende Amortisationsrechnung:

Amortisationsrechnung	Anlage 1	Anlage 2
Amortisationsdauer in Jahren = [Anschaffungskosten – Restwert] ÷ [durchschnittlicher (Jahresgewinn + kalkulatorische Abschreibung)]	$\frac{90.000,00}{12.600,00 + 18.000,00}$ **= 2,94 Jahre**	$\frac{120.000,00}{13.600,00 + 24.000,00}$ **= 3,19 Jahre**

Tabelle 12.7 Ausgangsbeispiel – Amortisationsrechnung

Die Anlage 1 amortisiert sich etwas schneller als die Anlage 2 und ist deshalb aus Sicht des Investitionsrisikos die vorteilhaftere Wahl. Nach 2,94 Jahren sind die Anschaffungskosten vollständig refinanziert. Zur besseren Veranschaulichung stellen wir die Amortisationsrechnung für die Anlage 1 in Abbildung 12.7 grafisch dar.

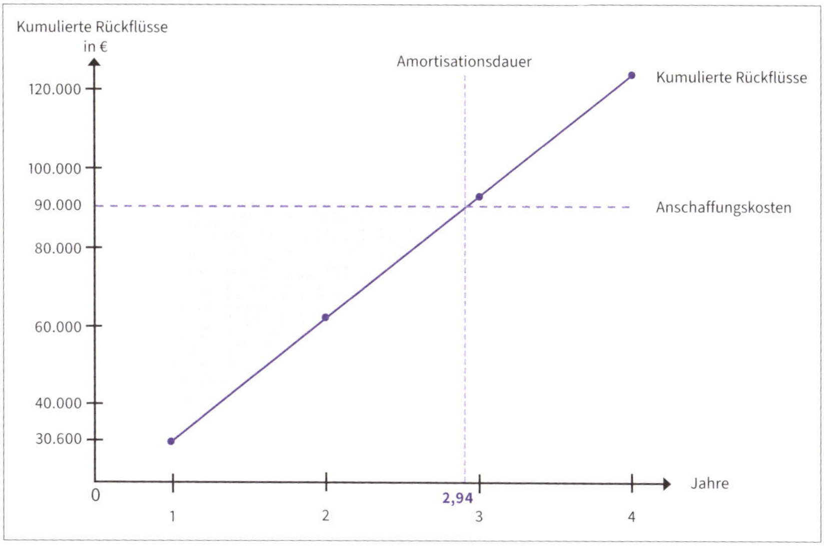

Abbildung 12.7 Grafische Darstellung der Amortisationsrechnung von Anlage 1

In der Praxis gelten Amortisationszeiten von bis zu drei Jahren häufig als akzeptabel. Da die Amortisationsrechnung primär das Investitionsrisiko beurteilt und keine vollständige Aussage über die Wirtschaftlichkeit einer Investition liefert, sollte sie nur ergänzend zu anderen Investitionsrechenverfahren, z. B. zur Rentabilitätsrechnung, verwendet werden (vgl. Vahs/Schäfer-Kunz, »Einführung in die Betriebswirtschaftslehre«, S. 551).

2. **Kumulationsmethode**

   Bei der *Kumulationsmethode* werden die jährlichen Rückflüsse aufsummiert (*kumuliert*), bis die Anschaffungskosten erreicht sind beziehungsweise bis sie diese übersteigen. Der Rückfluss pro Jahr berechnet sich aus dem Gewinn und dem Wert der kalkulatorischen Abschreibung. Die Ergebnisse sind identisch mit denen der Durchschnittsmethode.

Fazit: Statische Investitionsrechenverfahren

Statische Investitionsrechenverfahren sind einfach anzuwenden und eignen sich gut für eine erste grobe Einschätzung von Investitionen. Für komplexere Investitionsentscheidungen bieten sie jedoch keine verlässliche Entscheidungsgrundlage.

Die statischen Verfahren sind allerdings vor allem aufgrund folgender Punkte kritisch zu betrachten:

- Mit Ausnahme der Amortisationsrechnung betrachten sie meist nur eine repräsentative Durchschnittsperiode. Langfristige Entwicklungen oder Investitionsrisiken bleiben unberücksichtigt.
- Die Rechenbasis sind häufig nur durchschnittliche Werte. Schwankungen, wie sie bei realen Zahlungsströmen (z. B. durch saisonale Einflüsse) auftreten, werden nicht berücksichtigt.
- Der Zeitwert des Geldes wird ignoriert, das heißt, es wird nicht berücksichtigt, dass ein Euro heute mehr wert ist als in der Zukunft.
- Realwirtschaftliche Faktoren, wie z. B. Preissteigerungen, bleiben ebenfalls unberücksichtigt.

Aufgrund dieser Einschränkungen empfiehlt es sich, zu einer fundierten Investitionsbeurteilung ergänzend dynamische Verfahren anzuwenden, die im Folgenden näher dargestellt werden.

Dynamische Verfahren der Investitionsrechnung

Im Gegensatz zu den statischen Verfahren der Investitionsrechnung berücksichtigt die *dynamische Investitionsrechnung* den Zeitwert des Geldes. Sie ist daher zwar aufwendiger durchzuführen, liefert aber wesentlich aussagekräftigere Ergebnisse. Das Konzept vom *Zeitwert des Geldes* besagt, dass Geld heute mehr wert ist als der gleiche Betrag in der Zukunft. Der Grund dafür ist, dass man das Geld heute nutzen oder anlegen kann und dadurch Zinsen dafür erzielt. Wenn ich heute beispielsweise 100,00 € anlege, könnte ich in einem Jahr vielleicht 105,00 € haben. Deshalb sagt man, dass 100,00 € heute mehr wert sind als in einem Jahr. Oft wird dieser Gedanke mit Inflation verwechselt. Zwar sinkt durch Inflation die Kaufkraft des Geldes ebenfalls über die Zeit, doch der Zeitwert des Geldes bezieht sich in erster Linie auf die Möglichkeit, Geld zu verzinsen und damit zu vermehren.

Die dynamischen Verfahren der Investitionsrechnung bewerten die finanziellen Auswirkungen einer Investition, indem sie alle Ein- und Auszahlungen über den gesamten Zeitraum der Investition inklusive ihres zeitlichen Wertes berücksichtigen.

Bevor wir die in Abbildung 12.6 genannten Methoden näher betrachten, schauen wir uns die Finanzrechenmethode der *Diskontierung* an, die auch *Abzinsung* genannt wird, da sie den Zeitwert des Geldes ermittelt. Mithilfe der Diskontierung werden zukünftige Ein- und Auszahlungen auf ihren heutigen Wert, den sogenannten *Barwert*, zurückgerechnet.

Der Barwert R_0 wird mit folgender Formel berechnet (vgl. Vahs/Schäfer-Kunz, »Einführung in die Betriebswirtschaftslehre«, S. 553):

$$\text{Barwert } R_0 = R_t \cdot \frac{1}{(1+i)^t}$$

mit:

R_0 = Barwert des Rückflusses in €

R_t = Rückfluss im Jahr t in €

i = Kalkulationszinsfuß in %

t = Jahr

Kalkulationszinsfuß

Der *Kalkulationszinsfuß*, auch *kalkulatorischer Zinssatz* genannt, ist der Zinssatz, mit dem die zukünftigen Ein- und Auszahlungen diskontiert werden, um den Barwert zu ermitteln.

Der Kalkulationszinsfuß wird vom Unternehmen festgelegt und orientiert sich meist an den aktuellen Kapitalmarktzinsen – in der Praxis häufig noch erhöht um Risiko- oder Gewinnzuschläge. Bei den nachfolgenden Methoden der Investitionsrechnung wird jedoch auf solche Zuschläge verzichtet und es wird angenommen, dass der Kalkulationszinsfuß über den gesamten Betrachtungszeitraum konstant bleibt (vgl. Vahs/Schäfer-Kunz, »Einführung in die Betriebswirtschaftslehre«, S. 554).

Wenn wir von unserem Ausgangsbeispiel in Tabelle 12.3 ausgehen, können wir Barwerte ermitteln wie in Tabelle 12.8 dargestellt. Dabei beträgt die Nutzungsdauer 5 Jahre, das heißt, dass das Geld über 5 Jahre verteilt ein- und ausgezahlt wird. Deshalb müssen wir alle zukünftigen Zahlungen auf den heutigen Barwert zurückrechnen. An dieser Stelle wird exemplarisch nur der Restwert diskontiert. Grundsätzlich müssten bei einer vollständigen dynamischen Investitionsrechnung jedoch alle zukünftigen Ein- und Auszahlungen (z. B. laufende Kosten und Erlöse) auf ihren Barwert abgezinst werden.

Diskontierung	**Anlage 1**	**Anlage 2**
Wie viel sind diese Beträge heute wert?	Restwert = 10.000,00 € Zinssatz 8 %	Restwert = 20.000,00 € Zinssatz 8 %
Barwert R_0 $= R_t \cdot \frac{1}{(1+i)^t}$	Barwert R_0 $= 10.000{,}00 \cdot \frac{1}{(1+0{,}08)^5}$ **= 6.805,83 €**	Barwert R_0 $= 20.000{,}00 \cdot \frac{1}{(1+0{,}08)^5}$ **= 13.611,66 €**

Tabelle 12.8 Ermittlung der Barwerte

Die *Diskontierung* (*Abzinsung*) zeigt, wie viel ein zukünftiger Restwert heute tatsächlich wert ist. So ist der geschätzte Restwert von 10.000,00 € in fünf Jahren heute tatsächlich nur 6.805,83 € wert und 20.000,00 € sind nur 13.611,66 € wert.

Im Umkehrschluss bedeutet das: Wenn wir heute die 6.805,83 € zu 8 % Zinsen anlegen würden, hätten wir in 5 Jahren 10.000,00 €. Damit wird deutlich, dass die Diskontierung im Grunde eine umgekehrte *Zinseszinsrechnung* darstellt.

Zinseszinsrechnung

Die *Zinseszinsrechnung* zeigt, wie viel ein heutiger Betrag in der Zukunft wert ist (*Aufzinsung*), während die *Diskontierung* den heutigen Wert eines zukünftigen Betrags ermittelt.

Die Kapitalwertmethode

Aufbauend auf die Diskontierung betrachten wir nun die *Kapitalwertmethode*, bei der man dieses Prinzip nutzt, um Investitionsentscheidungen systematisch zu bewerten. Sie ist das gängigste Verfahren zur Beurteilung von Investitionsentscheidungen.

Kapitalwert

Der *Kapitalwert* gibt den Wert einer Investition zum Zeitpunkt $t = 0$ an, indem alle zukünftig erwarteten Ein- und Auszahlungen auf den Bewertungszeitpunkt abgezinst und mit der Investitionsanschaffungsausgabe verrechnet werden.

Die Formel für die Berechnung des Kapitalwerts lautet nach Wöhe et al. (»Einführung in die Allgemeine Betriebswirtschaftslehre«, S. 489f.):

$$\text{Kapitalwert } K_0 = \sum_{t=0}^{n} (E_t - A_t) \cdot \frac{1}{(1+i)^t} + L_n \cdot \frac{1}{(1+i)^n}$$

mit:

E_t = Einnahmen in € in Periode t

A_t = Ausgaben in € in Periode t

i = Kalkulationszinsfuß in %

n = Gesamtzahl aller Nutzungsperioden

t = Investitionszeitraum (Periode 1, 2, …), wobei $t = 0$ den Investitionszeitpunkt und $t = n$ das Ende der Nutzungsdauer bezeichnet.

Exponent t = gibt an, wie viele Perioden eine Zahlung abgezinst wird.

L_n = Liquidationserlös oder Restwert in € (Der *Liquidationserlös* ist der tatsächlich erzielbare Verkaufspreis; der *Restwert* ist der buchhalterische oder kalkulatorische Wert, der nach den Abschreibungen übrig bleibt.)

Es gelten folgende Bedingungen (vgl. Vahs/Schäfer-Kunz, »Einführung in die Betriebswirtschaftslehre«, S. 555):

- **Kapitalwert $\geq$ 0:** absolute Vorteilhaftigkeit der Investition; d. h., die Investition erzielt mindestens die geforderte Mindestverzinsung. Ein positiver Kapitalwert weist auf einen Kapitalzuwachs hin.
- **Kapitalwert$_{\text{Investition1}}$ > Kapitalwert$_{\text{Investition2}}$:** relative Vorteilhaftigkeit der Investition; d. h., wenn der Kapitalwert von Investition 1 größer ist als der von Investition 2, ist Investition 1 relativ vorteilhafter.

Für eine einfachere Berechnung wird die Formel wie folgt umgestellt (vgl. Wöhe et al., »Einführung in die Allgemeine Betriebswirtschaftslehre«, S. 490):

$$\text{Kapitalwert } K_0 = -A_0 + \sum_{t=1}^{n} (E_t - A_t) \cdot \frac{1}{(1+i)^t} + L_n \cdot \frac{1}{(1+i)^n}$$

Die Anschaffungsauszahlung A_0 wird aus der Summe herausgezogen und separat erfasst, wodurch sich die Abzinsung auf den Zeitraum von t_1 bis t_n bezieht.

Berechnen wir das Ganze wieder für unser Ausgangsbeispiel:

Kapitalwertmethode	**Anlage 1**	**Anlage 2**
Angaben	AK = 100.000,00 € Kosten/Jahr = 12.000,00 € + 3.000,00 € = 15.000,00 € Einnahmen/Jahr = 50.000,00 € L_n (Restwert), geschätzt = 10.000,00 € n =5 Jahre i = 8 %	AK = 140.000,00 € Kosten/Jahr = 9.000,00 € + 1.000,00 € = 11.000,00 € Einnahmen/Jahr = 55.000,00 € L_n (Restwert), geschätzt = 20.000,00 € n =5 Jahre i = 8 %
Kapitalwert K_0 $= -A_0 + \sum_{t=1}^{n} (E_t - A_t) \cdot \frac{1}{(1+i)^t} + L_n \cdot \frac{1}{(1+i)^n}$	**Abgezinste Zahlungen:** $K_0 = -100.000{,}00 + \sum_{t=1}^{5} 35.000{,}00 \cdot \frac{\mathbf{1}}{\mathbf{(1+0,08)}^t}$ **Jahr 1:** $= 35.000{,}00 \cdot \frac{1}{(1+0{,}08)^1}$ $= 32.407{,}41$ € **Jahr 2:** $= 35.000{,}00 \cdot \frac{1}{(1+0{,}08)^2}$ $= 30.006{,}86$ € **Jahr 3:** $= 35.000{,}00 \cdot \frac{1}{(1+0{,}08)^3}$ $= 27.784{,}13$ € **Jahr 4:** $= 35.000{,}00 \cdot \frac{1}{(1+0{,}08)^4}$ $= 25.726{,}04$ €	**Abgezinste Zahlungen:** $K_0 = -140.000{,}00 + \sum_{t=1}^{5} 44.000{,}00 \cdot \frac{\mathbf{1}}{\mathbf{(1+0,08)}^t}$ **Jahr 1:** $= 44.000{,}00 \cdot \frac{1}{(1+0{,}08)^1}$ $= 40.740{,}74$ € **Jahr 2:** $= 44.000{,}00 \cdot \frac{1}{(1+0{,}08)^2}$ $= 37.722{,}91$ € **Jahr 3:** $= 44.000{,}00 \cdot \frac{1}{(1+0{,}08)^3}$ $= 34.928{,}62$ € **Jahr 4:** $= 44.000{,}00 \cdot \frac{1}{(1+0{,}08)^4}$ $= 32.341{,}31$ €

Tabelle 12.9 Ausgangsbeispiel – Kapitalwertmethode

Kapitalwertmethode	Anlage 1	Anlage 2
	Jahr 5: $= 35.000{,}00 \cdot \frac{1}{(1+0{,}08)^5}$ $= 23.820{,}41$ € Summe der abgezinsten Zahlungen: 139.744,85 € **Abzinsung Restwert:** $= \boldsymbol{L_n \cdot \frac{1}{(1+i)^n}}$ $= 10.000{,}00 \cdot \frac{1}{(1+0{,}08)^5}$ $= 6.805{,}83$ €	**Jahr 5:** $= 44.000{,}00 \cdot \frac{1}{(1+0{,}08)^5}$ $= 29.945{,}66$ € Summe der abgezinsten Zahlungen: 175.679,24 € **Abzinsung Restwert:** $= \boldsymbol{L_n \cdot \frac{1}{(1+i)^n}}$ $= 20.000{,}00 \cdot \frac{1}{(1+0{,}08)^5}$ $= 13.611{,}66$ €
Kapitalwert	$K_0 = -100.000{,}00 + 139.744{,}85 + 6.805{,}83 = 46.550{,}68$ €	$K_0 = -140.000{,}00 + 175.679{,}24 + 13.611{,}66 = 49.290{,}90$ €

Tabelle 12.9 Ausgangsbeispiel – Kapitalwertmethode (Forts.)

Wenn wir nun die Ergebnisse betrachten, kommen wir zu folgender Schlussfolgerung:

- **Beide Kapitalwerte sind positiv:** Das bedeutet, dass beide Investitionen bezogen auf den heutigen Wert einen Gewinn verursachen. Werden in einer Investitionsrechnung Einnahmen berücksichtigt und weisen dennoch alle betrachteten Investitionsalternativen einen negativen Kapitalwert auf, ist es aus finanzwirtschaftlicher Sicht vorteilhaft, auf die Durchführung der Investition zu verzichten.
- **Kapitalwert$_{\text{Anlage2}}$ ist positiver als Kapitalwert$_{\text{Anlage1}}$:** Also ist Anlage 2 aus finanzieller Sicht günstiger, weil sie über die Nutzungsdauer von 5 Jahren und unter Berücksichtigung des Zeitwertes des Geldes einen höheren Kapitalwert aufweist.
- Treffen wir die Entscheidung auf Grundlage der Kapitalwertmethode, so wählen wir Anlage 2.

Aufgabe 1: Pro und contra

Überlegen Sie sich jeweils zwei Vorteile und zwei Nachteile der Kapitalwertmethode.

Annuitätenmethode/Annuität

Bei der *Annuitätenmethode* wird der mit der Kapitalwertmethode berechnete Kapitalwert einer Investition in gleichbleibende jährliche Zahlungen umgerechnet. Das Ziel ist es, den durchschnittlichen jährlichen Nutzen der Investition unter Berücksichtigung von Zinssatz und Laufzeit zu ermitteln.

Unter einer *Annuität* versteht man konstante, regelmäßige wiederkehrende Zahlungen über einen bestimmten Zeitraum, die aus einem Zinsanteil und einem Tilgungsanteil bestehen.

Zur Berechnung wird der sogenannte *Kapitalwiedergewinnungsfaktor* herangezogen. Er zeigt, wie ein einmal eingesetzter Betrag (Kapitalwert) auf mehrere Jahre verteilt werden kann und wie viel Kapital das Unternehmen jedes Jahr, einschließlich Zinsen, »zurückverdienen« muss. Die Berechnung erfolgt mit folgender Formel (vgl. Vahs/Schäfer-Kunz, »Einführung in die Betriebswirtschaftslehre«, S. 559):

$$\text{Annuität } AN = K_0 \cdot \frac{i \cdot (1+i)^n}{(1+i)^n - 1}$$

mit:

AN = Annuität in €

K_0 = Kapitalwert in €

i = Kalkulationszinsfuß in %

n = Gesamtzahl aller Nutzungsperioden

Es gilt:

- Annuität $\geq 0 \rightarrow$ absolute Vorteilhaftigkeit einer Investition
- $\text{Annuität}_{\text{Investition1}} > \text{Annuität}_{\text{Investition2}} \rightarrow$ relative Vorteilhaftigkeit: Investition 1 ist vorteilhafter als Investition 2.

Lassen Sie uns die Annuität für unser Ausgangsbeispiel berechnen (siehe Tabelle 12.10).

Wenn wir die Ergebnisse betrachten, stellen wir fest, dass beide Investitionen eine positive Annuität aufweisen und damit aus jährlicher Sicht wirtschaftlich absolut vorteilhaft sind. Da beide Investitionen dieselbe Nutzungsdauer sowie denselben Kalkulationszinsfuß haben, ist die Annuitätenmethode unmittelbar entscheidungsfähig. Vergleichen wir nun die Werte erkennen wir: Hinsichtlich der relativen Vorteilhaftigkeit ist Investition 2 aufgrund der höheren Annuität gegenüber Investition 1 vorzuziehen.

Annuitätenmethode	Anlage 1	Anlage 2
Angaben	AK = 100.000,00 € Kosten/Jahr = 12.000,00 € + 3.000,00 € = 15.000,00 € Einnahmen/Jahr = 50.000,00 € *n* =5 Jahre *i* = 8 % K_0 aus Tabelle 12.9: 46.550,68 €	AK = 140.000,00 € Kosten/Jahr = 9.000,00 + 1.000,00 € = 11.000,00 € Einnahmen/Jahr = 55.000,00 € *n* =5 Jahre *i* = 8 % K_0 aus Tabelle 12.9: 49.290,90 €
Annuität $AN = K_0 \cdot \frac{i \cdot (1+i)^n}{(1+i)^n - 1}$	$AN = 46.550{,}68 \cdot \frac{0{,}08 \cdot (1+0{,}08)^5}{(1+0{,}08)^5 - 1} = \mathbf{11.658,92}$ €	$AN = 49.290{,}90 \cdot \frac{0{,}08 \cdot (1+0{,}08)^5}{(1+0{,}08)^5 - 1} = \mathbf{12.345,22}$ €

Tabelle 12.10 Ausgangsbeispiel – Annuitätenmethode

Im nächsten Abschnitt betrachten wir die interne Zinsfußmethode als weiteres dynamisches Verfahren der Investitionsrechnung.

Die interne Zinsfußmethode

Interne Zinsfußmethode

Bei der *internen Zinsfußmethode* wird die *Effektivverzinsung* einer Investition ermittelt. Der interne Zinsfuß gibt an, mit welchem Zinssatz das eingesetzte Kapital verzinst wird, und zwar genau dann, wenn der Kapitalwert der Investition gleich null ist.

Die Methode basiert auf dem Prinzip der Kapitalwertmethode. Das Ziel ist es, die zukünftigen Ein- und Auszahlungen auf ihren Barwert, also den heutigen Wert, abzuzinsen.

Zur Ermittlung des internen Zinsfußes *r* verwendet man die Formel zur Ermittlung des Kapitalwertes K_0 (siehe den Abschnitt zur Kapitalwertmethode) und setzt K_0 gleich 0. Anstelle des Kalkulationszinsfußes *i* wird der interne Zinsfuß als unbekannte Rentabilitätsgröße *r* eingesetzt. Anschließend wird die Gleichung nach *r* aufgelöst, um den internen Zinsfuß und damit die Rentabilität der Investition zu ermitteln. Daraus ergibt sich nach Wöhe et al. (»Einführung in die Allgemeine Betriebswirtschaftslehre«, S. 494f.) die folgende Gleichung:

$$0 = -A_0 + \sum_{t=1}^{n} (E_t - A_t) \cdot \frac{1}{(1+r)^t} + L_n \cdot \frac{1}{(1+r)^n}$$

mit:

A_0 = Anfangsinvestition (Auszahlung)

$E_t - A_t$ = Zahlungsüberschuss (Nettozahlung) zum Zeitpunkt *t;* nicht zahlungswirksame Größen wie Abschreibungen bleiben unberücksichtigt.

n = Gesamtzahl aller Nutzungsperioden

t = Investitionszeitraum (Periode 1, 2, …), wobei *t* = 0 den Investitionszeitpunkt und *t* = *n* das Ende der Nutzungsdauer bezeichnet.

Exponent *t* = gibt an, wie viele Perioden eine Zahlung abgezinst wird.

r = Rentabilitätsgröße / interner Zinsfuß

Ausgehend von unserem Beispiel ergeben sich folgende Ergebnisse:

Interne Zinsfußmethode	Anlage 1	Anlage 2
Angaben	AK = 100.000,00 € Kosten/Jahr = 12.000,00 € + 3.000,00 € = 15.000,00 € Einnahmen/Jahr = 50.000,00 € L_n (Restwert), geschätzt = 10.000,00 € *n* = 5 Jahre *i* = 8 %	AK = 140.000,00 € Kosten/Jahr = 9.000,00 € + 1.000,00 € = 11.000,00 € Einnahmen/Jahr = 55.000,00 € L_n (Restwert), geschätzt = 20.000,00 € *n* = 5 Jahre *i* = 8 %
$E_t - A_t$ = Zahlungsüberschuss	$(E_t - A_t)_{1-5}$ = 50.000,00 € – 15.000,00 € = 35.000,00 €	$(E_t - A_t)_{1-5}$ = 55.000,00 € – 11.000,00 € = 44.000,00 €
$0 = -A_0 + \sum_{t=1}^{n}(E_t - A_t) \cdot \frac{1}{(1+r)^t} + L_n \cdot \frac{1}{(1+r)^n}$ Interner Zinsfuß:	$0 = -100.000,00 + \frac{35.000,00}{(1+r)^1} + \frac{35.000,00}{(1+r)^2} + \frac{35.000,00}{(1+r)^3} + \frac{35.000,00}{(1+r)^4} + \frac{35.000,00}{(1+r)^5} + \frac{10.000,00}{(1+r)^5}$ *r* = **23,77 %**	$0 = -140.000,00 + \frac{44.000,00}{(1+r)^1} + \frac{44.000,00}{(1+r)^2} + \frac{44.000,00}{(1+r)^3} + \frac{44.000,00}{(1+r)^4} + \frac{44.000,00}{(1+r)^5} + \frac{20.000,00}{(1+r)^5}$ *r* = **19,88 %**

Tabelle 12.11 Anfangsbeispiel – interne Zinsfußmethode

Allgemein lautet die Entscheidungsregel: Wählen Sie die Investitionsprojekte aus, deren interner Zinsfuß r größer ist als der Kalkulationszinsfuß i, also $r > i$. Bei sich gegenseitig ausschließenden Investitionen ist zusätzlich die Kapitalwertmethode heranzuziehen.

Der interne Zinsfuß bei Anlage 1 von 23,77 % zeigt, dass das investierte Kapital höher verzinst wird als bei Anlage 2 mit 19,88 %. Deshalb entscheiden wir uns für die Investition der Anlage 1, denn je höher der interne Zinsfuß ist, desto rentabler ist die Investition. Nur wenn andere Aspekte, wie z. B. Nachhaltigkeitsgründe, hinzugezogen werden, kann die Anlage 2 unter Umständen die bessere Wahl sein.

Bei einer Laufzeit von mehr als zwei Perioden ist es mathematisch in der Regel nicht ohne Weiteres möglich, die Gleichung nach r aufzulösen und so den genauen internen Zinsfuß zu ermitteln. Deshalb verwendet man zur näherungsweisen Bestimmung ein Interpolationsverfahren oder numerische Näherungsverfahren wie das *Newton-Verfahren*. Da solche Verfahren in der Prüfung in der Regel nicht gefordert werden, wird an dieser Stelle auf eine weitergehende Herleitung verzichtet. Alternativ können Sie Online-Rechner nutzen – geben Sie einfach »IRR-Rechner« in eine Suchmaschine ein. Ich habe meine Berechnungen mit dem Online-Rechner *www.calkoo.com* durchgeführt.

Für *Sachinvestitionen* ist die interne Zinsfußmethode nur bedingt geeignet, da sie auf der Annahme basiert, dass die Rückflüsse während der Laufzeit wieder zum internen Zinsfuß verzinst werden. Diese Annahme ist bei Finanzinvestitionen umsetzbar, bei Sachinvestitionen hingegen nicht. Somit ist die Aussagekraft des internen Zinsfußes eingeschränkt (vgl. Wöhe et al., »Einführung in die Allgemeine Betriebswirtschaftslehre«, S. 496).

Wie oben bereits erwähnt, sollten Investitionsentscheidungen nicht ausschließlich auf den Ergebnissen der Investitionsrechnung basieren, sondern es sollten auch qualitative Faktoren berücksichtigt werden. Zu diesen zählen:

- **strategische Faktoren:** Werden durch die Investition die langfristigen Unternehmensziele, wie z. B. Marktführer zu sein, unterstützt?
- **technische Faktoren:** Wie hoch ist die Störanfälligkeit oder wie liegen Wartungsintervalle?
- **ökologische Faktoren:** Wie hoch ist die Umweltbelastung durch die Investition? Gibt es umweltschonendere Alternativen?
- **soziale Faktoren:** Wie wirkt sich die Investition auf die Meinung der Öffentlichkeit aus? Welche Auswirkungen hat die Investition auf die Arbeitsbedingungen? Brauchen die Mitarbeitenden spezielle Qualifikationen für die Bedienung der Anlage?

Um solche Kriterien in die Investitionsentscheidung einzubeziehen, bietet sich die *Nutzwertanalyse* an, die bereits in Abschnitt 8.4 erläutert wurde.

Abschließend möchte ich noch kurz auf das *Investitionscontrolling* eingehen. Auch in diesem Bereich stehen verschiedene Kennzahlen zur Verfügung, mit deren Hilfe sich betriebliche Investitionstätigkeiten steuern und kontrollieren lassen. Einige davon haben Sie bereits kennengelernt, z. B. den Kapitalwert, den internen Zinsfuß oder die Amortisationsdauer.

Eine weitere wichtige Kennzahl, die abschließend betrachtet werden soll, ist die *Investitionsquote*.

Investitionsquote

Die *Investitionsquote* beschreibt den prozentualen Anteil der getätigten Investitionen am Anlagevermögen.

Sie wird mit folgender Formel berechnet (vgl. Vahs/Schäfer-Kunz, »Einführung in die Betriebswirtschaftslehre«, S. 562):

$$\text{Investitionsquote} = \frac{\text{Investitionen Anlagevermögen}}{\text{Anlagevermögen}} \cdot 100$$

Aufgabe 2: Die Investitionsquote

Ein Unternehmen hat in Periode 1 Investitionen von insgesamt 500.000,00 € getätigt. Der Wert des Anlagevermögens zu Beginn der Periode betrug 2.500.000,00 €. Berechnen Sie die Investitionsquote und bewerten Sie das Ergebnis.

12.3 Finanzplanung

Wir Menschen haben viele Wünsche – schöne Klamotten, ein neues Handy oder vielleicht sogar ein neues Auto oder Haus. Im Alltag stehen wir vor der Frage, wie wir all das finanzieren können. Manchmal reicht das Ersparte für die Erfüllung der Bedürfnisse aus, manchmal auch nicht. Dann muss das Geld anderweitig organisiert werden, z. B. durch einen Kredit von der Bank. Ein Unternehmen steht vor ähnlichen Herausforderungen. Ohne Geld keine Investition, ohne Investition kein Wachstum.

Wie ich bereits in Abschnitt 12.1, »Grundlagen«, erklärt habe, entscheidet das Zusammenspiel von Investition und Finanzierung über den langfristigen wirtschaftlichen Erfolg eines Unternehmens – Abbildung 12.1 veranschaulicht diesen Zusammenhang grafisch. In Abschnitt 12.1 habe ich bereits die grundlegenden Finanzierungsformen eingeführt. Im Folgenden gehen wir weiter ins Detail und widmen uns zuerst den Zielen der *Finanzplanung*.

Finanzplanung

Die *Finanzplanung* verwaltet die Finanzressourcen eines Unternehmens und gestaltet zukünftige Finanzentscheidungen.

Das *Hauptziel der Finanzplanung* besteht darin, sowohl den Kapitalbereich als auch den Zahlungsbereich zu optimieren und ausreichend finanzielle Mittel bereitzustellen, um alle Unternehmensaufgaben und -ziele zu erreichen. Dabei muss gleichzeitig die finanzielle Zahlungsbereitschaft sichergestellt sein.

Die *Finanzplanung* analysiert kontinuierlich die finanzielle Situation des Unternehmens, legt Ziele fest und entwickelt passende Strategien, die zur Erreichung dieser Ziele notwendig sind. Das *Finanzmanagement* überwacht die Prozesse fortlaufend und passt die Strategien gegebenenfalls an veränderte Rahmenbedingungen an.

In folgenden Phasen ist die Finanzplanung besonders wichtig:

- Unternehmensgründung
- Strategieausrichtung
- Investitionsentscheidungen
- Krisenzeiten/Wachstumsphasen
- jährliche Budgetierung
- Fusionen/Übernahmen

Ein weiteres zentrales finanzwirtschaftliches Ziel besteht darin, die unternehmerische *Unabhängigkeit gegenüber Kapitalgebern* zu wahren. Dabei bedeutet Unabhängigkeit nicht, vollständig auf Fremdkapital zu verzichten, sondern es geht vielmehr darum, eine ausgewogene Kapitalstruktur zur schaffen, die es dem Unternehmen ermöglicht, notwendige Finanzmittel zu nutzen, ohne dabei die eigene Entscheidungsfreiheit zu verlieren.

Zudem zählt die *Sicherung der Kreditwürdigkeit* zu den wichtigsten Aufgaben der Finanzplanung, denn ohne Kreditwürdigkeit erhält das Unternehmen keine Kredite, und ohne Kredite fehlen die finanziellen Mittel für Investitionen, die die Grundlage für Wachstum bilden.

Der Cash-Flow

Die Grundlage der Finanzplanung bilden die erwarteten Ein- und Auszahlungen aus den Bereichen Produktion, Absatz und Investitionen. Die Finanzplanung soll sowohl die Außen- als auch die Innenfinanzierung optimieren. Um dabei eine verlässliche Planungssicherheit zu gewährleisten, stützt sich die Finanzplanung auf den *Cash-Flow*. Der Cash-Flow stellt eine zentrale Kennzahl dar und wird in der Regel aus den Daten des Rechnungswesens abgeleitet.

Cash-Flow

Der *Cash-Flow* zeigt, wie viel tatsächliches Geld (Einzahlungen – Auszahlungen) dem Unternehmen innerhalb einer festgelegten Periode zufließt.

In der Finanzplanung wird der zukünftige Cash-Flow auf Basis der geplanten Erfolgsrechnung abgeschätzt. Hierfür werden alle erwarteten zahlungswirksamen Ein- und Auszahlungen betrachtet, um den zukünftigen Mittelrückfluss zu planen (vgl. Wöhe et al., »Einführung in die Allgemeine Betriebswirtschaftslehre«, S. 528f.).

Rentabilität und die Liquidität

Die Finanzplanung soll aus den verschiedenen Finanzierungsformen die kostengünstigste auswählen und alles so aufeinander abstimmen, dass weder eine Überliquidität noch eine Unterliquidität entsteht. Die Orientierungsgrößen sind die *Rentabilität* und die *Liquidität*. Die Rentabilität gibt an, wie wirksam ein Unternehmen das eingesetzte Kapital zur Gewinnerzielung nutzt.

Liquidität

Unter *Liquidität* versteht man die »Fähigkeit und Bereitschaft eines Unternehmens, jederzeit seine bestehenden Zahlungsverpflichtungen der Höhe nach und fristgerecht erfüllen zu können«. (bpb, *https://www.bpb.de/kurz-knapp/lexika/lexikon-der-wirtschaft/19987/liquiditaet/*, aufgerufen am 29.05.2025)

Bei der Dauer der Planungshorizonte unterscheidet man zwischen der

- **kurzfristigen Finanzplanung:** < 1 Jahr, z. B. ein Monatsbudget. Hier geht es um die Sicherung der Liquidität, um kurzfristige Lieferantenverbindlichkeiten begleichen zu können.
- **mittelfristigen Finanzplanung:** 1 bis 5 Jahre. Hier geht es um das Jahresbudget, die Liquidität, die Personalplanung und Neu-Investitionen
- **langfristigen Finanzplanung:** > 5 Jahre. Hier geht es um die langfristige Ausrichtung des Unternehmens, um Wachstum und Innovation

Die Vermeidung von Über- oder Unterliquidität ist ein zentrales Ziel der kurzfristigen Finanzplanung. Zur Ermittlung der Liquidität kann entweder ein detaillierter Finanzplan erstellt werden oder es können spezielle *Liquiditätskennziffern* berechnet werden. Dabei unterscheidet man zwischen folgenden Kennzahlen (Wöhe et al., »Einführung in die Allgemeine Betriebswirtschaftslehre«, S. 532):

$$\text{Liquidität 1. Grades} = \frac{\text{Zahlungsmittel (ZM)}}{\text{kurzfr. Verbindlichkeiten}}\ [\%]$$

$$\text{Liquidität 2. Grades} = \frac{\text{ZM} + \text{kurzfr. Forderungen (kF)}}{\text{kurzfr. Verbindlichkeiten}} \, [\%]$$

$$\text{Liquidität 3. Grades} = \frac{\text{ZM} + \text{kF} + \text{Vorräte}}{\text{kurzfr. Verbindlichkeiten}} \, [\%]$$

- Die *Liquidität 1. Grades*, auch *Barliquidität* genannt, zeigt, inwieweit ein Unternehmen die kurzfristigen Verbindlichkeiten, z. B. gegenüber Lieferanten, ausschließlich mit sofort verfügbaren Zahlungsmitteln wie Kasse, Bankguthaben und kurzfristig verfügbaren Wertpapieren decken kann. Der Zielwert liegt hier bei etwa 20 %, wobei neuere Ansätze einen Zielbereich von 10–30 % angeben, da zu hohe Barreserven als ineffizient gelten.
- Die *Liquidität 2. Grades* wird auch als *Einzugsliquidität* bezeichnet. Sie gibt an, inwieweit die kurzfristigen Verbindlichkeiten durch liquide Zahlungsmittel und kurzfristige Forderungen gegenüber Kunden abgedeckt sind. Der Zielwert liegt hier bei 100 % bis 120 %.
- Die *Liquidität 3. Grades*, auch *Warenliquidität* genannt, berücksichtigt gegenüber der Liquidität 2. Grades zusätzlich noch die Vorräte an Waren. Damit gibt sie das Verhältnis des gesamten Umlaufvermögens zu den kurzfristigen Verbindlichkeiten an. Der Zielwert liegt hier bei > 200 %.

Eine angemessene Liquidität ist für die finanzielle Stabilität eines Unternehmens entscheidend, da es bei einer zu niedrigen Liquidität zu Zahlungsfähigkeitsschwierigkeiten kommen kann, was die Kreditwürdigkeit negativ beeinträchtigt und die unternehmerische Flexibilität einschränkt.

Aufgabe 3: Wie flüssig sind Sie?

Beantworten Sie folgende Frage: Kann ein Unternehmen zu viel flüssige Mittel haben? Begründen Sie Ihre Antwort.

Aufgabe 4: Liquiditätsberechnung

Berechnen Sie für folgende Situation die Liquidität ersten, zweiten und dritten Grades:

Kasse: 10.000,00 €

Bankguthaben: 13.000,00 €

kurzfristige Wertpapiere: 12.000,00 €

kurzfristige Forderungen: 33.000,00 €

Vorräte: 22.000,00 €

kurzfristige Verbindlichkeiten: 61.000,00 €

Einen Finanzplan erstellen

Nun betrachten wir noch die einzelnen Schritte einer sinnvollen Finanzplanung. Die Grundstruktur sieht vor, dass der Saldo aus Einzahlungen und Auszahlungen berechnet wird und dieser Gewinn (oder Verlust) dem Bestand an Zahlungsmitteln gegenübergestellt wird, um die Liquidität zu beurteilen. Allerdings verbirgt sich hinter dieser vereinfachten Darstellung eine Vielzahl von Teilfinanzplänen, die spezifisch für die verschiedenen Geschäftsbereiche erstellt werden. Diese Teilfinanzpläne ermöglichen eine detaillierte Analyse und Planung der finanziellen Strukturen (vgl. Wöhe et al., »Einführung in die Allgemeine Betriebswirtschaftslehre«, S. 533).

Bevor nun ein *Finanzplan* erstellt wird, ist es sinnvoll, zunächst eine Analyse zur aktuellen Situation des Unternehmens durchzuführen. Diese bildet nämlich die Grundlage für die Festlegung der finanzwirtschaftlichen Ziele und für die Erstellung des Finanzplans. Der Finanzplan sollte die in Abbildung 12.8 gezeigten Bestandteile aufweisen.

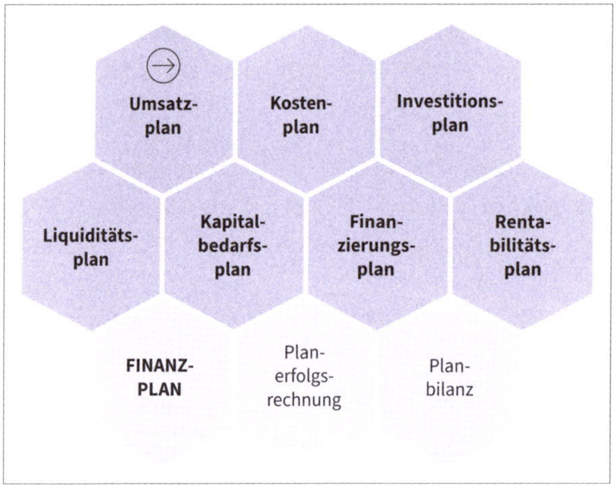

Abbildung 12.8 Bestandteile eines Finanzplans

Der *Umsatzplan* ist der Ausgangspunkt des Finanzplans. Sein Ziel ist es, die zu erwartenden Einnahmen aus den unterschiedlichen Einnahmequellen des Unternehmens realistisch abzuschätzen. Die zuvor durchgeführte Situationsanalyse hilft dabei, Marktveränderungen besser einzuordnen und Trends frühzeitig zu erkennen.

Anschließend werden ein *Kostenplan* und ein *Investitionsplan* aufgestellt, aus denen die anfallenden Kosten für Betriebsmittel und Betriebskosten sowie für Investitionen prognostiziert werden.

Auf dieser Grundlage wird anschließend ein *Rentabilitätsplan* entwickelt, der aufzeigt, wie profitabel das Unternehmen ist und ab welchem Umsatz die Kosten gedeckt sind und Gewinne erwirtschaftet werden können.

Ergänzend dazu ermöglicht es die *Liquiditätsplanung*, frühzeitig mögliche Liquiditätsengpässe zu erkennen, um entsprechende Maßnahmen einleiten zu können.

Im Rahmen der *Kapitalbedarfsplanung* wird schließlich der gesamte Finanzierungsbedarf ermittelt. Darauf aufbauend lässt sich der *Finanzierungsplan* erstellen, in dem festgelegt wird, ob die Finanzierung durch Eigenkapital oder Fremdkapital erfolgt.

Die Teilergebnisse aus den Einzelplänen werden in der *Planerfolgsrechnung* und in der *Planbilanz* zusammengefasst. Diese beiden Pläne liefern einen Überblick über die finanzielle Gesamtsituation des Unternehmens und bilden darüber hinaus die Grundlage für den übergeordneten *Finanzplan*.

In der betrieblichen Praxis wird die Finanzplanung selbstverständlich computergestützt durchgeführt. Dadurch können komplexe Zusammenhänge effizienter abgebildet und berücksichtigt werden und kann das optimale Verhältnis zwischen Eigen- und Fremdkapital gefunden werden.

Abbildung 12.4 veranschaulicht die Herkunft der finanziellen Mittel – sie kommen entweder von außen oder aus dem Unternehmen selbst. Auf die einzelnen Finanzierungsarten gehe ich in den folgenden Abschnitten näher ein.

12.4 Außenfinanzierung

Die Passivseite der Bilanz (siehe Abbildung 12.1) zeigt die Formen der *Außenfinanzierung*. Wir unterscheiden dabei

- die Außenfinanzierung mit Eigenkapitel = *Eigenfinanzierung* und
- die Außenfinanzierung mit Fremdkapital = *Fremdfinanzierung*.

Ein entscheidender Aspekt bei der Wahl zwischen Eigen- oder Fremdfinanzierung ist die Einflussnahme der Kapitalgeber auf unternehmerische Entscheidungen – denn die Eigenkapitalgeber haben im Gegensatz zu den Fremdkapitalgebern ein Mitspracherecht im Unternehmen.

Betrachten wir die einzelnen Möglichkeiten der Außenfinanzierung nun genauer.

Eigenfinanzierung – Beteiligungsfinanzierung

Beteiligungsfinanzierung

Bei einer *Beteiligungsfinanzierung* erhält das Unternehmen Eigenkapital von externen Geldgebern, die dadurch zu Miteigentümern werden.

Das *Eigenkapital* erfüllt verschiedene Funktionen im Unternehmen (vgl. Wöhe et al., »Einführung in die Allgemeine Betriebswirtschaftslehre«, S. 536):

- **Finanzierungsbasis:** Ohne Eigenkapital gibt es kein Fremdkapital – und ohne Fremdkapital gibt es kein Wachstum.
- **Indikator für Kreditwürdigkeit:** Je höher das Eigenkapital ist, desto besser ist die Bonität.
- **Pufferfunktion für Verluste:** Eigenkapital hilft dem Unternehmen, Verlustphasen zu überstehen.
- **Maßstab für die Erfolgsverteilung**: Bei der Verteilung von Gewinnen und Verlusten dient das Eigenkapital als Orientierungsgröße.

Die Einbringung von neuem Kapital in Form von Einlagen ist sinnvoll, bei (vgl. Nolden/Körner, »Industriebetriebslehre«, S. 681):

- Unternehmensgründung
- Erweiterung des Geschäftsfeldes
- Modernisierungsmaßnahmen
- Rationalisierungsmaßnahmen
- Fusion
- rechtlichen Änderungen, z. B. in der Rechtsform, Eigentümern
- der Kompensation von Verlusten

Wie und in welchem Umfang Eigenkapital zugeführt werden kann, hängt von der Rechtsform des Unternehmens ab. Die verschiedenen Rechtsformen habe ich bereits ausführlich in Kapitel 5 behandelt. Unter dem Punkt »Finanzierungsmöglichkeiten« in den jeweiligen Tabellen zu den Rechtsformen sind dort diverse Optionen der Kapitaleinbringung aufgeführt.

Es macht einen wesentlichen Unterschied, ob es sich bei einer Beteiligung um einen *Vollhafter* (wie etwa einen Einzelunternehmer, OHG-Gesellschafter oder Komplementär) oder um einen *Teilhafter* (z. B. einen Kommanditisten) handelt. Die Entscheidung, einen neuen Vollhafter aufzunehmen und damit Geschäftsführungs- und Vertretungsrechte zu teilen, wird von den bestehenden Gesellschaftern sorgfältig abgewogen. Eine solche Aufnahme setzt ein hohes Maß an gegenseitigem Vertrauen voraus. Ein Teilhafter hingegen beteiligt sich in der Regel nur dann, wenn das Unternehmen wirtschaftlich solide dasteht und er sich eine höhere Rendite erhofft als auf dem Kapitalmarkt.

In wirtschaftlich herausfordernden Zeiten haben nicht börsennotierte Unternehmen oft Schwierigkeiten, Kapital zu beschaffen, da ihre Bonität nicht ausreicht. Sie haben die Möglichkeit, Geld über *Private-Equity-Fonds* zu beschaffen. Private-Equity-Gesellschaften sind Fondsgesellschaften, die privates Beteiligungskapital von privaten und institutionellen Anlegern, wie Investmentfonds oder Banken, in nicht börsennotierte Unternehmen investieren.

Häufig werden Unternehmen durch solche Beteiligungsfinanzierungen vor der Insolvenz bewahrt (vgl. Nolden/Körner, »Industriebetriebslehre«, S. 682f.).

Eine typische Private-Equity-Strategie ist das sogenannte *Venture Capital* (Risikokapital). Dabei beteiligen sich Investoren an jungen Start-up-Unternehmen, die sich in einer frühen und unsicheren Phase ihrer Geschäftsentwicklung befinden. In dieser Phase ist der wirtschaftliche Erfolg noch ungewiss, weshalb die Einlage anfangs mit einem hohen Risiko verbunden ist. Das Ziel der Investoren ist es, das Unternehmen in circa 5 Jahren so weiterzuentwickeln, dass es entweder durch einen Börsengang (*Initial Public Offering*) oder durch den Verkauf gewinnbringend an einen anderen Investor veräußert werden kann.

Börsennotierte Unternehmen, wie etwa Aktiengesellschaften, haben Zugang zu *Public Equity* (öffentlichem Beteiligungskapital): Durch die Ausgabe neuer Aktien können sie ihr Eigenkapital erhöhen (vgl. Vahs/Schäfer-Kunz, »Einführung in die Betriebswirtschaftslehre«, S. 509).

Aktien können nach den Kriterien in Abbildung 12.9 kategorisiert werden.

Abbildung 12.9 Einteilung von Aktien

Die Beteiligungsfinanzierung durch Aktien stellt eine zentrale Form der Eigenkapitalbeschaffung für Kapitalgesellschaften dar. Aber neben der Beteiligungsfinanzierung steht dem Unternehmen mit der Kreditfinanzierung ein weiteres unverzichtbares Instrument der Kapitalbeschaffung zur Verfügung.

Fremdfinanzierung – Kreditfinanzierung

Kreditfinanzierung

Bei der *Kreditfinanzierung* nimmt ein Unternehmen Fremdkapital von externen Kapitalgebern auf, die dadurch zu Gläubigern des Unternehmens werden.

Die Kreditfinanzierung ist die klassische Form der Fremdfinanzierung und ist, wie oben bereits erwähnt, unverzichtbar für die Unternehmensfinanzierung. Die Kapitalgeber erhalten keine Eigentumsrechte, sondern werden nur zu Gläubigern.

Gläubiger/Schuldner

Gemäß § 241 BGB ist ein »Gläubiger berechtigt, von dem Schuldner eine Leistung zu fordern« (§ 241 BGB, *https://www.gesetze-im-internet.de/bgb/__241.html*, aufgerufen am 30.05.2025). Dies setzt voraus, dass der *Gläubiger* eine Forderung gegenüber dem Schuldner hat.

Der *Schuldner* ist aufgrund eines Schuldverhältnisses verpflichtet, dem Gläubiger eine Leistung zu erbringen.

Die Fremdfinanzierung kann eingeteilt werden in:

kurz- bis mittelfristig **kurzfristig: bis 12 Monate** **mittelfristig: 2 bis 5 Jahre**	**Langfristig** **>5 Jahre**	**Sonderformen Kreditsubstitute**
Handelskredite ▶ Anzahlungen ▶ Lieferantenkredit **Bankkredite** ▶ Diskontkredit ▶ Akzeptkredit ▶ Kontokorrentkredit ▶ Lombardkredit **Geldmarktkredite** ▶ Commercial Papers ▶ Euronotes	▶ Bankdarlehen ▶ Gesellschafterdarlehen ▶ Schuldscheindarlehen ▶ Genussscheine ▶ Anleihen	▶ Avalkredite ▶ Factoring und Forfaitierung ▶ Asset-Backed-Securities ▶ Leasing

Tabelle 12.12 Arten der Kreditfinanzierung (vgl. Wöhe et al., »Einführung in die Allgemeine Betriebswirtschaftslehre«, S. 540ff.)

Im Folgenden widmen wir uns der Kreditfinanzierung. Wie auch in anderen Teilbereichen der Betriebswirtschaftslehre ist es wichtig, auf einen einheitlichen Begriffsapparat zurückzugreifen, um Missverständnisse zu vermeiden und eine konsistente Analyse sicherzustellen. Aus diesem Grund greife ich für diesen Abschnitt auf die Ausführungen aus Wöhe et al., »Einführung in die Allgemeine Betriebswirtschaftslehre«, S. 551 ff., zurück. Dieses Werk gilt als Standardliteratur der Betriebswirtschaftslehre und zeichnet sich durch klare Begriffsdefinitionen sowie eine systematische Gliederung aus. Daher nehme ich bis zum Abschnitt 12.5 auf diese Quelle Bezug.

Kurz- bis mittelfristige Kreditfinanzierung

Kredit

Ein *Kredit*, auch *Darlehen* genannt, ist ein Geldbetrag, der einem Kreditnehmer von einem Kreditgeber für einen bestimmten Zeitraum zur Verfügung gestellt wird und verzinst zurückgezahlt werden muss.

Handelskredite sind Kredite, die Unternehmen in Form von Anzahlungen und Lieferantenkrediten von ihren Geschäftspartnern erhalten.

Anzahlungen erhalten Unternehmen in der Regel nach Erteilung eines Auftrags. Die Höhe der Anzahlung wird individuell vereinbart und orientiert sich am Auftragsvolumen. Der Vorteil einer Anzahlung für das Unternehmen besteht darin, dass es vom Kunden zinslos Fremdkapital erhält. Besonders in der Baubranche, wo häufig kapitalintensive Vorleistungen erforderlich sind, sind Anzahlungen gängige Praxis.

Bei *Lieferantenkrediten* räumt der Lieferant dem Kunden ein Zahlungsziel ein, in der Praxis häufig in Höhe von 30 Tagen. Im betrieblichen Alltag ist diese Kreditform sehr beliebt, da sie schnell, unkompliziert und ohne formalen Aufwand genutzt werden kann und auf den ersten Blick zinsfrei erscheint. Doch dieser Eindruck täuscht: Tatsächlich ist der Lieferantenkredit oft mit hohen effektiven Zinsen verbunden, da bei seiner Inanspruchnahme auf einen Skontoabzug verzichtet wird. Die Formel für die Zinskosten des Lieferantenkredits, auf 360 Tage bezogen, lautet:

$$\text{Zinskosten Lieferantenkredit } i = \frac{S}{100 - S} \cdot \frac{360}{z - s} \; [\%]$$

mit:

S = Skontosatz

s = Skontofrist in Tagen

z = Zahlungsziel in Tagen

Beispiel

Die *planITs* kann bei ihrem Lieferanten zwischen zwei Optionen wählen:

- Zahlung ohne Skontoabzug bei einem Zahlungsziel von 30 Tagen
- Skontoabzug in Höhe von 2 % bei Zahlung innerhalb von 7 Tagen

Der Rechnungsbetrag lautet über 1.190,00 € brutto.

Wie hoch ist der Zinssatz für den Lieferantenkredit auf ein Jahr bezogen?

Lösung:

$$\text{Zinskosten Lieferantenkredit } i = \frac{2}{100-2} \cdot \frac{360}{30-7} \cdot 100 = 31{,}94\,\%$$

Antwort: Der Zinssatz für den Lieferantenkredit beträgt auf ein Jahr bezogen 31,94 %.

Aus finanzieller Sicht ist es sehr unvorteilhaft, den Skonto nicht zu nutzen, da der Lieferantenkredit mit einem Zinssatz von 31,94 % sehr teuer für das Unternehmen ist. Sofern es finanziell möglich ist, ist es wirtschaftlich lohnender, den Rechnungsbetrag innerhalb der Skontofrist zu begleichen.

Bankkredite umfassen einen Geldbetrag, der einem Kreditnehmer von einer Bank für einen bestimmten Zeitraum zur Verfügung gestellt wird und verzinst zurückgezahlt werden muss. Bankkredite zählen zu den gängigsten Finanzierungsformen für kleine und mittlere Unternehmen. Es gibt verschiedene Arten von Bankkrediten:

- **Diskontkredit:** Die Bank kauft einen noch nicht fälligen *Wechsel* vom Wechseleinreicher und dieser erhält den Wechselbetrag abzüglich der Wechseldiskontzinsen. Der Wechsel wird durch *Indossament* (Übertragungsvermerk) an die Bank übertragen. Ein Wechsel ist ein schriftliches Zahlungsversprechen, mit dem sich der Aussteller verpflichtet, zu einem späteren Zeitpunkt einen bestimmten Geldbetrag an eine begünstigte Person zu bezahlen. Im Gegensatz zu einem Scheck, der sofort fällig ist und als Zahlungsmittel dient, hat der Wechsel eine Kreditfunktion, da er dem Aussteller eine zeitlich befristete Zahlungsfrist gewährt. Wenn der Wechsel fällig ist, zahlt der Schuldner den vollen Nennwert des Wechsels zurück. In der heutigen Praxis hat der Diskontkredit an Bedeutung verloren.
- **Akzeptkredit:** Die Bank akzeptiert den ausgestellten Wechsel von ihrem Kunden und wird dadurch zum zahlungspflichtigen Wechselschuldner. Das Unternehmen kann diesen Besitzwechsel als Zahlungsmittel an Dritte weitergeben. Der neue Wechselinhaber ist berechtigt, bei Fälligkeit die Zahlung von der Bank zu fordern. Im internationalen Handelsverkehr ist diese Vorgehensweise gängige Praxis.
- **Kontokorrentkredit:** Ein Kontokorrentkredit ist ein von der Bank gewährter, flexibler Überziehungsrahmen auf dem Bankkonto. Der Kontoinhaber darf dadurch sein Konto bis

zu dem vereinbarten Limit überziehen und kann dadurch kurzfristige Zahlungsengpässe überbrücken.

- **Lombardkredit:** Lombardkredite sind kurzfristige Bankdarlehen, die durch die Verpfändung von markt- oder börsengängigen Vermögensgegenständen (wie Wertpapieren, Forderungen oder Edelmetallen) abgesichert sind. Der Wert der Pfandobjekte richtet sich nach ihrem *Beleihungswert*, der schnell und einfach ermittelt werden muss. Der Beleihungswert ist der Nominalwert abzüglich eines Wertabschlags.

Geldmarktkredite sind kurzfristige Darlehen, die Banken und Unternehmen auf dem Geldmarkt aufnehmen, um den laufenden Kapitalbedarf zu decken. Die Laufzeiten reichen von wenigen Tagen bis zu 12 Monaten. *Commercial Papers* und *Euronotes* sind zwei Arten von Geldmarkkrediten:

- **Commercial Papers** sind laut Wöhe et al., »Einführung in die Allgemeine Betriebswirtschaftslehre« (S. 556): »Schuldverschreibungen mit kurzer Laufzeit, die von bonitätsstarken Großunternehmen als nichtbörsennotierte Wertpapiere am Geldmarkt platziert werden.«
- **Euronotes** unterscheiden sich von Commercial Papiers in Hinblick auf das Platzierungsrisiko. Bei Commercial Papers trägt der Emittent (Herausgeber) das Risiko, die Wertpapiere erfolgreich am Markt zu platzieren, da keine Übernahmeverpflichtung durch Banken besteht. Bei Euronotes hingegen übernehmen Banken (beispielsweise im Rahmen einer *Note Issuance Facility (NIF)*) eine Übernahmeverpflichtung, wodurch sie das Platzierungsrisiko tragen.

Langfristige Kreditfinanzierung

Von einer langfristigen Kreditfinanzierung spricht man, wenn die Laufzeit des Kredits oder Darlehens mehr als fünf Jahre beträgt. Dabei ist der *Kredit* der Oberbegriff für alle Formen der Kapitalüberlassung auf Zeit, während ein Darlehen eine konkrete Form des Kredits darstellt.

- *Bankdarlehen* sind bei kleineren und mittleren Unternehmen die primäre Finanzierungsquelle. Ein langfristiges Bankdarlehen wird für die Anschaffung von Grundstücken, Gebäuden oder kapitalintensiven Maschinen verwendet. Meist verlangt die Bank, die das Darlehen gewährt, Sicherheiten in Form von Bürgschaften oder den Eintrag einer Grundschuld (Sicherungsrecht an einem Grundstück oder Wohneigentum). Der Zinssatz des Bankdarlehens hängt von den Kapitalmarktzinsen zum Zeitpunkt des Vertragsabschlusses, von der Laufzeit und von der Kreditwürdigkeit des Schuldners ab.
- Bei einem *Gesellschafterdarlehen* gewährt ein Gesellschafter dem Unternehmen ein Darlehen, das verzinst zurückgezahlt werden muss. *Schuldscheindarlehen* – also Darlehen, über die Schuldscheine ausgestellt werden – sind vor allem für bonitätsstarke Großunterneh-

men gedacht mit einem Kreditvolumen von mindestens 1 Million Euro. Kreditgeber sind Kapitalsammelstellen wie z. B. Pensionskassen oder Lebensversicherungsunternehmen.

- *Anleihen:* »Anleihen sind festverzinsliche Schuldverschreibungen, die das Recht auf Rückzahlung des Nennwertes zuzüglich Zinsen verbriefen« (Börse Frankfurt, *https://boerse-frankfurt.de/anleihen*, aufgerufen am 31.05.2025). Es gibt eine Vielzahl an verschiedenen Anleihen. Für eine weitere Vertiefung empfehle ich Ihnen die offizielle Website der Börse Frankfurt. Dort finden Sie eine detaillierte Übersicht über verschiedenen Anleihetypen, einschließlich ihrer Merkmale und Besonderheiten: *https://boerse-frankfurt.de/wissen/wertpapiere/anleihen/anleihentypen*.
- *Genussscheine* kombinieren die Merkmale von Aktien (z. B. Gewinnbeteiligung) und Anleihen (z. B. Kapitalrückzahlung). Genussscheine können eine feste, variable oder gewinnabhängige Verzinsung haben, und am Ende der Laufzeit ist es üblich, jedoch nicht garantiert, dass der Inhaber des Genussscheins sein eingesetztes Kapital wieder zurückerhält. Manche Genussscheine sehen eine Verlustbeteiligung vor, was zu einem Verlust des eingesetzten Kapitals führen kann. Im Gegensatz zu Aktien haben die Inhaber kein Stimmrecht bei der Gesellschafterversammlung. Genussscheine sind ein klassisches Instrument der *Mezzanine-Finanzierung*, da sie sowohl Merkmale von Eigen- als auch von Fremdkapital aufweisen: Oft erhalten Unternehmen nicht das nötige Kapitel von ihrer Bank, weil beispielsweise die Umsatzentwicklung nicht ausreicht oder weitere Verbindlichkeiten vorhanden sind. Die Lösung kann eine Mezzanine-Finanzierung sein, eine hybride Finanzierungsform, die Komponenten von Eigen- und Fremdkapital vereint und häufig von bankenunabhängigen Investoren angeboten wird.

Die letzte Kategorie von Methoden der Fremdfinanzierung sind die *Kreditsubstitute*.

Kreditsubstitute

Kreditsubstitute sind alternative Finanzierungsformen, die wie Kredite wirken (nämlich indem sie einem Unternehmen Liquidität zuführen), ohne dass es sich um einen klassischen Kredit handelt.

Kreditsubstitute unterscheiden sich in ihrer Struktur und hinsichtlich ihrer bilanziellen Behandlung von Krediten dadurch, dass kein bilanzwirksames Fremdkapital entsteht.

Bekannte Beispiele für Kreditsubstitute sind:

- **Factoring und Forfaitierung:** Beim *Factoring* verkauft ein Unternehmen kurzfristige Forderungen aus Waren- und Dienstleistungsverkäufen an einen Dritten, meist an ein spezialisiertes Finanzierungsunternehmen. Das Unternehmen erhält dadurch sofortige Liquidität. Erfolgt der Forderungsverkauf im Exportgeschäft, spricht man von *Forfaitierung*: Der inländische Lieferer (*Exporteur*) tritt seine mittel- bis langfristigen Forderungen gegenüber einem ausländischen Abnehmer an das Finanzinstitut (*Forfaiteur*) ab. Der Forfaiteur übernimmt somit das volle Ausfallrisiko.

- **Asset-Backed-Securities:** *Asset-Backed-Securities* sind festverzinsliche Wertpapiere, die durch einen Pool an Forderungen abgesichert sind. Diese Struktur bietet den Anlegern eine gewisse Sicherheit, da die Zahlungsansprüche durch diese bestehenden Vermögenswerte gedeckt sind.
- **Leasing:** Beim *Leasing* überlässt ein Leasinggeber einem Leasingnehmer Anlagegüter wie Maschinen oder Fahrzeuge für einen bestimmten Zeitraum (meist mittel- bis langfristig) gegen Zahlung von Leasinggebühren.

12.5 Innenfinanzierung

Kapital muss nicht ausschließlich von außen zugeführt werden, sondern Unternehmen können finanzielle Mittel auch aus den eigenen betrieblichen Leistungsprozessen heraus generieren. Im Gegensatz zur Außenfinanzierung basiert die *Innenfinanzierung* auf der unternehmenseigenen Finanzkraft und umfasst insbesondere die Selbstfinanzierung, Rückstellungen sowie Kapitalfreisetzungen durch Vermögensumschichtungen. Mithilfe dieser Methoden können Unternehmen eigenständig Investitionen tätigen und dabei ihre finanzielle Unabhängigkeit von externen Kapitalgebern sowie ihre unternehmerische Entscheidungsfreiheit bewahren.

Allerdings ist die Höhe der verfügbaren Mittel der Innenfinanzierung begrenzt und stark von der wirtschaftlichen Leistungsfähigkeit des Unternehmens abhängig. Vor allem für kleinere und mittlere Unternehmen ist die Innenfinanzierung eine wichtige Finanzierungsquelle, da sie aufgrund ihrer begrenzten Bonität oft nur begrenzten Zugang zu klassischen Fremdfinanzierungen haben.

Im Folgenden schauen wir uns die drei Möglichkeiten der Innenfinanzierung genauer an:

- Selbstfinanzierung (Gewinnthesaurierung) – Eigenfinanzierung
- Finanzierung durch Rückstellungen – Fremdfinanzierung
- Finanzierung durch Vermögensumschichtung

Selbstfinanzierung (Gewinnthesaurierung)

Selbstfinanzierung

Bei der *Selbstfinanzierung* behält das Unternehmen die erwirtschafteten Gewinne ein (*Gewinnthesaurierung*), anstatt sie auszuschütten.

Die Selbstfinanzierung gehört zum Bereich der *Eigenfinanzierung*.

Die Literatur unterscheidet zwischen

- **der offenen Selbstfinanzierung:** Der tatsächlich erzielte Gewinn wird vollständig in der Bilanz ausgewiesen.
- **der stillen Selbstfinanzierung:** Der tatsächlich erzielte Gewinn wird künstlich gemindert, z. B. durch Bildung einer stillen Reserve. Folglich wird nur ein Teil vom tatsächlichen Gewinn in der Bilanz ausgewiesen.

Beispiel zur Veranschaulichung

Ein Unternehmen erwirtschaftet einen Gewinn in Höhe von 1.000,00 €. 50 % des Gewinns soll an die Gesellschafter ausgeschüttet werden.

Offene Selbstfinanzierung:

1.000,00 € Gewinn werden in der Bilanz ausgewiesen.

50 % von 1.000,00 € → 500,00 € werden an die Gesellschafter ausgeschüttet.

500,00 € verbleiben nach der Ausschüttung zur offenen Selbstfinanzierung im Unternehmen.

Stille Selbstfinanzierung:

Das Unternehmen bildet stille Reserven (z. B. durch Unterbewertung von Vermögensgegenständen oder durch Überbewertung von Schulden) in Höhe von 400,00 €.

Folglich werden nur 600,00 € in der Bilanz als Gewinn ausgewiesen, obwohl der tatsächliche Gewinn immer noch 1.000,00 € beträgt.

Der ausgewiesene Gewinn in Höhe von 600,00 € wird zu 50 % = 300,00 € ausgeschüttet. Die Bildung von stillen Reserven ist nicht illegal, sondern ergibt sich aus dem im Handelsgesetzbuch verankerten Vorsichtsprinzip gemäß § 252 Abs. 1 Nr. 4 HGB.

Die Selbstfinanzierung hat den Vorteil, dass sie das Eigenkapital erhöht und folglich die Bonität verbessert. Außerdem bleibt das Unternehmen in der Entscheidung, wie es die einbehaltenen Gewinne verwendet, flexibel und kann diese z. B. auch für risikoreiche Investitionen einsetzen. Allerdings sollte bei der Entscheidung über die Verwendung der Rücklagen stets ein Vergleich mit alternativen Anlagemöglichkeiten erfolgen. Ist die erwartete Rendite einer internen Investition geringer als bei einer externen Kapitalanlage, sollte in Erwägung gezogen werden, den Gewinn doch auszuschütten und ihn außerhalb des Betriebes ertragreicher anzulegen.

(vgl. Wöhe et al., »Einführung in die Allgemeine Betriebswirtschaftslehre«, S. 585ff.)

Finanzierung durch Rückstellungen

Rückstellungen

Rückstellungen sind Posten in der Bilanz, »die für ungewisse Verbindlichkeiten und für drohende Verluste aus schwebenden Geschäften [...]« gebildet werden. (§ 249 HGB, *https://www.gesetze-im-internet.de/hgb/__249.html*, aufgerufen am 30.05.2025)

Der Finanzierungsvorteil von Rückstellungen besteht darin, dass ein entsprechender Aufwand bereits in der aktuellen Periode erfasst wird, während die dazugehörige Auszahlung erst zu einem späteren Zeitpunkt erfolgt. Dadurch verbleibt ein Teil der erwirtschafteten Mittel zunächst im Betrieb und kann bis zum Zeitpunkt der tatsächlichen Auszahlung flexibel genutzt werden.

Ein ähnlicher Effekt ergibt sich bei der Finanzierung durch *Abschreibungen* (also den Werteverzehr von abnutzbaren Vermögensgegenständen): Sie werden als Aufwand in der Gewinn- und Verlustrechnung verbucht, mindern dadurch den Gewinn, führen jedoch nicht zu tatsächlichen Auszahlungen, da die Investition bereits in der Vergangenheit getätigt wurde. Somit verbleiben diese Mittel im Unternehmen und können beispielsweise für andere Investitionen oder zur Schuldentilgung verwendet werden.

In Kapitel 13, »Betriebswirtschaftliches Rechnungswesen«, behandeln wir das Thema Rückstellungen aus bilanztechnischer Perspektive.

Finanzierung durch Vermögensumschichtung

Bei der Finanzierung durch *Vermögensumschichtung* werden bestehende Vermögenswerte umstrukturiert, sodass neues Kapital freigesetzt wird. Dies geschieht meist durch:

- **Veräußerung von Unternehmenssparten:** Nicht lukrative Sparten werden abgestoßen und die Geschäftsbereiche dadurch neu strukturiert, sodass auf längere Sicht der Shareholder Value gesteigert wird.
- **Veräußerung von Anlage- und Umlaufvermögen:** Vorräte oder ausstehende Forderungen werden liquidiert.
- **Rationalisierungsmaßnahmen:** Abbau von Lagerbeständen sowie bessere Koordination im Produktionsbereich

Durch die letzten beiden Maßnahmen wird das im Umlaufvermögen gebundene Kapital reduziert – diese finanziellen Mittel können dann ebenfalls reinvestiert oder zur Tilgung von Krediten eingesetzt werden.

(vgl. Wöhe et al., »Einführung in die Allgemeine Betriebswirtschaftslehre«, S. 593ff.)

12.6 Kennzahlen

Wie in jedem Geschäftsbereich gibt es auch bei der Investition und Finanzierung Kennzahlen, die Ihnen bei der Analyse und Verbesserung der Kapitalstruktur helfen.

Die Liquiditätsgrade – ein Indiz dafür, ob genügend finanzielle Mittel vorhanden sind, um kurzfristige Verbindlichkeiten zu erfüllen – habe ich bereits in Abschnitt 12.4, »Außenfinanzierung«, ausführlich behandelt. Einige andere Kennzahlen, wie z. B. die Rentabilität, wurden in Abschnitt 12.3, »Finanzplanung«, betrachtet.

Zum Abschluss möchte ich Ihnen noch die *Goldene Finanzierungsregel* vorstellen.

Goldene Finanzierungsregel

Die *Goldene Finanzierungsregel* fordert, dass ein Unternehmen langfristige Investitionen auch mit langfristigem Kapital finanziert und demzufolge kurzfristige Ausgaben mit kurzfristigem Kapital deckt.

Die *Goldene Bilanzregel* konkretisiert das Ganze in folgender Formel (Vahs/Schäfer-Kunz, »Einführung in die Betriebswirtschaftslehre«, S. 521):

$$\frac{\text{Eigenkapital} + \text{langfristiges Fremdkapital}}{\text{Anlagevermögen}} \geq 1$$

Das langfristig gebundene Anlagevermögen sollte vollständig durch Eigenkapital und langfristiges Fremdkapital finanziert werden. Ist dies der Fall, gilt die Goldene Finanzierungsregel als erfüllt und ein solides Fundament für eine stabile Kapitalstruktur ist damit geschaffen.

Die Bedeutung von Investition und Finanzierung

Die Bereiche Investition und Finanzierung sind zentrale Elemente der Unternehmensführung. Investitionen schaffen die Grundlage für zukünftiges Wachstum und Wertschöpfung. Die Finanzierung stellt sicher, dass ausreichend finanzielle Mittel zur Verfügung stehen. Dies zeigt sich beispielsweise bei der Digitalisierung von Geschäftsprozessen: Die Einführung neuer IT-Systeme ist mit erheblichen Anfangsinvestitionen verbunden, die sorgfältig geplant und finanziert werden müssen. Um die technologischen Innovationen erfolgreich und gleichzeitig wirtschaftlich im Unternehmen zu verankern, ist eine abgestimmte Investitions- und Finanzierungsstrategie unerlässlich. Nur so kann ein Unternehmen langfristig wettbewerbsfähig, anpassungsfähig und wirtschaftlich erfolgreich sein.

Welche Empfehlungen lassen sich für *planITs* nun ableiten, wenn es um geeignete Kapitalquellen zur Finanzierung geht?

12.7 Lösungen

Aufgabe 1

Vorteile

- Berücksichtigt den Zeitwert des Geldes.
- Ist aussagekräftiger als statische Verfahren.
- Ist für komplexere Szenarien geeignet.

Nachteile

- Ist komplex und zeitaufwendig.
- Ist von Prognosen abhängig – eine genaue Schätzung zukünftiger Zahlen ist notwendig.
- Der Kalkulationszins muss bekannt sein oder sinnvoll festgelegt werden.

Aufgabe 2

$$\text{Investitionsquote} = \frac{500.000}{2.500.000} \cdot 100 = 20\ \%$$

Die Investitionsquote beträgt 20 %. Das bedeutet, dass ein Unternehmen 20 % des Wertes seines Anlagevermögens neu investiert hat.

Ob dieser Wert als gut oder schlecht zu bewerten ist, hängt vom jeweiligen Unternehmen ab. In einem Hightech-Unternehmen, bei dem regelmäßige Investitionen entscheidend für die Wettbewerbsfähigkeit sind, kann eine Investitionsquote von 20 % positiv sein. In einer Branche, die weniger investitionsintensiv ist, wie z. B. der Handel, wäre die Investitionsquote von 20 % vermutlich zu hoch und mit einem erhöhten Risiko der Kapitalbindung verbunden.

Aufgabe 3

Ja. Ein Unternehmen, das viele flüssige Mittel besitzt, hat zwar viel Geld, jedoch wird dieses Geld nicht genutzt. Dies ist aus finanzwirtschaftlicher Sicht nicht sinnvoll, da das Geld lieber investiert oder angelegt werden sollte.

Aufgabe 4

$$\text{Liquidität 1. Grades} = \frac{(10.000{,}00 + 13.000{,}00 + 12.000{,}00\ )}{61.000{,}00} \cdot 100 = 57{,}38\ \%$$

$$\text{Liquidität 2. Grades} = \frac{35.000{,}00 + 33.000{,}00}{61.000{,}00} \cdot 100 = 111{,}48\ \%$$

$$\text{Liquidität 3. Grades} = \frac{35.000{,}00 + 33.000{,}00 + 22.000{,}00}{61.000{,}00} \cdot 100 = 147{,}54\ \%$$

Die Zahlungssicherheit des Unternehmens ist gesichert, denn alle Kennzahlen liegen über dem Zielwert. Jedoch sollte geprüft werden, ob ein Teil der überschüssigen finanziellen Mittel rentabler investiert werden kann.

Kapitel 13

Betriebswirtschaftliches Rechnungswesen

Viele Menschen führen ein Haushaltsbuch, um Einnahmen wie ihr Gehalt oder Ausgaben für Miete, Lebensmittel oder Strom zu erfassen. So behalten sie den Überblick über ihre Finanzen und entdecken Sparmöglichkeiten. Im Unternehmen übernimmt das Rechnungswesen diese Aufgabe, indem es alle finanziellen Vorgänge systematisch erfasst und auswertet.

Worum geht es in diesem Kapitel?

Abschnitt 13.1, »Grundlagen«

Abschnitt 13.2, »Das externe Rechnungswesen«

Abschnitt 13.3, »Das interne Rechnungswesen«

13.1 Grundlagen

Ob groß oder klein, Industrie oder Handel – für alle Unternehmen ist das Rechnungswesen ein unverzichtbares Instrument der Unternehmensführung. Das Rechnungswesen liefert die Zahlenbasis und ist Informationsgrundlage für nahezu alle Entscheidungen im Unternehmen. Es dokumentiert nicht nur alle Geschäftsvorfälle im Unternehmen, sondern analysiert und bewertet sie auch. Es verbindet die Vergangenheit, die Gegenwart und die Zukunft des Unternehmens. Dieses Kapitel führt Sie in die Grundlagen des Rechnungswesens ein.

Das betriebliche Rechnungswesen erfüllt also wichtige Aufgaben im Betrieb, grundsätzlich kann von folgenden Kernaufgaben gesprochen werden:

- **Information:** Bereitstellung von Daten und Auswertungen für interne und externe Adressaten (Rechenschaftslegung)
- **Dokumentation:** Alle betrieblichen Geschäftsvorfälle werden erfasst.
- **Planung und Steuerung:** Die Zahlen aus dem Rechnungswesen sind die Grundlage für wichtige Entscheidungen und Planungsprozesse.
- **Kontrolle:** Die Wirtschaftlichkeit und Rentabilität des unternehmerischen Handelns können überprüft werden.

Betrachten wir nun anhand von Tabelle 13.1 die klassische Einteilung des Rechnungswesens:

	Externes Rechnungswesen	Internes Rechnungswesen
Bereiche	*Finanzbuchhaltung* Jahresabschluss ▶ Bilanz ▶ Gewinn- und Verlustrechnung	*Betriebsbuchhaltung* Kosten- und Leistungsrechnung Planungsrechnung

Tabelle 13.1 Einteilung des klassischen Rechnungswesens

	Externes Rechnungswesen	Internes Rechnungswesen
Gesetzliche Grundlage	gesetzlich geregelt	keine gesetzlichen Regelungen
Zeitbezug	Vergangenheit	Gegenwart und Zukunft
Ziele	▶ Rechnungslegung zur Vermögens-, Schulden- und Erfolgslage ▶ Dokumentation aller Geschäftsvorfälle	▶ Planung, Steuerung und Kontrolle des Geschäftsbetriebs ▶ Information und Entscheidungsgrundlage für interne Entscheidungsträger
Adressaten	Kapitalgeber, Staat, Lieferanten, Kunden	Unternehmensführung, internes Management

Tabelle 13.1 Einteilung des klassischen Rechnungswesens (Forts.)

Bei der klassischen Einteilung unterscheidet man:

- *externes Rechnungswesen = Jahresabschluss*
- *internes Rechnungswesen = Kosten- und Leistungsrechnung*

Beim externen Rechnungswesen dokumentiert die *Finanzbuchhaltung* alle Geschäftsvorfälle, die dann in der *Bilanz* und *Gewinn- und Verlustrechnung (GuV)* zusammengefasst werden.

Die externen Adressaten (z. B. die Banken, das Finanzamt oder Investoren) erhalten durch den Jahresabschluss und die GuV Einblick in die Vermögens-, Schulden- und Ertragslage eines Unternehmens. Damit alle Unternehmen nach denselben Maßstäben bewertet werden können, hat der Gesetzgeber umfangreiche handels- und steuerrechtliche Vorschriften dazu erlassen. Diese sind bei der Erstellung des Jahresabschlusses zwingend einzuhalten, um Steuergerechtigkeit für alle zu gewährleisten, denn nur so lässt sich sicherstellen, dass alle Unternehmen vor dem Gesetz gleich behandelt werden (vgl. Wöhe et al., »Einführung in die Allgemeine Betriebswirtschaftslehre«, S. 634). In Abschnitt 13.2, »Das externe Rechnungswesen«, befassen wir uns gleich intensiv mit dem externen Rechnungswesen.

Im Gegensatz zum gesetzlich geregelten externen Rechnungswesen gibt es für das *interne Rechnungswesen* keine gesetzlichen Vorschriften, weshalb es völlig unternehmensspezifisch gestaltet werden kann. Das interne Rechnungswesen besteht aus der *Kosten- und Leistungsrechnung (KLR)* und der *Planungsrechnung*. In Abschnitt 13.3, »Das interne Rechnungswesen«, werden wir uns schwerpunktmäßig mit der KLR beschäftigen.

Bevor wir uns den einzelnen Bereichen im Detail widmen, sollten Sie sich zunächst einige grundlegende Begriffe des Rechnungswesens einprägen. Diese sind in Abbildung 13.1 zusammengestellt.

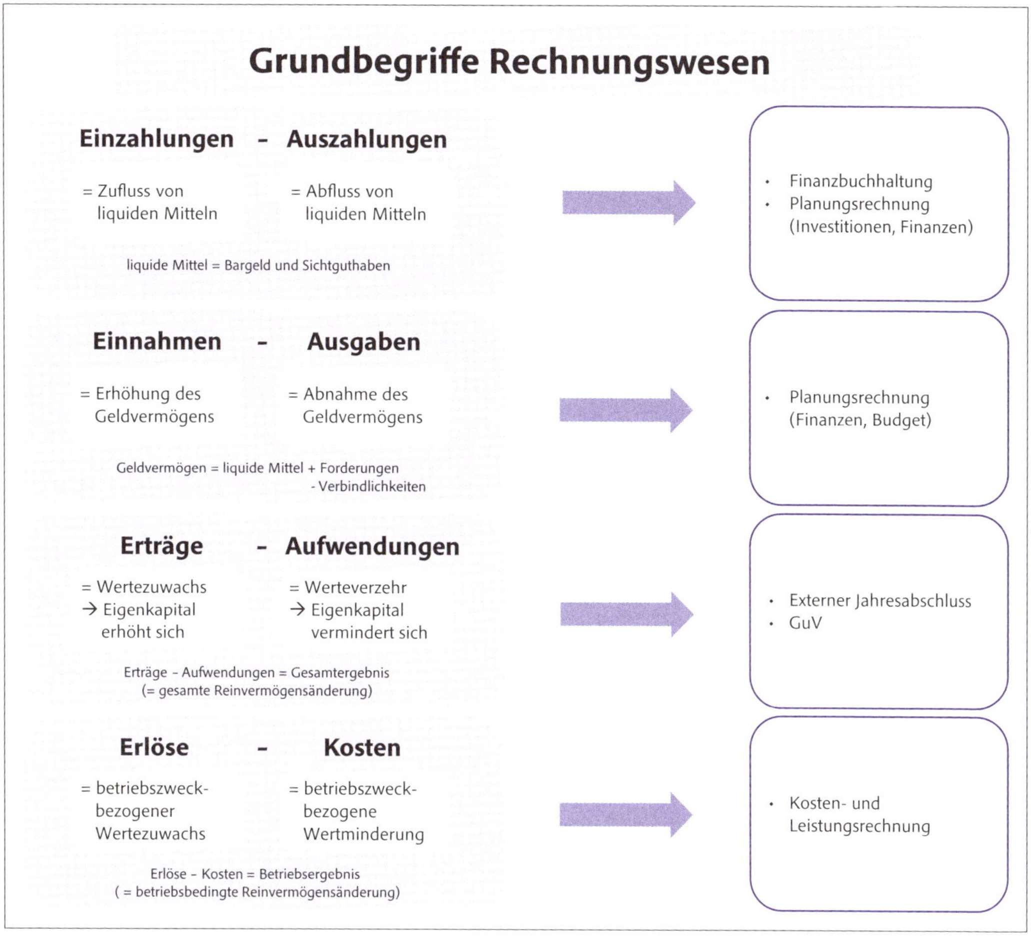

Abbildung 13.1 Grundbegriffe des Rechnungswesens

Diese Grundbegriffe können in *Bestandsgrößen* und *Stromgrößen* unterteilt werden.

Bestandsgrößen/Stromgrößen

Bestandsgrößen sind wirtschaftliche Größen, die den Bestand von Vermögen und Schulden zu einem bestimmten Zeitpunkt darstellen. Sie sind zeitpunktbezogen.

Stromgrößen sind wirtschaftliche Größen, die die Veränderung von Bestandsgrößen innerhalb eines bestimmten Zeitraums messen. Sie sind zeitraumbezogen.

Abbildung 13.2 verdeutlicht den Zusammenhang zwischen Stromgrößen und Bestandsgrößen, indem sie zeigt, dass periodenbezogene Erträge und Aufwendungen zu einer Erhöhung bzw. Minderung der Bestandsgröße Reinvermögen führen:

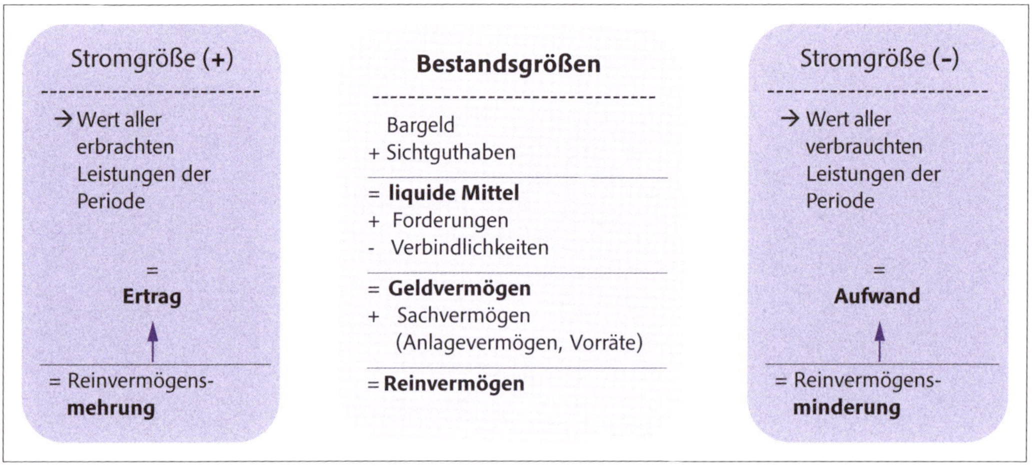

Abbildung 13.2 Bestandgrößen und Stromgrößen (vgl. Wöhe et al., »Einführung in die Allgemeine Betriebswirtschaftslehre«, S. 638)

Aufgabe 1: Eine Frage der Definition?

Erklären Sie, ob es sich bei den unten genannten Fällen um eine Auszahlung, eine Ausgabe, einen Aufwand oder um Kosten handelt:

a) Wir kaufen Waren für die Produktion bar ein – die Ware wird sofort in der Produktion verbraucht.

b) Wir kaufen Waren für die Produktion per Banküberweisung – die Ware liegt auf Vorrat im Lager.

Sie haben nun zentrale Begriffe des Rechnungswesens kennengelernt. In den nächsten Abschnitten betrachten wir die beiden Hauptbereiche – das externe und das interne Rechnungswesen – im Detail.

13.2 Das externe Rechnungswesen

Wie Sie bereits wissen, geht es beim externen Rechnungswesen darum, Informationen über die wirtschaftlichen Vorgänge eines Unternehmens für externe Interessengruppen bereitzustellen. Zu diesem Zweck wird der *Jahresabschluss* veröffentlicht, der die Bilanz, die Gewinn- und Verlustrechnung sowie gegebenenfalls einen Anhang und Lagebericht beinhaltet.

Bilanz/Gewinn- und Verlustrechnung/Finanzbuchhaltung

Die *Bilanz* ist die Gegenüberstellung von Vermögen und Kapital eines Unternehmens zu einem bestimmten Stichtag.

Die *Gewinn- und Verlustrechnung* stellt die Aufwendungen und Erträge innerhalb eines bestimmten Zeitraums gegenüber und dient der Ermittlung des Unternehmensergebnisses. Sie ist ein gesetzlich vorgeschriebener Bestandteil des Jahresabschlusses.

Die *Finanzbuchhaltung (FiBu)* dokumentiert alle relevanten finanziellen Geschäftsvorfälle und erfasst dabei systematisch sämtliche Aufwendungen und Erträge eines Unternehmens.

Doch warum ist das notwendig? Jeder Kaufmann ist gesetzlich verpflichtet, Bücher zu führen und Rechenschaft über seine Geschäftstätigkeit abzulegen. (Das ist die sogenannte *Rechenschaftslegung*.) Diese Pflicht zu erfüllen, stellt den zentralen Zweck des externen Rechnungswesens dar und dient vor allem dem Schutz von Gläubigern, Banken oder Investoren.

Die Vorschriften sind im Handelsgesetzbuch (HGB) geregelt, nämlich in § 238 HGB:

> *»(1) Jeder Kaufmann ist verpflichtet, Bücher zu führen und in diesen seine Handelsgeschäfte und die Lage seines Vermögens nach den Grundsätzen ordnungsgemäßer Buchführung ersichtlich zu machen. Die Buchführung muß [sic] so beschaffen sein, daß [sic] sie einem sachverständigen Dritten innerhalb angemessener Zeit einen Überblick über die Geschäftsvorfälle und über die Lage des Unternehmens vermitteln kann. […]«*

(*https://www.gesetze-im-internet.de/hgb/__238.html*, aufgerufen am 04.06.2025)

Der § 238 HGB enthält zwei wichtige Anforderungen: Zum einen ist der Kaufmann verpflichtet, seine Bücher nach den *Grundsätzen ordnungsgemäßer Buchführung (GoB)* zu führen. Zum anderen muss diese Buchführung so gestaltet sein, dass sich ein sachverständiger Dritter darin ohne Weiteres zurechtfinden kann.

Grundsätze ordnungsgemäßer Buchführung

Die *Grundsätze ordnungsgemäßer Buchführung (GoB)* sind zwar im HGB erwähnt, aber nicht explizit definiert. Sie sind durch Rechtsnormen und die Rechtsprechung geprägt und beinhalten drei Bereiche, die in Tabelle 13.2 aufgeschlüsselt sind.

Rahmengrundsätze	Abgrenzungsgrundsätze	Bilanzierungsgrundsätze
▸ Richtigkeit und Willkürfreiheit ▸ Übersichtlichkeit und Klarheit ▸ Vollständigkeit ▸ Einzelbewertung ▸ Ordnungsmäßigkeit ▸ Belegprinzip ▸ Sicherheit	▸ Imparitätsprinzip ▸ Realisationsprinzip ▸ Periodenabgrenzung	▸ Bilanzwahrheit ▸ Bilanzklarheit ▸ Bilanzkontinuität ▸ Bilanzidentität

Tabelle 13.2 Bestandteile der Grundsätze ordnungsgemäßer Buchführung

Die Grundlage für die GoB bilden die Rahmengrundsätze: Der Grundsatz der *Richtigkeit und Willkürfreiheit* verlangt, dass alle Geschäftsvorfälle sowohl sachlich als auch rechnerische korrekt erfasst werden. Zudem muss die Buchführung *klar* und *übersichtlich* sein, und der Jahresabschluss muss in deutscher Sprache und in Euro erstellt werden. Die Einhaltung der gesetzlich vorgeschriebenen Aufbewahrungsfristen ist ebenfalls sicherzustellen.

Die Buchführung muss *vollständig* und lückenlos sämtliche Geschäftsvorgänge abbilden.

Der Grundsatz der *Einzelbewertung* besagt, dass jeder Vermögensgegenstand einzeln zu bewerten ist.

Unter *Ordnungsmäßigkeit* versteht man, dass die Geschäftsvorfälle zeitnah und in chronologischer Reihenfolge aufgezeichnet werden müssen.

Ein zentraler Bestandteil der GoB ist weiterhin das *Belegprinzip*, das lautet: Keine Buchung ohne Beleg!

Der Grundsatz der *Sicherheit* fordert organisatorische Maßnahmen, die dafür sorgen, dass alle Unterlagen ordnungsgemäß archiviert werden und dass die Aufbewahrungsfristen zuverlässig eingehalten werden.

Auch die *Abgrenzungsgrundsätze* lassen sich in mehrere untergeordnete Prinzipien aufteilen. Das *Imparitätsprinzip* schreibt vor, dass drohende Verluste bereits dann berücksichtigt werden müssen, wenn sie erkennbar sind, auch wenn sie noch nicht eingetreten sind.

Gewinne hingegen müssen erst berücksichtigt werden, wenn sie realisiert wurden – dies entspricht dem *Realisationsprinzip*.

Der Grundsatz der *Periodenabgrenzung* verlangt, dass Aufwendungen und Erträge dem Jahr zuordnet werden, in dem sie wirtschaftlich entstanden sind.

Die vier *Bilanzierungsgrundsätze* gelten insbesondere für die Buchführung und die Erstellung des Jahresabschlusses. Generell erfolgt die ordnungsgemäße Buchführung nach dem *System der doppelten Buchführung*. Dieses System beruht auf dem Prinzip, dass jeder Geschäftsvorfall doppelt erfasst werden muss – auf einem Konto im Soll und auf einen Gegenkonto im Haben. Die doppelte Buchführung führt schließlich zum zweiteiligen Jahresabschluss, der aus der Bilanz und der *Gewinn- und Verlustrechnung (GuV)* besteht.

Die Bilanz muss vollständig und korrekt sein und die tatsächliche wirtschaftliche Lage des Unternehmens abbilden – die *Bilanzwahrheit* muss also gewährleistet sein.

Der Bilanzierungsgrundsatz der *Bilanzklarheit* verlangt, dass die Bilanz übersichtlich und eindeutig gegliedert ist, wobei eine Trennung in Aktiv- und Passivseite erforderlich ist.

Der Grundsatz der *Bilanzkontinuität* stellt sicher, dass über mehrere Jahre hinweg eine einheitliche Gliederungsstruktur beibehalten wird, um die Prozesse nachvollziehbar und vergleichbar zu machen.

Schließlich besagt der Grundsatz der *Bilanzidentität*, dass die Eröffnungsbilanz eines neuen Geschäftsjahres mit der Schlussbilanz des Vorjahres vollständig übereinstimmen muss.

Wer unterliegt nun dieser Pflicht zur doppelten Buchführung/Bilanzierung? Gemäß HGB alle Kaufleute, die im Handelsregister eingetragen sind (siehe Abschnitt 5.2), wie z. B.:

- Einzelkaufleute (e. K.) – Ausnahme: Einzelkaufleute, deren Umsatz 800.000,00 € und deren Gewinn 80.000,00 € in zwei aufeinander folgenden Geschäftsjahren nicht überschreitet, sind von der Buchführungspflicht befreit.
- Offene Handelsgesellschaften (OHG)
- Kommanditgesellschaften (KG)
- Gesellschaften mit beschränkter Haftung (GmbH)
- Aktiengesellschaften (AG)

Für Kapitalgesellschaften, wie die AG oder die GmbH, gelten ergänzende Buchführungspflichten in Abhängigkeit von der Größe der Gesellschaft, die Sie in den §§ 267, 293 HGB nachlesen können.

Gewerbetreibende, die nicht im Handelsregister eingetragen sind, unterliegen der Buchführungs- und Bilanzierungspflicht nur, wenn ihr Umsatz 800.000 € und ihr Gewinn 80.000 € im Jahr überschreiten.

Wer nicht der Buchführungspflicht unterliegt, ist lediglich zu einer *Einnahmen-Überschussrechnung* gemäß § 4 Abs. 3 Einkommensteuergesetz (EStG) verpflichtet. Eine freiwillige Buchführung mit Bilanzierung ist zwar möglich, jedoch mit einem deutlich höheren Zeit- und Kostenaufwand verbunden. Bei der Einnahmen-Überschussrechnung gilt folgendes Prinzip:

Betriebseinnahmen

– Betriebsausgaben

= Gewinn/Verlust

Hierbei wird das *Zufluss-Abfluss-Prinzip* angewendet. Das bedeutet, dass Einnahmen in dem Geschäftsjahr erfasst werden, in dem sie tatsächlich eingegangen sind, und Ausgaben in dem Jahr, in dem sie tatsächlich abgeflossen sind.

Wird gegen die Grundsätze der ordnungsgemäßen Buchführung oder auch gegen die Vorschriften der Einnahmen-Überschussrechnung verstoßen, nimmt das Finanzamt Schätzungen vor, die meist zu einer Erhöhung der Steuerlast führen. Außerdem können eventuell gewährte Steuervergünstigungen oder -rückzahlungen gestrichen werden, oder es wird eine Geldstrafe verhängt.

Die oben angesprochenen *Aufbewahrungspflichten* für die betriebswirtschaftlichen Unterlagen des Unternehmens regelt § 257 HGB (vgl. *https://www.gesetze-im-internet.de/hgb/__257.html*, aufgerufen am 06.06.2025). In Abbildung 13.3 sind seine Regelungen grafisch dargestellt.

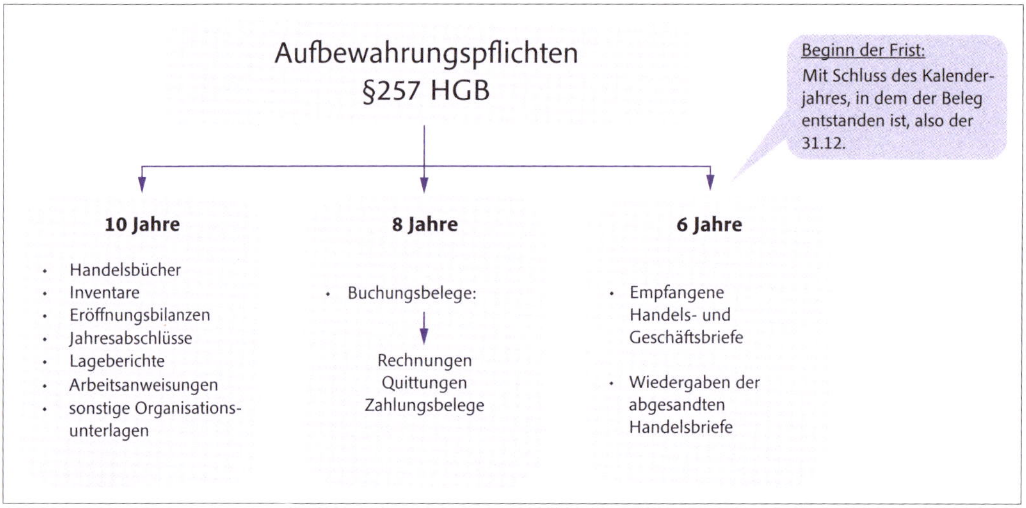

Abbildung 13.3 Aufbewahrungspflichten für Unterlagen gemäß § 257 HGB

Mit Ausnahme der Eröffnungsbilanzen und Abschlüsse können die Unterlagen auch als Wiedergabe auf einem Bildträger oder auf anderen Datenträgern aufbewahrt werden.

Folgende Voraussetzungen müssen hierbei erfüllt sein:

- Lesbarkeit und Unveränderbarkeit der Daten über die gesamte Aufbewahrungspflicht hinweg

- bei Handelsbriefen und Buchungsbelegen: bildliche Übereinstimmung bzw. Original-Wiedergabe
- Bei anderen Unterlagen genügt die inhaltliche Übereinstimmung.

Beispiel

Wenn ein Unternehmen eine Eingangsrechnung am 06.06.2025 erhält, beginnt die Aufbewahrungspflicht am 31.12.2025 und endet am 31.12.2033. Ab dem 01.01.2034 darf die Rechnung vernichtet werden.

Aufbau der Bilanz

Bevor wir uns mit der Finanzbuchhaltung beschäftigen, ist es notwendig, zunächst den Aufbau der Bilanz zu betrachten. Ich habe bereits mehrmals über die Bilanz gesprochen, und Sie wissen aus Abschnitt 12.1, »Grundlagen«, dass eine Bilanz sich aus Vermögen und Kapital zusammensetzt und in Kontenform dargestellt wird. Diese Zusammensetzung schauen wir uns nun genauer an. Jedoch macht es hier einen Unterschied, ob es sich um eine Kapitalgesellschaft handelt oder nicht.

Nicht-Kapitalgesellschaften sind gemäß § 247 Abs. 1 HGB verpflichtet, die in Abbildung 13.4 dargestellten Posten gesondert auszuweisen und aufzugliedern (vgl. § 247 Abs. 1 HGB, *https://www.gesetze-im-internet.de/hgb/__247.html*, aufgerufen am 06.06.2025).

Aktiva	**Bilanz**	**Passiva**
A. Anlagevermögen		**A. Eigenkapital**
B. Umlaufvermögen		**B. Schulden**
		C. Rechnungsabgrenzungsposten

Abbildung 13.4 Aufbau der Bilanz bei Nicht-Kapitalgesellschaften nach § 247 Abs. 1 HGB

Kapitalgesellschaften sowie bestimmte Personengesellschaften im Sinne der §§ 264a–c HGB und Großunternehmen (vergleiche Abschnitt 4.3) sind verpflichtet, ihre Bilanz nach dem Gliederungsschema des § 266 HGB aufzustellen (§ 266 HGB, *https://www.gesetze-im-internet.de/hgb/__266.html*, aufgerufen am 06.06.2025), das Sie in Abbildung 13.5 sehen.

Aktiva **Bilanz** **Passiva**

A. Anlagevermögen:

I. Immaterielle Vermögensgegenstände:

1. Selbst geschaffene gewerbliche Schutzrechte und ähnliche Rechte und Werte;
2. entgeltlich erworbene Konzessionen, gewerbliche Schutzrechte und ähnliche Rechte und Werte sowie Lizenzen an solchen Rechten und Werten;
3. Geschäfts-oder Firmenwert;
4. geleistete Anzahlungen;

II. Sachanlagen:

1. Grundstücke, grundstücksgleiche Rechte und Bauten einschließlich der Bauten auf fremden Grundstücken;
2. technische Anlage und Maschinen;
3. andere Anlagen, Betriebs-und Geschäftsausstattung;
4. geleistete Anzahlungen und Anlagen im Bau;

III. Finanzanlagen:

1. Anteile an verbundenen Unternehmen;
2. Ausleihungen an verbundene Unternehmen;
3. Beteiligungen;
4. Ausleihungen an Unternehmen, mit denen ein Beteiligungsverhältnis besteht;
5. Wertpapiere des Anlagevermögens;
6. sonstige Ausleihungen.

B. Umlaufvermögen:

I. Vorräte:

1. Roh-, Hilfs-und Betriebsstoffe;
2. unfertige Erzeugnisse, unfertige Leistungen;
3. fertige Erzeugnisse und Waren;
4. geleistete Anzahlungen;

II. Forderungen und sonstige Vermögensgegenstände:

1. Forderungen aus Lieferungen und Leistungen;
2. Forderungen gegen verbundene Unternehmen;
3. Forderungen gegen Unternehmen, mit denen ein Beteiligungsverhältnis besteht;
4. sonstige Vermögensgegenstände;

III. Wertpapiere

1. Anteile an verbundenen Unternehmen;
2. sonstige Wertpapiere;

IV. Kassenbestand, Bundesbankguthaben, Guthaben bei Kreditinstituten und Schecks.

C. Rechnungsabgrenzungsposten.

D. Aktive latente Steuern.

E. Aktiver Unterschiedsbetrag aus der Vermögensverrechnung.

A. Eigenkapital:

I. Gezeichnetes Kapital;

II. Kapitalrücklage;

III. Gewinnrücklagen:

1. gesetzliche Rücklage;
2. Rücklage für Anteile an einem herrschenden oder mehrheitlich beteiligten Unternehmen;
3. satzungsmäßige Rücklagen;
4. andere Gewinnrücklagen;

IV. Gewinnvortrag/Verlustvortrag;

V. Jahresüberschuss/Jahresfehlbetrag.

B. Rückstellungen:

1. Rückstellungen für Pensionen und ähnliche Verpflichtungen;
2. Steuerrückstellungen;
3. sonstige Rückstellungen.

C. Verbindlichkeiten:

1. Anleihen;
2. Verbindlichkeiten gegenüber Kreditinstituten;
3. erhaltene Anzahlungen auf Bestellungen;
4. Verbindlichkeiten aus Lieferungen und Leistungen;
5. Verbindlichkeiten aus der Annahme gezogener Wechsel und der Ausstellung eigener Wechsel;
6. Verbindlichkeiten gegenüber verbundenen Unternehmen;
7. Verbindlichkeiten gegenüber Unternehmen, mit denen ein Beteiligungsverhältnis besteht;
8. sonstige Verbindlichkeiten, davon aus Steuern; davon im Rahmen der sozialen Sicherheit.

D. Rechnungsabgrenzungsposten.

E. Passive latente Steuern.

Abbildung 13.5 Aufbau der Bilanz für Kapitalgesellschaften nach § 266 HGB

Für kleinste und kleine Kapitalgesellschaften gilt ein verkürztes Gliederungsschema (siehe § 267a HGB).

Die Aktivseite

Widmen wir uns nun der Bilanz in Abbildung 13.5. Die wichtigsten Posten auf der Aktivseite sind die folgenden:

- Anlagevermögen
- Umlaufvermögen
- Rechnungsabgrenzungsposten
- Aktive latente Steuern
- Aktiver Unterschiedsbetrag aus der Vermögensrechnung

Wir sehen uns einige dieser Posten nun im Einzelnen an.

Anlagevermögen

Das *Anlagevermögen* umfasst alle Vermögensgegenstände eines Unternehmens, die langfristig im Unternehmen verbleiben.

Typische Bestandteile sind immaterielle Vermögensgegenstände (z. B. Lizenzen, Patente), Sachanlagen (z. B. Grundstücke, Gebäude, Maschinen, Betriebs- und Geschäftsausstattung) und Finanzanlagen (z. B. Beteiligungen).

Da diese Vermögensgegenstände im Laufe der Zeit an Wert verlieren, wird dieser tatsächliche Wertverlust periodengerecht durch *Abschreibungen* erfasst, um den erwirtschafteten Gewinn realistisch darzustellen.

Abschreibungen

Abschreibungen erfassen buchhalterisch den Werteverzehr von Vermögensgegenständen über deren wirtschaftliche Nutzungsdauer.

§ 253 Abs. 3 HGB regelt die Abschreibungen und unterscheidet zwischen den in Abbildung 13.6 dargestellten Bestandteilen:

Die Abschreibungen werden als Aufwand verbucht und nach verschiedenen Verfahren berechnet, die Sie in Abbildung 13.7 sehen.

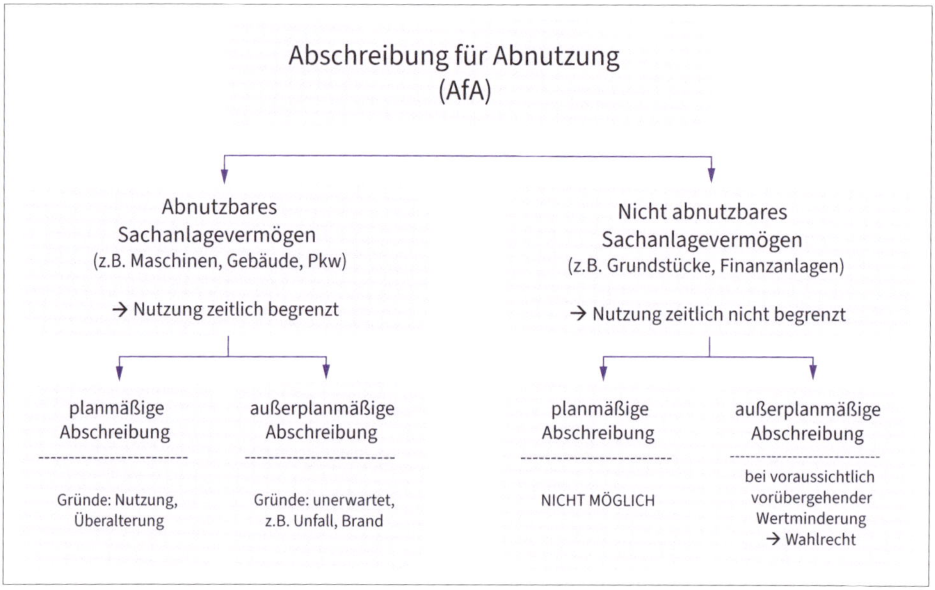

Abbildung 13.6 Abschreibungen für Abnutzungen (AfA)

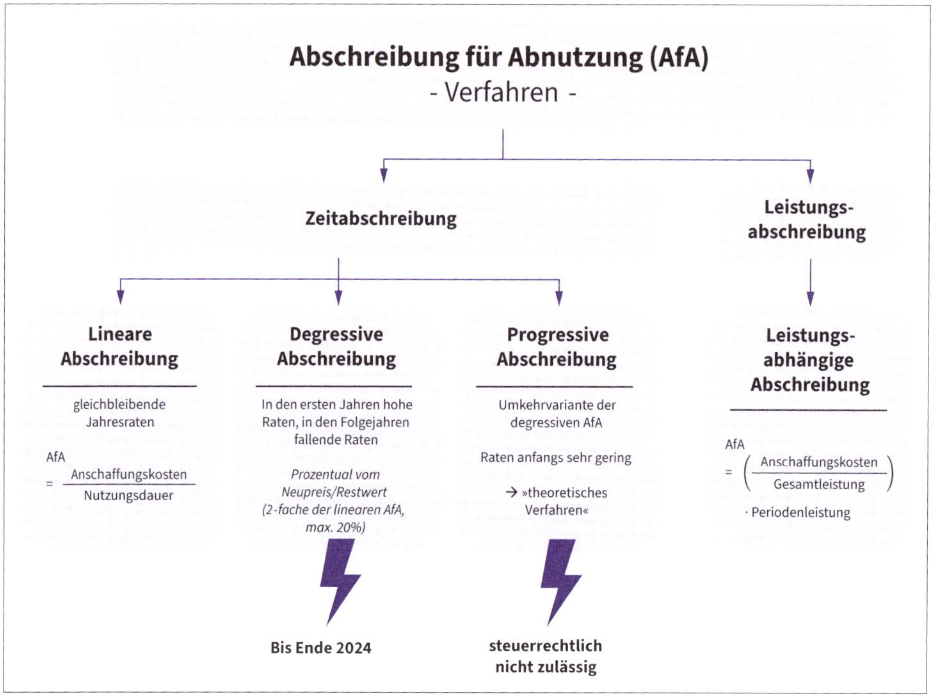

Abbildung 13.7 Abschreibungsverfahren bei planmäßiger Abschreibung

Im Rahmen des *Wachstumschancengesetzes* wurde die *degressive AfA* für bewegliche Wirtschaftsgüter wieder befristet eingeführt. Die degressive Abschreibung ist derzeit nur noch für bewegliche Wirtschaftsgüter des Anlagevermögens, die in der Zeit nach dem 31.03.2024 und vor dem 01.01.2025 angeschafft wurden, in Höhe des 2,0-fachen der linearen Abschreibung bis maximal 20 % möglich. Für Wohngebäude wurde eine degressive AfA von 5 % eingeführt, wenn deren Herstellung nach dem 30.09.2023 und vor dem 01.10.2029 beginnt (vgl. IHK München und Oberbayern, *https://www.ihk-muenchen.de/de/Service/Recht-und-Steuern/Steuerrecht/Wachstumschancengesetz/*, aufgerufen am 07.06.2025).

Die *progressive AfA* ist lediglich ein Theoriemodell, weil sie in der Praxis den realen Wertverlauf der meisten Wirtschaftsgüter nicht sachgerecht darstellt: Zu Beginn ihrer Nutzungsdauer verlieren Anlagegüter typischerweise stärker an Wert, während die progressive AfA erst in späteren Perioden höhere Abschreibungsbeträge vorsieht.

Beispiel: Lineare AfA

planITs kauft eine Maschine für 10.000,00 €. Die gewöhnliche Nutzungsdauer laut AfA-Tabelle beträgt 5 Jahre.

$$\text{Jährliche Abschreibung} = \frac{10.000{,}00\ €}{5\ \text{Jahre}} = 2.000{,}00\ €$$

Die jährliche Abschreibung beträgt 2.000,00 €. Soll im letzten Jahr ein Erinnerungswert von 1,00 € erhalten bleiben, um das Wirtschaftsgut weiterhin als Anlagevermögen auszuweisen, reduziert sich die Abschreibung in diesem letzten Jahr auf 1.999,00 €.

Beispiel: Leistungsabschreibung

planITs kauft eine Produktionsmaschine für 90.000,00 €. Die Gesamtleistung der Maschine liegt bei 300.000 Stück. Im ersten Jahr produziert sie 40.000 Stück.

$$\text{AfA 1. Jahr} = \left(\frac{90.000{,}00\ €}{300.000\ \text{St.}}\right) \cdot 40.000\ \text{Stück} = 12.000{,}00\ €$$

Die Abschreibung im ersten Jahr beträgt 12.000,00 €. Für das zweite Jahr wird sie leistungsbezogen auf Basis der jeweiligen Ausbringungsmenge berechnet.

Beträgt die Ausbringungsmenge im zweiten Jahr beispielsweise 35.000 Stück, so beträgt die AfA im zweiten Jahr:

35.000 • 0,30 € = 10.500,00 €

In der Bilanz wird der reduzierte Restwert eingetragen, also

90.000,00 € – 12.000,00 € (1. Jahr) – 10.500,00 € (2. Jahr)

= 67.500,00 € Restwert

Abschreibungen sind ein hilfreiches Instrument zur korrekten Bewertung der Vermögenswerte und folglich zur realistischen Ermittlung des Jahreserfolgs.

Der zweite wichtige Posten in der Bilanz ist das *Umlaufvermögen*.

Umlaufvermögen

Das *Umlaufvermögen* umfasst sämtliche Vermögensgegenstände eines Unternehmens, die nicht zur dauerhaften Nutzung vorgesehen sind, sondern kurzfristig verbraucht, verkauft oder in Zahlungsmittel umgewandelt werden.

Es beinhaltet alle Vorräte, z. B. an Rohstoffen, fertigen und unfertigen Erzeugnissen, Forderungen aus Lieferungen und Leistungen (FLL), Wertpapiere und den Kassenbestand sowie Bankguthaben.

Um eine periodengerechte Erfolgsermittlung durchzuführen, also Aufwendungen und Erträge der richtigen Periode zuzuordnen, gibt es die sogenannten *Rechnungsabgrenzungsposten*. Man unterscheidet zwei verschiedene Arten:

- **Aktive Rechnungsabgrenzungsposten (ARAP):**

  Ein Unternehmen tätigt eine Zahlung, die im alten Geschäftsjahr erfolgt, der zugehörige Aufwand gehört wirtschaftlich aber ins neue Geschäftsjahr. Deshalb wird ein ARAP gebildet, um diesen Aufwand periodengerecht im neuen Jahr zu erfassen.

  Beispiel: Die Miete für Januar 02 in Höhe von 2.000,00 € wird bereits am 28.12.01 per Dauerauftrag bezahlt. Der Aufwand gehört ins neue Geschäftsjahr 02, obwohl die Zahlung bereits im alten Jahr 01 erfolgt ist.

- **Passive Rechnungsabgrenzungsposten (PRAP):**

  Das Unternehmen erhält eine Zahlung, die wirtschaftlich erst dem neuen Geschäftsjahr als Ertrag zuzuordnen ist.

  Beispiel: Ein Kunde bezahlt im Dezember 01 1.000,00 € für eine Dienstleistung im Januar 02. Die Zahlung wird als PRAP auf der Habenseite erfasst.

Latente Steuern sind ebenfalls Bilanzposten, sowohl auf der Aktivseite als auch auf der Passivseite. Sie entstehen durch Unterschiede zwischen der Handels- und der Steuerbilanz und sind in § 274 Abs. 1 HGB geregelt, der besagt (§ 274 Abs. 1 HGB, *https://www.gesetze-im-internet.de/hgb/__274.html*, aufgerufen am 08.06.2025):

> *»Bestehen zwischen den handelsrechtlichen Wertansätzen von Vermögensgegenständen, Schulden und Rechnungsabgrenzungsposten und ihren steuerlichen Wertansätzen Differenzen, die sich in späteren Geschäftsjahren voraussichtlich abbauen, so ist eine sich daraus insgesamt ergebende Steuerbelastung als passive latente Steuern (§ 266*

Abs. 3 E.) in der Bilanz anzusetzen. Eine sich daraus insgesamt ergebende Steuerentlastung kann als aktive latente Steuern (§ 266 Abs. 2 D.) in der Bilanz angesetzt werden.«

Hier wird der Unterschied zwischen *Handelsbilanz* (nach HGB) und *Steuerbilanz* (nach Einkommensteuer- und Körperschaftssteuergesetz) angesprochen. Die Handelsbilanz bildet zum Bilanzstichtag das Vermögen und die Schulden eines Unternehmens nach handelsrechtlichen Grundsätzen ab. Sie dient vor allem zur Information externer Adressaten. Die Steuerbilanz ist eine modifizierte Form der Handelsbilanz, die sich an den steuerrechtlichen Vorschriften orientiert und der steuerlichen Gewinnermittlung für das Finanzamt dient.

Nach dem *Maßgeblichkeitsprinzip* gemäß § 5 Abs. 1 EStG sind die Werte der Handelsbilanz grundsätzlich auch in die Steuerbilanz zu übernehmen, es sei denn, das Steuerrecht verlangt eine abweichende Regelung. Für die Praxis bedeutet das: Zuerst wird auf Grundlage der Buchführung die Handelsbilanz erstellt, aus der durch steuerliche Anpassungen, z. B. aufgrund von abweichenden Bewertungsvorschriften, die Steuerbilanz abgleitet wird.

Das Maßgeblichkeitsprinzip gilt für alle nach dem Gesetz buchführungspflichtigen Gewerbetreibenden sowie für alle, die freiwillig Bücher führen und Jahresabschlüsse erstellen. Für Land- und Forstwirte gilt das Prinzip nicht. Ein Beispiel für abweichende Vorschriften ist der Umgang mit drohenden Verlusten: In der Handelsbilanz dürfen Rückstellungen für drohende Verluste, die noch nicht eingetreten sind, gebildet werden, in der Steuerbilanz ist dies jedoch nicht zulässig.

Beim letzten Punkt der Aktiva – dem *aktiven Unterschiedsbetrag aus der Vermögensverrechnung* – geht es beispielsweise um die Deckung von Altersvorsorgeverpflichtungen. Wenn z. B. Pensionsrückstellungen in Höhe von 500.000,00 € bestehen und das dazugehörige Deckungsvermögen, z. B. ein Pensionsfonds, mit 600.000,00 € bewertet wird, ergibt sich eine Differenz von 100.000,00 €. Diese Differenz darf gemäß § 246 Abs. 2 HGB als aktiver Unterschiedsbetrag aus der Vermögensverrechnung auf der Aktivseite ausgewiesen werden. Da dieser Posten eine sehr spezifische Anwendung in der Bilanz darstellt, wird er im Rahmen dieses Buches nicht weiter vertieft.

Die Passivseite

Richten wir nun den Blick auf die Passivseite der Bilanz. Dazu zählen:

- Eigenkapital
- Rückstellungen
- Verbindlichkeiten
- Rechnungsabgrenzungsposten
- Passive latente Steuern

Auch hier sehen wir uns einige Posten an.

Eigenkapital

Das *Eigenkapital* besteht aus den finanziellen Mitteln der Eigentümer, die dem Unternehmen mit voller Haftung unbefristet zur Verfügung gestellt werden.

Bilanziell ist das Eigenkapital die Differenz aus Vermögen und Schulden – diese Differenz ist das sogenannten *Reinvermögen*. Das Eigenkapital kann aus den folgenden Komponenten bestehen:

- **Gezeichnetes Kapital:** Stammkapital bei GmbHs (mindestens 25.000,00 €), Grundkapital bei einer AG (mindestens 50.000,00 €)
- **Kapital-/Gewinnrücklagen:** Zum Beispiel können Gewinnrücklagen von einbehaltenen Gewinnen zum Ausgleich von Verlusten verwendet werden.
- **Gewinn-/Verlustvortrag:** Dies sind nicht ausgeschüttete Gewinne oder nicht ausgeglichene Verluste aus den Vorjahren.
- **Jahresüberschuss:** der Gewinn des aktuellen Geschäftsjahres
- **Jahresfehlbetrag:** der Verlust des aktuellen Geschäftsjahres

Fremdkapital

Das *Fremdkapital* wird dem Unternehmen von außenstehenden Dritten zur Verfügung gestellt und ist zu einem bestimmten Zeitpunkt verbindlich zurückzuzahlen.

Das Fremdkapital wird alltagssprachlich auch als *Schulden* bezeichnet. Es enthält folgende Bestandteile:

- **Rückstellungen:** *Rückstellungen* sind Verbindlichkeiten, die bereits bestehen, aber in ihrer Höhe noch nicht genau bezifferbar sind, z. B. für Steuern oder Prozesskosten.
- **Verbindlichkeiten:** *Verbindlichkeiten* sind Zahlungsverpflichtungen, die dem Grunde, der Höhe und dem Zeitpunkt nach feststehen; z. B. Verbindlichkeiten gegenüber dem Lieferanten oder den Banken.
- Die *Rechnungsabgrenzungsposten* und *latente Steuern* wurden bereits oben bei der Aktivseite erläutert.

Das Fremdkapital wird außerdem eingeteilt in

- **kurzfristiges Fremdkapital:** Fälligkeit < 1 Jahr, insbesondere Verbindlichkeiten aus Lieferungen und Leistungen (VLL)
- **langfristiges Fremdkapital:** Fälligkeit > 1 Jahr, insbesondere die langfristigen Verbindlichkeiten gegenüber Kreditinstituten

Gliederungsprinzipien der Bilanz

Wenn wir uns anhand von Abbildung 13.8 die vereinfachte Bilanz anschauen, erkennen wir verschiedene Gliederungsprinzipien.

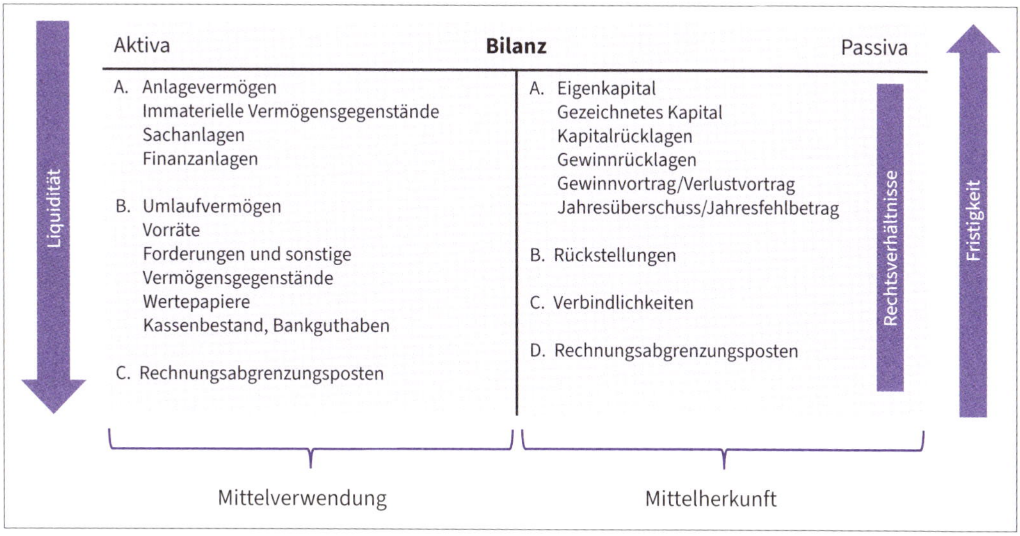

Abbildung 13.8 Gliederungsprinzipien der Bilanz

Generell zeigt die Passivseite der Bilanz, woher die finanziellen Mittel stammen – also die *Mittelherkunft*. Die Aktivseite verdeutlicht, wofür diese Mittel eingesetzt werden – also die sogenannte *Mittelverwendung*.

Der Bilanz liegen drei grundlegende Gliederungsprinzipien zugrunde – sie ist gegliedert nach

- **der Liquidität:** Die Bilanzposten auf der Aktivseite sind entsprechend ihrer Verfügbarkeit, also nach dem Grad ihrer Liquidierbarkeit, geordnet: Je schneller ein Vermögensgegenstand in Geld umgewandelt werden kann, desto höher ist seine *Liquidität*. Diesem Prinzip entsprechend wird zuerst das Anlagevermögen bilanziert, da diese Vermögenswerte in der Regel langfristig im Unternehmen verbleiben und sich nicht so einfach kurzfristig veräußern lassen. So ist z. B. ein unbebautes Grundstück normalerweise schwieriger und zeitaufwendiger zu liquidieren als ein gebrauchter Pkw.
- **der Fristigkeit:** Das ausgewiesene Kapital auf der Passivseite der Bilanz wird entsprechend der Dauer seiner Verfügbarkeit geordnet. An erster Stelle steht das Eigenkapital, da es dem Unternehmen normalerweise unbeschränkte Zeit zur Verfügung steht. Am unteren Ende stehen die kurzfristigen Verbindlichkeiten, die innerhalb kurzer Zeit zurückgezahlt werden müssen.

- **den Rechtsverhältnissen:** Die Anordnung der Passivposten richtet sich nach den zugrunde liegenden Rechtsverhältnissen, also danach, auf welcher rechtlichen Grundlage dem Unternehmen das Kapital bereitgestellt wird. Im Mittelpunkt steht die rechtliche Stellung der Kapitalgeber: Je eindeutiger und kurzfristiger die rechtliche Verpflichtung ist, desto weiter unten wird der entsprechende Posten in der Bilanz ausgewiesen.

Bilanzveränderungen

Jeder Geschäftsvorfall hat Auswirkungen auf die Posten der Bilanz und beeinflusst mindestens zwei davon. Verändert sich ein Bilanzposten, muss ein anderer ebenfalls angepasst werden, damit die Bilanz im Gleichgewicht bleibt – der Begriff Bilanz leitet sich ja vom italienischen Wort »bilancia« ab, das »Waage« bedeutet. Dabei lassen sich vier grundlegende Arten von *Bilanzveränderungen* unterscheiden, die Sie in Abbildung 13.9 sehen.

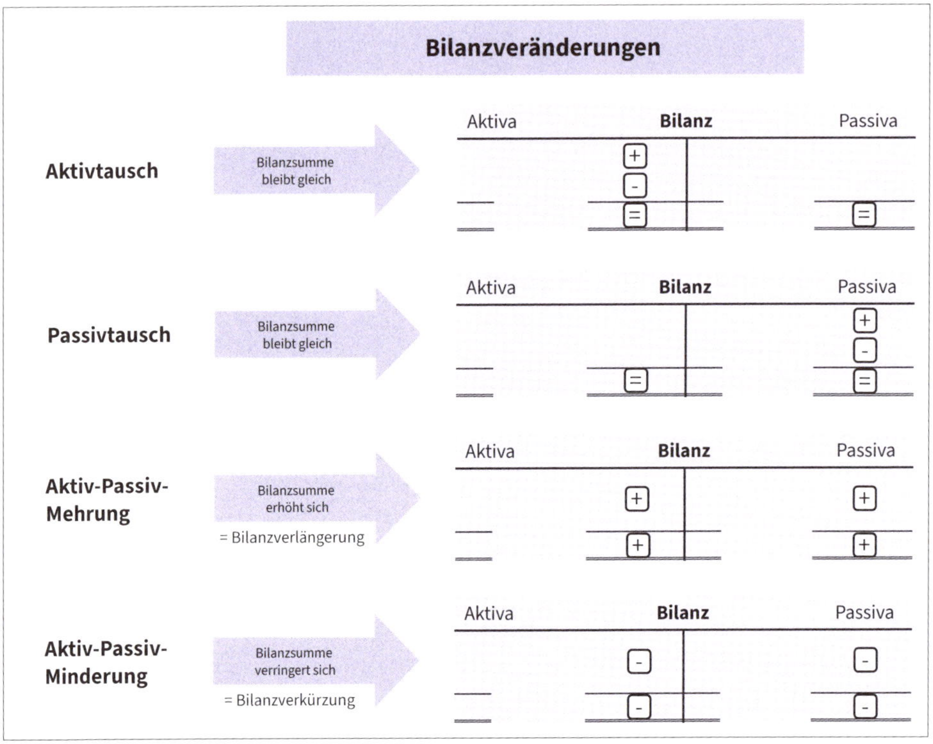

Abbildung 13.9 Arten von Bilanzveränderungen

In der Grafik ist ersichtlich, welche Seiten der Bilanz betroffen sind und wie sich die Bilanzsumme jeweils verändert. Insgesamt wird deutlich, dass jeder Geschäftsvorfall die Bilanz verändert, entweder in ihrer Struktur (*Tausch*) oder in ihrer Summe (*Mehrung/Minderung*).

Finanzbuchhaltung

Bevor ein Jahresabschluss in Form einer Bilanz erstellt werden kann, ist eine lückenlose, chronologische Erfassung über sämtliche Geschäftsvorfälle des Geschäftsjahres erforderlich. Das übernimmt die *Finanzbuchhaltung*, auch *Buchführung* genannt.

Die ordnungsgemäße Buchführung beginnt mit dem *Beleg* als Nachweis eines Geschäftsvorfalls und führt über die chronologische Erfassung im *Grundbuch* zur sachlichen Zuordnung im *Hauptbuch*. Das Hauptbuch bildet die Grundlage für die Erstellung der Bilanz sowie der Gewinn- und Verlustrechnung. *Nebenbücher* liefern detaillierte Informationen zu spezifischen Konten, z. B. Kunden- oder Lieferantenkonten, Lohn- und Gehaltskonten. Selbstverständlich werden diese Tätigkeiten heute automatisiert mithilfe einer Buchführungssoftware (z. B. von DATEV) durchgeführt. Der Zusammenhang wird in Abbildung 13.10 dargestellt.

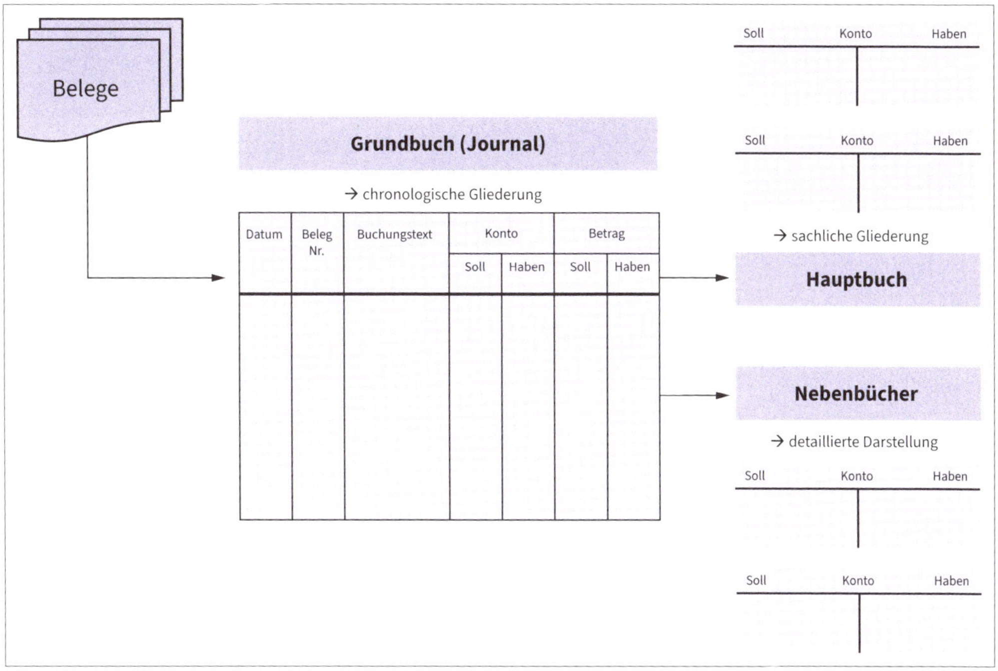

Abbildung 13.10 Grundbuch – Hauptbuch – Nebenbücher

Die Grundlage der Buchführung sind also die Belege. Wie wir oben bereits gehört haben, gilt immer der Grundsatz des Belegprinzips: *Keine Buchung ohne Beleg!*

Es existieren verschiedene *Belegarten*. Man untergliedert sie

- **nach der Entstehung:**
  - *Natürliche Belege* entstehen automatisch durch inner- und außerbetriebliche Geschäftsvorfälle. Ein Beispiel wäre die Eingangsrechnung von einem Lieferanten.

- *Künstliche Belege* werden speziell für die Buchführung erstellt, z. B. durch eine Umbuchung oder Stornobuchung.

- **nach dem Ort der Ausstellung:**
  - *Eigenbelege* sind im Unternehmen erstellt worden, z. B. Ausgangsrechnungen an die Kunden.
  - *Fremdbelege* sind nicht im Unternehmen erstellt worden, z. B. Eingangsrechnungen, Bankauszüge.

Je nach Umfang der Belege in der Buchführung bieten sich folgende Ordnungskriterien an:

- **sachlich:** nach Eingangsrechnungen, Ausgangsrechnungen
- **alphabetisch:** nach Kundenname, Lieferantenname
- **numerisch:** nach Belegnummer, Kundennummer, Lieferantennummer
- **chronologisch:** nach Ausstellungs- oder Eingangsdatum

Jede Bewegung im Unternehmen muss also durch einen Beleg nachgewiesen werden. Diese Belege – also sämtliche Geschäftsvorfälle mitsamt den zugehörigen finanziellen Transaktionen – müssen systematisch und nachvollziehbar nach den Grundsätzen ordnungsgemäßer Buchführung erfasst werden, indem sie auf entsprechende Konten verbucht werden.

Konto

Ein *Konto* wird in T-Konten- oder in Tabellenform geführt und dient der wertmäßigen Erfassung von Geschäftsvorfällen. Konten haben stets zwei Seiten: *Soll* und *Haben*.

Ein T-Konto sieht so wie in Abbildung 13.11 aus.

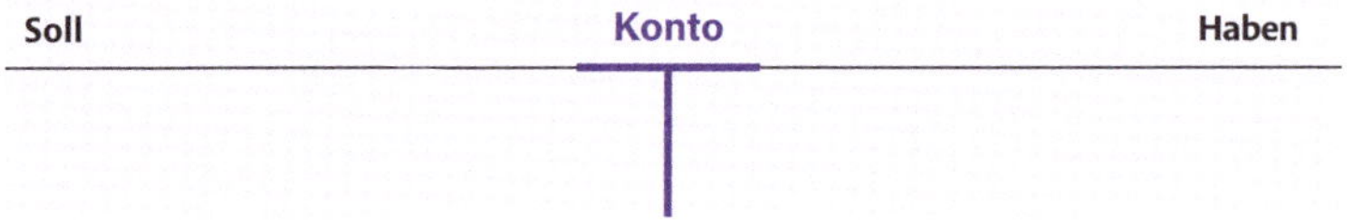

Abbildung 13.11 T-Konto

Sobald ein Geschäftsvorfall eintritt, wird dieser auf dem entsprechenden Konto erfasst. Grundsätzlich gilt das Buchungsschema *Soll an Haben*.

Sollbuchung

Die Werte der *Sollbuchung* müssen immer genau so hoch sein wie die Werte der *Habenbuchung*. Man spricht deshalb auch vom *Prinzip der doppelten Buchführung*, weil jeder Vorgang auf zwei Konten erfasst wird.

Jetzt stellt sich aber noch die Frage: Auf welcher Seite wird das Konto bebucht – auf Soll oder auf Haben?

Die Antwort ist: Das hängt von der Art des Geschäftsvorfalls ab. In der doppelten Buchführung unterscheidet man zwischen verschiedenen Kontenarten, die Sie in Abbildung 13.12 sehen.

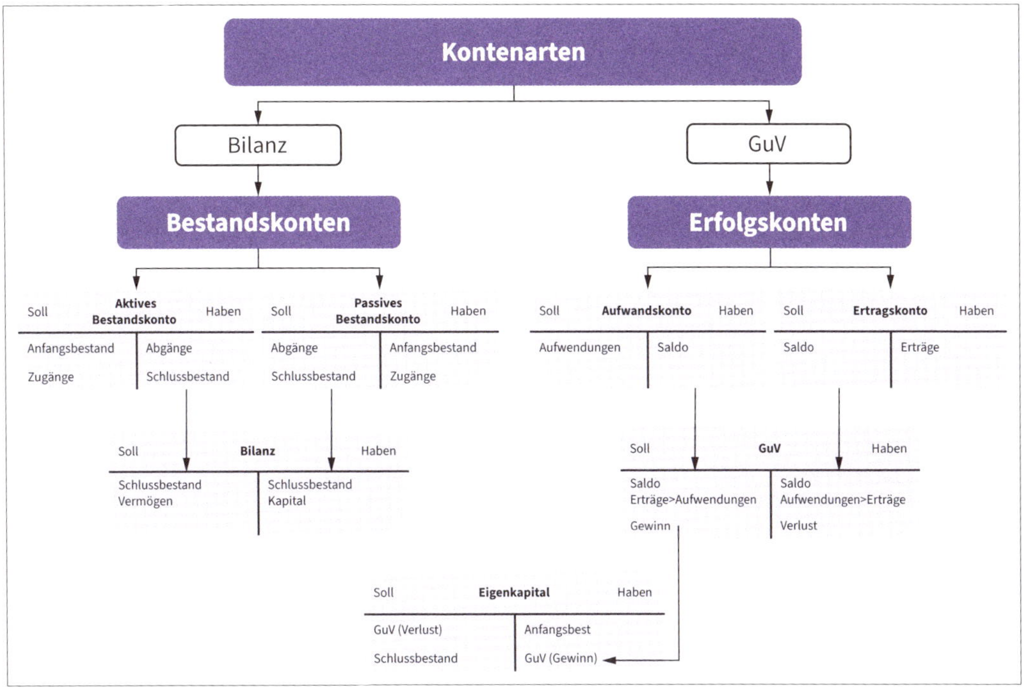

Abbildung 13.12 Bestands- und Erfolgskonten

Die *Bestandskonten* sind die Konten, deren Inhalte in der Bilanz wiederzufinden sind. Sie erfassen die Vermögens- und Kapitalbestände des Unternehmens. Man unterscheidet *Aktivkonten*, die das Vermögen abbilden, und *Passivkonten*, die das Kapital darstellen. Die Anfangsbestände eines Geschäftsjahres werden aus den Schlussbeständen der vorherigen Periode übernommen. Am Ende der Periode werden die aktuellen Schlussbestände in die Schlussbilanz übertragen.

Die *Erfolgskonten* bestehen aus Aufwands- und Ertragskonten:

- Die *Aufwandskonten* erfassen die betrieblichen Aufwendungen, wie z. B. Löhne und Gehälter, Miete, Wasser, Strom, Bürobedarf, Versicherungen, Werbekosten. Sie nehmen im Soll zu und im Haben ab und mindern den Gewinn und folglich auch das Eigenkapital.
- Die *Ertragskonten* erfassen die Wertzugänge, also die Einnahmen, die ein Unternehmen durch seine Leistungen erzielt, z. B. Umsatzerlöse, Mieterträge, Zinserträge, Provisions-

erträge und Erträge aus Beteiligungen. Sie nehmen im Haben zu und im Soll ab und erhöhen den Gewinn und folglich das Eigenkapital.

Abbildung 13.12 verdeutlicht den Zusammenhang zwischen Bestands- und Erfolgskonten. Ein erwirtschafteter Gewinn, der sich aus der Gegenüberstellung von Erträgen und Aufwendungen auf den Erfolgskonten ergibt, führt zu einer Erhöhung des Eigenkapitals. Dieser Gewinn wird am Ende der Periode über das Gewinn- und Verlustkonto auf das Eigenkapitalkonto abgeschlossen. Da das Eigenkapital ein Bestandteil der Bilanz ist, schlägt sich der Gewinn letztendlich in der Bilanz nieder. Es zeigt sich also, dass die Erfolgskonten indirekt die Bilanz beeinflussen, da ihre Salden das Eigenkapital verändern. Gewinne erhöhen es, Verluste verringern es. Deshalb besteht ein direkter Zusammenhang zwischen der Gewinn- und Verlustrechnung und der Bilanz, da die GuV die Veränderungen zwischen zwei aufeinanderfolgenden Bilanzen abbildet, was die doppelte Buchführung besonders transparent und nachvollziehbar macht.

Bevor wir uns ausführlich mit der Bilanz beschäftigen, werfen wir zunächst noch einen Blick auf die Buchungssystematik innerhalb der Buchführung. Ein wichtiges Hilfsinstrument ist hierbei der *Kontenrahmen*.

Kontenrahmen

Ein *Kontenrahmen* ist eine systematisch gegliederte Übersicht aller möglichen Konten, die als Grundlage für die Buchführung dient und individuell an die Bedürfnisse eines Unternehmens angepasst werden kann.

In Deutschland existieren zahlreiche Kontenrahmen. Am weitesten verbreitet sind laut DATEV (Datenverarbeitungsorganisation des steuerberatenden Berufs in Deutschland eG), die die Kontenrahmen festlegt, die *Standard-Kontenrahmen* (SKR) 03 und SKR04. Für die Belange von Industrieunternehmen ist der *Industriekontenrahmen* (IKR) geeignet. Darüber hinaus existieren noch weitere branchenspezifische Kontenrahmen, z. B. für die Land- und Forstwirtschaft (SKR14) oder für den Einzelhandel (SKR30). Auf folgender Internetseite finden Sie alles Wissenswerte zum Thema Kontenrahmen, inklusive einer kostenlosen Downloadmöglichkeit: *https://www.datev.de/web/de/m/ueber-datev/datev-im-web/datev-von-a-z/skr-standard-kontenrahmen/*

Die DATEV ist laut der eigenen Homepage der drittgrößte Anbieter für Business-Software in Deutschland und unterstützt insgesamt 2,8 Millionen Unternehmen, Selbstständige, Kommunen, Vereine und Institutionen mit ihren Produkten (vgl. DATEV, *https://www.datev.de/web/de/m/ueber-datev/das-unternehmen/kurzprofil/*, aufgerufen am 07.06.2025). Sie gibt mit den Kontenrahmen zwar einen Orientierungsrahmen vor, der jedoch flexibel und individuell an die spezifischen Anforderungen eines Unternehmens angepasst werden kann.

Wenden wir uns nun dem *Buchungssatz* zu. Dabei gilt das oben bereits erwähnte Grundprinzip: »Soll an Haben«. Das heißt, jeder Geschäftsvorfall wird immer durch eine Sollbuchung und eine Habenbuchung erfasst. Der Vorgang, bei dem festgelegt wird, welche Konten bebucht werden, nennt sich *Kontierung*. Betrachten wir das Ganze einmal anhand des folgenden Beispiels:

Beispiel

planITs kauft Waren in Höhe von 1.000,00 € auf Ziel ein.

Auf Ziel bedeutet, dass ein Unternehmen die Waren oder Dienstleistungen erhält oder erbringt, die Bezahlung aber erst zu einem späteren Zeitpunkt erfolgt. Dieses Prinzip kann sowohl bei Aufwendungen als auch bei Erträgen angewendet werden:

- Bei Aufwendungen entstehen *Verbindlichkeiten aus Lieferungen und Leistungen (VLL)*, die das Unternehmen noch bezahlen muss.
- Bei Erträgen entstehen *Forderungen aus Lieferungen und Leistungen (FLL)*, da das Unternehmen noch Geld vom Kunden erhält.

Für unser Beispiel werden also die Konten *Waren* und *VLL* bebucht. Die Umsatzsteuer berücksichtigen wir aus Vereinfachungsgründen nicht.

Das Konto *Waren* ist ein aktives Bestandskonto, wohingegen die *VLL* ein passives Bestandskonto sind. Aktive Bestandskonten nehmen im Soll zu und passive Bestandskonten nehmen im Haben zu. Folglich lautet der Buchungssatz:

Beispiel – Buchungssatz

Waren an VLL 1.000,00

Auf den T-Konten gebucht, sieht das Ganze so aus wie in Abbildung 13.13.

Soll	**Waren**		Haben
AB	...		
VLL	1.000,00		

Soll	**VLL**		Haben
		AB	...
		Waren	1.000,00

Abbildung 13.13 Beispiel für einen Buchungssatz

Das Gegenkonto wird auf dem Konto stets mit angegeben, um mögliche Differenzen später leichter nachvollziehen und korrigieren zu können. In unserem Beispiel steigt sowohl der Warenbestand als auch die VLL.

Die Anzahl der verwendeten Konten kann beliebig variieren. Wichtig ist nur, dass die Summe der Sollbuchungen stets der Summe der Habenbuchungen entspricht. Sobald mehr als zwei Konten bebucht werden, handelt es sich um einen *zusammengesetzten Buchungssatz*.

Mit diesen fünf Schritten gelangen Sie zum korrekten Buchungssatz:

1. Welche Konten sind betroffen? (siehe Kontenrahmen)
2. Welche Kontenart liegt vor? Aktivkonto, Passivkonto, Aufwands- oder Ertragskonto?
3. Welche Kontobewegung liegt vor? Zugang oder Abgang?
4. Welche Kontenseite muss bebucht werden? Soll oder Haben?
5. Formulieren Sie nun den Buchungssatz: Soll an Haben.

Aufgabe 2: Bilanzveränderungen

Bilden Sie für folgende Geschäftsvorfälle die Buchungssätze und geben Sie an, um welche Art von Bilanzveränderung es sich handelt:

a) Wir kaufen einen Pkw per Banküberweisung für 20.000,00 €.
b) Wir kaufen eine neue Produktionsmaschine per Darlehen für 100.000,00 €.
c) Wir entnehmen 1.000,00 € aus der Kasse und zahlen sie auf unser Bankkonto ein.
d) Wir begleichen eine Lieferantenrechnung über 5.000,00 € per Banküberweisung.
e) Wir wandeln eine kurzfristige Verbindlichkeit (VLL) von 30.000,00 € in ein langfristiges Darlehen um.
f) Ein Kunde begleicht eine Rechnung in Höhe von 1.500,00 €. Er zahlt 500,00 € zahlt bar, die restlichen 1.000,00 € begleicht er durch Banküberweisung.

Wenn am Ende eines Geschäftsjahres sämtliche Geschäftsvorfälle in der Buchführung erfasst wurden, erfolgt die Erstellung des *Jahresabschlusses*. Bei Kaufleuten setzt sich der Jahresabschluss gemäß § 242 HGB aus den folgenden Elementen zusammen:

- Eröffnungsbilanz, Bilanz
- Gewinn- und Verlustrechnung

Kapitalgesellschaften sind darüber hinaus verpflichtet, einen Anhang beizufügen, während größere Gesellschaften zusätzlich auch noch einen Lagebericht beim Finanzamt einreichen müssen.

Um die Ausführungen zum Jahresabschluss zu vervollständigen, schauen wir uns nachfolgend die GuV an.

Wie Sie bereits wissen, stellt die GuV die Erträge und Aufwendungen eines Jahres gegenüber, um den Jahresüberschuss oder den Jahresfehlbetrag zu ermitteln.

> *»Die Gewinn- und Verlustrechnung ist in Staffelform nach dem Gesamtkostenverfahren oder dem Umsatzkostenverfahren aufzustellen.«* (§ 275 Abs. 1 HGB, *https://www.gesetze-im-internet.de/hgb/__275.html*, aufgerufen am 08.06.2025).

§ 275 Abs. 2 HGB regelt detailliert das *Gesamtkostenverfahren*, § 275 Abs. 3 HGB das *Umsatzkostenverfahren*.

Beide Verfahren kommen zum gleichen Ergebnis, unterscheiden sich jedoch in ihrer Darstellung. Aufgrund des einführenden Charakters dieses Buches konzentrieren wir uns im Folgenden auf das *Gesamtkostenverfahren*, da es anschaulich die Aufwendungen und Erträge direkt gegenüberstellt. Das Umsatzkostenverfahren können Sie auf folgender Internetseite verständlich nachlesen: *https://www.ionos.de/startupguide/unternehmensfuehrung/umsatzkostenverfahren/* (abgerufen am 23.10.2025).

§ 275 Abs. 2 HGB gibt folgendes Schema für das Gesamtkostenverfahren vor:

	1. Umsatzerlöse
+/-	2. Erhöhung oder Verminderung des Bestands an fertigen und unfertigen Erzeugnissen
+	3. andere aktivierte Eigenleistungen
+	4. sonstige betriebliche Erträge
-	5. Materialaufwand (Roh-, Hilfs- und Betriebsstoffe, bezogene Waren)
-	6. Personalaufwand (Löhne, Gehälter, Sozialabgaben, Altersversorgung)
-	7. Abschreibungen (immaterielle Vermögensgegenstände, Sachanlagen, Umlaufvermögen)
-	8. sonstige betriebliche Aufwendungen
=	**Betriebsergebnis**
+	9. Erträge aus Beteiligungen

Tabelle 13.3 Gewinn- und Verlustrechnung nach dem Gesamtkostenverfahren gemäß § 275 Abs. 2 HGB

+	10. Erträge aus anderen Wertpapieren und Ausleihungen des Finanzanlagevermögens
+	11. sonstige Zinsen und ähnliche Erträge
-	12. Abschreibungen auf Finanzanlagen und auf Wertpapiere des Umlaufvermögens
-	13. Zinsen und ähnliche Aufwendungen
+/-	14. Steuern vom Einkommen und vom Ertrag
=	**15. Ergebnis nach Steuern**
+/-	16. sonstige Steuern
=	**17. Jahresüberschuss/Jahresfehlbetrag**

Tabelle 13.3 Gewinn- und Verlustrechnung nach dem Gesamtkostenverfahren gemäß § 275 Abs. 2 HGB (Forts.)

Der Jahresüberschuss beziehungsweise der Jahresfehlbetrag fließt am Jahresende in das Eigenkapital der Bilanz. Ein *Jahresüberschuss* (Gewinn) erhöht das Eigenkapital, während ein *Jahresfehlbetrag* (Verlust) es mindert.

Andere aktivierte Eigenleistungen

Andere aktivierte Eigenleistungen sind selbst erstellte Güter oder Dienstleistungen, die das Unternehmen für den eigenen Gebrauch produziert und daher nicht verkauft. Die dafür entstandenen Herstellkosten werden im Anlagevermögen der Bilanz aktiviert und gleichzeitig als Ertrag in der GuV-Rechnung ausgewiesen.

Ein wesentlicher Vorteil des Gesamtkostenverfahren besteht darin, dass ein Großteil der benötigten Daten direkt aus der Buchführung übernommen werden kann, ohne dass aufwendige zusätzliche Berechnungen erforderlich sind. Die detaillierte Gliederung der Aufwendungen gibt einen klaren Überblick über die Kostenstruktur des Unternehmens. Außerdem werden halbfertige Produkte mit einbezogen, was insbesondere für Unternehmen mit längeren Produktionsprozessen von Bedeutung ist.

Der zuvor genannte Vorteil stellt zugleich auch einen Nachteil dar, da der Bestand an fertigen und unfertigen Erzeugnissen durch eine zeitaufwendige *Inventur* ermittelt werden muss. Aus Gründen der Zeit- und Kostenersparnis wird diese daher in der Praxis häufig nur einmal jährlich zu einem festgelegten Stichtag durchgeführt.

Inventur

Die *Inventur* ist die mengen- und wertmäßige Bestandsaufnahme aller Vermögens- und Schuldenwerte zu einem bestimmten Stichtag.

Die Inventur, die alles zählt, ist die Grundlage für die Erstellung des Inventars, zu dessen Aufstellung jeder Kaufmann gemäß § 240 HGB verpflichtet ist.

Inventar

Das *Inventar* ist ein schriftliches, in Staffelform dargestelltes Verzeichnis aller Vermögenswerte und Schulden eines Unternehmens zu einem bestimmten Stichtag.

Das Inventar, das alles auflistet, ist die Grundlage für die Erstellung der Bilanz. Abbildung 13.14 stellt den Zusammenhang zwischen Inventur, Inventar und Bilanz anschaulich dar.

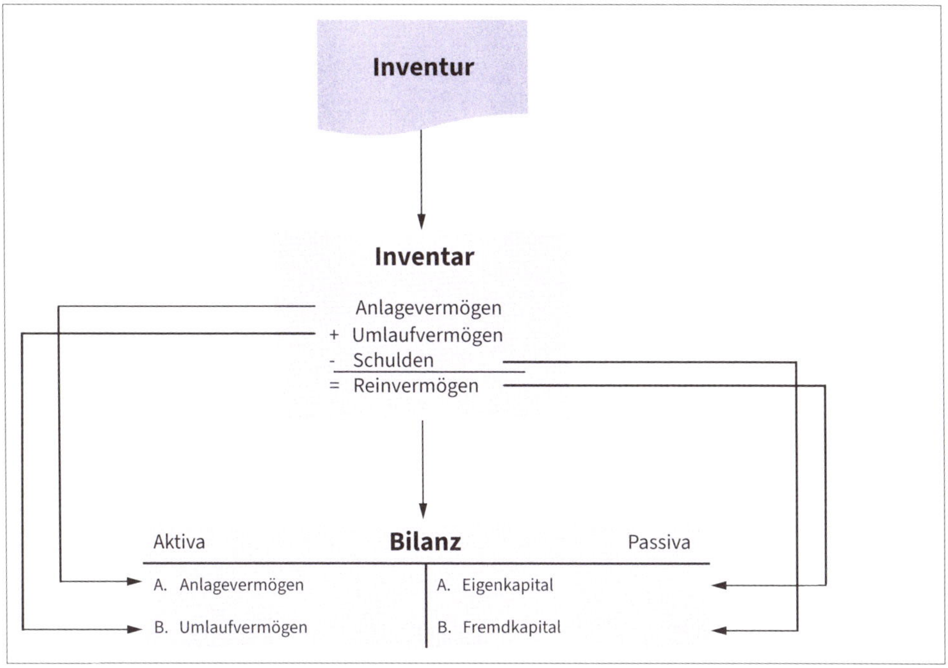

Abbildung 13.14 Zusammenhang zwischen Inventur, Inventar und Bilanz

Es zeigt sich, dass die Inventur, das Inventar und die Bilanz eng miteinander verknüpft sind und gemeinsam mit der GuV-Rechnung eine zentrale Grundlage des externen Rechnungswesens bilden. Bilanz und GuV dienen der Rechenschaft gegenüber externen Adressaten wie

Kreditgebern oder dem Finanzamt. Damit übernimmt das externe Rechnungswesen eine wichtige Informations- und Dokumentationsaufgabe.

Kennzahlen

Zum Abschluss werfen wir noch einen Blick auf ein paar zentrale Kennzahlen des externen Rechnungswesens. Die bisher behandelten Kennzahlen lassen sich nicht immer eindeutig einem bestimmten Bereich zuordnen, da sie häufig bereichsübergreifend sind. So habe ich z. B. die Goldene Bilanzregel Ihnen bereits in Abschnitt 12.6 vorgestellt, obwohl sie ebenfalls dem externen Rechnungswesen zugeordnet werden kann.

Eigenkapitalquote

Eigenkapitalquote

Die *Eigenkapitalquote* gibt an, wie viel Prozent des Gesamtkapitals aus Eigenkapital besteht.

Sie ist ein Indikator für die finanzielle Stabilität und Unabhängigkeit eines Unternehmens. So spricht man bei einer Eigenkapitalquote von 50 % von einer stabilen und sicheren Finanzstruktur, bei 30–50 % von einer soliden. Unter 20 % besteht ein erhöhtes Insolvenzrisiko und der Verschuldungsgrad ist auf Dauer zu hoch.

$$\text{Eigenkapitalquote} = \frac{\text{Eigenkapital}}{\text{Gesamtkapital}} \cdot 100\ [\%]$$

Eigenkapitalrentabilität

Eigenkapitalrentabilität

Die *Eigenkapitalrentabilität* (auch *Return on Equity (ROE)* genannt) gibt die Verzinsung des Eigenkapitals an, also wie effizient das Unternehmen das eingesetzte Eigenkapital nutzt.

Sie wird mit folgender Formel berechnet:

$$\text{Eigenkapitalrentabilität} = \frac{\text{Jahresüberschuss}}{\text{Eigenkapital}} \cdot 100\ [\%]$$

Ein Prozentsatz von über 10 % gilt als guter Richtwert. Je höher der Prozentsatz ist, desto besser.

Beispiel: Ein Unternehmer investiert 100,00 € in ein Projekt. Am Jahresende hat er einen Gewinn in Höhe von 20,00 € erzielt. Die Eigenkapitalrentabilität ist 20 %, das bedeutet, dass jeder investierte Euro 0,20 € Gewinn erwirtschaftet hat.

Anlagenintensität

Anlagenintensität

Die *Anlagenintensität* zeigt den Anteil des Anlagevermögens am Gesamtvermögen.

$$\text{Anlagenintensität} = \frac{\text{Anlagevermögen}}{\text{Gesamtvermögen}} \cdot 100\ [\%]$$

Als Richtwert für produzierende Unternehmen gilt 40–70 %.

Diese Kennzahl kann auch mit dem Umlaufvermögen berechnet werden, sodass man hier von der Umlaufintensität spricht.

Umlaufintensität

Umlaufintensität

Die *Umlaufintensität* gibt den Anteil des Umlaufvermögens am Gesamtvermögen an.

$$\text{Umlaufintensität} = \frac{\text{Umlaufvermögen}}{\text{Gesamtvermögen}} \cdot 100\ [\%]$$

Je höher die Umlaufintensität ist, desto besser ist in der Regel die kurzfristige Zahlungsfähigkeit und damit auch die Liquidität.

Eine wichtige Bilanzkennzahl zur Beurteilung der Zahlungsfähigkeit ist die Liquidität.

Liquidität

Liquidität

Die *Liquidität* gibt Auskunft darüber, inwieweit ein Unternehmen in der Lage ist, seine kurzfristigen finanziellen Verbindlichkeiten fristgerecht zu erfüllen.

In Abschnitt 12.3, »Finanzplanung«, habe ich das Thema Liquidität bereits ausführlich behandelt. Zur Auffrischung folgt mit Tabelle 13.4 noch einmal eine grafische Zusammenfassung:

Liquiditätsgrad	Berechnung	Richtwerte
Liquiditätsgrad 1	$= \frac{\text{Flüssige Mittel}}{\text{kurzfristiges Fremdkapital}} \cdot 100$	Richtwert mindestens 20 %

Tabelle 13.4 Liquiditätsgrade

Liquiditätsgrad	Berechnung	Richtwerte
Liquiditätsgrad 2	$= \frac{\text{(Flüssige Mittel + Forderungen)}}{\text{kurzfristiges Fremdkapital}} \cdot 100$	Richtwert mindestens 100 %
Liquiditätsgrad 3	$= \frac{\text{Umlaufvermögen}}{\text{kurzfristiges Fremdkapital}} \cdot 100$	Richtwert mindestens 120 %

Tabelle 13.4 Liquiditätsgrade (Forts.)

Beachten Sie, dass die Aussagekraft der Liquiditätskennzahlen eingeschränkt ist, weil es eine Zeitpunktbetrachtung am Bilanzstichtag ist. Die Liquiditätssituation kann sich schnell verändern, deshalb sind die Zahlen mit Vorsicht zu betrachten.

Wie Sie in diesem Abschnitt gesehen haben, erfüllt das externe Rechnungswesen vor allem rechtliche und nach außen gerichtete Anforderungen. Jetzt ist es Zeit, den Blick nach innen, auf das interne Rechnungswesen, zu richten. Das interne Rechnungswesen versorgt das Unternehmen mit internen Informationen und unterstützt die Verantwortlichen bei der Entscheidungsfindung.

13.3 Das interne Rechnungswesen

planITs verkauft nun Studierendenkalender, Schüler*innenkalender und Wandkalender. Manche Kosten lassen sich klar einem der Produkte zuordnen, z. B. die Spiralen für den jeweiligen Kalender. Andere Kosten hingegen entstehen für alle Kalender gemeinsam und können nicht direkt einem einzelnen Produkt zugewiesen werden, z. B. die Energie- oder Versicherungskosten. Doch wie lässt sich ermitteln, welcher Anteil dieser gemeinsamen Kosten genau auf welches Produkt entfällt? Genau an diesem Punkt kommt das interne Rechnungswesen ins Spiel.

Das interne Rechnungswesen stellt der Geschäftsführung gezielte Informationen zur Verfügung, die das Management dabei unterstützen, fundierte Entscheidungen im Hinblick auf einen langfristigen Unternehmenserfolg und eine langfristige Gewinnmaximierung zu treffen. Im Mittelpunkt stehen dabei vor allem die im Betrieb angefallenen Kosten und erbrachten Leistungen. Eine zentrale Rolle übernimmt hier die *Kosten- und Leistungsrechnung* (KLR), umgangssprachlich auch als *Kostenrechnung* bezeichnet. Sie ist ein wesentliches Element des internen Rechnungswesens und entscheidend für die Bewertung der wirtschaftlichen Lage eines Unternehmens. Im Fall von *planITs* ermöglicht die KLR eine gezielte Verteilung der gemeinsam anfallenden Kosten auf Studenten-, Schüler- und Wandkalender und liefert eine verlässliche Grundlage für die Kalkulation und Preisgestaltung.

Im Folgenden werden wir uns die KLR genauer ansehen.

Kosten- und Leistungsrechnung (KLR)

Das zentrale Ziel der *Kosten- und Leistungsrechnung* besteht in der Ermittlung der *Selbstkosten* je Kostenträgereinheit, also z. B. pro Stück. Ausgehend von diesem Ziel gliedert sich die Kosten- und Leistungsrechnung in drei aufeinander aufbauende Stufen, die Sie aufgeschlüsselt in Abbildung 13.15 sehen.

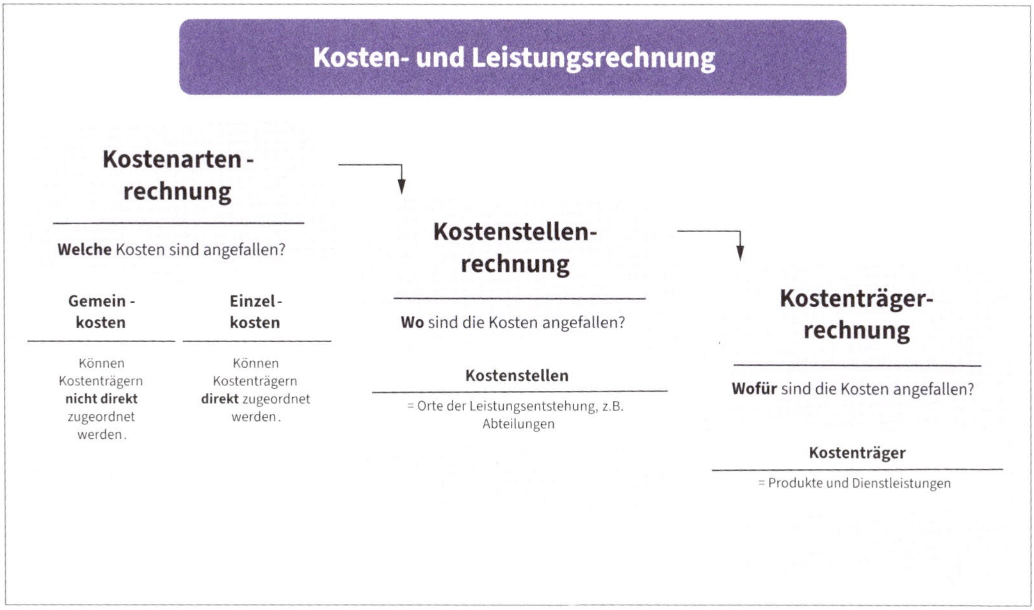

Abbildung 13.15 Stufen der Kosten- und Leistungsrechnung

Auf der ersten Stufe, der *Kostenartenrechnung*, wird erfasst, welche Kosten im Unternehmen insgesamt angefallen sind. Lassen sich bestimmte Kosten nicht eindeutig zuordnen, klärt in der zweiten Stufe die *Kostenstellenrechnung*, in welchem Unternehmensbereich die Kosten entstanden sind. Die dritte Stufe, die *Kostenträgerrechnung*, zeigt auf, wofür die Kosten angefallen sind, also welchem Produkt oder welcher Dienstleistung sie zuzurechnen sind.

Die Kosten- und Leistungsrechnung übernimmt also vielfältige Aufgaben:

- Erfassung der Kosten und Leistungen innerhalb eines bestimmten Zeitraums
- Verteilung der Gemeinkosten auf die Kostenstellen und Kostenträger

- Zurechnung der Einzelkosten auf die Produkte und Dienstleistungen
- Entscheidungsgrundlage für die Preispolitik durch Ermittlung der Selbstkosten
- Überwachung der Kosten
- Wirtschaftlichkeitskontrolle durch Soll-Ist-Vergleiche
- Aufdeckung von Kostensenkungspotenzialen
- Ermittlung des Betriebsergebnisses

Wie Sie bereits aus Abbildung 13.1 wissen, sind die Entscheidungsdeterminanten bei der KLR die Erlöse und die Kosten. Bei der GuV-Rechnung, der externen Erfolgsrechnung, ist die Differenz zwischen Erträgen und Aufwendungen ausschlaggebend. Bei der internen KLR sind

- »die Erlöse als *betriebszweckbezogener* Wertzuwachs und
- die Kosten als *betriebszweckbezogene* Wertminderung« (Wöhe et al., »Einführung in die Allgemeine Betriebswirtschaftslehre«, S. 807)

relevant.

Der Kostenbegriff ist bis heute nicht eindeutig definiert. Im Folgenden werden drei mögliche Kostenbegriffe vorgestellt (vgl. Wöhe et al., »Einführung in die Allgemeine Betriebswirtschaftslehre«, S. 808f.):

- **Wertmäßiger Kostenbegriff:** Kosten sind der durch die Leistungserstellung bewertete Güter- und Dienstleistungsverzehr.
- **Pagatorischer Kostenbegriff:** Nur Kosten, die mit realen Ausgaben verbunden sind, werden erfasst. Dieser Kostenbegriff wird den Anforderungen der KLR allerdings nicht vollständig gerecht, da die KLR auch nicht zahlungswirksame Werteverzehre erfasst.
- **Kostenbegriff der praktischen Vernunft:** Dieser Kostenbegriff wurder von Herbert Hax von der Universität Saarland geprägt, der sagt: *»Kosten sind der Geldbetrag, den man mindestens erhalten muss, damit man nicht ärmer wird.«* (Wöhe et al., »Einführung in die Allgemeine Betriebswirtschaftslehre«, S. 809)

Das Fundament für eine sachgerechte und nachvollziehbare Kostenverteilung bilden die *Kostenzurechnungsprinzipien*. Sie stellen sicher, dass die KLR transparent und verursachungsgerecht durchgeführt wird. Dabei stehen insbesondere die drei Prinzipien aus Tabelle 13.5 im Vordergrund, da sie am weitesten verbreitet sind.

Verursachungsprinzip	Durchschnittsprinzip	Tragfähigkeitsprinzip
Die Einzelkosten werden dem Objekt zugeordnet, das sie verursacht hat. = zentrales Prinzip der KLR	Die Gemeinkosten werden proportional verteilt, wenn eine genaue Zuteilung nicht möglich ist, z. B. nach der Menge oder der Fläche.	Die Gemeinkosten werden entsprechend ihrer wirtschaftlichen Belastbarkeit den Produkten zugeordnet. Produkte mit höheren Verkaufspreisen tragen einen größeren Anteil der Gemeinkosten, da sie die Kosten besser »verkraften« können.

Tabelle 13.5 Kostenzurechnungsprinzipien

Beginnen wir nun, uns die einzelnen Teilgebiete der Kostenrechnung anzuschauen.

Kostenartenrechnung

Die *Kostenartenrechnung* ist der erste Teil der Kostenrechnung und beantwortet die Frage: Welche Kosten sind angefallen?

Bei der Kostenartenrechnung werden nur Kosten berücksichtigt, die betriebsbedingt sind, regelmäßig auftreten und nicht betriebsfremd sind.

Das Ziel der Kostenartenrechnung besteht darin, die Gesamtkosten eines Unternehmens innerhalb eines bestimmten Zeitraums systematisch und vollständig zu erfassen. Nur die betriebszweckbezogenen Kosten werden hier bewertet. Die verschiedenen Kostenarten sollen dabei möglichst eindeutig zugeordnet werden, um eine einwandfreie Grundlage für die Kostenstellenrechnung und die Kostenträgerrechnung zu schaffen.

Die Kostenartenrechnung kann auf zwei verschiedene Weisen erfolgen:

- **als Istkostenrechnung:** Die *Istkostenrechnung* erfasst die tatsächlich anfallenden Kosten der vergangenen Periode; sie dient vor allem der nachträglichen Berechnung und Analyse der tatsächlich angefallenen Kosten.
- **als Plankostenrechnung:** Die *Plankostenrechnung* ermittelt die im Voraus geschätzten Kosten für eine zukünftige Periode. Wie der Name bereits andeutet, dient die Plankostenrechnung in erster Linie der Planung und Kontrolle der Kosten.

Welche Kostenarten gibt es?

Werfen wir nun einen Blick auf die einzelnen Kostenarten. Die Kostenarten können nach den sechs Kriterien eingeteilt werden, die Sie in Abbildung 13.16 sehen (vgl. Wöhe et al., »Einführung in die Allgemeine Betriebswirtschaftslehre«, S. 821):

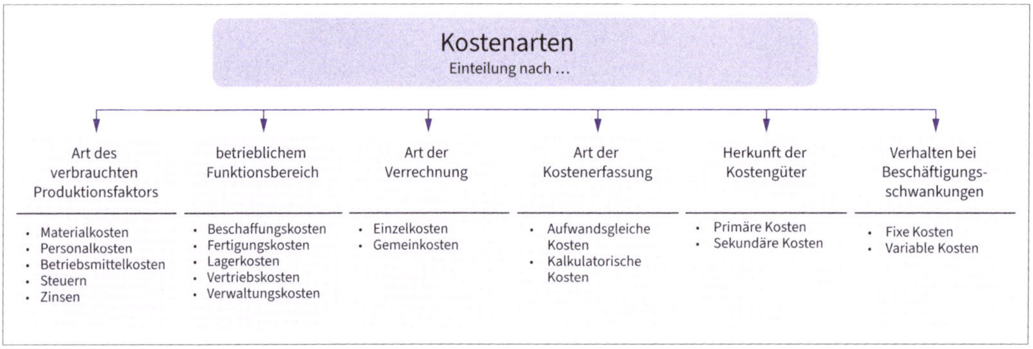

Abbildung 13.16 Einteilung der Kostenarten

- Die Gliederung der Kosten nach der *Art des verbrauchten Produktionsfaktors* stellt die Grundlage der Kostenartenrechnung dar, denn diese orientiert sich an der GuV-Rechnung nach dem Gesamtkostenverfahren (siehe Tabelle 13.3). Dort wird der Aufwand bereits entsprechend dem Verbrauch an Produktionsfaktoren strukturiert, was die Überleitung in die Kostenartenrechnung erleichtert.
- Die Kosten lassen sich auch den einzelnen *betrieblichen Funktionsbereichen* zuordnen, abhängig davon, wo sie verursacht werden. So entstehen beispielsweise Beschaffungskosten im Materialbereich oder Lagerkosten in der Logistik.
- Bei der Einteilung der Kosten *nach der Art der Verrechnung* unterscheidet man zwischen *Einzelkosten* und *Gemeinkosten*. Die Einzelkosten lassen sich verursachungsgerecht zuordnen. Gemeinkosten hingegen können dem Kostenträger nicht unmittelbar zugerechnet werden. Deshalb werden sie in der Kostenstellenrechnung mithilfe von Verteilungsschlüsseln auf die Kostenstellen verteilt.
- Die Gesamtkosten können auch nach der *Art der Kostenerfassung* eingeteilt werden – sie setzen sich aus aufwandsgleichen Kosten und kalkulatorischen Kosten zusammen. *Aufwandsgleiche Kosten* sind Kosten, die in gleicher Höhe als Aufwand in der Finanzbuchhaltung erfasst werden. *Kalkulatorische Kosten* hingegen sind Kosten, die in der KLR berücksichtigt werden, in der Finanzbuchhaltung aber gar nicht oder in anderer Höhe als Aufwand auftauchen. Die kalkulatorischen Kosten werden weiter unten detailliert betrachtet.
- Eine weitere Unterteilung ist nach der *Herkunft der Kostengüter*: *Primäre Kosten* entstehen durch den Verbrauch von extern bezogenen Gütern und Dienstleistungen, z. B. Löhne,

Gehälter, Materialkosten, Stromkosten. *Sekundäre Kosten* sind Kosten, die innerhalb eines Unternehmens entstehen, weil innerbetriebliche Leistungen von einer Kostenstelle für eine andere erbracht werden, z. B. der innerbetriebliche Transport.

- Die weitere Möglichkeit der Kosteneinteilung ist die Unterscheidung nach dem *Verhalten bei Beschäftigungsschwankungen*. Hier wird zwischen *fixen* und *variablen Kosten* differenziert. Eine ausführliche Erklärung dazu finden Sie in Abschnitt 9.2, »Produktions- und Kostentheorie«.

Im Rahmen der *Vollkostenrechnung* werden die gesamten Kosten, also fixe und variable Kosten, auf die Kostenträger verteilt. Die *Teilkostenrechnung* hingegen beschränkt sich auf die Verrechnung der variablen Kosten – mehr dazu erfahren Sie bei der Deckungsbeitragsrechnung in Abschnitt 9.3, »Produktionsprogrammplanung«, sowie weiter unten.

Zwischen den Einzel- und Gemeinkosten und den fixen und variablen Kosten besteht ein Zusammenhang, nämlich (vgl. Wöhe et al., »Einführung in die Allgemeine Betriebswirtschaftslehre«, S. 821ff.):

- Fixe Kosten sind ausschließlich Gemeinkosten.
- Einzelkosten gehören in der Regel zu den variablen Kosten, da sie direkt mit der Produktionsmenge variieren.
- Die variablen Gemeinkosten sind zwar von der Ausbringungsmenge abhängig, lassen sich jedoch nicht direkt den einzelnen Kostenträgern zuordnen.

Aufgabe 3: Kostenfrage

Welche der unten angegebenen Kosten sind

a) Einzel- oder Gemeinkosten?

b) fixe oder variable Kosten?

Ordnen Sie durch Ankreuzen jeweils zu.

Kosten	Kosten nach der Zurechnung		Kosten in Abhängigkeit von der Beschäftigung	
	Einzelkosten	Gemeinkosten	Fixe Kosten	Variable Kosten
Gehaltszahlung für Angestellte				
Miete für die Geschäftsräume				

Tabelle 13.6 Aufgabe 3

Kosten	Kosten nach der Zurechnung		Kosten in Abhängigkeit von der Beschäftigung	
	Einzelkosten	**Gemeinkosten**	**Fixe Kosten**	**Variable Kosten**
Wareneinsatz				
Stromkosten				
Umsatzprovision für Personal				
Kfz-Steuer für den Geschäftswagen				

Tabelle 13.6 Aufgabe 3 (Forts.)

Nun werden Sie anhand eines vereinfachten Beispiels mit *planITs* die drei Stufen der Kostenrechnung Schritt für Schritt durchlaufen. Die einzelnen Stufen sind bewusst stark vereinfacht dargestellt, da eine vertiefte Betrachtung den Rahmen dieses Grundlagenwerks sprengen würde. Mein Ziel ist es, Ihnen die grundlegenden Zusammenhänge und die typische Vorgehensweise verständlich zu machen. Die detaillierte Betrachtung einzelner Kostenarten ist sehr spezifisch und wird daher in diesem Zusammenhang nicht behandelt.

Bevor wir aber mit dem Beispiel starten, schauen wir uns noch die *kalkulatorischen Kosten* etwas genauer an, weil sie dafür sorgen, dass alle tatsächlich genutzten Ressourcen berücksichtigt werden, auch wenn ihnen keine echte Zahlung gegenübersteht. Somit bilden sie die wirtschaftliche Leistungsfähigkeit eines Unternehmens besser ab.

Kalkulatorische Kosten genauer betrachtet

Kalkulatorische Kosten

Kalkulatorische Kosten sind Kosten, die auf einem fiktiven Aufwand basieren. Ihnen liegt kein tatsächlicher Zahlungsvorgang zugrunde.

Die kalkulatorischen Kosten werden aufgeteilt in *Zusatzkosten* und *Anderskosten*.

Zusatzkosten

Zusatzkosten sind Kosten, die ausschließlich in der Kostenrechnung erfasst werden und nicht in der Finanzbuchhaltung als Aufwand erfasst werden.

Zu den Zusatzkosten zählen beispielsweise:

- **Kalkulatorische Zinsen:** In der Finanzbuchhaltung werden lediglich die tatsächlich gezahlten Zinsen für das Fremdkapital berücksichtigt. Die KLR hingegen unterscheidet nicht nach der Herkunft des Kapitals, sondern betrachtet das gesamte eingesetzte Kapital im Unternehmen. Daher werden auch fiktive Zinsen auf das Eigenkapital angesetzt, als Ausgleich für den entgangenen Ertrag, den das Unternehmen hätte erzielen können, wenn es dieses Kapital am Kapitalmarkt angelegt hätte.
- **Kalkulatorische Miete:** Stellt ein Unternehmer dem Betrieb Räume seines Privatvermögens unentgeltlich zur Verfügung, spart das Unternehmen die tatsächlichen Mietzahlungen. In der Finanzbuchhaltung darf dieser unentgeltliche Nutzen nicht als Aufwand verbucht werden. In der KLR hingegen wird die ortsübliche Miete als kalkulatorische Miete erfasst, um den realen Wert der Nutzung einzubeziehen.
- **Kalkulatorischer Unternehmerlohn:** Einzelunternehmer oder Gesellschafter von Personengesellschaften dürfen aus steuerrechtlichen Gründen kein Gehalt beziehen, sondern sie entnehmen Privatentnahmen für ihren Lebensunterhalt. In der KLR müssen jedoch alle betrieblich verursachten Kosten berücksichtigt werden, also auch die Kosten, die durch die Arbeitsleistung des Unternehmers entstehen. Deshalb wird ein kalkulatorischer Unternehmerlohn in der KLR angesetzt, der sich am Marktwert einer vergleichbaren Tätigkeit orientiert.

Anderskosten

Anderskosten werden sowohl in der Finanzbuchhaltung als auch in der Kostenrechnung erfasst, jedoch in unterschiedlicher Höhe, da sie in der KLR anders bewertet werden.

Typische Anderskosten sind beispielsweise:

- **Kalkulatorische Abschreibungen:** Die Höhe der bilanziellen Abschreibungen wird durch die handels- und steuerrechtlichen Bewertungsvorschriften bestimmt und basiert auf den Anschaffungskosten des Anlageguts. Im Gegensatz dazu orientieren sich die *kalkulatorischen Abschreibungen* an der tatsächlichen Wertminderung des Vermögengegenstands und verwenden in der Regel den höheren Wiederbeschaffungswert der jeweiligen Periode als Grundlage.
- **Kalkulatorische Wagnisse:** Jede unternehmerische Tätigkeit ist mit Risiken (Wagnissen) verbunden, die zu einem Werteverlust des Vermögens führen können. Allgemeine Unternehmensrisiken (etwa durch gescheiterte Projekte oder Nachfrageveränderungen) lassen sich nicht genau berechnen und werden deshalb nicht in der KLR berücksichtigt. Im Gegensatz dazu werden spezifische Einzelwagnisse (wie Garantiefälle, Diebstähle, Unfälle usw.) in der KLR angesetzt – allerdings nur, sofern sie nicht durch externe Versicherungen abgedeckt sind.

Anhand des Beispiels in Abbildung 13.17 wird der Unterschied zwischen Buchführung und KLR deutlich.

Abschreibungen bei einem Pkw

Geschäftsbuchführung		**Kostenrechnung**	
Anschaffungskosten	60.000,00 €	Wiederbeschaffungswert	66.000,00 €
Nutzungsdauer lt. AfA-Tabelle	6 Jahre	Nutzungsdauer betriebsintern	8 Jahre
Abschreibungsbetrag 1. Jahr = Aufwand		Abschreibungsbetrag 1. Jahr = Kosten	
$\frac{60.000,00}{6}$ = 10.000,00 €		$\frac{66.000,00}{8}$ = 8.250,00 €	

Abbildung 13.17 Abschreibungen in der Buchführung und in der Kostenrechnung

In der Geschäftsbuchführung richtet sich die Abschreibung nach den Anschaffungskosten und der gesetzlich festgelegten Nutzungsdauer gemäß AfA-Tabelle. In der Kostenrechnung wird hingegen der betriebsbedingte Werteverzehr anhand des Wiederbeschaffungswerts und der unternehmerischen Nutzungsdauer ermittelt. Wie Sie sehen, können die Abschreibungsbeträge je nach Ansatz variieren.

Abgrenzungsrechnung

Zur Verdeutlichung der Unterschiede zwischen der Buchführung und der KLR erfolgt eine sachliche Abgrenzung der jeweiligen Aufwendungen und Erträge von den Kosten und Leistungen im Rahmen der sogenannten *Abgrenzungsrechnung*. Die Abgrenzungsrechnung bildet den ersten Schritt der KLR und vergleicht die Ergebnisse der Buchführung mit denen der KLR. Ihr Ziel ist es also, die neutralen Aufwendungen und Erträge von den betrieblichen Kosten und Leistungen abzugrenzen.

Dies geschieht mithilfe einer Ergebnistabelle wie der aus Abbildung 13.18.

<table>
<tr><th colspan="9">Ergebnistabelle</th></tr>
<tr><td colspan="3">Rechnungskreis I
Finanzbuchhaltung</td><td colspan="6">Rechnungskreis II
Kosten- und Leistungsrechnung</td></tr>
<tr><td colspan="3" rowspan="2">Gesamtergebnisrechnung, GuV</td><td colspan="4">Abgrenzungsrechnung</td><td colspan="2" rowspan="2">Betriebsergebnis-rechnung</td></tr>
<tr><td colspan="2">Unternehmens-bezogene Abgrenzung</td><td colspan="2">Kostenrechnerische Korrekturen</td></tr>
<tr><td>Konto</td><td>Aufwen-dungen</td><td>Erträge</td><td>neutrale Aufwen-dungen</td><td>neutrale Erträge</td><td>betriebl. Aufwen-dungen</td><td>Verrech-nete Kosten</td><td>Kosten</td><td>Leistun-gen</td></tr>
<tr><td></td><td>-</td><td>+</td><td>-</td><td>+</td><td>-</td><td>+</td><td>-</td><td>+</td></tr>
<tr><td colspan="3">Gesamtergebnis</td><td colspan="4">Neutrales Ergebnis</td><td colspan="2">Betriebsergebnis</td></tr>
</table>

Abbildung 13.18 Ergebnistabelle KLR

Die Abgrenzungsrechnung wird in folgenden Schritten durchgeführt:

- Erträge und Aufwendungen der GuV werden in die Ergebnistabelle übertragen.
- Neutrale Aufwendungen und Erträge werden voneinader abgegrenzt.
- Kostenrechnerische Korrekturen, z. B. kalkulatorische Abschreibungen, werden vorgenommen.
- Zusatzkosten werden in die KLR mit aufgenommen.
- Das Betriebsergebnis wird ermittelt.

Neutrale Aufwendungen sind Aufwendungen, die zwar in der Finanzbuchhaltung erfasst werden, jedoch keine Kosten im Sinne der KLR darstellen, weil sie in keinem direkten Zusammenhang mit der eigentlichen betrieblichen Leistungserstellung stehen. Ein Beispiel dafür sind betriebsfremde Ausgaben wie etwa Spenden oder Aufwendungen für Schadensfälle (z. B. bei einem Wasserschaden).

Auch *neutrale Erträge* werden in der Finanzbuchhaltung berücksichtigt, jedoch nicht in der KLR, da sie nichts mit der Produktion oder dem Vertrieb der Kerntätigkeit zu tun haben. Typische Beispiele sind Zinserträge oder die Auflösung von Rückstellungen.

Unser Beispiel mit vereinfachten Daten

Folgende Daten aus der Finanzbuchhaltung von *plantITs* liegen vor (siehe Abbildung 13.19):

S		**GuV**	H
Materialaufwand	45.000,00	Umsatzerlöse	150.000,00
Personalaufwand	34.000,00	Sonst. betriebl. Erträge	1.000,00
Zinsaufwand	4.000,00	Zinserträge	1.000,00
Steuern	5.000,00		
Abschreibungen	30.000,00		
Gewinn	34.000,00		
	152.000,00		152.000,00

= »Buchhalternase« zum Entwerten der leeren Bereiche in T-Konten

Abbildung 13.19 Beispiel – GuV

- Bei den *sonstigen betrieblichen Erträgen* sind die Mieteinnahmen für eine Garage verbucht → betriebsfremder Ertrag.
- Die Zinserträge wurden aus der Kapitalanlage von überschüssigen Mitteln erzielt → betriebsfremder Ertrag.
- In den Steueraufwendungen in Höhe von 5.000,00 € sind Grundsteuern für die vermietete Garage in Höhe von 300,00 € enthalten → betriebsfremder Aufwand.

▶ Es sollen 20.000,00 € kalkulatorische Abschreibungen und 30.000,00 € kalkulatorischer Unternehmerlohn berücksichtigt werden.

Lösungen:

Kosten	
Materialkosten	45.000,00 €
Personalkosten	34.000,00 €
Abschreibungen	20.000,00 €
Unternehmerlohn	30.000,00 €
Gesamtkosten	129.000,00 €

Tabelle 13.7 Beispiel – Kostenartenrechnung, Lösungen

Ergebnistabelle								
Rechnungskreis I Finanzbuchhaltung			Rechnungskreis II Kosten- und Leistungsrechnung					
Gesamtergebnisrechnung, GuV			Abgrenzungsrechnung				Betriebsergebnisrechnung	
			Unternehmensbezogene Abgrenzung		Kostenrechnerische Korrekturen			
Konto	Aufwendungen	Erträge	neutrale Aufwendungen	neutrale Erträge	betriebl. Aufwendungen lt. FiBu	Verrechnete Kosten KLR	Kosten	Leistungen
Umsatzerlöse		150.000,00						150.000,00
So. betrieb. Erträge		1.000,00		1.000,00				
Zinserträge		1.000,00		1.000,00				
Materialaufwand	45.000,00						45.000,00	
Personalaufwand	34.000,00						34.000,00	
Abschreibungen	30.000,00				30.000,00	20.000,00	20.000,00	
Steuern	5.000,00		300,00				4.700,00	
Zinsaufwand	4.000,00						4.000,00	
Unternehmerlohn						30.000,00	30.000,00	
	118.000,00	152.000,00	300,00	2.000,00	30.000,00	50.000,00	137.700,00	150.000,00
	+ 34.000,00		+ 1.700,00		+ 20.000,00		+ 12.300,00	
Gesamtergebnis =			Neutrales Ergebnis +				Betriebsergebnis	

Abbildung 13.20 Beispiel – Ergebnistabelle zur Lösung

Die Abweichung zwischen den in der Kostenartenrechnung ausgewiesenen Gesamtkosten in Höhe von 129.000,00 € (siehe Tabelle 13.7) und den in der Betriebsergebnisrechnung verrechneten Kosten von 137.700,00 € (siehe Abbildung 13.20) ergibt sich aus der Abgrenzung zwischen Aufwand und Kosten.

Der nächste Schritt der KLR ist die Kostenstellenrechnung.

Kostenstellenrechnung

Kostenstelle

Eine *Kostenstelle* ist ein Bereich des Unternehmens, in dem Kosten anfallen. Beispiele sind: Fertigung, Verwaltung, Vertrieb.

Die Kostenstellenrechnung stellt das Bindeglied zwischen der Kostenarten- und der Kostenträgerrechnung dar. Ihr Ziel besteht darin, die Gemeinkosten verursachungsgerecht auf die jeweiligen Kostenstellen aufzuteilen.

Das Instrument der Kostenstellenrechnung ist der *Betriebsabrechnungsbogen (BAB)*. Mit seiner Hilfe werden die Gemeinkosten über Verteilungsschlüssel (wie z. B. Quadratmeter, Mitarbeiterzahlen, Maschinenstunden) den entsprechenden Kostenstellen zugewiesen.

Der BAB kann je nach Zielsetzung unterschiedlich aufgebaut sein. Zwei gängige Gliederungsprinzipien sind:

- **warenorientierter BAB:** Die Gliederung erfolgt nach Unternehmensbereichen, z. B. »Fertigung1«, »Fertigung 2«, oder nach verschiedenen Produktarten, z. B. »Studentenkalender«, »Wandkalender«.
- **funktionsorientierter BAB:** Die Gliederung erfolgt nach betrieblichen Funktionen, z. B. »Fertigung«, »Verwaltung«.

Der BAB wird unterteilt in:

- **Hauptkostenstellen:** Diese Kostenstellen sind direkt an der Erstellung der Hauptleistung beteiligt, z. B. Fertigung oder Endproduktlager. Sie stellen das Endergebnis der innerbetrieblichen Kostenverteilung dar.
- **Hilfskostenstellen:** Sie unterstützen die Hauptkostenstellen, z. B. Materiallager, Verwaltung. Diese Posten werden auf die Hauptkostenstellen verteilt.
- **Allgemeine Kostenstellen:** Sie erbringen oft administrative Leistungen für den gesamten Betrieb, z. B. Fuhrpark, EDV. Diese Kostenstellen werden über Zuschlagssätze verteilt oder anteilig auf die Hauptkostenstellen umgelegt.

Es wird zwischen dem *einstufigen BAB* und dem *mehrstufigen BAB* unterschieden. Beim einstufigen BAB erfolgt die Verteilung der Gemeinkosten ausschließlich auf die Hauptkostenstellen. Der mehrstufige BAB hingegen bezieht auch die Hilfskostenstellen mit ein, indem deren Leistungen zunächst schrittweise auf andere Kostenstellen verteilt werden, bevor die endgültige Zurechnung auf die Hauptkostenstellen erfolgt. Der BAB ist die Grundlage zur Berechnung von Zuschlagssätzen und zur Kontrolle der Wirtschaftlichkeit.

Die Erstellung des einfachen BABs erfolgt idealerweise wie folgt:

1. Übernahme der Gemeinkostenarten und der dazugehörigen Beträge sowie der Verteilungsschlüssel in den BAB
2. Verteilung der Gemeinkosten (*Handlungskosten*) anhand der Verteilungsschlüssel auf die Hauptkostenstellen
3. Addieren der Gemeinkosten je Kostenstelle
4. Berechnung der *Handlungskostenzuschlagssätze (HKZ)*

Fortführung des Beispiels

Wir setzen unser zuvor begonnenes Beispiel für *planITs* mit weiteren Angaben fort: Der BAB ist warenorientiert und die Gemeinkosten werden mit folgenden Verteilungsschlüsseln auf die Kostenstellen 1 (Studentenkalender), 2 (Schülerkalender) und 3 (Wandkalender) verteilt:

- Personalkosten 7:2:1
- Abschreibungen 3:1:1
- Unternehmerlohn 0:2:1

Einstufiger Betriebsabrechnungsbogen (BAB)					
Kostenarten (Handlungskosten)	Gesamtbetrag	Verteilungsschlüssel	Hauptkostenstellen		
			1	2	3
Personalaufwand	34.000,00	7:2:1	23.800,00	6.800,00	3.400,00
Abschreibungen	20.000,00	3:1:1	12.000,00	4.000,00	4.000,00
Unternehmerlohn	30.000,00	1:4:1	5.000,00	20.000,00	5.000,00
Summe je Kostenstelle	84.000,00		40.800,00	30.800,00	12.400,00

Abbildung 13.21 Beispiel – einstufiger BAB – Lösung

Die Materialkosten zählen nicht zu den Handlungskosten, weil sie direkt dem Produkt oder der Leistung zugeordnet werden können. Sie werden deshalb nicht im einstufigen BAB berücksichtigt. Auf Grundlage des BAB lassen sich anschließend die *Handlungskostenzuschlagssätze* (HKZ) ermitteln. Dafür wird jedoch zunächst der Wareneinsatz der einzelnen Warengruppen benötigt.

Wareneinsatz

Der *Wareneinsatz* ist die Menge an Waren, bewertet zu ihren Einstandspreisen, die innerhalb eines Jahres verkauft oder verbraucht wurden.

Er wird mit folgender Formel berechnet:

Wareneinsatz = Jahresanfangsbestand + Lagerzugänge – Jahresendbestand

Die Berechnung der HKZ erfolgt mit folgender Formel:

$$\text{Handlungskostenzuschlagssätze (HKZ)} = \frac{\text{Handlungskosten je Kostenstelle}}{\text{Wareneinsatz}} \cdot 100$$

Für unser Beispiel lauten die Wareneinsätze wie folgt:

- Warengruppe 1: 116.572,00 €
- Warengruppe 2: 102.666,00 €
- Warengruppe 3: 38.750,00 €

Daraus ergeben sich folgende HKZ:

$$\text{HKZ WG 1} = \frac{40.800{,}00}{116.572{,}00} \cdot 100 = 35{,}00\ \%$$

$$\text{HKZ WG 2} = \frac{30.800{,}00}{102.666{,}00} \cdot 100 = 30{,}00\ \%$$

$$\text{HKZ WG 3} = \frac{12.400{,}00}{38.750{,}00} \cdot 100 = 32{,}00\ \%$$

Was sagen uns diese Ergebnisse?

Ein HKZ von 35 % bedeutet, dass zu den Einstandskosten, also den Einkaufskosten der Ware, zusätzlich noch 35 % Handlungskosten aufgeschlagen werden müssen, um die Selbstkosten zu ermitteln.

Der HKZ ermittelt die internen Kosten eines Produkts, die die Grundlage für die Preisgestaltung oder Deckungsbeitragsrechnung sind (siehe Abschnitt 9.3, »Produktionsprogrammplanung«, sowie weiter unten).

Für die Erstellung eines mehrstufigen BABs zu unserem Beispiel wären weitere Angaben erforderlich. Im Unterschied zum einstufigen BAB werden beim mehrstufigen BAB auch die Kosten der Hilfskostenstellen (wie IT, Werkstatt oder Fuhrpark) zunächst auf die anderen Hilfskostenstellen verteilt, mit denen sie im Leistungsaustausch stehen, bevor sie den Hauptkostenstellen zugeordnet werden.

Unter *https://www.pruefungstrainer24.de/zusatzaufgaben-zum-betriebsabrechnungsbogen* finden Sie ein ausführliches Beispiel zur Erstellung des mehrstufigen BAB.

Kostenträgerrechnung

Auf die Kostenstellenrechnung folgt die *Kostenträgerrechnung*. Sie geht der Frage nach: Wofür sind die Kosten angefallen?

Kostenträger

Kostenträger sind die Produkte und Dienstleistungen, die ein Unternehmen herstellt oder anbietet und für die Kosten erfasst werden. Ein Beispiel für einen Kostenträger ist das *planITs*-Produkt *Studentenkalender*.

Die Kostenträgerrechnung übernimmt wichtige Aufgaben im Rahmen der betrieblichen Geschäftstätigkeit:

- Sie ist die Grundlage für die Preiskalkulation einzelner Produkte und damit eine Unterstützung bei Preisentscheidungen.
- Sie dient zur Kontrolle der Wirtschaftlichkeit der Kostenträger.
- Sie trägt zur Ermittlung des Erfolgs je Kostenträger bei.
- Sie bildet die Grundlage für sortimentspolitische und strategische Entscheidungen.

Abbildung 13.22 zeigt die Systematik der Kostenrechnung im Überblick sowie die Ausprägungen der Kostenträgerrechnung.

- **Kostenträgerzeitrechnung:** Die Instrumente der *Kostenträgerzeitrechnung* sind das Gesamtkostenverfahren und das Umsatzkostenverfahren:
  - Beim *Gesamtkostenverfahren* werden alle in einer Abrechnungsperiode angefallenen Kosten und Erträge berücksichtigt, unabhängig davon, ob die Produkte verkauft wurden oder nicht.

- Beim *Umsatzkostenverfahren* hingegen werden nur die Herstellkosten der tatsächlich abgesetzten Produkte den Umsatzerlösen der gleichen Periode gegenübergestellt.

In der Praxis wird die Kostenträger*stück*rechnung häufig angewendet, da sie eine exakte Kalkulation der Stückkosten einzelner Produkte ermöglicht und dies eine wichtige Grundlage für die Preisgestaltung darstellt. Deshalb werden wir uns nachfolgend diese Rechnung als Beispiel für eine Kostenträgerrechnung genauer anschauen.

- **Kostenträgerstückrechnung:** Die *Kostenträgerstückrechnung* bedient sich der Handelskalkulation, um auf Basis der vorliegenden Kosten mögliche Verkaufspreise abzuleiten. Die Handelskalkulation gliedert sich in drei Schritte: Zuerst erfolgt die Bezugskalkulation, anschließend die Ermittlung der Selbstkosten und abschließend wird die Verkaufskalkulation durchgeführt. Sehen wir uns das noch genauer an.

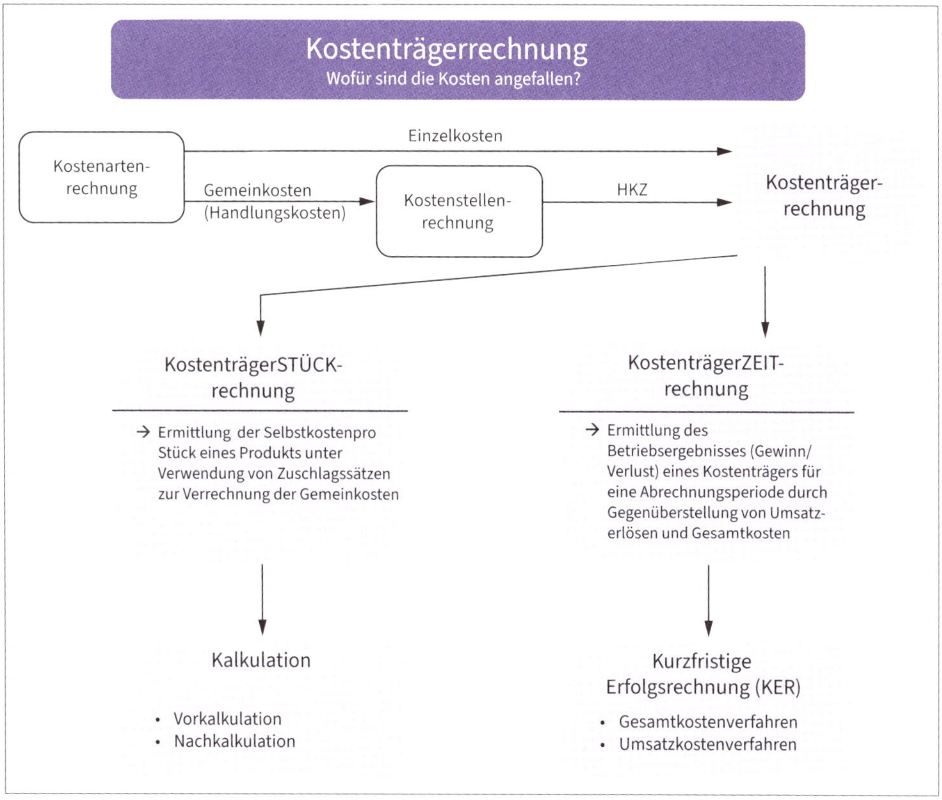

Abbildung 13.22 Kostenträgerrechnung

Die *Bezugskalkulation* bildet den ersten Schritt der Handelskalkulation – während ihr wird der tatsächliche Einstandspreis einer Ware ermittelt. Vom Listeneinkaufspreis werden sämtliche Preisnachlässe (z. B. Skonto, Rabatte) abgezogen und *Bezugskosten* (zusätzliche Kosten, die beim Einkauf von Waren anfallen) wie z. B. Fracht oder Versicherungen hinzugerechnet. Das Ergebnis ist der *Bezugspreis*, also der Betrag, den das Unternehmen tatsächlich für die Ware bezahlt.

Auf dieser Grundlage erfolgt die *Kostenträgerstückrechnung*, in der die *Selbstkosten* je Produkteinheit ermittelt werden. Hier kommen die Zuschlagssätze aus dem *Betriebsabrechnungsbogen (BAB)* zum Einsatz, mit denen die Gemeinkosten auf die Kostenträger verteilt werden, um die Gesamtkosten pro Stück zu berechnen.

Die im BAB ermittelten Zuschlagssätze unterliegen regelmäßigen Schwankungen, etwa durch Preisänderungen bei Material oder Löhnen sowie durch saisonale Einflüsse. Würde man ausschließlich mit diesen periodenabhängigen Ist-Kosten kalkulieren, würden sich die Zuschlagssätze von Periode zu Periode stark verändern, was zu Unsicherheit und auch zu einem erheblichen Aufwand in der Kalkulation führen kann.

Um dem entgegenzuwirken, wird in der *Vorkalkulation* häufig mit Normalkosten gerechnet. *Normalkosten* sind Ist-Durchschnittskosten, die auf Basis mehrerer vergangener Abrechnungsperioden ermittelt werden. Diese Durchschnittswerte glätten die Schwankungen und sorgen für eine stabilere, besser vergleichbare Kalkulationsgrundlage. Auf Grundlage der durchschnittlich ermittelten Normalkosten wird ein *Normalkostenzuschlagssatz* berechnet, mit dem die Gemeinkosten in der Vorkalkulation verrechnet werden.

Am Ende der Abrechnungsperiode ist zu prüfen, ob die angesetzten Normalkosten mit den tatsächlichen Ist-Kosten übereinstimmen. Diese Überprüfung ist Aufgabe der *Nachkalkulation*, die das tatsächliche Ergebnis ermittelt. Das Ziel bei der Nachkalkulation ist es, Abweichungen zwischen Vor- und Nachkalkulation aufzuzeigen. Eine *Kostenüberdeckung* liegt vor, wenn sich »Normalkosten > Ist-Kosten« ergibt; eine *Kostenunterdeckung* liegt vor, wenn »Normalkosten < Ist-Kosten« festgestellt wird. Dadurch können die Kalkulationsgrundlagen künftig angepasst und realitätsnäher gestaltet werden.

Im Rahmen der *Verkaufskalkulation* werden anschließend auf die Selbstkosten Gewinnzuschläge sowie Rabatte und Skonti aufgeschlagen, um den Listenverkaufspreis zu ermitteln.

Anhand eines Beispiels führen wir nachfolgend eine Vor- und Nachkalkulation durch.

Beispiel

planITs hat in der letzten Abrechnungsperiode mit folgenden Soll-Werten kalkuliert:

- Bezugspreis: 6,00 €
- HKZ: 32 %
- Gewinnzuschlag: 26 %

Folgende Sachverhalte müssen noch berücksichtigt werden:

- Die Lieferkonditionen beim Einkauf haben sich geändert. Deshalb erhöht sich der Bezugspreis auf 6,66 €.
- Die Summe der Einzelkosten (Wareneinsatz) beträgt 35.428,57 €, die ermittelten Handlungskosten laut BAB 12.400,00 €.
- Das Produkt wird bei der Konkurrenz zum Listenverkaufspreis von 9,98 € angeboten, deshalb muss der Verkaufspreis auch beibehalten werden.

Aufgaben:

a) Ermitteln Sie den neuen Handlungskostenzuschlagssatz für die Wandkalender.

b) Führen Sie eine Vor- und Nachkalkulation durch.

c) Vergleichen Sie die Zuschlagssätze und analysieren Sie mögliche Ursachen.

d) Welche Maßnahmen kann *planITs* ergreifen, um den bisherigen Gewinnzuschlag zu erwirtschaften? Machen Sie zwei Vorschläge.

Lösung:

a) **Ermitteln Sie den neuen Handlungskostenzuschlagssatz für die Wandkalender.**

$$\text{HKZ neu} = \frac{12.400,00}{35.428,57} \cdot 100 = 35,00\ \%$$

b) **Führen Sie eine Vor- und Nachkalkulation durch.**

Kalkulation	**Vorkalkulation** (Soll-Werte)		**Nachkalkulation** (Ist-Werte)		**Änderung der Zuschlagssätze**
Bezugspreis		6,00 €		6,66 €	
+ HKZ	32 %	1,92 €	35 %	2,33 €	+ 3,00 %
= Selbstkostenpreis		7,92 €		8,99 €	
+ Gewinn	26 %	2,06 €		0,99 €	– 14,99 %
= Listenverkaufspreis		**9,98 €**		**9,98 €**	

Nebenrechnung: neuer Gewinn $= \frac{0,99 \cdot 100}{8,99} = 11,01\ \%$

Gewinnänderung = 26 % –11,01 % = 14,99 %

Abbildung 13.23 Vor- und Nachkalkulation

c) **Vergleichen Sie die Zuschlagssätze und analysieren Sie mögliche Ursachen.**

Der Handlungskostenzuschlagssatz ist von 32,00 % auf 35,00 % gestiegen. Ursachen hierfür können höhere Löhne oder gestiegene Energiekosten sein. Auch der

Bezugspreis hat sich erhöht, was auf gestiegene Material- oder Transportkosten zurückzuführen ist. Durch diese Entwicklungen ist der Gewinnzuschlag von 26,00 % auf 11,01 % gesunken.

planITs kann den aktuellen Verkaufspreis von 9,98 € weiterhin halten, nimmt dabei jedoch Gewinneinbußen in Kauf.

d) **Welche Maßnahmen kann planITs ergreifen, um den bisherigen Gewinnzuschlag zu erwirtschaften? Machen Sie zwei Vorschläge.**

planITs könnte sich einen neuen Lieferanten mit besseren Konditionen suchen oder die Handlungskosten durch Energieeinsparungen oder Personalkosteneinsparungen senken.

Die Kosten- und Leistungsrechnung bildet die Grundlage für fundierte betriebswirtschaftliche Entscheidungen und trägt maßgeblich zur nachhaltigen Sicherung des Unternehmenserfolgs bei.

Deckungsbeitragsrechnung

Ein weiteres zentrales Instrument des internen Rechnungswesens ist die *Deckungsbeitragsrechnung*. Die Deckungsbeitragsrechnung ist eine Teilkostenrechnung, bei der nur die *variablen* Kosten den Erlösen gegenübergestellt werden. Sie zeigt, wie viel ein Produkt zur Deckung der Fixkosten und zum Gewinn beiträgt. In Abschnitt 9.3, »Produktionsprogrammplanung«, habe ich dieses Verfahren bereits im Zusammenhang mit der Produktion thematisiert. An dieser Stelle wollen wir nun die dort gewonnenen Erkenntnisse weiter vertiefen.

Grundsätzlich unterscheidet man zwei Formen der Deckungsbeitragsrechnung:

1. **Einstufige Deckungsbeitragsrechnung**:
   - Hier wird zwischen variablen und fixen Kosten unterschieden.
   - Nach Abzug der variablen Kosten von den Umsatzerlösen ergibt sich der Gesamtdeckungsbeitrag (DB).
   - Von diesem DB werden anschließend alle fixen Kosten abgezogen, um das Betriebsergebnis zu ermitteln.
2. **Mehrstufige Deckungsbeitragsrechnung:**
   - Auch hier wird zwischen variablen und fixen Kosten unterschieden.
   - Anschließend werden die fixen Kosten schrittweise nach Produkt, Produktgruppe, Bereich und Gesamtkosten aufgeteilt.

- Dadurch lässt sich erkennen, wo die Fixkosten entstehen und welche Produktbereiche wie stark zum Gewinn beitragen.

Da die einstufige Deckungsbeitragsrechnung einfach und schnell durchzuführen ist und in der Praxis weit verbreitet ist, werden wir uns im Folgenden näher mit ihr befassen.

Grundsätzlich wird der *Gesamtdeckungsbeitrag* nach folgendem Schema berechnet:

Umsatzerlöse

– variable Kosten

= Gesamtdeckungsbeitrag (DB)

– Fixkosten

= Betriebsergebnis (Gewinn oder Verlust)

Auf Stückkostenbasis kann der *Deckungsbeitrag pro Stück* berechnet werden, allerdings wird hier nur der variable Anteil der Stückkosten vom Verkaufspreis pro Stück abgezogen. Den *Stückdeckungsbeitrag* berechnen wir wie folgt:

Erlös (e)

– variable Kosten (k_v)

= Stückdeckungsbeitrag (db)

Auf die Berechnung des Deckungsbeitrags bin ich bereits in Abschnitt 9.3, »Produktionsprogrammplanung«, eingegangen. Im Folgenden werde ich nun seine Bedeutung sowie seine Auswirkungen näher beleuchten.

Die Deckungsbeitragsrechnung ist die Entscheidungsgrundlage für zahlreiche Unternehmensbereiche, etwa bei der Gestaltung des Sortiments, bei der Bestimmung von Preisuntergrenzen sowie bei der Berechnung der Gewinnschwelle. Bei der Sortimentsgestaltung spielt der Deckungsbeitrag deshalb eine wichtige Rolle, weil unrentable Produkte mit seiner Hilfe identifiziert werden können: Produkte mit negativem oder sehr geringem Deckungsbeitrag führen zu Verlusten und belasten das wirtschaftliche Ergebnis des Betriebs. Deshalb sollten diese Produkte eventuell aus dem Sortiment genommen werden. Ein höherer Deckungsbeitrag zeigt auch, welche Produkte gefördert und aktiv vermarktet werden sollten. Auch bei der Gestaltung des Produktionsprogramms ist die Deckungsbeitragsrechnung hilfreich.

Der Deckungsbeitrag zeigt verschiedene *Preisuntergrenzen* an:

- **Kurzfristige Preisuntergrenze:** Sie ist erreicht, wenn der Verkaufspreis gerade die variablen Kosten deckt.
- **Langfristige Preisuntergrenze:** Sie ist erreicht, wenn der Verkaufspreis alle Selbstkosten (variable und fixe Kosten) deckt. In diesem Fall kann das Produkt als dauerhaft wirtschaftlich angeboten werden.

Die Bestimmung der *Gewinnschwelle*, die auch als *Break-Even-Point* bezeichnet wird, (siehe auch Abschnitt 7.2, »Strategische Planung«), steht in engem Zusammenhang mit den Preisuntergrenzen. Während diese zeigen, ab welchem Preisniveau ein Produkt kostendeckend ist, gibt der Break-Even-Point an, ab welcher Absatzmenge die Fixkosten vollständig gedeckt sind und das Unternehmen beginnt, Gewinn zu erzielen. Die *Gewinnschwellenmenge* lässt sich mit folgender Formel berechnen:

$$\text{Gewinnschwellenmenge} = \frac{\text{gesamte Fixkosten}}{\text{Deckungsbeitrag pro Stück}} = \frac{K_f}{db}$$

Beispiel

Der Verkaufspreis des Studentenkalenders von *planITs* beträgt 20,00 € pro Stück. Die variablen Stückkosten pro Stück liegen bei 12,00 €. Die Fixkosten für die Periode betragen 8.000,00 €.

Wie hoch ist die Gewinnschwelle?

Berechnung des Deckungsbeitrags pro Stück:

$db = e - k_v = 20{,}00 - 12{,}00 = 8{,}00$ €

Berechnung der Gewinnschwelle:

$$BEP = \frac{8.000{,}00}{8{,}00} = 1.000 \text{ Stück}$$

Lösung:

Die Gewinnschwelle liegt bei 1.000 Stück, d. h., wenn *planITs* 1.000 Studentenkalender verkauft, sind die Kosten gedeckt. Ab 1.001 verkauften Kalendern erzielt *planITs* einen Gewinn.

Sie sehen also, wie wichtig es für ein Unternehmen ist, die Gewinnschwelle zu kennen, um darauf aufbauend auch gezielte Marketingmaßnahmen planen und durchführen zu können.

Die Gewinnschwellenmenge kann auch grafisch ermittelt werden (siehe Abbildung 13.24).

An dem Punkt, wo sich die Erlösgerade und die Gesamtkostenlinie schneiden, ist der Break-Even-Point. An diesem Punkt gilt »Erlöse = Gesamtkosten«.

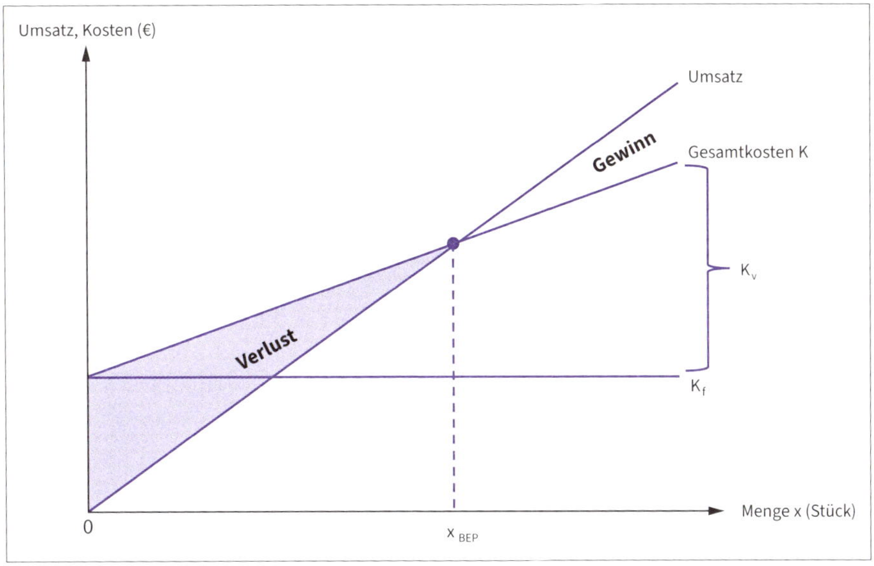

Abbildung 13.24 Gewinnschwelle bzw. Break-Even-Point

Planungsrechnung

Die umfangreiche Datenbasis der KLR bildet eine wesentliche Grundlage für die *Planungsrechnung*, die einen weiteren Bereich des internen Rechnungswesens darstellt. Bei ihr handelt es sich um eine quantitative Vorschau, bei der für zukünftige Zeiträume die voraussichtlichen Ausgaben den erwarteten Einnahmen gegenübergestellt werden. Das Ziel ist es, auf Basis dieser Gegenüberstellung fundierte Prognosen für verschiedene Unternehmensbereiche zu erstellen und darauf basierend betriebliche Entscheidungen zu treffen.

Für die Planungsrechnung werden neben den Daten der KLR auch Informationen aus der Finanzbuchhaltung sowie statistische Daten herangezogen. Auch Konjunkturdaten oder Daten der Konkurrenz werden mitberücksichtigt. Die Planungsrechnung kann je nach Zielsetzung kurzfristig, mittelfristig oder langfristig ausgelegt sein und sämtliche Bereiche des Unternehmens betreffen. Entsprechend werden verschiedene Teilpläne erstellt, z. B. ein Absatz-, ein Umsatz-, ein Produktions- oder ein Beschaffungsplan.

Eine weiterführende Einführung in das Thema finden Sie unter *https://blog.helu.io/planungsrechnung-definition-teilplaene-zentrale-elemente/* (aufgerufen am 27.10.2025).

Wir sind nun am Ende des Kapitels zum Rechnungswesen angekommen. Das Rechnungswesen stellt einen zentralen Bereich im Unternehmen dar, in dem alle Informationen zusammenlaufen und der die Grundlage dafür bildet, ob und welche Entscheidungen wirtschaftlich umsetzbar sind.

13.4 Lösungen

Aufgabe 1

a) Wir kaufen Waren für die Produktion bar ein – die Ware wird sofort in der Produktion verbraucht.

   Auszahlung: ja – Barzahlung; Kassenbestand verringert sich sofort.

   Ausgabe: ja – das Geldvermögen wird weniger.

   Aufwand: ja – die Ware wird sofort verbraucht.

   Kosten: ja – betriebszweckbezogene Wertminderung

b) Wir kaufen Waren für die Produktion per Banküberweisung – die Ware liegt auf Vorrat im Lager.

   Auszahlung: ja – Bankzahlung; Kontobestand verringert sich sofort.

   Ausgabe: ja – das Geldvermögen wird weniger.

   Aufwand: nein – die Ware wird nicht sofort verbraucht, sondern liegt auf Lager.

   Kosten: nein – es gibt noch keine betriebszweckbezogene Wertminderung, erst beim Verbrauch.

Aufgabe 2

a)	Fuhrpark	an	Bank	20.000,00 €
	→ Aktivtausch			
b)	Maschinen	an	Darlehen	100.000,00 €
	→ Aktiv-Passiv-Mehrung			
c)	Bank	an	Kasse	1.000,00 €
	→ Aktivtausch			
d)	VLL	an	Bank	5.000,00 €
	→ Aktiv-Passiv-Minderung			
e)	VLL	an	Darlehen	30.000,00 €
	→ Passivtausch			

f) Kasse 500,00 € an FLL 1.500,00 €

Bank 1.000,00 €

→ Aktivtausch

Aufgabe 3

Kosten	Kosten nach der Zurechnung		Kosten in Abhängigkeit von der Beschäftigung	
	Einzelkosten	Gemeinkosten	Fixe Kosten	Variable Kosten
Gehaltszahlung für Angestellte		x	x	
Miete für die Geschäftsräume		x	x	
Wareneinsatz	x			x
Stromkosten		x		x
Umsatzprovision für Personal	x			x
Kfz-Steuer für den Geschäftswagen		x	x	

Kapitel 14

Ausblick: Mathematische Vorkenntnisse für das Studium

Die Wirtschaftswissenschaften kommen heute nicht ohne mathematische Methoden aus. Aufbauend auf den finanzmathematischen Grundlagen werden in diesem Kapitel weitere Kenntnisse aufgeführt, die zum Verständnis wirtschaftlicher Zusammenhänge notwendig sind. Der Schwerpunkt liegt auf einem allgemeinen Überblick, ohne die Themen im Detail zu vertiefen.

14.1 Erwartete Anforderungen

Die Anforderungen an Ihre mathematischen Kenntnisse können je nach Universität unterschiedlich ausfallen. Dennoch lassen sich grundlegende mathematische Kenntnisse benennen, die für ein wirtschaftswissenschaftliches Studium allgemein als wesentlich gelten. Diese fasse ich im Folgenden zusammen.

Analysis

Die Analysis beschäftigt sich mit dem Zusammenhang zwischen zwei oder mehreren Größen. Sie hilft dabei, Wachstumsprozesse, Kostenentwicklungen oder Trends mathematisch zu beschreiben. Im wirtschaftswissenschaftlichen Studium bildet sie die Grundlage, um ökonomische Modelle zu verstehen, z. B. bei der Untersuchung von Gewinnmaximierung oder Marktentwicklungen. Dazu gehören:

- Funktionen (siehe beispielsweise Kapitel 9) und ihre Eigenschaften: Polynome, Exponential- und Logarithmusfunktionen
- Lösen von Differenzialgleichungen
- Grenzwerte
- Differenzialrechnung: Ableitungen, Potenz-, Ketten- und Produktregel
- Extremwertbestimmung: Minimum, Maximum

Lineare Algebra

Die lineare Algebra sucht Lösungsstrategien für komplexe Systeme. Diese Lösungen basieren auf Vektoren, Matrizenrechnung und Gleichungssystemen. Sie ist die Grundlage der modernen Datenverarbeitung und hilft z. B. bei der Optimierung von Produktionsprozessen. Zu ihr gehören:

- lineare Gleichungssysteme
- Matrizen
- Vektorrechnung

Arithmetik

Die Arithmetik bildet die Grundlage für viele betriebswirtschaftliche Entscheidungen, etwa bei Investitionsentscheidungen oder Finanzierungsstrategien, siehe z. B. Kapitel 12. Zu ihr gehören:

- Prozentrechnung
- Zinsrechnung
- Zinseszinsen

Stochastik

Die Stochastik hilft dabei, wirtschaftliche Daten und Wahrscheinlichkeiten systematisch zu erfassen, auszuwerten und zu interpretieren, um auf dieser Grundlage fundierte betriebswirtschaftliche Entscheidungen treffen zu können. Zu ihr gehören:

- Wahrscheinlichkeitsrechnung
- deskriptive Statistik und Inferenzstatistik
- Grundzüge der Regressionsanalyse

Wie Sie sehen, sind grundlegende Themen aus der Schule für das Verständnis der wirtschaftswissenschaftlichen Inhalte unerlässlich. Daher ist es empfehlenswert, dass Sie diese bereits vor Studienbeginn sicher beherrschen. Der folgende Abschnitt gibt Ihnen hilfreiche Tipps, wie Sie sich gezielt auf diese Anforderungen vorbereiten und sie erfolgreich schon zum Studienstart meistern können.

14.2 Empfehlungen zur Vorbereitung

Das Wichtigste gleich vorweg: Ihr Studienerfolg liegt in Ihren Händen. Mathematik wird oft als sogenanntes »Trainingsfach« bezeichnet; das bedeutet, man lernt am besten durch konsequentes Üben und Wiederholen. Lassen Sie sich nicht von Zahlen einschüchtern und fürchten Sie keine Fehler, denn »Fehler sind Freunde« – aus ihnen lernt man.

Sie können sich also bereits im Vorfeld auf Ihr Studium vorbreiten, indem Sie den Schulstoff eigenständig wiederholen. Viele Hochschulen bieten zusätzlich Mathematik-Vorkurse an, die in der Regel zwei bis vier Wochen vor Semesterbeginn stattfinden. Darüber hinaus bieten einige Universitäten Online-Kurse an, mit denen Sie sich flexibel auf die mathematischen Anforderungen vorbereiten können. Die Universität Gießen bietet beispielsweise einen ILIAS-Vorkurs Mathematik für Wirtschaftswissenschaftler an. In einem kurzen Einstiegstest können

Sie auch überprüfen, ob Ihr mathematisches Vorwissen ausreichend ist. Hier finden Sie alle wichtigen Informationen und Materialien zum Kurs:

- *https://www.econ.uni-bonn.de/de/studium/informationen-zu-studienbeginn/mathematik-vorkurs*
- *https://www.uni-giessen.de/de/fbz/fb02/fb/professuren/vwl/winker/lehre/bcs-veranstaltungen/mathe/mathevorkurs/index*

Zudem gibt es zahlreiche Online-Videos, die Sie beim Lernen unterstützen können. Auch Lernplattformen, die speziell ausgerichtete Online-Kurse zur Mathematik für Wirtschaftswissenschaften anbieten – teils kostenlos, teils gegen eine geringe Gebühr –, sind sehr hilfreich. Zu den bekanntesten gehören:

- *https://lernen.oncampus.de*
- *https://www.matheretter.de*
- *https://de.serlo.org*

Hier können Sie außerdem kostenlose Orientierungstests und Onlinekurse finden:

https://www.mintfit.hamburg

Denken Sie immer daran: Sie können alles schaffen! Mit Mut, Motivation und einer positiven Einstellung lassen sich auch herausfordernde Themen erfolgreich meistern. Gehen Sie mit Offenheit und Neugier an die Inhalte heran, dann wird Ihnen auch der Einstieg ins Studium gelingen.

Viel Erfolg dabei!

Anhang A
Literaturverzeichnis

Günther, Hans-Otto; Tempelmeier, Horst: *Übungsbuch Supply Chain Analytics*, Hamburg 2020.

Holtbrügge, Dirk: *Personalmanagement*, Berlin 2004.

Meffert, Herbert; Burmann, Christoph; Kirchgeorg, Manfred; Eisenbeiß, Maik: *Marketing. Grundlagen marktorientierter Unternehmensführung. Konzepte – Instrumente – Praxisbeispiele*, 14. Auflage, Wiesbaden 2024.

Nolden, Rolf-Günther; Körner, Peter: *Industriebetriebslehre. Management betrieblicher Prozesse*, 18. Auflage, Köln 2021.

Stock-Homburg, Ruth; Groß, Matthias: *Personalmanagement. Theorien – Konzepte – Instrumente*, 4. Auflage, Wiesbaden 2019.

Ulrich, Hans: *Die Unternehmung als produktives System. Grundlagen der allgemeinen Unternehmenslehre*, Bern und Stuttgart 1968.

Vahs, Dietmar; Schäfer-Kunz, Jan: *Einführung in die Betriebswirtschaftslehre*, 7., überarbeitete Auflage, Stuttgart 2015.

von den Bergen, Hans; Piek, Michael; Rottmeier, Michael; Schnettler, Josef: *Groß- und Außenhandelsmanagement*. Lernfelder 5-9, Berlin 2021.

Voss, Rödiger: *BWL kompakt, Grundwissen Betriebswirtschaftslehre*, 8. Auflage, Rinteln 2018.

Wöhe, Günter; Döring, Ulrich; Brösel, Gerrit: *Einführung in die Allgemeine Betriebswirtschaftslehre*, 28. überarbeitete und aktualisierte Auflage, München 2023.

Internetquellen

Abbeymecca: Global Ad Spending to Hit $1 Trillion in 2025 – What It Means for Businesses, B2B Marketers, and Nonprofits, *https://abbeymecca.com/worldwide-ad-spending-to-hit-1-trillion-in-2025-what-it-means-for-businesses-marketers-and-nonprofits/?utm*, aufgerufen am 29.08.2025.

Absatzwirtschaft: Dubai Schokolade: So haben Influencer den Trend erzeugt, *https://www.absatzwirtschaft.de/dubai-schokolade-so-haben-influencer-den-trend-erzeugt-269198/*, aufgerufen am 11.05.2025.

BGF Koordinierungsstelle: *https://www.bgf-koordinierungsstelle.de*, aufgerufen am 05.03.2025.

Bilanz Junkie – Moderne Nachhilfe: Markt und Märkte, *https://www.bilanz-junkie.de/wissens-datenbank/vwl/markt-und-preis/*, aufgerufen am 19.06.2025.

Börse Frankfurt: Anleihen, *https://www.boerse-frankfurt.de/anleihen*, aufgerufen am 31.05.2025.

Börse Frankfurt: Anleihen: Kategorisierung nach Typen, *https://www.boerse-frankfurt.de/wissen/wertpapiere/anleihen/anleihentypen*, aufgerufen am 18.06.2025.

Bundesanstalt für Arbeitsschutz und Arbeitsmedizin (BAuA): Volkswirtschaftliche Kosten durch Arbeitsunfähigkeit, *https://www.baua.de/DE/Themen/Monitoring-Evaluation/Zahlen-Daten-Fakten/Kosten-der-Arbeitsunfaehigkeit*, aufgerufen am 05.03.2025.

Bundesministerium des Innern und für Heimat: SMART-Regel/SMART-Methode, *https://www.orghandbuch.de/Webs/OHB/DE/OrganisationshandbuchNEU/4_MethodenUndTechniken/Methoden_A_bis_Z/SMART_Regel_Methode/SMART_Regel_Methode_node.html*, aufgerufen am 01.02.2025.

Bundesministerium der Justiz und für Verbraucherschutz: § 2 ArbZG, *https://www.gesetze-im-internet.de/arbzg/BJNR117100994.html*, aufgerufen am 16.01.2025.

Bundesministerium der Justiz und für Verbraucherschutz: § 241 BGB, *https://www.gesetze-im-internet.de/bgb/__241.html*, aufgerufen am 30.05.2025.

Bundesministerium der Justiz und Verbraucherschutz: § 55 HGB, *https://www.gesetze-im-internet.de/hgb/__55.html*, aufgerufen am 22.05.2025.

Bundesministerium der Justiz und Verbraucherschutz: § 84 HGB, *https://www.gesetze-im-internet.de/hgb/__84.html*, aufgerufen am 22.05.2025.

Bundesministerium der Justiz und für Verbraucherschutz: § 238 HGB, *https://www.gesetze-im-internet.de/hgb/__238.html*, aufgerufen am 04.06.2025.

Bundesministerium der Justiz und für Verbraucherschutz: § 238 HGB, *https://www.gesetze-im-internet.de/hgb/__240.html*, aufgerufen am 08.06.2025.

Bundesministerium der Justiz und für Verbraucherschutz: § 242 HGB *https://www.gesetze-im-internet.de/hgb/__242.html*, aufgerufen am 08.06.2025.

Bundesministerium der Justiz und für Verbraucherschutz: § 247 HGB, *https://www.gesetze-im-internet.de/hgb/__247.html*, aufgerufen am 06.06.2025.

Bundesministerium der Justiz und für Verbraucherschutz: § 249 HGB, *https://www.gesetze-im-internet.de/hgb/__249.html*, aufgerufen am 30.05.2025.

Bundesministerium der Justiz und für Verbraucherschutz: § 257 HGB, *https://www.gesetze-im-internet.de/hgb/__257.html*, aufgerufen am 06.06.2025.

Bundesministerium der Justiz und für Verbraucherschutz: § 266 HGB, *https://www.gesetze-im-internet.de/hgb/__266.html*, aufgerufen am 06.06.2025.

Bundesministerium der Justiz und für Verbraucherschutz: § 274 HGB, *https://www.gesetze-im-internet.de/hgb/__274.html*, aufgerufen am 08.06.2025.

Bundesministerium der Justiz und für Verbraucherschutz: § 275 HGB, *https://www.gesetze-im-internet.de/hgb/__275.html*, aufgerufen am 08.06.2025.

Bundesministerium der Justiz und Verbraucherschutz: § 383 HGB, *https://www.gesetze-im-internet.de/hgb/__383.html*, aufgerufen am 23.05.2025.

Bundesministerium der Justiz und Verbraucherschutz: § 1 UWG, *https://www.gesetze-im-internet.de/uwg_2004/__1.html*, aufgerufen am 23.05.2025.

Bundesministerium für Arbeit und Soziales: Sozialversicherung, *https://www.bmas.de/DE/Soziales/Sozialversicherung/sozialversicherung.html*, aufgerufen am 15.06.2025.

Bundesministerium für Umwelt, Klimaschutz, Naturschutz und nukleare Sicherheit: Schritt für Schritt zum nachhaltigen Lieferkettenmanagement. Praxisleitfaden für Unternehmen, *https://www.bmuv.de/fileadmin/Daten_BMU/Pools/Broschueren/leitfaden_nachhaltige_lieferkette_bf.pdf*, aufgerufen am 10.05.2025.

Bundesministerium für Umwelt, Klimaschutz, Naturschutz und nukleare Sicherheit: Wirtschaft, *https://www.bmuv.de/themen/nachhaltigkeit/wirtschaft/ueberblick-wirtschaft*, aufgerufen am 10.05.2025.

Bundesministerium für wirtschaftliche Zusammenarbeit und Entwicklung: Nachhaltigkeit, *https://www.bmz.de/de/service/lexikon/nachhaltigkeit-nachhaltige-entwicklung-14700*, aufgerufen am 01.02.2025.

Bundesministerium für Wirtschaft und Energie: Homepage, *https://www.bmwk.de/Navigation/DE/Home/home.html*, aufgerufen am 17.06.2025.

Bundesministerium für Wirtschaft und Energie: Plattform Industrie 4.0, *https://www.plattform-i40.de/IP/Navigation/DE/Home/plattform-industrie-40.html*, aufgerufen am 12.08.2025.

Bundesverband Materialwirtschaft, Einkauf und Logistik e. V. (BME): Grundlagen des Einkaufs, *https://www.koinno-bmwk.de/fileadmin/user_upload/publikationen/Grundlagen_des_Einkaufs.pdf*, aufgerufen am 30.03.2025.

Bundesvereinigung Logistik (BVL) e. V.: Logistikbereiche, *https://www.bvl.de/service/zahlen-daten-fakten/logistikbereiche/logistik*, aufgerufen am 01.05.2025.

Bundeszentralamt für Steuern: Die Wirtschafts-Identifikationsnummer, *https://www.bzst.de/DE/Unternehmen/Identifikationsnummern/Wirtschafts-Identifikationsnummer/wirtschaftsidentifikationsnummer_node.html*, aufgerufen am 15.01.2025.

Bundeszentrale für politische Bildung (bpb): Definition Aktie, *https://www.bpb.de/kurz-knapp/lexika/das-junge-politik-lexikon/319798/aktien/*, aufgerufen am 18.01.2025.

Bundeszentrale für politische Bildung (bpb): Liquidität, *https://www.bpb.de/kurz-knapp/lexika/lexikon-der-wirtschaft/19987/liquiditaet/*, aufgerufen am 29.05.2025.

Business Software Führer/Lead Machine B.V.: Ein branchenspezifisches ERP-System, *https://www.erp.de/was-ist-erp*, aufgerufen am 26.04.2025.

Calkoo.com: Berchnungen Newton-Verfahren, *https://www.calkoo.com/*, aufgerufen am 18.06.2025.

Chief Outsiders: Growth Opportunity: The Demand Chain, *https://www.chiefoutsiders.com/blog/bid/84023/growth-opportunity-the-demand-chain*, aufgerufen am 04.05.2025.

Controller Magazin: Arbeitsergebnisse aus der Controller-Praxis, Ausgabe 3/2017, *https://www.controllerakademie.de/wp-content/uploads/2017/05/CM3-17-WEG-Marken-fuer-das-Controlling-und-die-Rolle-des-Controllers.pdf*, aufgerufen am 07.03.2025.

CSR, Verantwortung Unternehmen: Corporate Sustainability Reporting Directive (CSRD). Die neue EU-Richtlinie zur Unternehmens-Nachhaltigkeitsberichterstattung im Überblick, *https://www.csr-in-deutschland.de/DE/CSR-Allgemein/CSR-Politik/CSR-in-der-EU/Corporate-Sustainability-Reporting-Directive/corporate-sustainability-reporting-directive-art.html*, aufgerufen am 19.03.2025.

DAK: DAK Psychreport 2024: Erneuter Höchststand bei psychisch bedingten Fehltagen im Job, *https://www.dak.de/dak/unternehmen/reporte-forschung/psychreport-2024_57364#rtf-anchor-downloads-psychreport-2024-ergebnis-prasentation*, aufgerufen am 05.03.2025.

DATEV: Die DATEV Standard-Kontenrahmen, *https://www.datev.de/web/de/m/ueber-datev/datev-im-web/datev-von-a-z/skr-standard-kontenrahmen/*, aufgerufen am 07.06.2025.

DATEV: … was Sie über DATEV wissen sollten, *https://www.datev.de/web/de/m/ueber-datev/das-unternehmen/kurzprofil/*, aufgerufen am 07.06.2025.

Der Prozessmanager: Muda, Mura, Muri – Das Toyota 3M-Modell!, *https://der-prozessmanager.de/aktuell/wissensdatenbank/toyota-3m-modell*, aufgerufen am 22.04.2025.

Deutsche Gesellschaft für die Vereinten Nationen e. V. (DGVN): Ziele für nachhaltige Entwicklung der Vereinten Nationen und ihre Zielvorgaben, *https://dgvn.de/publications/PDFs/Unterrichtsmaterial/SDG_Unterziele.pdf*, aufgerufen am 15.06.2025.

Der Prozessmanager: 5 Prinzipien für Prozessoptimierung in der Fertigung, *https://der-prozessmanager.de/aktuell/news/5-prinzipien-fur-prozessoptimierung-in-der-fertigung-lean-manufacturing-revival-einer-erprobten-methodik*, aufgerufen am 22.04.2025.

Deutsche Gesellschaft für Qualität (DGQ): Brauchen wir einen »modernen« Qualitätsbegriff? *https://blog.dgq.de/brauchen-wir-einen-modernen-qualitaetsbegriff/*, aufgerufen am 24.04.2025.

Deutsche Gesellschaft für Qualität (DGQ): Die sieben Grundsätze von Qualitätsmanagement, *https://www.dgq.de/fachbeitraege/die-7-grundsaetze-des-qualitaetsmanagements/*, aufgerufen am 25.04.2025.

Deutscher Gewerkschaftsbund (DGB): Tarifvertrag – einfach erklärt, *https://www.dgb.de/service/ratgeber/tarifvertrag/*, aufgerufen am 18.02.2025.

Deutsches Institut für Marketing: Wertschöpfungskette nach Porter, *https://www.marketinginstitut.biz/blog/wertschoepfungskette*, aufgerufen am 04.01.2025.

Deutsches Marken- und Patentamt (DPMA): Marken, *https://www.dpma.de/index.html*, aufgerufen am 19.05.2025.

Gabler Wirtschaftslexikon: Markenwert, *https://wirtschaftslexikon.gabler.de/definition/markenwert-38582/version-262003*, aufgerufen am 30.08.2025.

GBTEC Software AG: Was sind die 8 Grundsätze des TQM? *https://www.gbtec.com/de/ressourcen/total-quality-management/*, aufgerufen am 25.04.2025.

Genossenschaftsverband Bayern (GV-Bayern): Rechtsform Genossenschaft: Das müssen Sie wissen, *https://www.gv-bayern.de/genossenschaftgruenden/rechtsform-genossenschaft.html*, aufgerufen am 19.01.2025.

Gesetze im Netz: Arbeitsschutzgesetz, *https://www.gesetze-im-internet.de/arbschg/__1.html*, aufgerufen am 16.01.2025.

Gesetze im Netz: HGB, *https://www.gesetze-im-internet.de/index.html*, aufgerufen 11.01.2025.

Gesund.bund.de (Initiative des Bundesministeriums für Gesundheit): Betriebliches Gesundheitsmanagement (BGM), *https://gesund.bund.de/betriebliches-gesundheitsmanagement-bgm*, aufgerufen am 05.03.2025.

Günther, Hans-Otto; Tempelmeier, Horst: Übungsbuch Supply Chain Analytics. Operations Management und Logistik, 10., überarbeitete Auflage, Norderstedt 2020, in: *https://api.pageplace.de/preview/DT0400.9783751986724_A40758959/preview-9783751986724_A40758959.pdf*, aufgerufen am 12.08.2025.

Harris, Gregory; Componation, Paul; Farrington, Philipp: An Exploration of Fisher's Framework for the Alignment of Supply Chain Strategy With Product Characteristics, in: Engineering Management Journal, April 2015, *https://www.researchgate.net/publication/276090534_An_Exploration_of_Fisher's_Framework_for_the_Alignment_of_Supply_Chain_Strategy_With_Product_Characteristics*, aufgerufen am 09.05.2025.

Helu: Planungsrechnung: Definition, Teilpläne, zentrale Elemente, *https://blog.helu.io/planungsrechnung-definition-teilplaene-zentrale-elemente/*, aufgerufen am 12.06.2025.

HubSpot: Markenwert: So berechnen und steigern Sie die Brand Equity, *https://blog.hubspot.de/marketing/markenwert-steigern*, aufgerufen am 30.08.2025.

Institut für Managementberatung (IFM): Was ist Lean Management? Definition, Methoden und Beispiele, *https://ifm-business.de/aktuelles/business-news/was-ist-lean-management-definition-methoden.html*, aufgerufen am 22.04.2025.

IG Metall, Tarifvertragsarten, *https://www.igmetall.de/tarif/tariflexikon/tarifvertragsarten*, aufgerufen am 18.02.2025.

Industrie- und Handelskammer (IHK) Bodensee – Oberschwaben: Unternehmensform Genossenschaft, *https://www.ihk.de/bodensee-oberschwaben/recht/auftreten-im-geschaefts-verkehr/rechtsformen/unternehmensform-genossenschaft-1942642*, aufgerufen am 14.06.2025.

Industrie- und Handelskammer (IHK) Koblenz: Reform der GbR und Einführung eines Gesellschaftsregisters, *https://www.ihk.de/koblenz/unternehmensservice/recht/aktuelles/reform-der-gbr-und-egbr-5760480*, aufgerufen am 14.06.2025.

Industrie- und Handelskammer (IHK) München: In 10 Schritten zur Nachhaltigkeitsberichterstattung nach CSRD – Handlungshilfe von IZU/BIHK, *https://www.ihk-muenchen.de/de/Service/Nachhaltigkeit-CSR/Nachhaltigkeitsberichterstattung/10-schritte-nachhaltigkeits-berichterstattung/*, aufgerufen am 19.03.2025.

Industrie- und Handelskammer (IHK) München und Oberbayern: Online-Marketing: Im Netz werben und Kunden und Kundinnen gewinnen, *https://www.ihk-muenchen.de/de/Service/Marketing-Vertrieb/onlinemarketing/*, aufgerufen am 24.05.2025.

Industrie- und Handelskammer (IHK) München und Oberbayern: Social-Media-Marketing – der große Leitfaden, *https://www.ihk-muenchen.de/de/Service/Marketing-Vertrieb/social-media-marketing/*, aufgerufen am 24.05.2025.

Industrie- und Handelskammer (IHK) München und Oberbayern: Steuerpolitik: Wachstumschancengesetz, *https://www.ihk-muenchen.de/de/Service/Recht-und-Steuern/Steuerrecht/Wachstumschancengesetz/*, aufgerufen am 07.06.2025.

Industrie- und Handelskammer (IHK) München und Oberbayern: UG gründen, *https://www.ihk-muenchen.de/de/Service/Recht-und-Steuern/Gesellschaftsrecht/UG-gruenden/*, aufgerufen am 18.01.2025.

Industrie- und Handelskammer (IHK) München und Oberbayern: Was müssen Sie bei der Modernisierung der GbR beachten? *https://www.ihk-muenchen.de/de/Service/Recht-und-Steuern/Gesellschaftsrecht/GbR-gruenden-so-funktioniert-die-Gruendung-IHK/modernisierung-der-gbr-mopeg*, aufgerufen am 19.01.2025.

Industrie- und Handelskammer (IHK) Ulm: Was darf's sein: Off-, Near-, Re- oder Friendshoring?, *https://www.ihk.de/ulm/online-magazin/im-fokus/was-darf-s-sein-off-near-re-oder-friendshoring--569996*, aufgerufen am 04.05.2025.

Institut für Integrierte Produktion Hannover (IPH): Ganzheitliche Produktionssysteme: IPH-Methodensammlung, *https://www.iph-hannover.de/_media/files/downloads/IPH_Lean_Methodensammlung.pdf*, aufgerufen am 22.04.2025.

Ionos: Das Umsatzkostenverfahren im Rahmen der GuV, *https://www.ionos.de/startupguide/unternehmensfuehrung/umsatzkostenverfahren/*, aufgerufen am 08.06.2025.

Kalaidos Fachhochschule Schweiz: Der Weg zur High Performance – Können, Wollen und Dürfen, *https://www.kalaidos-fh.ch/de-CH/Blog/Posts/2024/05/HR-Management-1076-Weg-zur-High-Performance-Koennen-Wollen-Duerfen*, aufgerufen am 01.03.2025.

Kantar Group: Infographic 2025 Most Valuable Global Brands, *https://www.kantar.com/Campaigns/BrandZ/Global*, aufgerufen am 30.08.2025.

Karrierebibel: Johari-Fenster: Einfach erklärt + Beispiele und Übungen, *https://karrierebibel.de/johari-fenster/*, aufgerufen am 22.02.2025.

Kompetenzzentrum Fachkräftesicherung: Mitarbeiterführung vertrauensvoll gestalten, *https://www.kofa.de/personalarbeit/personalfuehrung/mitarbeiterfuehrung/*, aufgerufen am 01.03.2025.

Matheretter: *https://www.matheretter.de*, aufgerufen am 20.06.2025.

Mecalux GmbH: Supply Chain 4.0 (SCM 4.0): eine intelligentere Lieferkette, *https://www.mecalux.de/blog/supply-chain-4-0*, aufgerufen am 29.08.2025.

Mintfit Hamburg: *https://www.mintfit.hamburg*, aufgerufen am 20.06.2025.

Munich Business School: Führungsstile, *https://www.munich-business-school.de/l/bwl-lexikon/fuehrungsstile*, aufgerufen am 01.03.2025.

Munich Business School: Visualisierung des Wirtschaftskreislauf, *https://www.munich-business-school.de/l/bwl-lexikon/wirtschaftskreislauf*, aufgerufen am 19.06.2025.

Munich Business School: Rezession einfach erklärt, *https://www.munich-business-school.de/l/bwl-lexikon/finanzwissen/rezession*, aufgerufen am 19.06.2025.

Niederrheinische Industrie- und Handelskammer: Merkblatt Die GmbH & Co. KG, Duisburg Januar 2024, *https://www.ihk.de/blueprint/servlet/resource/blob/4038488/780b050aa5814a14ff6ef8f25f233c3f/gmbh-co-kg-data.pdf*, aufgerufen am 19.01.2025.

Oncampus: *https://lernen.oncampus.de*, aufgerufen am 20.06.2025.

Patagonia: Homepage, *https://eu.patagonia.com/de/de/ownership/?_gl=1*13ht0xm*_up*MQ..&gclid=EAIaIQobChMIi53riY-ljQMVOpaDBx3RWwndEAAYASAAEgKB8vD_BwE&gclsrc=aw.ds&gbraid=0AAAAADsKkJl1K8N2CxLCNm5NXAyBxPAEii*, aufgerufen am 15.05.2025.

Positive Psychology.com: Victor Vroom's Expectancy Theory of Motivation, *https://positivepsychology.com/expectancy-theory/*, aufgerufen am 15.06.2025.

Projektmagazin: Kaizen, *https://www.projektmagazin.de/glossarterm/kaizen*, aufgerufen am 25.04.2025.

Prüfungstrainer 24: Kostenlose Aufgaben im Netz, *https://pruefungstrainer24.de/zusatzaufgaben-zum-betriebsabrechnungsbogen/*, aufgerufen am 19.06.2025.

Pyczak, Thomas: Was sind Werte? Definition, Beispiele, Praktische Verwendung, *https://purpose-in-der-praxis.de/was-sind-werte-definition-beispiele-praktische-verwendung/*, aufgerufen am 25.01.2025.

Qualtrics LLC: Marktsegmentierung – Definition, Kriterien & Strategien, *https://www.qualtrics.com/de/experience-management/brand/what-is-market-segmentation/?utm*, aufgerufen am 29.08.2025.

Refa AG: Aufbauorganisation, *https://refa.de/service/lean-beratung/lean-methoden/aufbau-organisation*, aufgerufen am 14.06.2025.

Serlo, die freie Lernplattform: *https://de.serlo.org*, aufgerufen am 20.06.2025.

Setlog GmbH: Szenen einer Ehe: Logistik und Supply Chain Management, *https://www.setlog.com/szenen-einer-ehe-logistik-und-supply-chain-management*, aufgerufen am 03.05.2025.

Statista: Wie verbreitet sind psychische Erkrankungen? (vom 24.03.2025), *https://de.statista.com/infografik/18813/krankschreibungen-wegen-psychischer-erkrankungen-in-deutschland/*, aufgerufen am 25.03.2025.

Statista: Welche Bedeutung hat Industrie 4.0 für Ihr Unternehmen? *https://de.statista.com/statistik/daten/studie/830769/umfrage/bedeutung-von-industrie-40-in-deutschland/*, aufgerufen am 17.06.2025.

Statistisches Bundesamt (destatis): Klassifikation der Wirtschaftszweige, Ausgabe 2025, *https://www.destatis.de/DE/Methoden/Klassifikationen/Gueter-Wirtschaftsklassifikationen/klassifikation-wz-2025.html*, aufgerufen am 13.06.2025.

Statistisches Bundesamt (destatis): Kleinere und mittlere Unternehmen, *https://www.destatis.de/DE/Themen/Branchen-Unternehmen/Unternehmen/Kleine-Unternehmen-Mittlere-Unternehmen/_inhalt.html*, aufgerufen am 13.06.2025.

Statistisches Bundesamt (destatis): Pressemitteilung Nr. 165 vom 25. April 2024, *https://www.destatis.de/DE/Presse/Pressemitteilungen/2024/04/PD24_165_624.html*, aufgerufen am 10.02.2025.

Statistisches Bundesamt (destatis): Pressemitteilung Nr. 446 vom 28. November 2024, *https://www.destatis.de/DE/Presse/Pressemitteilungen/2024/11/PD24_446_63.html*, aufgerufen am 24.05.2025.

Statistisches Bundesamt (destatis): Pressemitteilung Nr. 447 vom 28. November 2024, *https://www.destatis.de/DE/Presse/Pressemitteilungen/2024/11/PD24_447_21.html*, aufgerufen am 15.05.2025.

Statistisches Bundesamt (destatis): Rechtliche Einheiten nach zusammengefassten Rechtsformen, *https://www.destatis.de/DE/Themen/Branchen-Unternehmen/Unternehmen/Unternehmensregister/Tabellen/unternehmen-rechtsformen-wz08.html*, aufgerufen am 05.02.2025.

TÜV Nord: Was ist ein Umweltmanagementsystem: Definition und Tipps für Unternehmen, *https://www.tuev-nord.de/de/unternehmen/bildung/wissen-kompakt/umweltschutz/rechtssicherheit-mit-umweltmanagementsystem*, aufgerufen am 26.04.2025.

TÜV Süd: Verifizierung des Nachhaltigkeitsberichts nach GRI Standards, *https://www.tuvsud.com/de-de/dienstleistungen/auditierung-und-zertifizierung/nachhaltige-management-services/verifizierung-des-gri-berichts*, aufgerufen am 22.03.2025.

Umweltbundesamt: Umwelt- und Energiemanagementsysteme, *https://www.umweltbundesamt.de/daten/umwelt-wirtschaft/umwelt-energiemanagementsysteme#eco-management-and-audit-scheme-emas*, aufgerufen am 26.04.2025.

Universität Bonn: Mathematik-Vorkurs, *https://www.econ.uni-bonn.de/de/studium/informationen-zu-studienbeginn/mathematikvorkurs*, aufgerufen am 20.06.2025.

Universität der Bundeswehr Hamburg: Operatoren und zentrale Begriffe in Aufgabenstellungen, *https://www.hsu-hh.de/ipa/wp-content/uploads/sites/683/2017/09/Operatoren-HSU.pdf*, aufgerufen am 12.06.2025.

Universität Gießen: Mathematik für Wirtschaftswissenschaftler (online), *https://www.uni-giessen.de/de/studium/studienbeginn/vorkurse/selbstlernkurse/kursdetails/mathe-wiwi*, aufgerufen am 20.06.2025.

Universität Gießen: Vorkurs Mathematik für Wirtschaftswissenschaftler, *https://www.uni-giessen.de/de/fbz/fb02/fb/professuren/vwl/winker/lehre/bcs-veranstaltungen/mathe/mathe-vorkurs/index*, aufgerufen am 26.10.2025.

Universität Hamburg: Beurteilungswesen, *https://www.kus.uni-hamburg.de/themen/personalentwicklung/fuehrung/fuehrungsinstrumente/beurteilungswesen*, aufgerufen am 23.02.2025.

Universität Hamburg: Beurteilungskriterien mit Verhaltensbeschreibungen, *https://www.kus.uni-hamburg.de/themen/personalentwicklung/fuehrung/fuehrungsinstrumente/beurteilungswesen/beurteilungskriterien-mit-verhaltensbeschreibung.pdf*, aufgerufen am 23.02.2025.

Vorest AG: Welche Qualitätsmanagement Methoden & Werkzeuge gibt es?, *https://qualitaets-management.me/qualitaetsmanagement-iso-9001/qualitaetsmanagement-methoden/*, aufgerufen am 17.06.2025.

Universität Stuttgart: Online-Vorkurs Mathematik für Studierende der Wirtschaftswissenschaften, *https://www.bwi.uni-stuttgart.de/lehre/fachstudienberatung/Vorkurs-Mathematik-fuer-WiWi-Anmeldung/*, aufgerufen am 20.06.2025.

WEKA Business Media AG: Motivationserfolg: Die Zwei-Faktoren-Theorie der Arbeitszufriedenheit, *https://www.weka.ch/themen/fuehrung-kompetenzen/mitarbeiterfuehrung/fuehrungsaufgaben/article/motivationserfolg-die-zwei-faktoren-theorie-der-arbeitszufriedenheit/*, aufgerufen am 15.06.2025.

Weltkulturerbe Rammelsberg Museum & Besucherbergwerk: 100 Jahre Preussag, *https://blog.rammelsberg.de/2023/11/100-jahre-preussag/*, aufgerufen am 30.08.2025.

WHK Controlling GmbH: Handelskalkulation leicht gemacht: Praxisleitfaden für Erfolg. *https://www.whk-controlling.de/wissen/handelskalkulation*, aufgerufen am 18.06.2025.

Zeit online: Der Puddingkönig. Backmischungen, Pudding und Pizza: Vor 150 Jahren wurde August Oetker geboren: Er prägte das Markenbewusstsein der Deutschen, *https://www.zeit.de/wirtschaft/2012-01/der-puddingkoenig*, aufgerufen am 14.05.2025.

Index

C

D

E

F

G

H

I

J

K

L

M

N

O

P

Q

R

S

T

U

V

W

Z

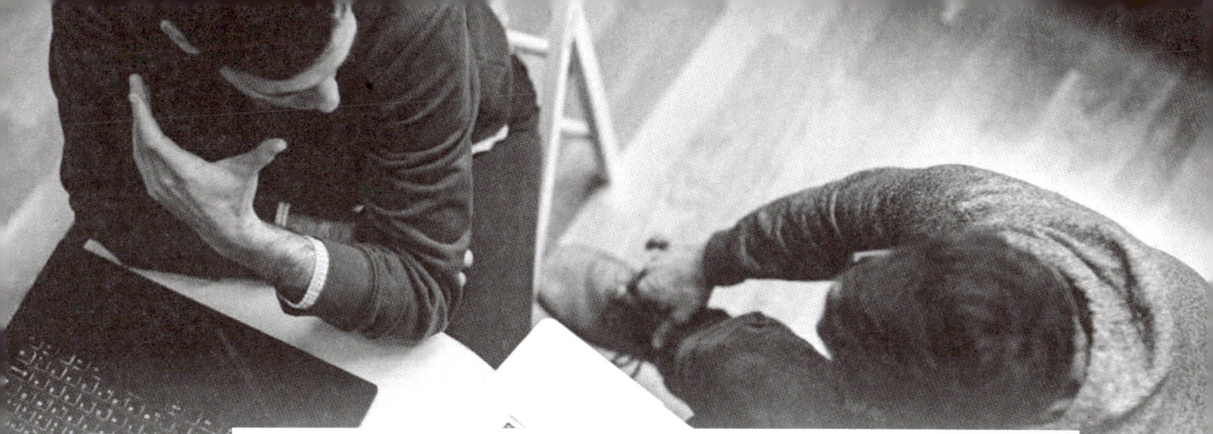